JÜDISCHES FEST
JÜDISCHER BRAUCH

Herausgegeben
von Friedrich Thieberger

unter Mitwirkung von
Else Rabin

Jüdischer Verlag
Frankfurt am Main

Nachdruck der im Jahr 1937
von den deutschen Behörden beschlagnahmten
und vernichteten Erstauflage

Erste Auflage 1997
© der deutschsprachigen Ausgabe
Jüdischer Verlag im Suhrkamp Verlag
Frankfurt am Main 1997
Alle Rechte vorbehalten
Druck: WS Druckerei, Bodenheim
Printed in Germany

VORWORT

DIE Kultur des jüdischen Volkes ist seit Jahrtausenden eine religiöse Kultur. Sie ermöglichte es, daß die Juden während ihrer Zerstreuung unter die Völker andere Kulturen neben ihrer jüdischen in sich aufnehmen und mit aller Hingabe ihres Herzens verwandeln und bereichern konnten. Denn religiöse Kultur meint eine bestimmte Gesinnung in der Lebenshaltung und ist imstande, die gestaltmäßigen Äußerungen auf ein zeitliches Minimum von Übungen und gemeinsamen Symbolen zusammenzudrängen. Was anderen Kulturen die atmosphärische Fülle der täglichen Sprache bedeutet und die Wirklichkeit einer sichtbaren Welt voll Wachstum und Bewegung, bedeuten der jüdischen Kultur ihre Festtage und Bräuche. Wie aber alles Geistige niemals von zeitlichen oder räumlichen Maßen bestimmt ist, so konnte auch die ganze Kraft des Judentums in diesen scheinbar engeren Kulturrahmen eingefaßt werden. Nicht nur der jüdische Glaube fand hier seine Stätte, sondern auch die Geschichte als Niederschlag des Volksgedächtnisses, die soziale Besinnung und die Freude an einer menschheitlichen Aufgabe für die Zukunft. Wenn heute die jüdische Kultur wieder auf den breiten Unterbau von Land und Sprache gestellt wird, kann es nur mit jenen Anteilen geschehen, die man aus den lebendigen Beständen des religiösen Kulturgutes hervorholt. Ein Führer zu diesen religiösen Gütern des Judentums will das vorliegende Buch sein. Dem Suchenden soll es den Sinn unserer Feste und Bräuche erschließen, dem mit ihnen Vertrauten geschichtliche und gedankliche Zusammenhänge aufhellen.

Es ist etwa zwei Jahre her, daß ich dem Jüdischen Verlag, Berlin, den Plan zu einer Darstellung der jüdischen Feste in Verbindung mit Lektürestücken, die auf die Feste Bezug haben, vorlegte. Denn es sollten nicht nur verschiedene Seiten der Erkenntnis angesprochen werden, sondern auch Phantasie und Gefühl, die allein eine innere Verbundenheit mit der religiösen Kultur herzustellen vermögen. Als einige Monate später aus dem Kreise der Schwesternvereinigungen der „B'nai B'rith" in Deutschland der Wunsch nach einer umfassenden Darstellung des jüdisch-religiösen Lebens laut wurde, beauftragte der Jüdische Verlag Frau Dr. Else Rabin in Breslau und mich mit der Herausgabe eines solchen Werkes. Ich entwarf den Grundriß, wie er hier vorliegt, wir sahen uns nach Mitarbeitern um und gingen an die Sichtung des Materials für die Lektürestücke. Leider verzögerte sich die Herausgabe des Buches durch Hemmungen aller Art, vor allem dadurch, daß mehrere Mitarbeiter übersiedelten. Auch Frau Dr. Rabin verlegte ihren Wohnsitz nach Haifa, und ich mußte allein die Korrespondenz mit den Autoren, die Redaktion der Manuskripte, die endgültige Auswahl der Lektürestücke und vor allem die Abfassung der Anmerkungen durchführen und verantworten. Frau Dr. Rabin hat sich um die Auswahl der Mitarbeiter ein großes Verdienst erworben und wertvolle Anregungen aus ihrer reichen Kenntnis der Literatur gegeben.

Die Anlage des Sammelwerkes, das Arbeiten von Persönlichkeiten verschiedener religiöser Schattierung und verschiedenen literarischen Temperamentes enthält, bringt es mit sich, daß der Herausgeber jedem darstellenden Teil Bemerkungen anfügen mußte, die nicht etwa als Ergänzung von Lücken gedacht sind, sondern sich für die Gesamtheit des Buches, das der Bearbeiter eines einzelnen Teiles nicht übersehen konnte, erst nach Sichtung des ganzen Materials als notwendig erwiesen. Im Allgemeinen war der Blick der Mitarbeiter auf die religiöse Kultur der a s c h k e n a s i s c h e n, d. i. der west- und osteuropäischen, Juden gerichtet. Trotzdem wurde auch auf das s e f a r d i s c h e Judentum der südeuropäischen Länder Bezug genommen. Es konnte keine Äußerung des religiösen Lebens geben, die, unbeschadet der persönlichen Glaubensentscheidung des Einzelnen, nicht als Stück der jüdischen Lebenskultur hätte betrachtet werden müssen. So sei aus Gründen der Verantwortung nochmals betont, daß die A n m e r k u n g e n j e d e s A n h a n g e s zu den darstellenden Teilen vom H e r a u s g e b e r stammen.

Bei der A u s w a h l d e r L e k t ü r e s t ü c k e leitete mich vor allem der Gedanke, ein möglichst reiches Bild der Schöpfungen jüdischen Geistes in den verschiedensten Zeiten und Ländern zu geben. Darum sollten ebenso Stücke aus Bibelkommentaren und Talmud wie mittelalterliche Lyrik, ebenso Szenen aus moderner Dramatik wie philosophische Erörterungen und volkstümliche Erzählungen aufgenommen werden. Daß ostjüdische Erzähler in besonders starkem Maße herangezogen wurden, liegt daran, daß das religiöse Volksleben im Osten große Meister der Gestaltung gefunden hat. Auf mehrere bedeutende Namen des west- und ostjüdischen Schrifttums mußte allerdings leider verzichtet werden. Mit voller Absicht sind Stücke nicht aufgenommen worden, die Teile der synagogalen Liturgie bilden. Denn dieses Werk will nicht ein Ersatz für Gebetbücher sein. Die B e m e r k u n g e n, die jeder Lektüresammlung folgen, sollen die Basis schaffen, von der aus die betreffenden Stücke im Zusammenhang des Ganzen bedeutsam werden. Darum soll vor der Lektüre des einzelnen Stückes die dazugehörige Bemerkung gelesen werden.

Für die Bewilligung zur Wiedergabe der noch geschützten Auswahlstücke sei den Autoren und Verlegern auch an dieser Stelle gedankt. Besonderen Dank muß ich Herrn Dr. K a z n e l s o n, dem Leiter des Jüdischen Verlags, aussprechen, der mir mit seinem Rate zur Seite stand und alle Opfer brachte, um namentlich durch das reiche Material an Bildern und Noten das Buch zu einem Dokument jüdischer Kultur zu machen.

Zum Schluß noch ein persönliches Wort: ich wollte mit der Arbeit an diesem Sammelwerk dem edlen religiösen Geist meines Elternhauses den Tribut des Dankes zollen.

Der Herausgeber

ALLGEMEINER TEIL

Die religiöse Haltung

Von Friedrich Thieberger

FESTE und Bräuche einer Gemeinschaft lassen sich nach ihrem Sinn und ihrer Geschichte mehr oder minder deutlich erklären. Aber eines, das Wichtigste, kann niemals in eine solche Erklärung eingehen: die Wirklichkeit der Feste und Bräuche selbst. Denn keine Wirklichkeit ist wortmäßig, also rational, faßbar. Die Wirklichkeit eines Baumes ist nicht das, was wir in noch so feiner Zergliederung über diesen Baum aussagen können. Und doch erfahren wir diese Wirklichkeit unmittelbar und wortlos, wenn wir vor einem Baume stehen: da ist Leben, Geschichte, Wille, Aufgabe, geheimnisvoll und offenkundig zugleich. Jüdische Feste und Bräuche sind solche Wirklichkeit. Wer noch so genaue Kenntnis von der Geschichte des Sabbats hat und mit allen Einzelheiten der Brauchkunde vertraut ist, selbst aber niemals eine Sabbatfeier mitangesehen hat, weiß in Wahrheit vom Sabbat nichts, auch wenn er über ihn mehr auszusagen wüßte, als jemand, der ihn in naiver Tradition Woche um Woche begeht. Kenntnisse sind noch kein Wirklichkeitswissen. Trotzdem haben sie, sofern sie nur richtig als Hindeutungen auf eine wesentlichere Ferne verstanden werden, unschätzbaren Wert. Denn ohne Kenntnisse verflüchtigt sich jede Wirklichkeit, deren Gehalt etwas Geistiges ist. Freilich können gerade die Kenntnisse über Entstehung und Entwicklung von Bräuchen diesen den ahnungsvollen Glanz rauben, den ihre religiöse Wirklichkeit braucht. Aber das eben ist das Schicksal der überlieferten Bräuche, daß sie am Menschen der jeweiligen Gegenwart sich erproben, d. h. etwas Wesentliches für seine religiöse Haltung bedeuten müssen.

Den Mittelpunkt unseres Lebens bildet, von vielen Sphären äußerer Tätigkeit und ablenkender Interessen verhüllt, unsere Ergriffenheit vor den Dingen der Welt und vor unseren Beziehungen zu ihnen, anders gesagt, die Ergriffenheit vor der Frage: Was bin ich in dieser Welt? Diese Ergriffenheit fordert, daß wir auf die Frage mit der ganzen Kraft unserer geistigen Existenz antworten. Täten wir es nicht, wir brächen vor dem Ansturm der Geschehnisse und Eindrücke zusammen. Denn die Welt wäre für uns sinnlos. Die religiöse Haltung ist die Art der Antwort auf unsere Ergriffenheit.

Man stellt sich das geistige Leben des einzelnen Menschen gern als eine Fläche vor, auf der sich eine unübersehbare Fülle nebeneinander geordneter

Erscheinungen bewegen. Richtiger wäre es aber von einem Kugelgebilde zu sprechen, von dessen glühender Mitte aus nach allen Seiten hin das Licht wirkt. Nur in dem Maße, als von ihm die Flächen des Lebens getroffen werden, bedeuten sie uns etwas, weil sie uns zentral ergreifen. Was uns die Welt sonst zu bieten hat, sind nur physikalische Daten der Oberfläche.

Der Weg, den wir als Menschen gehen, ist also dieser: von irgend einer Seite her werden wir von den Erscheinungen des Lebens ergriffen, und sogleich bildet sich in uns jener zentrale K e r n, der versucht, die g e s a m t e Masse unseres Wissens und Wollens, das Erwartete, Bekannte, das Erfaßbare und das Geahnte — darum ist ja der Prozeß ein religiöser — sinnvoll um sich zu ordnen. Der religiöse Mensch, der immer wieder die zentrale Erschütterung erfährt, ist niemals gesichert, niemals beruhigt. Er erobert seine Haltung im Leben immer von neuem aus seiner Unsicherheit und Unruhe. Denn die Erscheinungen der Welt wirken immer wieder auf das religiöse Zentrum zurück. Wenn der Mensch auf neue Flächen des Daseins stößt oder wenn sich altes Wissen zu reicherer Kenntnis entfaltet, verschiebt sich das Zentrum und verschieben sich damit die Vorstellungen und Gedanken, die sich um den alten Kern geschlossen hatten. Immer waren es neue, naturwissenschaftliche Erkenntnisse, also dingliche Wissensdaten, die religiöse Krisen hervorriefen. Sie scheinen zunächst eine Abkehr von allem Religiösen zu bedeuten. Aber es ist nur die Abkehr von Deutungen, die der alten Lagerung des religiösen Kerns entsprachen. Sobald man über die erste Freude hinausgekommen ist, mit abgeschlossener Verliebtheit sich an irgend einer peripheren Stelle des Lebenskreises zu bewegen, entgeht man nicht der Notwendigkeit, nach der neuen Lagerung des religiösen Kerns zu fragen, der zum gesamten Lebensglobus erst die Beziehung schafft. Die sich immer wieder erneuernde Bindung zwischen Mensch und Welt, die wahrhafte religio und Frömmigkeit, verdichtet sich, wie alles, was den Menschen bewegt, zu sinnlich faßbaren Bildern. Die religiöse Haltung führt zum religiösen Ausdruck und entwickelt im Menschen eine Fähigkeit, ein Organ für religiöse Entdeckungen. Man könnte auch sagen: die Religiosität wird zur Religion. Man darf dies aber nicht so auffassen, als ob die Religion nur Phantasieerzeugnisse zum Inhalt hätte, die aus einem religiösen Bedürfnis entstanden sind. Ohne das Organ des Auges kann ich das Ding, das vor mir steht, nicht sehen. Dieses Ding ist deshalb aber nicht ein Erzeugnis meines Auges. Ebenso entdeckt auch das religiöse Organ Wirklichkeiten, die nicht erst dank dieses Organes in der Welt losgelöst von mir bestehen. Vielmehr suchen Wissenschaft und religiöses Schauen nach dem, was jenseits vom Suchenden wirklich ist. Nur geht es der Wissenschaft um Feststellungen an der Oberfläche unserer Daseinskugel, und dem religiösen Schauen um die Beziehung aller Teile zum zentralen Sinn.

Und vielleicht bleibt es da und dort immer nur ein Suchen. Wenn Religionen den Ehrgeiz haben, sich als Wissenschaften zu verstellen, darf uns das nicht beirren, ebensowenig wenn eine Wissenschaft, wie etwa die Ethik, vergessen will, daß sie bei ihrer wertenden und sinngebenden Aufgabe sich immer auf einen religiösen Kern beziehen muß.

Der religiöse Kern ist also von einer dichten Hülle bestimmter Anschauungen, Aussagen und Glaubenssätze umgeben. Diese G l a u b e n s - h ü l l e kann man von dem lebendigen Kern loslösen und sachlich, wie ein Oberflächenwissen, prüfen. So tut man es etwa mit fremden Religionen oder denen vergangener Völker. In der religiösen Wirklichkeit aber besteht ein inniger Zusammenhang zwischen der Glaubenshülle und dem religiösen Kern selbst. Dadurch erst werden die Angaben und Daten des Glaubens ein Antrieb zu religiöser Haltung, Akkumulatoren religiöser Stimmung, schöpferische Anlässe, um die täglichen Realitäten der Welt zu ordnen und ihnen Ziel und Norm zu geben. Die religiöse Haltung gewinnt durch die Glaubenshülle die Möglichkeit dauernden Bestandes.

Geschichtliche und theoretische Erwägungen machen es immer deutlicher, daß für den Menschen m o n o t h e i s t i s c h e r Haltung der religiöse Kern am tiefsten gelagert ist. Denn für den Monotheisten ist jedes Ding ein Geschöpf des Einen. Es gibt nichts, das aus der Beziehung zu dem Einen herausfallen könnte, der jedem Ding Recht, Wert und Ziel bestimmt. Von allem Gespenstischen ist die Welt nun reingefegt. Auch das Leid, auch das, was wir das Böse nennen, ist in das Schöpfungsverhältnis zu dem Einen einbezogen. Es ist ein Abrücken von der wahren monotheistischen Haltung, wenn man an eine Gegeninstanz des Bösen gegenüber dem Einen glaubt, auch wenn man auf ihn den schließlichen Sieg über seinen Gegner setzt. Es mag leichter sein, das Leid in der Welt aus dem Ringen zweier Mächte zu erklären und Methoden auszusinnen, die dem Menschen den rechten Weg des Heils (gewöhnlich in einem jenseitigen Leben) sichern. Allein der monotheistischen Haltung ziemt nicht eine Antwort, die nur um den Preis der Gottverkleinerung möglich ist. Die wahre monotheistische Haltung hat auch bei einer gedanklichen Unlösbarkeit leidvoller Erscheinungen Bestand. In dem Glauben an den Nur-Einen, in der „Emuna", wie es im Hebräischen heißt, wird das einzelne Leid zwar nicht aufgehoben, aber durch die Beziehung auf ihn in den größeren Zusammenhang gestellt und dadurch tragbar. Das ist der tiefste Sinn des Buches Hiob.

Die Liebe zu dem Einen öffnet erst den Blick für die Gleichwertigkeit alles Geschöpflichen. Sie mußte der übrigen Antike, selbst in den höchsten Vorstellungen Platos und Aristoteles', fremd bleiben und wäre in einer atheistischen Vorstellungswelt unkonsequent. Denn nicht durch seine Leistung oder

Erscheinung, sondern durch das bloße Dasein ist das Geschöpf ein göttlicher Wert. Den Nächsten lieben wie sich selbst, dieses Grundwort aus dem 3. B. M. (Kap. 19, V. 18) setzt voraus, daß man „sich selbst" als Geschöpf, also in sich Gott erkenne, um ihn im „Nächsten" zu lieben.

Schon die ältesten Dokumente monotheistischer Haltung zeigen eine im Umkreis der Antike unerhörte Art der Selbstreflexion, die t a p f e r e D e m u t : Wir sind nur Staub und Asche, trotzdem ist unser Handeln nicht unwichtig, denn wir stehen in einem Auftrag. Auf ihn kommt es an, nicht auf uns. Man lese daraufhin die Geschichte Abrahams, der die Erfüllung gerechten Urteils gegen Sodom fordert, nicht für sich, nicht für Menschen, die er kannte, sondern — für Gott. Denn Gerechtigkeit ist nicht die genaue Einhaltung eines menschlichen Kontraktes zwischen ängstlich versöhnten Gegnern, nicht das römische „ius", sondern — monotheistisch geschaut — die Sache Gottes. Das Heldentum Abrahams oder Moses' bestand nicht darin, daß sie ihre Leistungsfähigkeit in Wettkämpfen erprobten oder dem Schicksal trotzten oder gar sich an Machtlust berauschten, wie es die homerischen Helden liebten, sondern darin: daß sie ein „Wort" erfüllten, auch mit Hingabe ihres Lebens. Ihnen war weder Trotz fremd, noch Mut und Siegerfreude, aber es ging ihnen um einen höchsten Dienst: um den Einklang mit dem „Wort", um den „Schalom", den Frieden aus Demut und um das „Betuchin", das Vertrauen im Leid. „Gam su letowa", alles zum Guten, ist für den Einzelnen der Ausdruck der gleichen Haltung, die weltgeschichtlich im Messianismus offenbar wird. Die Deutung aller Begebenheiten der jüdischen Geschichte in dieser Weise blieb trotz des Wandels der religiösen Entdeckungen und Phantasien die gleiche und ging als feiner Niederschlag des Gefühls ins Erbe auch jener Generationen über, die ihre Interessen fern von bewußter religiöser Haltung auf anderen Flächen des Lebens suchten.

Die jüdischen Feste und Bräuche sind gleichsam Gebilde der monotheistischen Haltung. Damit ist die Frage gar nicht berührt, welche Verbindlichkeit ihnen beigemessen wird, ob man für ihren Gesetzgeber Gott selbst hält, der sie durch die Tora sanktionierte, d. h. ob sie „middeorajta" (von der Tora her) gelten, oder ob sie von hingebenden Deutern der Bibel herrühren, die auch in Anspielungen Gebote entdecken wollten oder zaunartige Schutzmaßnahmen um zentralere Gesetze bestimmten, d. h. ob sie „midderabanan" (von den Rabbinen) sind. In jedem Falle bedeuten die Feste und Bräuche die großen Mittel, in den B a n n der monotheistischen Haltung zu treten, sich in sie einzuformen und sie zu erneuern.

Dies ist vor allem der Sinn der G e b e t e , die nach dem Untergang des Tempels einen immer größeren Raum im religiösen Leben einnahmen. Ist doch, wie Heiler in seinem Buch „Das Gebet" nachweist, das Judentum der

Schöpfer des Gemeindegebetes geworden. Deutlich tragen unsere Gebete die Spur der Zeitalter an sich, die das monotheistische Volk durchwanderte. Sie sind zum allergeringsten Teil — was das Wort vermuten ließe — ein Bitten. Sie sind vielmehr Bekenntnisse reiner monotheistischer Haltung, ein „Ausschütten der Seele", wie Chana, Samuels Mutter, ihr Gebet nannte. Sie wollen nichts erzielen und nichts abwehren. An den wenigen Stellen, an denen persönliche Wünsche in der Ohnmacht bildhafter Worte vorgetragen werden (wie auch bei Chana), ist nur jenem letzten Gefühl Ausdruck gegeben, daß wir uns selbst mit den persönlichen Wünschen kindlich dem Einen anvertrauen. Aber Gebete als Zauberformeln für die Beschwörung des Glückes sprechen, ist nicht nur krasser Aberglaube, sondern bringt das Gebet selbst in argen Mißkredit. Es ist eben nichts anderes als ein tausendfältig variiertes Hinrufen zu dem Einen. Im Auf und Ab der Gebete sammeln wir uns selbst, mögen Allegorien und Gleichnisse früherer Zeiten uns dabei leiten und mag unsere Auffassung von Gott eine reinere sein als die des Altertums mit seinem magischen Wort- und Opferglauben oder als die des Mittelalters mit seinen engen Sünden- und Straftheorien. Wir wissen, daß urtümlich immer der nämliche Gott gemeint war, mit dem irgendeine Vorstellung zu verknüpfen eine Fälschung ist. Darum sprach man nicht einmal das Wort aus, mit dem man ihn bezeichnete, man sagte bloß „Herr" (adonaj) oder „Der Name" (haschem) oder „Der Ort" (hamakom) oder „Der Gepriesene" (schemijitborach). Besonders Demütige sagen sogar außerhalb des Gebetes statt adonaj nur: adoschem und statt elohim (Gott): elokim. Denn auch die übliche Ersatzbezeichnung hat für sie schon Heiligkeitswert, den man leicht zum Falschen mißbrauchen könnte. Und Heiligung des Namens (Kiddusch haschem) durch die Tat ist Heiligung des Lebens. In unserer menschlichen Sprache kommen wir aber nicht ohne Bilder aus. Mit bestimmbaren Handlungen verweisen wir auf das Unbestimmbare, mit einem endlichen Bild auf das unendliche Sein, und jeder Name meint das Namenlose.

Den jüdischen Festen und Bräuchen anhangen, bedeutet aber noch mehr, als in den tiefsten Augenblicken die Schauer der Geschöpflichkeit erfahren, es bedeutet auch: die ganze Entwicklung des Glaubens mit den Generationen wiederholen und so mit Menschen der gleichen religiösen Haltung eine Verbundenheit fühlen, aus der allein der Weg in eine neue Zukunft des monotheistischen Volkes führt.

ELSE RABIN

Das jüdische Haus
Von Else Rabin

SEIN eigenes irdisches Wesen dem Göttlichen anzunähern, betrachtete der jüdische Geist seit je als höchste Aufgabe. „Heilig sollt ihr sein, denn ich bin heilig, der Herr, Euer Gott" (3. B. M. 19, 2). Dieser Wille formte auch die Stätte, in der sich das persönliche Leben im engen Rahmen entfaltete, das jüdische Haus, als „Bajit neeman bejisrael", als ein wahrhaftes Heim inmitten der Volksgemeinschaft.

Im Joch des freiwillig übernommenen Gesetzes geht der Jude seinen Weg zum Heiligen, zu Gott. Das Gesetz, das der Wirrnis des gewalttätigen Lebens den Zwang autoritativer Forderung auferlegt, durchtränkt daher auch das Leben im jüdischen Hause mit seinen Ideen. Generationen versenkten sich liebevoll in den Willen des Gesetzes, spürten seinen letzten Absichten nach und arbeiteten an dem Zaun, der seinen Gehalt vor Vernichtung zu wahren hatte. Kindhaft reine Naivität des Herzens gestaltete Symbole, die gradlinig einfach dem grundlegenden Gefühl der jüdischen Seele Ausdruck geben, unter der Führung des Gesetzes den Abstand zu mindern zwischen dem Irdischen und dem Heiligen.

Echt verstanden und sinnvoll geübt, verflacht diese Form nie zum leeren Schema, zum Selbstzweck. Wie die B'somimbüchse den lieblichen Duft des frohernsten Ruhetages in sich bewahrt und ihn am Ausgang des Sabbats in den Alltag hinüberströmen läßt, so tragen Form und Zeremonie in sich die Seele des Gesetzes, die sie dem Wahrer der Form übermitteln. Die Form ist nur Mittel zum Zweck, und dieser ist Bindung an das Heilige, „lo nitnu hamizwot ele lezaref bahen et habriot". „Nicht sind die Gebote zu einem anderen Zwecke gegeben, als um die menschlichen Wesen durch sie zu läutern." So geht Liebe den Weg zum Ideal, getragen von dem Sehnen, der Vollendung näher zu kommen, dem Willen, im Opfer die Bereitwilligkeit zu völliger Hingabe zu erweisen und dem Wunsch, sich durch Erinnerungszeichen der Bindung bewußt zu bleiben. Aus diesen inneren Triebkräften lebt auch die Form im jüdischen Haus, die Tradition seiner Lebensführung und seines Zeremoniells, sie ist erfüllt von Sehnsucht, Opferwillen und Willen zur Erinnerung.

Die Eigenart des jüdischen Hauses, der Wille zur Heiligung aller Lebensäußerungen und die Bindung an den seelischen Inhalt des Gesetzes, schuf eine Atmosphäre bewußt kulturzeugender Kraft. Das jüdische Haus bewahrte diese durch Jahrtausende, seit den Urvätertagen, als Abraham sein Zelt nach allen vier Seiten offen hielt, damit der Wanderer sich mühelos dem gastlichen Herde nähere, und das Wirken Sarahs wie ein helles Licht das Zelt erleuchtete, bis hinaus über die mittelalterliche Epoche des Diasporalebens, die das jüdische Haus in das Ghetto bannte. Unter den Beduinen Palästinas, in den engen Gassen der Ghetti, die durch Tore gegen die Christenstadt abgeschlossen waren, aber auch in der Freizügigkeit des Getriebes der Großstädte stand das jüdische Haus in einer steten Isolierung, stark und standhaft durch die Bindung an Gott und an sein Gesetz.

Der Jude, der sich an die Tradition bindet, gibt diesem Willen bereits bei dem Eintritt in die Stätte seines Lebens Ausdruck, indem er den Tag des Einzuges in ein neues Heim durch eine religiöse Feier weihte: C h a n u k k a t h a b a j i t (Weihe des Hauses). Der Hausvater sucht eine Ehre darin, an diesem Tage durch einen jüdischen Gelehrten sich und seinem Familienkreise Worte der heiligen Schrift ins Gedächtnis rufen zu lassen. Nach der Tradition gelangen Psalmen zum Vortrag, zunächst Psalm 30, der von Leid und Freude, Verzagtheit und Hoffnung spricht, dann Psalm 15, der von der Gesinnung redet, welche das sittliche Leben des Menschen gründet. Es folgen Schilderungen eines reinen Familienlebens, in dem Mann und Frau Gott dienen und gesunde Kinder zu tätigem Leben erziehen, wie Psalm 127 und 128, und Worte des Glaubens und innigen Vertrauens zu dem Hüter Israels, der nicht schläft und nicht schlummert und das Große wie das Kleine in seiner Obhut hält (Psalm 121).

Als äußeres Wahrzeichen für den Geist, der das Haus beseelen soll, hat bereits vor dieser Einweihung des Hauses der Hausherr (Baal habajit) an die Eingangspforte wie an alle Türen der Wohnräume zur Rechten des Eintretenden die Mesusot mit einem Segensspruch: „baruch ata... ascher kidschanu bemizwotav weziwanu likboa mesusa" (Gepriesen seist du... der uns heiligte durch seine Gebote und uns befahl, die Mesusa zu befestigen) angeschlagen, und zwar im oberen Drittel des Türpfostens, aber mit der Hand erreichbar, ein wenig schief, so daß das obere Ende der Mesusa nach dem Innern des Wohnraumes gerichtet ist. Die M e s u s a ist ein schmales Röhrchen aus Glas, Holz oder Metall, das etwa 5—12 cm lang ist. Die Röhre enthält auf einem Pergamentstreifen, der aus der Haut eines reinen Tieres hergestellt wird, die Abschrift der Deuteronomiumverse 6, 4—9 und 11, 13—21. Die Rückseite des Pergamentes trägt das Wort Schaddaj, Allmächtiger. Das zusammengerollte Blatt wird der Röhre so eingefügt, daß die Gottesbezeichnung Schaddaj allein durch eine kleine Öffnung der Röhre dem Betrachter sichtbar ist. Die Stellen der heiligen Schrift, welche die Mesusa enthält, verkünden das Bekenntnis des Juden: „Höre Israel, der Ewige ist unser Gott, der Ewige ist einzig!" und rufen die damit verknüpfte Mahnung ins Gedächtnis, die Stätte des Hauses zu einer Stätte ununterbrochener Lehre von dem Willen Gottes und dem wahren Dienste zu machen und beim Aufstehen wie beim Niederlegen, beim Wandeln wie beim Ruhen, die Erben des Hauses zu Erben des jüdischen Geistes zu erziehen.

Im Äußeren wie im Inneren trägt das jüdische Haus Zeichen der Verbundenheit mit jüdischer Tradition und jüdischer Geschichte. Im Wohnzimmer findet sich oft ein Wahrzeichen für die häusliche Andacht. Ein Bild, „M i s r a c h", bezeichnet die Gebetsrichtung. Da der Jude im Gebet sein Antlitz gen Osten wendet, nach der Richtung, in der Jerusalem liegt mit der Stätte des zerstörten Tempels, wird das Bild Misrach (Osten) genannt. Der „Misrach" ist eine Originalzeichnung oder auch ein Druck auf Pergament oder Papier, vielfach auch ein Werk weiblicher Handarbeit auf Seide oder Sammet. Er weist stets den Gottesnamen auf, gern auch Darstellungen der Stadt Jerusalem oder des Tempels, manchmal der Klagemauer (Kotel maarawi), des letzten Restes jüdischen Glanzes aus alter Zeit, oder er trägt Embleme, die in der jüdischen ornamentalen Kunst gern verwendet werden, wie das von Löwen bewachte Davidsschild (Magen David), die von Engeln getragene Torakrone (Keter tora) u. a.. Gewöhnlich steht über dem Worte „Misrach" der Psalmvers: „Vom Aufgange der Sonne bis zu ihrem Untergange sei der Name des Herrn gelobt" (Ps. 113, 3). In den weiten Kreisen der von den Lehren der Kabbala (der jüdischen Mystik) erfüllten Schichten der Chassidim trägt das Misrachblatt viele Sprüche und Kombinationen kabbalistischen Sinnes.

Der „Misrach" findet sich insbesondere in den inniger mit den Bräuchen der Tradition verbundenen Häusern der östlichen Länder, aber auch in Süddeutschland wie bei den holländischen Juden und fast überall bei den Sefardim. Im Osten sieht man auch häufig ein anderes symbolhaftes Erinnerungszeichen an den Tempel zu Jerusalem. Der Tempel zu Jerusalem, die von frommen Legenden umwobene heiligste Stätte der Erde, welche Gott noch vor der Erschaffung der Welt zu bilden gedachte, ist ein Sinnbild für den reinen gottgemäßen Willen des Menschen. Seine Zerstörung wird als verdiente Strafe für die Sünden angesehen, die das Volk vom rechten Wege abirren ließen. Gemäß einem talmudischen Spruche (Baba Batra, 60 b) soll sich der fromme Jude die Unvollkommenheit des menschlichen Seins dadurch in ständiger Erinnerung halten, daß er eine Stelle an der Wand seines Hauses oder eines Zimmers dunkel, ungetüncht läßt, ein düsterer Fleck in der Helligkeit, „s e c h e r l'c h u r b a n" (bet hamikdasch), zur Erinnerung an die Zerstörung (des Heiligtums).

So innig hängt das Herz des Juden an der religiösen Andacht, daß manches jüdische Haus sich selbst zum kleinen Tempel gestaltet. Ein besonderer heiliger Schrank, ein kleiner aron hakodesch, hütet eine handgeschriebene

Torarolle, ein sefer tora. Dieser mit liebevollem Stolz gewahrte Besitz gibt die Möglichkeit zu häuslichem Gottesdienst im Kreise der zehn Männer, die Zusammenkunft eines „Minjan" im Gebet, wohl auch zum Studium der Lehre, zum „Lernen". Dann erfüllt sich das jüdische Haus mit dem vertrauten Klange des gesprochenen Singsangs, des Talmudnigun, der bei der Aussprache über die Urväterweisheit nach der alten Sitte beibehalten wird. Frage und Antwort, Kaschja und Tiruz, erklingen, ein Geisteskampf entfaltet sich über die Probleme des alltäglichen wie des außerirdischen Lebens, und vom Bücherständer werden zum Beweis und Gegenbeweis eilfertig die ehrwürdigen „S'farim", die Talmudfolianten, Kommentare, Gesetzeskodices und Responsenwerke aus der Welt des weiten jüdischen Schrifttums herbeigeholt.

Wohl ausnahmslos alle jüdischen Häuser konnten sich, bis zum Beginn der modernen Aufklärung, die die Geister anderen Wissensstoffen zudrängen ließ und den traurigen Anlaß gab, das Eigene zu vernachlässigen, des Besitzes einer mit echtem Verständnis gepflegten eigenen Büchersammlung rühmen. Der Urahn hatte sie dem Sohne vererbt, und dem Enkel sind die „S'farim" mit dem Bilde der Denkerstirnen verknüpft, die sich lernend über sie neigten. Mit Ehrfurcht vor dem „Denkerstolz im Knechtsgewande" vergegenwärtigen wir uns die Tatsache, daß jedes jüdische Haus im Mittelalter, der Zeit der stärksten äußeren Bedrängnis, sich zur Stätte der „vier Ellen der Halacha" (des Religionsgesetzes) gestaltete und ferner außer Werken aus dem biblischen und talmudischen Schrifttum Werke der jüdischen Religions- und Moralphilosophie besaß, die den oft gesuchten Aufschluß in allen Konflikten des menschlichen Lebens gaben. Bücher wie Bachja ibn Pakuda's „Chowot halewawot" (Herzenspflichten) oder R. Isaak Aboab's „Menorat hamaor" (Licht verbreitender Leuchter) waren dank ihrer religiösen Grundstimmung oder dank der einfach klaren Art, mit der sie die Fragen des Alltags an der Hand des jüdischen Gesetzes und der jüdischen Sitte erörterten, Lieblingsbücher im jüdischen Haus. Eltern pflegten sie ihren Kindern in die Hand zu geben, wenn diese in die Ehe traten und selbst eine neue Stätte jüdischen Lebens gründeten. Ein Beweis für die Verbreitung besonders volkstümlicher Bücher ist die Tatsache, daß der „Menorat hamaor" in zwei Generationen 26 Auflagen erlebte.

Zu den Schätzen des Geistes gesellen sich in der Regel im jüdischen Hause eine Fülle kleinerer oder größerer Gegenstände der Kunst, die verschiedenen Gebrauchsstücke des rituellen religiösen Lebens. Aus Silber, Messing, Zinn oder Kupfer, je nach dem Vermögensstand des Besitzers, gebildet, erfreuen Sabbatleuchter und vielarmige Hängelampen mit ihren einfachen zweckmäßigen Formen das Auge. Im Glasschrank warten Kiddusch- und Hawdalabecher wie die B'somimbüchse auf die Sabbatfeier, der sie zu dienen haben. Wieviel pietätvolle Erinnerung verknüpft sich später für den Erwachsenen mit diesen Gegenständen! Er erinnert sich des kleinen, etwas verbogenen Hawdala-Kerzenhalters, vor dessen Licht die Hände des Vaters beim Sabbatausgangsspruch, der Hawdala, rosig erglänzten. Er gedenkt der Lust, mit der seine Kindeshand die Fähnchen der silbernen, wie ein Türmchen geformten B'somimbüchse hin- und herbewegte, immer in Furcht, daß sie sich von den silbernen Stänglein lösen könnten. Er denkt, wie seine Augen den frommen Sprüchen folgten, die in feiner Gravierung dem Kidduschbecher und Hawdalateller eingegraben waren. Und er erinnert sich mit Ehrfurcht der Geräte, die nur einmal im Jahr zu Ehren besonderer Feste hervorgeholt wurden, der dreifach geschichteten Sederschüssel, des altertümlichen Chanukkaleuchters, der Etrogbüchse, welche die Form eines Etrog hatte, der auf Blättern ruht, der Teller, die für das Austragen der Schlachmanot, der Liebesgaben zu Purim, bestimmt waren. Wie unvergeßlich schön war die Barchesdecke, die die Mutter am Freitag Abend über die Sabbatbrote breitete. Aufgerichtete Löwen in gelbroter Farbe, mit roten Zünglein in den geöffneten Mäulern, trugen in ihren Tatzen die Torakrone, in die goldene und bunte Perlen eingestickt waren. Die Mutter hatte oft erzählt, daß die Großmutter die feine Gobelinstickerei in der mühseligen Arbeit vieler Winterabende gefertigt hatte, und daß der Urgroßvater von Haus zu Haus gegangen war, um das kunstvolle Werk bewundern zu lassen. Für den Seder, die abendliche Feier des Passahfestes, hatte die Mutter eine schöne Mazzotdecke hervorgeholt und eine kleine Afikomentasche, in der das Stück Mazza verwahrt wurde, das der Vater vor der Abendmahlzeit abbrach und dann mit Scherzworten aus der Hand der Kinder am Schlusse des Mahles auszulösen pflegte. Sie hatte am Sederabend auch einen Zierbezug für das Ruhekissen herbeigebracht, auf das sich der Vater beim Feste der Freiheit als freier Mann zu stützen pflegte. Ganz wie ein Priester sah der Vater an diesem großen Festabend aus, im weißen Leinenkittel, auf dem Haupte die weißseidene, mit der Silberborte geschmückte Mütze priesterlicher Würde. Schon das Kind hatte es gewußt, daß dieser einfache Leinenkittel, den der Vater am Sederabend wie an dem heiligsten Tage des Jahres, am Jomkippur, trug, einst zusammen mit dem Gebetmantel das Kleid sein würde, das dem Menschen auf seinem letzten irdischen Wege mitgegeben wird.

Angesichts so vieler heilig ernster, wehmütig froher Erinnerungen, die sich für das jüdische Gemüt mit dem Ritual verknüpfen, das den Gebrauch dieser Dinge veranlaßt, ist es unnötig, zu fragen, was das Geistesleben mit den gegenständlichen Symbolen zu tun haben kann, und ob das Wesen des Menschen so materiell ist, daß ihm Geist in Formen und Dingen festgebannt dargeboten werden muß. Gewiß sind alle sinnfälligen Symbole eine Konzession an den Wirklichkeitssinn. Aber sie sind eine Brücke, die den Menschen leichter die

Kluft zwischen Wirklichkeit und Ideal überschreiten läßt. Es ist eine eigentümlich feierliche Würde um die Schönheit von Formen und Bräuchen, an die sich eine bedeutende Idee knüpft. Der Wille zur Bindung an das Göttliche legt eine Stimmung der Würde über den Alltag. In aller Hast der täglichen Arbeit bewahrt das jüdische Haus geruhigen Ernst und geheiligte Freude, die geweihte Stunde und die festliche Lebenshaltung. Sie sind notwendig gegeben mit der Bindung des Tages und des Jahres an die Stunden des Gebetes und die Feier von Festen religiösen und nationalen Charakters. In dem Einerlei der täglichen Arbeit flammt während der Minuten der häuslichen Hingabe an das Gebet und während der gemütvollen Feier der großen Feste das Licht von den Feuersgluten des Sinai auf, bei denen das Volk seinen Bund mit dem Ewigen schloß.

Das Leben im jüdischen Hause ist vielfältig in seiner Gliederung. Sabbat und Werktag, Feiertag und Trauertag finden ihre besondere Gestaltung. Die Sukka gehört ebenso gut zum jüdischen Hause wie die große Kiste, die während des Jahres das österliche Geschirr in ihrer Obhut hält. Der Sabbatklopfer an der Tür ist nicht weniger ein Wahrzeichen als der Sabbatofen in der Küche*) (Ex. 35, 3). Alles wirkt auf Auge und Sinn der Jugend. Es ist eine geschlossene Welt, eine Welt jüdischer Innerlichkeit, im Äußerlichen geborgen, die das Kind in ihren Frieden aufnimmt.

In diese Welt des Religiösen, das alle äußeren Elemente des jüdischen Hauses bedingt, fügt sich auch in seiner minutiösen Pflichtenfülle das jüdische Speisegesetz.

Der Charakter der Isolierung des jüdischen Hauses erhält seine unübersehbare Note in der Einrichtung der Küche. Die doppelte Anzahl der Tische, auf denen das Essen zum Kochen vorbereitet wird, die auffällige Trennung bestimmter Gebrauchsgegenstände erinnern an die strengen Vorschriften der Speisegesetze, denen sich das jüdische Haus willig unterwirft. Diese Speisegesetze erstrecken sich im wesentlichen auf das Verbot, das Fleisch bestimmter Tiere zu genießen und Tiere zu Speise zu benutzen, die nicht nach den Vorschriften der Schechita, der gesetzesgemäßen Schächtung, getötet worden sind. Sie verbieten ferner den Genuß von Blut und schließlich von Gerichten, bei denen Fleisch und Milch, bzw. Fleisch- und Milchprodukte, miteinander vermengt werden.

---

*) Der Sabbatklopfer ist ein Schlegel aus Metall, der dem Besucher die Möglichkeit gibt, am Sabbat seine Ankunft durch ein Klopfgeräusch bemerkbar zu machen. Die Benutzung der elektrischen Klingel würde eine Übertretung der biblischen Vorschrift, am Sabbat kein Feuer im Hause zu entzünden, herbeiführen. Die Einrichtung des Sabbatofens entspricht dem gleichen Zweck. Er erlaubt es, die schon am Rüsttage zum Sabbat vollständig fertiggestellten Speisen warm zu halten. Der Sabbatofen findet sich in der jüdischen Küche in allen Schattierungen der Technik, vom Grudeofen bis zu dem einfachen Blechgerüst, in das die palästinensische Hausfrau ihre vierundzwanzig Stunden brennende Petroleumlampe stellt.

Die Speisegesetze gehen auf die Tora zurück, die zwischen „reinen" und „unreinen" Tieren unterscheidet. (Vgl. Lev. 11 und Deut. 14, 3—21 u. a.) Von den Säugetieren gelten nur die Wiederkäuer mit gespaltenen Klauen als rein. Demnach verbannt das jüdische Haus das Schweinefleisch von seinem Tisch und verzichtet auf das Fleisch des Hasen wie des Kaninchens. Von den Fischen sind nur diejenigen für den Genuß erlaubt, die Flossen und Schuppen haben. Aale, Krebse, Krabben u. a. sind für den Genuß verboten.

Man hat vielfach versucht, für die einzelnen Verbote hygienische Gründe zu suchen, und die in der Tora so oft wiederkehrenden Begriffe „rein" und „unrein" hauptsächlich als Charakteristika der Hygiene und Sauberkeit anzusehen. Nun hat zweifellos die Enthaltung von einigen der verbotenen Genüsse äußerst günstige hygienische Folgen. Bekannt ist die mit dem Genuß von Schweinefleisch verknüpfte Trichinengefahr und in heißen Gegenden die Gefährlichkeit des Genusses von Aalen und Krabben, die sich in Moränen aufhalten. Aber die Hygiene, eine dankbar begrüßte Auswirkung der Vorschriften, ist keineswegs das eigentliche Motiv des jüdischen Religionsgesetzes. Dies ist allein das religiöse, die Bindung aller Lebensinhalte des Menschen an die höhere Aufgabe, seine Einung mit Gott. In diesem Sinne stellt die Tora das Verbot des Genusses gewisser Tiere in Zusammenhang mit der Heiligung des Menschen. „So heiligt euch, daß ihr heilig werdet, denn heilig bin ich, bemakelt nicht eure Seelen an allem Gewimmel, das auf der Erde sich regt." (Lev. 11, 44; vgl. Deut. 14, 3, 21.)

Das Fleisch der erlaubten Tiere (mit Ausnahme der Fische) darf nur genossen werden, wenn sie gemäß der religionsgesetzlichen Vorschriften geschlachtet worden sind. Die „Schechita" darf nur von einem eigens dazu ausgebildeten Fachmann, der sich einer besonderen Prüfung unterzogen hat und ein besonders frommes Leben führt, vorgenommen werden. Ein „challaf", d. i. ein scharfes, völlig schartenfreies Messer ohne „pegima" (Scharte) muß die Kehle des Tieres in einem Zuge ohne Unterbrechung so durchschneiden, daß zugleich Luftröhre und Speiseröhre fast gänzlich durchschnitten werden und eine vollständige Ausblutung auf dem schnellsten Wege erfolgt. Beim Vieh müssen nachher noch Lunge und die Organe um sie herum untersucht werden („Bedika"), erst dann darf das Siegel darauf gegeben werden, das bescheinigt, daß das Fleisch rituell geeignet, d. h. k a s c h e r ist. Man nennt eine solche Bescheinigung einen „H e c h s c h e r". Im gegenteiligen Fall ist das Fleisch „t e r e f a" (trefe), d. h. zerrissenes. Beim Geflügel wird die Speiseröhre (weschet) auf ihre Makellosigkeit untersucht. In komplizierten Fragen hier zu entscheiden ist eine der Aufgaben der Rabbiner.

Doch auch mit der vorschriftsmäßigen Schächtung allein ist das Fleisch des Tieres für die jüdische Küche noch nicht gebrauchsfertig. Der Genuß des

Blutes ist dem Juden verboten. In der Heiligen Schrift wird die Forderung der Enthaltung von Blut bereits dem Noa ausgesprochen. (Gen. 9, 4.) Obgleich die Schächtung eine starke Ausblutung herbeiführt, wird das Fleisch in der Küche noch einer weiteren Prozedur unterzogen, um ihm das Blut möglichst vollständig zu entziehen. Gemäß der rabbinischen Vorschrift müssen schon unmittelbar nach der Schächtung auch die großen Blutadern des Tieres durchschnitten und bei der Entfernung der verbotenen Fett-Teile, dem sogenannten „Tribern" oder „Porschen", die tiefer liegenden Blutadern entfernt werden. In Befolgung der Gebote der Tora und der minutiösen Vorschriften der Rabbinen vollzieht die jüdische Hausfrau an dem Fleisch, das sie zubereiten will, die Prozedur des Koschermachens. Beim Koschermachen wird das Fleisch sorgfältig abgespült und eine halbe Stunde im Wasser liegen gelassen, dann von allen Seiten mit Salz bestreut, nach Ablauf einer Stunde vom Salz gereinigt und gründlich abgewaschen. Stark bluthaltigen Teilen, wie der Leber, wird das Blut durch die offene Flamme entzogen. Beim Geflügel soll man vorher die Lunge herausnehmen, das Geflügel weit öffnen, den Kopf spalten und das Hirn ablösen. Die Vorsicht geht sogar soweit, daß jedes Ei durch gesondertes Aufschlagen geprüft wird, ob sich nicht in seinem Innern ein Blutstropfen befindet. Auch die kleinste Spur macht das Ei zum Genuß untauglich.

Schließlich die letzte der grundlegenden Vorschriften, welche die Haushaltsführung der jüdischen Küche bestimmen: die Trennung der fleischigen und milchigen Gerichte. Die Vorschrift geht auf die biblische Forderung zurück: „Du sollst nicht kochen das Böcklein in der Milch seiner Mutter." (Ex. 23, 19; 34, 26 u. Deut. 14, 21.) Fleisch und Milch, bzw. aus ihnen hergestellte Produkte, dürfen daher in Deutung der Toraworte (Talmud-Traktat Chullin 115 b) nicht miteinander in der Zubereitung verbunden und auch nicht zugleich miteinander genossen werden, ja nicht einmal knapp hintereinander. Nach Fleischspeisen soll man mehrere Stunden warten, ehe man milchige Speisen genießt, nach milchigen genügt eine bedeutend kürzere Zeit. Auch alle zur Zubereitung der Speisen zu benutzenden Gegenstände richten sich nach dieser Vorschrift der Trennung. Die jüdische Küche enthält demnach besondere „fleischige" und „milchige" Töpfe, Teller und Bestecke, die gesondert gehalten und gesondert abgewaschen werden. Sie kennt außerdem für Speisen neutralen Charakters, wie Fische, Eier u. a., neutrale Gebrauchsgegenstände, die weder als „fleischig" noch als „milchig", sondern als „parve" oder „minnig" angesehen werden.

Es ist müßig, darüber zu streiten, ob die biblische Forderung, das Böcklein nicht in der Milch der Mutter zu kochen, ihren letzten Grund in dem Willen hat, den Menschen von jeder Tierquälerei fernzuhalten und ihn zur äußersten Rücksicht auch auf die Empfindungen der stummen Kreatur zu erziehen. Von dieser Tendenz sind z. B. die biblischen Verbote getragen: „Du sollst mit Ochs und Esel nicht zusammen pflügen" (Deut. 22, 10), „Du darfst dem Ochsen beim Dreschen nicht das Maul verbinden" (Deut. 25, 4). Der traditionsgläubige Jude fragt nicht nach den Gründen des Verbotes. Er erfüllt die Forderung um Gottes willen und nimmt das „Joch des Gesetzes" gern auf sich, weil die Bindung des Willens ein Weg der Heiligung ist. Gerade auch mit der Forderung, das Böcklein nicht in der Milch der Mutter zu kochen, wird der Gedanke der Heiligung in Verbindung gebracht (Deut. 14, 21).

Man beginnt heute wieder zu ahnen, daß die Sonderart des jüdischen Hauses einer der grundlegenden Bausteine für eine jüdische Kultur ist. Sie birgt schöpferische Erziehungskräfte in sich, sie schafft jeder einzelnen Seele den Zugang zu einer Welt sittlicher Anschauungen, zu den Gesetzen eines veredelten Seins. Die Folge der strikten Unterordnung des individuellen Lebens in allen kleinen Lebenszügen und täglichen Pflichten unter das Zeremoniell des Gebetes und der Andacht, die Wiederkehr heiliger und festlicher Tage, die Unterwerfung aller sinnlichen Menschenkräfte unter das Gesetz, prägt den jüdischen Kulturmenschen.

Der jüdische Kulturmensch ist zunächst ein Mensch des Prinzips. Er kennt die Auseinandersetzung mit den Mächten des Gewissens, den Kampf mit dem Trieb, über den er siegt, indem er sich dem Gesetz unterwirft. Er kennt die Frage: „Handle ich recht?" und hat willig lernend die tausendfache Antwort der Tora in sich aufgenommen. Er ehrt die Begriffe Pflicht und Entsagung, Dienst und Autorität, Familien- und Volksgemeinschaft. Ihm erschließt sich durch das dem Gesetz unterstellte häusliche Leben die Liebe zu Gott, Welt und Mensch.

Zur Pflicht ruft das tägliche Gebet, das seinen Morgen eröffnet, seine Mahlzeit abschließt und seinen Abend krönt. Entsagung lehren ihn die strengen Speisegesetze. Achtung vor der Autorität flößt ihm die Würde ein, mit der das jüdische Haus die Träger seiner Kultur, die Eltern, umkleidet.

Seit den Tagen der Urväter haftet der Beziehung der Eltern zu den Kindern im echten jüdischen Hause etwas Patriarchalisches an. Sie sind die Gebietenden, die Führenden. Sie können es um so eher, wenn sie in der Liebe zum jüdischen Gesetz leben. Denn dieses erhebt auch die einfachsten Durchschnittsseelen zu Trägern einer Idee. Mag die Welt ihr Gewöhnliches und ihren Alltag haben, über den Häuptern jüdischer Eltern leuchtet für die Augen der Kinder etwas vom überirdischen Glanz. Unvergeßlich bleibt jeder Kindesseele das Bild eines Vaters, der in der Morgenfrühe, in seinen Gebetmantel gehüllt, geschlossenen Auges mit seinem Gott Zwiesprache hält.

Die strenge Ordnung des häuslichen jüdischen Lebens zwingt die Hausfrau zur selbsttätigen Aufsicht und Mitarbeit. Sie muß die „Wächterin über die Führung ihres Hauses" sein, und diese natürliche Betätigung im Hauswirtschaftlichen erhält ihr die gesunden Kräfte der Dienstwilligkeit und Aufmerksamkeit für das Wohl der anderen. In dem echten jüdischen Hause ist daher das jüdische Idealbild der „Eschet chajil", der hilfsbereiten, den Eigenen wie den Fremden in Liebe dienenden wackeren Frau erhalten geblieben.

Jüdische Kinder pflegen in Ehrfurcht ihren Eltern anzuhangen. Der Talmud erzählt von dem blinden Rabbi, der den Schritt seiner Mutter hört und ausruft: „Ich will mich erheben vor der Heiligkeit Gottes." (Kidduschin 31b.) Das Gesetz „Kabed et awicha w'et imecha" („Ehre Vater und Mutter") hat den stärksten Widerhall in den Herzen der jüdischen Menschen gefunden. „Vater und Mutter ehren und bis in die Wurzel der Seele ihnen zu Willen sein: diese Tafel der Überwindung hängte ein anderes Volk über sich auf und wurde mächtig und e w i g damit", urteilt Nietzsches Zarathustra. Es ist für uns interessant, daß er bei der Charakteristik der Folgen, die für jedes Volk mit dem ihm eigentümlichen idealistischen Wesenszuge verknüpft sind, allein bei dem jüdischen Volke Ewigkeit des Bestandes hervorhebt.

Was dem deutschen Philosophen unbewußt als Urteil unterlief, ist dem näheren Kenner der wechselvollen Geschichte des jüdischen Volkes immer klar ins Bewußtsein gedrungen. Die innige Liebe, die Eltern und Kinder wie den weiten Kreis der Familie aneinander bindet, ist einer der Faktoren, der den Bestand der jüdischen Gemeinschaft sichert.

Der Wege zu Gott sind manche, das Gesetz ist der sicherste von ihnen, in anderer Weise bedeutsam ist der Weg durch den Menschen zu Gott. Wenn der jüdische Mensch seine Verbindung mit Gott durch Taten der Güte beweist, so hat ihn dazu außer dem Gesetz auch das Erlebnis der Liebe befähigt, die er selbst im Elternhause, im jüdischen Hause, empfangen hat. Die überströmende, sich selbst vergessende Liebe der Eltern zu den Kindern ist ein Sonderzug des jüdischen Hauses. Verschiedene Momente haben diese ungemein starke seelische Bindung der Eltern an ihre Kinder hervorgerufen. Die Isolierung des jüdischen Menschen in der Umwelt, die Leidensgeschichte des Volkes, die durch die heilige Schrift anerzogene Rücksichtnahme auf den Mitmenschen überhaupt, wie das unverwischbare Bewußtsein des Juden von seiner Aufgabe in der Welt geben dem Wohl und dem Wehe der Kinder in den Augen der Eltern eine alles überragende Wichtigkeit. Um der Kinder willen lebt der jüdische Mensch. Sie sind die Welt, in der sich sein Ideal einst vollenden soll. Sie nehmen die Arbeit am Geistesgut auf, wenn seine Hände sie müde vom Lebenskampf sinken lassen müssen. Von solchen Antrieben getragen, gelangen jüdische Eltern vielfach zu einer völligen Ausmerzung der eigenen Lebensansprüche um der Kinder willen. Man hat aus pädagogischen

Gründen diese überstarke Liebe oft getadelt, da man Mangel an Selbständigkeit und Verweichlichung als ihre Folgen befürchtet. Aber die Erfahrung solcher Liebe gibt auch ein kostbares Gut in die Welt mit: den Glauben an Liebe überhaupt. Nur wer Liebe erfahren hat, wird fähig, sie weiter zu geben von Geschlecht zu Geschlecht, an den weiteren Kreis der Gemeinschaft.

Die Familienliebe ist die Grundlage für die Liebe zur Gemeinschaft. In der Sorge für das Wohl der eigenen schärft sich der Blick für die Entbehrungen und Lebensnotwendigkeiten der anderen. Dazu tritt der erzieherische Wille des jüdischen Gesetzes, das im häuslichen Leben zur Richtschnur des Handelns dient. Das jüdische Kind braucht nicht in Volksversammlungen soziale Gesinnung zu lernen. Das Haus ist die Stätte seines ersten Lernens. In dem Ernst, der das Leben des jüdischen Hauses trägt, lebt der Gedanke, daß jeder in seinem Tun und Lassen nicht nur für sich selbst, sondern für die ganze Gemeinschaft verantwortlich ist. Hinter dem „Du sollst" und „Du sollst nicht", dem sich die Glieder des jüdischen Hauses in der Befolgung des Gesetzes freiwillig unterwerfen, steht sichtbar-unsichtbar das Bild des Ganzen, das durch die Tat des Einzelnen gefördert oder geschädigt wird.

Aus der Fülle feinster Kanäle fließt im echten, bewußt-jüdisch lebenden Hause die soziale Idee in die Seelen der Kinder.

Der Sabbat wird streng gewahrt: Er lehrt die Ehrfurcht vor dem Fleiße des Arbeiters, der sich nach Ruhe sehnt. Er lehrt Schonung von Mensch und Tier. Er hält das Bewußtsein von der Göttlichkeit der Weltschöpfung fest.

Ein Haus wird gebaut: Um das flache Dach wird nach der Toravorschrift eine Ballustrade errichtet, um das Leben dessen zu schützen, der das Dach betritt.

Ein Garten wird bepflanzt: Während dreier Jahre dürfen die Kinder von den umjubelten ersten Früchten der Obstbäume nichts genießen. Bei den anderen religiösen Gründen, die hierbei maßgebend sind, bei der Absicht, die Kraft des Bodens zu wahren, ist hier wie immer Enthaltsamkeit und Schonung des Werdenden höchstes Gesetz.

Die Gabe des Bodens wird von dem Landmann als Geschenk der Gottesnatur empfangen: Er gibt einen beträchtlichen Anteil, M a a s s e r , den Armen weiter, eine sinnfällige Mahnung an den göttlichen Ursprung allen irdischen Gutes.

Irdisches Gut wird errungen: Wiederum gilt das Gesetz, das für die Bedürftigen den zehnten Teil, Maasser, fordert.

Die Übung der Z e d a k a ist im jüdischen Hause eine mit Freude übernommene Pflicht, eine M i z w a , in deren Erfüllung eine besondere Ehre gesucht wird.

Ein Toter wird bestattet: man gibt ihm das Geleit. Man eilt in das Trauerhaus, um im Kreise der Trauernden die Gebete zu sprechen. Man sendet in das Trauerhaus Speise und Trank, damit sich die Trauernden ungestört ihren Gedanken während der Tage der Schiwa überlassen können.

Soziale Schranken gelten nicht: Du darfst dich deinem Bruder nicht entziehen, lautet das Torawort. „Wer hungrig ist, der komme und genieße mit," so ruft der Jude nicht nur am Sederabend aus.

In der Erfüllung des Gesetzes übt er während des ganzen Jahres „G e - m i l l u t c h e s s e d", werktätige Liebe. Er ladet den „Orach" (Orach = Gast) an seinen Tisch, achtet in ihm den Träger der gleichen Idee und betrachtet den Bedürftigen nicht als Almosenempfänger, sondern als rechtmäßig Fordernden. Denn jeder Jude weiß, daß Zedaka ihrem Wesen nach nicht huldvoll geübte Wohltat ist, sondern die Gerechtigkeit, zu der der Mensch ausersehen ist, um durch seinen Willen die Ungleichheit der menschlichen Geschicke zum besseren Ausgleich zu bringen.

Die Fülle der inneren kulturellen Beziehungen, die so dem werdenden Geist innerhalb des jüdischen Hauses anerzogen wird, verstärkt sich durch eine Anzahl von religiösen und zugleich nationalen Erlebnissen, deren Erfahrung ihm die Umgebung vermittelt. Der jugendliche Mensch feiert im Hause die frohen Feste der Erinnerung an Sieg und Überwindung, die seinem Volke im Laufe der Jahrtausende zuteil wurden. Wie ihn die soziale Grundstimmung des jüdischen Hauses zum gütigen Menschen formt, so bildet die sittliche Grundidee der religiösen Feste in ihm das Verständnis für Stolz, Freiheit und zugleich für Demut aus.

Bei der Erinnerungslektüre des Auszugs am Sederabend erfährt der Aufhorchende das Freiheitsgefühl der selbstverantwortlichen Persönlichkeit. Er begreift das Erlebnis vom Sklavenlos in Ägypten, als wäre es ihm geschehen, und im Nachgefühl der eigenen Demütigung versteht er die Tränen aller Bedrückten. Es senkt sich auf ihn in seiner winzigen Person das große Auserwählungserlebnis der Urväter beim Wachen und „Lernen" in der Schawuotnacht, wenn er am Ende des emsigen Studiums im Gesetz den ersten Frühschein des Himmels sucht, der nach frommem Kinderglauben sich in dieser heiligen Nacht dem sehnsüchtigen Blicke öffnen soll.

Er lernt es, die irdischen Güter des Lebens dankbar als Gaben Gottes zu empfangen, wenn er über den Feststrauß zu Sukkot den Segensspruch sagt und in wetteroffener Hütte der Wüstenwanderung der Väter und des göttlichen Schutzes gedenkt.

Das jüdische Haus erschließt ihm auch die Bedeutung der nationalen Bindung. Er begeht im jüdischen Hause Festesfeiern zur Erinnerung an die Überwindung hartnäckiger Feinde; er erlebt Fasttage zum Gedächtnis an edle Menschen, die im Dienste der Gemeinschaft für das Gute kämpfend, ihr Leben ließen, und den Ernst der Trauer über die Zerstörung der heiligsten Stätte, des Tempels, der das Symbol der Größe und Heiligung des Volkes war.

Durch solche Erinnerung fühlt er sich der Gemeinschaft in Freud wie in Leid verbunden und erfaßt die eigene Persönlichkeit als Glied einer Volksgemeinschaft, die ein kampfreicher Weg und ein oft leidvolles Schicksal zu einer Einheit in Willen und Idee zusammengeschmiedet hat.

Trotz dieser ernsten und gedankenbeschwerten Grundstimmungen schafft das jüdische Haus kein pietistisches Büßermilieu. Seine Bildner wußten, daß wahre Kraft zu starker Tätigkeit nicht in einem asketisch-frömmelnden Lebenszwange gedeiht. Das jüdische Lebensgefühl machte das jüdische Haus zu einer Stätte voll Licht, Spiel und Gesang. Die Sabbatgesänge am lichterhellten Festtisch, das lustige Spiel beim Schein der Chanukkakerzen, der Jubel am Simchat Tora-Abend und die Maskenfreude des Purim sind die unvergeßlichen Eindrücke, die den jüdischen Menschen zur Lebensbejahung und zu echtem Verständnis der Sinnenfreude erzogen haben. Denn jüdische Freude ist wohl unterschieden von allem Feiertagsgetriebe der lauten Welt. Sie hat ihr eigenes Charakteristikum: sie ist gebunden an eine sittliche Idee. Der Tanz des Juden am Simchat Tora-Feste gilt der Freude, daß es ihm vergönnt war, das Studium des Gesetzes von neuem zu vollenden. Der fröhliche Trunk am Purimabend feiert die Erinnerung an den Sieg des Guten über das Böse. Doch darf nach feinem Wort der leichte Rausch, der dem Juden dieses eine Mal im Jahre gestattet ist, nur so weit gehen, bis er ihn die Härten der Welt und den Gegensatz zwischen Mordechai und Haman, dem Verfolgten und Verfolger, vergessen läßt. Zur Zügellosigkeit darf ihn kein Trunk hinreißen. Das Mahl am Sederabend, der Freiheitsfeier, durfte nicht mit einem „Afikoman", einem übermütigen Umzug mit Spiel und Tanz, geschlossen werden, wie vielfach die Symposien der Griechen.

Die Freude des Juden darf nie ihrer Krone, der Reinheit, verlustig gehen.

Vor leichtfertiger Ausgelassenheit, die zur Orgie führen kann, hat das jüdische Haus stets seine Pforten geschlossen. In echter Seelenkenntnis macht daher Shakespeare seinen Shylock, den Typus der Verstörung der jüdischen Seele durch Unrecht und Erniedrigung, zum Wahrer der Würde seines Hauses. Als Shylock hört, daß der Maskentrubel seine Straße durchtoben wird, warnt er seine Tochter Jessika: „Stopfe meines Hauses Ohren — die Fenster mein' ich — zu und laß den Schall der albern Geckerei nicht dringen in mein ehrbar Haus." Jessika, die treulose Tochter des jüdischen Hauses, ist zwar ein verliebtes Dirnchen; aber auch sie steht noch so weit unter dem Zwang der Gewöhnung an Sitte und Maß, daß sie errötet, weil sie im Maskenzug Knabentracht anlegen soll. Noch lebt in ihrer Seele ein Erinnern an das Gebot, das der Frau untersagt, Männertracht zu tragen.

Durch die Jahrhunderte hindurch bewahrte das jüdische Haus die unverletzte Reinheit des inneren Lebens. Der holländische Rechtshistoriker

Grotius rühmt den Juden nach, sie hätten sich nicht des Ehebruches schuldig gemacht, und auch der Judenhasser Schudt weiß in seinen „Jüdischen Merkwürdigkeiten" (Frankfurt/Leipzig 1714, II, 324) für einen langen Zeitraum von zweihundert Jahren (1500 bis 1700) den Frankfurter Juden kaum ein Keuschheitsvergehen nachzusagen.

Auf keinem Gebiete des sinnlichen Lebens erhebt das Judentum so strenge Forderungen wie bei der Regelung der Beziehungen zwischen den Geschlechtern. Dabei ist es gleich weit entfernt von einer Überschätzung wie von einer Unterschätzung der Macht und der Bedeutung des Trieblebens. Der Trieb ist nach jüdischer Anschauung gottgewollter Natur. Gott selber segnet den ersten Menschenbund, daß er das Leben weiter trage in der Welt. Der Midrasch erläutert das Werturteil „sehr gut", das Gott dem Werk des sechsten Schöpfungstages, an dem der böse Trieb in die Welt eintrat, zuteil werden läßt, dahin, daß der Trieb den Menschen veranlaßt, in tätigem Wirken in das Leben und die Entwicklung der Welt einzugreifen (Ber. rabba 9). „Wenn der böse Trieb nicht wäre, würde keiner ein Haus bauen, heiraten, Kinder zeugen und Handel treiben." Aber bei aller Anerkennung des Wertes eines gesunden Trieblebens verfällt das Judentum nie in eine Übersteigerung der Bedeutung der Erotik noch auch in ihre alleinige Wertung unter dem Gesichtspunkt der Hygiene. Wie alle Äußerungen des menschlichen Lebens, so wird auch das Liebeserlebnis unter den Willen zur Heiligung gestellt. Der Bund zwischen Mann und Weib, zwischen „isch" und „ischa", wird, wenn die Buchstaben „j" und „he" fortfallen, d. h. wenn „Gott" nicht Anteil an ihrer Bindung hat, zum verzehrenden Feuer: „esch", lautet eine gern benutzte Deutung. Wahlverwandte Menschen, im Alter und nach Herzens- und Geistesbildung einander nahe, sollen sich in Liebe zueinander finden. „Die Weinrebe soll sich mit der Weinrebe umschlingen", sagt ein talmudisches Gleichnis. Eine auf solchen Voraussetzungen geschlossene Ehe trägt nicht nur das Leben weiter, sie steigert und verfeinert es auch. Wer nicht verheiratet ist, ist nach dem Ausspruch der Weisen des Namens „Mensch" nicht würdig. Der unverheiratete Mann lebt außerhalb des Guten, der Freude, des Segens.

Diese Ideen waren seelisches Eigentum der jüdischen Gemeinschaft durch Jahrtausende. Man suchte die Ehe als heilige Pflicht und hielt sich an den Spruch der Weisen: „Mit 18 Jahren zum Traualtar!" (Sprüche der Väter V, 24.) Bis in die Neuzeit hinein fördert man in den östlichen Ländern die Frühehe, damit junge Menschen, unverdorben und kräftig, in gesunder Ehe dem heiligen Gesetze der Fortpflanzung dienen können.

Um die Frühehe, das ersehnte Ziel der Bevölkerungspolitik unserer Tage, auch unter wirtschaftlichen Schwierigkeiten zu ermöglichen, gewähren im Osten die Eltern der Braut dem jungen Paare in den ersten Ehejahren den

Lebensunterhalt. Die Frühehe hat das jüdische Volk lebenskräftig und gesund erhalten, allerdings nur im Verein mit den wichtigsten Vorschriften für das sexuelle Leben, den N i d d a gesetzen der Tora und der Tradition.

Die Befolgung des Ehegesetzes, wie es die heilige Schrift in seinen Grundgedanken festlegt, ist das bedeutendste und wichtigste Merkmal des jüdischen Hauses. Der Geschlechtsverkehr ist aus der Sphäre des rein Sinnlichen herausgehoben und unter das Gesetz des Maßes und der Beherrschung gestellt. Die Weisheit des Toragesetzes stellt der Schrankenlosigkeit des menschlichen Willens die Satzung der bestimmten Zeiten und ihrer Grenzen entgegen. Für die Tage, in denen sich der Frauenkörper für seine eigentliche Aufgabe erneut, gilt das Gesetz der völligen Absonderung (3. B. M. 18, 19). Diese erstreckt sich über fünf Tage der Menstruation und weitere sieben Reinigungstage, die mit einem Tauchbad in der M i k w a , dem Frauenbad, das der Frau das Untertauchen im fließenden Wasser gestattet, abgeschlossen werden. Das Bad, zu dem oft kunstvolle Wendeltreppen hinabführen, muß aus quellendem oder im Boden gesammelten Regenwasser bestehen, mindestens drei Kubikellen groß sein und 800 Liter enthalten. Vor und nach dem Bade wird eine Benediktion gesprochen.

Für das jüdische Haus hatte dieses Gesetz, zu dem weitere Gesetze zur Schonung der Wöchnerin treten, die weitestgehende hygienische und seelische Bedeutung. Es erhielt einer Volksgemeinschaft, die durch Leid und Verfolgung so oft bedroht war, die Kraft der Nerven, die Gesundheit der Nachkommenschaft und das individuelle Glück der Ehe. Es erhob immer wieder die Frau zur Schenkenden, durchbrach das Gleichmaß der Gewöhnung und war Erzieher zu Geduld und Zartheit, die den eigenen Willen dem Wohl des anderen unterwirft.

Eine eigentümlich tiefe und innige seelische Beziehung bindet im jüdischen Hause Mann und Frau, Eltern und Kinder, Mensch und Gemeinschaft aneinander. Die Innigkeit dieser Beziehungen hat ihre einzige Quelle in der Verbundenheit des jüdischen Menschen mit Gott. Gottes Lehre bestimmte sein Wesen und sein Wollen und die Formen seines Lebens in dem Haus, das er auf dieser Welt sein eigen nennt. Solange dieser Geist das jüdische Haus belebt, ist sein Bestand und seine Wirkenskraft gesichert.

Die Gemeinde
Von Ignaz Ziegler

DIE jüdische Gemeinde ist zweifellos zu einer Zeit und in Ländern entstanden, wo die Juden keine eigenen Stadt- oder Dorfgemeinden bilden konnten, also seitdem sie ihre politische Selbständigkeit oder Selbstverwaltung verloren hatten. Daher gab es in Palästina, solange die Juden ihre staatliche Autonomie besaßen, keine „Gemeinden". Jüdische Gemeinden entstanden in der Diaspora, sobald Juden irgendwo in ansehnlicher Zahl zusammen lebten, und auch in Palästina, als das Land unter nichtjüdische Souveränität kam. Die Frage liegt nahe, ob die Diasporagemeinden bezüglich ihrer Organisation etwas von Organisation der altpalästinensischen Stadtgemeinden beibehalten hatten, als sie in der Galut Gemeinden bildeten. Etwas Sicheres können wir kaum darüber sagen. Dagegen dürfen wir behaupten, daß die historische Kontinuität der jüdischen Gemeindetätigkeit und Verwaltung von der Römerzeit angefangen bis auf unsere Tage sich erhalten hat, nicht nur in Namen und Titeln, sondern auch in Arbeit und Ideal, so daß wir von einem fast zweitausendjährigen Gemeindeleben im jüdischen Volke zu sprechen in der Lage sind. Unterziehen wir das jüdische Gemeindeleben in diesen zweitausend Jahren einer eingehenden Prüfung, so können wir die Aufgaben, die sich die Gemeinde selbst gestellt hat und die von draußen ihr gestellt wurden, in folgende f ü n f G r u p p e n einteilen: Religion, Unterricht, Wohlfahrt, Rechtspflege und nichtjüdische Umwelt. Wir wollen diese fünf Gruppen einzeln behandeln, obwohl sie zum großen Teil miteinander verflochten sind und keine von den anderen vollständig gesondert ihre Tätigkeit entfalten konnte.

RELIGION

Wenn in der Emanzipationszeit zahlreiche Gemeinden, besonders in Deutschland, den Namen „Religionsgemeinde" zu ihrer Bezeichnung gewählt haben, so hatte das sicherlich einen politischen Beigeschmack. Sie wollten damit betonen, daß die Gemeinde ausschließlich religiöse Funktionen habe, aber keinerlei politische Besonderheiten kenne. Und das hat sinnvolle Berechtigung! Vom Beginn jüdischen Gemeindelebens bis auf unsere Tage ist tatsächlich die Religion Alpha und Omega des jüdischen Lebens in der Diaspora, und die wichtigste Obsorge der Gemeinde gilt der Pflege und Erhaltung der Religion. Alle Angelegenheiten des synagogalen Lebens, die Einrichtung des Gottesdienstes, der Bau des Tempels, die Riten, alle Details, die sich auf die Erhaltung der Synagoge und des Gottesdienstes, sowie auf das Kaschrut und die Schechita beziehen, liegen in der Kompetenz der Gemeinde. Nebst den gottesdienstlichen Einrichtungen war die Bestattung der Verstorbenen, die Instandhaltung des Friedhofes höchste religiöse Pflicht der Gemeinde. Diese Pflicht wurde ihr aber schon in talmudischer Zeit von bestimmten Vereinen, „Chaburot", abgenommen. Diese Chabuta erhielt später den mit der Zeit populär gewordenen Namen „Chewra Kadischa", „Heilige Bruderschaft", das heißt eine Vereinigung von Männern, die in allen Reinheitsgesetzen gut bewandert waren. Dieser Chewra von Männern standen zur Seite die „frommen Frauen", aus denen dann im Laufe der Zeit die sogenannten Frauenvereine sich gebildet haben. In Europa finden wir die älteste Chewra Kadischa in Huesca (Spanien) und in Mainz. Auch die Prager Chewra Kadischa gehört zu den alten heiligen Brüderschaften. Sie hatten wie die Gemeinde selbst ihre eigenen Statuten und standen sehr oft in scharfer Opposition zur Gemeindeverwaltung. Auch die Krankenpflege gehörte zu den Funktionen der Chewra Kadischa, ebenso vielfach die Erhaltung des Gemeindebades, der Mikwa, und des sogenannten „Hekdesch", einer Art Herberge für arme Durchwanderer.

UNTERRICHT

Es würde viel zu weit führen, wollten wir hier ausführlich über das Unterrichtswesen bei den Juden sprechen; wir beschränken uns auf die Aufgaben, welche die Gemeinde zu erfüllen hatte, um die Jugend zu jüdischreligiösen Menschen zu erziehen. Schon unser Fünfbuch fordert vom Vater, sein Kind religiös zu unterweisen. Ich erinnere nur an die Worte im „Schema": „Und schärfe sie ein deinen Kindern und sprich darüber sowohl zu Hause wie unterwegs, wenn du aufstehst und wenn du zu Bette gehst (5. B. M. 6, 7). Ausgehend vom Buche Josua 1, 8: „Es weiche nicht das Buch dieser Lehre von deinem Munde und beschäftige dich mit ihm Tag und Nacht", wurde es zur grundlegenden Maxime, daß jeder andere Unterricht gegen den der Tora zurücktreten und auf ein Nebengleis geschoben werden muß. Das ist auch eingehalten worden bis zur Emanzipationszeit, und in manchen Ländern noch in Zeiten, als es den jüdischen Kindern schon gestattet war, von Beginn des schulpflichtigen Alters angefangen staatliche und städtische Schulen zu besuchen. Selbst heute noch haben sich in vielen Gemeinden jüdische Volksschulen erhalten, die früher, da sie eine relativ kleinere Schülerzahl aufwiesen und hervorragende Lehrkräfte hatten, auch von Kindern nichtjüdischer Eltern aus besten Familien frequentiert waren. Diese konfessionellen Schulen, die mit großen Opfern von den Gemeinden erhalten werden, legen zwar großes Gewicht auf den hebräischen Unterricht, aber er bildet nicht den Hauptgegenstand des Unterrichtes. Und da in den staatlichen und städtischen Schulen höchstens zwei Stunden wöchentlich für den Religionsunterricht behördlich bewilligt waren, vielfach ohne Unterricht im Hebräischen, wuchs die jüdische Jugend zum großen Teil ohne nennenswerte Kenntnisse in religiösen Dingen auf, zumal in den Familien selbst vielfach die Pflege des religiösen Lebens fast vollständig verloren gegangen war. Diese Zustände änderten sich mit der Erstarkung des Zionismus in den Gemeinden, der die Kenntnis der hebräischen Sprache als eine seiner Hauptforderungen in der Diaspora postulierte und mit wachsendem Einfluß in der Gemeinde durch Einführung von Sprachkursen den hebräischen Sprachunterricht förderte. In Gemeinden mit orthodoxer Lebensführung und Verwaltung, die ihre Schulen sich erhalten haben, steht noch immer der Toraunterricht obenan.

Ein besonderes Kapitel verdient die jüdische Hochschule, die sogenannte J e s c h i b a. Diese oft sehr berühmten Talmudschulen sind zwar stets der Stolz der Gemeinde gewesen, aber die Gemeinde als solche hatte nur so weit Bedeutung für sie, als sie bei der Wahl eines Rabbiners auf die Bedeutung seiner Jeschiba, d. h. seiner Talmudgelehrsamkeit Bedacht nahm. Sonst hatte jede Jeschiba nur jene Bedeutung, die ihr ihr Meister, der Rabbiner, gab. Wohl unterstützten Gemeindemitglieder und die Gemeinde selbst die zum großen Teil armen Bachurim, aber Unterricht und Verwaltung der Jeschiba lagen ausschließlich in der Hand des jeweiligen Rabbiners und seiner gelehrten Mitarbeiter.

Ebenso wie die Jeschibas stehen die modernen R a b b i n e r s e m i n a r e mit den Gemeinden nur in ganz losem Zusammenhange. Wohl fördern die Gemeinden die Rabbinerseminare, aber einen meritorischen Einfluß auf den Geist dieser Seminare haben sie in den seltensten Fällen. Sie sind zum großen Teil Gründungen einzelner Wohltäter und für die jüdische Wissenschaft begeisterter Männer und Gesellschaften. Das älteste dieser Seminare ist in M e t z errichtet worden (1827), zu gleicher Zeit eines in P a d u a ; diesen folgte das B r e s l a u e r Seminar im Jahre 1854; ihm folgten die Seminare in B e r l i n , eines orthodox, das andere liberal, dann eines in Budapest, in W i e n , L o n d o n , C i n c i n n a t i , N e w Y o r k und F l o r e n z. Sie alle, wie auch einzelne jüdische Lehrerseminare, sind Stiftungen hervorragender jüdischer Persönlichkeiten.

DIE WOHLFAHRT

Wenn wir bedenken, daß uns Juden weder im Mittelalter, noch in nennenswerter Weise in der Neuzeit die reichlich fließenden Mittel der Stadtgemeinde, noch die noch reichlicheren des Staates behufs Linderung der Armut zu Hilfe kamen, daß wir daher in unseren Wohlfahrtsaktionen einzig und allein auf uns selbst angewiesen waren, dann dürfen wir mit Stolz auf die Geschichte unserer sozialen Hilfstätigkeit zurückblicken. Sie bildet ein Ehrenblatt unserer Diasporageschichte zu allen Zeiten. Ich sage absichtlich Diasporageschichte. So erhaben die Gesetze Mosis auch sind, die den Ausgleich ins Werk setzen wollen zwischen Armut und Reichtum, zwischen Macht und Ohnmacht, so unübertrefflich in ihrer Einfachheit und Größe, so ergreifend die Mahnungen der Prophetie, der Spruchdichter und Psalmen sind, die uns immer wieder die Erfüllung der göttlichen Gebote der Armenpflege eindringlichst ans Herz legen, so war doch die Verwirklichung des Hilfsideals in den wirtschaftlich primitiven Agrarzeiten und unter der staatlichen und städtischen Machtentfaltung der alten Selbständigkeit unendlich leichter als in den Jahrhunderten der Diaspora, wo der Reichtum je später je seltener war, vielleicht auf hundert Familien zehn wohlhabende kamen und die Armut in den meisten Familien täglicher Gast gewesen ist. Dabei darf an das alte Sprichwort nicht vergessen werden: „Jüdischer Reichtum ist wie ein Bund Stroh." Auf ewiger Wanderung war der jüdische Reichtum stets ein temporärer, mußte doch jeder Jude im Mittelalter auf Plünderung und Vertreibung fast täglich gefaßt sein. Was trotz aller Hindernisse an sozialer Hilfe von der Gemeinde und den einzelnen geleistet wurde, ist vorbildlich an Opferwillen und Mitleid. Schon das Wort allein, mit dem die Wohltätigkeit gleichsam charakterisiert wurde, das Wort „G e m i l u t C h e s s e d", „Liebestätigkeit", spricht Bände. „Auf drei Dingen", so heißt es in den Sprüchen der Väter, „ruht die jüdische Welt: auf der Tora, dem Gottesdienst und auf der Erfüllung der Liebesdienste." Dieser Satz ist seit zwei Jahrtausenden das Leitwort der sozialen Hilfstätigkeit der jüdischen Diaspora gewesen und wird es hoffentlich in aller Ewigkeit bleiben. Selbstverständlich konnte die Gemeinde als solche trotz aller ihrer Bemühungen die großen Wohlfahrtsanforderungen nicht allein befriedigen. Bei der notorischen Armut der meisten Gemeindemitglieder und den kaum erschwinglichen Steuerlasten war auch die Gemeinde als solche niemals reich und fristete ihr Dasein durch die Opferbereitschaft der wenigen wohlhabenden Mitglieder.

So entstanden in jeder Gemeinde zur Seite der Gemeinde selbst verschiedene Vereine, „C h e w r o t" genannt. Bald wurde für eine Brautausstattung gesammelt, bald für eine arme Wöchnerin. Da schickt man Gaben zu Purim den Armen, dort wurde zum Versöhnungstag an die Gemeindeangestellten, die recht dürftige Bezahlung bekamen, kleine oder größere Geldgaben gegeben. Dazu kam die ununterbrochene Versorgung der Wanderarmen. So traurig das Kapitel „Wanderbettel" für die jüdischen Gemeinden heute auch ist, so wollen wir doch nicht vergessen, daß die ursprüngliche Ursache dieser mißlichen Erscheinung der Zwang war, den Wanderstab beinahe täglich in die Hand nehmen zu müssen. Und es gab kaum ein Haus in einer Gemeinde, das nicht Freitagabend ein oder zwei „Orchim" zu Tisch aufnehmen

DIE GEMEINDE

mußte. Um der Gemeinde und den Vereinen die Möglichkeit zu geben, der großen Armut zu steuern, führte die Gemeinde den sogenannten Mizwotverkauf und das Spenden (schnodern, von dem hebräischen „schenodar") beim Aufrufen zur Toravorlesung ein. Wann diese Sitte aufkam, läßt sich kaum bestimmen. Aus dem elften Jahrhundert wird in einem „Sefer Juchasin" erzählt, daß ein gewisser Rabbi Paltiel in der Synagoge zur Tora aufgerufen wurde. Die ganze Gemeinde erhob sich ihm zu Ehren. Er aber bat die Versammelten, sich wieder zu setzen. Als er seine Parascha zu Ende gelesen hatte, „spendete er 5000 Dinar," gute hellklingende vollwichtige Dinar. Und zwar: 1000 für die Schule, 1000 für die Armen in Jerusalem, 1000 für die Talmudschulen in Babylon, 1000 für die Ortsarmen und 1000 für Öl in der Synagoge. Es war also das Spenden beim Aufrufen zur Tora eine sehr sehr alte Sitte gewesen, die auch heute noch in zahllosen Gemeinden sich erhalten hat. In sogenannten liberalen Gemeinden vieler Länder ist die Spendenansage bei der Toravorlesung abgeschafft worden, die Spendenbeiträge wurden zumeist in der Kultussteuer auf alle Mitglieder der Gemeinde repartiert; ein Vorgang, der zweifellos geeignet ist, die Würde des Gottesdienstes zu heben. Mit zunehmender Wohlhabenheit wuchsen die Hilfsaktionen der Gemeinde in sehr beträchtlicher Weise. Auch im Mittelalter wenden sich schon arme Gemeinden an die wohlhabenderen um Unterstützung. Die eine bittet um Förderung der Schule, die andere um Mittel zur Ausbesserung des Friedhofes, oder zur Erhaltung des Tempels. Und wie die Armenagenda der Gemeinde wachsen, so schwillt auch die Privatwohltätigkeit an. Zahllos sind die jüdischen Vereine in jeder Gemeinde, die um Beiträge bei der Gemeinde selbst und den Gemeindemitgliedern bittlich werden; Altersheime, Spitäler, Blindeninstitute, Waisenhäuser, Freitische, Sportunternehmungen erstehen und treten an die Gemeinde heran um Unterstützung und Förderung; die unerläßlichen Beiträge zu städtischen Hilfswerken seien hier nur kurz erwähnt. Um hier irgendwie organisatorisch Ordnung und Zielsicherheit zu schaffen, erstehen nach und nach unter Führung der Gemeinden Fürsorgezentralen, d. h. der Zusammenschluß sämtlicher humanitärer Vereine, vor allem zur Regelung des Wanderbettels, aber auch aller lokalen Hilfstätigkeit. Wahrlich, man kann den Gemeinden nicht genug dankbar sein für ihre unermüdliche Tätigkeit im Dienste der sozialen Hilfe. Diese ungeheure soziale Arbeit der jüdischen Gemeinden brachte es in manchen Ländern dahin, daß die sogenannte bienfaisance vollständig von der Gemeinde losgelöst wurde, damit die Gemeinde als solche sich nur der Wahrung und Entfaltung des religiösen Lebens, des Gottesdienstes, der Synagoge, der Religionsschule widmen könne. Ob dieser Standpunkt der richtige ist oder nicht, soll hier nicht besprochen werden. Die historische Kontinuität allerdings spricht nicht für diese Teilung.

IGNAZ ZIEGLER

DIE RECHTSPFLEGE

Ein Kapitel aus vergangenen Tagen. Zugleich ein Kapitel, ein Ideal, zu tiefst verwurzelt und verankert in der Gottesidee Israels! Zedaka und Mischpat (Recht und Gerechtigkeit), Beginn und Schluß unserer Volkswerdung, wie sie die Bibel erzählt, es ist in der Diaspora die einzige Quelle, aus der das jüdische Volk in allen seinen Leiden Trost und Hoffnung, Ausdauer und Erwartung geschöpft hat und noch immer schöpft. Wie Gott vor der Strafe von Sodom und Amora von Abraham sagt: „Darf ich Abraham vorenthalten, was ich zu tun beabsichtige...? Habe ich doch ihn dazu ausersehen, daß er seinen Kindern und seinem Hause hinterlasse den Weg Gottes zu wandeln, Recht und Gerechtigkeit zu üben", so besingt Mosche in seinem Schwanengesang Gott mit den Worten: „O, der Fels! Sein Tun ist vollkommen, alle seine Wege sind Recht, ein Gott der Treue ohne Hinterhalt, gerecht und gerade ist er!" Und alle Propheten, die Psalmensänger, die Spruchdichter preisen aufs höchste Gottes Recht und Gerechtigkeit. Und so kennen auch die Talmudweisen nichts Höheres als Recht und Gerechtigkeit. Ich verweise diesbezüglich auf Band II, Seite 239 ff. meiner Schrift „Die sittliche Welt des Judentums". — Darum füllt auch die Rechtspflege einen sehr großen Teil des Talmud, dieses größten Sammelwerkes der Weltliteratur, des großen Kompendiums einer fünfhundertjährigen Kulturentwicklung im jüdischen Volke. So wird es auch verständlich, daß die Judenheit der Diaspora an der Rechtsauffassung des Talmud mit größter Zähigkeit festhielt und in den wichtigsten Zivilstreitigkeiten vom talmudischen Recht nicht abgehen wollte. Das paßte auch von allem Anfang sowohl der Kirche wie dem Staate. Schon das kaiserliche Rom anerkannte die eigene Gerichtsbarkeit der jüdischen Gemeinden. Es gab ihnen das administrative, finanzielle und judizielle Organisationsrecht; es gab ihnen das Recht der Kontrolle über das Rechtsleben ihrer Mitglieder. Die Gemeinde hatte nicht nur Befugnis zu entscheiden zwischen ihr selbst und ihren Mitgliedern, sondern auch zwischen Mitgliedern untereinander und in Eheangelegenheiten; bei Kontrakten hatte sie juridische Gewalt, ganz besonders aber Sanktionsrecht in allen religiösen Belangen. Durch die Gemeinde führten die Juden der Diaspora ihr nationales Leben. Sie hatte das Recht, von ihren Mitgliedern Steuern einzuheben, durfte eigenen Grundbesitz haben, durfte kaufen, schenken, Ehrentitel verleihen, durfte Privilegien ihrer Mitglieder schützen und verteidigen und Abgesandte an den Kaiser schicken. Diese Rechtsprivilegien behielt die Gemeinde auch durch das ganze Mittelalter. Sie ist auch da eine politische Körperschaft, der jedes Mitglied unterworfen ist. Diese politische Macht wird auch sichtbar durch die Mauern des Ghetto, welche die Judenstadt von der Stadtgemeinde scharf abgrenzen.

DIE GEMEINDE

Sie hat die Gerichtsbarkeit über alle ihre Mitglieder, und nicht selten haben ihre Urteile auch in Prozessen zwischen Christen und Juden volle Rechtskraft. Sie hat auch das Recht der Geißelstrafe und auch das der weitesttragenden Strafsanktion durch den Bann (Cherem). Der Bann bedeutet nicht weniger als den völligen Ausschluß aus der Gemeinschaft. Zumeist waren es religiöse Delikte, die mit dem Bann bestraft wurden. Es kam aber auch vor, daß die Gemeinde unehrliche Vermögensfatierungen mit dem Bann belegte, oder reiche Kaufleute, die außerhalb ihres Wohnortes ihre Geschäfte betrieben und die Gemeindeabgaben der Gemeinde vorenthielten. Auch Preistreiberei wurde mit dem Bann belegt. Alle diese Rechte pflegten die größeren Gemeinden in Statuten, sogenannten „T e k a n o t", festzulegen. Doch sind alle diese Jurisdiktionsrechte mit der Emanzipation der Juden verschwunden. Geblieben ist der Gemeinde die Befriedigung des religiösen Lebens, der kulturellen und humanitären Bedürfnisse und die zu diesem Zweck den Gemeinden in vielen Ländern von der Staatsbehörde belassene Kultursteuerauflage.

DIE NICHTJÜDISCHE UMWELT

War die jüdische Gemeinde, wie wir sahen, ein autonomes Gebilde, so war sie naturgemäß auch der Vertreter der Gemeinschaft den staatlichen und städtischen Behörden gegenüber. Die wichtigste Verpflichtung der Gemeinde war nach außen die Ablieferung der den Juden auferlegten regelmäßigen und außerordentlichen Steuern. Wie sie die ihr auferlegte Summe auf ihre Mitglieder repartierte und wie sie dieselbe eintrieb, das kümmerte die Behörden gewöhnlich gar nicht. Sie forderten bis zu einem Termin die Abgabe und machten für die pünktliche Erlegung des Betrages die Gemeinde, respektive ihre Vertreter verantwortlich. Um aber der Gemeinde doch beizustehen, stellten ihr die Behörden ihre Exekutivgewalt zur Verfügung. Die Aufteilung und Eintreibung dieser Steuern hatte fast in allen Gemeinden bald größere, bald kleinere Reibereien zur Folge, aber auch zu peinlichen Verdächtigungen und Prozessen kam es, wobei nur zu oft die staatlichen und städtischen Behörden von beiden Teilen um Beistand angerufen wurden. Wie dadurch das Ansehen der Gemeinde nach außen zu leiden hatte, wird jeder verstehen, der die Vorurteile jener Zeiten gegen die Juden kennt. Diese inneren Streitigkeiten und Quertreibereien hatten zur Folge, daß die Gemeinde auch in viel ernsteren Momenten nicht mit der Autorität und Sicherheit vor die Behörden hintreten konnte, die oft und oft so unerläßlich waren. Galt es doch immer wieder die Frage des Schutzes für die Gemeinde und ihre Mitglieder. In dieser traurigen Angelegenheit sehen wir die Gemeinde und ihre Vertreter unentwegt als Bittsteller bei den höheren und höchsten Behörden. Oft galt es, rechtzeitig die Denunziation eines Erpressers, nicht selten war es ein Täufling, zu entlarven, zu paralysieren, oder ein Ausweisungsdekret zu hintertreiben, der beabsichtigten Plünderung durch die Soldateska und den Pöbel vorzubeugen, Schutz und Hilfe zu erbetteln. Das Antichambrieren hörte nie auf, und gewöhnlich mußte man die Gnade der obersten Leitung mit klingender Münze erkaufen. Es war ein Glück, daß wenigstens in den größeren Gemeinden immer der eine oder andere angesehene Jude in freundschaftlichem und einflußreicherem Verkehr mit den Mächtigen stand und sich stets unbekümmert um die eigene Person seiner Gemeinde annahm. Besonders die sogenannten H o f j u d e n, die an den Höfen der Herrscher und des Adels durch ihre geschickten Geldtransaktionen eine gewisse Macht besaßen, nützten diese ihre relative Macht aus, um gefährliche Maßnahmen gegen die Juden zu vereiteln. Bis zu einem gewissen Grade hatte eine solche Persönlichkeit, im Volksmunde hatte sie den Namen „Stadlan" nach dem hebräischen Worte „mischtadel", sich abmühen, selbst in der Emanzipationszeit ihre Rolle nicht ganz ausgespielt. Erst dem Zionismus ist es gelungen, das Schicksal der Juden vor das Forum der Weltpolitik zu bringen. Es war die größte Tat Theodor Herzls, die Geschichte der jüdischen Diaspora zu einem wichtigen Teile der heutigen Weltgeschichte erhoben zu haben.

Nicht selten ergab sich die Notwendigkeit, wichtige Steuerangelegenheiten, religiöse oder politische Fragen in gemeinsamen Sitzungen zu erörtern. Aus diesen gelegentlichen Zusammenkünften mehrerer Gemeinden ergaben sich dann dauernde Einrichtungen. So fanden sich schon im 12. Jahrhundert die jüdischen Gemeinden Nordfrankreichs auf den Märkten der Champagne ein, um über Fragen des Rechts, der Religion, der Sitte Beschlüsse zu fassen. Im 13. und 14. Jahrhundert organisierten sich die Gemeinden Speyer, Worms und Mainz („Schum") zu gemeinsamen Beratungen, andere Gemeinden wieder in Frankfurt a. M. Die berühmteste Gesamtorganisation von jüdischen Gemeinden war der Ende des 16. Jahrhunderts ins Leben gerufene „Waad arba arazot", die Vierländerversammlung in Polen. Im 19. Jahrhundert entstanden dann fast in den meisten von Juden stärker bewohnten Ländern fest organisierte Verbände. So in Deutschland, in Ungarn, in England, in der Tschechoslowakei. Erwähnenswert sind noch unter den ad hoc einberufenen Versammlungen das von Napoleon I. im Jahre 1807 veranstaltete Synhedrion von siebzig angesehenen Rabbinern und Notablen Frankreichs, ferner die von der Reformbewegung der Juden in Deutschland abgehaltenen Synoden in Leipzig (1869) und Augsburg (1871).

DIE GEMEINDE

DIE VERWALTUNG DER GEMEINDE UND IHRE ORGANE

Wir können nunmehr zusammenfassend sagen: die jüdische Gemeinde war von Anbeginn in der Diaspora vor allem eine Kulturgemeinschaft, zugleich eine administrative und politische Gemeinschaft. Als solche hatte sie auch naturgemäß eine festgefügte Organisation mit ihren verschiedenen Organen. Diese Organisation hat sich mit geringen Abweichungen bis auf unsere Tage erhalten, nicht anders wie die Ziele und Zwecke der Gemeinde. Nur in einem Punkte besteht ein wesentlicher Unterschied zwischen der Zeit vor und der Zeit in der Emanzipation: in der Rechtspflege. Auch die Organe der Gemeindeverwaltung und Gemeindeführung sind mehr weniger die gleichen geblieben, selbst in Namen und Titel. Da und dort wurde je nach dem Bedürfnis eine Kommission gewählt, aber im großen und ganzen blieb alles unverändert.

An der Spitze der Gemeindeverwaltung steht der R o s c h h a k a h a l, früher Rosch haparnasim, mit den Vorstandsmitgliedern. Diese nannte man entweder auch Parnasim oder Tobim (die Angesehenen). Die Zahl der Tobim war verschieden, gewöhnlich waren es sieben, manchmal aber auch zwölf, in kleinen Gemeinden drei oder zwei Personen. Sie gehörten zu den angesehensten Familien der Gemeinde, und öfters vererbte sich ein solches Ehrenamt von Vater auf Sohn. Dem Vorstand zur Seite stand zumeist ein Rat, in früheren Zeiten nannte man sie die S e k e n i m , die Alten, also eine Art Senat. Die wichtigsten Persönlichkeiten im Vorstand waren neben dem Rosch hakahal die G a b b a i Z e d a k a, die Verwalter der Armenpflege. Sie hatten das ganze Armenwesen, soweit es die Gemeinde als solche betraf, unter sich. Sie waren auch die Sammler der Armengelder, verteilten gewöhnlich an jedem Freitag an die Ortsarmen das Notwendigste für die ganze Woche und versorgten auch die durchziehenden Armen mit kleineren Geldgaben und am Freitag mit Anweisungen für die Sabbatmahlzeiten in den einzelnen Familien. Eine der wichtigsten Agenda der Gemeindeverwaltung war die Anstellung ihrer Organe.

Die bedeutendste Persönlichkeit der Gemeindeorgane war zu allen Zeiten der R a b b i n e r. Das Wort stammt von dem hebräischen r a b und bedeutet mächtig, angesehen. Da die Rechtspflege der Judenschaft aus talmudischen Quellen floß, war der Rabbiner der Hüter und oberste Kundige des Talmuds und der Dezisoren. Da ferner das Studium der Tora höchstes Gebot der Religion war, war der Rabbiner der anerkannte Lehrer und die erste religiöse Autorität der Gemeinde. Nun gab es aber in der Gemeinde gewöhnlich noch eine große Zahl ausgezeichneter, scharfsinniger Talmudkenner; Bibel und Mischna waren in jedem Hause zu finden. Es war daher Aufgabe des Rabbiners, das Talmudstudium in der Gemeinde zu verbreiten. Wie in den palästinensischen und babylonischen Städten die großen Meister ihre Schulen hatten, in denen sie gemeinsam mit ihren Schülern und gelehrten Freunden tiefgründige Debatten führten über die wichtigsten religiösen und juridischen Fragen; wie sie da in den Monaten vor Pessach und Rosch Haschana volkstümliche Vorträge hielten, so haben es auch die Rabbiner der späteren Zeiten getan. Sie hielten wöchentlich Schulvorträge mit den Gelehrten (S c h i u r) wie auch volkstümliche halachische und ethische Vorträge in der Synagoge an den Sabbaten vor Pessach und vor dem Versöhnungstage. Und war der Rabbi ein besonders hervorragender Gelehrter, dann kamen lernbeflissene Jünger aus nah und fern und machten seine Jeschiba zu einer berühmten Hochschule, und Rabbiner aus allen Weltteilen fragten ihn in wichtigen Rechtsfragen an, die er alle ausführlich beantwortete. Diese Antwortschreiben sind die sogenannten Dezisionen (S c h a a l o t - u t e s c h u b o t), die einen großen Bestandteil der mittelalterlichen jüdischen Literatur bilden.

So sehr auf diese Weise bezüglich des Studiums der Tora die historische Kontinuität im Kerne gewahrt blieb, so hat sich doch in der Stellung des Rabbi zur Gemeinde im späteren Mittelalter vieles geändert. Bis in das 14. Jahrhundert hinein war das Rabbinat keine besoldete Stellung. Ist der Rabbi in alten Zeiten Handwerker oder Kaufmann oder Latifundienbesitzer gewesen, in späteren Zeiten öfters Arzt, so hat er höchstens für die versäumte Zeit Bezahlung genommen. Nachher ist der Rabbiner in besoldeter Stellung bei der Gemeinde, allerdings hochgeehrt, ja sogar oft gefürchtet, aber doch der Besoldete, der mit dem Parnas manchen Konflikt auszutragen hatte. Besonders schwer lastete auf dem Rabbiner des Mittelalters der staatliche Zwang, gemeinsam mit den Parnasim Verantwortung zu tragen für die richtigen und pünktlichen Eingänge der verschiedenen Steuern, die an Land und Stadt abgeführt werden mußten. Die Regierungen ließen nicht ungenützt die Autorität und Machtfülle des Rabbiners, der manchmal den Titel „Hochmeister" führte und als solcher mit haftbar war für die der Gemeinde auferlegten Steuern. So lange das jüdische Volk ausschließlich religiös orientiert war, besaß auch der besoldete Rabbiner die entscheidende Macht in der Gemeinde, war er doch der Vorsitzende des Bet Din, des richterlichen Tribunals, und hatte die Strafgewalt bei Übertretung religiöser Gebote, und auch der Bann stand ihm noch immer zur Verfügung. Als jedoch das religiöse Leben unter den Juden in Brüche ging, die Rechtspflege der Gemeinde abgenommen und vom Staate übernommen wurde, schwand die Autorität des R a b b i n a t e s immer mehr, die Parnasim rissen die Macht in der Gemeinde an sich, und wenn auch der Rabbiner durch seine Persönlichkeit, seinen Charakter Ansehen genoß, das R a b b i n a t hatte die einstige Autorität endgültig verloren. Um so mehr kann der Rabbiner in unseren Tagen durch Belehrung und unermüdliche Mitarbeit an den großen sozialen und kulturellen Aufgaben des heutigen Judentums einen großen Teil seiner einstigen Würde zurückerobern.

Ein wichtiges Amt in der Gemeinde war ferner das des D a j a n , das heißt so viel wie Richter. Da der Gemeinde die eigene Gerichtsbarkeit bis zur Emanzipationszeit fast überall zugestanden wurde, hatte jede Gemeinde ihr aus drei Personen bestehendes Gericht, unter dem Namen Bet-Din bekannt. Der Vorsitzende dieses kleinen Gerichtshofes war gewöhnlich der Rabbiner der Gemeinde, die zwei anderen waren zwar auch Gelehrte mit Rabbinerdiplom, aber nicht ausübende Rabbiner, sondern nur besoldete A s s e s s o r e n , die zumeist dem Rabbiner der Gemeinde unterstanden, der ihnen ihre Agenden zuwies. So entstand auch in vielen Gemeinden der Titel O b e r r a b b i n e r , womit der amtierende Rabbiner im Gegensatz zu den Rabbinerassessoren bezeichnet wurde. Die sefardischen (spaniolischen) Juden nennen den Rabbiner C h a c h a m (d. h. Gelehrter, Weiser). Der Titel des Großrabbiners der türkischen Juden ist C h a c h a m b a s c h i . Die in der synagogalen Sprache übliche Titulatur für einen Gelehrten ist „M o r e n u" (unser Lehrer) und wird gewöhnlich dem Wörtchen „horaw" (der Rabbi) vorangesetzt. Der Titel kommt vor allem jemandem zu, der von einem Rabbiner oder einem Rabbinerseminar ein Rabbinerdiplom „Hattarat horaa" besitzt. Der bloße Titel „Morenu" wird auch als seltene Auszeichnung einzelnen verdienstvollen Männern in einem Schreiben vom Rabbiner verliehen.

Noch ist neben dem Rabbiner der M a g g i d zu erwähnen, der Wanderredner, der besonders in Polen und hier in erster Reihe unter den Anhängern des Chassidismus großer Beliebtheit sich erfreute. Die zahlreichen in den jüdischen Massen kursierenden Maggidimwitze und Aphorismen bezeugen ihre große Popularität. Der Maggid zog von Städtchen zu Städtchen, wo er am Sabbat seine beliebten ethischen, von Gleichnissen überfüllten Mahnreden hielt.

Ein anderes wichtiges Organ in der Gemeinde war der „S c h ' l i a c h Z i b b u r", heute „C h a s a n" genannt. Mit dem Namen Chasan hat sich eine ganz merkwürdige Wandlung vollzogen. Woher das Wort genommen ist, ist noch nicht ganz sichergestellt. Zur Zeit des zweiten Tempels hatten die Chasanim alle jene Funktionen zu vollziehen, die heute dem sogenannten „S c h a m m a s c h" (vulgo Schames) obliegen. Schon Raschi sagt Schammasch für Chasan. Nur, daß das Amt des Chasan kein untergeordnetes war, sondern ein sehr geschätztes. Bei einer Hoschana rabba - Prozession wurde er sogar mit einem Engel Gottes verglichen, bei einem Trauermahl trank man einen Becher Weines zu Ehren des Chasan. Dagegen war der Schliach Zibbur in alten Zeiten nur ein Ehrenamt. Der Chasan pflegte im Auftrage des Parnas einem in der Synagoge anwesenden kundigen und ehrenhaften Manne die Bitte zu überbringen, der Gemeinde vorzubeten. Toravorleser und Übersetzer (B a a l k o r e und M e t u r g e m a n) — in alter Zeit wurde insbesondere die Haftara beim Gottesdienst übersetzt — waren wieder andere Personen. Dieser tiefreligiösen Einrichtung des alten Schliach Zibbur dankt das Judentum seine herrlichen Gemeindegebete. Solche Vorbeter sangen nicht nur die altgewohnten Gebete, sondern gaben aus Eigenem „der Sehnsucht nach der Heimat und dem heimatlichen Gott" Ausdruck. Dadurch wurde das alte Chasanut gleichsam einer der „Schöpfer der Gemeinde als sozial-religiöser Gemeinschaft". Erst als durch die verschiedenen religiösen Gesänge, Pijjutim genannt, der Gottesdienst nicht nur in die Länge sich zog, sondern auch geschulteren Gesang erforderte, wurde aus dem Schliach Zibbur der Chasan, ein Angestellter der Gemeinde, wie er es bis heute geblieben ist, während der frühere Chasan den Namen „Schammasch" erhielt. Daß die Gemeinde, je nach ihrer Größe, verschiedene Hilfskräfte wie Religionslehrer, Sekretäre, Schreiber und Schreiberinnen angestellt hat und auch heute noch anstellt, bedarf keiner weiteren Erörterung.

Diese knappe Schilderung der jüdischen Gemeinde und ihrer Tätigkeit im Dienste des Diasporajudentums dürfte genügen, um ihre unauslöschlichen Verdienste um die Erhaltung des Judentums zu dokumentieren. Ob das Galutjudentum überhaupt ohne seine Gemeinde und ihre selbstlose ehrenamtliche Verwaltung hätte bestehen können? Daß man diese Frage stellen darf, bezeugt die Bedeutung der Gemeinde auch noch für unsere Zeit und kommende Diasporageschlechter.

Bau und Einrichtung der Synagoge
Von Max Eisler

DIE Synagoge ist ein Stück Galut. Vor dem Exil hat es Synagogen im gebräuchlichen Sinne des Wortes nicht gegeben, erst als das Volk die heilige Gemeinschaft auf eigenem Boden verloren hatte, in entfernte Länder versprengt, auf die Straße gesetzt und mehr und mehr in Teile zersplittert war, brauchte es Stätten, um sich zu sammeln, in Stunden der Weihe seiner Verbundenheit immer von neuem inne zu werden. Eben darum gibt es für „Synagoge" keine sinnwidrigere Bezeichnung als „Tempel", nur Gedankenlosigkeit konnte sie erfinden, nur Gleichgültigkeit sie dulden. Wir hatten einen Tempel, nur e i n e n. Er war der Inbegriff unseres höheren gemeinsamen Daseins. Als seine Glorie erlosch, wurden an allen Orten der Erde, wohin wir gelangt waren, Häuser gebaut mit Achsen, gerichtet auf e i n e n Punkt, den Punkt des verlorenen Tempels. Die Gebete in diesen Häusern sollten den Opferdienst im Tempel ersetzen, sie waren erfüllt von Erinnerungen an seine

Herrlichkeit, von Hoffnungen auf seine Wiederkehr. Es waren Häuser der Sehnsucht nach dem Tempel, dem Sinnbild unserer Priesterschaft, unserer Sendung unter den Völkern — errichtet im Galut, von seinem Schicksal gezeichnet. Nur von diesem inneren Ursprung her kann die Synagoge verstanden, nur so auch heute rein und ganz erlebt werden.

Von den Zwecken, denen in den Jahrhunderten unserer Zerstreuung die Synagoge gedient hat, sind allmählich viele ausgeschieden. Die feindselige Haltung der Umwelt und die Satzungen, die sie für diese Haltung fand, hatten innerhalb der Städte in den abgesonderten Judensiedlungen eine immer straffere Gemeinschaftsbildung herbeigeführt. Ihr Zentrum wurde das B e t h a k ' n e s s e t , das Haus der Versammlung, also eben das, was das griechische Lehnwort mit dem Namen Synagoge bezeichnet. Was alle anging, was die geistige und moralische, die rechtliche und soziale Existenz aller betraf, es wurde in diesem Hause behandelt. Da waren die Feierlichkeiten, die im Angesicht der Gemeinde das Leben des Einzelnen von der Geburt bis zum Tode begleiten: die Beschneidung des Knaben, mit der er in den Bund aufgenommen wird, der erste Aufruf des Dreizehnjährigen zur Verlesung der Tora, durch die er sich verpflichtet, dem Weg des Gesetzes als ein Mündiger zu folgen, die Heirat als die Begründung eines neuen Hausstandes in Israel und der Abschied von dem entseelten Körper. Da waren die Handlungen des wohltätigen Sinnes, die Versorgung der Ortsarmen und bedürftigen Ankömmlinge, die gegebenenfalls in angelegenen Räumen Unterkunft fanden, Prozesse und rechtsverbindliche Abmachungen, Beratungen und Beschlüsse in Sachen des stets schwankenden Verhältnisses zu Stadt und Staat. Und da war noch vieles andere vom gleichen allgemeinen Charakter. Geblieben sind nur das Gebet und die Lehre. Also eben das, wofür die Synagoge in ihren Anfängen bestimmt war. In ihrer Aufgabe verbinden sich Ursprung und Gegenwart. Sie müßten sich folgerecht auch bei ihrer Anlage verbinden.

Die A n l a g e d e r S y n a g o g e beruht auf ihrem Grundriß. Und dieser wiederum auf ihrem zweifachen Dienst: dem G e b e t und der L e h r e . Das Gebet will in der Richtung nach Jerusalem, der Stadt unseres verlorenen, ersehnten Heiligtums, verrichtet sein, also in den Gegenden der westlichen Welt, wo die große Mehrheit der Juden wohnt, in der Richtung nach Ost. Das legt für den Bau eine erste, sinnvolle Achse, die Gebetsachse, fest. Sie kann den Raum vom Eingang her — und das ist in Holland häufig der Fall — nur kurz, der Breite nach durchmessen, sie kann — das gilt für die Zentralbauten, namentlich in Polen — das gleiche Maß haben wie die querüber ziehende Achse, oder sie kann — und das ist allmählich die Gewohnheit geworden — der Länge der Anlage folgen, immer oder doch seit dem 5. und 6. Jahrhundert ist sie die Achse, die die erste Ordnung schafft. Denn seit dem 5. und 6. Jahrhundert erhebt sich in ihrem Zielpunkt der heilige Schrein mit den Rollen des Gesetzes, Ziel schon fürs Auge, Ziel auch für den Körper, der beim Gebete dorthin sich wendet, beim Gebet mit den achtzehn Benedeiungen dorthin sich wenden muß.

Doch die Synagoge ist, selbst dort, wo der Unterricht in den Büchern unseres Glaubens und Wissens in einem eigenen Raume, dem Bet hamidrasch, vor sich geht, auch ein Haus der Lehre. Vor allem an den Sabbaten des Jahres und an den Festtagen werden hier Abschnitte aus den fünf Büchern Mosis verlesen, so daß sie am Jahresende, am Tag der Gesetzesfreude, Simchat Tora, den regelmäßig Anwesenden völlig zu Gehör gebracht sind. Dann wenden sich die Hörer von dem fernen Ziel im Osten der Mitte des Raumes zu, wo auf dem erhöhten Tisch, dem A l m e m a r, die Pergamente der Bibel entrollt und auf altmelodische Weise rezitiert werden. In diesem Augenblick hat die Aufmerksamkeit der Gemeinde ein neues Zentrum, dem die Anlage des Bauwerkes sinngemäß entsprechen muß. Sie tut es, indem sie den Toratisch ins Zentrum stellt, gelegentlich auch die Sitzbänke so anordnet, daß sie ihn von drei Seiten umgeben, während nur die vierte — der Misrach, die Ostseite, die Richtung des Gebetes, mit dem Toratisch in der Mitte — frei bleibt.

Auf diese schwierige Gestaltung des Grundrisses, der die Gebetsachse mit der Gesetzesmitte, oder baulich gesprochen — das Einseitige mit dem Allseitigen verbinden soll, kommt es vor allem an. Mit ihr steht und fällt der jüdische Charakter der Synagoge. Die Geschichte bestätigt unsere Behauptung. Durch die Jahrhunderte jüdischer Lebensform blieb mit jenem gerechten Grundriß, den die moderne Architektur infolge ihrer hellen Einsicht in das Wesen der Bauachsen als den allein gültigen wieder anerkennt, auch der zentrale Almemar erhalten. Erst das Zeitalter der Emanzipation, emsig beflissen, die jüdischen Bräuche an die der Umwelt anzugleichen, hat auch den Toratisch aus der Mitte des Raumes entfernt und auf eine Estrade vor den Toraschrein verschoben, das heißt: die gesamte Raumordnung — wie bei der Kirche — auf e i n e Achse gebracht, oder anders gesagt: den synagogalen Grundriß zerstört. Das konnte, gegen den tiefer lebendigen Sinn des historischen Herkommens, bis vor kurzem ohne Widerspruch von seiten auch der aufrichtigen Freunde jüdischer Kultur geschehen. Heute aber wissen wir, daß die Emanzipation im Grunde zwar nicht die Angleichung, wohl aber die Verflachung des Judentums herbeigeführt hat. Die Opfer unserer Eigenart, auch der Eigenart unserer kultischen Einrichtungen, sind ebenso vergeblich wie schädlich gewesen. Wir können nichts Besseres tun, als wieder zu ihr zurückzufinden.

Wo der altjüdische Grundriß der Synagoge, der ja nicht bloß eine Angelegenheit der Architektur und noch weniger eine des ästhetischen Beliebens, sondern vielmehr jüdische Sinngebung des Baues ist, gewahrt blieb, hat sich auch dann eine feierliche Gebetsstätte ergeben, wenn eine nur einfache oder gar dürftige Bauform entstand. Ja, geht man der Weisheit unserer Vorväter näher nach, dann wird man bald eine Spur finden, die eine sehr schlichte Behandlung des Synagogenbaues ins Recht setzt. In den Sprüchen heißt es: „An jedem Ort, wo gedacht wird Meines Namens, werde Ich zu dir kommen und dich segnen." Freilich, das Bet hak'nesset als eine Stätte der Versammlung braucht eine Gemeinschaft zumindest von zehn Männern, ein Minjan, um mit dem heiligen Dienst zu beginnen. Aber auch bei dieser Vorschrift ist die andächtige Gemeinschaft, der Zibbur, und nicht das Haus die Hauptsache. Der Psalm 130 endlich beginnt mit dem Worte: „Aus der Tiefe rufe ich zu Dir!" Ihm entsprach die Gepflogenheit, entweder das ganze Haus ins Kellergeschoß oder wenigstens um eine Stufe tiefer zu legen als den Eingang und — wie in der Altneuschul zu Prag — den Standplatz des Vorbeters zu senken. Alle diese und noch andere Überlieferungen lassen eine Auffassung zu, die dahin geht, daß wir dort, wo wir vor Gott stehen, im Gefühl unserer Niedrigkeit den Eitelkeiten entsagen sollten und mit dem einfachsten Raum den würdigsten schaffen. Dazu kommt unsere Lage im Galut. Einem Volk auf der Wanderschaft ziemt auch für das Gotteslager ein Notbehelf, schnell aufgeführt und bereit, wieder abgebrochen zu werden. Soweit ist man bei der Errichtung von Synagogen wohl niemals gegangen. Aber bemerkenswert bleibt die Tatsache, daß von den aus alter Zeit erhaltenen Synagogen auch heute noch gerade die schlichtesten — man denke nur an die von Worms aus dem Jahre 1034 — am tiefsten auf uns wirken. Hier spricht nicht der Schmuck, sondern der Raum. Und im einfach-ernsten Raum sammelt sich der auf Gott gerichtete Geist.

Freilich, auch die entgegengesetzte Auffassung ist gut begründet. Das Haus Gottes soll ausgezeichnet sein unter den Häusern der Menschen. Bald stellt der Brauch sich ein, es tunlichst höher zu führen als die Umgebung, und als die Mißgunst der Umwelt dies verbot, blieb auf dem Dach eine Stange noch übrig, ein bescheidenes Sinnbild für den höheren Anspruch der geweihten Stätte. Bei der Bereitung des Äußeren mußten alle nur möglichen Rücksichten genommen werden. In Babylonien und nachher unter römischer Herrschaft durften die Synagogen nur außerhalb der Städte aufgeführt werden. Mit der Errichtung von eigenen Judenstädten innerhalb der Gesamtstädte fiel diese Beschränkung zwar weg. Aber als die Tore der Ghettos geöffnet wurden, war sie, in neuer Form, wieder da. Noch 1826 mußten die zum Teil schon geadelten Juden von Wien ihrer Synagoge in der Seitenstettengasse außen die Maske eines Zinshauses geben. Unter solchen Umständen blieb der äußere Prunk lange gehemmt. Seit dem 3. Jahrhundert zeigen die Synagogen in Palästina gegen die Straße eine offene Säulenhalle. Aber das mit der Vorherrschaft des Christentums einsetzende Mittelalter macht solcher Schaustellung ein Ende. Zwar außen werden die Stilformen der Zeiten — nach den Basiliken die romanischen (Worms) und gotischen (Prag) — schon mitgemacht, aber die Synagoge erreicht niemals die Freiheit und Größe ihrer monumentalen Vorbilder, ein gedrücktes Wesen haftet ihr an, der Schmuck der Fassade — Portale und Giebel — bleibt sparsam und streng. Eine Ausnahme bedeutet das Gebiet maurischer Kultur, besonders Spanien. Hier, wo die Juden auch sonst an der Blüte des geistigen und wirtschaftlichen Lebens ihren wertvollen Anteil nehmen konnten, treten auch ihre Synagogen schon im Mittelalter (Toledo) schön und stattlich hervor. Dann, im Zeitraum der Renaissance, folgt Italien. Der allgemeine Aufschwung der Architektur und der Künste, die ihre Ausstattung besorgen, zieht auch die Synagogen in seinen Kreis, in Venedig etwa stellt ein Meister vom Range des Sansovino seine Arbeit in ihren Dienst. Doch erst das Barock bricht völlig den alten Bann. Denn jetzt erst ist die edle Pracht, die das Gotteshaus überschwänglich verherrlichen will, nicht mehr auf wenige Gegenden beschränkt, jetzt erst durchmißt sie den ganzen Kontinent.

Trotzdem, auch jetzt noch bewahrt das Bauwerk außen die Reserve. Selbst die barocke Kunst, sonst noch mehr als die von Byzanz auf den Effekt der Fassade eingestellt, bewahrt bei der äußeren Erscheinung der Synagogen ein bescheidenes Maß. Das lag gewiß auch an der öffentlich unsicheren Lage der Juden, aber es lag nicht weniger an der jüdischen Auffassung der Sache: sich vor der Welt zu verschließen und alle, nun völlig entfesselte, aufs reichste entwickelte Kunst ins Innere zu ergießen. Den gereiften Zustand zeigen am besten die Synagogen in Polen.

Sie sind auch in anderer Hinsicht besonders bemerkenswert. Denn hier zum erstenmal — nimmt man die dürftigen, dunkel liegenden Anfänge des Synagogenbaues aus — tritt eine architektonische Form zutage, die, trotz aller Beziehungen zur Bauweise der Umwelt, im wesentlichen Sinne des Wortes jüdisch genannt werden darf. Unter den gelegentlich mit Wehrgang und Zinnen befestigten Steinsynagogen finden sich solche, die im Innern von vier Pfeilern getragen werden, so daß der zentrale Almemar, den die Pfeiler umgeben, zum Prinzip der Architektur geworden ist (Zolkiew). Bei den weit verbreiteten Holzsynagogen fällt das Stützensystem wohl weg, die Tonnengewölbe ruhen auf den Balkenwänden, die Kuppeln sind am Dachstuhl aufgehängt, aber über dem altjüdischen Grundriß schafft die derbe Konstruktion schon außen mit Freitreppen, offenen Galerien, gebrochenen Dächern und Türmchen Baugestalten von so kühner Kraft, innen Hallenräume von solcher Größe, malerisch überflammt und kostbar ausgestattet von solcher Leidenschaft, daß erst diese Schöpfungen, wiewohl nur selten nachweisbar unter Mithilfe jüdischer Hände entstanden, wahrhaft volkstümlich wirken. Vom Boden bis zu den Gewölben bedecken farbige Ornamente — Ranken, Tiere und sinnbildliche Darstellungen — die Wände, Felder und Streifen mit hebräischen Inschriften, schwarz auf kalkweißem Grund, treten dazwischen, am Geländer und Baldachin des Almemar, am Vorbau der heiligen Lade sind die Holzschnitzer, an ihren Vorhängen die Goldsticker, an ihren Geräten die Goldschmiede beschäftigt, so daß durch die vereinte Tätigkeit so vieler Künste ein großartiges Gesamtkunstwerk entsteht, prächtig, inbrünstig und voll Charakter. Es wird nach seinem jüdischen Gehalt noch gesteigert durch das Tun der Schreiber, die Zeichen und Sinn unserer Schrift an die Wände, an aufgestellte Tafeln, in die Rollen und Bücher tragen, die den Raum magisch beleben, kaum weniger durch den Opferwillen der Gemeinschaft, die im gläubigen Wetteifer das reiche Werk der Künstler gestiftet hat. Im Anblick dieser Synagoge stellt von selbst die Erinnerung an die Bereitung der S t i f t s - h ü t t e sich ein, als so viele Spender kamen, daß man ihnen Einhalt gebieten mußte. Wieder einmal, nun in voller Breite, knüpft die Synagoge an den uralten Brauch des Volkes an, wieder einmal kommt aus dieser Wurzel das Edelste und Eigenste hervor.

Auch sonst, schon in Zeiten, als das Bauwerk noch schlicht gehalten war, wurde auf seine innere Ausstattung besondere Sorgfalt verwendet. Das Kunsthandwerk fand hier ein ergiebiges Feld. Stilistisch lagen die Dinge ähnlich wie bei der Architektur, nur daß schon bei den Mosaiken aus hellenistischer und byzantinischer Zeit auch jüdische Handwerker mittätig gewesen sind. Im allgemeinen pflegt die Zierkunst jene Techniken und Formen, die zur Zeit landesüblich sind, hält aber — im konservativen Zug des Ganzen, der dem jüdischen Sinn für Pietät entspricht — dem Überlieferten weit länger die Treue als die Umwelt, so daß etwa die filigranen Arbeiten in Silber auch dann noch gotisch blieben, als die Kunst, auch die Kunst des übrigen T e m - p e l g e r ä t e s , schon seit Jahrhunderten die neuen Stile angenommen hatte. Die weitaus überwiegende Mehrheit der Dinge kommt ohne Zweifel von nichtjüdischen Händen. Trotzdem ist das Ergebnis in den besten Fällen nach seinem Geiste jüdisch. Das hat seinen Grund schon in dem jüdischen Zweck, dem das Gerät dient, und in dem jüdischen Zierat, mit dem es geschmückt wird.

Sein Mittelpunkt wird der heilige Schrein, A r o n h a k o d e s c h , und was dazu gehört, die heiligen Gerätschaften, K e l e k o d e s c h . Nachdem der früher bewegliche Schrein im Mittelalter in eine Nische der Ostwand eingebaut war, wird er jetzt über Stufen erreicht und zu beiden Seiten dieser Freitreppe, auf deren Brüstung der achtarmige Leuchter, M e n o r a , mit den Gefäßen für die Öllämpchen des Chanukafestes, aber auch die Ständer für die Toten- oder Jahrzeitlichter stehen, mit einem steinernen oder hölzernen Vorbau versehen, meist einer oben giebelartig bekrönten Säulenordnung, die in barocker Zeit triumphal hinaufgeführt wird. Die italienische Renaissance läßt die geschnitzte Ladentüre sehen, sonst wird sie von einem Vorhang, P a - r o c h e t, vor dem oben ein Lambrequin, K a p o r e t, hinzieht, verdeckt. Aus Brokat, Seide oder Samt hergestellt, werden beide — aber auch die Mäntelchen für die Gesetzesrollen, M a p p a, und die Decken für den Toratisch und das Pult des Vorbeters mit Gold, seltener mit Silber, bestickt, wobei auch farbige Steine und Gläser eingelassen werden. Die Geräte des Stiftszeltes — Bundeslade, Altar, der Tisch mit den Schaubroten und der Leuchter — der Schmuck des Priestergewandes — Brustschild, Granatäpfel und Glocken —, besonders aber die Gesetzestafeln, Löwen, Greife und Kronen fügen sich hier in die Ordnungen der Flächen, beherrscht von den Zeichen der hebräischen Schrift. Sie gibt den dargestellten Gegenständen die übersinnliche Deutung, sie gibt ihnen den niemals realistischen, immer ornamentalen Zug. Ist die Lade geöffnet, dann erblickt man die Torarollen . Auf den Köpfen ihrer beiden Holzstangen tragen sie in reinem oder vergoldetem Silber getriebene Knäufe, die R i m m o n i m, oder aus gleichem Stoff, in gleicher Arbeit durchbrochene Kronen, die K e t e r t o r a, über den Mänteln an silbernen Ketten das Schild, T a s s, und den Zeiger in Form einer Hand, J a d, womit bei der Verlesung der Tora ein Beistand dem Vorleser die Zeilen, die zum Vortrag kommen, angibt. Aber auch sonst gibt es viel Werk der Feinschmiedekunst. Da sind die Leuchter für das Pult des Vorbeters, die Lampe mit dem ewigen Licht, die vor der heiligen Lade niederhängt (N e r t a m i d), der Becher für den Segensspruch am Vorabend des Sabbats (K i d d u s c h S c h a b b a t), und die vielgestaltigen Büchsen für die Gewürze beim Abschied des wöchentlichen Ruhetages, H a w d a l a. Und da ist noch anderes mehr.

Aber das alles macht es nicht. Denn mit alledem ist die Synagoge noch leer. Geht einmal in eine, die seit Jahrzehnten von ihrer Gemeinde verlassen ist oder nur selten und dürftig besucht wird — sie mag noch so schön sein, ihr Zauber ist verflogen. Nur mit den Menschen, die hier brüderlich vereint dem unsichtbar anwesenden Gott dienen, lebt er innig wieder auf. Stellt euch einmal vor, ihr kämet am Vorabend des Festes der Gesetzesfreude ins Haus. Euch empfängt der Vorraum, schon er bestimmt für alte, sinnvolle Bräuche, für die Vorbereitung des Säuglings, der der Beschneidung, der Berit mila, zugeführt werden soll, wie auch für den Mann, der in der Trauerwoche zum erstenmal wieder die Synagoge betritt, um das Gebet für den Toten, Kaddisch, zu verrichten. Ihr seht in den Lichterglanz und durch den Glanz hin zum heiligen, mit aller Kunst und Hingabe geschmückten Schrein. Dann tretet ihr ein. Die Feststräuße, die das Lobgebet in diesen

Tagen begleitet haben, sind schon weggelegt, aber ihr dünner Duft schwebt noch im Raum. Dann wird der Schrein geöffnet, die Torarollen herausgereicht und von Männern der Gemeinde mit Gesängen und Tänzen rund um den Almemar getragen. Kinder mit Wimpeln drängen sich vor, um gleich den Erwachsenen die Säume der Mäntelchen, den Saum der Tora zu küssen. Die Frauen bleiben abseits, hinter den Verschlägen der F r a u e n s c h u l zu ebener Erde, die nur durch Schlitze gegen den Saal sich öffnen, oder oben auf den Emporen, auch sie in Synagogen altjüdischer Art durch Gitterwerk züchtig verhüllt, wie unter einem Schleier. Aber auch die Frauen umfaßt der eine Raum, widerhallend vom festlichen Geräusch der Menge, freudig durchwogt, nicht achtend des ernsteren Nachklangs, der aus fernen Zeiten auch jedes Fest der Freude in diesen Hallen begleitet. E i n Raum, e i n e Gemeinde. Und beide eine lebendige, feierliche Einheit!

Das 19. Jahrhundert hat mit dieser reinen, sinnerfüllten Tradition vielfach gebrochen. Die vom Almemar und Gitter der Frauengalerie „befreite" Synagoge verfällt der Veräußerlichung. Es entsteht eine große Anzahl höchst stattlicher und prächtiger Synagogen. Aber im stillosen Jahrhundert jagt ein Stil den andern, der klassische den maurischen und dieser den romanischen. Nur der eigene, der jüdische, wird nicht gefunden. Erst seit dem Beginn des 20. Jahrhunderts wendet sich — mit der neuen Blüte der allgemeinen Architektur — auch die Sache der Synagoge zum Bessern. Den entscheidenden Anfang macht die Wiederaufnahme des altjüdischen Grundrisses. Die Bauleistung rückt nach, besonders in Holland, wo in der Neustadt von Amsterdam zwei auch grundsätzlich wertvolle Synagogen (von Baars und Van Elte) den Weg in eine künftige Entwicklung zeigen, die Tradition und Leben verbindet, also wieder Kultur schafft.

Freilich, um nach solchen Anfängen zum höheren Ziel zu kommen, braucht es nicht allein die begabte jüdische Künstlerschaft, die erst in unseren Tagen mit ihren vielen vollfähigen Architekten und kunsthandwerklichen Helfern bereit steht, es braucht vor allem die Gesinnung der Gemeinde. Und auf beiden Seiten die religiöse Verinnerlichung. Denn nur aus ihr kann der neue Aufschwung kommen.

ARNO NADEL

Die synagogale Musik
Von Arno Nadel

URSPRÜNGLICH, also etwa in talmudischer Zeit, sollte ein „Alter und Geübter, der verheiratet und arm ist und dessen Herz daher völlig im Flehen zu Gott aufgeht," für die Gemeinde laut beten. Welcher tiefe Sinn, welche erhabene Härte spricht nicht aus dieser uralten Forderung! Vernehmbar zu Gott beten, das ist eben, wenn es recht geschehen soll, nichts anderes als echtester Herzenserguß, Tönen der Seele in ihren Abgründen, Musik göttlichen Stils, letzte Auseinandersetzung mit Gott, mit der Welt und dem ewigen Rätsel.

Wenn wir heute in die Synagoge kommen, hören wir Kantor und Chor oder auch Orgel. Ein weiter Weg von jenem alten und geübten Abgesandten der Gemeinde („Scheliach zibbur") bis zu dem jungen oder im Amte alt gewordenen heutigen „Oberkantor", dem Chasan! Chasan — diese Bezeichnung birgt viel Wandlung in sich und läßt uns hell in die früheren Jahrhunderte, ja in die Jahrtausende schauen. Der Chasan, die heute populärste, auffälligste, oft auch markanteste Persönlichkeit des jüdischen Gottesdienstes, war anfangs gar nicht Vorsänger, sondern ein höherer Beamter, ein Diener im edelsten Sinne, während des allgemeinen Gebetes. Schon zur Zeit des zweiten Tempels, und in späteren Jahrhunderten als „Chasan haknesset", hatte er die verschiedensten Funktionen zu verrichten. In den Synagogen Spaniens und Frankreichs hatte er seinen erhöhten Platz, von dem aus er Anweisungen gab, so zum Einsetzen der gemeinsamen Gebete. Er hob auch die Tora aus der Lade und schlug die vorzulesende Stelle auf. Später wurde der Chasan zur Toravorlesung und zum Vorbeten herangezogen. Der Vorbeter war nämlich Für- und Vorbeter zugleich. Er betete vor, was die Gemeinde nachbetete, wie z. B. beim Sündenbekenntnis am Versöhnungstage, und er betete f ü r die Gemeinde — wie natürlich auch heute noch — indem er ganz anders als die Gemeinde betete — eindringlicher, bedeutungsvoller, d. h. wissend um Wort und Sinn der Gebete und im Gesang vordringend bis zu den Stufen des Höchsten, seine Seele ausschüttend, sein eigenes Wort, ja, sein eigenes Wesen an das Aller knüpfend.

Ich sagte: der Chasan wurde mit der Zeit Toravorleser und Vorbeter. Aber die Tora-Vorlesung war seit uralten Tagen Tora-Vorsingen, und zwar wurde das Gotteswort und wird es heute noch nach besonderen Zeichen, nach dem sogenannten T r o p p, kantiliert. Der Tropp oder die Akzente sind denn auch die ältesten und genauesten hebräischen Musikmotive. Der Tropp durchdrang und durchdringt alle traditionelle Gebetsmusik, er durchwebt gewissermaßen die schönsten synagogalen Rezitative.

Eigentlicher Kunstgesang kam erst mit dem P i j u t , mit den „Gedichten" der Feste auf. Und später entwickelte sich der Pijutvortrag oder genauer der Pijutgesang zu selbständigen Musikweisen. Das bedeutet: die weltliche Musik, welche mit dem Pijut in die Synagoge, nicht ohne Kampf und Streit, einzog, breitete sich mehr und mehr aus, so daß der Chasan zum Künstler und Virtuosen wurde, — zum Schaden der Innerlichkeit und seiner eigentlichen Bestimmung, aber zur Freude der kunstfrohen Lauscher.

Und nun war es zur Heranziehung eines I n s t r u m e n t e s nur noch ein kleiner Schritt. Im Orient, z. B. in Bagdad, wurde schon in frühesten Jahrhunderten mit Instrumenten, offenbar mit Bläsern und Harfen, zum Lobe Gottes musiziert. Später, viel später, als nämlich schon die Mitwirkung des Chores begann, ahmte man auch, und hier erst recht, mit lauter und gereizter Auseinandersetzung, die Kirchenmusik nach und zog die Orgel zur Verschönerung der Synagogenmusik heran, — am frühesten, vor 1800 nämlich, in Italien und in Mainz und nach 1800 zuerst im Jakobsohntempel in Berlin und großartiger im „Tempel" zu Hamburg im Jahre 1818. Das ist zugleich der Beginn der Scheidung zwischen Konservativen und Liberalen, die eigentliche Gründung der „Reformsynagoge".

Mit Chor und Orgel setzte eine neue Aera der synagogalen Musik ein. Äußerlich wird die Musik zwar großartiger, innerlich aber entfremdet sie sich der alten morgenländischen Natur, wird westlich und weltlich. So daß fast alles, was wir heute in der Synagoge von Chor und Orgel vernehmen, nicht mehr als echte, als hebräische Musik angesprochen werden kann.

W ill man den „Ursprung" der jüdischen, der hebräischen Musik aufzeigen, so kommt man in größte Verlegenheit. Mit Ursprung kann ja nur die Musik des zweiten Tempels gemeint sein, wenn man einen Begriff mit dieser vagen Bezeichnung verbinden will. Nun wissen wir zwar, d a ß im Tempel Jerusalems zum Lobe Gottes musiziert worden ist, w i e diese Musik aber beschaffen war, weiß niemand, — weil weder Notenaufzeichnungen vorhanden sind, noch Notationssysteme, wie bei den Griechen, die solche sowohl für Vokal- als auch für Instrumentalmusik besaßen.

Wollen wir dennoch irgend eine „Anschauung" unseres ältesten Musikwesens schaffen, in der Idee wenigstens hervorzaubern, so kann es wohl kaum besser geschehen als durch Vergegenwärtigung altgriechischer, durch das vorhin erwähnte Notsystem wiederhergestellter Götter- und Volksweisen, etwa durch tiefes Einfühlen in den umfangreichen „Delphischen Hymnus an Apollon" (Wiedergabe dieses Stückes im „Handbuch der Musikgeschichte" von Guido Adler, Abschnitt: Antike, Frankfurt a. M. 1924. — Siehe auch:

Curt Sachs, Musik des Altertums, Breslau 1924, und, in weiterem Zusammenhange: Encyclopaedia Judaica, Band II: Artikel „Akzente" vom Verfasser dieses Aufsatzes). — Wenn man sich in diesen Göttergesang vertieft und die melodischen Wendungen hebräisch rhythmisiert — denn auch in der griechischen Musik ergab sich der Takt aus dem Wortmetrum — so bekommt man noch am ehesten eine Vorstellung von unserer alten hebräischen Tempelmusik. Hier ist ein Anhaltspunkt, hier ist Licht und nicht nur Dunkel — auf Schritt und Tritt erleben wir Musikmotive, die sich bis in unsere Tage in der synagogalen Musik erhalten haben. Eine arabische religiöse Weise oder ernste Zigeunermusik (ungarische Musik) könnte jene alte heilige Art keinesfalls vergegenwärtigen, obgleich sich diese Arten von Musiken in unsere synagogale Tonkunst gewissermaßen eingestohlen haben. Hingegen eine alte ägyptische Melodie oder eine religiöse indische würde es wohl vermögen, aber wir kennen solche, die Jahrtausende alt wären, nicht, griechische Hymnen jedoch sind uns seit Jahrtausenden schon bekannt, und so mögen solche zum Vergleich, ja zur Veranschaulichung wohl herangezogen werden.

Wenn ich an manches griechische Motiv denke, das mit unseren hebräischen eng verwandt ist, so fühle ich schon festeren Boden unter mir, nämlich den Boden der Synagoge, auf welchem wir heute noch stehen, wenn wir zu Gott beten, wenn wir zu ihm — singen.

Synagogengesang, das ist: Festgesang, das ist Gesang an den Festtagen. Ich will nun einige Hauptmelodien bzw. charakteristische Rezitative, unserer in Deutschland geltenden polnisch-aschkenasischen Tradition (Nussach) folgend, beleuchten, und verweise auf manche Melodien der Musikbeilage zu diesem Sammelwerke, die hier nicht berührt werden können, weil wir ja nur, quasi im Symbol, das Allerwichtigste andeuten.

Da ist „Jozer mescharatim" (siehe Notenbeilage „Rosch haschana"). Hier ist ureigenster Geist hebräischer Musik. Hier ist ein Rezitativ — nicht durch Takt gefestet, eingeteilt, eingekeilt, sondern freier Lauf des Gebetes und der Seele, der orientalischen, alten, ehrwürdigen, eine Weise, nach welcher unzählige andere angestimmt werden, — keine eigentliche Melodie, sondern Sprechgesang, aber in umfänglicher Form, dem hebräischen Sprechakzent sich fügend und Motive hergebend, wie sie echter ganz selten anzutreffen sind. Will jemand „hebräische Musik" einem Zweifler demonstrieren, so singe er ihm dieses Rezitativ vor und der Zweifler wird aufhorchen und bekennen müssen: das habe ich nur in der Synagoge, nur in unserer heiligen Atmosphäre vernommen.

Das große Mußaf-Kaddisch (siehe Beilage: Mußafgebet Jisgadal) ruft die Beter zur hohen stillen Ergießung in Gott auf. Aus dieser Melodie fließt Klage und Sage, bricht die ganze Trauer und das ganze Bitten hervor, das ist ein Schrei, ein Aufreißen des Himmels: — nun kommt es, nun treten wir vor dich, Herr, hin, wir werden in stiller Zerknirschung die Mußaf-Sch'mone esre hinjammern, dich erheben, preisen und anflehen. Horche auf, lausche auf, Herr, Israel will sein Mußafgebet sprechen, horche auf, Herr!

Die darauffolgende Olenu-Melodie in unseren Noten möge zeigen, wie sehr die Musik in der reifen synagogalen Kunst nicht nur, wie oft, dem Wortsinne folgt, sondern vor allem der Idee des ganzen Stückes. Die Weise ist in Dur gehalten. Sie ist wohl kaum, so wie sie ist, als alt anzusprechen, könnte jedoch auf alte Motive zurückgehen. Dennoch gehört sie zum Erhebendsten und Schönsten, was wir vom Chasan am Rosch haschana hören.

Nun zu Jom kippur und zur Kol-nidre-Melodie. Die berühmte Kol-nidre-Melodie, könnte man sagen, hat internationalen Ruf. Wann sie entstanden ist, ist schon deshalb schwer festzustellen, weil sie meiner Ansicht nach keine ursprüngliche einheitliche Weise darstellt, sondern eine Zusammenfassung vieler Motive, namentlich solcher der hohen Feiertage. In unserer Fassung wird wohl die Kol-nidre-Melodie nicht älter als zweihundert Jahre sein. In dem in meinem Besitz befindlichen Hannoverschen Kompendium vom Jahre 1744, der anerkannt ältesten hebräischen Notenhandschrift überhaupt, befindet sich in keinem Stück auch nur eine Anspielung auf unsere Kol-nidre-Weise, wohl aber auf die Neila-Melodie von Kaddisch und Owot. Der Ursprung des ganzen Komplexes ist wohl nicht anderwärts als im Orient zu suchen. Von dort her haben sie gewiß jüdische Auswanderer auch nach Italien gebracht. Es fällt nicht schwer, in der von Consolo mitgeteilten Kol-nidre-Weise und im Kol-nidre der persischen Juden („Gesänge der persischen, bucharischen und dagestanischen Juden" von Idelson) Motive zu entdecken, die an unsre polnische Weise anklingen. Interessant und feierlich ist die Dur-Melodie der Sefardim, wie sie seit Jahrhunderten im Tempel „Scheerit Israel" in New York vorgetragen wird. (Im zweiten Heft „Awodas habore" von Bernstein, Wilna. Mit einem Aufsatz über Kol-nidre von Minkowski). Sie weist eine gewisse Verwandtschaft mit unserem Jo schimcho auf und erinnert uns durch ihre hohe und heitere Würde an die Tatsache, die uns Zunz mitteilt, „daß der Versöhnungstag nicht immer das düstere Aussehen hatte, das ihm das Mittelalter verliehen".

Die Hauptweise des Sukkotfestes (siehe Musikbeilage „Sukkot") wird von den segnenden Priestern am Mußaf-Ende rezitiert. Sie wird auch sonst hie und da, vor allem im Hallel, angewendet. Das Kaddisch vor Geschem (Beilage: zweite Melodie) möge dartun, wie anders sein Charakter ist als der des besprochenen Kaddisch von Mußaf des Rosch haschana. Dort Flehen und Klage, hier hehre Vorbereitung auf die Anrufung unserer Ahnherren in Würde und ruhiger Erhebung.

Die Hauptmelodie des Pessach-Festes stammt vom Sederlied „Addir hu". Bereits in der Haggada von Rittangel (1644) ist sie mit Noten versehen, die aber, nach Steinschneider, unserer üblichen Weise nicht entsprechen.

Die hervorragendste Weise des Wochenfestes hingegen (Musikbeilage „Schawuot", erste Melodie) findet sich bereits im oben erwähnten Hannoverschen Kompendium, das bedeutet: sie wird mehr als zweihundert Jahre in Deutschland intoniert.

Zum Segensspruch beim Anzünden der Chanukkalichte will ich folgendes bemerken. Im Grunde sind es nur drei Segenssprüche (Brachot), die in unserm Ritus eine ausgeprägte musikalische Note aufweisen. Das sind die Segenssprüche beim Schofarblasen, beim Anzünden der Chanukkalichte und beim Vorlesen der Megilla beim Purimfeste. Zu den genannten Segenssprüchen kommt noch im Osten der beim Omerzählen hinzu, wie überhaupt im Osten und in konservativen Gegenden das musikalische Element im Gottesdienste differenzierter ist. — Während nun die Segenssprüche über Schofar und Megilla durch Hornklänge sich auszeichnen, die das Historisch-Festliche malen sollen, trägt die Sangesweise der Brachot beim Lichtanzünden einen gemütlichen dankspendenden Charakter, der alles Fröhliche, Kindliche und Äußerlich-Feierliche des Lichtfestes ins Gedächtnis zurückruft.

Sehr populär, neben der Kol-nidre-Melodie sogar am bekanntesten, ist die Maos zur-Weise. Sie ist, nach Eduard Birnbaum, einem der hervorragendsten Kenner der Materie, viele Jahrhunderte alt. Er stellt in seiner Einleitung zur Chanukka-Melodie (Königsberg 1889) einen unmittelbaren Zusammenhang mit dem Volkslied „So weiß ich eins, das mich erfreut, das Blümlein auf breiter Heide" (um 1545) fest, dem Liedchen, das auch die Basis des Chorals „Nun freut euch, lieben Christeng'mein" (dem übrigens früher notierten) hergegeben haben soll. Ich bezweifle diese Behauptung. Ich kenne die genannten Weisen und muß sagen, daß trotz des gemeinsamen Anfangs — das Volkslied steht im Dreivierteltakt — die Folge der Melodien derart verschieden ist, daß lediglich eine zufällige Ähnlichkeit zwischen den drei Liedern konstatiert werden dürfte. Jahrhunderte alt sind Teile unserer Melodie allerdings. In der Hannoverschen Handschrift sind nicht weniger als zehn Chanukkaweisen für „Hodu", „Onno" und „L'cho dodi" zu finden, die unverkennbar die Maos zur-Melodie variieren. In der heutigen Fassung ist sie zuerst von Brahm und Nathan, London 1815, veröffentlicht worden.

Purim, das bedeutet: die Megillat Ester. In unserer Musik-Beilage geben wir die schöne Vortragsweise des Anfangs wieder. Herausgehobene Stellen der Megilla sind ferner: „Die Liebe des Königs" („Uwehagia"), „Mardechajs Kummer" (Kap. 4, Vers 1), „Die düstere Nacht" (Kap. 6, Vers 1), endlich „Der Triumph" (Kap. 10, Vers 2).

Am Tischa beaw wird die Megilla echa vorgetragen. Die grandiose Trauerweise dieser Rezitation gehört zum Schönsten der gesamten Synagogenmusik, ja zum Erhabensten der religiösen Musik aller Völker.

Vom Sabbat möchte ich als originellste Melodien die des „Adonaj malach" und des „Waj'chullu" bezeichnen.

Noch ein Wort über unsere religiöse Hausmusik. Wo im ernsten allgemeinen Gottesdienste das Gemütvolle zum Gemütlichen wird, da ist es von Übel. Außer etwa an demjenigen Feste, an welchem man mit Gott und Tora wie mit lieben Verwandten sich freut und belustigt, am Simchat-Tora-Fest, und teilweise auch an den Halbfeiertagen Chanukka und Purim (Lichtanzünden und Vorlesung der Megilla). In erster Reihe soll der Gottesdienst Vereinigung mit dem Schöpfer, Reue und Gebet, Versenkung ins heilige Jenseitige schon hienieden sein. Anders ist's mit der religiösen Hausmusik. Zunächst ist festzustellen, daß sie heute in Deutschland sehr wenig gepflegt wird. In einem alten Werke („Sch'te jodos) finden wir die Bemerkung, daß die Sitte, „S'mirot" zu singen, zuerst in Deutschland und Italien aufgekommen ist. Mit der Bezeichnung S'mirot (Gesänge) sind wir bei den wesentlichsten Stücken der religiösen Hausmusik angelangt. Sie werden besonders während der Mahlzeiten am Sabbat und an Festtagen vorgetragen. Wo es angängig ist, im Chor, zumeist zweistimmig, wobei die begleitende Stimme sich selber einstellt, selbst im Augenblick schafft, gewöhnlich in Terzen oder in Sexten. Besonders schöne Melodien kennen wir ferner zu Schalom Alechem, dem heiligen mystischen Segen beim Betreten des Heims nach dem Freitag-Abend-Gottesdienst, und zu Schir hammaalot, dem Psalm vor dem Tischgebet.

Beiden Arten aber, der Synagogen- und der Hausmusik, ist ein Ziel eigen: die Verherrlichung des allmächtigen unsichtbaren Gottes.

Der jüdische Alltag
Von David Feuchtwang

FÜR den jüdischen Menschen und die jüdische Gemeinschaft ist jeder Tag ein von der Göttlichkeit gegebener und geweihter. Einen Alltag im verkleinernden Sinne dieses Wortes gibt es, genau genommen, nicht. Die Forderungen des Lebens sind rauh und unerbittlich. Selbst die bescheidensten Lebensansprüche — und auch diese Bescheidenheit ist ein wesentlicher Teil wahrer Religiosität — verlangen Anspannung körperlicher und seelischer

Kraft, so daß für Andacht und Selbstbesinnung wenig Zeit und Raum übrig bleiben. Die Arbeit, die Brot bringen soll, sei es noch so karg und sparsam, nimmt im Leben des Menschen in der Regel die erste Stelle ein. Freiwillig versteht sich der Mensch nicht leicht zur Erhebung in den Raum des Religiösen. Der jüdische Mensch, ein Teil des Volkes, das seit seiner geschichtlichen Entstehung bestimmt, berufen und verpflichtet ist, sein Leben zu weihen, zu heiligen, hat eine schwere Aufgabe zu erfüllen. Gottesfurcht ist ihm erstes Gebot. Diese aber ist die höchste Forderung, welche die „Lehre" an uns stellt, deren Erfüllung geradezu B e d i n g u n g des jüdischen Lebens ist. Die Lehre im tiefsten Sinne des Wortes und dem breitesten Inhalte nach, beginnend mit den Gesetzen, Vorschriften, Geboten, Verboten der Tora, ergänzt durch die gliederreiche Kette der daran geknüpften Überlieferungen von Jahrhunderten und Jahrtausenden, welche wahrhaft sittlich-religiös vollkommene Lehrer der jüdischen Antike, der klassischen und nachklassischen Zeit unserer Geschichte, in unermüdlicher Arbeit für die Vervollkommnung und Erhaltung des jüdischen Volkes festgesetzt haben. Nur der Läuterung und Reinigung des ganzen Lebens und Führens dienen die Gebote. Eines der köstlichsten Mittel zur Ermöglichung der Lebensweihe ist unstreitig das Gebet, diese Blüte der Religiosität*).

I.

Es ist sicher, daß das Gebet, wie bei allen Völkern der Welt, seine Wurzel in der Angst vor dämonischen Kräften der Natur hatte, die abzuwehren der primitive Mensch sich heiß bemühte. Es dürfte bei uns Juden in urzeitlichen Tagen nicht anders gewesen sein. In verhältnismäßig raschem Aufstieg zu sittlicher und religiöser Kultur gelangte im jüdischen Kreise und Raume das wahrhaft Religiöse zum Durchbruch und mit ihm schon in der Frühzeit des Volkstums die innige Verbindung mit dem Göttlichen durch Gebete, die an keine Zeit und Form gebunden, sondern wahrhaftiger freier Herzenserguß gewesen sind. Diesen Charakter trägt der jüdische Gottesdienst, wie er sich in späteren Zeiten entwickelt hat, hervorragend an sich, da er, losgelöst vom Opfer, wahrer H e r z e n s d i e n s t geworden ist. So wird das Gebet genannt. Gottesdienst sollte aber nach der Weisung der größten Lehrer der alten Zeiten das ganze Leben sein, das seelische und leibliche; Arbeit und Muße, Tun und Lassen, Denken und Wirken. Der j ü d i s c h e A l l t a g ist durchaus geadelt von solchen Gedanken und Pflichten, so daß das Profane kaum in den Vordergrund zu treten vermag, ohne daß das notwendige Tagewerk entkräftet und herabgesetzt würde. Im Gegenteil. Hochgeschätzt bleibt

---

*) Zum ganzen Thema lese man Ismar Elbogens grundlegendes Werk „Der jüdische Gottesdienst in seiner geschichtlichen Entwicklung", Leipzig 1913.

jegliche Arbeit und jedes zweckmäßige Werk, wofern es dem Menschen dient und der Sittlichkeit gerecht wird.

Der jüdische Mensch beginnt und beschließt seinen Alltag mit dem Gedanken an Göttliches, Geistiges, Sittliches. Sein erster Morgengruß gilt dem Schöpfer, sein Abendgruß dem Spender des Lebens und der Ruhe.

„Mode ani lefanecha melech chaj wekajam schehechesarta
bi nischmati bechemla rabba emunatecha."
„Ich bekenne vor Dir, dem ewig lebenden König der Welt,
daß Du mir in großer, treuer Liebe meine Seele wiedergegeben hast."

So beginnt beim Erwachen aus dem Schlafe der jüdische Alltag. In unglaublich einfacher Form ist hier die göttliche Macht und Liebe, die Herrschaft des Seelischen im Menschen und in der Welt ausgesprochen. Dieser Tagesbeginn ohne schwärmerische Frömmelei in demütiger Schlichtheit und Inbrunst soll Bürgschaft für die Weihe des Tages sein. Jedes jüdische Kind soll diesen Satz beim Erwachen aus dem Schlafe sprechen; jede jüdische Mutter wird und soll es verstehen, dem Kinde diesen Satz in welcher Weise immer zu erklären.

Für die Dauer konnte es nicht der Willkür des Einzelnen überlassen bleiben, seinen Tag nach Bedürfnis und Empfinden für die Ausübung der religiösen Pflichten im Allgemeinen und die Verrichtung des Gebetes im Besonderen zu gebrauchen und einzuteilen. Die Lehrer des jüdischen Volkes erkannten frühzeitig die Notwendigkeit einer feststehenden Gebetordnung und eines für die Gemeinde eingerichteten Gottesdienstes, ohne daß sie das Privatgebet in irgendeiner Weise zurücksetzen oder abschaffen wollten. Es blieb jedwedem frei, sein stilles Gebet, wie immer, wo immer und wann immer zu verrichten. Das hat auch seine Geltung für die Gegenwart. Der ursprüngliche Gottesdienst der klassisch-jüdischen Zeit bis zur Zerstörung des zweiten Tempels war in seiner Wesenheit Opferdienst, wenn es auch zu allen Zeiten Gebete gegeben hat und die außerhalb des Bereiches des Zentralheiligtums wohnenden jüdischen Gläubigen stets gottesdienstliche Zusammenkünfte mit Gebetverrichtung hatten.

Mit der Zerstörung des Tempels stellte sich mächtig das Bedürfnis nach einem befriedigenden Ersatz ein; er wurde im **reinen Gebetgottesdienst** gefunden, losgelöst von Opfern und Priestern, **rein und stark in der Seele und im Herzen des Menschen wurzelnd**.

Wie das Studium, Lernen und Lehren der Tora Tempel und nationales selbständiges Land ersetzen mußten und sich als wunderbar erhaltende Kraft bewährten, so trat jetzt die **kleine Gemeinde**, selbst wenn sie nur aus **zehn Personen „Minjan**[1]**"** bestand, an die Stelle des ganzen national

---

[1]) Vgl. Anhang, Anm. 1.

geeinten Volkes. Die „Eda" (Gemeinde) muß aus mindestens zehn erwachsenen männlichen Personen bestehen, gemäß Num. 10, 27. Der Teil mußte das Ganze ersetzen. Das ist und blieb auch Sinn und Bedeutung dieser aus mindestens zehn betenden Menschen bestehenden Gemeinde, die geeint war durch Schicksal und Andacht, Inbrunst und Willen. Sie hatte aber auch durchaus die Weihe und Würde, die ihr keiner nehmen und keiner verleihen konnte, weil sie in ihr selbst lagen und liegen nach Gesetz und Ansicht der Volkslehrer. Diese Gemeinde der „Zehn" bildet die kleinste Öffentlichkeit, die fähig und würdig ist, daß in ihrer Mitte Gott wohne und daß in ihrem Kreise alle religiösen Übungen vor sich gehen, welche für die Öffentlichkeit bestimmt sind; somit auch der öffentliche Gottesdienst in all seinen Gebräuchen und Formen. Es hat wohl ein Jahrtausend gebraucht, bis er sich zu der vollendeten Höhe entwickelt hat, auf der er sich heute in all seinen Gestalten befindet. Der G o t t e s d i e n s t d e s A l l t a g s ist ein Abbild dieser Entwicklungsformen und in seinem Aufbau ein historisch-lebendiger Rapport jüdischen Erlebens sondergleichen.

W i r b e t e n G e s c h i c h t e ; e r l e b e n u n s e r S c h i c k s a l g e d a n k l i c h u n d i m G e f ü h l e t ä g l i c h a u f s N e u e , wenn wir auch durch den lebendigen Tag genügend daran erinnert werden, dessen Ernst und Schwere wir tief empfinden und über dessen Sorge uns das Gebet hinwegheben soll.

Darin liegt der hohe Wert des in der Gemeinde verrichteten Gebetes. — Wahrscheinlich ist es nicht, daß wir uns täglich gedrängt sehen würden, uns mit Ewigkeitsgedanken zu beschäftigen; unser Geschick mit der ganzen jüdischen Gemeinschaft, der Menschheit, vereint zu fühlen; uns mit dem Weltganzen und dem Göttlichen, das es erfüllt, zu vereinen. Es ist ebenso natürlich, begreiflich, wie verzeihlich, daß wir uns, unsere Familie, unsere Freuden und Leiden, Nöte und Schmerzen, Sorgen und Plagen zu allererst in den Kreis unseres Gebetes schließen; dem tragen auch die in feste Form gefaßten Gebete durchaus Rechnung; denn unseren Lehrern war nichts Menschliches fremd. Das G e m e i n d e g e b e t jedoch hebt darüber hinaus und erweitert den engen Kreis des Alltäglichen und Individuellen ins Unendliche, verwandelt die „kleine Welt" des Einzelmenschen in die „große Welt" des Historischen und Kosmischen, ohne den realen Boden der irdischen Wirklichkeit zu verlieren und die sozialen Forderungen des Zusammenlebens der jüdischen Gemeinschaft unbeachtet zu lassen. Auf diese Weise wird dem jüdischen Menschen der graueste Alltag zur Quelle des Trostes und des Lichtes in Kümmernis und Dunkel.

Es ist fraglos, daß sich die Verfasser und Ordner der Gebete für den Alltag von solchen Gedanken leiten ließen, wenn auch die Gestalt, in der wir heute unsere Gebete für den Alltag besitzen, das Ergebnis vielfachen Wandels der Zeiten und Verhältnisse ist, aus denen sie herausgewachsen sind. Sie sind Früchte ernsten, weisen Denkens; innigster Vertiefung in die Einzel- und Gesamt-Seele des jüdischen Volkes. — Erziehung zu reinem, beseeltem Leben ist Endziel. Das ist auch der Sinn und Wille der Segens- und Lobsprüche, welche der jüdische Mensch alltäglich bei so vielen Anlässen zu sagen hat.

Es ist gewiß nicht wörtlich zu nehmen, wenn die Überlieferung sagt, daß der Jude täglich hundert Lobpreisungen sprechen solle; doch es liegt der tiefe Sinn darin, den auch die alten Lehrer darin finden, daß der Weg zu Gottesliebe und Gottesfurcht dadurch beschritten und gefunden wird, daß jedwede Gelegenheit, an das Göttliche zu denken, benützt werden solle. Nicht jeder vermag der wahren „Gottesliebe", des großen Amor dei, teilhaftig zu werden. Ihm sind die „h u n d e r t S e g e n s s p r ü c h e" Wegweiser und Führer zum höchsten Ziele. — Das ist die Erklärung dafür, daß wir bei jedem Genuß, jedem Erlebnis, jedem Anblick, jeder Ausübung einer religiösen Pflicht einen Segensspruch sagen, ob wir einen Schluck Wasser trinken, einen Bissen Brot essen, eine Frucht genießen, ein Kleid anziehen, die Hände des Morgens waschen, uns zu Tische setzen, um unsere Mahlzeit zu nehmen; uns vorbereiten zur Nachtruhe. Keine Gabe der Natur, die wir empfangen, bleibt unbedankt; weder der blühende Baum noch die duftende Blume; keine wunderbare Erscheinung ohne Preis des Schöpfers: das Gewitter mit Donner und Blitz, das Farbenspiel des Regenbogens, das wogende Meer, der brausende Sturm; die Weisheit eines Menschen, die Hoheit und Größe Auserwählter. Kann das ohne tiefen Eindruck bleiben? Vor seelenlosem, gewohnheitsmäßigem, nur die Lippen bewegendem Sprechen kann nur der starke Wille schützen; in jedem Falle aber bietet die religiöse Vorschrift und Übung Gelegenheit, sich mit dem Erhabenen eins zu wissen; sind sie eine starke Stütze des religiösen Gedächtnisses des jüdischen Menschen, der wissen muß, daß G e b e t o h n e A n d a c h t „ K ö r p e r o h n e S e e l e" ist. Die aufgezählten mannigfachen Anlässe und Gelegenheiten bilden eine wichtige Gruppe im häuslichen, privaten Pflichtleben und sind fraglos ein ebenso edles, wie zweckdienliches Mittel zur Erziehung des jüdischen Menschen. Hier darf von wohlfeiler Frömmelei nicht die Rede sein. Jeder der Lobsprüche enthält einen Gedanken, der auf Geist und Herz wirkt und selbst dem rein Physischen Adel verleiht. Das T i s c h g e b e t („b i r k a t h a m a s o n") mag als Beispiel besonderer Art genannt werden.

Leitet der Lobspruch beim Waschen[2]) der Hände vor der Mahlzeit und vor dem Genusse des Brotes (ha mozi, d. h. wörtlich: der hervorbringt) die

---
[2]) Vgl. Anhang, Anm. 2.

Mahlzeit ein, so ist das Tischgebet der sinnvolle, religiöse Abschluß. Daß das Brot als Hauptnahrungsmittel des Menschen als wesentlicher Bestandteil der Mahlzeit betrachtet wird, leuchtet ein. Das Tischgebet[3]), wie wir es nun nach jeder Hauptmahlzeit sprechen, hat seine Entstehungsgeschichte, wie alle bedeutenden Gebete und die ganze gottesdienstliche Ordnung. Die kritische Kenntnis braucht beim Betenden durchaus nicht vorausgesetzt zu werden; denn der Inhalt wirkt durch seine eigene Kraft. Im ersten Teile des Tischgebetes wird dem Schöpfer der Dank für die Ernährung ausgesprochen, in klassisch einfacher Sprache und Form.

>„Gelobt seist Du unser Gott, Herrscher der Welt, der die ganze Welt in seiner Güte, Gnade, Liebe und Barmherzigkeit ernährt. Er gibt allem Fleische Brot, denn seine Liebe ist ewig" usw. —

Daran schließt sich sogleich der Dank für die Befreiung aus Mizrajim und die Verleihung des Heiligen Landes der Verheißung und der Tora. — So wird — und dies ist ein charakteristisches Zeichen fast aller Gebete — das Persönliche, Nationale in die Sphäre des Reinreligiösen und in den Kreis vernunftgemäßer Erkenntnis gehoben. Das Gebet für ganz Israel, Jerusalem, Zijon, das Heiligtum und das königliche Haus David ruft dem Betenden die große Geschichte des Volkes ins Gedächtnis und führt die Gedanken in messianische Zeit und Hoffnung. Ein Hymnus schließt das Gebet ab, um wieder in die Wirklichkeit zurückzukehren in kurzem Gebete für das Wohlergehen des eigenen Hauses und der eigenen Familie. — Es soll noch einmal betont werden, daß selbst die intimsten Privatgebete, die die persönlichsten Anliegen und Wünsche zum Inhalt haben, immer die Gemeinschaft Israels, die sozialen Pflichten allen Menschen gegenüber und das Erwerben der Kenntnis der Lehre im Auge behalten.

II.

In den Bezirk der täglichen häuslichen Andacht gehörte auch ursprünglich der Anfang unserer Morgengebete, die jetzt in den Synagogen-Gottesdienst aufgenommen sind. — Deutlich gegliedert und gestuft ist der Ritus des täglichen öffentlichen Morgen-Gottesdienstes. Er baut sich in schöner Architektonik und Ästhetik auf, so verschieden seine Teile auch sind und so sehr sie sich nach der Zeit ihrer Entstehung voneinander unterscheiden. — Das Morgengebet beginnt mit dem Gedichte „Jigdal", einer poetischen Wiedergabe der dreizehn Glaubensartikel, die Maimonides am Schlusse seiner Einleitung zum Kommentar des zehnten Abschnittes des Traktates Sanhedrin zum ersten Male aufgestellt hat. Sie bilden das

---

[3]) Vgl. Anhang, Anm. 3.

Fundament des ganzen jüdischen Glaubensgebäudes. Das herrliche Gedicht, als dessen Verfasser man Maimonides nennt, ist eine ergreifende Vorbereitung für den Gottesdienst vor dem beginnenden Tagwerk, eine würdige Einführung in die Gedanken- und Gefühlswelt des ganzen Gebetbuches. — Vorher hat der den Gebetraum Betretende schon das innige „Ma towu" in stiller Andacht gesagt, das innerliche Sammlung und Vorbereitung für den kommenden Gottesdienst bezweckt. „Wie schön sind Deine Zelte Jaakob, Deine Wohnungen Israel; ich komme durch Deine große Güte in Dein Haus und beuge mich in Ehrfurcht vor Dir in Deinem Heiligtume." — Demselben Zweck dient das innige, tiefreligiöse hymnische Gebet „Adon olam". Man will Salomo ibn Gabirol als Verfasser annehmen; doch ist dies ebenso unwahrscheinlich, wie die Autorschaft des Maimonides für „Jigdal". — Gleichgültig, wer der Verfasser ist; das Gebet ist erhaben und tief. „Herr der Welt! Er herrschte, eh' ein Wesen erschaffen war; als das All auf sein Geheiß entstand, wurde König er genannt; und vergeht das ganze All, wird der Ehrfurcht Gebietende allein noch herrschen. Er war, ist und wird in Herrlichkeit ewig sein. Einzig ist er und kein Zweiter kann mit ihm verglichen, ihm zugesellt werden. Ohne Anfang, ohne Ende, sein ist Macht und Herrschaft. Er, mein Gott, mein Erlöser, Er Fels in Leid und Not. Er mein Panier und Zuflucht mir, meines Schicksals Bestimmung, wenn ich ihn rufe. In seine Hand befehle ich meinen Geist, zur Zeit des Schlafens und des Wachens; mit meinem Geist meinen Leib. Gott mit mir, ich fürchte nicht!" — Besäßen wir in unserem Gebetbuche nur dieses Stück, wir wären reich zu nennen. Diese drei Gebete sind die prächtige Pforte für das Heiligtum, das nun in den darauf folgenden Gebetstücken betreten wird.

Deutlich heben sich die fünf Teile im Morgen-Gottesdienste voneinander ab, die jeder für sich ein rundes Ganzes mit eigener charakteristischer innerer Struktur bilden und in künstlerischem Aufbau aneinandergereiht sind. Das Morgengebet (Schacharit) ist das längste und bedeutendste des Tages. Der erste Teil reicht vom Anfange unseres Gebetbuches bis zu dem Gebete, das mit den Worten beginnt: „Baruch scheamar wehaja haolam" („Gepriesen sei er, der gesprochen hat: und es ward die Welt"). — Nach einem Lobspruch für die wunderbare physische Beschaffenheit des menschlichen Organismus und dessen Funktionen, der durchaus geeignet ist, tiefe religiöse Stimmung wachzurufen, wird alsogleich — in geistvoller Antithese — Dank für den Empfang der Tora und die Verpflichtung, sie zu lernen und zu lehren, ausgesprochen; woran sich sofort ein Stück aus der Tora, der Priestersegen, und eine Mischna (Pea I) anschließen, denn man soll den Tag mit der schriftlichen und mündlichen Lehre beginnen, damit selbst der Ungebildete an der Lehre teilhabe. Dem wird auch im Schluß-Stücke des ersten Teiles Rechnung getragen, in welchem Tora-Kapitel über Opfer, ein Abschnitt aus dem Talmud-Traktat Sebachim und die Baraita des Rabbi Ismael rezitiert werden, welche die dreizehn Grundsätze für die halachische Erforschung der in der Tora enthaltenen mündlichen Gesetze aufzählt. Sie werden „Midot" (Richtlinien) genannt. — Man wird fragen: wozu diese Belastung? Sie hat nur den Zweck, die Notwendigkeit des gründlichsten Studiums der Tora zu betonen.

Auf ein kurzes, gefühlvolles Gebet, das die Reinheit und Unsterblichkeit der Seele preist (ähnlich dem erwähnten „Mode ani"), folgen dann die zahlreichen Segenssprüche, welche ursprünglich jede Verrichtung beim beginnenden Tage begleiteten und nicht eigentlich zum Gottesdienst gehören. Sie sind zusammengefaßt mit dem Nebengedanken, daß der Einzelne sie wahrscheinlich nicht sprechen würde.

Immer wieder kehrt der Gedanke an die emsige Beschäftigung mit der Tora wieder, die uns zu religiösem Leben erzieht und über alle Gefahren und Enttäuschungen des Lebens hinweghilft; alle Bitten um Schutz vor bösen Einflüssen und Bedrohungen schlechter Menschen gipfeln geradezu in dem Wunsche, unbehelligt Tora lernen und die religiösen Pflichten erfüllen zu können, wofür in inbrünstigen Worten der Vorsehung Dank ausgesprochen wird, durch deren Ratschluß das jüdische Volk des Glaubens an den einzigen Gott teilhaftig geworden ist. Den Mittelpunkt dieses ersten Teiles des Morgengebetes bildet auch das kurze „Schma Jisroel", das große, starke Bekenntnis des jüdischen Menschen, mit dem er lebt und stirbt. Es ist möglich, daß es hier seine Stelle in einer Verfolgungszeit gefunden hat. Für die Einfügung mancher Gebete gibt es nämlich nur diesen Erklärungsgrund. Wann und wo wären solche Veranlassungen nicht vorhanden gewesen? Auf das „Schma" folgen dann hymnische Gebete von hohem Schwung und tiefster Innigkeit.

III.

Der zweite Teil enthält die „S e m i r o t" - G e s ä n g e , das sind die Psalmen (145—150), die in talmudischer Zeit, etwa um die Mitte des zweiten Jahrhunderts, für das tägliche Gebet empfohlen wurden. Kein Wunder. Gehören doch die Psalmen in ihrer Einzigkeit und Einmaligkeit zum Schönsten und Erhabensten, was der jüdische Geist hervorgebracht hat und alle monotheistischen Religionen übernommen haben. Keine Freude, kein Leid, keine Stimmung, kein Gefühl, die nicht in den Psalmen zum Ausdruck kämen, die trotz der vielen Wiederholungen eine unerschöpfliche Quelle für Glaubenstiefe, Herzenserhebung, Lebensweisheit und Lebensmut sind, ein wahrhaftes Volksbuch, das, wie nur noch der Pentateuch, Eigentum der jüdischen Masse, Erbauungsbuch im wahrsten Sinne geworden ist; ein Begleiter durch alle Schicksale des Einzel- und Gesamtlebens der jüdischen Gemeinschaft in allen

Zeiten und Gefahren auf der ganzen Welt. Auch die in diesen zweiten Teil des wochentäglichen Morgengebetes eingeschalteten Psalmen sind von diesem Geist erfüllt. Es ist begreiflich, daß man diese „Semirot" aufgenommen hat; wissen wir doch, daß im Tempel in Jerusalem im Anschluß an den Opferdienst von den Lewiten morgens und abends Psalmen gesungen worden sind. Eingerahmt sind diese Hymnen von einem Vor- und Nach-Lobspruch; von dem wunderschönen „baruch scheamar", das eine Verherrlichung Gottes ist, und dem „Jischtabach". Künstlerisch fügt sich dieser Teil als ein geschlossenes Ganzes, das aus fast nur klassischen Stücken besteht, an den ersten, der Vorbereitung und Einführung in mannigfaltiger Gestaltung ist.

Als Höhepunkt steht in der Mitte des dritten Teiles „Kriat Schma" (Lesen des Schema), bestehend aus den biblischen Stücken V. B. M. 64, 9; wehaja im schamoa, V. B. M. 11, 12—21; wajomer, IV. B. M. 15, 27—41. — Man kann wohl sagen, daß hier ein Gipfel des ganzen Morgen-Gottesdienstes erreicht wird; denn selbst die „Tefilla", der vierte Teil kann Kriat schma nicht gleichgesetzt werden. **„Schma Jisrael", „wehaja" und „wajomer" bilden den mächtigen Dreiklang, der alles übertönt, was in Gebeten gesprochen, in Hymnen gesungen, in Lobpreisungen gesagt wird.**

Alter und ethisch-religiöse Bedeutung haben dieses Stück zum mächtigen Träger, zur unerschütterlichen Säule des ganzen Gottesdienstes, des ganzen religiösen Lebens des jüdischen Menschen gemacht. Dieses Bekenntnis ist Wurzel und Wipfel des jüdischen Lebensbaumes, der mit ihm wächst, steht und fällt. In fast ekstatischer Andacht gibt sich die betende Gemeinde diesem Ewigkeitsgedanken hin, in erschütterndem Chor spricht sie bebend und in Ehrfurcht versunken, abgeriegelt von allem Irdischen, mit geschlossenen Augen das unsterbliche „**adonaj echad**". Es ist wie ein Aufschrei zum Göttlichen, ein Ansturm gegen die Himmel, ein Aufgelöstsein im Ewigen.

Hier soll die flammende Andacht (Kawwana, hitlahawut) zu elementarem Ausbruch kommen, so daß sie erschütternd und läuternd wirkt auf das in Demut sich beugende Geschöpf, das trotzdem stark und tatkräftig bleibt. Dieser **dritte Teil** des Gebetes beginnt mit „**borchu**" („Lobpreiset den gepriesenen Gott"); das ist eine Aufforderung an die Gemeinde zum Beginn des offiziellen Gemeindegebetes. Die Gemeinde antwortet: „Gepriesen sei Gott der Gepriesene in Ewigkeit". Jetzt erst hat der eigentliche Gottesdienst begonnen. Als Rahmen für den Mittelpunkt (Sch'ma) dienen des Morgens zwei Benediktionen vor und eine nach demselben. Diese ursprüngliche Ordnung kennt bereits die Mischna (Berachot I, 2); sie besteht heute noch, wurde jedoch im Laufe der Zeiten erweitert. Die beiden Benediktionen vor „Sch'ma" sind inhaltlich von großem Eindruck. — Der täglich wiederkehrende Sonnenaufgang, das täglich gewissermaßen erneuerte Licht wird als stets neu beglückendes Wunder und lebenschaffendes Schöpfungswerk besungen, was auch von den Engeln, die hier poetisch-mystisch eingeführt sind, geschieht; sie stimmen hier das „Dreimal heilig" an; eine Vorwegnahme, da dessen Stelle wahrscheinlich primär im vierten Teile der Gebetordnung, in der Tefilla, ist. Möglich, daß diese Einfügung von Mystikern herrührt, die in gaonäischer Zeit gelebt und gewirkt haben. Bald kehrt das Gebet wieder zum Grundgedanken der Schöpfung zurück und schließt mit dem Worte „Gepriesen seist Du Gott, Schöpfer der Lichter". Das zweite Rahmen-Gebet vor dem „Sch'ma" ist „birkat hatora" (Berach. 11 b); ein heißer Dank für die Offenbarung, beginnend mit den Worten „mit großer Liebe hast Du uns geliebt". Diese große Liebe zeigt sich in der Auszeichnung des jüdischen Volkes durch die Offenbarung der Tora, die Wesen und Inhalt des jüdischen Lebens ist: „Gib in unser Herz die Fähigkeit, zu begreifen, zu verstehen, zu befolgen, zu lernen und zu lehren, zu behüten, zu betätigen und zu bewähren alle Worte der Toralehren in Liebe". Nicht ohne Absicht sind diese beiden Gebete aneinandergereiht. Ist das Licht allem Wesen, aller Kreatur Bedingung, so ist die Tora Israels Licht und Leben; bewährt durch Jahrtausende in Glück und Unglück; Nahrung der jüdischen Seele und Erleuchtung des Verstandes. — Der Nachspruch des Sch'ma, sein Epilog ist die Gebetgruppe, die mit den Worten: „emet wejazib" beginnt und die wegen ihres Abschlusses „Gëula" genannt wird, „Die Erlösung". Die beiden Absätze sind eine hymnische Lobpreisung Gottes, des Erlösers, Erhalters und Befreiers Israels, der sich seit den Zeiten der Erzväter von Geschlecht zu Geschlecht als Beschützer bewährt, uns aus Mizrajim befreit hat und in aller Zukunft Retter aus der Not bleiben und Israel die Erlösung bringen wird. Mit solchen beruhigenden Gedanken schließt der dritte Teil des Morgen-Gottesdienstes und leitet unmittelbar zum **vierten Teil, „Tefilla"**, hinüber, welche ein **Bittgebet** besonderer, hervorragender Art, **das Bittgebet** kat' exochen ist. Neben dem **Sch'ma** ist **Tefilla** der zweite Höhepunkt des Morgengebetes. Daher erfordert dieses Gebet auch innere Vorbereitung, **ernste, würdige, andachtserfüllte, vornehm-demütige Zurückhaltung, stille Sammlung, kindliche Hingebung**. Deshalb muß es auch stehend, in vollkommener Ruhe und mit geschlossener Körperhaltung gebetet werden⁴).

Dieses Gebet wird auch „Achtzehn"-Gebet genannt, „schemone esre", weil es ursprünglich aus achtzehn Sprüchen bestand, die nach talmudischer Überlieferung Simon der Flachsarbeiter vor R. Gamliel dem Zweiten in Jabne vortrug. Allerdings gibt es auch eine Quelle, nach der 120 Geronten, unter

---

⁴) Vgl. Anhang, Anm. 4.

ihnen auch Propheten, dieses Achtzehn-Gebet eingeführt hätten. Wie dem immer sei, seit ältester Zeit galt es als ein Hauptgebet, das bei jedem öffentlichen Gemeinde-Gottesdienst des Alltags verrichtet werden mußte: am Morgen, Nachmittag und Abend. Das Gebet zerfällt deutlich in drei Teile; die ersten drei Benediktionen sind hymnische Einleitung, die letzten drei Danksagungen, die mittleren dreizehn Bitten. Der hymnische Teil ist einfach und klassisch-schlicht in Sprache und Gedankenausdruck, knüpft an die Nennung der Erzväter in kräftigen Worten Lobpreis Gottes als deren und unseren Helfer, Retter und Heilsbringer, seiner Allmacht und Heiligkeit. Die Keduscha nimmt eine besondere Stelle ein und ist zu einem poetischen, ergreifend-schönen Hymnus ausgestaltet, dessen Fortissimo im „Heilig, Heilig, Heilig ist Gott Zebaot, dessen Ehre und Herrlichkeit die ganze Welt erfüllt" erreicht wird. Die große prophetische Vision des sechsten Kapitels Jesaja in ihrer erschütternden Macht hat dieses „Dreimal Heilig" in lapidarer Kraft geschaffen; es macht jedesmal, wenn wir es hören und rufen, tiefsten Eindruck.

Dank für Verstand, Kenntnis und Einsicht, Bitte um Verleihung von Erkenntnis und Klugheit schließt sich unmittelbar an die „Heiligung"; denn im täglichen Leben sind diese Gaben des Geistes durchaus erforderlich; verständnislose Religionsübung ist nicht jüdisch. Aus der hohen Sphäre des Überirdischen steigen wir mit diesem Spruche in die Fläche des irdischen Schaffens. — Daran schließt sich die Bitte um religiöse Erneuerung, um Vergebung von Schuld und Sünde, die im Tagwerk so leicht begangen werden können und unter deren Last wir leicht zusammenbrechen. Daher dann die Bitte um Erlösung aus Elend, Not und Seelenkonflikten.

Gut schließt sich daran die Bitte um Heilung der Kranken, unter Anrufung Gottes als des besten Arztes für die Leiden des Volkes Israel, leibliche Gebrechen sind unausbleiblich im irdischen Leben.

Nur der gesunde Mensch kann schwere Arbeit verrichten, insbesondere aber die Feldarbeit. Ihr und dem Segen des Ackerbaues und der Feldfrucht ist ein eigener Spruch gewidmet mit der Bitte um Segen für den bebauten Boden und dessen Ertrag. Gott segnet die Jahre. Im richtigen Zeitpunkt wird hier die Bitte um Tau und Regen eingeschaltet. — Hier sehen wir den jüdischen Menschen mit Pflug und Saatkorn auf seinem Felde schreiten; die jüdischen Bauern auf eigener Scholle, wie es ehedem war und wie es heute im Aufbau des heiligen Landes zu unserem und des Landes Glück wieder geschieht.

Den Bitten um materielles Gedeihen der eigenen Arbeit und um eigenes Wohl folgen sogleich solche um nationale Güter. Wir verweilen nicht lange im engen Kreise eigener Interessen. Schon drängt es uns in das Allgemeine;

schon bitten wir um Befreiung aus der Galut und Sammlung der Zerstreuten aus allen Enden der Erde, um Einsetzung gerechter Richter, wie sie ehedem waren, Befreiung aus Sorgen und Kümmernissen der Gegenwart und Herbeiführung des Gotteskönigreiches.

Vorher aber müssen heidnische Ketzer und gefährliche Sektierer zum Schweigen gebracht sein. Mit ihnen beschäftigt sich der Spruch: „w e l a m a l - s c h i n i m". Durch diese Einschaltung wurden die achtzehn Absätze um einen vermehrt, wenn nicht eine andere Version richtig ist, daß die Benediktion, die von „dem Sprößling Dawids" (et zemach Dawid) spricht, die eingeschaltete ist.

Im Gegensatze dazu folgt dann die Bitte um das Wohl der Gerechten und Frommen, der aufrichtigen Bekenner des jüdischen Glaubens.

Die wahrhafte Frömmigkeit gedeiht nach der Anschauung der Alten in Jerusalem, daher folgt jetzt die Bitte um den Aufbau der Heiligen Stadt und die Errichtung des Dawid-Thrones, weshalb auch sogleich für den Sprößling aus dem Dawidischen Hause gebetet wird. Fraglos sind mit dem Inhalt dieser Benediktionen messianische Hoffnungen verbunden. An dieser Stelle wird nun ein Stück eingefügt, das für sich den Namen „Tefilla" in Anspruch nimmt, also als Teil den Namen der ganzen Tefilla trägt. Diese Benediktion ist gewissermaßen Zusammenfassung und Verallgemeinerung des vorhergehenden Gebetes, sie ist ein Gebet um E r h ö r u n g a l l e r G e b e t e und G e - w ä h r u n g a l l e r B i t t e n. Hier ist auch Raum zur Einschaltung besonderer Bitten des Einzelnen je nach seinem Bedürfnis. Hier kann jeder ungebunden sein Herz ausgießen vor dem „Erhörer der Gebete und des Flehens", vor dem Allgütigen, „der die Gebete seines Volkes Israel erhört". Die drei letzten Stücke sind D a n k g e b e t e, eingeleitet durch das wahrscheinlich älteste Stück der ganzen Tefilla, die Bitte um wohlgefällige Annahme der Andacht und (aus der Zeit des Opferdienstes) der dargebrachten Opfer. Dem Wunsche nach Rückkehr nach Zion folgt der große tiefe Dank (hodaa, modim) für alle Wohltaten und Gnaden, die Gott dem Menschen täglich und stündlich erweist in unendlicher Fülle. „Für all dies sei Dein Name gelobt und hochgepriesen, Du unser König immer und ewig". „Alles was lebt, dankt und lobpreist Deinen Namen, Gott unseres Heils und unserer Hilfe." Beim lauten Vorbeten der Tefilla wird hier der P r i e s t e r s e g e n[5]) eingeschaltet, der der Gemeinde „Frieden" spendet und verheißt. F r i e d e n g i l t a l s h ö c h s t e s G u t, steht höher als alle Güter der Erde, ist in der Schatzkammer der Vorsehung das Köstlichste; deshalb schließt auch das große, ernste Hauptgebet mit der Bitte um Frieden für ganz Israel. Es folgt nun im

---

[5]) Vgl. Anhang, Anm. 5.

Morgengebet noch ein Teil, die „Tachanunim", die reinen Bittgebete, welche persönlichen Charakter tragen und eigentlich nicht mehr zum öffentlichen Gottesdienste gehören. Sie werden still gebetet und es war ehedem jedem anheimgegeben, in diesem Rahmen seine Gefühle auszudrücken, seine privaten Anliegen und Wünsche in beliebige Form zu kleiden. „Tachanun" ist das intime, flehentliche Gebet des Einzelnen ohne Rücksicht auf die Gemeinde. Im Laufe der Zeiten erhielten aber auch diese Gebete feste Formen, ohne daß das frei gewählte Privatgebet verboten worden wäre[6]).

Den feierlichen Abschluß des Morgengebetes in einem jeden öffentlichen Gottesdienste bildet das seit etwa 1300 eingeführte „alena leschabeach" mit dem angeschlossenen „al ken nekawe lecha". Dieses klassische Gebetstück ist dem Neujahrsgebet entnommen. Es drückt den hohen Gedanken der Berufung des Volkes Israel für die Verbreitung des Glaubens an die Einzigkeit Gottes aus, vor dem wir in Ehrfucht das Knie beugen und dem wir in opferbereiter Hingebung dienen mit ganzem Herzen. Alles Heidnische soll von der Erde und aus den Völkern der Welt schwinden, daß das Reich Gottes über alle kommen könne, damit sich der Satz der Schrift erfülle: „Gott wird Herrscher sein über die ganze Erde, dann wird Gott einzig und sein Name einzig sein."

Von solchen Gedanken erfüllt, geht der jüdische Mensch an sein Tagwerk. Ist es möglich, daß das auf das Handeln des Menschen ohne Wirkung bleibt? Ist es nicht wahrscheinlich, daß die Fülle von hohen Idealen und Gefühlen, welche im Morgengebete ihren ebenso schönen wie tiefen Ausdruck finden, auf die Seele und die Sitten des jüdischen Menschen nachhaltig wirken? Gewiß, auch das Gebet kann zur Gewohnheit und zum Lippendienst werden, der völlig wertlos wäre. **Doch es besteht fraglos die Möglichkeit und Wahrscheinlichkeit einer Beeinflussung, Veredlung und Verfeinerung der ganzen Führung auch im alltäglichen Leben.**

Selbstverständlich ist dafür gesorgt, daß bei Zeitmangel oder sonstigen Hindernissen das Gebet, wenn es nicht im öffentlichen Gottesdienst, sondern privat verrichtet wird, gekürzt und nur auf Hauptgebete, wie K r i a t S c h ' m a und T e f i l l a beschränkt werden kann; und selbst für die Tefilla gibt es eine kurze Zusammenfassung, die von Mar Samuel herrührt (Berach. 29 a).

Das N a c h m i t t a g s g e b e t (Mincha) entspricht dem einst im Tempel dargebrachten Opfer. Tefilla und Tachanun sind seine Bestandteile.

Das A b e n d g e b e t (Maariw) ist als Nachtgebet gedacht, was aus verschiedenen deutlichen Wendungen hervorgeht. Mittelpunkt ist S c h ' m a mit

---
[6]) Vgl. Anhang, Anm. 6.

vorhergehender Lobpreisung des Schöpfers, der die Zeiten bestimmt, den Wechsel von Tag und Nacht und den Lauf der Gestirne (ähnlich wie im Morgengebet), und der birkat hatora. Ein wirkliches Nachtgebet ist das nach „Sch'ma" zu sagende haschkiwenu: „Laß uns in Frieden niederlegen und zum Leben wieder aufstehen; breite über uns Deine Friedenshütte ... im Schatten Deiner Flügel birg uns, denn Du bist uns Helfer und Retter ... behüte unser Gehen und Kommen zu Leben und Frieden; gepriesen seist Du, der Du Dein Volk Israel stets behütest (der die Friedenshütte über uns und sein Volk Israel und über Jerusalem breitet)." Die „Tefilla" im Abendgebet war ursprünglich freiwillig und wurde offenbar erst später eingefügt. Als Nachtgebet kennzeichnen „Maariw" auch die Sätze „Gepriesen sei Gott am Tage, gepriesen in der Nacht, gelobt, wenn wir uns niederlegen und wenn wir aufstehen ... in Deine Hand befehle ich meinen Geist, Du hast mich erlöst, Gott, Herr der Wahrheit." Mit einem Ausblick auf die Gottesherrschaft in Zion und in der ganzen Welt endet dieses Nachtgebet ...

Diese Skizze wäre unvollkommen, wenn wir nicht des Nachtgebetes gedächten, das unmittelbar vor dem Einschlummern gesagt werden soll. Wieder danken wir dem Schöpfer, der den Schlaf auf unsere Augen fallen und sie zum Schlummer schließen läßt, um uns in Gnade wieder erwachen zu lassen. Wir schließen den Tag, wie wir ihn des Morgens begonnen hatten; noch einmal sprechen wir das unsterbliche „Sch'ma", einige Abendgebete und wie am Morgen das herrliche „adon olam". So ist der Kreislauf des Tages geschlossen: in beruhigender Andacht, Schönheit und Würde.

IV.

Von dem priesterlichen Gewande heißt es in der heiligen Schrift, daß es „Ehre und Zierde", Würde und Schönheit für den Träger sei. Jüdischer Brauch verlangt von jedem würdige Kleidung[7]), Bescheidenheit und Unauffälligkeit. Dies sollte für jeden, ganz besonders für den wirklich frommen oder gelehrten Juden, gelten. Gilt es doch als eine Sünde, wenn der jüdische Gelehrte ein unsauberes Gewand trägt. Es ist daher verständlich, daß es in dieser Richtung zur Zeit des privaten und öffentlichen Gebetes eigene Vorschriften gab, die sich manchmal an Überlieferung und Volksbrauch anschlossen, der vielleicht in heidnische Zeit zurückgeht. Darin liegt unstreitig der hohe Wert vieler Pflichterfüllungen, daß sie durch das sinaitisch-mosaische Gesetz aus dem heidnischen Boden in monotheistisches Erdreich gepflanzt worden sind.

Anknüpfend an das Gebot der Tora: „Sie sollen sich Quasten an den Zipfeln ihrer Kleider machen, sie und ihre Nachkommen, und an jeder Zipfel-

---

[7]) Vgl. Anhang, Anm. 7.

quaste eine Schnur von blauem Purpur anbringen. Das soll Euch ein Zeichen sein: Wenn Ihr es ansehet, sollt Ihr aller Gebote Gottes gedenken, daß Ihr nach ihnen tuet und nicht abschweifet zu dem, wonach Euer Herz und Euere Augen gelüsten, durch die Ihr Euch zu Abgötterei verführen lasset; damit Ihr aller meiner Gebote eingedenk seid, sie ausübet und heilig seid vor Euerem Gott. Ich bin Gott, der Euch aus Mizrajim weggeführt hat, um Euer Gott zu sein, ich, der Ewige, Euer Gott" (IV. B. M. 15, 37—41), und: „Du sollst Dir Quasten an den vier Zipfeln Deines Oberkleides anbringen, mit dem Du Dich umhüllst" (V. B. M. 22, 12), hat sich in nicht mehr bestimmbarer alter Zeit der Brauch herausgebildet, beim Morgengebete sich in ein solches Kleid zu hüllen, das Tallit genannt wird. Ein weißes, wollenes Tuch mit dunkelblauen oder schwarzen Streifen, an dessen vier Ecken die „Zizit" hängen, welche nach ganz bestimmten Vorschriften angefertigt und angebracht werden[8]). Dieses, sicher orientalische Kleidungsstück umhüllt den Betenden vollkommen. Es bietet einen schönen Anblick, wenn die ganze betende Gemeinde mit diesem für alle gleichen Gewande umhüllt ist. Die Einheitlichkeit in der äußeren Erscheinung ist sicherlich auch mit ein Zweck dieses Gebrauches. Was die heute nicht mehr gebräuchliche und durch die dunklen Streifen am Tallit ersetzte purpurblaue Schnur ursprünglich bedeutete, wissen wir nicht. Älteste Erklärer wollen darin einen Hinweis auf die Himmelsbläue, Meeresfarbe und die dunkle Färbung der Pupille sehen. Hier spielen offenbar Vorstellungen mit, deren symbolischen Sinn wir wohl suchen, doch nicht sicher deuten können. Nicht einmal die philologische Bedeutung des Wortes „Tallit" kennen wir zuverlässig; wahrscheinlich heißt es „Hülle" oder Oberkleid. Wie dem immer sein mag, dieses malerisch-schöne Tuch gilt als Gebetmantel. Ein eigener Segensspruch wird bei der Umhüllung mit demselben gesprochen. Die Vorbeter sind beim Gemeindegebet stets damit bekleidet. Dieses Oberkleid sollte eigentlich beständig getragen werden. Es stellte sich die Notwendigkeit ein, Ersatz dafür zu schaffen. Daraus entwickelte sich bald die Sitte, unter den zivilen Oberkleidern einen „Tallit katon", auch „arba kanfot" (Viereck) genannt, zu tragen, einen kleinen Tallit. Das ist ein länglich viereckiges Stück Stoff mit den „zizit" an den vier Ecken (volkstümlich „Zidakel"), aus dessen Mitte ein genügend großes Stück entfernt wird, so daß es über den Kopf gezogen werden kann. — So soll der jüdische Mensch unaufhörlich von religiösen Symbolen umgeben sein.

Zu der Bekleidung beim Morgengebete des Wochentags gehören auch die „Tefillin". Was vom Worte „Tallit", das gilt auch für diese Bezeichnung, deren wahren Sinn wir nicht kennen. Beweis für das hohe Alter sowohl des Wortes als des Gebrauches. Man trägt diese „Gebetriemen" am Kopfe und

---

[8]) Vgl. Anhang, Anm. 8.

am Arme. Auch sie sollten eigentlich dauernd getragen werden. Da dies unmöglich ist, wurde die Pflichterfüllung auf das Morgengebet beschränkt. Es ist kein Zweifel, daß sie in der Antike als Amulette betrachtet wurden, was in der griechischen Bezeichnung: **Phylakterien**, „Schutzmittel", sich zeigt, später aber als rein religiöses, ethisches Symbol galten und gelten. Es sind schwarze Riemen, an welchen kubische Kapseln oder Gehäuse befestigt sind. Das für die Stirne bestimmte (Totafot) Gehäuse besteht aus vier aus einem Stück geschnittenen Teilen, in deren jedem ein Pergamentblatt eingeschlossen ist; auf ihnen stehen geschrieben die Tora-Abschnitte V. B. M. 6, 4—9 und 11, 13—21; II. B. M. 13, 1—10 und 11—16. — Der erste Abschnitt enthält: „sch'ma" bis „uwischorecha", also das große Bekenntnis und die Grundforderung zu unendlicher Gottesliebe; der zweite Abschnitt enthält „wehaja im schamoa tischmeu", die Verheißung von Lohn und Strafe; der dritte und vierte Teil handeln von der nie zu vergessenden Befreiung des jüdischen Volkes aus der Sklaverei in Mizrajim, der Verpflichtung zu ewiger Dankbarkeit und unerschütterlicher Liebe zu Gott und Befolgung seiner Gebote. In allen vier Toraabschnitten ist von den „Tefillin" als „Zeichen" an Hand und Stirne die Rede. Die Symbolik ist klar. **Hand und Arm**, die wichtigen Werkzeuge der physischen Tat, **Stirne** als Gehäuse des die Gedankenwelt regelnden Gehirns, werden in den Dienst des Höchsten gestellt; alles Wirken und Sinnen des Menschen dem Ideal des reinen Glaubens und der sittlichen Tatübung gewidmet, so daß der ganze Mensch vom Geist der heiligen Lehre ergriffen und in gewissem Sinne an ihn gefesselt, durch ihn gebändigt und erzogen wird.

Die Toraabschnitte, welche in den **Tefillin schel rosch** (Kopftefillin) getrennt geschrieben sind, sind in den **Tefillin schel jad** (Handtefillin) auf einem Pergamentblatt vereint. Die ganze Pflichtübung ist an den Satz geknüpft: „Du sollst sie (die Worte der Tora) an Deine Hand zum Zeichen knüpfen und sie sollen zur Stirnbinde zwischen Deinen Augen sein"; V. B. M. 6, 8⁹). Alle Versuche, diese Worte nur symbolisch zu nehmen, scheitern an der Tatsache der uralten mündlichen Überlieferung, welche in gar nicht mehr erfaßbares Altertum zurückgeht und durch die mosaisch-sinaitische Gesetzgebung die feste Form erhalten hat, die es unbezweifelbar irgendwo schon in vormosaischer Zeit gegeben haben muß; die Wurzeln dieser Gebräuche liegen tief im Boden vorbiblischen Geschehens.

V.

Den Abschluß **aller** öffentlichen, vor einem „Minjan" verrichteten Gebete sowie auch der Toravorlesung bildet das „**Kaddisch**"; es wird auch von Trauernden am Schluß des Gottesdienstes gesprochen.

---

⁹) Vgl. Anhang, Anm. 9.

Gerade diese letzte Verwendung ist nicht die ursprüngliche und nicht die älteste. Sie hat sich in ganz Israel auf der ganzen Welt so tief eingelebt, daß es den Anschein hat, als wäre K a d d i s c h ein Ursprungs-Gebet für Trauernde gewesen. Hauptgedanke dieses Gebetes ist: „Sein großer Name sei gepriesen immer und in ewigen Zeiten." Diese Worte gelten als Hymnus aller Hymnen. Nach öffentlichen Belehrungs- und Erbauungsvorträgen, die mit einem messianischen, hoffnungsvollen Ausblick schlossen, wurde „Kaddisch" gesagt. Aber gerade darin liegt die tiefe Bedeutung des Kaddisch als Gebetes für Trauernde. In der Trauer um Vater und Mutter und nächste Verwandte wendet sich der Trauernde in seinem Schmerz dem Ewigen zu und preist die Größe des Allmächtigen, der die Schicksale des Menschen bestimmt. **Wieder ist es die Verbundenheit mit dem Göttlichen, welche den Einzelnen über alles nur ihm Eigene und Bewegende hinweg- und hinaushebt in das Universale, Große, Geheime.** Im Getriebe des Lebens würden vielleicht die meisten Menschen bald des Teuersten vergessen; K a d d i s c h ist Mahnruf für sie.

VI.

So schließt der Kreis des jüdischen Alltags. Man wird fragen: Wie ist es möglich, im Hasten und Jagen des rücksichtslosen, harten Lebens so viel seelische Kraft, so viel Gefühl, so viel Zeit dem rein Idealen, dem „Unfruchtbaren" zu opfern. Millionen Juden der Welt bringen die Zeit und Kraft auf, ohne im Geringsten in ihrer emsigen Arbeit gestört zu werden. Weit entfernt von Überschwang und Unterschätzung des Realen, wird der denkende und wissende Jude gestehen müssen, daß hier nichts Unmögliches und Unfruchtbares verlangt wird. Fruchtbar und wertvoll ist nicht immer das, was uns Nutzen bringt. Vielleicht ist der Kampf um das Nützliche im Leben der Menschen das, was ihnen den schwersten Schaden an Leib und Seele zufügt. Das jüdische Volk hat auf seinem Jahrtausende währenden Wege durch die Geschichte, durch Länder und Völker den hohen Wert irdischer Güter kennen gelernt, sie aber nie überschätzt. Die weit höheren und erhabeneren Ideale seines Glaubens und Volkstums behütete es nicht nur in Treue, sondern opferte für sie Gut und Blut. Es ist bereit, es auch in Zukunft zu tun. Ohne Verzweiflung sieht es in der wahrlich nicht freudigen Gegenwart in die Zukunft. Auf messianische Zeit hoffen, heißt in prophetischem Sinne: auf Besserung und Veredlung der Menschheit hoffen; zu dieser tragen wir täglich und stündlich bei, wenn wir den Alltag als Teil der Ewigkeit betrachten und benützen. Wo immer, ob in der Zerstreuung oder im Lande der Väter, wir bauen am Ganzen, für uns und für die Welt.

ANHANG

Anmerkung 1 (zu Seite 53): Minjan heißt wörtlich „Zahl". Sind zehn Männer beisammen, kann überall Gottesdienst abgehalten werden, zumal dem Judentum der Unterschied zwischen Geistlichen und Laien unbekannt ist. In vielen Gemeinden pflegt man Minjanmänner oder Batlanim (von „Geschäften freie Menschen") anzustellen, damit bei jedem Gottesdienst die notwendige Zahl vorhanden sei.

Der Gemeinde (Kehilla, volkstümlich Kille oder Kul) kommt alle Würde einer Gemeinschaft zu. Man spricht immer von einer Kehilla kedoscha, heiligen Gemeinde. Die Einführung, an manchen Tagen zwei Torarollen aus der Lade zu nehmen, stammt daher, daß man die Gemeinde nicht durch das Aufrollen der zweiten Schriftstelle warten läßt. Es muß darum auch für jede Lesung die Tora vor dem Gottesdienst vorbereitet, „gestellt" werden und die ganze zur Verlesung kommende Stelle durchgegangen sein, denn die Gemeinde soll nicht dadurch aufgehalten werden, daß ein Buchstabe verwischt oder abgesprungen ist, wodurch die ganze Rolle zum religiösen Gebrauch untauglich (passul, volkstümlich possul) würde.

Daß die F r a u n i c h t z u m M i n j a n gerechnet wird, hängt damit zusammen, daß sie von jeder religiösen Pflicht befreit ist, die an eine bestimmte Zeit gebunden ist. Denn die Frau ist rein körperlich weit mehr an den Rhythmus der Zeit gebunden, den zu beobachten für ihre höchste Pflicht gilt. Nur wegen des größeren Pflichtenkreises dankt der Mann im Morgengebet dafür, daß er nicht als Frau erschaffen wurde, während die Frau an dieser Stelle nur dafür dankt, daß sie nach dem Willen Gottes geschaffen wurde.

Anmerkung 2 (zu Seite 55): Das H ä n d e w a s c h e n vor der Mahlzeit erfolgt in der Weise, daß man aus einem Gefäß (Glas, Krug, u. dgl.) zweimal über die rechte und zweimal über die linke Hand Wasser gießt. Während des Abtrocknens sagt man den Segensspruch über das Händewaschen, spricht dann aber nichts bis nach dem Segensspruch über das Brot. Denn jedes Wort würde die innere Sammlung auf den religiösen Dienst, den man eigentlich übt, zerstören. Der Terminus lautet: man darf nicht „m a f s i k sein", d. h. durch Worte etwas unterbrechen. Dieser Grund gilt auch bei anderen religiösen Übungen, so für die Gesamtheit der Gebetstücke von Baruch scheamar bis zum Ende des Achtzehngebetes oder beim Anlegen der Hand- und Kopftefillin.

Anmerkung 3 (zu Seite 56): Vor dem Tischgebet pflegt man die Finger mit Wasser zu benetzen. Ein wenig Brot (auch Salz) bleibt auf dem Tisch, um anzudeuten, daß einem mehr beschieden war, als zur Sättigung notwendig ist. Wenn mindestens drei Männer bei Tische sind und gespeist haben, sprechen sie gemeinsam das Tischgebet. Einer von ihnen ist der Vorbetende, der durch eine Einleitungsformel (die in jedem Gebetbuch steht) die anderen zum Gebet „einlädt". Darum nennt man dieses gemeinsame Tischgebet „M e s u m a n - B e n s c h e n", von Simmun, d. h. Einladung.

Anmerkung 4 (zu Seite 60): Das Achtzehngebet heißt bei den Sefardim A m i d a („Das Stehen"), weil es stehend, mit dem Blick nach Osten, gesprochen wird. Mit den Fußsohlen soll dabei nicht im mindesten gerückt werden. Darin scheint sich eine alte orientalische Form erhalten zu haben, in der man vor einem Herrscher stand. In feierlicher Weise verabschiedet man sich auch, indem man bei den letzten Worten des Zusatzgebetes: „Der da Frieden schafft in seinen Höhen, schaffe Frieden auch uns" (Ose schalom usw.) drei Schritte zurückgeht. Dieselbe Art des Aufrechtstehens und Zurückgehens ist auch beim Kaddischgebet üblich, das in seinem Schlußteil dieselben Worte enthält. Bei den ersten zwei Lobsprüchen des Achtzehngebetes, und zwar bei den Worten „gepriesen seist du", wird eine Kniebeuge und Verbeugung gemacht, bei dem folgenden Worte „Ewiger" steht man wieder aufrecht. Das Wort „gepriesen" (baruch) heißt nämlich wörtlich: „kniegebeugt". Ebenso wird am Schluß des Achtzehngebetes bei dem Worte „dankend bekennen wir" (modim anachnu lach) und bei dem folgenden baruch ata die gleiche Kniebeuge und Verbeugung gemacht. Eine derartige Zeremonie der Verehrung gibt es während des Gebetes nur an wenigen Stellen, so bei der ersten Aufforderung der Gemeinde zum Gebet: „borchu et adonaj haweworach", und während des Schlußgebetes „alenu" bei den Worten: „korim umischtachawim umodim" (wir bücken und beugen uns und bekennen dankend). In vielen, namentlich östlichen Gemeinden ist die starke Bewegung des Körpers während des Gebetes üblich. Selbst beim Achtzehngebet bewegt sich mit Ausnahme der Füße der Körper hin und her. Viele kommen dadurch erst in die richtige gesammelte Andachtsstimmung. Der Psalmvers 35, 10: („Alle meine Gebeine sprechen, Ewiger, wer ist wie Du") wird durch diese Bewegung des Körpers gewissermaßen erfüllt. Die ästhetischen Gesetze dieser Art, seinem religiösen Gefühl Ausdruck zu geben, sind andere, als die der Ruhe in modernen Synagogen. Darum sind sie aber nicht minder berechtigt.

Anmerkung 5 (zu Seite 62): Der Priestersegen (Birkat Kohanim) aus dem II. B. M. Kap. 6, V, 24—26 lautet: „Es segne dich der Ewige und behüte dich, es lasse der Ewige sein Antlitz dir leuchten und begnadige dich, es wende der Ewige sein Antlitz dir zu und gebe dir Frieden." Im Tempel in Jerusalem traten früh und abends die Priester auf eine Tribüne („Duchan") der Vorhalle und sprachen den Segen. Daher nennt man auch heute noch den Platz vor der Lade (dem Aron oder, wie die Sefardim sagen, Hechal), zu dem Stufen hinaufführen, Duchan und die ganze Zeremonie des Priestersegens heißt volkstümlich „duchenen". Die Priester hielten beim Sprechen des Segens die Hände hoch, weshalb man den Segen auch „nessiat kappaim" (Erheben der Hände) nannte. Vorher hatten sie die Sandalen abgelegt und die Hände gewaschen. Als der Priestersegen in das Gemeindegebet übernommen wurde, erfuhr er eine Reihe von Zusätzen. Die Kohanim, die Nachkommen des Priesterstammes Aharon, sprachen langsam die Worte des Segens und die Gemeinde fügte zu den einzelnen Worten und nach den einzelnen Versen Gebetstücke hinzu. Heute ist der Segen durch die Kohanim auf das Mussafgebet der Feiertage beschränkt und entfällt auch dann meistens an einem Sabbat. In Spanien sprach man den Segen auch am Sabbat, in Jemen läßt man ihn auch heute noch täglich durch die Kohanim sagen. Sonst ist er in der ursprünglichen kurzen Form nur als Einschaltung für den Vorbeter im Morgengebet und nur an Fasttagen auch beim Minchagebet innerhalb der Tefilla erhalten. Ja, in vielen Gemeinden ist er, selbst wenn Kohanim vorhanden sind, auch an den Feiertagen abgeschafft worden.

Die Zeremonie spielt sich heute folgendermaßen ab: Die Kohanim ziehen die Schuhe aus und dürfen nur eine Fußbekleidung tragen, an der kein Leder ist. Anwesende Leviim reichen ihnen eine Kanne und halten ihnen ein Waschbecken zum Händewaschen. Dann steigen die Kohanim zum Duchan und wenn der Vorbeter zu der Stelle des Priestersegens kommt, wenden sie sich zur Gemeinde. Sie bedecken Haupt und Gesicht mit dem Tallit, um nicht abgelenkt zu werden. Unter dem Tallit halten sie die Hände mit gespreizten Fingern empor (mit Ausnahme des Daumens je zwei Finger aneinander). Der Vorbeter sagt die Worte vor, die Kohanim wenden sich nach allen Seiten, um gleichsam alle Anwesenden mit in den Segen einzuschließen. Diese Bewegung nach rechts und links pflegt auch der Vorbeter beim alltäglichen Rezitieren des Segens zu machen.

Anmerkung 6 (zu Seite 63): Das Tachanun als Bußgebet, insbesondere die ihm vorausgehende Gebetgruppe wehu rachum, die für Montag und Donnerstag bestimmt ist, wird an Tagen besonderer Freude, aber auch besonderer Trauer, nicht gesprochen. So am Neumond, an Chanukka, am Purim, Tischa beaw, Chamischa assar bischwat und beaw, im ganzen Monat Nissan, am Lag beomer, vom ersten bis achten Siwan, vom Vortag des Jom Kippur bis zum Tag nach Simchat Tora, am Vortag von Rosch haschana, im Trauerhaus, bei einer Hochzeit.

Anmerkung 7 (zu Seite 64): Die Bedeckung des Kopfes war im Orient Zeichen des freien Mannes. Die Sitte, das Haupt vor jemandem zu entblößen, galt auch noch in Rom als Zeichen eines Sklaven. Vor der Gottheit fühlte sich der Jude als freier Mann. So bürgerte sich seit der babylonischen Epoche der Brauch ein, bei allen religiösen Übungen sogar auch beim Nachlesen in der Tora und im Schrifttum, das Haupt bedeckt zu haben. In orthodoxen Kreisen ist es auch verpönt, ohne Kopfbedeckung zu essen und noch mehr, unter freiem Himmel, von dem gleichsam Gott herabsieht, mit unbedecktem Haupt (kallut rosch, volkstümlich kalles rosch) zu gehen. Hingegen sollen bei religiösen Übungen keine Handschuhe getragen werden, weil, wie beim Priestersegen, das Emporhalten und Ausbreiten der Hände eine Art der Ehrerbietung vor Gott ist, die heute noch in sefardischen Synagogen beim Eintritt oder beim Vorübertragen der Tora und beim Schema geübt wird.

Im Zusammenhang mit der äußeren Haltung und Kleidung muß auch auf die besondere Vorschrift für das Haarschneiden hingewiesen werden, die sich auf den Vers 27 des 19. Kapitels im III. B. M. bezieht: „Rundet nicht die Ecke eures Haupthaars ab und die Ecke deines Bartes zerstöre nicht". Dadurch sollte eine sichtbare Absonderung von heidnischen Sitten erzielt werden. Bei einem großen Teil des Ostjudentums wird darum die Ecke des Haupthaares an der Schläfe überhaupt nicht geschnitten und die Peot (Ecken, volkstümlich Peies) werden stehen gelassen. Auch das Verbot des Rasierens mit einem Messer wird aus diesem Vers abgeleitet, hingegen darf mit einer Schere, mit chemischen Mitteln und dgl. das Haar abgenommen werden. Bei den Chassidim ist es gestattet, das Rasiermesser rückwärts am Haupte zu benützen.

DER JÜDISCHE ALLTAG / ANHANG

Der Kabbalist Luria empfahl, den Knaben nach Vollendung des 4. Lebensjahres an den Halbfeiertagen des Pessach oder am Lag beomer das Haupthaar in der Synagoge zu schneiden, und zum erstenmal deutlich die Peot stehen zu lassen. Dieses Fest heißt C h a l a k k a (arabisches Wort für Scheren). Es gibt noch heute sefardische Familien, die am Lag beomer am Grabe Simon ben Jochais in Meron dieses Fest feiern. Sie wiegen das abgeschnittene Haar ab und verteilen dementsprechend Geld an die Armen. Die Haare selbst werden feierlich verbrannt.

A n m e r k u n g 8 (z u S e i t e 65): Der T a l l i t wird aus Wolle oder aus Seide hergestellt. Man trägt den wollenen gewöhnlich am Wochentag, den seidenen am Sabbat und Festtag. In reformierten Gemeinden pflegt man ihn zusammengelegt um die Schultern zu tragen. Auch die Zizitfäden sind aus demselben Stoff, damit nicht durch Verbindung von Wolle und Leinen „S ch a a t n e s" entstehe, das im III. B. M. 19, 9 und V. B. M. 2, 11 ausdrücklich verboten ist. Das Verbot gilt für jede Art von Kleidung. Der Tallit wird oft durch ein seidenes Band oder einen Streifen von Gold oder Silberfäden am oberen Rande verziert. Diesen Teil nennt man Atara (Schmuck). Die vier Zizitfäden, die an jeder Ecke sind, werden in der Weise angebracht, daß man sie durch ein Loch oberhalb des Randes des Tallit hindurchsteckt. Einer der Fäden ist etwas länger. Mit diesem bindet man die zwei Teile der Fäden zu einem Doppelknoten, wickelt dann den längeren Faden siebenmal um die Fäden herum, macht zwei Knoten, hierauf macht man acht Windungen mit zwei Knoten, dann elf und schließlich dreizehn wieder mit zwei Knoten, mithin im Ganzen 39 Windungen, was den Zahlenwert von „adonaj echad" (Gott ist einzig) entsprechen soll. Bei Lesung des Schema im Morgengebet, worin das Gebot der Zizit enthalten ist, nimmt man sie in die rechte Hand, um sie bei dem Worte „Zizit" zum Munde zu führen. Bei den Ostjuden tragen unverheiratete Männer den Tallit nur, wenn sie zur Tora aufgerufen werden. Nachts wird kein Tallit angelegt, weil das Gebot, die Zizit zu betrachten, nicht für die Nacht gelten kann. Darum beginnt man den Abendgottesdienst am Jom Kippur, solange es noch Tag ist. Es ist dies das einzigemal im Jahr, daß die Gemeinde während des Abendgebetes den Tallit anhat.

A n m e r k u n g 9 (z u S e i t e 66): Das aus hartem Pergament hergestellte Gehäuse (bajit) der T e f i l l i n hat eine Basis mit vorspringender Schlinge, durch welche ein Riemen (rezua) aus dem Leder eines zum Genusse erlaubten Tieres gezogen ist. Die Enden sind zu einem kunstvollen Knoten (kescher) zusammengebunden, der bei den Tefillin für den Kopf ein hebräisches „D", bei denen für die Hand ein „J" bildet. Auf dem Gehäuse der Tefillin für den Kopf ist von außen auf zwei Seiten ein hebräisches „Sch" eingepreßt, und zwar hat das auf der linken Seite eine vierte Zacke. Auf diese Weise soll die Reihenfolge der vier Abschnitte von rechts nach links markiert werden. Mit den beiden anderen Buchstaben ergeben diese Zeichen das Wort: „Schaddaj" (Allmächtiger).

Die Tefillin werden folgendermaßen angelegt: Zuerst die Tefillin für die Hand mit dem Gehäuse auf der Innenseite des linken Oberarmes dem Herzen gegenüber. Die Schlinge wird festgezogen und der Riemen siebenmal um den Unterarm gebunden. Man beginnt mit den Tefillin für die Hand, weil im Bibelvers (V. B. M. 6, 8) die Hand zuerst genannt ist. Dann legt man die Tefillin für den Kopf mit dem Gehäuse in die Mitte oberhalb der Stirn, wo das Haupthaar ansetzt, so daß der Knoten der Riemen auf den Hinterkopf oberhalb der Mitte des Halses zu liegen kommt. Hierauf fährt man mit den Fingern längs der Riemen, um zu sehen, ob sie gerade liegen, und läßt ihre Enden nach vorn herabhängen. Dann wickelt man den Riemen der Handtefillin dreimal um den Mittelfinger, einmal um den Goldfinger und bildet wiederum eine Art „Sch" auf der Hand. Bei jedem Teile des Tefillinlegens wird ein Segensspruch- oder ein Vers gesagt, die in jedem Gebetbuch zu finden sind. Das Ablegen erfolgt in umgekehrter Weise: Losbinden der Finger, Abnehmen der Kopftefillin, dann der Handtefillin. Der Tallit, der vor den Tefillin angelegt wird, wird erst nach den Tefillin abgenommen. In früheren Zeiten haben besonders Fromme den ganzen Tag über die Tefillin getragen. Einige legen zwei Arten der Tefillin, und zwar die üblichen nach Art Raschis und solche, wie sie Raschis Urenkel, Rabbenu Tam, vorschrieb, der die Bibelstellen im Gehäuse in umgekehrter Reihenfolge angeordnet wissen wollte.

Am Sabbat und an Festtagen, die an sich „Zeichen" der Weltschöpfung sein sollen, werden Tefillin nicht gelegt.

DER SABBAT

Lichtanzünden
Holzschnitt aus einem alten
Minhagim-Buch, Amsterdam 1723
(Vergleiche hierzu auch die Umschlagzeichnung zu diesem Buche)

Der Sabbat

Von Max Wiener

ALS Lehre wie als tief wirkende Lebenspraxis hat das Judentum von seiner Urzeit bis zum heutigen Tage kein Gut besessen, das seinen Charakter so klar offenbart wie der Sabbat. Nach dem biblischen Bericht von Gott bei der Schöpfung eingesetzt (Gen. 2, 1—3), als Zeichen des Bundes zwischen Gott und den Kindern Israel gestiftet (Ex. 31, 16—17), drückt er in einem einzigartigen Beispiel jene für den jüdischen Geist typische und aufhellende Verknüpfung zwischen weltüberlegenem Schöpfer und dem der Erde verhafteten Menschenwesen aus, zugleich ein Symbol, mit gewaltiger Kühnheit ins Unendliche weisend, und eine Wirklichkeit, dem dringenden Bedürfnis des Sterblichen dienend.

Ob zwischen dem biblischen Sabbat und dem babylonischen Schabatu ein religionsgeschichtlicher Zusammenhang besteht, ist dunkel. Es mag bei einigen Völkern des vorderen Orients Tage gegeben haben, die — vom Fluch der Götter belastet — von bedeutungsvollem menschlichen Werk frei bleiben sollten, damit der Zorn der mächtigen Geister nicht entfacht würde. Der König sollte da wichtige Staatsgeschäfte nicht vollziehen, der Priester seine Opfer unterlassen. Es war aber gewiß kein Tag, dem dienstbaren Menschen und dem geplagten Arbeitstier zum Verschnaufen bestimmt; es war vielleicht ein Tag, an dem die Arbeit Unsegen, nicht einer, an dem die Ruhe Segen brachte. Zwischen altem Heidentum und biblischer Anschauung mag hier wohl ein ähnlicher Zusammenhang bestehen wie bei der Satzung von der nicht abzuerntenden Feldecke oder der nicht heimzubringenden vergessenen Garbe. Die Tora heißt diese ausdrücklich das Eigentum der Besitzlosen; anderwärts hören wir, daß der Bauer sie auf dem Felde verfaulen lassen soll, den Dämonen des Bodens zur Speise, die ihm ohnedies den Ertrag ihres Eigens neideten. Der Sabbat ist klarste Offenbarung jener Gesetze, „bei denen der Mensch lebt", die den hellen, lebensfreundlichen Geist der Tora verkünden, und so verschieden von Magie und Aberglauben wie der Gott der Bibel von den mißgünstigen Erdgeistern.

Aber er ist Gottes Satzung. Das Motiv seiner Stiftung menschlich rational auslegen wollen, seine sozial wohltätige Wirkung mit der weisen Voraussicht eines großen Gesetzgebers erklären, das hieße nicht bloß seinen historischen Sinn verfälschen, sondern zugleich sein Wesen zerstören. Es hat nie einen israelitischen Propheten gegeben, der nicht der Göttlichkeit des Sabbats gewiß war; und der Glaube an seine Einsetzung in der Urzeit heiligt nicht **nachträglich** längst geübte Sitte, sondern gilt als **Quelle** der verpflichtenden Satzung. Daß er ursprünglich mit dem Wechsel der Mondphasen zusammenhängt, ist wahrscheinlich. Jedenfalls ist im biblischen Bereich eine Beziehung auf die sieben Planeten nicht spürbar; und wenn er in alter Zeit häufig mit dem Neumond zusammen als Tag besonderer Feier genannt wird (Am. 8, 5, Hos. 2, 13, Jes. 2, 13 f., II. Kg. 4, 23), so ist daraus wohl auf seine feste Stellung im Kalender und seine Bedeutung als heiliger Tag der Woche zu schließen. Der Gedanke, daß der Eine, der Schöpfergott, ihn uranfänglich in die kosmische Ordnung als Zeitentrenner eingefügt, behielt seine Wirksamkeit auch dann, da die Woche, jeweils aus sieben Tagen bestehend, sich vom System des Mond-Monats abgelöst hatte. Während man also bis zur Einführung des festen Kalenders den jungen Mond zu beobachten hatte, um den neuen Monat weihen zu können, war der Sabbat der Reihe der Tage als je siebenter fest eingefügt und gilt bis heute als nie verlegter wöchentlicher Feiertag und darum als der heilige Zeuge der göttlichen Zeiteinteilung. So erklärt sich der jüdische Widerstand gegen jede Kalenderreform, die etwa den Sonntag zu einem beweglichen, die ganze bisherige Woche durchlaufenden Tage machen und so auch den Sabbat seines festen Standortes im jetzigen Kalendersystem berauben würde.

DER SABBAT

In der Tora ist der Sabbat stets als Eckpfeiler der ganzen Lehre ausgezeichnet. Da seine Beobachtung schon vor dem sinaitischen Gesetz als Pflicht galt, wird in der Geschichte vom Manna das Volk ermahnt, den siebenten Tag nicht durch Sammeln der Nahrung zu entweihen. Die Israeliten sollten vielmehr am sechsten Tage Vorsorge treffen, um am hochheiligen Ruhetag des Ewigen von aller Arbeit des Auflesens, aber auch des Backens und Kochens, frei zu sein. Das „zwiefache Brot", das sie am sechsten heimbrachten, bewahrte darum auch wunderbar seine Frische bis zum Ende des siebenten, während sonst ein den Tagesbedarf überschießender Vorrat verdarb (Ex. 16, 19—30). Die zwei Brote auf dem Sabbattisch gelten als Symbol der Erinnerung an diesen doppelten Segen.

Die mosaische Gesetzgebung widmet in ihrem Höhepunkt, dem sinaitischen Dekalog des zweiten und fünften Buches, dem Sabbat wohl große Aufmerksamkeit, ohne doch auf etweiche Einzelheiten in seiner Befolgung einzugehen. Beidemal (Ex. 20, 8—11 und Deut. 5, 12—15) wird der Hausvater ermahnt, sich selber, seinen Kindern, dem Hausgesinde und dem Vieh völlige Ruhe zu gewähren, und „der Fremdling, der in deinen Toren weilt", wird nicht vergessen. Die Fassung des fünften Buches gipfelt sogar in diesem Gedanken, indem die Knechtschaft im Ägypterland als der tiefe praktische Sinn des Sabbatgebotes erklärt wird. Das zweite Buch betont dafür die Idee der Weltschöpfung. Aber man soll in der verschiedenen Motivierung keinen Wandel des Standpunktes erblicken; denn Weltschöpfung wie Erlösung aus dem „Schmelztiegel Ägyptens" gelten als die großen Grundtatsachen, in denen der allmächtige und der gütige Gott sich offenbart hat: jene die universale, alle Menschheit angehende Wahrheit, in der sich die Kraft des einzigen Gottes enthüllt, diese das Urerlebnis Israels, das so zum Volke wurde. Die Weite des Sabbatgedankens wie seine Wurzelung in der Tiefe des israelitischen Religions- und Volksgefühls konnte keinen treffenderen Ausdruck finden. So verknüpft ja auch der Weihespruch (Kiddusch), mit dem wir am Freitagabend den Sabbat eröffnen, die Idee vom Ursprung der Welt mit der geschichtlichen von der Geburt des Volkes. Diese Gedanken wandelt die Tora noch an einigen Stellen ab (Ex. 23, 12, 34, 21, Lew. 19, 30, Num. 28, 9), dabei auch auf die kultische Begehung des ausgezeichneten Tages im Opferdienst eingehend.

Alle diese Stellen wiederholen aber mehr das allgemeine Ruhegebot, als daß sie im einzelnen das Verbot besonderer Arbeit einschärften. Wohl hören wir, daß am Sabbattage kein Feuer in den israelitischen Wohnungen entzündet werden soll (Ex. 35, 3), und — wie schon erwähnt — galt das Auflesen der Manna-Nahrung als ein Verstoß gegen den Geist der gebotenen Heiligung. Aber was die Tora oder andere biblische Schriften (z. B. Jes.

58,13) an Einzelbestimmungen sonst noch enthalten, läßt aus dem schlichten Wortlaut nicht entfernt das gewaltige Netz von Vorschriften knüpfen, mit welchen die Überlieferung Heiligung und Ruhe sichern will. Gleichwohl gelten diese als ein System, das in seinen Wurzeln wie in dem erheblichsten Teil von deren Verästelungen in der „schriftlichen Lehre" selbst gegründet ist. Der hermeneutische Zusammenhang, der zwischen Tora und „mündlichem Gesetz" (Mischna und talmudisch-rabbinische Lehre) gestiftet wird, ist vielleicht das klarste Schulbeispiel für die religionsgesetzliche Dialektik, die aus dem Wortlaut der Schrift die Ordnung der Rabbinen „herauslernt". Indem man nämlich feststellte, daß der ausführlichen Darstellung des Baues der Stiftshütte und der für den Kult notwendigen Geräte eine nochmalige Einschärfung des Sabbatgebotes eingefügt ist (Ex. 31, 12—17), schloß man auf einen besonderen Sinn dieser Stelle. Jeder Satz, ja, jedes Wort des Gottesbuches hat seine Bedeutung; nichts in ihm ist zu viel und nichts zu wenig. An der Hand dieses Grundsatzes wurde nun gefolgert, daß all jene Arbeiten und Hantierungen, welche der Bau des Heiligtums und die Zurüstung der notwendigen Materialien verlangten, am Sabbat zu unterbleiben haben. So kam man zu jenen 39 „Hauptarbeiten", an die sich ein Heer von Ableitungen schloß. Darüber ist im Folgenden noch einiges zu sagen.

Das Toragebot ist Gesetz, das in einem Gesinnung wie praktische Ausführung verlangt. Es will eine Haltung, in der der Gedanke des Rechts mit dem religiös-sittlichen Gehorsam verschmilzt. Es wendet sich an den Einzelnen, soweit er Glied der Gemeinschaft ist und die durch Gott gesetzte Verfassung dieser Gemeinschaft bejaht. Darum ist es nicht bloß in der Stimmung des Gemüts verankert, wie sehr auch der göttliche Gesetzgeber um die Liebe seiner Geschöpfe ringt, sondern es ist zugleich objektive Ordnung der menschlichen Dinge und besitzt darum Zwangs- und Strafgewalt. Man muß diese Zweiseitigkeit sehen, um es ganz zu begreifen. So versteht man, daß von diesem Standpunkt der Sabbat eine Lust (oneg) heißen kann (Jes. 58, 13), seine Verletzung aber mit schwerster Strafe bedroht ist. Die Tradition, die hier in engem Anschluß an die ursprüngliche Lehre steht, belegt vorsätzliche Entweihung mit Todesstrafe. Dabei ist freilich zu bedenken, daß diese Ahndung nur vollzogen werden durfte, wenn der Brecher heiligen Rechts durch mindestens zwei Zeugen überführt und diese ihn zuvor durch „Verwarnung" auf die gesetzlichen Folgen seiner Tat hingewiesen haben. Fehlen diese Zeugen oder die gehörige Belehrung, dann verfällt der Verletzer der Karet-Strafe, d. h., seine „Ausrottung" bleibt Gott überlassen, menschlichen Richters Hand darf sich an ihm nicht vergreifen. Man versteht diese Härte, wenn man erwägt, daß dem israelitischen Religionsbewußtsein der Sabbat schlechthin als Anerkennung göttlicher Schöpfung und Wirksamkeit, seine Entweihung geradezu als Gottesleugnung gilt. Es ist so praktisch das Grunddogma der Religion. Wollen wir zu einem geschichtlich haltbaren Vergleich kommen, so muß diese Einsicht in die dogmatische Bedeutung uns leiten, nicht ein abwegiges Urteil über die „Gesetzesreligion". Wir brauchen dabei nicht an die grausame Verfolgung der Ketzer zu denken und an all das, was bis ins 18. Jahrhundert oft als Ketzerei geahndet wurde, sondern daran, daß alle europäischen Strafgesetzbücher bis in die Zeit der Aufklärung hinein den „Atheismus" unter Todesstrafe gestellt haben. Daß das jüdische Religionsrecht durch die Klausel von Zeugenbeweis und Verwarnung in diesem Fall wie überhaupt den Vollzug der Todesstrafe praktisch so außerordentlich erschwerte, ist im Sinne der vergleichenden Kriminalrechtsgeschichte viel eher als Beweis von besonderer Milde anzusehen. Daß vor allem die Gesinnung, nicht die körperliche Ausführung der Tat getroffen werden sollte, wird durch die milde Strafbestimmung erwiesen, welche auf irrtümliche Verletzung die Pflicht zur Darbringung eines Sündopfers setzte; dabei galt als Irrtum sowohl der Fall, daß man nicht wußte oder vergessen hatte, daß dieser Tag der Sabbat war, wie auch, daß man die Einzelheiten der Sabbatbestimmungen nicht kannte.

Mit dem Wesen des Gesetzes ist gegeben, daß mehr das Negative, das Versagte, als das Positive, das zu Erfüllende unter klare Formeln gebracht werden kann. Wie ein bürgerliches Gesetzbuch sicherlich tiefe Einblicke in das Rechts-, ja, in das Sittlichkeitsempfinden eines modernen Volkes gestattet, ohne über die tatsächlich wirksame Gesinnung, über die seelischen Hintergründe des gelebten Lebens der einzelnen Menschen von Fleisch und Blut Aufschluß zu geben, so steht es auch mit dem jüdisch-rabbinischen Religionsgesetz. Und innerhalb dieses scheint uns wieder an der Sabbatordnung die Schwierigkeit besonders aufzugehen, das unendlich feine, aber starke Fluidum, das die Atmosphäre dieses Tages bildet, mit dem engmaschigen Netz der halachischen Bestimmungen einzufangen. Denn das Nichtzutuende, was mit diesem allein ergriffen, und was so unendlich weit ausgesponnen wird, will, bewußter Absicht zufolge, nur die Hemmnisse beiseite schaffen, die der Heiligung des Tages, der Hingebung der Seele an Gott, dem Aufschwung des Gemütes ins Überendliche entgegenstehen. Wäre die positive Bedeutung des Sabbats in seiner einsichtigen sozialen Aufgabe erschöpft, dann könnte man die Liste der 39 verbotenen Arbeiten samt ihren Abarten mit einer heutigen Polizeiverordnung zum Schutze des gesetzlichen Ruhetages nebst sich anschließender, höchst detaillierter Ausführungsbestimmung vergleichen. Aber dieser Vergleich hinkt noch mehr als irgendein anderer. Es ist sehr leicht und unwiderlegbar, einzuwenden, daß eine Fülle von Untersagungen — Feueranzünden, Reisen, Geldausgeben, Tragen, Schreiben, Handarbeiten, Malen, gewisse Spiele, das mit Öffnen von Briefen notwendig verbundene Papierzerreißen, Kochen usw. usw. — einer behaglichen Muße viel eher abträglich ist als förderlich. Darüber brauchten die Alten gewiß nicht erst durch die klugen Juden des 19. Jahrhunderts aufgeklärt zu werden. Vielmehr erscheinen diese und vielleicht manche ihrer Nachfahren von heute der Belehrung bedürftig, daß **die soziale Funktion des Sabbats von einer mystisch-religiösen überhöht** wird, die den einen, den negativen Ausdruck in jener Vielfalt und Kompliziertheit der das Dasein oft so unbequem machenden Regeln hat. Man muß als das innerste Motiv für die talmudische Prägung der Sabbatidee, die für alle Folgezeit maßgeblich blieb, den Gedanken annehmen, daß, wie im göttlichen Bereich auf sechs Tage überquellender Tätigkeit die vollkommene Ruhe folgte, so im menschlichen Gott in Arbeit und Ruhe möglichst nachgeahmt werden sollte. Wie in der oberen Sphäre die Schöpfungskraft mit der Abenddämmerung des sechsten Tages der Urwoche abbricht, so sollte die niedere, vom Menschen beherrschte, das gleiche Bild zeigen. Wie im Himmel, so auf Erden. Man strebte nach Stillegung, nach vollständiger Ruhe.

Die Rabbinen des Talmud waren freilich in die Triebkräfte kasuistischer Dialektik zu eng verstrickt, um ihren Blick geradezu auf diese grandiose Symbolik zu kehren. Sie leiteten aus dem Wort der Tora das Verbot der Hauptarbeiten ab, spalteten jede in zahlreiche Unterarten und umgaben obendrein das so als Gehalt des Gotteswortes Gefundene noch mit mannigfachen Zäunen, einem Gehege von Vorsorgebestimmungen, die vieles an sich Gestattete wieder verboten aus der Befürchtung, es könnte so eine ursprüngliche Vorsorgung übertreten werden. Das Glacis der Sabbatfestung sollte in weitem Umkreis vor feindlichem Anmarsch gesichert bleiben. Die Diskussion über das Mehr oder Minder wurde in das Gelände der Schriftauslegung übertragen. Wie stark aber unbewußt das echte Motiv wirkte, zeigt sich in der Behandlung des Sabbats durch die Karäer. Obwohl diese die herrschende Tradition ablehnten und sich an das „reine" Wort der Schrift zu halten meinten, verfuhren sie in der Durchführung vieler Vorschriften noch rigoroser als die Rabbaniten, so beweisend, daß es nicht die „wortspaltende" Tradition war, die Erschwerung auf Erschwerung häufte, sondern daß jene ursprüngliche Tendenz sie noch stärker leitete als jene.

Der Begriff der Arbeit im religionsgesetzlichen Sinn verdient eine Beleuchtung. Werfen wir einen Blick auf die Liste des Verbotenen (am bequemsten zugänglich im „Kurzen Schulchan aruch", herausgegeben von David Feldmann, Leipzig—New York, 2. Auflage 1924, S. 128 ff.), so stellen wir fest, daß hier durchweg körperliche Betätigung eine Rolle spielt. Untersagt sind alle diejenigen Handlungen, die mit dem Feldbau und der weiteren Verarbeitung der gewonnenen Früchte zusammenhängen; die zur Nutzung von Tieren und der Aufbereitung von deren Produkten aufgewendeten Mühen, z. B. das Gerben; verschiedene Arten der Behandlung und Umformung von Material, wie Spinnen, Weben, Bauen und Niederreißen; jedwede Hantierung mit Feuer und Brennmaterial; schließlich das Tragen von Gegenständen von einem „Bereich" in einen anderen. Das Letztere setzt recht verwinkelte Bestimmungen über räumliche Verhältnisse voraus, den öffentlichen Ort, den privaten, die zu beiden nicht gehörige, Karmelit genannte Sphäre, den „freien Ort"[1]). Diese religionsgesetzlichen Bestimmungen liegen wieder weitverzweigten kasuistischen Ordnungen zugrunde, denen hier nicht nachgegangen werden kann. (Der an diesen Details interessierte Leser mag sich an der Übersetzung der Mischnatraktate Sabbat und Erubin wie an den beigegebenen deutschen Anmerkungen orientieren.) Zu jeder Hauptarbeit werden nun Ableitungsbestimmungen hinzugefügt, z. B. zu der des Schreibens das Einzeichnen oder Malen zweier dauernder Schriftzeichen auf dauerhaftem Material, zu der des Bauens das Zusammensetzen von Holzstücken, die der Aufstellung einer Hütte dienen könnten, oder die Aufrichtung eines Zeltes, welcher Tatbestand schon im Aufspannen eines Schirms erfüllt sein soll. Da das Anzünden untersagt ist, so darf kein Öl in die brennende Lampe gegossen werden. Die einmal in Gang gesetzte Kasuistik wirkt fort. Es ist klar, daß nicht das Maß körperlicher Anstrengung (was man gemeinhin „Arbeit" nennt) allein eine Rolle spielt, sondern weit mehr der Zweck einer Tätigkeit, und daß hierbei wieder die Analogie von gesetzschöpferischer Bedeutung ist. Ihr in Verbindung mit jenem sozusagen automatisch arbeitenden Triebwerk logischer Diskussion ist die gewaltige Weitung des verbotenen Gebietes zuzuschreiben. Es ist ein bei aller Seltsamkeit in vielen Einzelheiten doch durch seine Konsequenz imponierender Versuch, des Begriffes der Arbeit Herr zu werden, um diese Arbeit für den Tag, da Gott von seinem Aufbauwerk geruht, stillzulegen.

Aus diesem Nein sprießt aber ein fruchtbares Ja hervor. Der Körper sollte sich völlig entspannen, damit die Seele, der Geist, der Sorge um Gott und göttliche Dinge ungehemmt froh werden durfte. Die mystische Spekulation des Mittelalters hauchte dem Sabbat eine eigene Seele ein. Er war ja die holde Braut, die Königin, die in der Abenddämmerung des sechsten Tages erschien, um die Alltagssorgen des geplagten Juden zu verscheuchen und durch Anmut und Glanz seine dunkle Stube in einen Prunksaal zu wandeln[2]). Das ist der positive Sinn des Sabbats. Das rituelle Gesetz und die soziale Funktion, die dem hart Werkenden Verschnaufen gönnt, haben miteinander

---

[1]) Vgl. Anhang, Anm. 1.
[2]) Vgl. Anhang, Anm. 2.

die Ausschaltung des Alltags gemein. Was aber tritt in die Lücke, die dieser läßt? Der Gottesdienst, den wir am Sabbat begehen, der schon im alten Heiligtum eine besondere Form in Gestalt reichlicher Opfer besaß, ist zwar ein wichtiger, aber keineswegs den Sinn des Tages erschöpfender Gehalt. Selbstverständlich „verdrängte" im jerusalemischen Tempel das positive Gebot des Kultus mit den dazu erforderlichen Handlungen die entgegenstehenden Arbeitsverbote. Unsere Gebetordnung, die ja im wesentlichen ein Ersatz des Opferdienstes sein will und in vielen Formeln auf die für bestimmte Gelegenheiten dem Altar gewidmeten Gaben hinweist, zeichnet den Sabbat wie die Feste und Neumonde durch das M u ß a f gebet aus, das an das Z u s a t z opfer erinnert. Aber charakteristischer als die gottesdienstliche Feier mit Tora- und Prophetenvorlesung ist für diesen Tag die G e - s a m t s t i m m u n g[3]). Und darin ist der Sabbat das Eigentum des Judentums geblieben, während das Christentum für den nach biblischem Vorbild geformten Sonntag Gottesdienst und soziale Bedeutung übernahm und der Islam sich gar mit andächtiger Freitagsfeier in der Moschee allein begnügte.

Die Sabbatstimmung, die wir hier meinen, umspielt ein merkwürdiges Leben im Geiste, das sich an diesem Tage frei ergießt. War die Tora das Buch, dem wie keinem anderen auf der Erde je geschriebenen Interesse, Gehorsam, ja hingebende Liebe gehörten, drehte sich alles jüdische Leben um dieses Werk, so erwuchs die Beschäftigung mit ihm zur köstlichsten Aufgabe. Was aber war Tora? Für den Juden geradezu alles, was den wachen und zugleich gläubigen Geist erfüllen mußte. Die Tora ist der Kern eines geistigen Kosmos, dessen Schichten sich zu ihr als Zentrum verhalten wie die kreisenden Planeten zur Sonne. Alles ist in ihr enthalten und alles strahlt von ihr aus. Darum gab es für den Juden keine Weisheit, weder Wissenschaft noch praktische Kunde und Lebensanweisung, deren man sich auf anderem Wege bemächtigen konnte als durch Auslegung, d. h. durch immer tiefer bohrendes Verständnis des wortwörtlich unerschöpflichen Gehalts der Tora. Die Lehren von Sittlichkeit und Recht, das erzählende, fabulierende Schrifttum eines Volkes, die mystischen Geheimnisse der Kabbala, die metaphysischen religiös-philosophischen Spekulationen der jüdischen Scholastik, all das und noch vieles andere, was Mischna und Gemara, der Midrasch, mittelalterliche Sitten- und Erbauungsbücher, die religionsphilosophischen Werke, die Hauptschrift der Kabbala, der Sohar, vortragen, will nichts anderes sein als Kommentar zur Tora. „Lernen", Tora studieren ist mithin für den Juden die Bewußtmachung des Geistigen überhaupt. Und da dieses Geistige nicht im theoretisch Untätigen eingesponnen bleibt, nicht

---

[3]) Vgl. Anhang, Anm. 3.

Mathematik oder Marsgeographie ist, sondern unaufhörlich Mizwot, Gottesgebote, Derech erez, geziemende Haltung gegen Gott, Menschen und Dinge aus sich heraus gebiert, so kommt der Torakunde einfach die Aufgabe zu, den jüdischen Menschen allseitig zu formen. Den jüdischen M e n s c h e n, nicht den jüdischen Gelehrten! Und damit kommen wir wieder zum Sabbat und seinem Sinn zurück.

Der Sabbat, wie er geschichtlich erwuchs, war der Bürge dafür, daß die Tora nicht das Vorrecht einer geringzähligen Gelehrtenklasse blieb, nicht Gegenstand der Forschung und des Gezänkes der Theologen, sondern zum wirklichen Eigen eines ganzen Volkes wurde. Jeder sollte sich mit der Tora befassen. Der Sabbat war frei von Arbeit — für die Arbeit um die Tora. Und so hat er vor allem die Tora zu einem Volksbuch gemacht, das einstmals unzählige ganz schlichte Menschen auswendig kannten. Die Bibel ist wahrlich kein Volksbuch in d e m Sinn, daß der einfältigste Geist sie bloß aufzuschlagen braucht, um ihre Sätze zu verstehen. Sie ist gar spröde, voll von Schwierigkeiten, Spitzen und Geheimnissen; tief und reich genug, um alle geistige Kultur eines Volkes zwei Jahrtausende lang und mehr mit ihrer Kommentierung zu beschäftigen. Das aber war wirklich Volkssache. Der einfache Mann hörte am Sabbat, aufmerksam jedes Wort des synagogalen Vorlesers verfolgend, den Wochenabschnitt, kehrte nach Hause zurück, las ihn noch einmal in stiller Beschaulichkeit, ging dann gemäß der religiösen Sitte die beigedruckte aramäische Übersetzung durch, das Targum Onkelos, vertiefte sich in seinen Raschi, den populärsten Kommentar des populärsten Buches der Weltliteratur. Das war ein sabbatliches Minimalprogramm. Es wurde je nach Begabung und Vorbildung vom Studium der Mischna oder gar Gemara überhöht[4]. Liebhaber und Spezialisten wandten sich wohl dann oft einem besonderen Werk zu, lasen in einem Midrasch, in Bachjas „Herzenspflichten", um beim Vertrautesten zu bleiben. Und auch die Frauen gingen nicht leer aus. Für sie, deren hebräische Bildung vernachlässigt blieb, waren Erbauungsbücher bereit, die ja auch nichts anderes als das Licht der Tora reflektierten. Und das alles geschah „l'schem schamajim", um Gottes willen. Der Sabbat, und der Sabbat allein, ermöglichte und erstrebte eine Demokratisierung der religiös-nationalen Bildung, die in der Geschichte des Erziehungs- und Bildungswesens einzig dasteht. Er hat das Judenvolk der Theologen, der Gesetzeskundigen, geschaffen.

Er hat auch den Vater, der mit der Mutter zusammen die Kinder erzieht, zum Lehrer seiner Kinder gemacht. Vom 5. Buch Moses ab wird die religiöse Unterweisung der Kinder dem Vater als Pflicht auferlegt. Die Tra-

---

[4] Vgl. Anhang, Anm. 4.

dition gibt detaillierte Vorschriften über Einrichtung und Betrieb von Schulen, bestimmt die Höchstfrequenzziffer der Klassen und viele pädagogisch-methodische Einzelheiten; aber sie entläßt niemals den Vater aus der Verantwortung, für das geistige Gedeihen seiner Nachkommen zu sorgen; sie wälzt seine natürliche Verpflichtung nicht auf die Gemeinschaft ab, die vielmehr erst stellvertretend für ihn einzustehen hat. Kann das Kind, wie es die Regel ist, die Schule besuchen, so hat der Vater sich an jedem Sabbat von den Fortschritten der Woche zu überzeugen; er soll es gemäß der Aufnahmefähigkeit am eigenen Sabbatstudium teilhaben lassen, mit ihm „lernen". Denn jeder ist verantwortlich, für die Erhaltung des geistigen Gepräges Israels zu sorgen. Indem aber der Sabbat keinerlei Werk- und Berufsarbeit gestattete, indem sein Geist dazu erzog, den Gedanken an profanes Geschäft abzuweisen, entfiel jede Ausrede, daß die angespannte Arbeit ums Brot keine Muße für die heilige Arbeit an der Seele der Kinder ließ.

Es scheint, daß der Sabbat auf diese Weise auf dem verschlungenen Pfade geistiger Leistung und geistiger Einwirkung zum Tage der Familie wurde. Daß und in welchem Maße er es wurde, ist allvertraut. Er konnte dem alten Judentum jene Insel der Seligkeit im Meere der es überschwemmenden traurigen, ja, widerwärtigen Erlebnisse nur werden, wenn jenes Wort im Hawdala-Segen, das am Ausgang gesprochen wird, in Fleisch und Blut überging, das Gott für die Scheidung zwischen Heiligem und Alltäglichem preist. Ohne die Aufrichtung der himmelhohen Schranken zwischen Ruhe- und Werktag, die selber wieder in der Ursymbolik der Sabbat-Idee gründen, wäre die praktische Weite dieses Gedankens eine psychologische Unmöglichkeit. Und das zeigt sich gerade in seiner Ausstrahlung auf das Familienleben. Denn zu jenem oben beschriebenen Geistigen tritt ja das Moment der völligen Entspannung, des Gemütvollen und Gemütlichen hinzu. Der Arme darbte in der Woche mehr noch als unbedingt nötig, um die Pfennige zu ersparen, die ihm gestatteten, mit seiner Familie am Sabbat, wenn nicht wohlhäbig, so doch so zu leben, daß es von den armseligen Wochentagen prächtig abstach. Und doch war der Oneg Schabbat keineswegs das, was man nennt „sich einen lustigen Tag machen", wo man etwas draufgehen und springen ließ, sondern die Lust am Sabbat, vom Gottesgesetz selbst befohlen. Man sollte eine weitere Mahlzeit an ihm halten, besser an ihm sich kleiden, konnte man es erschwingen, Fleisch essen und möglichst auch des Weines für Kiddusch und Hawdala nicht entraten. Freilich tat's auch ein Ersatz[5]). Wie merkwürdig erfüllt zeigt sich hier die alte Begründung des Sabbatgebotes im Deuteronomium, daß der Sabbat vor allem um des Knechtes,

---

[5]) Vgl. Anhang, Anm. 5.

um des einem harten Leben versklavten Menschen willen da sei. Das komfortable Judentum des modernen Bürgers kommt, auch wo nicht die Treue für das ererbte Gut in Wohlhabenheit erstickt ist, mit der Ästhetik der künstlerischen Sabbatlampe, der Leuchter und Hawdala-Büchse, gegen die Stimmung seiner Vorväter nicht auf. Aber beide eint das Streben, am Segen und der Freude des Tages den Fremden teilhaben zu lassen; nur daß der Gast, diese ständige Figur am Sabbattisch, einstmals mehr der wirkliche Orts- oder Landfremde war, den der Hausvater vom Gotteshaus in sein Heim mitnahm, während es modernem Gebrauch mehr entspricht, daß der heilige Tag zum gesellschaftlichen jour fixe wurde, an dem Freunde und Bekannte des Hauses erscheinen und auch zu Tisch geladen werden. Man darf diesen Brauch der sabbatlichen Gastfreundschaft im alten babylonischen Judentum vorgedeutet finden. Denn wenn wir in der Synagoge zum Kiddusch des Weines benötigen, so hängt das damit zusammen, daß einst der Betraum die Stätte war, wo Fremde beherbergt und gelabt wurden. Der Spruch über die Frucht des Weinstocks, den der Vorbeter in besonders feierlicher Weise vorträgt, geht also nicht auf eine mystische Symbolik zurück, sondern ist der schlichte Dank für eine Gottesgabe, die an dieser Stätte den Fremden erfreute; wie ähnlich der Gewürzduft, den wir zum Abschied aus der Hawdala-Büchse einatmen, sich ganz „vernünftig" aus der altertümlichen, nicht bloß in unserem Volk heimisch gewesenen Sitte erklärt, ein festliches Mahl mit dem Verbrennen wohlriechender Essenzen zu beschließen. Freilich hängte sich gerade an diesen Brauch in kabbalistischer Zeit die tiefsinnige Deutung, daß es die Seele des Sabbats sei, von der im Augenblick ihres Entfliehens der Gläubige noch einen vollen Zug einatme.

Das ist wieder ein Beispiel für das merkwürdige Ineinander oder Auf und Ab verstandesmäßig durchsichtiger und symbolisch religiöser Bezüge, welche die Sabbat-Idee wesenhaft in sich enthält und die bei ihrer geschichtlichen Entfaltung bald auseinander treten, bald sich durchdringen. Denn man darf wohl von einer mystischen Haltung sprechen, die zu den verschiedensten Zeiten hervorbricht und deren seltsamer Kontrast zur nüchternen Gesetzeskasuistik uns erst das ganze Gesicht des Sabbats zeigt. Zwei Engel — lehrt R. Jose bar Jehuda (Schabbat 119b) — ein guter und ein böser, geleiten den Juden Freitagnacht vom Bethaus in sein Heim. Ist alles wohlgerüstet zur häuslichen Feier, dann wünscht der gute Engel, daß Gott auch den nächsten Sabbat so gedeihen lasse, und der böse muß es wider Willen mit Amen bestätigen. Im andern Falle wünscht das gleiche der böse Engel, und wider seinen Willen muß der Gute zustimmen. Und Raw Chißda lehrt (ebenda), daß beim Sprechen des „waj'chullu" die beiden Geleitengel dem Menschen die Hände aufs Haupt legen und ihn mit dem Worte des

Jesaja (6,7) segnen: „Es weicht deine Sünde, und deine Schuld wird gesühnt". — Das Wort Jes. 60, 19: „Nicht wird dir mehr sein die Sonne zum Licht des Tages und des Mondes Glanz dir nicht strahlen, sondern der Ewige wird zum ewigen Licht dir sein und dein Gott zu deinem Schmuck" wird gedeutet, daß dieser Lohn empfangen wird um des Verdienstes des Lichtanzündens willen, das dem Sabbat geweiht ist (Jalkut Schimoni zu Num. 8, 2). Als Rabbi dem Kaiser Antonius einst am Sabbat kalte Speisen vorsetzte, schmeckten sie dem Gast vortrefflich. Als aber später einmal der Kaiser an einem Werktage von Rabbi mit warmen Speisen bewirtet wurde, schien ihm etwas an deren Geschmack zu fehlen. Auf seine Frage erhielt er zur Antwort, es ermangle in der Tat dem heutigen Mahle ein bestimmtes Gewürz; das sei aber auch in der kaiserlichen Speisekammer nicht vorhanden; denn die fehlende Würze heiße Sabbat (Bereschit rabba 11). — Ein kühler Rationalist wie der Religionsphilosoph Saadja ist geneigt, in seinem Werk „Glaubenslehren und Erkenntnisse" den Sabbat wesentlich unter dem Gesichtspunkt vernünftiger Zweckmäßigkeit zu betrachten; er soll ihm Arbeitsruhe, Muße zur geistigen Vertiefung, Gelegenheit zu geselligem Verkehr gewähren (Kap. 3). Der romantische Denker und Dichter Jehuda ha-Levi hingegen preist nicht nur in seinen Gedichten die den Menschen wunderbar beglückende Seligkeit des Sabbats, sondern er fügt ihn im „Kusari" dem wunderbaren Werk der besonderen Fürsorge Gottes für sein Volk ein. Wenn alle Offenbarungsgebote den Sinn haben, einen geheimnisvollen Zusammenhang zwischen dem gehorsamen Menschen und seinem göttlichen Schöpfer herbeizuführen, so steht der Sabbat vornan unter den Mitteln, welche diese Gottesgemeinschaft bewirken. Im kabbalistischen und dem ihm nahestehenden Schrifttum vollends tritt das Mystische der Idee hervor. Alle himmlischen und irdischen Segnungen hängen vom siebenten Tage ab. Die gebotenen drei Sabbatmahlzeiten haben ja ihren eigenen heiligen Sinn. Gemäß der Vorstellung, daß unser Handeln hienieden auf die himmlischen Dinge, ja, auf Gott einwirkt, kommt der Sabbatfreude eine ausnehmende Kraft zu. Gläubige Bewährung hat in ihr besonderen Platz. Der Mensch empfängt eine höhere Seele, welche die Vollkommenheit zukünftigen Lebens in sich trägt. (Vgl. das reiche Material hierzu in Moritz Zobel, „Der Sabbat", Berlin 1935).

Das bisher Betrachtete war durchweg an dem alten, unter der ungebrochenen Herrschaft des Religionsgesetzes stehenden Judentum orientiert, d e s Judentums, das in der Ungeschiedenheit seines religiös-nationalen Bestandes einen totalen Einheitsblock bildete. Dieser scheint nach der Erfahrung der letzten sechs Generationen mehr und mehr Geschichte zu werden. Denn auch die Inseln des alten Lebens schrumpfen zusehends; und was gewesen, kehrt so, wie es war, nie wieder. Das Judentum steht nach dem Zwischenreich der liberalen Emanzipation offenkundig nicht vor dem Ende seiner Geschichte, wohl aber vor einer neuen Ordnung seines Lebens, die so verschieden sein wird von seiner erst zu Beginn des 19. Jahrhunderts endigenden mittelalterlichen Periode, wie diese vom biblischen Altertum. Die Konfessionalisierung des Judentums, die sich aus seiner Entnationalisierung ergab, hatte es mehr und mehr auf soziale und gottesdienstliche Bedeutung begrenzt. Die für diese Tendenz bezeichnenden Verhandlungen der Rabbinerversammlungen der vierziger Jahre des vorigen Jahrhunderts zeigen gerade an diesem Hauptstück jüdischen Eigens die Richtung des Reformierens. Die immer engere Verknüpfung mit der Umwelt in Wirtschaft und Kultur, das Aufkommen einer gesetzlichen Sonntagsruhe in vielen Staaten hinderten praktisch freilich weitgehend die Durchsetzung der liberalen Pläne. Die zionistische Bewegung aber will allein nach politischen, nicht nach „religiösen" Zielen ausgerichtet sein. Ihr nationales Interesse wandelt nicht minder die Bestandfülle des alten Judentums, wie das religiös-reformatorische es getan. Doch tritt diese theoretische Charakteristik hinter die praktische Tatsache zurück, daß der Wille zu wirklichem, konkreten Judentum im Nationalismus viel stärker ist, jedenfalls viel tiefer die Gefolgschaft zu ergreifen vermag, als der „reine" religiöse Gedanke mit seiner Ideologie seine Gläubigen lebensmäßig bestimmt. Dazu kommt, daß die moderne Zionsliebe von einem Einschlag romantischer Gefühle durchwirkt ist, die der Weckung und Belebung alten Gutes günstig sind. Gelten doch die religiösen Lebenformen selber als Schöpfung des „nationalen" Genius.

Hierfür soll nun bei der Verwirklichung der Zionshoffnung eine Probe aufs Exempel abgelegt werden. Und wiederum muß der Sabbat gemäß seinem religiös-nationalen Sinn zum Schibolet werden. Kann er in einem selbstgenügsamen Volksleben den Platz wieder erlangen oder behaupten, den er in seiner Blüte besaß? Die Frage hat einen objektiven, die Einrichtung als solche berührenden Sinn, und eine subjektive, die Sabbatfreude angehende Bedeutung. Hier entscheidet sich geradezu die Frage der Autarkie, des Selbstgenügens. Der alte Sabbat der mehr oder weniger stillgelegten Tätigkeit war in durchgreifender Strenge nur erfüllbar, wo für notwendigste Handlungen Nichtjuden zur Verfügung standen („Schabbesgoj"). Orthodoxe von heute, die sich für Wiederaufrichtung des nationalen Gemeinwesens über die ganze Breite des Daseins begeistern, setzen sehr häufig ihre Zuversicht in den Fortschritt der Technik, der mit den schwierigsten Problemen der sabbatgesetzlichen Halacha fertig werden würde. Nebenbei bemerkt, ein religionsgeschichtlich höchst interessanter Anblick, romantisch-konservative Sehnsucht mit Hoffnung auf maschinelle Vervollkommnung gepaart zu sehen. Unterstellen wir als möglich, daß die Technik viele Probleme löst, die ihr hier von der Halacha gestellt werden: Aufrechterhaltung eines Mindestverkehrs, Versorgung mit Wasser, elektrischem Strom etc., Bekämpfung plötzlich eintretender Katastrophen, Befriedigung dringendster landwirtschaftlicher Erfordernisse und noch vieles andere — ärztliche Hilfe zu leisten oder aufzusuchen war ja immer weitgehend gestattet — so erscheint das alles doch nur unter der Voraussetzung denkbar, daß auch — die H a l a c h a manche Probleme zu lösen haben wird, die ihr das nationale Leben und die Technik stellen. Möge sie stark und mutig sein!

Der Sabbat ist das Zeichen göttlicher Zeitbestimmung, erfuhren wir eingangs. Auf sein Motiv ist nicht bloß die Melodie der Tage, sondern die der Jahre und Jahrzehnte abgestimmt. Die Jahrwoche, die dem Boden nach sechsmaliger Bestellung, Saat und Ernte, im siebenten die Ruhe der Brache gönnt, das Jobeljahr, das nach sieben Jahrwochen den land- und heimatlos Gewordenen zur Freiheit des Hausens und Arbeitens auf der eigenen Scholle zurückruft — sie setzen den Rhythmus des heiligen Lebens in der gottgeschaffenen, dem Schöpfer ewig zu eigen bleibenden Welt fort. Sie vollenden wie die religiös-symbolische so die soziale Idee des Sabbats. Während unsere Tradition über den siebenten Tag so vieles, über das siebente Jahr wenigstens einiges zu erzählen weiß, schweigt sie fast gänzlich über das nach dem siebenmal-siebenten kommende, das fünfzigste, das Jobeljahr. Und doch ist die Tora darüber so ausführlich. Sie lehrt uns gerade hier — wieder mit echt jüdischer Verknüpfung geheimnisvoll göttlichen Gedenkens mit der dringendsten Not des sterblichen Menschen — was dem Irdischen frommt, damit er „leben" kann: Erde, natürlicher Arbeitsraum als Pachtgut von Gott. Wir wollen hoffen, daß die Halacha eines erneuerten Judentums hier ergänzt, was die alte verabsäumt; daß vor allem das jüdische Volk ihr hier ebenso gehorsam ist wie den tausend Bestimmungen über den wöchentlichen Sabbat. Die Zukunftsaufgabe der Halacha ist groß!

ANHANG

A n m e r k u n g 1 (zu S e i t e 77): Aus dem II. Buch Mosis, Kap. 16, 19: „Niemand gehe aus seinem Orte hinaus am 7. Tage" wird das Verbot von weiten Märschen über den Wohnort hinaus oder gar von Reisen gefolgert. Man soll in einer Richtung höchstens einen „S a b b a t w e g" (Techum Schabbat) gehen, den man mit 2000 Ellen, zirka einem Kilometer, von dem Außenrande des Wohnortes an gerechnet, festlegte. Hat man aus religiösen Gründen, etwa um eine Synagoge im Nachbarorte zu besuchen, einen größeren Weg zurückzulegen, muß man vor Sabbat am Ende der gestatteten Weglänge eine Speise niederlegen und damit gewissermaßen die Einschiebung eines neuen Wohnortes andeuten. Dann erst ist es gestattet, von dieser Stelle aus wieder 2000 Ellen weiter zu gehen. Auf solche Weise wird die Verbindung der Sabbatwege, der eruw techumin, vollzogen.

Wurde vor Sabbatbeginn ein Schiff bestiegen, darf man den Sabbat über die S e e r e i s e weiter fortsetzen.

DER SABBAT

In vielen Orten sieht man heute noch die sogenannte S a b b a t s c h n u r. Verband man etwa durch einen Draht zwei gegenüberliegende Gebäude, so wurde dadurch die dazwischen liegende Straße wie durch ein Verbindungstor in einen einheitlichen Komplex verwandelt, innerhalb dessen der Unterschied von öffentlichem und privatem Besitz in gewisser Hinsicht aufgehoben war. Durch diese „Verbindung" (e r u w) wird es möglich, Gegenstände am Sabbat über die Straße zu tragen. Selbst eine ganze Stadt kann auf solche Weise zu einem einheitlich geschlossenen Gebiet gemacht werden.

Noch eine weitere Art der „Verbindung", die der „Speisen" („e r u w t a w s c h i l i n") gilt für den Sabbat, wenn er unmittelbar einem anderen Feste folgt. Da das Kochen am Sabbat verboten ist und selbst am Festtag nur gestattet wird, wenn es sich um die Bedürfnisse des Tages selbst handelt, müßte man die für den Sabbat bestimmten Speisen schon vor dem Festtag vollständig zubereiten. Man geht nun gleichsam eine Verbindung zwischen der Speisebereitung des Vortages und der des Festes ein, richtet am Vortag des Festes — es gibt dafür einen eigenen Segensspruch — einen Teil der für den Sabbat bestimmten Speisen her und kann sie dann am Festtag selbst zu Ende kochen.

A n m e r k u n g 2 (z u S e i t e 77): Der „F r e i t a g a b e n d" wird vor Eintritt der Nacht durch das Entzünden von zwei Sabbatkerzen eingeweiht. Es ist in vielen Gegenden Brauch, daß die Hausfrau, als deren schönes Vorrecht das Entzünden gilt, die Hände vor den Kerzenflammen ausbreitet und dann den Segensspruch sagt: Baruch ata adonaj elohenu melech haolam ascher kidschanu bemizwotaw weziwanu lehadlik ner schel schabbat. „Gepriesen seist Du, Herr, unser Gott, König der Welt, der Du uns geheiligt hast durch Deine Gebote und uns geboten hast, das Sabbatlicht zu entzünden." (Am „Feiertag" heißt das letzte Wort der Formel: „jomtow". An diesem wird mit Ausnahme der beiden letzten Pessachtage auch der Segesspruch „Schehechejanu" gesagt.) In vielen Häusern gibt es auch heute noch die von der Decke herabhängende Sabbatlampe, die aus sechs bis acht Leisten für Lichter besteht.

Auf dem Tisch liegen die zwei zumeist aus Weizenmehl bereiteten, länglich geflochtenen Brote, „B a r c h e s" (aus dem hebräischen Berchot, d. h. Segen, also Brote, über die man den Segen spricht) oder „Challe" genannt. Der Ausdruck hängt mit der einstigen Vorschrift zusammen, vom Teig ein erstes Stück abzuheben und einem Mann aus dem Priesterstamm zu überlassen. (IV. B. M. Kap. 15, 17—21.) In Erinnerung daran wird von dem Teig, der für die Festbrote bestimmt ist, ein Stück, das eben Challa heißt, weggenommen und im Ofen verbrannt. Weniger verbreitet ist der Ausdruck Taatscher, den man mit dem Vers aus den Sprüchen 10, 22 in Zusammenhang bringt: Der Segen Gottes macht reich (hebräisch: Taaschir). Man versucht auch außerjüdische Worterklärungen: Barches als Ableitung vom ahd Brezita, das gekrümmte Brot, vgl. Bretzel und Taatscher als stammverwandt mit dem Lateinischen tortum, das Gewundene, englisch tart, französisch tarte.

Alte Tradition läßt bei der Rückkehr aus der Synagoge das Lied des Sabbatfriedens singen: Schalom alechem, malache hascharet, malache eljon, mimelech malche hamlachim hakadosch baruch hu. (Friede mit euch, dienende Engel, Engel des Höchsten, die Ihr kommet vom König der Könige, dem Heiligen, gepriesen sei er.) Daran schließt sich der 31. Spruch aus den Sprüchen Salomos von dem wackeren Weibe (eschet chajil). Nun folgt die „Heiligung" des Tages, der „K i d d u s c h". Der Segensspruch, den jedes Gebetbuch enthält, kann — wie in der Synagoge — über den emporgehobenen Becher Weines gesprochen werden oder über die Brote. Im ersteren Falle bedeckt man die Brote mit einem Tuch. Dann, wenn der Segensspruch über den Wein gesagt ist, hebt man das Tuch ab, fährt mit dem Messer über die Brote und sagt den Segensspruch übers Brot. Jeder Tischgenosse erhält ein Stück von dem angeschnittenen und mit Salz bestreuten Brot. Dies soll an die Sätze aus den „Sprüchen der Väter" (6, 4) gemahnen, daß Brot mit Salz zu essen, um solcher Anspruchslosigkeit willen ein Weg zur Tora ist. Jeder der Tischgenossen sagt nun seinerseits den Segensspruch über das Brot, „das Er aus dem Boden wachsen läßt" (hamozi lechem min haarez). Darum nennt man dieses Stückchen Brot die „M o z e". Wenn keine männliche Person im Hause in der Lage ist, den „Kidducsh" zu machen, spricht ihn die Hausfrau oder wer sie vertritt. Vor dem Tischgebete werden vielfach besondere Lieder gesungen: die Semirot.

Ehe man sich zum Mahl begibt, werden die Kinder von den Eltern durch Auflegen der Hand aufs Haupt gesegnet, „g e b e n s c h t" (vom lat. benedicere). Über Knaben spricht man: „Jesimcha elohim ke-efraim wechi-menasche". (Es mache dich Gott wie Ephraim und Menasse!) Über Mädchen: „jesimech elohim ke-sara, ribka, rachel, we-lea". (Es mache dich Gott wie Sara, Rebekka, Rahel und Lea!) Hieran wird der Priestersegen geschlossen. (Es segne Dich der Herr usw.)

Auch in der Gebetordnung der Synagoge wird der „Eingang des Sabbats", sein Empfang

(Kabbalat Schabbat), feierlicher als bei jedem anderen Festtage betont. Dieser Eingang liegt etwa dreiviertel Stunden vor dem Untergehen der Sonne. Mit einer Reihe von Jubelpsalmen und dem berühmten „lecho dodi", worin Salomo Halevi, der im 16. Jahrhundert lebte, (er hat seinen Namen im Akrostichon verewigt), den Empfang des Sabbats als den einer Braut feiert und bei dessen letzter Strophe man sich dem Eingang der Synagoge zuzuwenden pflegt, kommt man dem Tag immer näher, bis man den Sabbatpsalm selbst (92) zeitgerecht sagen kann. Dem Hauptgebete ist ein das Wesentliche wiederholender Auszug beigefügt. Er entstand in einer Zeit, als die Juden unter großen Gefahren von weither zu ihren Versammlungsstätten kamen und für die spät Erscheinenden ganz kurz das Wesentliche der Gebete nochmals gesagt werden sollte.

So wie man den Sabbat durch den Kiddusch einleitet, beschließt man ihn in der Synagoge und daheim durch die „Hawdala", d. h. die Unterscheidungszeremonie zwischen Sabbat und Werktag. Es hat sich der Brauch eingebürgert, kurz vor Beginn des Abendgebetes bei Sabbatausgang den kämpferischen Psalm 144 (ledavid. baruch) und 67 in alter Marschmelodie zu singen, um in diesem Rhythmus dem Werktag entgegen zu gehn. In ähnlicher Weise beschließt man das Abendgebet mit Psalmen und Bibelversen, die Segensversprechungen enthalten (wihi noam, wejiten lecha). Folgt aber in der Woche ein Fest, läßt man die Wihi noam-Gruppe fort. Man tut dasselbe auf dem Gefühl einer gewissen Mutlosigkeit, wenn der 9. Ab, der an die Zerstörung Jerusalems erinnert, dem Sabbat unmittelbar folgt, oder wenn man in dem Hause eines Trauernden betet. In beiden letzteren Fällen läßt man auch die Segensverheißungen, die mit wejiten lecha beginnen, fort, während man vor dem 9. Ab die gottpreisenden Verse, die mit weata kadosch beginnen, rezitiert. Hawdala macht man folgendermaßen: Auf einer Tasse steht der übervolle, mit Wein (oder mit einem anderen Getränk außer Wasser) gefüllte Becher, sowie eine Büchse mit Gewürzen, z. B. Nelken, Zimt usw., die sogenannte Bessomimbüchse. Nun wird eine Wachskerze angezündet und gern von einem Kinde gehalten. Der Betende hebt nun den Becher empor und spricht (daheim: nach einigen Bibelversen) den Segensspruch über Wein (bzw. Getränke). Dann stellt er den Becher auf die Tasse zurück, nimmt die Gewürzbüchse, spricht den Segen über Gewürze, zieht ihren Duft ein und reicht sie, wird die Zeremonie daheim ausgeführt wird, den Umstehenden. Dann stellt er auch die Büchse zurück und spricht den Segensspruch über das Licht, an das er ganz nahe beide Hände heranbringt. Hierauf nimmt er die Kerze in die eine, den Becher in die andere Hand und spricht den eigentlichen Scheidespruch: „Gepriesen seist Du ... der scheidet zwischen Heiligem und Alltäglichem, zwischen Licht und Finsternis, zwischen Israel und den heidnischen Völkern, zwischen dem siebenten Tag und dem Sechswerketag". Darauf verlöscht man das Licht in dem Getränke, von dem auf die Tasse ein wenig geschüttet worden ist. Bei den aschkenasischen Juden ruft man sich nun „Gut' Woch'" zu, auf das mit dem Wunsch „Gut' Jahr" geantwortet wird. Heitere, aber auch wehmütige Lieder geben, namentlich bei den Ostjuden, der Stimmung, die unmittelbar auf die Hawdala folgt, Ausdruck. Auch am Ausgang der Feiertage, selbst vor dem Übergang in die Halbfeiertage, wird Hawdala gemacht, doch ohne Kerze und Gewürze. Am Abend nach dem Versöhnungstage läßt man nur die Gewürze fort, außer es wäre zugleich auch Sabbatausgang. Wenn dem Sabbat der 9. Ab folgt, spricht man nur den Segensspruch über das Licht, läßt den über die Gewürze fort und sagt die zwei anderen Segenssprüche erst am folgenden Abend nach dem Fasten. Schließt sich an den Sabbat unmittelbar ein Festtag, wird der Scheidegruß zwischen Sabbat und Festtag nicht von einer selbständigen Hawdalazeremonie begleitet, sondern nur durch die auch sonst übliche Formel im Abendgebet und durch einen Zusatz im Kiddusch vorgenommen.

Anmerkung 3 (zu Seite 78): Die Toravorlesung bildet den Hauptteil des Gottesdienstes am Tage. Sie steht zwischen Morgen- und Mussafgebet. In feierlicher Weise wird die Torarolle aus der Lade „ausgehoben", von dem zur Gemeinde gewendeten Vorbeter nach rechts hin an ihr vorbeigetragen, auf dem Lesepult entkleidet und an der Stelle aufgerollt, die zur Verlesung bestimmt ist. Die Einrichtung selbst wird auf die Stelle im V. B. M., Kap. 31, 10—13 zurückgeführt, wo es heißt, daß alle sieben Jahre am Hüttenfest im Tempel zu Jerusalem „alle Worte dieses Gesetzes vor dem ganzen Volke vorgelesen werden sollen." Später, zur Zeit der Synagogen, pflegte man im Laufe von drei Jahren die ganze Tora in den sabbatlichen Lesungen durchzugehen. Den dreijährigen Zyklus löste der einjährige ab. Zu diesem Zwecke ist die Tora (schon für den dreijährigen Zyklus) in eine entsprechende Zahl von Abschnitten eingeteilt, deren jeden einzelnen man eine Sidra nennt. Man bezeichnet sie nach dem ersten charakteristischen Wort der Lesung. Die erste ,sidra bereschit' (Im Anfang) wird am ersten Sabbat nach dem Hüttenfest gelesen, die letzte, ,wesot habracha' (Dies ist der Segen), am Simchat Torafest. An anderen Festtagen werden nur

DER SABBAT

Abschnitte vorgelesen, die auf das Fest Bezug haben. Fällt ein Fest mit dem Sabbat zusammen, wird nicht die fällige Sabbatlesung, sondern die für den Festtag bestimmte vorgetragen.

Wenn aus der Tora vorgelesen wird, sollen um sie mindestens drei Männer stehen. Von der einen Seite der Tempelvorsteher oder derjenige, den er mit dieser Stellvertretung betraut (der „segan", d. h. Stellvertreter), von der anderen Seite der baal kore, d. i. der Vorleser, und schließlich der „Aufgerufene", der ursprünglich selbst einen Absatz vorlas; später, weil dazu nicht nur Übung und Kenntnisse, sondern auch jedesmalige gewissenhafte Vorbereitung für die nicht leichte Aussprache und die Singweise nötig sind, überließ man das Vorlesen einem von der Gemeinde dazu Ausersehenen. Denn die Vorlesung erfolgt gewöhnlich in einem von der Tradition für jedes Wort genau festgelegten Tonfall (Trop), der bei bestimmten Anlässen besonders gehoben ist, so für das Lied Moses am Schilfmeer (Sabbat schira, d. h. Sabbat des Liedes), und für die Zehngebote am darauffolgenden Sabbat. Einer von den dreien — dies hängt von dem Brauch ab — zeigt während des Vorlesens mit dem „Zeiger" (jad) auf das gerade vorgelesene Wort. Die Zahl der „Aufgerufenen" ist am Sabbat sieben, am Versöhnungstag sechs, an den anderen Festtagen fünf. An erster Stelle wird ein „Kohen" aufgerufen, nach ihm ein „Levi", dann erst kommen die anderen „Israeliten", wobei man nur darauf achtet, nicht Vater, Söhne oder Brüder unmittelbar hintereinander aufzurufen. Falls kein Kohen zugegen ist, kann an seine Stelle der Levi aufgerufen werden. Falls kein Levi zugegen ist, wird der Kohen als erster und zweiter aufgerufen. Man kann die Zahl der Aufzurufenden um eine erhöhen, und bezeichnet dann den letzten als „acharon". Als solchen kann man auch einen Levi aufrufen. Der jedem einzelnen vorgelesene Teil der Sidra heißt Parascha (Abschnitt). Der Aufgerufene tritt an die Tora heran, berührt mit den Zizitfäden seines Talit die ersten Buchstaben der Stelle, die eben verlesen werden soll, führt die Zizit als Symbol innerer Verbundenheit zum Munde, rollt die Tora ein, weil im Anblick ihrer Buchstaben kein anderes Wort gesprochen werden soll, sagt dann den formelhaften Vorspruch, die „Vorberacha", rollt die Tora wieder auf und hört, leise mitsprechend, die Verlesung seiner Parascha an. Dabei hält er den Holzschaft, um den das Pergament gerollt ist, in der Hand als Sinnbild seines bewußten Besitztums der Tora. Nach dem Verlesen küßt er abermals mit der Zizit der Schlußstelle seiner Parascha, rollt die Tora ein und spricht abermals den Dankspruch, die „Nach-beracha". In vielen Gemeinden ist es üblich, nach der Verlesung eine Segensbitte für den Aufgerufenen und seine Familie oder auch für andere vom Vorbeter sprechen zu lassen. Diese Segensbitte beginnt mit den Worten „m i s c h e b e r a c h" (d, h. „Der da gesegnet hat Abraham, Isak und Jaakob, möge auch N. N. segnen"). Oftmals benutzt der Aufgerufene diese Gelegenheit um Spenden für irgendeinen Zweck der synagogalen Gemeinschaft zu geloben. Der Ausdruck in der Segensformel: „schenadar" (d. h. weil er gespendet hat) wurde zu „schnodern", d. h. spenden umgeformt. Der Brauch, daß der Aufgerufene auch noch während der Verlesung der folgenden Parascha bei der Tora bleibt, hängt damit zusammen, daß er noch den Vorzug haben will, die oft leise gesprochene Vor- und Nach-beracha des Aufgerufenen ganz nahe und deutlich zu hören und ihr mit der Bekräftigungsformel Amen zu antworten. Nachher begibt er sich auf seinen Platz, nicht ohne in irgend einer Weise dem, der ihm die Ehrenfunktion zugeteilt hat, zu danken, sei es durch Handreichen oder durch den kurzen Zuruf Chasak (sei stark) oder jejascher kochacha (es gedeihe deine Kraft). Die Antwort hierauf wird mit der Umkehrung der beiden Worte gegeben: kochacha jejascher. Oft hört man als zusammengezogene Grußformel, die bei jeder Betrauung mit einer religiösen Handlung üblich ist, „schekoch" und „jascher".

Nach Beendigung der Sidra wird, wie gewöhnlich als Zeichen der Beendigung eines Hauptteiles im Rituale, die erste Hälfte des Kaddischgebetes, das sogenannte Halbkaddisch, gesagt. Hierauf wird der „M a f t i r" aufgerufen, d. h. der Beschließer. Ihm werden nochmals die letzten Verse (mindestens drei als das Minimum eines Abschnittes) vorgelesen. An solchen Sabbaten, an denen zwei Torarollen ausgehoben werden, d. i. an einem Sabbat, der gleichzeitig Neumondstag ist, oder an den vier „ausgezeichneten" Sabbaten vor Pessach, weiters an allen Festtagen, wird dem Maftir aus der zweiten Torarolle die auf den Tag bezügliche Stelle der Tora vorgelesen. Fällt einer der ausgezeichneten Sabbate oder Sabbatchanukka auf den Neumondtag, werden sogar drei Torarollen ausgehoben. Dann liest man für den Acharon den Abschnitt aus der zweiten und für den Maftir aus der dritten Torarolle.

Nachdem der Maftir die Nachberacha gesprochen hat, wird die Torarolle ausgebreitet, emporgehoben und eingerollt. Die Funktion des Emporhebens, die sogenannte „h a g b a a", gilt ebenso als Ehrenfunktion wie die des Einrollens und Einkleidens, die „g e l i l a". Während der gelila beginnt der maftir den für den betreffenden Sabbat oder Festtag bestimmten Prophetenabschnitt, die h a f t a r a, vorzulesen. Diese Lesung ist wiederum von einem besonderen Vor- und Nachspruch umrahmt. Über den Ursprung der haftara ist sich die Tradition nicht einig. Einige glauben, die Einführung stamme aus der Zeit der syrischen Verfolgungen, als die in Höhlen versteckten Makkabäer keine Torarolle zur Hand hatten und auswendig Prophetenabschnitte vortrugen, die einen ungefähren Bezug auf die Sidra hatten. Andere meinen, daß durch die Verlesung von Prophetenstellen die Heiligkeit dieser Bücher neben der der Tora insbesondere gegenüber den Samaritanern dokumentiert werden sollte. Nach der Rückkehr aus Babylon war die allgemeine Kenntnis des Hebräischen geschwunden und die Vorlesung aus Tora und Propheten wurde Vers um Vers von einer aramäischen Übersetzung begleitet. Ein Rest dieser Übung scheint sich noch im sefardischen Ritus erhalten zu haben: am Fasttag des 9. Ab wird die haftara auch in einer Übersetzung vorgelesen. Einige reformierte Gemeinden haben hier angeknüpft und lassen den Prophetenabschnitt allsabbatlich nur in der Landessprache vom Rabbiner vortragen. Auf die haftara folgen Gebete für Gemeinde, Volk und Land, eventuell die Verkündung des Neumondtages, wenn er in die kommende Woche fällt. Dann wird in gleich feierlicher Weise die Tora in umgekehrter Richtung an der Gemeinde vorübergetragen und „eingehoben" In diesem Zusammenhang sei auch auf die sonstigen Toravorlesungen hingewiesen. An jedem Sabbatnachmittag wird nach einer auf Esra zurückgeführten Einrichtung der Anfang der für den kommenden Sabbat bestimmten Sidra, gewöhnlich die erste Parascha, vorgelesen. Hierzu werden drei Personen aufgerufen. Dasselbe Stück aus der Tora wird in gleicher Weise beim Morgengebet am Montag und Donnerstag verlesen, so daß man nie drei Tage ohne Toravorlesung verbringt. Der Ursprung mag darin liegen, daß Montag und Donnerstag im alten Palästina Markttage gewesen sind, an denen viele Bauern vom Land in die Synagoge kamen. Am Neumondtag und den Halbfeiertagen des Pessach- und Sukkotfestes werden im Morgengebet vier Personen zur Toravorlesung aufgerufen, an den Chanukkatagen und am Purim drei Personen. An den nationalen Trauertagen wird gleichfalls im Morgengebet eine entsprechende Stelle aus der Tora vorgelesen. Hierzu werden drei Personen aufgerufen. Auch im Nachmittaggebet der Fasttage schaltet man, falls sich zehn Fastende finden, eine Toravorlesung ein, wobei der zuletzt Aufgerufene auch eine haftara (Jes. Kap. 55, 6 bis Kap. 56, 8) verliest. In den sefardischen Synagogen wird aber keine haftara gelesen, mit Ausnahme vom 9. Ab, für die Hosea Kap. 14, 2—10 und Mischa Kap. 7, 8—20 bestimmt ist. Nach dem aschkenasischen (deutschen) Ritus wird auch am 9. Ab morgens eine haftara gelesen, und zwar Jerem. Kap. 8, 13 bis Kap. 9, 24.

A n m e r k u n g 4 (zu Seite 79): Nach dem Minchagebet wird in der Zeit vom Sabbat nach dem Pessach bis zum Sabbat vor dem Neujahrstag je ein Abschnitt aus dem Mischnatraktat „Die Sprüche der Väter" (Pirke Abot) gelesen. An den anderen Sabbaten Psalm 104 und die sogenannten Stufenpsalmen 120—134, am Sabbat hagadol vor Pessach ein Stück aus der Pessachhaggada (abadim hajinu).

A n m e r k u n g 5 (zu Seite 80): Die Tradition bestimmt für den Sabbat drei Mahlzeiten, s c h a l o s c h s e u d o t. Das Wort heißt in der ostjüdischen Volkssprache schalischides. Die eine Mahlzeit folgt dem Kiddusch am Freitagabend, die zweite ist das Vormittagsmahl, das traditionsgerecht erst nach dem Morgengebet einzunehmen ist, und das man wiederum mit einem Kiddusch über Wein einleitet. Die dritte Mahlzeit soll nach dem Minchagebet vor Einbruch der Dämmerung gehalten werden. Dies das eigentliche schalischides. Man macht keinen Kiddusch, sondern ißt nur Barches, Fische u. dgl. Bei den Chassidim pflegt dieses Mahl in der Bet- und Lernstube eingenommen zu werden, es ist wiederum von besonderen Sabbatliedern, den semirot, begleitet und oft von mystischen Reden unterbrochen, wofür die Dämmerung eine besondere Stimmung schafft. Die Chassidim pflegen übrigens auch nach Sabbatausgang eine Mahlzeit zu halten, die sie als Heimbegleitung der Königin Sabbat, melawwa malka, bezeichnen.

Die S p e i s e n der Sabbathauptmahlzeit sind dadurch bestimmt, daß an dem Tage nicht gekocht werden darf. Selbst aufwärmen darf man die Speisen nur, wenn man sie kleinen Kindern zu geben hat, oder wenn, wie im Winter, ohnehin die Erwärmung des Wohnraumes durch ein Ofenfeuer notwendig ist. Das Feueranzünden (ebenso wie das Auslöschen der Lichter) muß man allerdings von einem Nichtjuden besorgen lassen. Darin liegt durchaus nicht eine menschliche Geringschätzung, sondern nur die Überzeugung, daß die speziellen jüdischen Bräuche lediglich eine Verpflichtung für den Angehörigen der jüdischen Gemeinschaft sind, nicht aber für andere gelten, deren Gleichwertigkeit vor Gott schon aus dem Prinzip des Monotheismus heraus nie bestritten werden konnte. Wenn die messianische Welterlösung einmal gekommen sein wird — so lehrt die jüdische Tradition — werden auch die besonderen Verpflichtungen der Juden aufhören. Um jene Zeit herbeizuführen, müssen gerade sie innig an ihnen festhalten. „Wenn Israel nur e i n e n Sabbat genau hielte, würde der Messias sofort erscheinen", wird im Namen des Rabbi Levi im Midrasch Rabba schemot 25 gesagt.

Eine der bekanntesten Sabbatspeisen ist der S c h a l e t (vom altfranzösischen chalet, lateinisch calidus, warm). Er besteht aus Graupen, Erbsen oder Bohnen, in die ein fettes Stück Fleisch, auch ein hartgesottenes Ei gegeben wird. Das Ganze wird in einen Ofen oder eine Kochkiste „gesetzt", wo es gar wird und warm erhalten bleibt. Eine Art Pudding aus Äpfeln, Nudeln usw., fett und süß zubereitet, wird wegen seiner runden Form K u g e l (auch Kaul) genannt.

LEKTÜRE FÜR DEN SABBAT

Sabbatanfang
Von Theodor Zlocisti

Der Abend sinkt ... Du bist allein.
Nun zündest du die Sabbatfeierkerzen
Und flehst den Frieden in dein stilles Heim ...
Ich hab' den Frieden nicht. —
Mutter ...! Zünde auch mir ein Sabbatlicht.

Der Sabbat
Von Nehemia Anton Nobel

DIE hebräische Sprache hat für die Tage der Woche keine Namen geschaffen. Sie gelten nur als der erste, der zweite, der dritte usw. Tag der Woche. Sie sind nur Ziffern, bis der siebente Tag erreicht ist. Da wird die Sprache schöpferisch und prägt das edle Wort „Sabbat", das heißt Feiertag.

Die Tora entrollt vor uns das gewaltige Gemälde der Schöpfungsgeschichte. Alle Düsterkeit und Farblosigkeit des maßlos ins Unendliche wogenden Chaos entfaltet sie vor unserer erschreckten Seele, um alles Werden, alles edle Begrenzen, alles maßvolle Gestalten auf das Göttliche zurückzuführen ... Die Tora stellt das Weltall dar als die freie Schöpfung eines freien Gottes. Eine solche Schöpfung findet ihre Krönung und Gipfelung im Sabbat, in dem Festtage der Freiheit.

Eine Gottheit, die im Kampfe mit anderen Gottheiten diese Welt geschaffen hätte oder, nach pantheistisch-mythologischen Vorstellungen, im Kampfe mit sich selbst, in ewiger, leidvoller Selbstentfaltung, oder gar im Abfall von ihrem eigensten Wesen, hätte nie den Sabbat und seine religiöse Feier zur Grundforderung religiösen Lebens erheben können. Nur eine Religion, der die Gottheit eine freie, d. h. von allen Bedingungen unbedingte Persönlichkeit ist, durfte die Entstehung der Welt feiern heißen. Sie feierte damit die Gottheit. Sie feierte die Menschheit. Sie feierte das Feiern selber, nicht als ein bloßes Rasten der Ermüdung. Eine solche Feier würde allzu sehr mit dem Erdenrest der Ermüdung behaftet sein. Man braucht nur die babylonische Schöpfungsgeschichte zu lesen, um zu begreifen, daß der Sabbat Babylons, wenn er denn schon ein festlicher Tag war, mit allen Zeichen der Trauer umgeben wurde und einem Bußtage weit ähnlicher sah als einem Festtage. Der Sabbat Babylons konnte eben nur ein Tag der Rast sein nach schweren Kämpfen: ein Rasttag der Erschöpfung mehr als ein Feiertag der Schöpfung.

Man darf so kühn sein zu sagen: Ohne den Sabbat würde die Schöpfungsgeschichte der Genesis eine nur genetische Bedeutung haben. Sie würde der Kritik naturwissenschaftlicher Erkenntnis verfallen, sie würde, eine Geschichte des Naturhaften darstellend, dem Naturhaften nicht ganz entwachsen. Sie würde vergleichbar sein mit anderen, von der fruchtbaren Phantasie edler Völker geschaffenen Kosmogonien. Die Dunkelheiten der Mythologie und des nur Mythologischen würden sie umkreisen. Erst der Tag der Ruhe verklärt und erleuchtet die Welt durch die hohe, alles Naturhafte und Mythische überflügelnde Anschauung, daß nicht Notwendigkeit, von Notwendigkeit getrieben, die Welt im Innersten zusammenhält, wie Nichtnotwendigkeit sie schuf und formte. Die alte Frage des R. Jizchak, mit der der klassische Erklärer Raschi seinen Kommentar zur Tora beginnt — was die Schöpfungsgeschichte denn mit Religion zu tun habe und warum sie am Beginn der Tora stehe —, gewinnt dadurch eine neue Beantwortung. Der Sabbat als der letzte Schöpfungstag, der den Weltenmeister als ruhend und feiernd darstellt, verleiht der Schöpfungsgeschichte den Wert des Religiösen. Denn dort, wo die Notwendigkeit aufhört, die dunkle und blinde Herrin des Alls zu sein, dort, wo das Freie und Unbedingte beginnt, dort eben beginnt die Religion...

Der Sabbat war die große Offenbarung der göttlichen Freiheit. Darum wurde er zur Offenbarung der menschlichen Freiheit. Und im Zehngebot, das, als bloße Grundlegung der Lehre des Judentums von allem Zeremonialgesetzlichen schweigt, wird als einziges Zeremonialgesetz in eherner Sprache verkündet: „Der siebente Tag ist ein Sabbat dem Ewigen, deinem Gotte. Du sollst keinerlei Arbeit verrichten, du und dein Sohn und deine Tochter, dein Knecht und deine Magd, dein Tier und der Fremdling, der in deinen Toren weilt."

Die Arbeit adelt den Mann. Vergebens suchen wir eine solche Anschauung nicht nur in dem der Bibel zeitgenössischen Altertum, sondern auch bei den Vertretern des klassischen Altertums. Noch den großen Schöpfern der griechischen Gedankenwelt ist es ganz geläufige und selbstverständliche Forderung, daß die Arbeit den Schultern des Sklaven aufgebürdet wird, damit der Freie sich dem höheren Dienste der Wehr und des geistigen Schaffens widmen könne. Die Sklaverei war die offene Wunde am Leibe des Altertums. An der Sklaverei ist das klassische Altertum wirtschaftlich und sittlich zugrunde gegangen...

So wie der Sabbat der große Überwinder ist, der, wie wir sahen, in dem biblischen Schöpfungsbericht die Notwendigkeit überwindet und die schöpferische Freiheit des Göttlichen an den Anfang des Weltenlebens stellt, so ist er ein Überwinder des bloß Sklavischen, das der Arbeit so leicht anhaften kann, immer aufs neue ein Überwinder, der dem Sklaven seine Freiheit wiedergibt, indem er ihn zu einer Rechte tragenden Persönlichkeit macht. Wenn es wahr ist, was der Dichter der Deutschen sagt: „Volk und Knecht und Überwinder, sie gestehn zu jeder Zeit, höchstes Glück der Erdenkinder ist nur die Persönlichkeit", so ist der Sabbatgedanke in seinen endlosen Tiefen der Überwinder des Überwinders. Er lehrt, das Recht der Persönlichkeit sei nicht nur ein Zugeständnis an den Sklaven: Es sei vielmehr das Recht auf das Recht selber. Erst der wohnt im Bezirke des Rechtsgedankens, der dem Sklaven und der Magd und dem Fremdling die Pforten dieses Bezirkes öffnet, Erfüllungspforten flügeloffen, weit aufgetan allem, was die Züge des Menschenantlitzes trägt...

Wer aber den Sabbat ganz erleben will, der vernehme die Stimme des von seinem Volke scheidenden Mose, wie sie das fünfte Buch des Pentateuchs durchklingt. Mose kündet nochmals den Sabbat, kündet ihn mit ewigen Worten. Aber was in der Urfassung des Sabbatgebotes nur angedeutet ist, hier wird es Ereignis. Die schöpfungsgeschichtliche Bedeutung des Sabbat tritt gänzlich zurück. Er ist ein Fest der Menschheit geworden: „Du sollst dessen gedenken, daß du ein Sklave gewesen bist im Ägypterland, und wie dich herausführte von dort der Ewige, dein Gott, mit starker Hand und ragendem Arm. Darum hat der Ewige, dein Gott, dir geboten, den Sabbat zu feiern". So wird der Sabbat hier geradezu als Erinnerungstag an die ägyptische Befreiung bezeichnet, der er doch geschichtlich vorausgeht, und zu der eine äußere Beziehung nach dem biblischen Bericht gar nicht vorhanden ist.

Aber vor dem Seherblick des Vaters der Propheten sind die inneren Beziehungen der Dinge offenbar. Denn das Innere der Dinge schauen, das eben heißt Prophet sein. Die Innerlichkeit des Sabbat war aber von urher mehr auf die Erde als auf den Himmel gerichtet, mehr auf die Befreiung des Menschen aus Nacht und Wahn, aus Dünkel und Selbstanbetung, als auf eine mystische Suche nach Gottes Eigenschaften, nach seinem Schaffen und nach seinem Ruhen...

Als der Paulinismus den Sabbat wegen seines Gesetzes verschmähte und den Sonntag als den Tag der Auferstehung und der Himmelfahrt auf den sabbatlichen Thron erhob, wollte er nicht nur den Körper des Judentums, sondern auch seine Seele treffen. Der Rabbinismus fühlte die Schwere des Geschosses. Man darf so kühn sein zu sagen, ohne die geschichtliche Wahrheit zu verletzen und ohne dem Rabbinismus zu nahe zu treten, daß im Kampfe gegen den Paulinischen Antinomismus mancher Zaun errichtet wurde, mancherlei Schutzwehr erbaut wurde, die in glücklicheren Tagen und bei einer freien und nur von innen heraus strebenden Entfaltung nicht nötig gewesen wären. Aber es kamen Tage, in denen diese Schutzwehren sich als starke Außenwerke der Befestigung des Judentums erwiesen. Und wer das jüdische Mittelalter vorurteilsfrei betrachtet, der kann nicht anders urteilen, als daß diese Außenwerke und Umwallungen nichts Geringeres geleistet haben, als die Erhaltung und Rettung der Innenwerke in Sturm und Not.

Es ist wahr, daß die Rabbinen das biblische Sabbatgesetz umzäunt und umhegt haben. Aber gibt es nur Zäune aus starrem Gitterwerk? Es gibt auch lebendige Zäune, die Anteil haben an dem Leben der edlen Pflanzenwelt, die ihrem Schutz anvertraut ist. Das macht: sie sind selber genährt von den Säften, die das Leben der Pflanze geheimnisvoll bedingen. Solcher Art ist der Zaun, den das Gesetz um die edle Pflanzung des Sabbat schließt. Er ist eine blühende Hecke, gesättigt mit den Säften geheimnisvollen religiösen Lebens. Er hat noch nie dem, der ihn mit heißem Herzen und in religiöser Sehnsucht suchte, den Zutritt zum innersten Heiligtum des Sabbat verwehrt.

Wenn soziale Ethik bedeutet: eine Sittenlehre, die den Einzelmenschen aus seiner Vereinzelung erhebt und ihrem Wesen nach erst in der Gesamtheit und durch die Gesamtheit ihre Erfüllung findet, andererseits eine Vergesellschaftlichung, die aufgebaut ist auf sittlichen Forderungen, so ist der Sabbat die glücklichste Verwirklichung sozialer Ethik innerhalb der Religion Israels.

Das Licht der Sechs
Von Philo von Alexandrien

JEDEN Tag bezeichnet das Gesetz als Fest*), indem es das tadellose Leben frommer, der Natur und ihren Vorschriften gehorsamer Menschen im Auge hat. Und wenn nicht die Laster um sich gegriffen und die Erwägungen über das Förderliche überwunden und schließlich aus der Menschenbrust ausgetilgt hätten, wenn vielmehr die Kraft der Tugend allzeit ungemindert geblieben wäre, so wäre die ganze Zeit von der Geburt bis zum Tode ein ununterbrochenes Fest, Hauswesen und Staaten befänden sich in Sicherheit und Frieden, reich an allen Gütern und vor allen Stürmen des Schicksals geschützt. —

Nächst dem beständigen, ununterbrochen fortdauernden Feste wird als zweites der immer nach sechs Tagen wiederkehrende heilige Sabbat gefeiert. (Die Sieben) haben die einen: Jungfrau genannt, im Hinblick auf ihre unvergleichliche Heiligkeit, ebenso auch: mutterlos, weil sie nur vom Vater aller Dinge erzeugt wurde, als Idee der Männlichkeit, ohne Anteil am Weiblichen; denn überaus mannhaft und stark ist die Zahl, zum Herrschen und Gebieten wohl geschaffen. Manche haben sie „die entscheidende Zahl" genannt, indem sie aus der Sinnenwelt auf ihr begriffliches Wesen schlossen. Denn alles, was zum Besten in der Sinnenwelt gehört, was die Jahreszeiten und den Wechsel der Zeitabschnitte in der vorgeschriebenen Ordnung hervorbringt, hat Anteil an der Sieben: ich meine die sieben Planeten, den Bären, die Plejade, die Kreisbewegungen des zu- und abnehmenden Mondes und die harmonischen, über alle Beschreibung erhabenen Umläufe der anderen Himmelskörper. Moses aber nannte sie wegen einer wichtigeren Bewandtnis Vollendung und Vollkommenheit (1. Mos. 2, 1 ff.), indem er der Sechs die Entstehung der Teile der Welt zuwies, der Sieben aber deren Vollendung. Denn die Sechs ist eine gerade-ungerade Zahl, da sie durch Multiplikation von zwei und drei entsteht, und enthält in ihrem ungeraden (Faktor) einen männlichen, in dem geraden einen weiblichen Bestandteil, deren Zusammenwirken nach unveränderlichen Naturgesetzen zur Zeugung führt. Die Sieben ist dagegen unvermischt und, die Wahrheit zu sagen, das Licht

---

*) Weil die Opfervorschriften für die Feste mit den Bestimmungen über die t ä g l i c h e n Opfer beginnen. (4. B. M., 28, 2.)

der Sechs; denn was die Sechs hat werden lassen, das zeigt die Sieben in vollendeter Reife. Daher darf (der siebente Tag) auch mit Recht als Geburtstag der Welt bezeichnet werden, an welchem des Vaters Werk, vollkommen und aus vollkommenen Teilen bestehend, in die Erscheinung trat. An ihm ist Enthaltung von jeglicher Arbeit vorgeschrieben, nicht etwa weil das Gesetz zum Leichtsinn erziehen will; denn fortgesetzt sucht es an die Ertragung von Mühsal zu gewöhnen und zu schwerer Arbeit zu erziehen und verwirft Arbeitsscheu und Neigung zum Müßiggang — heißt es doch ausdrücklich: „sechs Tage sollst du arbeiten" (2. Mos. 20, 9. 23, 12. 35, 2; 5. Mos. 5, 13) —; sondern um den Druck der beständigen ununterbrochenen Arbeit zu lindern und den Körper durch Gewährung einer gemessenen Erholungszeit zu gleicher Arbeitsleistung neu zu stärken; denn durch die Erholung sammeln nicht nur gewöhnliche Menschen, sondern auch Berufskämpfer neue Kraft und unterziehen sich alsdann mit gesteigertem Leistungsvermögen unverzüglich voll Widerstandskraft allen ihren Aufgaben. Während es nun aber körperliche Arbeit am siebenten Tage verbot, gestattete es die edleren Beschäftigungen, die in tugendhaften Reden und Belehrungen bestehen: es ermahnt sie nämlich, sich an ihm mit Philosophie zu befassen zur Veredlung der Seele und des in uns herrschenden Geistes. Es stehen nämlich an den Sabbaten in allen Städten zahllose Lehrhäuser der Einsicht, der Besonnenheit, der Tapferkeit, der Gerechtigkeit und den anderen Tugenden offen; darin sitzen die einen in Ordnung und Ruhe gespitzten Ohres da, mit gespannter Aufmerksamkeit, weil sie nach dem erquickenden Worte dürsten; einer der erfahrensten Männer aber erhebt sich und erteilt ihnen Belehrung über die guten und nützlichen Dinge, durch die das ganze Leben veredelt werden kann. Und es gibt sozusagen zwei Grundlehren, denen die zahllosen Einzellehren und -Sätze untergeordnet sind: in bezug auf Gott das Gebot der Gottesverehrung und Frömmigkeit, in bezug auf Menschen das der Nächstenliebe und Gerechtigkeit; jedes dieser beiden zerfällt wieder in vielfache, durchweg rühmenswerte Unterarten. Daraus ergibt sich deutlich, daß Moses die Anhänger seiner heiligen Lehren keinen Augenblick müßig sein läßt; vielmehr hat er, da wir aus Leib und Seele bestehen, dem Leibe die ihm zukommende und der Seele die für sie geeignete Beschäftigung zugewiesen, und es so eingerichtet, daß beide einander ablösen, so daß die Seele während der Arbeit des Körpers ruht und in dessen Erholungszeit arbeitet, daß somit die trefflichsten Arten der Lebensführung, die theoretische und die praktische, miteinander abwechseln und einander Platz machen; dem praktischen Leben ist dabei die Sechs für die körperliche Arbeit zugewiesen, dem theoretischen die Sieben zur Förderung der Erkenntnis und Vervollkommnung der Seele.

Das Sabbatliche

Von Leo Baeck

DIE ganze Liebe des „Gesetzes" hat hegend und pflegend einem gegolten, dem Sabbat. Er gibt, als der Tag der Ruhe, dem Leben sein Gleichgewicht, seinen Rhythmus; er trägt die Woche. Ruhe ist ein ganz anderes als Rast, als Arbeitsunterbrechung, ein ganz anderes als Nichtarbeiten. Die bloße Rast gehört wesentlich in das Physische, in das Irdische und Alltägliche. Die Ruhe ist ein wesentlich Religiöses, sie ist in der Atmosphäre des Göttlichen, sie führt zum Geheimnis hin, zu dem Grunde, von dem auch alles Gebot kommt. Sie ist das Wiederschaffende und Versöhnende, die Erholung, in der die Seele sich zurückholt, das Atemholen der Seele — das Sabbatliche des Lebens. Der Sabbat ist das Bild des Messianischen, er spricht von der Schöpfung und der Zukunft, er ist das Symbol, wie die Bibel sagt: „Ein Zeichen zwischen Gott und Israel", oder wie ein Wort des Talmud sagt: „Das Gleichnis der Ewigkeit". In ihm hat das Leben den großen Widerspruch gegen das Ende, die stete Renaissance. Ein Leben ohne den Sabbat entriete seines Erneuernden, dessen, was immer wieder den Born der Tiefe öffnet. Ein Wesentliches, Fruchtbares des Judentums würde in einem solchen Leben versanden; es könnte ein ethisches Leben sein, aber es hat noch nicht das, worin das jüdische Leben sich findet. Darum hält die Gemeinde des Judentums unter allen bürgerlichen Mühen und Beschwerden an ihrem Sabbate als an ihrem Besitz fest; eine ihrer großen Sorgen ist die Sorge um ihn.

Das Gesetz und vor allem das Sabbatliche in ihm hat auch die Fähigkeit erzogen, die aus Lebenstiefe geboren, die Fähigkeit, sich zu unterscheiden, anders zu sein. Ohne sie kann das Leben kein Eigenes haben. Wer um das Geheimnis und das Gebot erfährt, wird ein Eigner unter den Menschen, ein anderer inmitten der Welt. Wer nur um das Geheimnis weiß, der wird nur ein Eigener, er hat nur seinen Tag der Stille. Wer um das Gebot allein weiß, ist nur unter den Menschen, er hat nur seine Tage des Wirkens und Rastens. Wer beides erlebt, beides in einem, ist in der Welt und doch ein anderer, ein anderer und doch in der Welt, für die Menschen und mit den Menschen und doch für sich, für sich und doch für die Menschen und darum mit ihnen. Das zu sein, darin findet das Judentum seine Gabe, seine Habe. Und vielleicht ist es seine geschichtliche Aufgabe, dieses Bild des Dissenters zu geben, des Dissenters um der Menschheit willen.

Es ist ein Vermögen der Religion, zu erhalten, zu konservieren; der Geist Chinas hat so, nur so, die Religion geschaffen. Das Vermögen der Religion war es anderwärts, zu befriedigen und zu stillen, zu scheiden und zu umhegen; die Seele Indiens hat es so, so allein, vermocht. Das Eigentümliche des Judentums — und seine Geschichte lebt auch in den Religionen, die unmittelbar oder mittelbar von ihm herkamen — ist das Hinausziehende, das Führende, das Messianische. Wo jüdische Frömmigkeit ist, dort ist dieser starke Zug, zu schaffen, für Gott zu gestalten, das Gottesreich zu erbauen, dieser Drang, die Kraft zu beweisen, die aus dem Grunde von allem, aus dem ist, was über die Kraft ist, diese Entscheidung, die ganz nur der Mensch des Geheimnisses hat, sich nicht zu beugen und nicht zu fügen, zu sprechen und zu widersprechen. Dieser fordernde Glaube, diese gläubige Forderung lebt dort, wo die Seele ihre Tiefe und ihre Aufgabe, ihr Verborgenes und ihr Deutliches erfährt, das eine in dem anderen, das eine durch das andere, wo die Religion der Paradoxie, der Versöhnung ist, die Religion der seelischen Einheit von Geheimnis und Gebot.

Sabbat bei den mittelalterlichen Juden in Deutschland
Von Abraham Berliner

MIT dem Eintritt des Freitagabends wandelte sich auch die ärmlichste Hütte in einen Palast voll Seligkeit und Wonne. „Steigt die Sabbatlamp' herab, wendet Not und Sorg' sich ab", galt als Trostspruch in den trüben und sorgenvollen Werktagen. Die von der Decke des Zimmers über der Mitte des Tisches herabhängende achtzackige Lampe wurde nämlich vor Eintritt des Sabbats herabgelassen und nach Sabbat-Ausgang wieder hinaufgezogen, und es ist bald bezeichnend das altjüdische Sprichwort, welches sich hiervon gebildet hat: „Lamp' herunter, Sorg' hinauf!" — Interessant ist die Schilderung des Chronisten Anselmus de Parengar im 15. Jahrhundert, die er uns von der Wohnung des Hochmeisters Samuel Belassar zu Regensburg hinterlassen hat: „Das Haus, von außen ein schwarzgrauer, moosiger, in Untermischung mit kleinen und großen dicht verstabten Fenstern versehener anwidernder Steinhaufe, kaum wohnlich scheinend, hatte einen mehr denn achtzig Fuß langen, am Sabbate nur sparsam erleuchteten Gang, der zu einer dunkeln, halb verfallenen Wendeltreppe führte, von da man, rabenschwarzer Nacht wegen, an den Wänden bis zum Hintergebäude sich fortschleppen mußte. Eine wohlverwahrte Pforte tat sich auf und man trat in ein mit Blumen freundlich geschmücktes, an Glanz, Wert und Herrlichkeit reiches Gemach. Dieses, an den Wänden mit fein poliertem Holz getäfelt und geziert, mit bunten wellenförmig verschlungenen Vorhängen und künstlichem Schnitzwerk, war des Hochmeisters Haustempel, worin das Sabbatfest begangen wurde unter dem Wechsel religiöser Handlungen mit lieblichen Genüssen. Ein wertvoller, bunt-bilderreicher Teppich bedeckte den blank gescheuerten Boden, eine brennendrote, feinwollige Decke den runden, auf vergoldeten Füßen ruhenden Tisch und über ihnen schwebte, an glänzender Metallkette befestigt, der achtarmige Leuchter; blinkend wie aus dem Gusse und aus acht Lampen einen Lichtstrom ausströmend. Den Festmahltisch, geschmückt mit silbernen Bechern von schwerem Gewicht und von Meisterhand gefertigt, umstanden Stühle mit hohen, goldverzierten Lehnen und Polstern von geschorenem Sammt. In einer Nische lud das massig silberne Waschbecken mit dem reichvergoldeten Hahne zu den satzungsmäßigen Handwaschungen ein und die feinsten Linnen, seidendurchwebt, von hohem Preise, trockneten die gereinigten Hände. Ein meisterhaft eingelegter Eichentisch, von Blumengewinden umgürtet, mit den Festspeisen und dem glänzenden Weinkruge besetzt, ein Ruhebett in orientalischem Geschmacke mit schwellenden Seidenpolstern und ein Silberschrank, gefüllt mit Kleinodien, Goldketten und Spangen, vergoldeten und silbernen Gefäßen und seltenen hochgültigen Altertümern waren der reiche Rahmen, der dieses Gebilde des Glanzes, der Pracht und Herrlichkeit des hochmeisterlichen Haustempels würdig umschloß." Allerdings paßt diese Schilderung nicht für ein jedes Haus; doch auch der Ärmste war bemüht, den Sabbat äußerlich zu schmücken und auszuzeichnen. Dazu gehörten auch die drei Hauptmahlzeiten des Tages, nämlich am Freitag Abend, am Sonnabend zu Mittag, und die dritte Mahlzeit vor Abend, wenn diese nicht, wie es besonders im Winter geschah, unmittelbar nach der zweiten Mahlzeit als Nachtisch folgte.

Nach beendigtem Gottesdienste am Tage stattete man Kranken oder Trauernden Besuche ab. Am Nachmittage pflegte man einen Spaziergang zu machen, gewöhnlich ans Wasser, wo man gern dem Spiel der Fische zusah, denen man Krümchen zuwarf und wobei man sich gar sehr freuen konnte, wenn die Fische an die Oberfläche kamen, um die Brosamen zu erhaschen. Daß hiermit die spätere Entstehung des erst von dem Verfasser des Maharil erwähnten Brauchs, am Neujahrstage ans Wasser zu gehen, in Verbindung stehe, läßt sich vermuten. Auch Isserlein erzählt, daß er als Rabbiner mit den Vertretern der Gemeinde am Freitagabend den Spaziergang an den Ufern der Donau machte. Man versammelte sich auch gern, um im traulichen Kreise, häufig auf Bauhölzern lagernd, zu politisieren, d. h. Neuigkeiten von den Potentaten und deren blutigem Handwerk zu erzählen. Las man doch auch gern Kriegshistorien und nahm Partei für diesen oder jenen Machthaber. Einen wesentlichen Bestandteil der Volkslektüre aber bildeten Sittenschriften und die Testamente großer Männer, welche einen nicht zu unterschätzenden Einfluß auf den sittlichen Zustand der Juden übten, inmitten einer nichtjüdischen Umgebung, deren Leben um seine sittliche Färbung keineswegs zu beneiden war.

Die Weihe des geheiligten Tages verbreitet einen Segen, der nicht allein in dem äußeren Wohlbehagen, sondern auch in dem erhöhten inneren Seelenleben zur Geltung kommt. Mit dem Einbruch des Abends, da drei Sterne mittlerer Größe am Firmamente sichtbar werden, ist der Sabbattag mit seiner Heilskraft gewichen — und das Alltagsleben einer neuen Woche, mit allen ihren Lasten und Sorgen, beginnt wieder. Man verläßt das Gotteshaus, indem Einer dem Anderen „Gut Woch!" wünscht, und heimkehrend, beginnt man schon auf der Straße die Elialieder allgemein zu singen, aus denen Trost und Hoffnung für die Zukunft des Einzelnen wie der Gesamtheit geschöpft werden. Diese Elialieder, in denen der Prophet Elia als der Vorläufer des Messias besungen wird, sind schon frühzeitig bekannt und in den verschiedenen Riten vertreten. Auch bei den deutschen und slawischen Juden finden wir diese Gesänge bereits im 12. Jahrhundert. Mehrere derselben gehören spanischen Dichtern an, deren Poesien oft eher im deutschen Ritus als im eigenen das Bürgerrecht gewonnen haben. Von einzelnen spanischen Wanderern, die nach Deutschland kamen, wurde z. B. das Zionslied von Jehuda Halevi und andere didaktische Dichtungen von ihm und von Gabirol wie auch Verschiedenes von Abraham ibn Esra mitgeteilt, abgeschrieben, gesungen — und so verbreitet.

Ein Brief

Von Franz Rosenzweig

Frankfurt a. M., 15. 9. 1920.

LIEBER Hans, wann kommst Du? Seht doch zu, daß Ihr nicht zu spät kommt. Ich will Dir überhaupt die jüdischen Feiertage schreiben, die sich ja in dieser Zeit unglücklicherweise grade häufen, damit ihr nicht gerade in einen hineinplatzt, wenn ihrs vermeiden könnt...*)

---

*) Hier folgen die Daten der Feiertage.

Es ist eine komplizierte Zeit für ein Zusammensein — ein toller Kalender, nicht wahr?

Die Sabbate (immer schon angefangen vom Freitagnachmittag) sind ja sowieso unbrauchbar... Du mußt Dir das so vorstellen: Der Sabbat ist ein Familienfest, wie — ein Geburtstag. Am Geburtstag ist die Familie auch zu Hause, und wenn sie einen Besuch im Hause hat, feiert der selbstverständlich mit, auch wenn er nicht zur Familie gehört. Ebenso, wenn man ausdrücklich einlädt. Dagegen werden Dritte sich grade für den Tag nicht zum Essen einladen und auch nicht auf ein Stündchen nach Tisch oder so, sondern sie werden den Tag die Familie unter sich lassen, obwohl sie sicher zu Hause ist. Es ist eben Familienfest, nicht *jour fixe*.

Ich hoffe sehr, daß Ihr das richtig versteht und da kein „Geheimtun" oder so dahinter wittert; das ist's ganz und gar nicht. Wohnt bei uns, wie ich voriges Jahr bei Euch und fügt Euch in die am Sabbat allerdings etwas strenge Hausordnung (nicht telephonieren zum Beispiel), dann werdet Ihr völlig dabei sein. Aber ein Hineinplatzen, unangemeldet, zur unpassenden Zeit, störend für die Hausfrau, für die der Sabbat durch die Notwendigkeit, ihn von Donnerstag ab vorzubereiten, eine richtige Aufgabe ist — denn am Sabbat selbst darf nichts mehr gemacht werden —, das vermeidet bitte, wenns nicht grade nötig ist. Not bricht den Sabbat. Aber sie zerbricht ihn auch und die Scherben lohnen nicht, daß man sie anguckt.. Ich war nicht umsonst neulich so unglücklich, als ich in Heidelberg den Zug versäumte; ein verletzter Sabbat ist zerstört, einerlei, ob ich selber dran schuld bin wie neulich in Heidelberg oder ein andrer. Also!
Franz (und Edith).

Der kurze Freitag
Von Chaim Nachman Bialik

Am Vortag des Sabbats eifrig zu sein, gilt allgemein als lobenswert. Um wieviel mehr gilt das für den kurzen Freitag! Da darf man nichts verabsäumen. Eine noch so kleine Saumseligkeit — und du könntest, bewahre, den Sabbat entweihen! Der Versucher wird gerade in der Stunde der Gefahr zum Ankläger.

Es ist also nichts Besonderes daran, daß der Rabbi Reb Lippe (möge er lange leben), ein schwacher und von Natur aus schreckhafter Jude, sich schon von Morgengrauen an um den kurzen Freitag zu sorgen begann: er nahm es sehr streng mit sich. Er war ängstlich darauf bedacht, sich ja nicht um eine kurze Stunde zu verspäten, denn dann würde seine ganze Tagesordnung zunichte werden.

Diese Tagesordnung des Rabbi Lippe wolle man nicht leicht nehmen. Man bedenke: die Mitternachtsgebete, d. h. „die Gebete Rachels" zusamt den „Gebeten Leas", Psalmen mit einer Auswahl aus Bibel und Midrasch, Sprüche und „Zugaben", die vor und nach dem Hauptgebete gesagt werden, das Gebet selbst, Abschnitte aus der Mischna, ein Stück aus der Gemara, zwei, drei Paragraphen aus dem Schulchan Aruch und zum Schluß zweimal die Lesung des Wochenabschnittes und einmal seine aramäische Übersetzung — das ist der Teil der Tagesordnung, der um Gottes willen durchgenommen wird! Und nun der Teil um des Menschen willen: die Herzensstärkung, das Essen! Was bleibt einem denn übrig? Man ist doch nur Fleisch und Blut! Selbst wenn du es nicht wolltest, mußt du essen... Sobald der Mittag vorüber ist, kommt wieder ein neues Kapitel: Baden, Nägelschneiden, Zerreiben des Tabaks zu Ehren des Sabbats u. dergl. Dazu: Beantwortung von Fragen und oftmals rabbinische Entscheidungen. Bekanntlich kommt es gerade am Vortag des Sabbats noch zu irgend einem Streitfall... Und zwischendurch gibt es überhaupt keinen freien Augenblick! Du drehst dich hin und her und schon geht die Sonne unter...

Darum war es, wie gesagt, kein Wunder, daß der Rabbi Reb Lippe sich mit Löwenkraft zusammennahm und am kurzen Freitag beim ersten Morgendämmern aufstand, um gleich nach dem Händewaschen mit Eifer an sein Tagewerk zu gehen. Könnte er doch friedlich in den Sabbat eintreten und ihn friedlich verlassen!

Ängstlich war er darauf bedacht, daß nicht die kleinste Minute zwecklos vergehe. Seine Augen hingen Stunde um Stunde an jenem weisen Alten, der so gewichtig war an Gliedern und Jahren: an der alten Uhr, die ihm gegenüber an der Wand hing. Das fürchtete Rabbi Lippe am meisten: er könnte seine Tagesordnung — bewahre! — stürzen und dann nicht mit klarem Kopf in den Sabbat eintreten, was Gott verhüten möge!

Aber schon die Weisen sagten: Alles hängt vom Glücksstern ab! Und gegen den Glücksstern, wisset, gibt es keinen Rat, hilft keine Vernunft und kein Bemühen... Höret nun das Schreckliche, das geschah!

Rabbi Lippe hatte gerade alle „Morgensprüche" gesagt und wollte sich dem Gebete zuwenden, als plötzlich die Türe knarrte und in das Haus eine Dunstsäule eindrang. Mit ihr ein Nichtjude.

„Was will der so zeitig an meiner Tür?" wunderte sich der Rabbi und erschrak ein wenig. Er zog sich vor der kalten Welle, die in das Haus drang, zusammen.

Der Nichtjude stellte seine Peitsche neben den Türpfosten, zog die Handschuhe aus, griff in seine Brusttasche und holte einen gefalteten, zerknitterten und an den Seiten beschmutzten Brief hervor, den er dem Rabbi übergab. Dieser las den Brief durch und zuckte mit den Achseln:

Das ist das Werk des Versuchers... Das Herz sagt es ihm! Der vornehme Reb Gezi, der reiche Pächter aus dem Nachbardorf, lädt ihn zur „Beschneidung" ein. „Siehe, heute — so schreibt er in dem Briefe — führe ich meinen ersten Enkel, den Erstgeborenen meiner ältesten Tochter, in den Bund unseres Vaters Abraham ein." Aus diesem Anlaß beehre er ihn, den Rabbi (er möge leben), mit der Funktion des Sandek. An ihm, dem Rabbi (er möge leben), liege es, sich dorthin bemühen zu wollen und in das Dorf zu fahren. Und das sogleich. Der abgeschickte Schlitten stehe bereit.

Der Pächter Reb Gezi ist zwar, mit Verlaub, kein klarer Schreiber und seine Briefe kann man nicht rasch durchlesen, aber er wußte diesmal einen klugen Rat und gab dem Briefe drei ausreichende „Kommentare" mit:

DER KURZE FREITAG

Als ersten einen neuen Drei-Silberrubelschein, wohl verwahrt, einen beredten Schein, der sofort aus einer Hand in die andere ging, aus der Hand des Boten in die — mit Unterschied sei es gesagt! — des Rabbi.

Als zweiten Kommentar einen Sack voll großer Kartoffeln und an seinen gewölbten Enden eine schnatternde Gans, fett und gemästet. Diese beiden erfreulichen Sachen holte das Mädchen vom Schlitten herunter.

Und als dritten Kommentar, als ein Übriges, einen warmen und weiten Pelzmantel, sowie Filzüberschuhe, die er, Reb Gezi, aus seiner persönlichen Wintergarderobe ihm schickte, damit sich der Rabbi (er möge leben) nur ja gut einhülle und es auf dem Wege warm habe.

Diese drei deutlichen Kommentare erhellten sofort die Augen des Rabbi und im Augenblick erfaßte er mit seinem klaren Verstand die ganze Angelegenheit.

„Tja, was ist zu tun", seufzte der Rabbi, „gewiß ist es der Wille des Allmächtigen. Eine Beschneidung, ein derartig wichtiges Gebot...! Trotzdem muß man sich mit der Rabbinerin beraten."

Rabbi Lippe ging in das andere Zimmer zur Rabbinerin, besprach alles Nötige und kam nach einer Weile heraus, in ein weißes Gewand gekleidet und im Sabbatüberrock, bereit, sich auf den Weg zu machen. Hier im ersten Zimmer zog er über den Überrock den ihm gesendeten Pelz an, nahm über die schwarzen Schuhe die gelben Filzüberschuhe, zog über die Kappe die reine Sabbatmütze, gürtete um seine Lenden den roten Gurt, den ihm Iwan übergeben hatte, und in diesen Kleidungsstücken, mit ihrer Mischung von Heiligem und Profanem, stand Rabbi Lippe da, küßte die Mesusa und trat aus dem Haus.

Der Schlitten, der vor dem Hause stand, war groß und reich ausgestattet. Rabbi Lippe stieg ein und setzte sich breit hinein, wie einer, der im eigenen Wagen fährt. Der Kutscher bedeckte die Füße des Rabbi mit Stroh und Reisig, stieg gleichfalls ein und setzte sich. Ein Pfiff und der Wagen glitt über den Schnee.

Der Weg war gut und eben und die Mähre flink. Er wurde wie im Sprung genommen.

Nach einer Stunde — noch war es nicht heller Tag — kam der Rabbi im Dorf an, beim Hause der Leute, die das Fest feiern sollten.

Die Gäste waren bereits versammelt. Nachdem sie etwas Warmes getrunken hatten, stellten sie sich hin, um als Gemeinde der Vorschrift nach zu beten. Ein Fleischhauer, der zufällig in das Dorf gekommen war, um Kälber einzukaufen, trat, weil er eine angenehme Stimme hatte, als Vorbeter vor die Lade. Seine Kenntnisse und seine Aussprache waren zwar etwas mangelhaft. Er irrte sich auch ein wenig bei der Erwähnung der Regenkräfte (zwischen maschiw haruach und tal umatar), aber daran lag nichts. Schließlich sprachen sie das Alenu-Gebet nach ihrer Art und hatten in Frieden ihre Andacht erledigt. Zur rechten Stunde begann die Feier des „B'rits".

Der Säugling wurde in seine Windeln gehüllt und ging von Hand zu Hand. Der Onkel übergab ihn dem Onkel des Vaters, dieser dem Sohn seines Bruders, dieser dem Vater des Vaters, dieser dem Vater der Mutter usw., usw. — bis er in den Schoß des Sandek fiel und dort die Handlung an ihm vollzogen wurde. Nachher ging es wieder in umgekehrter Reihe: man brachte den kleinen, rötlichen, an Händen und Füßen gebundenen, schreienden und zappelnden Körper auf dem Wege zurück, auf dem er gekommen war: vom Schoß des Sandek in die Hand des Vaters, von hier in die Hand des Vaters der Mutter, von hier in die des Vaters des Vaters und so fort, bis er zum Ursprung seines Lebens kam, hinter den Vorhang. Und dort beruhigte er sich ein wenig.

Nun kam das Wichtigste: die Mahlzeit.

Der Pächter Reb Gezi war auch sonst von Natur aus ein freundlicher, weitherziger Jude, der gern Gäste bei sich sah. Um wieviel mehr heute, da er die Gnade des Heiligen erfahren hatte und einen kleinen Enkel erleben durfte, den Erstgeborenen seiner ältesten Tochter! So ist es selbstverständlich, daß die Mahlzeit königlich war: Die Fische waren wahre Meerungetüme. An Fleisch gab es ein ganzes Kalb, ein Dutzend Gänse und drei gefüllte Truthähne! Überflüssig zu vermerken, daß auch die „verschiedenen Kräuter", wie man zu sagen pflegt, da waren: Kröpfe, frische Mägen, Brüste, Zungen, gebratene Hälse mit allen Arten von Füllungen. Und nun gar die Fladen! Jene hochberühmten Fladen mit Rosinen!

Lassen wir die Speisearten und gehen wir zu den Getränken über! Reb Gezi, müsset ihr wissen, war ein einfacher Jude, ohne besondere Klügeleien, und wenn man sagte: Branntwein, meinte er eben: Branntwein, und zwar so einfach wie der Sinn ist: nicht weniger als 95 Prozent. Und nur alt. Das heißt: Branntwein, der seit Jahr und Tag in einem Erdkeller aufgehoben wurde und von aller Anfang an — ihr hört doch! — von aller Anfang an für den ersten Enkel, der kommen würde, verborgen gehalten wurde. Aber, aber! Der Rabbi soll nur trinken, nur noch einen Becher, diesen kleinen Becher — Gezi drückte einen Becher, der das Maß eines viertel Log enthielt, in die Hand des Rabbi. Nun, nun! Es trinke doch der Rabbi! Er fürchte sich nicht! Ist das denn überhaupt Branntwein? Keine Spur! Das ist feines Olivenöl. So wahr er Gezi heiße! Nun, auf gesundes Leben ...!

Der Pächter Gezi wird rot im Gesicht. Sein behaartes und feistes Gesicht glänzt und leuchtet wie ein polierter Samowar und seine Augen tauchen unter im Fett ... Wiederholt stößt er seinen Finger ans Herz und plappert und schwatzt mit schwerer Zunge zu sich selbst. „Gezi, weißt du es? Von nun an bist du ein Alter ... Ein Großvater bist du! Hörst du? Hi, hi, hi! Du bist Großvater geworden. Und deine Frau, was ist sie? Gr ... Gr ... Großmutter. Führt sie her, die Gr ... Gr ... Großmutter! Komm doch her, der Großvater wird mit dir Ge ... Ge ... Gesundheit trinken. Komm doch, komm doch! Schäm dich nicht, der Rabbi wird Amen sagen ... nicht wahr? R ... R ... Rabbi?"

Dabei faßt Reb Gezi den Rabbi am Arm, packt ihn mit aller Kraft bei den Schultern und schüttelt ihn wie einen Sack Kartoffeln. Plötzlich fällt er ihm um den Hals und beginnt ihn fest zu küssen. In seiner großen Freude und Heiterkeit lacht er und weint er zugleich über die Ehre, hi, hi, hi, die ihm Reb Lippe erwiesen, der Rabbi, er möge leben, ihm, dem Gezi, er möge leben. Und wenn nicht er, so möge der Rabbi leben — hm, hm, hm —.

„Nu, nu! Genug! Auf's Wohl!" beruhigte Reb Lippe den weinenden

Gezi, und nimmt mit großer Vorsicht ein paar Schluck aus dem Becher. „Auf's Wohl! Wozu weinen? Nicht nötig..."

Gezi tröstete sich und wischt sich eine Träne mit dem Ärmel vom Gesicht: „Schön spricht der Rabbi, so wahr er Gezi heiße! Es sei nicht nötig, zu weinen, nicht nötig. Sondern auf's Wohl und wiederum und bloß auf's Wohl, d. h. wirklich auf's W...W...Wohl! Wir wollen immer genug zu leben haben! Ah, Ah, Rabbi!" Und Gezi beginnt da wieder zum drittenmal zu weinen: „Ach, ach, ach! Zu leben haben...!"

Reb Lippe, der von Natur aus schwach und feinfühlig ist, kann das Leid des Hausherrn nicht mit ansehen. Er tut ihm wirklich den Gefallen und kostet ein bißchen und noch ein bißchen...

Inzwischen vergeht der Tag, der kurze Freitag. Reb Lippe, der auch ein wenig rot geworden ist, rafft sich zwar einmal und zweimal auf und versucht mit seinen schwankenden Füßen vom Tisch aufzustehen: „Äh, äh, äh," meinte er mit ausgestreckten Händen und mit Lippengemurmel, „Vortag des Sabbat! Der kurze Tag..." Aber Reb Gezi will nichts davon hören, er faßt ihn mit beiden Händen und läßt ihn nicht los.

Zu gleicher Zeit sitzt ruhig im Küchenraum der Kutscher Iwan und tut sich gleichfalls an der Pflichtmahlzeit gütlich. Er hat große Freude daran, daß man an dem zarten Säugling den religiösen Brauch vollzogen hat, und in seiner Lust schüttet er in die Kehle ein Viertel nach dem anderen: Eins, eins und noch eins, eins und zwei...

Mittlerweile hört man die Uhr drei schlagen. Reb Lippe gibt sich einen Ruck und erhebt sich in großer Eile vom Tisch. Aber seine Beine haben es gar nicht eilig. Wie er dasteht und sich in die doppelten und dreifachen Decken, den Bärenpelz und Schafspelz, einhüllt, sich mit dem roten Gürtel gürtet und seine Füße in die beiden schweren Überschuhe steckt, wollen ihm die Füße auf einmal nicht gehorchen. Statt sich von der Stelle loszureißen, schlägt Reb Lippe plötzlich ganz vermummt, wie er ist, auf eine Bank hin und sitzt mitten im Hause da. Reb Lippe versucht seinen Körper zu bewegen: Äh, äh, äh! Umsonst! Er rührt sich nicht von der Stelle.

Das „Öl", das Reb Lippe in die Glieder gefahren war, hatte offenbar das seine getan. Dennoch war Reb Lippe darüber nicht ärgerlich. Im Gegenteil! Sein Sinn war fröhlich und es war ihm wohl ums Herz. Während sein Körper sich bemühte, durch Ausbreiten der Hände und Bewegung der Finger gegen seinen Willen vom Platz wegzukommen, lachte es aus seiner Kehle mit dünner Vogelstimme heraus, lachte und schwatzte: „Hi, hi, hi! Reb Gezi, die Füße..."

„Hi, hi, hi," lachten auch alle, die herum saßen, „der Rabbi..."

Schließlich riß sich der schwere Körper mit Hilfe dessen, der dem Schwachen Kraft gibt, und mit Hilfe einiger Gäste von seinem Platz empor und die beiden vergnügten Wesen, der Rabbi Reb Lippe, er möge leben, und sein Begleiter, der Kutscher Iwan — mit Unterschied sei es gesagt —, verließen zusammen zu einer guten und glücklichen Stunde das Haus, und indem sie einander halfen und einer sich auf die Schulter des anderen stützte, kletterten sie heil in den Schlitten hinauf.

Und wiederum saß unser Rabbi breit da mitten im Schlitten, den Körper eingehüllt und die Füße zugedeckt. Und wieder saß Iwan auf dem Bock. Ein lauter und fröhlicher Pfiff — und die Mähre hob die Beine...

Und jetzt kommen wir zur eigentlichen Geschichte.

VON dem Augenblick an, da sich der Schlitten in Bewegung setzte und sich unser Rabbi so recht gut in seine Pelze verkroch, fühlte er plötzlich eine angenehme Wärme, die süß war wie echter Honig, der sich allmählich in alle Glieder verbreitete. Seine Augenlider wurden von Schläfrigkeit schwer und sein Haupt begann einzunicken. „Hi, hi, hi, das Öl!", so lachte der Rabbi in sich hinein und fühlte es wie Sandkörner in seinen Augen. „Klares Olivenöl!" Als das Fahrzeug über die kleine Brücke außerhalb des Dorfes hinaus war, fiel ein göttlicher Schlaf über ihn und er entschlummerte.

Iwan saß zur gleichen Zeit noch auf seinem Bock und führte mit der Mähre leichthin ein Gespräch, wie es Freunde tun, die einander herzlich zugetan sind. Er versprach ihr in wohlwollender Laune alles mögliche Gute für die Zukunft, wenn sie nur immer geradeaus gehen und nicht vom richtigen Wege abweichen wollte. Während er sich mit ihr so unterhielt, glitten ihm Peitsche und Zügel aus der Hand, sein Haupt mit der Schafsmütze senkte sich auf die stämmige Brust, und im nächsten Augenblick schnaufte er auch schon wie ein Schwein...

Sobald aber die Mähre ihre Freiheit fühlte, vergaß sie sogleich alle Ermahnungen ihres Herrn und alle seine lieben Versprechungen. Als sie an den Kreuzweg kamen, blieb sie einen Augenblick lang zögernd stehen, als wollte sie überlegen, ob sie dahin oder dorthin gehen sollte. Plötzlich zog sie den Schlitten mit ganzer Kraft an und wandte sich weder dahin noch dorthin, sondern ging auf einen Kompromißweg zu, gerade nach der Mitte, hinein ins Feld.

Inzwischen bewölkte sich der Himmel und verdunkelte den Weg der Mähre. Der Schnee fiel reichlich dicht und weich, verhüllte die Welt und verwischte die Wege. Die Mähre begann offenbar zu zweifeln, ob sie richtig gehandelt habe, und begann schon die Rückkehr zu erwägen. Aber da sie mit ihren Augen, den Augen eines armen Tieres, keine Möglichkeit sah, die Sache wieder einzurenken, überließ sie sich selbst der Führung des Himmels und ging immer tiefer in die Finsternis, mit niedergeschlagenem Gemüt, mit herabhängenden Ohren, langsamen Schrittes, als hätte sie die Augen geschlossen. So zog sie den Schlitten samt seinem Inhalt über Schneehügel und Dorngestrüpp... Wer weiß, bis wohin die Mähre gekommen wäre, wenn sie nicht plötzlich gestrauchelt wäre, so daß der Schlitten umstürzte. Unsere beiden Reisenden fuhren mit großem Schrecken, mitten in einem Haufen Schnee, aus ihrem Schlafe empor — und rings um sie war dichte Finsternis.

Ei, ei, wunderte sich der Rabbi und trachtete aus dem Schnee herauszukommen. Plötzlich erinnerte er sich an alles, was geschehen war. Wie ein schwerer Hammerschlag traf es ihn aufs Haupt: „Wie, Sabbat?!"

Der Rabbi wollte verzweifelt aufschreien, aber er konnte es nicht. Sein ganzes Wesen war durch den einen furchtbaren Gedanken erstarrt und vereist: Sabbat! Als er seiner Worte wieder mächtig wurde, stieß seine Kehle nur den Schrei aus: „Iwan! O Weh!" In diesem Schrei, der aus der Tiefe seines Herzens kam und sich in den einzigen drei Worten ausdrückte, die unser

Rabbi in der Sprache der Nichtjuden kannte, waren zusammengefaßt ein Ausruf der Bitterkeit, eine Bitte um Erbarmen, die Furcht vor Gott und die Anerkennung der himmlischen Gerechtigkeit, Gewissensbisse und Anklage und noch viele, viele Dinge, die man gar nicht in Worte fassen kann.

Iwan stand während dieses Vorfalles da und mühte sich mit Schieben und Stoßen um den umgestürzten Wagen und die durcheinander geratenen Zügel. Von Zeit zu Zeit stieß er in den Bauch der auf dem Boden liegenden Mähre und wollte ihre Schuld bis ins tausendste Geschlecht geahndet wissen. Nachdem er alles in Ordnung gebracht hatte, lud er den Rabbiner zum Einsteigen ein. Der Rabbi hob seine Augen zur Nacht: Von wo sollte ihm Hilfe kommen? Es gab keine Hilfe. Einen Augenblick lang stieg der Gedanke in ihm auf, sich von dort überhaupt nicht wegzurühren, komme, was da wolle. Hier im Felde wollte er übernachten und hier den Sabbat begehen. Selbst wenn man ihn erschlüge, würde er kein Gebot überschreiten. Gibt es wenige Geschichten von Chassidim und großen Männern, über welche die Heiligkeit des Tages kam, während sie in Wäldern und Wüsten waren? Ariels Geschichte beweist es! Hat diesem Frommen in der Wüste der Heilige, gelobt sei er, nicht einen Löwen zur Bewachung gegeben, bis die Zeit der Hawdala gekommen war und er davonreiten konnte...? Als Reb Lippe wieder in die Finsternis der Nacht schaute, blieb ihm das Herz stehen. Links unterschied sein Auge einen richtigen Wald, einen dunklen schweren Wald, den der Sturmwind durchtobte, und wir wissen, was ein Wald im Augenblick großer Gefahr im allgemeinen bedeutet: Räuber und wilde Tiere...! Und rechts war ein wüstes und ausgebreitetes Feld ganz in weiße Totenkleider gehüllt. Aus dem Schnee wuchsen und drängten Gestalten und körperhafte Dinge hervor, in denen sich Weißes und Schwarzes mengte, daß sie wie Grabsteine auf dem Friedhof aussahen. Gott weiß, was das ist: Böse Geister, Tiere, Tote oder bloß Dorngestrüpp... Von jeder Seite und Ecke tasten sie sich aus der Finsternis an ihn heran, ganze Heere von Tigern und Vipern..

„Nein!" antwortete darauf Reb Lippe, „Lebensrettung verdrängt den Sabbat, heißt es. In den Geboten sollt ihr l e b e n. Also nicht in ihnen sterben. Auf ein Wunder darf man sich nicht verlassen. Wer weiß, ob ich würdig bin, daß mir ein Wunder geschehe..."

Reb Lippe glaubte einen schrecklichen Riesenpanther zu sehen, der auf ihn lauerte, von dessen Augen Funken auf ihn zu sprühen schienen und der gekrümmte Zähne gegen ihn fletschte... Reb Lippes Fleisch erstarrte vor Schaudern und seine Augen traten aus den Höhlen...

„Nein, und nochmals nein!" entschied der Rabbi in Todesangst vor diesem Zähnefletschen. Er kletterte in den Wagen hinauf. „Es ist reinste Wahrheit, daß ich nach dem tiefsten Sinn des Gesetzes gar nicht verpflichtet bin, meine Seele in diesem Falle zu opfern. Im Gegenteil! Am Sabbat zu reisen, gehört nur zu den Verboten, welche die Rabbinen bestimmt haben. Und in einem solchen Fall..."

Mittlerweile saß nun Reb Lippe wirklich im Wagen, nur war er jetzt bemüht, unter Stöhnen und Klagen auf ganz engem Raum zu sitzen, so wie man sonst nicht zu sitzen pflegt, damit es eben ein Unterschied sei... Der Schlitten fuhr nun seinen finstern und glatten Weg dahin und Rabbi Lippe sprach die Gebete des Sabbatempfanges ganz leise, gebrochenen und beklommenen Herzens.

Möget ihr vor derartigem bewahrt bleiben, ihr alle, die ihr unterwegs seid! Die Winternacht verlängerte sich in den Augen Reb Lippes wie ein Jobel-Jahr. Die Mähre ging dahin, gedemütigt, müde und kraftlos. Der Wagen hüpfte über die Unebenheiten des Weges und der zusammengekauerte Körper Reb Lippes hüpfte mit. Wenig hätte gefehlt, daß alle seine Gebeine auf dem Wege verstreut worden wären. Die alten, ehrwürdigen Bäume des Waldes, die weitästigen und schneebeladenen, zogen mit schweigendem Vorwurf und großem Ingrimm an ihm vorüber. Die Bäume des Dickichts, die Kleinen des Waldes, schauten mit ihren spitzen Häuptern und ihren weißen Mützen heraus und waren erstaunt und verblüfft: „Wer ist denn das und wer kann das sein, dieser Reb Lippe, der Rabbi der Stadt und der Herr der Lehre, den sein Herz antrieb, am Sabbat zu reisen ...?" Die Dornen und Nesseln schauten beschämt zu Boden und der Wind zwischen den Tannen schluchzte und weinte: „Weh, weh, über die Entweihung des göttlichen Namens, dreimal Wehe über die Demütigung der Tora!"

Gegen Mitternacht endlich gelangte der Schlitten zu einer Herberge, die einsam am Wege stand und bis zu den Fenstern im Schnee versunken war. Von der Mähre stieg ein Dunst auf, der sich als Reif niederschlug. Sie war totmüde und die Reisenden waren zerschlagen und zerbrochen. Der Bart, die Schläfenlocken, der Schnurrbart und der Pelzkragen des Rabbi bildeten ein einziges hartes Stück Glas. Von jetzt an durfte man unbedingt nicht weiterfahren. Ein alter Nichtjude, der Diener der Herberge, trat zu ihnen. Der Rabbi ging in die Herberge und der Schlitten wurde innerhalb des Hofes eingestellt.

In der Stube, in die der Rabbi getreten war, herrschte Kälte und Öde. Eine kleine, rußgeschwärzte Lampe gab ein blasses Licht. Vom Zimmer nebenan drang das Schnarchen der alten Herbergsleute herein. Auf dem Tische standen zwei Leuchter von Bronze, deren Kerzen niedergebrannt waren. Auf dem Tischtuch aus schwerem handgewebten Zeug, waren Brotkrumen und Knochenreste und dgl. verstreut, Überbleibsel des sabbatlichen Nachtmahls. Reb Lippe wandte das Gesicht ab, um das nicht sehen zu müssen. Ganz vereist vor Kälte, wie er war, und bedrückt von den schweren Kleidern, ließ er sich mit seiner letzten Kraft auf eine bloße und harte Bank neben der Wand nieder und drückte sein Haupt in den Pelz.

Jawohl, er, der Rabbi, hat den Sabbat entweiht ... Wie groß war die Entweihung des heiligen Namens! Wie wird er morgen sein Antlitz erheben können? Was wird er am Tage des Gerichts antworten? Wehe, wehe über diese Schande ...!

Die Augen des Rabbi flossen von Tränen über. Seine Schläfenlocken, sein Bart und sein Schnurrbart lösten sich und ließen gleichfalls das Wasser fließen. Das Haupt des Rabbi und seine Glieder waren so schwer wie Messinggewichte. Er wollte sich bewegen — er konnte es nicht. „Vielleicht ist die Todesstunde da?", erschrak der Rabbi und seine Zähne klapperten. „Ja, das ist der Tod! Man muß das Sündenbekenntnis sprechen..."

Die Lippen des Rabbi begannen von selbst das Sündenbekenntnis zu murmeln. „Ach, ach, barmherziger, gnädiger Gott, langmütig und reich an Gnade... ach, Gott, erbarme dich doch! Herr der Welt, vergib und verzeih dem Fleisch und Blute... Gewürm und Geschmeiß... Tu ein Wunder...! Wahrhaftig, ich habe gesündigt, gefehlt, mich vergangen... aber jene, die Herde, meine Frau und meine Kinder, was haben sie gesündigt?"

Eine lange Stunde sättigte sich der Unglückliche an dem Irrsal der Nacht. Überall aus dem Körper drang kalter Schweiß und in seinen Gliedern war es wie brennendes Feuer. Fiebernd träumte er vor sich hin und sagte im stillen verschiedene Verse her. Absätze aus der Mischna und Stellen aus der Tora, Aussprüche von Weisen und Worte der Bußgebete mengte er durcheinander. Stücke aus der Schawuotnacht, Gedanken über Lohn und Strafe, Hölle und Paradies; das verschlossene Grab und der Engel des Schweigens stritten in seinem Hirn in wirrem Durcheinander mit Dingen seines Hauses: seiner Witwe, seinen Kindern, der heiratsfähigen Tochter, der Nachfolge, den Abgaben...

Von solchen bösen Gedanken wurde der Rabbi bedrückt und geschüttelt. Er ächzte und stöhnte bis zum Morgengrauen. Als der Morgen anbrach, kam über ihn ein dumpfer und verworrener Schlaf, der Schlaf eines Gefolterten und Leidenden, dessen Atem schwer und kurz ist. Und er schlief ein.

Zur gleichen Zeit, als der Rabbi Reb Lippe in der Herberge verlassen auf der Bank in schweren Träumen lag, eingehüllt in seine Pelze und ganz durchweicht von Schweiß und dem aus Bart und Schläfenlocken aufgetauten Wasser, saß der Heilige, gelobt sei er, im Himmel und waltete seines Amtes: er ließ die Hähne den Morgenruf ausstoßen und wälzte die Finsternis vom Licht fort. Und als der Hahn krähte, und durch die kleinen, bereiften Fenster ein blasses Licht ins Haus drang — das grämlich kalte Licht eines Wintermorgens — nieste Fefke, der Besitzer der Herberge, rülpste: Puh! und erwachte aus seinem Schlaf. Mit einem Sprunge war er aus dem Bette, zog seine schweren Stiefel an, warf seinen kurzen Mantel über die Schultern und ging in das große Zimmer, um zu sehen, wer der war, der nachts zu ihm in die Herberge gekommen war. Als er eintrat und hinsah, erstarrte er: Vor ihm auf der Bank lag hingestreckt in einer Menge von Pelzen — der Rabbi! Reb Lippe!

Anfangs glaubte er, daß dies nur eine Augentäuschung und das Werk böser Geister sei. Er bückte sich und schaute nochmals. Er blickte ganz genau hin. Er schaute von oben, von unten, von der Seite. Wahrhaftig, der Rabbi! Er, er! Das ist seine schofarähnliche Nase, das ist sein Gesicht, das wie eine trockene Feige aussieht... Fefke war wie außer Besinnung: „Was ist das? Sabbat — und der Rabbi... bin ich betrunken oder wahnsinnig...?" Plötzlich schlug er sich mit der Faust an den Kopf: „Oh Fefke, Tor, Sohn eines Toren! Gewiß ist hier ein Irrtum, ein grober Irrtum geschehen... **Du hast dich in der Rechnung der Wochentage geirrt,** Fefke! Ja, ja! Du bist in das Netz gegangen, weh dir und weh deinem Leben... Mit Esau hast du gewohnt... In deinen großen Sünden hast du die Zeitordnung verwechselt. Oh, oh, eine schöne Geschichte! Eine angenehme Sache für meine Jüdischkeit... morgen wird es die ganze Stadt wissen... Puh!"

Sobald Fefke auf den Grund der Sache gekommen war, eilte er sofort weg, um alles, was an den Sabbat erinnerte, fortzuschaffen, bevor der Rabbi erwache und seinen Irrtum sehe. Vor allem schaffte er die kupfernen Leuchter und die Reste der Mahlzeit, sowie die weiße Decke vom Tische fort. Hierauf lief er ins Schlafzimmer und schreckte Frau und Tochter aus den Betten auf:

„Auf! Auf! Rasch, ihr Nichtswürdigen! Die Pest über euch!"

„Was gibts hier? Wer ist da?" erwachte ganz verwirrt die Frau.

„Zur Hölle, Rindvieh! Sprich nicht so laut! Steh sofort auf und räume schnell die warmen Speisen aus dem Ofen..." Die Frau wußte eine Zeitlang nicht, was ihr Mann da sagte. Und als er ihr mit ein paar tüchtigen Faustschlägen die Sache klar machte, sprang sie auf, kleidete sich an und eilte zum Ofen.

„Alles, alles heraus! Die Pest über dich!" rief der Mann. „Die Grützensuppe und die Kugel. Zum Unreinen schütte es, zum Unreinen! Nichts, gar nichts, kein Überrest soll davon übrig bleiben!"

Augenblicks verwandelt sich das ganze Aussehen des Hauses. Der Sabbat ist gegangen und der Wochentag tritt an seine Stelle. Im großen Ofen mit der breiten Öffnung brennt ein Feuer. Der bauchige Samowar wird mit brennenden Kohlen gefüllt und beginnt zu summen. Axt und Hammer hört man durch das Haus hallen: Jochem, der Knecht, steht da und spaltet Holz, schlägt Pflöcke ein und macht Nägel fest, wo es nötig ist und nicht nötig ist. Fefke selbst aber steht gebeugt über den Trog und knetet mit aller Kraft den Teig. Die erwachsene Tochter, ein großes schlankes Mädchen, die, das Gesicht mit Kohle und Staub bedeckt, verwirrt mitten im Hause stand und von all dem, was geschah, nichts begriff, bekommt mittlerweile von der teigbeschmutzten Hand ihres Vaters zwei Ohrfeigen und einen Stoß und macht sich gleich daran, Kartoffeln in einen mit Wasser gefüllten Topf zu schälen. „Schäle, schäle, die Pest über euch!" ruft Fefke anfeuernd, während er sich selbst bemüht, mit aller Kraft zu kneten... Fefke erwartet jeden Augenblick, daß der Rabbi erwachen werde, und als er das Kneten beendet hat, und der Rabbi nicht erwacht ist, beeilt er sich rasch, seine abgenützte und zerdrückte Mütze anzuziehen, aus deren Löchern Wattefetzen herausschauen. Er entblößt seinen Arm, beginnt Tefillin zu legen und mit lauter Stimme im Tonfall des Wochentagsgebetes die Sprüche für den Morgen herzusagen. Inzwischen dreht sich die Türe unaufhörlich in ihren Angeln und Bauern in Mäntel gehüllt, Stöcke in der Hand, gehen ein und aus. Das Haus ist voll von der Kälte des Schnees, vom Atem der Menschen, vom Tabakqualm, vom Dunst der Mäntel, vom Klopfen der Füße und vom Gewirr der Reden. Fefke geht absichtlich während des Betens ans Lager des verehrten Rabbi und singt laut und in dem Tonfall des Wochentagsgebetes „Halleluja, Halleluja!" Dabei wirft er auf den schlafenden Rabbi einen prüfenden Blick von der Seite, als ob er sagen wollte: „Schlaf, schlaf, Rabbi, möge es dir wohl bekommen. Jetzt brauchst du dich nicht mehr zu fürchten. Jetzt kannst du sogar aufstehen..."

Und wirklich, in diesem Augenblick macht der Rabbi mit seinem ermatteten Körper eine kleine Bewegung. „Mut, Mut, Fefke!", sagt unser Herbergswirt zu sich. „Sieh, laß dich nur nicht zaghaft machen..." Sogleich wird Fefke vom Qualm und Dunst und dem Gewirr der Mäntel verschlungen und lauert von dort aus mit gespanntem Blick auf den Rabbi. Dabei singt er im Tonfall des Wochentagsgebetes und mit starker Stimme: „Halleluja, Halleluja."

Sobald unser Rabbi erwachte, erwachten auch alle Schmerzen mit ihm: „Ach, ach, der Kopf ist ganz krank und alle Glieder sind zerbrochen!" Er richtete sich mit großer Anstrengung halb auf und öffnete die Augen. Was ist das? Wo ist er? Im Bad? Nein, in einer Herberge! Und wo ist der Sabbat? Keine Spur von ihm! Bauern, die Leute des Wochentags! Und siehe, der kochende Samowar dort ihm gegenüber!

Wenn dem so ist, ängstigte ein schrecklicher Gedanke alle Glieder des Rabbi und sein faltenreiches Gesicht faltete sich noch mehr, wenn dem so ist, habe ich fortwährend geschlafen, den ganzen Sabbat und auch die Nacht nach dem Sabbat. Hier auf der Bank, vor den Augen Fefkes und der Nichtjuden lag ich und schlief vollständig von einer Zeit zur anderen. Ohne Kiddusch, ohne Gebet, ohne Hawdala! Was tust du mit Lippe, Herr der Welt...? Eine dunkle Angst überfiel den Rabbi und große Verzweiflung erfaßte sein Herz. Beinahe wäre er in Ohnmacht gefallen. Gar sehr hat Gott ihn betrübt, mehr als genug... und: Warum?, schrie sein Herz in seinem Innern. Sag mir, Herr der Welt, warum?

Aus der dichten Rauchwolke trat, die Peitsche in der Hand, Iwan an ihn heran: „Zeit zum Aufbruch, Herr Rabbiner, der Wagen ist bereit".

Seufzend erhob sich der Rabbi und wandte sich der Tür zu. Er wankte wie ein Trunkener und mit Mühe bahnte er sich einen Weg zwischen den Bauern. Bei der Türe schob sich plötzlich die breite abgearbeitete Hand Fefkes in die seine. „Frieden mit Euch, Rabbi!"

„Frieden, Frieden," machte sich der Rabbi los und ging rasch hinaus, „ich habe keine Zeit..." „Frieden, Frieden," antwortete Fefke hinter ihm her. „Zieht in Frieden, Reb Rabbi, und Gott segne Euern Weg..."

Die Trennung zu dieser Stunde war beiden willkommen und sie ließen sich nicht aufhalten. Fefke schloß eilends hinter dem Fliehenden die Türe mit großer Kraft, wie wenn er sagen wollte: „Gott segne dich!" Und der Rabbi kletterte rasch und mit Selbstverleugnung in den Wagen. „Hei, Iwan, Hei!" begann der Rabbi den Treiber anzueifern.

Wozu die Eile? Fliehen? Wohin? Auf diese Frage hätte der Rabbi selbst nicht zu antworten gewußt. Aber in dieser Stunde fragte Reb Lippe überhaupt nicht und grübelte nicht zuviel. Alles, was er tat, geschah von selbst, ohne Wissen und ohne Rechenschaft... Nur eines fragte er sich und darum betete er von ganzem Herzen: „Herr der Welt, tu ein Wunder an mir. Möge sich der Weg um Tausende von Meilen verlängern! Jahre mögen dahinziehen, Jobelzeiten vergehen — und ich möge fahren, fahren, fahren... Und wenn ich nicht dessen würdig bin, dann nimm meine Seele, Herr der Welt, vergib mir alles und nimm meine Seele..."

Aber das Gebet Rabbi Lippes wurde nicht erhört: Der Schlitten trug ihn auf Adlersflügeln dahin und der glatte, gleichsam geschliffene Weg flog ihm entgegen. Nach der bewölkten Nacht war die Wintersonne aufgegangen und die weiße Erde leuchtete und freute sich. Die Raben, die auf dem Wege nach Nahrung suchten, gaben dem fliegenden Schlitten Raum und empfingen ihn mit ihrem heiseren Geschrei: Krah, krah, krah!

Rabbi Lippe schämte sich vor den Raben und vor der hellen Sonne und vor dem weißen Schnee. Er verbarg sein Haupt tief im Pelz und versank wieder in verzweifelte Gedanken. Von nun an sah und hörte und fühlte er nichts mehr. Er überantwortete seinen Geist dem Gott der Geister und seinen zerschlagenen Körper dem dahinfliegenden Schlitten: Komme, was da wolle...

Und mittags, gerade als die Gemeinde der Stadt das Bethaus verließ, alle, angetan mit ihren Sabbatgewändern, gemächlich längs der Häuser oder mitten über den Platz gingen und einander den Sabbatgruß entboten, kam von einer Seitenstraße her ein rascher, leichter Schlitten ihnen entgegen und darin saß — Wehe den Augen! — der Rabbi Reb Lippe!

Rabbi Mottl und Jizchok Scholem, der Kleine
Von Jehuda Steinberg

WER nie gesehen hat, wie Rabbi Mottl von Chalphona am Freitag Nachmittag in einem Winkel der Klaus seine Fingernägel stutzt, der hat nie erfahren, wie ein Denker von jeglichem Denken frei sein und ein Herz willentlich schweigen kann.

Wer nie gesehen hat, wie Rabbi Mottl am Freitag nachmittag gebückt, die Sabbatwäsche unterm Arm, ins Bad läuft, der hat nie erfahren, wie Armut und Demut mählich schwinden und eine Freude von innen durchzudringen sucht, die freilich noch niedergehalten wird, weil ihr Herr weiß, daß ihre Zeit nicht ganz gekommen ist. Und wenn dann Rabbi Mottl vom Bade zurückkehrt — Haupt und Körper streben nach vorwärts, die Füße kommen ihnen kaum nach, das Gesicht leuchtet, die Schläfen sind noch vom Tauchbad feucht, die Stirn scheint gewölbter und höher, die Augen strahlen eine Freude, die „schweigend redet" —, dann weiß auch der Wasserträger, der nur im Irdischen befangene, daß der Sabbat nahe ist, er beeilt sich, sein letztes Faß zu leeren, nach Hause zu fahren, um für sich und sein Tier die Ruhe zu empfangen.

Und wenn dann Rabbi Mottl in der Dämmerung sein Weib fragt (und seine Augen sind zur Wand gekehrt): „Hast du Chale genommen? Verzehntet? Eruw gelegt?", wartet er nicht erst ihre Antwort ab, sondern sagt sofort: „Zünde die Lichter an!" Und das in einem Tone, der nicht befehlend und nicht bittend ist, vielmehr, ganz unwillkürlich, der innige Ton eines Menschen, der weiß, daß die Laute und Worte, die aus seinem Munde kommen, gezählt und gemessen sind und Welten zu schaffen und zu zerstören vermögen.

Schnell zieht er das Obergewand über seinen Kaftan und setzt die Mütze auf, die für Sabbate und Feiertage bestimmt ist. Dann scheint es, daß die angezündeten Kerzen miteinander wetteifern, in sein Gesicht zu schauen und ihn zu begrüßen: Guter, gesegneter Sabbat! Und wenn er dann von seinem Hause in die Klaus geht, scheint es, daß ihm der Weg entgegenlaufe: kaum hat er den Fuß von der Schwelle seines Hauses gehoben, ist auch schon sein Haupt über die Schwelle der Klaus geneigt.

RABBI MOTTL UND JIZCHOK SCHOLEM, DER KLEINE

Aus seinem Minchagebet kann noch ein Seufzen herausgehört werden, wie wenn ein gepreßtes Herz sich befreit, ein Schluchzen der Freude und des Trostes, wie wenn ein Kind nach der Trennung eines ganzen Tages in den Armen der Mutter sein Herz ausschüttet.

Viele von den tiefer Empfindenden rühmen sich, in dem Tonfall seines Minchagebetes die deutliche Grenze zu merken, die zwischen Alltäglichem und Heiligem gezogen ist.

Aber wenn dann Rabbi Mottl sein Haupt zwischen den Büchern an der Westwand verbirgt und losbricht: „Auf, wir wollen jubeln," wenden alle Beter die Häupter Rabbi Mottl zu und fühlen zutiefst eine süße Erregung und Erschütterung.

Der Müller Jakob beteuert, daß jedesmal, wenn er Rabbi Mottl ausrufen höre: „Gottes Stimme über den Wassern", es ihm vorkomme, als ob sich eine große Wassermasse erhebe, Wellen werfe und seine Mühle am Flusse zu überschwemmen drohe — und sein Herz erzittert.

Andere behaupten, daß jedesmal, wenn sie Rabbi Mottl ausrufen hören: „Auf für Gott, ihr Söhne Gottes," es ihnen vorkomme, als ob er Engel, die auf ihrem Posten eingeschlummert sind, wecke und mit Schelten aufrüttle.

Alle aber geben zu, daß, wie er allmählich den Psalm beschließt — der Vorbeter wartet auf ihn mit dem Kaddisch, die ganze Gemeinde schweigt — er einem Stürzenden gleiche, der von der Spitze eines hohen Berges immer tiefer hinabkreist, ohne seinem Körper ein Leid anzutun, und der von jeder Kreisung Lob und Gebet nach oben sendet.

Doch jedesmal, wenn seine Stimme jubelt: „Auf, mein Freund, der Braut entgegen!", können die Beter nicht mehr widerstehen, sie wenden ihr Antlitz von ihm ab und es kommt ihnen vor, als ob er sie auf seine Arme emporreiße und mit ihnen hingehe, die sanfte Braut zu empfangen, die Herrin des erhabenen Geheimnisses, die Königin, die vom Felde der heiligen Äpfel kommt.

Aber einer war unter den Betenden, der mehr als alle mit seinen Blicken an ihm hing. Vom Beginne des Betens bis zum Ende wandte er kein Auge von ihm ab. Dieser eine war Jizchok Scholem, der Kleine. Jizchok Scholem, der Kleine, war noch jung; sein Wuchs war niedrig, seine Augen waren klein und rege, der kleine Kopf stand auf engen Schultern, ein lichter, schütterer Bart deckte das schmale Kinn, alles in allem — ein kleiner Mensch. Erst seit kurzem sah man ihn nicht mehr wie einen an, der „Kest" ißt, er war nicht mehr auf den Tisch seines Schwiegervaters angewiesen, er hatte einen Laden von Spezereien und Eßwaren eröffnet und lernte deshalb auch nicht mehr den ganzen Tag in der Klaus. Nur nach dem Abendgebet pflegte er zwei, drei Stunden dort zu bleiben und dann die Traktate, die er für dieses Jahr übernommen hatte, zu lernen; er war nämlich Mitglied einer eigenen Bruderschaft fürs Talmudlernen.

Alle wissen, daß er ein tüchtiger „Lerner" ist, ja, ein scharfsinniger Kopf, ein Alles-Kenner, eine lebende Bibliothek; trotzdem lernt er nicht gern allein, sondern sucht sich irgend einen von den Jüngeren aus, mit dem er dann wie mit seinesgleichen lernt. Bei jeder verwickelten Stelle, bei jedem schwierigen Falle, dort, wo man eine Entscheidung zu fällen hat, muß es der jüngere Freund tun; Jizchok Scholem rührt die Streitfrage auf, erörtert sie, bringt alles Für und Gegen vor, deutet viele Lösungen an, aber es ist Sache des Freundes, sich für das Richtige zu entscheiden.

Dann schaut Jizchok Scholem zu seinem Freunde auf, wie ein Schüler zum Lehrer und wartet seine Meinung ab, damit er sie annehme.

Wenn er einen Beleg aus einem anderen Traktat anzuführen hat, gibt er die ganze Stelle, die im betreffenden Traktat vorkommt, auswendig wortwörtlich wieder, aber nie verläßt er sich auf sich selbst, bevor er nicht den Traktat zur Hand genommen und nachgesehen hat.

Die Freunde in der Klaus nennen ihn, wenn er nicht zugegen ist, Jizchok Scholem „mir scheint", weil er selbst zu einer Sache, die ihm ganz klar ist, niemals sagt: es ist so, sondern: mir scheint es, daß dem so ist.

Sein Weib Jente kann nicht rechnen und darum muß er die Rechnungen seines Ladens in Ordnung halten. Aber auch in solchen Fällen verläßt er sich nicht auf sich selbst. „Der und der war 60 schuldig, 20 hat er bezahlt, so bleibt er 40 schuldig; stimmt die Rechnung, Jente?" — so pflegt er die Rechnung jedes seiner Schuldner abzuschließen.

Die schwerste Arbeit in seinem Laden ist für ihn das Messen und Wägen. Da ist er wie zwischen zwei Feueröfen: er fürchtet weniger zu geben, als er sollte, und in eine Sünde verstrickt zu werden; aber noch mehr ängstigt er sich, zuviel zu geben und sich selbst zu betrügen. Es ist für ihn schwer, die Mitte zwischen dem Weniger und Mehr zu finden. Und in solchen Fällen pflegt Jente mit ihm zu zanken: „Geh weg, du taugst zu nichts, gib die Waage her!"

Die Leute pflegen hinter seinem Rücken davon zu reden, daß sein Weib ihn beherrsche; aber in Wahrheit beherrscht sie ihn nicht, sondern er demütigt sich vor ihr und er selbst nimmt ihre Herrschaft an; denn er braucht jemanden, der über ihn herrscht.

Man sagt von ihm, daß er etwas wie Geiz an sich habe; aber auch das stimmt nicht. Er liebt nicht das Geld, sondern er fürchtet, Geld auszugeben. „Vielleicht darf ich nach meinen Verhältnissen nicht soviel ausgeben," pflegt er stammelnd zu sagen, so oft er etwas spendet.

Seine Art ist nun einmal so: wenn er einem Armen etwas gibt, läuft er gleich darauf von ihm weg, aber noch im Weglaufen wendet er sich um und geht ihm einige Schritte nach. Die Spötter pflegen zu sagen, indem er weglaufe, fürchte er, daß es dem Armen einfallen könnte, von ihm mehr zu verlangen, als er ihm gegeben habe, und indem er ihm nachlaufe, fürchte er, ihm wirklich weniger gegeben zu haben, als er ihm hätte geben sollen.

Mehr als alles fürchtet er, allein zu beten, und in dieser Hinsicht nimmt er es immer genau: „Mit einer Gemeinde zu beten, ist etwas ganz anderes," redet er sich aus. „Das Gebet der Gemeinde kann nicht abgewiesen werden. Die Gemeinde ist die jüdische Gemeinschaft. Im Gebet der Gemeinde wird auch mein Gebet erhört.

Aber das Gebet des Einzelnen — wehe unseren großen Sünden! Wieviel Ankläger, wieviel Übeldeuter erheben sich gegen dein Gebet! Wieviel Hüllen und körperlose Seelen hängen sich daran und ziehen es in die Sphäre der Unreinheit hinab! Du willst mit Inbrunst beten und erweckst mit deinem Gebet Anklage und Verschärfung des Gerichtes!"

Am liebsten betet er mit der Gemeinde des Rabbi Mottl: mit ihm zu-

RABBI MOTTL UND JIZCHOK SCHOLEM, DER KLEINE

sammen fühlt er sich sicherer. Aber mit der Gemeinde des Rabbi Mottl kann er nur an den Sabbaten beten, denn an allen anderen Tagen der Woche betet Rabbi Mottl allein.

Wenn es nun Freitagabend ist, versenkt Jizchok Scholem seine Blicke in Rabbi Mottl; er möchte wie eine Wolke vergehen, zum Nichts zurückkehren und dann seine Seele mit diesem Gottesknecht vereinen.

Er blickt auf ihn und von seinen Augen fließen Tränen eines Nichtigkeitsgefühles. Seine Lippen stammeln die Worte des Gebetes — aber das Herz ist nicht dabei. Mal um Mal vergißt er die Stelle im Psalm, verstummt er für Augenblicke und versenkt sich in die Einung mit Rabbi Mottl. Er erinnert sich an sein Gebet, wendet sein Gesicht von ihm ab, wendet es ihm wieder zu; er kann seine Gedanken nicht von ihm losreißen.

Und wenn schon alle Beter nach Hause gegangen sind, bleibt Jizchok Scholem noch zurück, wartet, bis Rabbi Mottl das „Hohelied" zu Ende gesagt hat, tritt dann mit zitternder Freude an den heiligen Mann heran und spricht den Sabbatgruß.

Dann ist der Sabbat des Rabbi Jizchok Scholem gesegnet, und noch unter dem Eindrucke Rabbi Mottls singt er heiter seine Tischlieder, und unter seinem Eindrucke bleibt er bis zum Morgengebet.

Und wenn dann Rabbi Mottl beim „Schema" den Namen Gottes ausspricht und das „echod" dehnt, könnte eine Legion Soldaten aus ihren Geschützen feuern, keiner der Beter würde die Klaus verlassen.

Und unter diesem Eindrucke verbleibt Jizchok Scholem bis zur dritten Sabbatmahlzeit, welche die Chassidim immer in der Klaus gemeinsam halten. Jeder von ihnen hat seine Hände zu Hause gewaschen, hat ein Brötchen in die Klaus mitgebracht, hat darauf geachtet, daß seine Hände nichts Unreines berührten, und daß seine Gedanken nicht abgelenkt wurden. Und nun essen sie gemeinsam, nun wissen sie auch zu singen: „Gott verbirgt sich in geheimer Hülle", nun empfinden sie das Geheimnis des „kleinen Gesichtes", fühlen sie das „Geheimnis der Pracht", wissen sie in inhaltsvollem Schweigen inne zu halten, mit lauter Stimme zu schweigen. Und manchmal erschauen sie, was über Ort und Zeit erhaben ist, und bleiben heil.

Und da vermögen sie die Scheide zwischen Werktäglichem und Heiligem zu verwischen, den Sabbat auf Kosten der Woche hinauszudehnen.

Und Dumah, der Fürst der Hölle, schmilzt vor Erregung, er stampft und knirscht, allein er wagt es nicht, die Tore der Hölle zu öffnen, solange noch die kleine Gemeinde im Finstern zusammengedrängt sitzt und schweigt.

Es scheint, daß selbst die Sterne, die schon in der Ausdehnung des Himmels glänzen, ihr Licht von diesem Gotteshause zurückhalten, um nicht das wohlige Dunkel zu stören, das unter dieser dichtgedrängten Bruderschaft waltet.

Mehr als allen anderen ist das Dunkel Jizchok Scholem, dem Kleinen, lieb. Er kann sich jetzt vorstellen — und seine Augen täuschen ihn nicht — daß er und die Bruderschaft eines ist, daß es hier nicht einen Jizchok Scholem und eine Bruderschaft gibt, sondern einen einzigen Bund von Seelen, ein einziges Stück vom Throne Gottes.

Und wenn Rabbi Mottl mit Andeutungen und in halben Worten den „Spruch" irgend eines Zaddiks erklärt, zieht sich Jizchok Scholem zusammen, daß er wie eine Olive groß ist, schlingt jedes Wort in sich und fühlt eine Lust und ein Zuströmen, größer als seine Kraft es erträgt.

So sitzt die Bruderschaft der oberen Welten in einem Winkel dieser Welt, wie eine Gruppe von Königssöhnen, die sich auf irgend einem Schiffe zusammendrängen und in das weite Meer hinausfahren — bis der Diener Schmuel unbarmherzig ein Licht entzündet....

Dann sprechen sie das Tischgebet, beten das Abendgebet und jeder kehrt zurück, die Last des Golus auf seine Schultern zu laden....

Ein Erlebnis am Freitagabend
Von Cilly Neuhaus

EIN Erlebnis braucht kein welterschütterndes Ereignis zu sein, keine Begebenheit großen Ausmaßes, oft ist es nur ein Blick, ein Wort, das die Seele in ihrem Tiefsten aufhorchen läßt.

In welcher Stunde meines Lebens ich am stärksten das Glück des Judeseins gefühlt habe, will ich berichten; es ist unlösbar mit dem Gedanken an meinen Vater verknüpft. Ich war jung verheiratet, als mich völlig unerwartet die Nachricht vom Tode eines 24jährigen Bruders ins Elternhaus rief.

Der Bruder hatte eben seine Studien beendet, als eine plötzlich notwendig gewordene Operation ihn binnen weniger Tage aus unserem Kreise riß. In unserem Geschwisterkreis war er einer der Begabtesten, bestimmt aber der Bescheidenste, der Gütigste und Anspruchsloseste und daher meinem Vater beonders ans Herz gewachsen. So jung der verstorbene Bruder noch war, so bekannt und geachtet war sein Name schon in der jüdischen Welt, und gerade diese Tatsache erhöhte und steigerte den Schmerz um ihn, besonders bei meinem Vater.

Die Beerdigung war am Donnerstag, und am Tage darauf waren wir Kinder wieder einmal alle versammelt zu Schabbos im Elternhaus. Der Freitag-Abendtisch war gedeckt, wie immer festlich und schön, viel zu festlich, wie es mir schien, für unser trauriges Gemüt. Es störte mich, es war doch erst ein Tag seit der Beerdigung vergangen; mir schien es unrecht — wenn auch Schabbos war —, am festlich gedeckten Tisch zu sitzen; es paßte doch gar nicht zu unserer Stimmung. Und in all dem widerstrebenden Empfinden war es mit meiner Beherrschung zu Ende, und ich fing laut an zu weinen. Plötzlich ertönt die Stimme meines Vaters streng und gebieterisch: „Heute weint man nicht, heut' ist Schabbos..."

Ich war erstarrt, ich sah meinen Vater an, ich wollte etwas sagen, so etwa, als wäre mein Schmerz heute nicht weniger als gestern und ließe sich auf Kommando nicht wegzwingen; es sei doch alles noch so frisch u. a. m.; aber ich sagte nichts. Ich sah meinen Vater dasitzen, groß, aufrecht und stark und ganz der Weihe des Sabbats hingegeben, ganz Diener des göttlichen Gebotes „Sochaur es jaum haschabbos lekadschau" (Gedenke des Sabbattages, ihn zu heiligen!)...

Keine Miene verriet mehr den Schmerz, der sein Herz kurz zuvor so schwer getroffen hatte; wie immer wurden die Schabbos-Lieder gesungen, wie immer saßen wir Kinder — alles erwachsene Menschen — um den Tisch herum, ganz unter dem Eindruck des Augenblicks, der uns den Vater in überragender jüdischer Größe zeigte. In Ehrfurcht vestummte mein Mund; keiner von uns weinte mehr, selbst meine Mutter saß am Tisch und beherrschte ihren Schmerz, dem Schabbos zu Ehren. Woher kann einem so viel Kraft kommen? „Heute ist Schabbos", und jüdisches Sein wird so tief empfunden, daß alles Leid der Woche ausgelöscht scheint, ja wirklich ausgelöscht ist? ...

Seit d i e s e m Freitagabend verstehe ich die Begnadung, die in dem Verpflichtetsein an das jüdische Ideal liegt, diese unerhörte Kraftquelle, die wir nur nicht immer verstehen, uns zu eigen zu machen. Seit d i e s e m Freitagabend weiß ich, daß jüdisches Sein stärker sein kann als das „Ich", daß Judesein den Menschen beugt und erhebt zu gleicher Zeit, s o erhebt, daß er im Leid die Kraft findet, nicht gegen das Schicksal zu murren, sondern zu sprechen: „Jisgadall wejiskaddasch ... gepriesen und geheiligt sei der Name des Ewigen ..."

„Heute ist Schabbos, heute weint man nicht", so müßte man gerade jetzt sich und anderen jüdischen Menschen zurufen. Horcht einmal jede Woche auf eine Melodie des jüdischen Lebens, eine alte, immer gleiche Melodie, die immer wieder neu ertönt, um uns Kraft zu bringen für unsere Seele, für das jüdische Leid; die aus der Vergangenheit zu uns spricht und uns über die Gegenwart emporhebt.

Von Abend bis Abend
Von Mendele Mocher Sforim

BITTE kommt mal eine Weile zum Vater Moischales! Schmilek, Moischales Vater, ist Trödler. Den ganzen Tag von morgens bis in die Nacht läuft er mit alten Sachen herum und nützt alle Türen ab, um seine Ware zu kaufen und zu verkaufen. Er ist krumm und gebückt, hat ein blasses, von Sorgen und Leiden zerknülltes und gealtertes Gesicht. Wenn er sich wie ein Hund müde gelaufen hat, kommt er zerschlagen in sein elendes Häuslein, dieses Hundeloch, mit ein paar Pfennigen Verdienst, manchmal gar mit leerer Tasche, schluckt etwas hinunter, Mittag- und Abendbrot zusammen, ohne satt zu werden, spricht das Nachtgebet und wirft sich aufs Bett, um zu schlafen. Der Ärmste liegt wie zerschlagen da, fühlt kein heiles Glied am Körper. Ganz früh ersteht der Tote wieder, ein Jammer, und weitergelaufen, weitergejagt ... So verbringt er während der ganzen Woche sein Hundeleben.

Am Freitag bekommt das elende Loch ein ganz anderes Aussehen: Jedes Winkelchen ist sauber und rein gewaschen. Der Tisch ist mit einem weißen Tischtuch gedeckt, darauf stehen geputzte Messingleuchter mit den Sabbat-Kerzen, zwei schöne, mit Eidotter bestrichene Festtags-Striezel strahlen und entzücken die Augen. Im Hause herrscht süße Ruhe, es duftet nach gedünsteten Speisen, die mit einem Kissen bedeckt auf dem Ofenvorsatz stehen. Die Mutter, die ganze Woche über rußgeschwärzt und elend, strahlt im Schabbes - „Schleier", Anmut ruht auf ihr. Die bloßfüßigen Mädeln, gekämmt und gewaschen, stecken in einem Winkel beieinander, man sieht es ihren Gesichtern an, daß sie etwas mit frohem Herzen erwarten und erharren.

Psst! Man hört Schritte... man kommt... die Tür öffnet sich.

„Guten Schabbes!" sagt Schmilek, aus der Schul' kommend und blickt freundlich mit strahlendem Gesicht auf seine Frau und auf die Kinder.

„Guten Schabbes!" sagt Moischale laut, er kommt schnell, wie mit einer guten Botschaft, hereingelaufen.

Und Vater und Sohn beginnen beide, im Zimmer auf- und abgehend, den Engelgruß zu singen. So empfangen sie die heiligen Engel, die der Herr schickt, der König aller Könige, der Heilige, er sei gepriesen, und die sie aus der Schul' heimbegleitet haben. Der Trödler ist kein Hund mehr, er ist ein Prinz, er hat eine neue Seele und neue Gestalt erhalten. Er macht Kiddusch, vollzieht die Handgießung, setzt sich zum Tisch. Seine Frau sitzt an seiner Seite und die Kinder um den Tisch herum. Alle zücken die Gabeln und die Löffel und ziehen sich ein Stücklein Fisch, Nudeln, Knochen, ein bißchen Zimmes aus der Schüssel — Speisen, die man während der ganzen Woche nicht zu sehen bekommt. Jedes Kind steckt seinen Teil mit allen fünf Fingerspitzen in den Mund, daß auch kein Krümlein herunterfalle, und ißt ihn voll Anmut und Andacht, wie ein Eichhörnchen, das auf einem Baum sitzt und so schön und ernst ein Nüßlein knackt...

Schmilek stimmt sein „Instrument" zu den Smirot und gibt ein prächtiges „Ma jejides" zum Besten:

Selbst der Strom Sambatjon, der während der ganzen Woche ohne Rast läuft, bleibt am Sabbat plötzlich stehen, das Toben und Tosen hört auf, wenn laut der Jude seine Smirot singt. Der furchtbare Strom stört ihn nicht in der Weise des Singens, die schlimmen Wogen schweigen, der Lärm legt sich — still wird's und ruhig...!

Der Sambatjon — das ist Israel, das sind die Juden, die die ganze Woche lang umherhasten. Frohen Herzens ruhen sie einen ganzen Tag voll Jubel, Freude und Zufriedenheit, die Juden all sind frei vor Sorge und Leid.

Schmilek ruht froh.

Am nächsten Abend, nach der dritten Mahlzeit, sitzt er in der Schul' und läßt die Nase hängen. Es ist dunkel. Die Leute sprechen mit brummender, ächzender Stimme den Psalm „Heil denen vollkommenen Weges", der daran erinnert, daß die Prinzessin Sabbat sich auf den Weg macht. Schwermut herrscht, und es riecht wie nach Gurken und Knoblauch. Die Sonne ist schon untergegangen. Feuerrote Wolken flammen am Himmelsrand. Man stellt sich die lodernde Hölle vor, der schreckliche Befehl klingt einem in den Ohren: „Die Frevler zur Hölle zurück!" — Die Frevler im Jenseits, die man am Sabbat in Ruhe und sich frei auf den Schneebergen wälzen ließ, sie werden jetzt wieder in die Schule gejagt: „Geht in die Hölle braten!" Ach, vorüber ist die Frist der Ruhe, der Himmel rötet sich, der Jude sieht die Hölle vor sich, der Ärmste, Zornglut und Wut der Engel der Zerstörung.

Schmilek sitzt gram- und leidvoll.

Zu Hause sitzt seine Frau auf der Milchbank, die Hände im Schoß. Es ist finster. Ein heller Mondstreifen leuchtet durchs Fenster herein und fällt auf die gegenüberliegende Wand und auf die Decke. Schatten absonderlicher

VON ABEND BIS ABEND

Gestalten tanzen und springen und jagen den Kindern Angst ein, sie drängen sich alle aneinander wie erschrockene Lämmer, mit gesenkten Köpflein, ohne ein Wort miteinander zu sprechen. Es ist ganz still. Bloß ein paar Grillen zirpen einander in den Spalten eines Winkels etwas zu. Die Frau sitzt versonnen da, schüttelt den Kopf und beginnt dann gähnend mit trauriger Stimme ihr Lied: „Gott Abrahams... wenn der liebe Schabbes dahingeht..." Schluß, heißt das, zu Ende ist's, der Sabbat ist vorüber. Sie reibt und reibt kunstvoll ein Streichholz an der Wand, aber umsonst, ein zweites, ein drittes, bis in Rauch und Gestank zornig ein blau-rötliches Flämmlein erscheint, mit dem sie nach vieler Mühe eine Pfennigkerze ansteckt.

„Gute Woche!" sagt man und fühlt, daß im Herzen etwas reißt.

„Gute Woche!" flüstert Schmilek mit dumpfer Stimme, und kommt wie eine Katze ins Haus geschlichen. Seine Augen wandern unstet, sein Gesicht ist blaß und in die Länge gezogen, er geht unlustig und verstört hin und her. Jetzt geht die Verwandlung des Prinzen in den Hund vor sich... Die Woche mit dem Leben des Hundes erscheint Schmilek: das Herumlaufen, das Geracker, die Beschämungen und Erniedrigungen und das Suchen nach einem Stücklein Brot — Angstschweiß bedeckt ihn. Aber der Prinz will sich nicht so rasch ergeben, er ringt und läßt sich nicht zur Hölle bringen, er will sich nicht plötzlich in einen Hund verwandeln lassen! Er will Heil und Hilfe, er sucht etwas, woran er sich klammern könnte — vielleicht gibt's noch ein wenig Hoffnung, Gott kann sich noch erbarmen — und die Hoffnung strahlt ihm in der brennenden Hawdala-Kerze auf. Mit fromm-stieren Augen beginnt er Hawdala zu machen: „Siehe, Gott ist mein Heil, ich vertraue und ich entsetze mich nicht...!" Er riecht und erlabt seine ermattende Seele an den Wohlgerüchen, er trinkt aus dem Becher und bestreicht seine Taschen daraus — ein Mittel für eine glückliche Woche. Und die Hoffnung strahlt ihm auf in den Gesängen der Sabbat-Nacht. Gesänge voll heiliger Gefühle, durchwürzt von Tränen und Trost, von Stöhnen und reinem Flehen, wie Honig und Wermut zusammen.

Die Hoffnung leuchtet ihm beim Lied vom „Frommen Mann". Seine Augen erglühen, das Gesicht färbt sich rötlich, er blickt auf sein Weib und die Kinder und voll Gottvertrauen brummelt er innig das wunderbare Begebnis von dem frommen Mann.

„Ach, mein lieber Gott!" beendet Schmilek das Lied mit starren Augen und ergeht sich, vor sich hinbrummelnd, in einer traurigen jüdischen Weise auf der dünnen Saite. „Ach, tu doch ein Wunder, hilf, lieber, lieber Gott, hilf doch, hilf doch, ach wehe, ach wehe!"

Schmileks Frau facht den Ofen auf dem Herde an und setzt einen Topf voll Kartoffeln zum Sabbatende-Mahl auf. Die Kinder sitzen um den Tisch herum, unter ihnen an diesem Abend auch Herschale. Er und sein Freund Moischale beten „Wejiten lecho" — wo den Juden alle goldenen Berge und Wunder versprochen werden — gute Ernte, Rinder- und Schafherden, der Segen im Backtrog und in der Speisekammer, im Handel, Reichtum und Ehre und auch sonst viel Glück — und singen die Smirot. Dann lesen sie Geschichten vor, aus dem „Buch des Rechtschaffenen" und aus anderen Büchern. Eine Unterhaltung entspinnt sich, jeder sagt seinen Teil, man kommt sehr weit ab, und weilt dann nicht mehr in dieser Welt... Inzwischen wird der Borscht fertig, mit dem man die Prinzessin Sabbat begleitet. Im Zimmer sieht es so aus, wie es um die Herzen ist: halb sabbatlich, halb werktäglich, halb süß, halb sauer, so wie beim letzten Mittagmahl, das man einem geliebten Gast vor der Abreise zurichtet — man ißt und seufzt und zeigt ein frohes Gesicht und tröstet sich, daß man sich bald wieder sehen werde.

Den Sabbat entheiligt

Von Israel Zangwill

GROSSMUTTER war über hundert Jahre alt und lag jetzt im Sterben. Nach dem Ausspruch des Doktors hatte sie kaum eine Viertelstunde mehr zu leben. Ihre Krankheit war plötzlich gekommen, und ihre Enkel, die sie stets auszuschelten liebte, konnten nicht zur Stelle sein.

Sie hatte den letzten großen Schmerz bereits durchgekämpft und befand sich an der Grenze ihres irdischen Daseins. Die Wärterinnen vergaßen die Not, die ihnen ihre lästigen Klagen und ihre eingebildeten diätischen Sorgen gemacht hatten, und nickten über dem Bette, in dem der eingeschrumpfte Körper lag.

Sie ahnten nicht, daß die Sterbende soeben das einzige große Ereignis ihres Daseins wieder durchlebte.

Ein polnisches Dorf war ihr ganzer Horizont gewesen. Vierzig Jahre waren es her (sie war damals schon nahe den Siebzig und Witwe), als sie einen Brief erhielt. Er kam an einem regenfeuchten Sommertag, dem Vorabend vom Sabbat. Ihr Junge hatte ihn geschrieben, ihr einziger Sohn, der ein Dorfwirtshaus siebenunddreißig Meilen entfernt innehatte und Weib und Kind besaß. Sie erbrach ihn mit fieberhafter Angst, denn ihr Sohn — ihr „Kaddisch" — war ihr Augapfel. Begierig durchflog sie die hebräischen Schriftzüge von rechts nach links. Da befiel sie eine Schwäche, daß sie beinahe umgesunken wäre. Ein vielleicht zufälliger Satz aus diesen vier Seiten stand vor ihren Augen, als wäre er mit Blut geschrieben: „Seit kurzem fühle ich mich nicht ganz wohl. Das Wetter ist so drückend, und die Nächte sind so nebelig. Aber das hat nichts zu bedeuten. Mein Magen ist nicht in Ordnung, das ist alles."

Einige Rubel lagen dem Briefe bei, aber sie ließ sie achtlos zu Boden fallen. Panische Angst, die das Gerücht schneller als die beschwerliche Post dieser Zeit eilen ließ, hatte die Kunde von einem plötzlichen Ausbruch der Cholera in dem Distrikt ihres Sohnes gebracht. Die Sorge um ihn hatte ihr Herz schon seit langem bedrückt, und dieser Brief bestätigte ihre schlimmsten Befürchtungen. Wenn ihn auch die ersten Symptome der Cholera noch nicht befallen haben mochten, während er schrieb, befand er sich doch augenscheinlich in einem Zustande, der ihn für die Seuche am empfänglichsten machte. Vielleicht war er um diese Zeit auf seinem Krankenlager, wenn nicht auf seinem Sterbebett, wenn nicht schon tot. Großmütterchen hatte viele Menschen sterben sehen und wußte, daß der Todesengel nicht immer gemächlich zu Werke geht. Besonders zu Zeiten einer Epidemie hat er zu viel zu tun, um in jedem besonderen Falle langsam einzugreifen. Die Mutterliebe zog sie zu ihrem Kinde hin. Das Ende des Briefes schien ihr ein besonderes Omen zu sein!

„Komm bald zu mir, liebes Mütterchen. Ich werde eine Zeitlang wohl nicht imstande sein, Dich zu besuchen." Ja, sie mußte sogleich zu ihm — wer weiß, ob es nicht das letzte Mal war? Aber ein lähmender Gedanke ließ sie innehalten. Der Sabbat hatte begonnen. Fahren, Reiten oder jede andere Art zu reisen war für die nächsten vierundzwanzig Stunden verboten.

Schaudernd überblickte sie die Situation. Die Religion gestattete die Verletzung des Sabbats nur, wenn es das Leben zu retten galt. Durch keine Kraft der Logik konnte sie sich zu dem Glauben verleiten lassen, daß die Genesung ihres Sohnes von ihrem Kommen abhing — nein, wenn sie den Fall mit unerbittlicher Gewissenhaftigkeit erwog, sah sie ein, daß seine Krankheit ja nur ihre mögliche Vermutung war. Zu ihm zu gehen, hieß zweifellos den Sabbat verletzen. Und doch, trotz dieser Erkenntnis, blieben ihre Überzeugung, daß er sterbenskrank war, und ihr Entschluß, zu ihm zu eilen, unerschüttert. Nach einem harten Kampf schloß sie mit ihrer Frömmigkeit einen Kompromiß. Fahren durfte sie nicht, das würde andere obendrein noch zur Arbeit veranlassen und außerdem Geldverhandlungen mit sich ziehen. Sie mußte gehen! Wenn es auch Sünde war, das Gebiet der zwölftausend Ellen hinter ihrem Dorfe zu überschreiten, konnte es nichts helfen. Und von allen Arten zu reisen war Gehen noch die geringste Sünde. Der Ewige — gesegnet sei er — würde nicht glauben, daß sie damit eine Arbeit zu tun beabsichtigte. Vielleicht würde er es in seiner Gnade einer alten Frau gestatten, die seinen Ruhetag bisher noch nie entheiligt hatte.

So schürzte Großmütterchen nach einem hastigen Mahle ihr Kleid und schickte sich an, die siebenunddreißig Meilen zu gehen. Den kostbaren Brief verbarg sie an ihrer Brust. Sie nahm keinen Stab mit sich, da Tragen nach der Auslegung des Talmud Arbeit bedeutete. Ebensowenig durfte sie einen Regenschirm mitnehmen, obgleich es trübes Wetter war. Meile auf Meile wanderte sie, dem bleichen Gesicht entgegen, das, ach so weit, hinter dem Horizont war und dennoch ihren Leitstern bedeutete. „Ich komme, mein Liebling," murmelte sie, „Mütterchen kommt".

Die Nacht war schwül. Der Himmel, von einem gespenstischen, fahlen Schimmer erfüllt, schien wie ein Bahrtuch über der Erde zu liegen. Die Bäume längs der Landstraße waren in grauen Dunst gehüllt. Um Mitternacht verlöschte der Nebel die Sterne. Aber Großmütterchen wußte, daß der Weg geradeaus ging. Die ganze Nacht wanderte sie durch den Wald, begegnete weder Mensch noch Tier, obgleich Wolf und Bär hier hausten, und Schlangen sich im Buschwerk ringelten. Nur harmlose Eichhörnchen huschten über ihren Pfad. Der Morgen fand sie erschöpft und beinahe lahm, aber sie schritt weiter. Noch einen halben Tag hatte sie zu gehen.

Sie hatte nichts zu essen mitgenommen, denn auch Speise war eine verbotene Last, und ebensowenig durfte sie am Sabbat etwas kaufen. Im Gehen sprach sie das Morgengebet des Sabbats und hoffte, Gott würde ihr diese Respektlosigkeit verzeihen. Das Gebet ließ sie ihre Mühsal ein wenig vergessen. Als sie durch ein Dorf kam, bestätigte sich das fürchterliche Gerücht von der Cholera. Es beschwingte ihren Gang für wenige Minuten, dann aber war die körperliche Schwäche stärker als alles andere, und sie mußte sich gegen die Hecken am Ende des Dorfes lehnen. Es war bald Mittag. Ein vorübergehender Bettler gab ihr ein Stück Brot. Zum Glück war es ohne Butter, so daß sie es mit geringeren Gewissensbissen annehmen durfte. Sie setzte ihre Wanderschaft fort, allein die Rast hatte ihre Füße nur noch steifer und schmerzender gemacht. Gerne hätte sie sie in einem Bache gebadet, aber selbst das verbot der Sabbat. Sie zog den Brief aus dem Busen, überlas ihn und spornte ihre Kraft mit dem Ruf: „Mut, mein Liebling! Mütterchen kommt!" von neuem an. Die bleiernen Wolken lösten sich in dichten Regen auf, welcher sie anfangs erquickte, bald aber bis auf die Haut durchnäßte, ihre vollgesogenen Kleider zu einer schweren Bürde machte, und die Straße in einen Morast verwandelte, der an ihren schwachen Sohlen widerwillig klebte. Mit Wind und Regenschauern kämpfend ging sie weiter. Eine neue Furcht packte sie: Würde ihre Kraft ausreichen? Mit jedem Moment verlangsamte sich ihr Schritt, sie kroch wie eine Schnecke. Und je müder sie ging, desto lebhafter wurde die Vorahnung dessen, was sie am Ziel ihrer Reise erwartete. Würde sie noch sein letztes Wort hören? Vielleicht kam sie nur, um in das Antlitz des Toten zu schauen? Vielleicht war dies Gottes Strafe, weil sie den Sabbat entweihte: „Mut, mein Liebling," stöhnte sie, „stirb nicht, Mütterchen kommt."

Der Regen hörte auf. Die Sonne kam hervor, heiß und sengend, trocknete ihr Gesicht und Hände und machte sie wieder schweißfeucht. Jeder Zollbreit vorwärts war Qual, aber die wackeren Füße schritten weiter. Wund, geschwollen und lahm versagten sie nicht den Dienst. Eine ersterbende Stimme rief — ach noch aus weiter Ferne! — nach ihr und sich vorwärts schleppend, antwortete sie: „Ich komme, mein Liebling, Mut, Mütterchen kommt! Ich will dein Antlitz schauen, ich will dich am Leben finden."

Einmal bemerkte ein Fuhrmann ihre Müdigkeit und bot ihr an, sie mitzunehmen. Standhaft schüttelte sie den Kopf. Der lange Nachmittag ging zur Neige, sie kroch den Waldpfad entlang, stolperte jeden Augenblick vor Schwäche und verletzte sich Gesicht und Hände an dem Gestrüpp des Wegrandes. Zuletzt schwand die erbarmungslose Sonne, und wallende Nebel stiegen aus dem Waldteich empor. Und immer noch dehnten sich die endlosen Meilen, und immer noch taumelte sie vorwärts, stumpf, fast besinnungslos vor Erschöpfung. Von Zeit zu Zeit murmelten ihre Lippen: „Mut, mein Liebling, ich komme."

Der Sabbat war vorüber, gebrochen, blutend, einer Ohnmacht nahe, wankte Großmütterchen zum Wirtshaus ihres Sohnes an der Waldgrenze. Ihr Herz stand still vor böser Ahnung. Nichts von dem üblichen Feierabendlärm der polnischen Bauern war hier zu bemerken. Der vielstimmige Gesang einer hebräischen Hymne tönte geisterhaft in die Nacht hinaus. Ein Mann im Kaftan öffnete die Tür und legte unwillkürlich die Finger an die Lippen, damit sie leise eintrete. Großmütterchen blickte in das Hinterzimmer. Die Schwiegertochter und die Enkel saßen auf dem Fußboden — dem Platz der Trauernden. „Wann ist er gestorben?"

„Gestern. Wir mußten ihn schnell begraben, ehe der Sabbat kam." Großmütterchen erhob ihre zitternde Stimme und fiel in den Chor ein: „Ich singe Dir einen neuen Sang, o Gott! Auf einer Harfe von zehn Saiten will ich Dir ein Loblied singen!"

„Gesegnet sei der Gerechte", sagte sie und zerriß den Rock ihres Kleides. Die Wärterinnen begriffen nicht, welche plötzliche Willenskraft es vermochte, daß sich die mumienartige Gestalt sitzend aufrichtete. Großmutter tastete zitternd an ihrem welken, eingesunkenen Busen und zog ein Blatt Papier hervor, ebenso gelb und verschrumpft wie sie selber, bedeckt mit sonderbaren Schriftzeichen, deren Farbe längst verblichen war.

Sie hielt es dicht an ihre trüben Augen — ein leuchtender Glanz erglomm in ihnen und erhellte das runzlige Gesicht. Ihre Lippen bewegten sich schwach. „Ich komme, mein Liebling," murmelte sie, „Mut! Mütterchen kommt. Ich werde dein Antlitz schauen. Ich werde dich am Leben finden."

Zu Gast in Portugal
Von Sammy Gronemann

MEIN lieber Onkel Joachim Fink in London, ein alter und sehr frommer Herr, der auf seinen vielen Geschäftsreisen, die ihn über den ganzen Erdball geführt haben — er war Juwelen- und Antiquitätenhändler — manch kurioses Begegnis hatte, kam einst in eine portugiesische Stadt, in der er allerhand verborgene Schätze aufzustöbern hoffte. In dieser Stadt gab es, soweit ihm bekannt war, keine Juden, und er mußte sich mangels ritueller Verpflegungsmöglichkeiten von Eiern und dergleichen Dingen ernähren, während er das Menü seiner Pension durch den ortskundigen christlichen Dolmetscher, den er sich gleich am ersten Tage engagiert hatte, abessen ließ. Am Freitag nun erklärte er diesem seinem Cicerone, daß er am folgenden Tage seiner Dienste nicht bedürfe, da er als Jude an diesem Tage keinen Geschäften nachgehe. Der Mann sah ihn erstaunt an:

„Sie sind Jude? — Unmöglich!"

„Wieso unmöglich?"

„Aber ich habe doch die ganze Woche gesehen, wie Sie arbeiten! — Sie sind doch die Ehrlichkeit selbst und Juden — das sind alles Betrüger!"

„So? — Und woher wissen Sie das? Kennen Sie denn Juden? Es gibt hier doch gar keine Juden!"

„Ich kenne keine Juden, aber es gibt hier Juden. — Sie wohnen in einer besonderen Gasse und sind alles Betrüger!"

„Es gibt hier Juden? — So kommen Sie morgen doch und führen Sie mich in die Judengasse!"

Der Mann erschien am anderen Tage und führte den Fremden höchst widerstrebend, wie es schien, bis zum Zugang in ein armseliges Gäßchen. Weiterzugehen weigerte er sich.

„Wenn Sie wollen, gehen Sie — ich gehe nicht zu den Verbrechern!" —

Es gehört kein besonderer Mut dazu, ein jüdisches Verbrecherviertel zu betreten, und der Fremde schritt also kopfschüttelnd und erwartungsvoll durch jene übelbeleumdete Gasse. Sie sah nach bitterer Armut aus, aber durchaus nicht nach Mord und Totschlag oder als ob dort Gauner und Schwindler ihre Höhlen hätten. Die kleinen Läden waren des Sabbats wegen alle geschlossen —, vor den Türen saßen im, ach so bescheidenen, Sabbatstaat Frauen, während die kleinen Kinder in der Gasse spielten.

„Scholaum aleichem!" rief mein Onkel aufs Geratewohl — den alten jüdischen Friedensgruß.

Im Nu änderte sich das Bild, die Leute, die befremdet und mit mißtrauischer Neugierde den gutgekleideten Fremden angestarrt hatten, der sich in ihr verrufenes Gäßchen gewagt hatte, umdrängten ihn jetzt erregt. — Ein Jude! Ein Jude! — Hier war die seltene Gelegenheit, endlich wieder einmal das Gebot der Gastfreundschaft zu erfüllen. Jeder wollte den Fremden an sich ziehen; wie sich etwa am Werktag Händler in alten Kleidern um einen zahlungsfähigen Kunden streiten, kämpfte man jetzt um den Sabbatgast. Ein Mann in Hemdsärmeln, scheinbar von besonderem Ansehen, siegte und schleppte seine Beute in sein Stübchen, um ihn aufgeregt und freudig seiner Frau und seinen Kindern zu präsentieren. — Ach, es war ein so armseliges Stübchen, und das Sabbatmahl, das auf dem Tische stand — ein paar armselige kleine Fischchen — zeigte die bittere Armut der Bewohner. Der Gast setzte sich, dringender Einladung folgend, zum Tisch, aber er bat, alle nur möglichen Ausreden vorbringend, nicht mitessen zu müssen — tat es ihm doch in der Seele weh, den armen Leuten noch ihr Mahl zu schmälern. Was er an Ausreden vorbrachte, war schlüssig und überzeugend, nur schade, daß die Wirtsleute nichts davon hören wollten. Der Mann machte eine finstere Miene, die Frau aber setzte sich in die Ecke, zog die Schürze über den Kopf und begann zu schluchzen. Was blieb übrig? — Der Gast griff zur Gabel — das Weinen hörte auf, befriedigt und beglückt setzten sich die Wirtsleute zu Tisch, und man nahm das Sabbatmahl gemeinsam ein. Die Leute erzählten, daß sie sich durch einen kleinen Handel mit selbstgenähten Kinderkleidchen ernährten, die Frau hatte einen Verkaufsstand an der Straßenecke. — Daß kein Nichtjude der Stadt mit ihnen, den jüdischen Spitzbuben und Wucherern, zu tun haben wollte, sie erzählten es als Tatsache, die aber kaum noch von ihnen bemerkt oder schmerzlich empfunden wurde. — Nur mit dem Versprechen, vor seiner Abreise wiederzukommen, konnte sich nach Stunden der Gast entfernen. — Er kehrte zur Nacht nach Sabbatausgang wieder und entdeckte auch bald den kleinen Verkaufsstand seiner Gastfreunde.

„Hören Sie, liebe Freunde!" sagte er mit möglichst harmloser Miene. „Es ist ein sehr glücklicher Zufall, daß Sie gerade mit Kinderkleidern handeln. Meine Frau hat mir auf die Seele gebunden, daß ich für unsere Kinder und mehrere Nichten und Neffen, die ich habe, Kleider mitbringen soll. Ich möchte einen größeren Posten kaufen."

Die Leute sahen ihn lange mit großer Ernsthaftigkeit an.

„Sehr schön trifft sich das," sagte die Frau ruhig. „Sie brauchen Kinderkleider? — Also dann gehen Sie bitte zur nächsten Ecke, da finden Sie Kinderkleider in Menge. Bei mir werden Sie nichts kaufen — Ihnen verkaufe ich nichts. Sie wollen Ihr Sabbatmahl bezahlen — das wird nicht geschehen!"

Der Fremde wurde rot, erging sich in Beteuerungen und leistete tausend Meineide. — Nichts half und er mußte eigens einen Tag länger in der Stadt bleiben, bis es ihm gelang, den jüngsten Sohn des gastfreundlichen Paares allein auf der Straße abzufangen, in ein Magazin zu verschleppen und von Kopf bis zu Fuß neu einzukleiden. Aber auch das tat er mit gemischten Gefühlen — es war ihm immer so, als ob er den Leuten eine Art Unrecht antue — den Bewohnern jenes verrufenen Gäßchens, in das sich der Dolmetscher nicht wagte.

SABBAT.

1. Aus dem Abendgebet.

a) Traditionelle Weise.

Arrangiert von E. Birnbaum.

b) Traditionelle (rezitative) Weise.

Für Chor arrangiert von Lewandowski.

LĚCHA DODI.

Für die „drei Wochen"
komp. von L. Lewandowski.
(Kol rinna, Nr. 11).

Hagbaa

Von Gabriel Riesser

Dies ist die Tora, dies das Wort,
Das Gott uns hat gegeben,
Daß wir's bewahren fort und fort
Und tragen durch das Leben.
    Dies ist das himmlische Panier,
    Um das wir mutig stritten,
    Und tausend Tode haben wir
    Um dies Panier gelitten.
Gott, unser König, Gott der Macht!
Du gabst es unsern Ahnen,
Verloren haben wir die Schlacht,
Doch hier sind unsere Fahnen.
    Wohl mancher ward, in sie gehüllt,
    Den Flammen übergeben,
    Wohl mancher ließ auf diesem Schild
    Durchbohrt sein tapf'res Leben.
Der Feind schoß Pfeile, Feuer, Gift
In nie gestilltem Streite,
Wir retteten die Gottesschrift,
Sonst alles ward zur Beute.
    Drum heben wir sie freudig auf,
    Wir dürfen kühn sie zeigen,
    Sie ist gekauft um hohen Kauf,
    Um hohen Kauf uns eigen.
Die Kämpfer ruh'n, doch würden sie
Je wieder uns erreichen,
Sie sollen's finden, daß wir nie
Von unsern Fahnen weichen.

Wie eine Torarolle geschrieben wird

DIE Treue zum Wort, die den Juden seit je kennzeichnete, hat nicht in einem philologischen Bedürfnis ihren Ursprung, sondern in der Liebe zu all dem, was ein Gefäß des Geistes ist. Darum galt dem heiligsten Buche des Juden auch seine heiligste Treue. Heute überrascht die Bibelforscher die peinliche Genauigkeit, mit der die geschriebenen Texte der Bibel nahezu übereinstimmend erhalten sind. Von keinem Werke eines anderen Volkes (auch nicht vom Neuen Testament) läßt sich annähernd Ähnliches behaupten. Wenn heute der Jude vor die Torarolle tritt, so genügt ihm nicht der bloße Text, den man schneller und künstlerisch gewiß nicht minder schön durch Druck herstellen könnte. Die Worte sollen nur durch den Geist leben. Und in jeden der geschriebenen Buchstaben hat ein Mensch die ganze Hingabe eines gesammelten Augenblickes hineingelegt, mit aller Anspannung des Denkens, mit

WIE EINE TORAROLLE GESCHRIEBEN WIRD

aller Verantwortung vor der Geschichte, mit aller Freude, ewige Zeichen durch vergängliche Finger festzuhalten. Nur aus menschlich-übermenschlichem Zusammenwirken kann die Welt sich vervollkommnen. Und was gibt es größeres für den Menschen, als Mitschöpfer zu sein? Selbst das Vorlesen aus der Tora, das in den Buchstaben nur Anhaltszeichen für Ton und Sinn vorfindet, verlangt noch rein lautmechanisch die Energie innerer Anteilnahme.

In einem Privatdruck der Soncino-Gesellschaft weist der Budapester Professor Ludwig Blau darauf hin, daß die Torarolle auch in ihrer äußeren Gestalt Jahrtausende alt und neben der Esterrolle die einzige lebende Vertreterin des antiken Buches ist. Während aber die Buchschreiber der griechisch-römischen Antike zumeist Sklaven waren, mußte die Tora seit je von einem Manne geschrieben sein, der durch großes Wissen und makellos sittlichen Lebenswandel hervorragte. Eine Fülle von äußeren Bestimmungen, welche den Schreibenden für eine ständige, gesteigerte Weihe vorbereiten, sind festgesetzt worden. Vor Beginn der Arbeit muß er mit aller Innigkeit die Worte sprechen: Ich schreibe, um die heilige Lehre aufzuzeichnen. Als Schreibstoff kommt traditionsmäßig das rein gegerbte, weiße, nicht gefärbte Fell eines sonst zum Genusse „erlaubten" Tieres in Betracht; doch ist es nicht nötig, daß das Tier rituell geschlachtet wurde. Die Schreibtinte ist eine feste Tusche, zu deren Herstellung Ruß (gewöhnlich von Olivenöl), Gummi (Harz) und Honig genommen wird; wenn dieses Gemenge trocken geworden ist, wird es in Galläpfelsaft geweicht. Die Tinte soll nämlich schwarz, dauerhaft, aber gleichzeitig auch abwaschbar sein. Darum darf metallische Tinte, die den Schreibstoff angreift, oder irgend ein Farbstoff nicht verwendet werden. Zum Schreiben kann jede Art von „Feder", auch die Stahlfeder, benützt werden.

Bevor nun auf dem Pergamentblatt geschrieben wird, hat es der Schreiber zu linieren, und zwar mit einem Rohr und nicht mit einem Stift. Die Linierung bildet einen unerläßlichen Bestandteil des Werkes und ist geradezu ein Prüfstein für die Echtheit von Torarollen. Geschrieben wird über und nicht unter der Linie. Sind die einzelnen Blätter beschrieben, werden sie mit Sehnen aus dem gleichen Material zusammengenäht, aber oben und unten wird ein Stück freigelassen, weil sonst das Buch beim Rollen infolge der Spannung beschädigt werden könnte. Man rollt die Tora um zwei Stäbe, die oben und unten mit runden Platten versehen sind, damit sich die Windungen der Rolle nicht verschieben.

Der Schreiber muß eine Vorlage vor sich haben und den Text laut lesen; und zwar nur soviel Worte, als er auf einmal im Gedächtnis behalten kann. Bevor er das Wort niederschreibt, muß er es aussprechen. Hat er sich geirrt, darf er die Stelle ausradieren und das Richtige an seine Stelle setzen. Nur der Gottesname darf unter keinen Umständen ausgewischt werden; das ganze Blatt ist dann unbrauchbar. Die Schreibung des Gottesnamens verlangt besondere Andacht. Viele Schreiber waschen sich sogar vorher die Hände.

Die große geistige Arbeit, die das Schreiben einer Torarolle erfordert, drückt sich auch in der Ehrfurcht vor dem geschriebenen Werke aus. Wenn man eine Torarolle erblickt, steht man vor ihr auf, wenn sie zerrissen wird, begräbt man sie wie einen Menschen, wenn sie verbrannt wurde, trauert man um sie wie um einen nahen Verwandten. Th.

Mendel Wilna

Von Leopold Kompert

RANDAR ist die etwas verdorbene Bedeutung für Arendator; dem Jargon des Ghettos war das letztere viel zu unbequem, und es verrenkte ihm daher unwillkürlich einige Glieder. Der Randar ist der Pächter einer herrschaftlichen Dorfschenke oder einer Branntweinbrennerei. Denn bei uns zu Lande haben die „Herrschaften" das Recht, den Geist, den sie selbst brauen und brennen, dem Volke auszuschenken, und da sie das natürlich nicht in eigener Person tun können, haben sie den Randar erfunden, gleichsam eine Mittelsperson, die für einen beträchtlichen Pachtzins die Mühe auf sich nimmt. ...

Nach der „Herrschaft" und ihren allmächtigen Beamten gab es im ganzen Dorfe keine einflußreichere Person als unsern Randar. Sein Haus war das schönste, das man weit und breit in der Umgegend finden konnte; er saß darauf wie auf einem angestammten Lehnsitz, als ein geachteter, immer gern gesehener Vasall seines Herrn und Grafen. Die Pacht war schon seit undenklichen Zeiten im Besitze seiner Familie, sie hatte sich immer von Vater auf Sohn vererbt, und während einer langen Reihe von Jahren war dadurch eine Art selbständiges Eigentum entstanden. Die Brennerei und Schenke, und was dazu noch alles gehörte, machten zwar das Hauptgeschäft unseres Randars aus; aber er betrieb dabei noch eine ausgebreitete Feldwirtschaft, wie dies in der Natur der Sache selbst liegt; seine Äcker waren die bestbestellten, seine Mastochsen die fettesten und die Wolle seiner Schafe am feinsten.

Wie sich Reisende Anweisung auf ein gutes Wirtshaus geben, so bestimmten sich die Schnorrer das Haus des Randars zum gewöhnlichen Stelldichein. Schon im fernen Polen oder Ungarlande, wenn so ein Schnorrer auf die große Bettelfahrt auszog, wußte er, daß ihm im fernen Böhmen Rebb Schmuls Haus offen stand.

„Wenn du nach ‚Pehm' (Böhmen) kommst," sagte man ihm, „so geh du zu Rebb Schmul Randar: sag ihm, ich hab' dich geschickt, du sollst bei ihm auf Schabbes bleiben und ich laß ihm hundert Jahr wünschen" — und auf dem weiten Wege von Polen bis Böhmen leuchtete dem Schnorrer der Name des Randars wie ein goldener Stern voran; überall sprach man ihn mit Begeisterung aus, und wenn er sich während der Woche, von Hunger und Elend matt, auf irgend eine harte Bank hinstreckte, dachte er: „Komm ich nach ‚Pehm', so geh ich zum Randar Rebb Schmul und werd' da einen guten Schabbes haben". Das Elend sah ihn dann nicht mehr so hohl an.

Am Freitag mußte man nun den Randar sehen, wenn er schon um drei Uhr, nachdem er sich mit der grünen Salbe den Bart abgenommen und das Sammtkäppchen aufgesetzt hatte, draußen vor dem Haustore stand, um nach seinen Gästen zu lugen. Es kamen oft ganze Haufen dieser Schnorrer an, ein jeder wurde mit dem „Scholem Alechem" begrüßt, ehe er in das Haus eintrat, und nach Stand und Namen gefragt. Ein jeder brachte ihm dann Grüße und Empfehlungen aus allen Teilen der Welt, der eine aus Ungarn, der zweite aus Mähren und der dritte gar aus Russisch-Polen. Man mochte in diesem Augenblicke glauben, er sei ein König, dem die Stände des Reiches ihre Adressen entgegenbringen.

Am Abend saß er dann mitten unter diesen Gästen zu Tische. Wie duftete und blühte da der Sabbat durchs ganze Haus! Wie wohl ward es da dem Schnorrer ums Herz! Da war es oft kein Wunder, wenn alle Saiten der Freude zu tönen anfingen und oft so laut wurden, daß sie geradezu zum Lärm umschlugen. Das war namentlich der Fall, wenn schon abgespeist und „gebenscht" war, und der Randar dann sagte: „Jetzt schmust laut". Die Schnorrer verstanden, was Rebb Schmul mit dem „Schmusen" meinte. Jeder brachte nun aus dem reichen Schatze seines Gedächtnisses den lange bewahrten Vorrat an Geschichten, lustigen Streichen und talmudischen Spitzfindigkeiten! Einer überbot den andern! O mein Gott! Welch ein Lacher war doch dieser Rebb Schmul, wenn ihm so eine lustige Schnurre wohlgefiel! —

Zuweilen war es aber dort recht traurig. Dann lachte der Randar nicht mehr, sondern war betrübt in der Seele. Das geschah besonders, wenn die polnischen Schnorrer von ihren „russischen" Leiden erzählten. —

Dieses „Schnorrerleben" gefiel besonders Moschele, dem Sohne des Randars, sehr gut. Er konnte oft bis Mitternacht wach bleiben und zuhören. Mit dem ganzen Schatze eines kindlichen Herzens hing Moschele besonders einem dieser Schnorrer an, auf ihn hatte er alle mögliche Liebe geworfen. Er hieß Mendel Wilna.

Mendel kam alle Jahre einmal ins Haus. Er wurde nicht gerade als Bettler, sondern vielmehr als ein Freund betrachtet, der den Randar mit seinem Besuche beehrte. Er war eine hohe gewaltige Gestalt, die sich in der halborientalischen Kleidung wunderbar abzeichnete. Am Sabbat, wenn er seine staubige Kleidung abgetan, umwallte ihn ein seidener Kaftan, die Zobelmütze saß dann auf den schwärzesten Locken, die sich zu beiden Seiten des ausdrucksvoll edlen Gesichts schmiegten, so daß man mit einer Art von Schauer zu ihm hinaufsah.

Ein tiefer Trübsinn lag jedesmal auf dem Antlitz des Schnorrers, wenn er kam. Niemand erfuhr die Ursache. Rebb Schmul hielt ihn durch vieles „Lernen" für etwas im Kopfe verletzt, denn Mendel Wilna konnte oft mit der größten Inbrunst von Jerusalem und seiner baldigen Auferbauung sprechen. Sonst war er schweigsam und zurückhaltend; wenn er aber von Jerusalem zu reden anfing, kannte er kein Maß. Und dieses heiligen Irrtums wegen war er vielleicht beim Randar so beliebt, wiewohl er das alles für eine „fixe" Idee erklärte.

Mendel Wilna war des Knaben innigster Freund. Des Sabbats gingen sie miteinander übers Feld. Da erzählte ihm der Bettler von seinem fernen Vaterlande, schilderte ihm die Länder, die er schon durchzogen, oder unterhielt ihn mit Märchen und heiligen Geschichten. Von seiner eigenen Heimat sprach er nie ein Wort.

Eines Tages war Mendel Wilna früher eingetroffen als gewöhnlich. Es fehlten noch vierzehn Tage zum Wochenfest. Nach den ersten freudigen Bewillkommnungen erklärte Mendel, er komme auf lange Zeit Abschied zu nehmen. Vielleicht für immer. Bei diesen Worten fing Moschele zu weinen an, die Randarin aber fragte: „Und wo geht Ihr denn eigentlich hin, Rebb Mendel?"

„Ich geh' auf Jeruschalajim", antwortete er und legte seinen Reisestab zur Seite.

„Schma Jisroel (Höre Israel)!" rief die Randarin erschrocken, „auf so weit wollt Ihr fort? Habt Ihr denn keine Furcht, daß Euch was zustoßen kann?" Der Schnorrer hob seine dunklen Augen andächtig auf.

„Der mich hat beschützt und erhalten schon so lange Zeit," sagte er mit milder Stimme, „der mich läßt in der Welt herumgehen und einen Rebb Schmul hat hingestellt und eine Rachel, auf die der Segen kommen mag von Kind auf Kindeskinder, der wird mich auch nach Jeruschalajim bringen! Zu Rosch Haschone (Neujahr) will ich schon dort sein, ich kann mich nicht länger aufhalten und muß fort. Komm' ich zurück mit Gottes Hilfe, so bring' ich Ihnen ein Säckel Erd' mit von dort, Rebb Schmul, und Ihnen auch, Madam Rachel."

Der folgende Tag war ein Sabbat. Nachmittags ging der Schnorrer mit Moschele seinen gewöhnlichen Gang übers Feld. Mendel war heute sehr schweigsam, der Knabe schritt neben ihm her, ohne ein einziges Märchen gehört zu haben. Wegen der heißen Sonne suchten sie Schatten, und ohne bestimmte Richtung gingen sie auf den kleinen Erlenwald zu, der nicht weit vom Randarhof seine grünen Schatten wirft. Das Licht spielte anmutig durch die Bäume; es tat wohl, unter den flüsternden Blättern, in dem allgemeinen Schweigen der Natur zu wandeln. In seiner Herzenslust streckte Moschele die Hand nach einem niederhängenden grünen Zweig aus und wollte ihn abbrechen.

„Gott sei davor," rief da der Bettler, der aus seinem Sinnen erwachte, „vergißt du, daß Schabbes ist?"

„Ist es denn so eine Sünd'?" lächelte der Knabe ungläubig, „so ein schöner grüner Zweig!"

„Sei still," sagte der Schnorrer halb unwillig, „meinst du, Gott hat uns den Schabbes gegeben, daß wir in den Wald hinausgehen und die Zweig' abbrechen? So ein Zweig will auch Ruh' haben, wie der Mensch. Nicht wahr, dein Vater läßt heut' nicht arbeiten und nimmt kein Geld in die Hand? Und was das schlechte Stück Silber genießt, was in der Erde ist gelegen, sollt' so ein grüner Zweig nicht auch genießen? Tu das nicht mehr, Moschele, und gib mir die Hand darauf, du willst am heiligen Schabbes keine Zweig' abbrechen."

„Ich will's nicht tun," sagte Moschele, und an dem Tone, womit der Knabe diese Worte aussprach, erkannte der Schnorrer, daß sie ihm aus der Seele kamen. Ein freudiger Schimmer überflog sein Angesicht, er sah den Knaben mit inniger Rührung an.

„Komm, Moschele," sprach er nach einer Weile, „ich will dir heut' etwas sagen, was mir schon lang' die Brust herabdrückt, daß ich dir's nicht hab' sagen können. Jetzt ist aber die Zeit dazu. Gott der Allmächtige weiß, ob ich auf dem Weg nicht werd' sterben, oder was aus mir wird werden. Und ich will nicht, du sollst Mendel Wilna vergessen, du sollst denken an ihn."

Mit diesen Worten warf er sich unter einen Baum, Moschele lagerte sich neben ihn. Eine wahre Sabbatruhe waltete durch die Natur; es war, als hielte sie alle ihre Stimmen an, um mit dem Knaben auf die Reden des Schnorrers zu lauschen.

„Hör mich an, Moschele," begann er, „du bist noch ein Kind, und dein Leben ist wie das Schreibebuch eines Schülers, wo er erst ein paar Zeilen hineingekritzelt hat. Was sagt der König David: Ich bin einst ein Knabe gewesen und bin auch alt geworden — wie lange wird's, da wird das Buch voll beschrieben sein, und an einem Tage wird's Gott zerreißen! Deswegen sollen auch lauter gute Sachen darin stehen. Das Wunder aber dabei ist, du wirst meinen, du habest das Buch selbst geschrieben, und es sind nicht sechs Zeilen von deiner Hand. Tausend Menschen schreiben daran, nicht einmal die Feder führtest du selbst. Du schreibst nach, was dir die Leut' diktieren. Hörst du aber gut zu?"

Mendel hatte diese Ermahnungen nicht nötig. Als wäre ihm die Seele in die Augen getreten, lag der Knabe aufmerksam neben dem Freunde, dessen Rede vor ihm wie ein Strom daherkam, dessen Rauschen man hört, den man aber nicht sieht.

Der Schnorrer fuhr fort:

„Ich weiß, du bist eines reichen Mannes Kind, und dein Vater, der noch hundert Jahr soll leben, braucht dich nichts lernen zu lassen, so kommst du auch in der Welt fort. Aber das weiß ich, dein Vater irrt gewaltig, wenn er meint, sein Moschele wird bei Ochsen und Bauern bleiben wollen. Dein Vater, er soll's mir verzeihen, ist noch einer aus der alten Zeit; wenn er einen Ochsen nur ansieht und gleich weiß, wieviel ‚Stein' er wiegt, oder wenn er mit seinen Bauern beisammen sitzt und ist herzfreund mit ihnen, so meint er, jetzt ist alles getan, mehr braucht ein Jud' nicht. Wer will da auftreten und sagen: Er hat nicht recht? Aber die Welt ist jetzt ganz anders geworden. Nicht einmal mit dem Talmud kommt man mehr fort. Sitz drüber ganze Nächt', bei Tag brauchst du ihn nicht; und wenn du jetzt weißt einen guten deutschen Brief zu schreiben, daß er Fuß und Hand hat, bist du besser daran. Ich rat' dir auch, lern und sei fleißig. Ich werd' kommen an einem Tag, und da werde ich dich fragen: Moschele, kennst du noch Mendel Wilna? Hast du was gelernt, und willst du mit mir nach Jeruschalajim?"

„Nach Jeruschalajim?" fragte der Knabe mit heiliger Scheu, „da geht Ihr ja jetzt hin, Reb Mendel. Nehmt mich gleich mit."

„Narrele," sagte der Schnorrer lächelnd, „das geht noch nicht, du bist zu jung."

„Muß man dazu denn alt sein?"

„Nein," entgegnete Mendel, „man kann zu jeder Zeit hin. Nur muß ich dir sagen, das Jeruschalajim, was ich meine, ist noch gar nicht aufgebaut."

„Ich möchte mithelfen dabei," sagte Moschele nachdenkend.

„Das geht auch nicht, du hast noch keine Kraft. Dazu gehören Schultern, sag' ich dir, wie sie Simson der Held gehabt, daß man nicht umfällt unter der Last."

„Und wer wird das Jeruschalajim aufbauen?"

Da brach ein Strahl der Verzückung aus Mendels Augen, seine Brust hob sich höher.

„Ich," rief er mit feierlicher Stimme, „Mendel Wilna ist von Gott dazu bestimmt. Drum geh' ich jetzt nach dem alten Jeruschalajim und will mir's ansehen. Wenn du älter geworden bist, sollst du mir helfen; denn ich seh' schon, d i c h werd' ich brauchen können. Wo eine Judenseel' ist, will ich hingehen, an alle Türen will ich klopfen und schreien: Mendel Wilna ist da! Jeruschalajim will er aufbauen, kommt alle mit."

Der Schnorrer war bei den letzten Worten aufgestanden, auf seine Antwort fiel ein dicker Strahlenstrom der untergehenden Sonne; er sah merkwürdig aus. Er wandte sich aber nach der entgegengesetzten Seite, wo schon der Abend seine dunklen Taten herabließ. „Dort, dort hinaus," sagte er, „liegt Jeruschalajim!"

Moschele sah ebenfalls gegen Ost. Plötzlich machte der Bettler, der unverwandten Blickes hingesehen hatte, eine heftige Bewegung. „Ich muß dir noch etwas zeigen, Moschele," rief er, „etwas, was du noch nie gesehen hast, schau her."

Er schob sich dabei die Ärmel seines Kaftans zurück, so daß der linke Arm ganz nackt erschien.

„Was siehst du da, Moschele?" sagte er. Es waren blutrünstige hebräische Buchstaben, die mit einem scharfen Instrument in das Fleisch geätzt waren.

„Das heißt Jeruschalajim," sagte der Knabe, „darf man das tun?"

„Und ich hab's getan," sagte der Bettler mit starker Stimme; „wenn ich die ‚Tefillin' umleg', hab' ich das immer vor mir. Sag's aber keinem Menschen, das hab' ich nur dir gezeigt, denn du sollst den heutigen Schabbes nicht vergessen. Jetzt komm aber, es wird schon spät."

Als sie aus dem Walde traten, war bereits der Abend niedergesunken. Im Westen glühten noch die letzten Strahlen der Sonne. Vor allem aber war der stille Randarhof sichtbar, auf dessen Dache eine ganze Glorie von Strahlen lag. Moschele blickte aber nicht hin, er ging beinahe rückwärts gewandt gegen Ost, während Mendel ihn an der Hand fortzog. Die Bauern kehrten von den Feldern heim, sie grüßten den Knaben und seinen fremden Begleiter. Da kam auch Honza (Hans) auf einem Pferde hergetrottet, das an den Pflug gespannt war. Er hielt einen frischen Zweig in der Hand, der ihm statt der Peitsche diente. Als ihn Moschele sah, lächelte er vor sich hin. Er hätte keinen Zweig abgebrochen!

In stillem Ernst kamen sie nach Hause.

Sittenlehrer

Von Leopold Zunz

DIE Exegeten und die Gesetzkundigen waren auch die Sittenlehrer; bei einem verfolgten Stamme, bei einer verleumdeten Religion ist es wichtig, dies in Erinnerung zu bringen. Wie mächtig und rein die sittlichen Überzeugungen waren, zeigt uns die religiöse Poesie ebensowohl als die praktische Gesetzeskunde: das dort Empfundene, halb Ideale, wird hier zu wirklicher, nachweislicher Tat... Aber die Lehrer jener Zeit begnügten sich nicht mit den Wirkungen, die das Gedicht und die Halacha für vorbereitete Menschen haben dürften, sie bereiteten selber vor, ebensowohl durch mündliche Synagogal-Vorträge als durch spezielle Sittenbücher, durch eigene Erörterung und Bearbeitung religiöser Gegenstände...

Diese Moral-Literatur erscheint als Erläuterung der alten Mischna Abot oder als den halachischen und exegetischen Werken zugehörende, an passender

Stelle befindliche Stücke, teils in speziellen Büchern, und zwar bald in der Form von Testamenten an Kinder und Angehörige, bald in Fabel und Dichtung gekleidet, bald auch als eigentliche Anweisungen zu einem sittlichen und gottesfürchtigen Leben. Aus dem Zeitraum von 1050 bis 1490 sind hier wenigstens gegen dreißig Werke namhaft zu machen, deren Verfasser Deutschland und Frankreich angehören.

R. Eleasar B. Jehuda aus Worms (gest. 1238)
Aus „Rokeach":

Keine Krone überragt Demut; kein Denkmal einen guten Namen, kein Gewinn die Beobachtung der Gesetze; das beste Opfer ist ein zerknirschtes Herz, die höchste Weisheit die Weisheit des Gesetzes, die schönste Zierde Schamhaftigkeit, die schönste Eigenschaft, Unrecht verzeihen.

Handle so, daß du vor dir nicht zu erröten hast, gib der Begierde nicht Gehör, sündige nicht und sprich, du wollest nachher Buße tun. Nie gehe ein Schwur über deine Lippen, nie erhebe dein Sinn sich in Hoffart, folge nicht der Augen Lust, verbanne die Hinterlist aus deinem Herzen, die Frechheit von Blick und Gemüt. Sprich nie leere Worte, streite mit niemandem, halte dich nicht zu Spöttern, hadere nicht mit Bösen, sei nicht eingebildet, sondern höre auf Zucht. Hab nicht Wohlgefallen an Ehrenbezeigungen, strebe nicht nach Auszeichnungen, beneide die Frevler nicht, sei nicht neidisch und geldsüchtig. Die Eltern ehre, stifte Frieden unter den Leuten, leite sie zum Guten, und halte dich zu den Gottesfürchtigen. Ist dein Lebensunterhalt dir knapp zugemessen, bedenke, daß du auch für den Atem deines Mundes zu danken und das Leiden als Prüfung aufzunehmen hast. Ist dir Reichtum verliehen, so erhebe dich nicht über den ärmeren Bruder; beide seid ihr nackt zur Welt gekommen, und beiden wird das Lager im Staube bereitet.

R. Ascher B. Jechiel aus Deutschland (gest. 1327)
Aus seinem Testament:

Hebe die Hand nicht auf gegen deinen Nächsten, auch wenn er vor dir deine Eltern lästert; rede von niemandem Böses, verspotte und verleumde keinen Menschen, und hat jemand Unschickliches gesprochen, so gib ihm keine freche Antwort. Auf der Straße soll man dich nie hören, schreie nicht einem Vieh gleich, sondern sprich anständig. Beschäme keinen öffentlich, mißbrauche deine Gewalt gegen niemanden; wer weiß, ob du nicht dereinst machtlos wirst. Nach Ehre jage nicht und stelle dich nicht hin, wo du nicht hingehörst. Nie unterlasse, dir Freunde zu erwerben, und halte auch einen Feind nicht für zu gering. Gilt es einen treuen Gefährten, so sei nicht lässig, ihn dir anzuschaffen, und sorgfältig bewahre ihn, aber Schmeichelei und Falschheit halte fern von ihm.

Bleibe dankbar jedem, der dir zu deinem Brot geholfen; sei aufrichtig und wahr gegen jedermann, auch gegen Nichtjuden; grüße jeden zuerst, ohne Unterschied des Glaubens; erzürne keinen fremden Glaubensgenossen.

Reisende, die bei dir einkehren, nimm gütig auf, gib ihnen Zehrung, Geleit und ein freundliches Wort.

HAMAWDIL

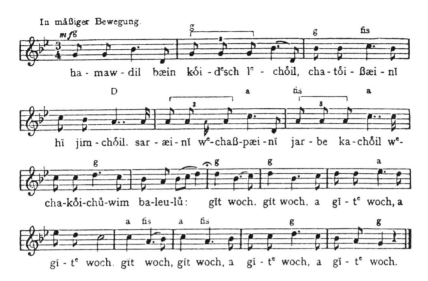

hamawdil bæin kŏidᵉsch lᵉchŏil,	הַמַבְדִיל בֵּין קֹדֶשׁ לְחֹל,
chatŏißæinĭ hĭ jimchŏil.	חַטֹאתֵינוּ הוּא יִמְחֹל.
sarænĭ wᵉchaßpænĭ jarbe kachŏil	זַרְעֵנוּ וְכַסְפֵּנוּ יַרְבֶּה כַּחֹל
wᵉchakŏichŭwim baleulŭ:	וְכַכּוֹכָבִים בַּלָּיְלָה:
gĭt woch, gĭt woch, a gĭte woch, a gĭte woch.	נוט וואך, נוט וואך, א גוטע וואך, א גוטע [וואך.

hamawdil bæin kŏidᵉsch lᵉchŏil,	הַמַבְדִיל בֵּין קֹדֶשׁ לְחֹל ..
wůß tĭt mᵉn, ᵉß gæit gůr nit wŏil!	וואָס טוט מען, עס נייט גאָר ניט וואויל!
særainĭ faranᵉn, wᵉchaßpænĭ — a ni,	זַרְעֵנוּ פֿאַראַנען, וְכַסְפֵּנוּ — אַ ני,
dᵉr schtikᵉl brŏit kĭmt ůn mit mi:	דער שטיקעל ברויט קומט אָן מיט מה.
gĭt woch, gĭt woch, a gĭtᵉ woch, a [gĭtᵉ woch.	נוט וואך. נוט וואך. א גוטע וואך, א גוטע [וואך.

Das Lied benutzt die Anfangszeilen eines bekannten Sabbathgesanges, der an der Schwelle des wieder beginnenden Werktags gesungen wird. Die Verwebung des Hebräischen mit den gefeilten jiddischen Auslegungen ist hier besonders zwanglos vor sich gegangen. Das Hebräische sei hier wörtlich übertragen:

— Der das Heilige vom Ungeweihten sondert,
    Unsere Schuld wird er abschwächen,
    Unseren Samen und unsere Schätze wie Sand mehren
    Und wie Sterne in der Nacht. —

b 3) faranᵉn = vorhanden; a ni = von einer Geste begleiteter, skeptischer Ausruf. c 1) jŏim půnů = der Tag wandte sich; soúm = Rest.

SITTENLEHRER

Aus dem Sittenbuche (15. Jahrhundert)

(Aus der Vorrede:) Die Schnur, welche die verschiedenen guten Eigenschaften des Menschen wie Perlen zusammenhält, ist Gottesfurcht; die Perlen gehen einzeln verloren, wenn der Knoten dieser Furcht sich löst. Ohne sittliche Vorzüge aber gibt es weder einen Besitz der göttlichen Lehre noch eine Erfüllung der Gebote, ja ein einziger Fehler kann alle Vorzüge verderben, wenn z. B. jemand stets durch die Mängel des Nächsten seine eigene Vortrefflichkeit ins Licht stellt. So entweicht aus einem Fasse der beste Wein durch ein kleines unbemerktes Loch. Aber nur wenige Menschen erkennen an sich selbst die Wahrheit; sie sehen wohl die hohe Leiter, aber sie bemerken nicht, daß ihnen zum Hinaufsteigen die Füße fehlen. Oder sie ahnen nicht, welchen Schatz sie an der Seele besitzen, und verkaufen ihr Haus samt dem darin verborgenen Schatze. Das Herz aber ist eine unbeschriebene Tafel; Toren verderben sie durch ihre Kritzeleien, nur die Klugen verstehen, das Zweckmäßige darauf zu schreiben.

(Aus Kapitel 1:) Eine empfehlenswerte Eigenschaft ist die Reinlichkeit. Kleider, Bett, Tisch und Tischgeräte, insbesondere Nahrungsmittel, überhaupt alles, was wir unter Händen haben, sei rein; der Körper vornehmlich, der in Gottes Ebenbilde geschaffen ist, darf nie schmutzig sein.

Es ist ein böser Hochmut, wenn jemand alle anderen für geringer, seine eigene Einsicht aber stets für die vorzügliche hält. Hierdurch wird er verhindert fortzuschreiten; er tut die Dinge nur um des Beifalles, nicht um Gottes Willen, fordert dafür stets Dank, freut sich, wenn andere ihm nachstehen und straucheln. Ein solcher Mensch gleicht einer feinen Speise, die angebrannt und dadurch ungenießbar ist. Je süßer die Eigenliebe uns unseren Dünkel zu machen sucht, desto bitterer werden wir für andere, desto unzugänglicher der Besserung.

(Aus Kapitel 2:) Sei billig und bescheiden im Handel und Wandel mit den Menschen; rede bescheiden mit jedem und behandle ihn mit Billigkeit. Übe Demut selbst gegen Hausgenossen, Arme und Untergebene; habe ein leutseliges Betragen gegen Witwen und Proselyten, ertrage ihre Belästigungen; erwidere nichts, wenn man dich schilt; sei unterwürfig gegen gelehrte fromme Männer, nachsichtig gegen deine Schüler und werde nicht müde, mit ihnen das Gehörte zu wiederholen und es ihnen zu erläutern. Schäme dich nicht, auch von Geringeren zu lernen. Wer gegen jedermann demütig ist, gefällt und gewinnt Zutrauen, und jeder wünscht, sein zu können wie er ist. Je mehr du aber an Gütern besitzest, desto größer sei deine Demut, desto mehr erzeige den Menschen Ehre und Wohltaten.

(Aus Kapitel 3:) Man schäme sich nicht der Ausübung religiöser Gebote, auch wenn darüber gespottet wird; ferner nicht, die Wahrheit einzugestehen, die Menschen zurechtzuweisen, den Lehrer zu fragen, wenn man eine Sache nicht verstanden. Aber man hüte sich, andere zu beschämen, öffentlich des Nächsten Fehler zu rügen, ihm einen Ekelnamen zu geben, oder ihn bei einem solchen zu nennen. Niemals erzähle, daß man dir eine Tochter zur Ehe habe geben wollen, du sie aber ausgeschlagen. Sprich nichts, das dich erröten, andere erblassen macht.

(Aus Kapitel 7:) Es ist ein großes Ärgernis, Böse zu erheben und zu stützen, Gute aber niedrig zu halten und von sich zu stoßen; das ist eine grausame Schwäche. Wirkliches Mitleiden aber ziert den Israeliten; selbst deines Viehs erbarme dich und gib ihm zu essen, ehe du selbst ißt, überhaupt darfst du keinem unnützerweise Schmerzen verursachen. Die Worte der Schrift (Sprüche 12, 10): „Der Bösen Mitleiden ist grausam" bezeichnen denjenigen, der von dem Armen für seine Gaben harte Dienste verlangt.

(Aus Kapitel 8:) Sei mildherzig gegen deine nichtjüdischen Sklaven, erschwere ihnen die Arbeit nicht, behandle sie nicht geringschätzig durch verächtliche Worte oder Schläge; selbst wenn du mit deinem Knechte zankst, rede gelassen und höre seine Einreden an. Unsere alten Lehrer haben dem Sklaven von jedem Gerichte abgegeben und eher für dessen Bedürfnis als für das eigene gesorgt.

Rabbi Kalonimos

Von Ludwig August Frankl

IM Jahre 5480 nach Erschaffung der Welt (1620) lebte Rabbi Kalonimos als Oberrabbiner der aschkenasischen Gemeinde in Jerusalem. An einem Sabbat vor Tagesanbruch stand der Rabbi von seinem Lager auf und ging, wie er jeden Morgen tat, zur Westmauer des Tempels, um in einsamem, inbrünstigem Gebete seine Gedanken zu Gott zu erheben. Er hatte kaum die Schuhe abgelegt und die Stirne träumend an einen Stein der Mauer gelehnt, da stürzte der Synagogendiener totbleich zu ihm heran und meldete ihm zitternd, daß die Gemeinde in der größten Gefahr schwebe, indem die Mohammedaner bewaffnet das Judenviertel umlagern, schon das Tor der Synagoge erbrechen und drohen, die ganze Gemeinde niederzumetzeln, wenn der Oberrabbi ihnen nicht ausgeliefert wird. „Warum verlangen sie aber nach mir?" fragte der Rabbi. „Herr, ich wage das Entsetzliche nicht zu wiederholen." Der Rabbi aber erwiderte: „Man fand einen gemordeten Knaben vor der Synagoge liegen, und die Wütenden sagen, ich hätte ihn erschlagen." Der Synagogendiener antwortete, staunend, woher dem Rabbi die Kunde gekommen: „Du hast es ausgesprochen, o Herr!"

Während er dies sagte, stürmte eine tobende Menge schon heran, mit gezückten Schwertern und geballten Fäusten dem Rabbi drohend. Sie ergriffen und schleppten ihn zum Gerichtshause vor den Kadi und riefen: „Wir bringen dir den Mörder!"

Im Gerichtssaal lag auf dem Teppich die blutige Leiche des gemordeten Knaben, seine Augen waren offen und aus seiner Brust quoll Blut hervor.

Der Kadi fragte ernst: „Warum hast du diesen Knaben gemordet?" Eine lautlose Stille entstand plötzlich im Saale, um die Antwort zu vernehmen.

Der Rabbi antwortete: „Ich habe nicht gemordet."

Da begann das Toben der Menge wieder, Schreie und Flüche wurden laut, und einige stürzten gegen den Rabbi los, um ihn zu töten. Der Kadi gebot Ruhe und fragte den Todbedrohten: „Wie willst du dich von dem Verdachte des Mordes reinigen?"

Der Rabbi erwiderte: „Laß mir Tinte, Papier und Feder reichen, und der

Tote soll dir selbst den Mörder nennen!"

Als man ihm Tinte, Papier und Feder gebracht hatte, schrieb er geheimnisvolle Buchstaben auf das Papier und legte es an die Lippen des ermordeten Knaben. Und da war es entsetzlich anzusehen, wie die Leiche sich emporrichtete, sitzend mit offenen Augen die Menge anstarrte, dann aber plötzlich aufsprang, auf einen Mohammedaner losstürzte und mit schneidender fürchterlicher Stimme schrie: „Dieser hat mich erschlagen!" Nach diesen Worten stürzte der blutige Knabe wieder auf den Teppich zurück.

Der Mörder bekannte, entsetzt über die Erscheinung, seine blutige Tat und wurde vor dem Gerichtshause durch den Diener des Kadi sogleich gehängt.

Die Eltern des Knaben stürzten jetzt zu Füßen des Rabbi und baten ihn, den Knaben durch seine geheimnisvolle Macht lebendig zu erhalten. Der Rabbi antwortete ihnen: „Das darf ich nicht. Mir war es nur gegönnt, die Gemeinde Gottes zu retten."

Der Rabbi vollbrachte fortan sein Leben in Buße und Fasten, denn er hatte durch Schreiben den Sabbat entweiht. Er lebte noch viele Jahre. Sterbend befahl er, daß hundert Jahre lang jeder, der an seinem Grabe vorübergehen werde, einen Stein auf dasselbe werfe, weil in alten Tagen derjenige, der den Ruhetag entheiligte, gesteinigt wurde.

Und so geschah es volle hundert Jahre nach seinem Tode, bis vor vierzig Jahren der letzte Stein nach seinem Grabe geschleudert wurde. Am südöstlichen Abhange des Ölberges ist noch jetzt der Steinhügel sichtbar, unter welchem der wunderwirkende Rabbi Kalonimos begraben liegt.

Die Einführung des Oneg Schabbat durch Bialik in Tel-Aviv
Von Ernst Simon

DER Sabbat ist nicht nur in der Diaspora bedroht, sondern auch in Erez Jisrael. Droht ihm in der Diaprora die Gefahr, mit dem Sonntag vertauscht zu werden, so in Palästina jene andere, selber das Gesicht des Sonntags anzunehmen. Dabei ist auch diese Ausdrucksweise noch zu optimistisch; denn nicht vom wahren, vom christlichen Sonntag darf hier die Rede sein, der ja selber ein „Sabbat dem Herrn", aber ein dem Juden verschlossener, ist, sondern nur von einem verweltlichten, verheidnischten, entgeistigten Sonntag. Der Jude, der seinen Sabbat verliert, tauscht keinen Sonntag dafür ein, sondern gewinnt — nach einer Formulierung N. A. Nobels — einen „Rasttag der Erschöpfung", statt des „Ruhetags der Schöpfung". Bialik war gewiß nicht der einzige führende Jude Palästinas, der diese Gefahr sah; die Rabbinen wiesen in immer wieder erneuten Aufrufen, flehend oder drohend, auf das gefährdete Heiligtum hin und mahnten das Volk in starken Worten zu seiner Rettung; auch andere Stimmen, selbst aus den Kreisen der vom Religionsgesetz sonst Emanzipierten, gesellten sich gelegentlich zu ihnen. Keiner aber raffte sich zu einer Tat auf.

Es ist nicht nur bezeichnend für Bialiks starke persönliche Kraft und seine autoritative Stellung im Volke, sondern auch für die religiöse Lage selbst, daß der erste bescheidene Schritt zur Rettung hier weder aus den Reihen der Rechtsstehenden kam, die den Sabbat „haben", noch aus denen der Linken, die ihn mit größerer oder geringerer Entschiedenheit verworfen hatten, sondern aus jener Mitte, die ihn entbehrte. Zwar hatte der orthodoxe Schriftsteller R a b b i B e n j a m i n die erste Anregung zum „Oneg Schabbat" gegeben, aber zu ihrer Ausführung war nur ein Mann geeignet, der, nicht Rabbi und nicht Arbeiter, in seiner Seele soviel von der Erbschaft des rabbinischen Judentums und soviel vom Pulsschlag des neu arbeitenden Lebens trug, daß er versuchen durfte, beide zusammenzubringen. Dieser Versuch ist der „Oneg Schabbat".

Man kann nicht sagen, daß diese seine Absicht ganz geglückt sei. Die eigentliche proletarische Jugend bleibt dem „Oneg Schabbat" in Tel-Aviv in ihrer Mehrzahl fern, aber andererseits hat die Bewegung ihre Geburtsstadt längst verlassen, hat sich über Palästina und die Diaspora ausgebreitet, ist in das Leben der Jugendbünde, gerade auch der linksstehenden und chaluzischen, eingedrungen und hat manchem entwöhnten Juden den ersten Abglanz des Sabbat gebracht. So hat denn doch der persönliche Einsatz reiche Frucht getragen, den hier nicht der Dichter Bialik, sondern der erste jüdische Geistbürger der jüdischen Stadt wagte: sich mit dem eigenen Menschentum in die Bresche zu werfen, die sich zwischen dem zentralen Heiligtum des Volkes und diesem Volke selbst aufgetan hat.

Den Beginn hatten ziemlich formlose Versammlungen gemacht, die an den Sabbat-Nachmittagen in der nicht sehr geräumigen, aber immer drangvoll überfüllten Aula des Tel-Aviver Herzl-Gymnasiums stattfanden. An den Sabbaten der Neumondsweihe lernte Bialik selbst Aggada vor; seine eigene Sammlung in der Hand haltend, den Hut — beileibe kein orthodoxes Käppchen! — auf dem Kopf, ihn aber auch minutenweise, der Hitze wegen, ablegend, die vorgetragenen Stücke mit ungeheurem Beziehungsreichtum der atemlos lauschenden Menge erklärend. An den drei anderen Sabbaten des Monats fanden Vorträge anderer Persönlichkeiten statt, meist über jüdische, gelegentlich auch über ein anderes Thema; Bialik war stets anwesend, führte den Vorsitz, leitete ein und ergänzte den Vortrag aus der unerschöpflichen saftigen Fülle seines Wesens und Wissens. Zu Beginn und zum Schluß aber sang man Smirot, die alten Sabbat-Gesänge.

Der Rahmen blieb diesem Anfänglichen ungefähr gleich, nachdem es Bialik gelungen war, einen Mäzen zu finden, der dem Oneg Schabbat ein eigenes Haus baute; es erhielt den Namen Ohel Schem, „das Zelt Schems", das der Aggada zufolge die erste Lernstätte der Tora war, nach der sich der Urvater Jakob schon im Mutterleib gesehnt hat.

Als der einundzwanzigjährige Dichter am Neunten Ab 5654 (1894) wieder „auf der Schwelle" des Lehrhauses gestanden hatte, da nahm er, trotz all seiner Baufälligkeit, von ihm in der Gewißheit Abschied:

Du wankst nicht, Zelt Schems! Noch bau ich dich, und du bleibst erbaut...*)

Nun, nach etwa fünfunddreißig Jahren, machte der Alternde die Voraussage des Jünglings wahr und baute sein „Ohel Schem", das neue Lehrhaus.

---

*) Vgl. zur zweiten Hälfte des Satzes Jer. 31, 4. Dieser Bibelvers steht heute im Wappen der Stadt Tel-Aviv.

In derselben Epoche aber hat Franz Rosenzweig in Frankfurt a. M. das „Freie Jüdische Lehrhaus" geschaffen — so wunderbar einheitlich sind, trotz der Zerstreuung, die Wege Israels. Ein Versuch Rosenzweigs freilich, Bialik während seines Homburger Aufenthalts zur Mitarbeit am „Lehrhaus" heranzuziehen, war seinerzeit gescheitert.

Doch nun hatte Bialik sein eigenes Lehrhaus: einen geräumigen Saalbau, der mit der Empore etwa fünfzehnhundert Menschen faßt und sich sehr bald als zu eng erweisen sollte. Sabbat auf Sabbat drängten sich die Massen hinein. Trotz des mitunter kampfreichen Andrangs waltete bald eine schöne Ordnung; vorn um den Tisch nächst dem Podium, das vor Bialiks Stuhl stand, versammelten sich die Schriftsteller und geistigen Repräsentanten Tel-Avivs; alle anderen füllten die Stuhlreihen und empfingen allsabbatlich, sauber gedruckt und mit Noten versehen, ein neues Sabbatlied. Mit Hilfe eines geschulten Dirigenten und Chors lernte die ganze Gemeinde — es war eine Gemeinde — den neuen Gesang und wiederholte die alten, um dann, nach Vortrag und Schlußwort, sich in die Dämmerung und die Nacht hineinzusingen, die sich allmählich auf den großen Saal und seine im Dunkel verschwimmenden Massen niederließ.

Schließlich erhob sich alles: Hawdala! Im Augenblick, da das Wort Or, „Licht", erklang, gesellten die elektrischen Flammen sich dem einsamen Schein der Kerze des Sabbatausgangs, zu immer wieder erneuter Überraschung und Freude der Menge, die das Wunder des „verborgenen Lichtes" der neuen Schöpfungswoche mit kindlichem Staunen begrüßte. So war Bialiks „Oneg Schabbat". Das alles war neu, war nur eine neue Form und ein neuer Name für eine Sabbatfeier, die Bialiks chassidischer Jugend tief vertraut war — für das dritte Sabbatmahl. Wie man dort, um den Tisch herum, in traulicher Gemeinschaft die Sabbat-Dämmerstunde begangen hatte, den Worten des Rebben lauschend und vor allem singend, singend, so sollte diese geprägte Form lebendig sich erneuen: aus der Klause der Sekte in die Breite des Volkes tretend und doch ihr Eigentliches wahrend.

Bialik war auf dem Wege der Heimkehr und er nahm sein Volk mit nach Hause.

Der ewige Sabbat
Von Jizchok Leib Perez

Sabbatausgang. Im Zimmer brennt kein Licht. Nur das Silbernetz, das Schneeglanz und Mondlicht weben, gibt zitternden Schein.
(Vorhang)
(Das Zimmer ist leer)
ERSTER SCHÜLER
(durch die Tür links, geht auf und ab)
Sabbat! Sabbat! Noch immer Sabbat!
(bleibt bei der Tür rechts stehen, hört auf die nahenden Schritte)
Noch ward nicht Hawdala gemacht...

ZWEITER SCHÜLER
(eintretend)
Kurz wird die nächste Woche sein...
DRITTER SCHÜLER
(nach ihm eintretend)
Muß sie überhaupt beginnen...?
(Alle drei gehen in Gedanken versunken durch das Zimmer)
ZWEITER SCHÜLER
(vertritt dem ersten den Weg)

Weißt du, was geschah?
DRITTER SCHÜLER
(zum ersten)
Sprich ein Wort nur!
ERSTER SCHÜLER
(geheimnisvoll)
Traumgesichte der Verzückung...
ZWEITER SCHÜLER
Hat sie deutender Sinn begriffen?
ERSTER SCHÜLER
Mirjam!
DRITTER SCHÜLER
Sie!?
(Brechen das Gespräch hastig ab, da sich Schritte nähern. Die Schüler gehen wieder durch das Zimmer. Ins Zimmer treten zwei Greise)
ERSTER ALTER
(rapportierend)
Kaufleute wagen nicht heimzufahren;
Ein Weib
Zagt zu entringen das Leben dem Leib;
Ohnmächtig kreißt sie...
ZWEITER ALTER
(ebenso)
Im Abenddunkel
Murmelt das finst're Beth-Hamidrasch
Gleich einem Waldbach in Schattennacht.
(Pause. Sich zu den Schülern wendend)
Warum wird nicht Hawdala gemacht?
(Die Schüler antworten nicht, die Greise ziehen sich scheu in einen Winkel zurück, wenden kein Auge von den Schülern und horchen angestrengt auf ihr Gespräch)
ERSTER SCHÜLER
(in Gedanken für sich)
Einmal
schlief er ein;
Da zittert er auf, öffnet die Augen
Schreckhaft und ruft:
„Rot ist die Welt...!"
Mirjam hört' es...
ERSTER ALTER
(zum zweiten)
Mirjams Namen erwähnt' er!
ZWEITER ALTER
Mirjams Namen erwähnt' er!
ERSTER SCHÜLER
(fortfahrend)
Und sie sprach:
„Strömen gleich
Wird sich ergießen
Judenblut über die Welt...!"
ERSTER CHASSID
(tritt hastig ein)
Zuhauf steht das Volk auf dem Markt;
Schreck und Geheimnis
Lastet auf ihnen.
Keiner öffnet den Laden,
Keiner entzündet ein Licht!
ERSTER SCHÜLER
Wieder
Schlief er ein;
Schreckhaft fährt er empor:
„Flammen, Flammen lodern zum Himmel!"
„Im Rauch
Werden Städte und Dörfer vergehn —"
Antwortet Mirjam.
ZWEITER CHASSID
(eintretend)
Der Markt weint... —
Des kreißenden Weibes Wehen
Zerren an ihr schon den dritten Tag;
Tragen kann sie's nicht mehr...
Was wird geschehn?
ERSTER UND ZWEITER ALTER
ERSTER UND ZWEITER CHASSID
Was wird geschehn?
ERSTER SCHÜLER
(versonnen)
Wieder ersieht er
Ein traumhaft Gesicht:
„Im finstern Wald
Steht Baum an Baum,
Die Kronen zu einer verflochten,
Hart stößt Wurzel an Wurzel;
Eng ist ihnen...
Der Sturmwind rast einher,
Erfüllt eines Baumes Zeit;
Die Wurzel ersieht das Licht,
Er stirbt.

Doch fallen kann er nicht,
Zu eng der Raum, zu fest das Geflecht...
Er schwebt..."

EIN ARMER CHASSID
(tritt ein)
Voll ist der Hof;
Es wimmelt, es murmelt —
(blickt zum Fenster hinaus)

ERSTER SCHÜLER
(vor sich hinmurmelnd)
„Zwischen den Stämmen unten
Rast ein schrecklich Geheimnis einher,
Wie ein hungernder Wolf...
Brennende Hungeraugen
Stieren aus dem Wald...
Zwischen den Zweigen,
Wo Leben und Tod
Zur Einheit verflochten,
Nisten Vögel,
Große Vögel.
Sie hüpfen
Von Zweig zu Zweig
Und lachen,
Lachen, lachen ohne Aufhör."

DRITTER CHASSID
(von rechts eintretend)
Bei der heiligen Lade,
Den schwarzen Kopf an den Vorhang gedrückt,
Steht Pinchas...
Zwischen der Menge
Drängt sich der Gabbe umher,
Wispert und pispert,
Horcht und hört von Ort zu Ort,
Fängt da ein Wort, faßt dort ein Wort,
Läuft fort und erzählt es Pinchas sofort...
(bricht ab, da Mosche [Pinchas' Sohn, Enkel Rabbi Salomos] eintritt)

MOSCHE
(tritt von links ein; blasses Gesicht, erschreckt blickende Augen, unruhig. Er hält ein Gebetbuch in der Hand)

ERSTER ALTER
(tritt auf Mosche zu; zornig)
Was gibt es drinnen?
Was für Pläne
Heckt unser kluger,
Eifriger Gabbe
Mit deinem Vater aus?

MOSCHE
(ängstlich)
Ich weiß nicht,
Glaubt es mir, ich weiß nichts...!

ERSTER SCHÜLER
(noch immer versonnen zu sich)
Und Mirjam, Mosches Frau, sagt:
„Unheil und Untergang droht...!"

MOSCHE
(tritt zum Fenster, versucht zu lesen. Die Chassidim und Greise drängen sich an ihn heran. Abwehrend)
Laßt mich, faßt euch in Geduld!
Juden, faßt euch in Geduld!
Ist der Trauer noch zu wenig?
(Man hört draußen Weiberweinen)

ERSTER ALTER
Die Weiber reißen die Schul' ein.

ZWEITER UND DRITTER ALTER
Wegen des Kindes.

EIN ARMER CHASSID
Es konnte nicht warten!

ERSTER SCHÜLER
(hört das Weinen; erhebt sich unwillig)
Vor der Hawdala
Die Schul' einreißen?
(Man hört Türen öffnen und schließen. Mirjam tritt ein, hellblau gekleidet; träumerisches Gesicht, nachtwandlerische Schritte; sie nickt allen freundlich zu und tritt ans Fenster. — Pause.)
(Die Schüler haben sich erhoben und stehen still auf ihren Plätzen, die Greise drücken sich tiefer in den Winkel, die Chassidim wollen das Zimmer verlassen, bleiben aber verwundert stehen und murmeln zueinander)

MOSCHE
(will die gedrückte Stimmung verscheuchen)
Mirjam! Wie geht es den Kindern?

MIRJAM
(langsam, mitleidsvoll)
Sie schlafen still.
Kinder wissen nichts,
Kinder fühlen nichts.
Kissen legte ich ihnen

Unter die zarten Köpfchen...
Sie lächeln selig...
   (Tonänderung)
Kinder lächeln schrecklich...!
MOSCHE
(blickt sie vorwurfsvoll an)
MIRJAM
(schaut zum Fenster hinaus; vor sich)
Eine Wolke zieht
Vom Westen her
Dem Hause zu,
Senkt sich nieder auf uns.
Kinder wissen nichts,
Kinder sehen nichts...
  (Pause. Sich ins Zimmer wendend,
    fragend - ernst)
Warum wird nicht
Hawdala gemacht?
(Draußen hört man Murmeln der Menge,
das immer stärker wird. Alles horcht mit
    Schreck)
MIRJAM
(mit Schreck und Verachtung)
Das Volk, die schwarze Menge...
Brennende Hungeraugen...
STIMMEN
(immer näher kommend, pflanzen sich ins
Zimmer fort, die Worte werden von den
Leuten im Zimmer aufgenommen)
Der Rabbi! Der Rabbi!
RABBI SALOMO
(tritt durch die Mitteltür. Eine hohe
hagere Gestalt, blasses Antlitz. Er ist
ganz in Weiß gekleidet, Haar und Bart
sind weiß, so daß das schwarze Käppchen
seltsam absticht. Des Rabbi alabasterweiße
Stirn ist ungewöhnlich hoch, seine Augen
groß und verzückt glänzend. Auf seinem
verwitterten Greisenantlitz liegt ein selig-
kindliches Lächeln. Hinter dem Rabbi
drängt sich das Volk durch die geöffnete
Tür, hinter ihnen Pinchas und Israel, der
Gabbe. Rabbi Salomo wendet sich zum
    Volk)
Salomo macht
Die Hawdala nicht...!

(Erschrockene Gesichter. — Das Volk
zieht sich während des folgenden allmählich still zurück, zuletzt schließt der
Gabbe die Tür. Mirjam schiebt dem Rabbi
einen Lehnstuhl hin)

ERSTER CHASSID
Rabbi! Schreck erfaßt das Volk
Ob unerhörten Geschehens.
RABBI SALOMO
(die Hand auf den Lehnstuhl stützend)
Volk? Dies wär ein Volk?
Zwei... drei... fünf Dutzend
Kleine vertrocknete Judenseelen...!
Sie trippeln heran,
Ängstlich-neugierig klopfen
Sie beim Zaddik an...
   (Tonänderung)
Vereiste Seelchen, werktagtrockene
 Herzchen
Strecken Bettlerhände
Dem Allicht entgegen:
„Ein Lichtfünkchen,
Ein Lichtgeschenk,
Ein Wunder, einen kleinen Wink
Aus jener Welt!"
Und jeder nur für sich,
Für Weib und Kind,
Für Haus und Gesind...
   (Pause)
MIRJAM
(beim Fenster träumerisch)
Eine schwarze Wolke
Deckt den Himmel;
Ein schwarzer Vogel
Spreitet die mächtigen Schwingen...
RABBI SALOMO
(einfallend)
Ein schwarzes Kleid
Hüllt die Seele der Welt;
Traurig tönt
Der Schechina Klage.
Im eig'nen Blutrausch
Zappelt und zittert
Das Weltenherz...
  (sich hoch aufrichtend)
Gelöst aus Pein
Werde die Welt:
Ich mache die Hawdala nicht!
MIRJAM
(beim Fenster, sinnend)
Zornig dräut
Das Wolkendunkel;

DER EWIGE SABBAT

Zornbraun blickt des Himmels Antlitz.
Und sie lächeln...
Kinder sehen nichts!
RABBI SALOMO
(bitter)
Zorn verzerrt des Himmels Antlitz,
Zorn über Rabbi Salomo,
Der die Hawdala nicht macht.
Da flattern sie schon heran,
Die ängstlich-zitternden Seelchen,
Zur schweren Pflicht gerufen:
Haben die Täubchen
Nicht ihre Reinheit
Befleckt in der Tiefe?
Fehlt nicht ein Federchen?
Ist nicht ein Flügelchen
Arg geknickt?
Jetzt will man sie mustern.
Bereit steht der güld'ne Richtstuhl;
Man will sich versammeln
Zu Recht und Gericht...
(weich)
Und die Seelchen flattern,
Die Herzchen zittern;
Noch ist der Richttag,
Der furchtbare Richttag!
(Tonänderung)
Bebet nicht, Seelchen,
Flattert nicht ängstlich!
Salomo macht nicht Hawdala...
Man wird nicht richten...!
(Pause)
MIRJAM
(beim Fenster)
Stürme jagen,
Treiben, blasen
Toll ums Haus...
RABBI SALOMO
Schon sendet grollend
Hinaus ihre Boten
Die Hölle.
Schwarze Vögel flattern im Wind,
Zornig zerrt an seiner Kette
Der schwarze Hund;
Er will sein Recht,
Denn der Sabbat ist vorüber.
Aber Salomo
Macht nicht Hawdala;
Er will nicht...
Flammender Rauch
Ringelt empor;
Schon kochen die Kessel
Und sieden und zischen:
„Kehret ein
Zu Schreck und Pein!
Ihr Frevler all',
Zur Höllenqual
Zurück, zurück!"
Und die Seelchen,
Die sündenbefleckten
Drängen sich zitternd
Dem Sabbatausgang zu,
Zur neuen alten Pein.
Schreckhaft zittert ihr Herz...
(Tonänderung)
Zittert nicht, Seelchen,
Flattert nicht ängstlich!
Freut euch der Sabbatfreiheit!
Ich mache nicht Hawdala...
(Der Gabbe geht durch die Tür rechts ab)
DIE ÜBRIGEN
(erschreckt)
Was wird geschehn?
Rabbi! Was soll dann sein?
RABBI SALOMO
Sabbat soll sein, ew'ger Sabbat!
Den Sabbat halt ich
Mit Zangen fest.
Nicht gerichtet, nicht gestraft
Werde fürderhin die Welt!
(Pause)
Droben vor dem Thron des Höchsten
Schwingt eine güld'ne Waage;
Ewig zittert ihr Züngchen:
Die kleinste Guttat, das kleinste Übel
Erzählt ihre nimmermüde Zunge
Dem Weltengericht.
Doch stillstehn kann sie nicht!
Ihr ewiges Schwanken
Sieht der höchste Richter
Mit erbarmendem Leid —
Und kann nicht Einhalt tun...
(Pause)
Vor Roms Toren

Sitzt der Messias und harrt seines Tages,
Sich zu erheben vom Sitze der Schmerzen.
Voll Ungeduld tastet er
Nach seinen Wunden —
Sie heilen nicht...
Qualvoll krampft er sich auf —
Noch ist die Zeit nicht da,
Noch kann er die Tat nicht tun...
Und die Welt versinkt
Im Trauermeer...
    (aufspringend)
Nein! Erlöst
Werde die Welt!
DIE ÜBRIGEN
    (erschreckt)
Rabbi! Wie soll's geschehn?
RABBI SALOMO
Sabbat sei,
Sabbat währe
Ewiglich.
Säen und Ernten,
Handeln und Hasten
Ist nicht mehr.
EIN ARMER CHASSID
So wird die Welt zugrunde gehn?
RABBI SALOMO
Zugrunde gehn
Soll die Welt!
Doch wir, die Sabbatfeierfrohen,
Lösungjauchzendfreien Juden
Schreiten über ihre Trümmer...
MIRJAM
(die nach und nach den Worten Salomos mit steigender Aufmerksamkeit gelauscht hat, freudig-erregt zu Salomo hintretend)
Wohin, mein Ahn, wohin?
RABBI SALOMO
Zu Ihm!
Singend und tanzend,
Ziehn wir zu Ihm.
    (In höchster Begeisterung)
Singet und tanzet,
Jauchzet mir mir...!
(Er singt und tanzt in höchster Ekstase. Der Hängeleuchter klingt melodisch. Die Schüler und Greise fassen einander bei den Händen und tanzen. Die Chassidim sehen stumm erschrocken zu)
MIRJAM
(tanzt mit Rabbi Salomo, ein träumerisches, bräutlich-glückliches Lächeln um die Lippen)
Die höchste Höhe... auch mir...
RABBI SALOMO
(bricht den Tanz ab, in höchster Verzückung)
So ziehn wir ein
Mit Sang und Tanz,
Wir großen, stolzen Juden...!
Hoch empor
Flammt die Seele,
Teilt die Wolken;
Seht! Die Himmel
Öffnen sich uns.
Zum Throne der Herrlichkeit
Ziehn wir empor,
Ziehen empor
Zum Paradiestor!
Bückt euch nicht und bittet nicht!
Wir, die großen, stolzen Juden,
Sprechen frei vor ihm:
„Länger konnten wir nicht warten."
Singt und tanzt das Lied der Lieder,
Singt euch auf zu Ihm...!
    (Er singt psalmodierend)
MIRJAM
(fällt leise ein mit den Worten aus dem Hohelied)
Küsse mich
Mit dem Kuß deines Mundes,
Deine Liebe ist süßer denn Wein.
(Leiser Abklang des Gesanges. — Pause höchster Verzückung)
ISRAEL
(tritt durch die Mitteltür ein; durch die offene Tür sieht man das Volk, mit freudigen Gesichtern neugierig hereinlugend)
Viel Glück zur neuen Woche, Juden!
RABBI SALOMO
(sinkt auf den Lehnstuhl)
Weh! Nicht vollbracht...!
    (springt plötzlich auf, kraftvoll)
Wer durfte die Hawdala machen?
ISRAEL
(mit schneidendem Ton)

DER EWIGE SABBAT

Euer Sohn,
Pinchas, der neue Rabbi!

RABBI SALOMO
(schreit auf)

Mein Sohn!
Mein schwarzer Sohn!

(Geht der Tür im Hintergrund zu. Mirjam und die Schüler stützen ihn und führen ihn fort. Während Rabbi Salomo mit Mirjam und den Schülern abgeht, tritt durch die Tür rechts Rabbi Pinchas ein. Schwarze Kleidung. Er geht mit festem Schritt dem Lehnstuhle Rabbi Salomos zu. Die Greise, welche Rabbi Salomo folgen wollen, bemerken, während sie die Schwelle überschreiten, Rabbi Pinchas' Eintreten, bleiben stehen und wenden sich zitternd Pinchas zu.)

MIRJAMS STIMME
(aus einem Zimmer im Hintergrund)

Einen Arzt! Einen Arzt!

(Bewegung; die Chassidim, die seit Salomos Tanz starr in ihrem Winkel gestanden waren, wollen hastig zur Tür.)

RABBI PINCHAS
(ist beim Lehnstuhl angelangt, stützt seine Hand auf die Lehne, streng)

Es wird kein Arzt geholt!

(Erschrockene Pause)

ISRAEL

Rabbi! Setzt Euch!

DIE GREISE
(mit schwacher Stimme)

CHASSIDIM
(fester)

Rabbi! Setzt Euch!

Hawdala
Holzschnitt aus einem alten
Minhagim-Buch, Amsterdam 1723

An des Sabbats Ende
Von Abraham ibn Esra

An des Sabbats Ende,
An des Heil'gen Wende,
Den im Linnen sende,
Der Messias heißt.

    Deinen Segen bringe,
    Herr! in alle Dinge,
    Wenn in gleichem Ringe
    Stets die Woche kreist,

        Der du Rat zu finden,
        Not zu überwinden,
        Die nach allen Winden
        Flieh'n, zu einen weißt.

            Schönster Fleck der Erde!
            Nimm du auf die Herde,
            Daß nach viel Beschwerde
            Glück uns wieder gleißt.

                Herr! in Höhlen jage
                Drachen, unsre Plage!
                Deine Kraft zerschlage
                Jeden bösen Geist.

Führ' uns deine Pfade,
Grimm auf sie entlade!
Daß als Quell der Gnade
Alle Welt dich preist.

    Deine Lilie blühe!
    Glanz, wie einst, versprühe!
    Weihrauchdampf erglühe,
    Der nach oben weist.

        Alter Zeit gedenke,
        Unsre Schritte lenke,
        Und Erlösung schenke
        Uns, die lang verwaist.

            Ja, mein Heil muß tagen,
            Hoch der Tempel ragen!
            Kannst es nicht versagen,
            Daß du uns befreist!

Bemerkungen zu den Stücken der Sabbat-Lektüre

Theodor Zlocisti: Sabbatanfang

Aus der Gedichtsammlung „Am Tor des Abends. Lieder vom Heimweg" (Jüdischer Verlag, Berlin). Wir stellen dieses Gedicht eines der ersten Mitarbeiter Theodor Herzls an die Spitze unserer Lektüresammlung, so wie wir mit einem Gedicht aus derselben Sammlung schließen. Beide Gedichte geben der Stimmung, Ausdruck, die symbolisch für das ganze Buch in der Umschlagzeichnung festgehalten ist.

N. A. Nobel: Der Sabbat

Nehemia Anton Nobel, 1871 in Ungarn geboren, 1922 als Rabbiner in Frankfurt a. M. gestorben, Mitbegründer des Misrachi, war einer der größten Kanzelredner seiner Zeit. Deutscher Klassizismus und jüdische Mystik hatten sein Denken geformt. An der Frankfurter Universität lehrte er jüdische Religionswissenschaft. Das abgedruckte Stück ist seiner Arbeit „Der Sabbat" entnommen, die in dem Sammelband „Soziale Ethik des Judentums" (Hgg. vom Verband der Juden in Deutschland, 2. Auflage; J. Kauffmann Verlag, Frankfurt a. M.) enthalten ist.

Philo: Das Licht der Sechs

Philo(n) von Alexandrien, geb. um 30 v., versuchte die jüdische Überlieferung durch allegorische Ausdeutung in seine platonische Weltauffassung einzugliedern. Er übte durch seine Lehre vom Wort (logos), das sich als Schöpferwille von Gott löst, großen Einfluß auf die christliche Theologie. Das abgedruckte Stück zeigt sehr klar die Tendenz zu allegorischer Deutung, die später geraden Wegs zur Zahlenmystik führte, deren Grund aber immer sittliche Besinnung aus inniger Gottesliebe war. Unsere Stelle zeigt auch, daß vor zweitausend Jahren der Charakter des Sabbats der gleiche war wie heute. Wir folgen der Gesamtausgabe Philos (2. Buch, Kap. 42, 56—64) des Verlags M. u. H. Marcus, Breslau, in der Übersetzung von Dr. I. Heinemann.

Leo Baeck: Das Sabbatliche

In dem Aufsatz „Geheimnis und Gebot", ursprünglich im Jahrbuch des Grafen H. Kayserling „Der Leuchter" (1921—22) erschienen, jetzt wieder abgedruckt in den gesammelten Aufsätzen und Reden „Wege im Judentum" (Schocken-Verlag, Berlin), hat Baeck die Beziehungen des Dynamisch-Mystischen und des Statisch-Ritualmäßigen an dem Beispiel der jüdischen Religion dargelegt. Der Aufsatz schließt mit dem hier abgedruckten Teil und zeigt, wie das Sabbatgebot als Form das Sabbatliche als eigentlichen Gehalt bewahrt hat.

Abraham Berliner: Sabbat bei den mittelalterlichen Juden in Deutschland

Abraham Berliner (1833—1915), Ehrendoktor der Leipziger Universität, machte in Bibliotheken große Entdeckungen alter Handschriften. Seine Arbeiten sind bei aller Schlichtheit auf eigenen gründlichen Forschungen aufgebaut. Das hier wiedergegebene Kapitel ist Berliners Buch „Aus dem Leben der deutschen Juden im Mittelalter zugleich als Beitrag für deutsche Kulturgeschichte, nach gedruckten und ungedruckten Quellen", S. 36—40 (Verlag M. Poppelauer, Berlin) entnommen.

Franz Rosenzweig: Ein Brief

Franz Rosenzweig (1886—1929) entstammte einer assimilierten Kasseler Familie. Rein intellektuelle Entwicklung führte ihn immer tiefer ins Judentum. In seinem „Stern der Erlösung" schuf er eines der bedeutendsten religionsphilosophischen Systeme der jüngsten Zeit.

ZU DEN STÜCKEN DER SABBAT-LEKTÜRE

Seine Übersetzung Jehuda Halevis und die mit Martin Buber begonnene Verdeutschung der Bibel sind große künstlerische Leistungen. Auch in kulturellem Sinne kam er dem jüdischen Erbe immer näher, so daß er von vielen als neuer Typ des traditionstreuen Juden angesehen wird. Seine Frau gab 1935 unter Mitwirkung von Ernst Simon einen stattlichen Band seiner Briefe aus dem Nachlaß heraus (Schocken-Verlag, Berlin). Auf S. 394 steht der hier abgedruckte Brief an Hans Ehrenberg. Rosenzweig zeichnet in wenigen Strichen mit seiner großen Charakterisierungsgabe den Geist, der in einem sabbatlichen Hause waltet.

Ch. N. Bialik: Der kurze Freitag

Chaim Nachman Bialik (1873—1934) ist in erster Reihe als der große Lyriker der neuhebräischen Literatur bekannt. Der zweite Band seiner Gesammelten Schriften, die 1923 in Berlin hebräisch erschienen sind, enthält aber auch einige Prosastücke, unter denen die hier zum erstenmal übersetzte Novelle eine der köstlichsten jüdischer Erzählungskunst ist. Als „kurzen Freitag" bezeichnet man den kürzesten des Jahres. Bialik hat aus dem Stoff, den er nach einer Vorbemerkung Elia Levin verdankt, ein kleines psychologisches Glaubensdrama gemacht: es geht um den Kampf eines für die Erfüllung der Gebote begeisterten Menschen mit der Tücke der Zeit. Wie sich der Held schließlich ins Unabwendbare fügt, den bloßen Ablauf der Stunden als furchtbare Prüfung auf sich nimmt, und wie seine Autorität andere dazu verführt zu meinen, daß sich eher die Zeit als der fromme Mann geirrt haben könne, das ist mit so viel Liebe und bei allem ernsten Untergrund mit so viel Humor geschildert, daß man in der kleinen, aufgestörten Welt der Erzählung die ewigen und edlen Kräfte hindurchspürt, die, so skurril sie manchmal erscheinen, das Leben bewegen: Glaube und Gewissen. Die Übersetzung stammt vom Herausgeber dieses Buches. Eine deutsche Ausgabe der Novellen Bialiks bereitet der Jüdische Verlag, Berlin, vor.

Jehuda Steinberg: Rabbi Mottl und Jizchok Scholem, der Kleine

Jehuda Steinberg (1861—1908) war ein Meister in der Darstellung chassidischer Typen. Zwei von ihnen stellt er in der hier übersetzten Novelle dar, die der hebräischen Gesamtausgabe seiner Werke (Krakau 1910) entnommen ist. Für die Chassidim ist der Sabbat ein Weltgeschehen, dessen Ablauf von jedem Einzelnen mitbestimmt wird. Auf den Wegspuren von Gebet und Brauch wird die Kraft gewonnen, die ewige Welt in unsere Zeitlichkeit hineinzuziehen. Es gibt Meister solcher inneren Kraft, die sogar Schwache und Verzagte mitzureißen und aufzuschließen vermag. Die Worte, die Rabbi Mottl am Freitagnachmittag in seinem Hause spricht, sind die von der Mischna jedem Hausherrn vorgeschriebenen Fragen. Zum Verständnis einer Stelle gegen den Schluß hin sei vermerkt, daß es bei Chassidim Brauch ist, am Freitagabend das Hohelied, als das Vermählungslied des Sabbats mit Israel, zu rezitieren. Die Übersetzung stammt vom Herausgeber dieses Buches, die er mit dem leider frühverstorbenen Meir Ettinger für den gemeinsam mit Felix Weltsch herausgegebenen Prager Almanach auf das Jahr 5686 besorgt hat.

Cilly Neuhaus: Ein Erlebnis am Freitagabend

Diese in ihrer ungekünstelten Wahrhaftigkeit ergreifende Schilderung ist anläßlich eines Preisausschreibens des „Israelitischen Familienblattes", Hamburg-Berlin, am 7. September 1933 erschienen.

Mendele Mocher Sforim: Von Abend bis Abend

Die Stelle ist dem Roman „Der Wunschring" entnommen (2. Band, 1. Teil, 3. Buch, Kap. 2 der im Jüdischen Verlag, Berlin, erschienenen „Gesammelten Werke", die Salomo Birnbaum aus dem Jiddischen übersetzt hat). Die Schilderung ist ein östliches Gegenstück zu Heines

ZU DEN STÜCKEN DER SABBAT-LEKTÜRE

„Prinzessin Sabbat". Mendele (1836—1917) ist der erste große realistische Erzähler der jiddischen und hebräischen Literatur.

Israel Zangwill: Den Sabbat entheiligt

Israel Zangwill (1864—1926) ist der große Schilderer des englisch-jüdischen Ghettos. Die hier abgedruckte Erzählung, die er nach Polen verlegt, erschien zum erstenmal in der deutschen Übersetzung von Hermine Klepetar im Jüdischen Almanach (1902 von Berthold Feiwel im Jüdischen Verlag herausgegeben).

Sammy Gronemann: Zu Gast in Portugal

Aus „Schalet, Beiträge zur Philosophie des Wenn schon!" (Berlin 1927, S. 165—169). Das Buch enthält eine Fülle köstlicher Anekdoten, psychologischer Beobachtungen und Berichte wahrer Begebenheiten. Eine solche liegt auch der hier wiedergegebenen Stelle des Buches (Jüdischer Verlag, Berlin) zugrunde.

Gabriel Riesser: Hagbaa

Aus dem Gedichte spricht die jüdische Gesinnung des mutigen und edlen Vorkämpfers der Emanzipation. Riesser (1806—1863) hält den Augenblick fest, da nach der Toravorlesung die Rolle mit den Worten emporgehoben wird: „Dies ist die Tora, die Mose dem Volke vorgelegt hat." Wir haben die abfallenden Strophen fortgelassen, damit die beabsichtigte Stimmung geschlossener fühlbar werde: Zuspruch der Geschichte und Opferbereitschaft.

Wie eine Tarolle geschrieben wird

Die in dem Artikel angegebenen Bestimmungen gelten mit geringfügigen Erleichterungen auch für die Esterrolle des Purimfestes, sowie für die Schriftstücke, die in das Gehäuse der Tefillin und der Mesusa gelegt werden.

Leopold Kompert: Mendel Wilna

Aus dem ersten Kapitel des Romans „Die Kinder des Randars", der uns in das Leben der böhmischen Dorfjuden führt. Die Werke Komperts (1822—1886) gab Stefan Hock mit einer eingehenden Lebensbeschreibung heraus. Stimmungen und Gestalten einer vergangenen Lebensform hat Kompert manchmal meisterhaft gefaßt. Solche Stellen bleiben trotz des zeitgebundenen Stiles dauernd wertvoll.

Leopold Zunz: Sittenlehrer

Leopold Zunz (1794—1886), der Schöpfer der Wissenschaft des Judentums, hat in einer kleinen Schrift (aufgenommen in sein Werk „Zur Geschichte und Literatur" 1845) einige alte Meister der ethischen Belehrung, der sogenannten Mussarliteratur, ausgegraben und ihre Schriften übersetzt. Sie knüpfen an die großen Vorbilder der „Sprüche der Väter", Mischna Abot, an. Sie waren als Lektüre für Sabbatnachmittage auch bei Frauen sehr beliebt, und sind darum der Ausdruck einer wahren Volksliteratur, die um so bewundernswerter erscheint, als sie in Zeiten schwerer Kränkungen und Verfolgungen entstanden ist. Wir geben die kurze Einleitung von Zunz und einige charakteristische Stücke wieder. Zu den einzelnen Verfassern fügen wir unter Anlehnung an Ismar Elbogen, der 1921 eine Neuausgabe der Schrift von Zunz bei J. Kauffmann, Frankfurt a. M. hat erscheinen lassen, folgende Bemerkungen hinzu: Eleazar Ben Jehuda wurde am 15. November 1196 abends von zwei Kreuzfahrern in seinem Hause überfallen und schwer verwundet. Seine drei Kinder und seine um Hilfe eilende Frau wurden getötet. Eleazar war ein Mystiker, der Welt und Gott als Einheit ansah. Die Tugenden galten ihm als Ausstrahlungen Gottes im Menschen. Rokeach,

ZU DEN STÜCKEN DER SABBAT-LEKTÜRE

d. h. Salbenmischer, nannte er sein Werk, weil der Zahlenwert der Buchstaben dem seines Namens gleichkommt. R. Ascher ben Jechiel, Schüler des berühmten Märtyrers Meir von Rothenburg, wanderte aus Spanien aus, wo er als Rabbiner in Toledo wirkte. Seine ethische Schrift verfaßte er in Form eines Testamentes an seinen Sohn.

Ludwig August Frankl: Rabbi Kalonimos

Ludwig August Frankl (1810 in Böhmen geboren, 1894 als angesehener Publizist und sozialer Arbeiter in Wien gestorben), hat seine 1856/57 in den Orient unternommene Reise in einem zweibändigen Werk geschildert. Ihm ist die hier abgedruckte Legende entnommen, die er in Jerusalem gehört hat. Sie zeigt älteste Erzählungstechnik: die Spannung wird durch ein äußeres Wunder gelöst. Das Ergreifende aber liegt darin, daß gerade das erlösende Ereignis den Menschen aus seinem „Gesetze" wirft und von ihm Demut und Buße fordert.

Ernst Simon: Die Einführung des Oneg Schabbat durch Bialik in Tel-Aviv

Entnommen der feinsinnigen Analyse des Bialikschen Lebens und Dichtens von Ernst Simon (Schocken-Bücherei, Schocken-Verlag, Berlin) S. 142—146.

Jizchok Leib Perez: Der ewige Sabbat

Das hier abgedruckte Stück von Perez (1852—1915) ist der erste Akt des dreiaktigen Dramas einer chassidischen Familie: „Die goldene Kette". Wir folgen der Übertragung aus dem Jiddischen von Siegfried Schmitz, die 1920 im Verlag R. Löwit, Wien, erschien. Rabbi Salomo will nicht Hawdala machen, damit ewig Sabbat bleibe. Denn die „obere Welt" ist seinem Glauben nach an die „untere" gebunden. Aber sein Sohn zerreißt die Kraft dieses Glaubens, so wie später einmal Kind und Enkel die Kette zerreißen werden, an die er sie gebunden glaubte.

Abraham ibn Esra: An des Sabbats Ende

Abraham ibn Esra wurde 1092 in Toledo geboren, irrte viel in der Welt umher und starb wahrscheinlich in Rom 1167. Er ist als einer der scharfsinnigsten Bibelkommentatoren bekannt. Seine Gedichte zeigen einen hohen Grad der Formkunst, der die vorliegende Übersetzung von Seligmann Heller (geb. 1831 in Böhmen, gestorben 1890 in Wien), sehr nahe kommt. Hellers Übersetzung mittelalterlicher Poesien „Die echten hebräischen Melodien" gab David Kaufmann aus dem Nachlaß heraus. Unser Gedicht drückt den Aufbruch der Seele aus, die sich im Augenblick der Sabbatwende nach dem ewigen Sabbat des Messias sehnt.

ROSCH HASCHANA.

4. Mussafgebet.

DIE HOHEN FEIERTAGE

Schofar-Blasen
Holzschnitt aus einem alten
Minhagim-Buch, Amsterdam 1723

Rosch Haschana
Von Manfred Swarsensky

SEIT alten Zeiten gibt es im Judentum mehrere Arten des Neujahrs. Während das r e l i g i ö s e Jahr im Nissan beginnt, dem Monat des Frühlings und des Auszugs aus Ägypten, da das jüdische Volk als Volk in die Geschichte eintrat, bezeichnet Rosch Haschana am 1. und 2. Tischri, dem siebenten Monat, den Anfang des b ü r g e r l i c h e n Jahres. Vom Tischri an werden die Jahre, vom Nissan an die Monate gezählt. Im Tischri begannen auch die Jobeljahre, wurden Sklaven freigelassen und der Landbesitz kam zum angestammten Besitzer zurück. Der 1. Tischri soll ferner nach einer alten Überlieferung der Tag der Weltschöpfung sein. Wahrscheinlich, daß zur Zeit des babylonischen Exils diese Differenzierung entstanden ist. Auch bei den Babyloniern gab es ein Neujahr, das in das Frühjahr und eines, das in den Herbst fiel.

Die Bibel kennt die Bezeichnung „Rosch Haschana" noch nicht. Sie spricht vom „Jom terua", dem Tag des Schofarblasens, und vom „Sichron terua", dem mahnenden Schofarblasen. „Und im siebenten Monat am ersten des Monats soll euch heilige Berufung sein; keine Dienstarbeit sollt ihr verrichten, ein Tag des Posaunenschalls soll es euch sein." (IV. B. M. 29. 1.) „Rede zu den Kindern Israel also: Im siebenten Monat, am ersten des Monats sei euch eine Feier, ein Erinnerungstag des Posaunenschalls, heilige Berufung. Keinerlei Dienstarbeit dürft ihr verrichten und Feueropfer sollt ihr dem Ewigen darbringen" (III. B. M. 23, 24/25). Daraus entwickelten sich die in unseren Gebeten üblichen Bezeichnungen des Neujahrsfestes als Jom terua, Tag des Posaunenschalls, Jom hasikaron, Tag der Erinnerung, wozu noch die Bezeichnung des Neujahrsfestes als Jom hadin, Tag des Gerichtes, trat.

Schon aus diesen Bezeichnungen spricht die Bedeutung, die Rosch Haschana im Laufe der Entwicklung innerhalb des jüdischen Jahres gewonnen hat. Denn dieser Feiertag ist mehr als nur der kalendarische Beginn eines neuen Zeitabschnittes. Das Wissen um den Ideengehalt, der diesem Festtag zugrunde liegt, eröffnet einen Blick in die religiöse Gedankenwelt des Judentums überhaupt.

Während zumal in der Antike viele Völker bei lärmendem Trinkgelage toll und ausgelassen von einem Jahr ins andere hinübertaumelten, soll der Jude in stiller, ernster Sammlung, erfüllt von dem Bewußtsein seiner Verantwortung vor Gott und den Menschen, das neue Jahr beginnen. Die Feiertage, deren Beginn Rosch Haschana und an deren Ende Jom Hakippurim, der Versöhnungstag, steht, werden daher Jamim noraim, „gewaltige Tage", „Tage der Ehrfurcht", genannt.

Schon der ganze vorangehende Monat Elul gehört der inneren Vorbereitung auf die „gewaltigen Tage". Am 1. Elul soll Mose der Überlieferung nach zum drittenmal auf den Sinai gestiegen sein, um die zweiten Gesetzestafeln zu empfangen, und am 10. Tischri mit dem Zeugnis des verzeihenden Gottes zurückgekehrt sein. Am Schluß des täglichen Morgengebets, in manchen Gegenden auch nach dem Abendgebet, wird während des ganzen Monats Elul Schofar geblasen und hierauf der 27. Psalm rezitiert: „Der Herr ist mein Licht und mein Heil, vor wem sollte ich mich fürchten!" Diesen Psalm pflegt man dann am Ende jedes Gottesdienstes bis Hoschana rabba zu sagen. Vom Sonntag vor dem Neujahrsfest oder, falls es auf Montag oder Dienstag fällt, schon vom vorhergehenden Sonntag an, betet man morgens im Gottesdienst Selichot, Gebete um Verzeihung[1]). In sefardischen Gemeinden werden diese schon vom 1. Elul an, und zwar drei morgens und abends gesagt. Dagegen wird dort im Elul kein Schofar geblasen. Besonders am Rüsttag zum

---

[1]) Vgl. Anhang, Anm. 1.

Neujahrsfest, dem „Sechor berit", soll man sich durch das Befassen mit der Tora und ihren Geboten auf Rosch Haschana einstimmen, das im Dunkel des Abends beginnt.

ES ist eine eigentümliche Stimmung, die an diesen Tagen den Juden, selbst den, der sonst im Laufe des Jahres allem Jüdischen, allem Religiösen vor allem, fernsteht, plötzlich ergreift und in ihren Bann zieht. Es ist, als ob sich an dem Tage, an dem das Tor einer neuen Zeit aufgetan wird, auf dessen Schwelle sich Vergangenheit und Zukunft begegnen, gleichsam die Ewigkeit auf die Erde herabsenke und den getriebenen und gehetzten Juden für eine kurze Weile heraushebe aus dem Gleichmaß der 354 Tage des jüdischen Jahres, um ihn unmittelbar vor seinen Gott zu stellen.

Während die sonstigen Feiertage bestimmte Erinnerungen der religiös-nationalen Geschichte festhalten, oder in Zusammenhang mit Saat, Reife und Ernte an den Boden des heiligen Landes anknüpfen, ist Rosch Haschana ohne jeden Bezug auf Geschichte und Natur. Es ist das Fest der Religion schlechthin, zu dem vollständig unreligiöse Naturen darum auch nur schwer eine innere Beziehung finden können. Im Mittelpunkt dieses Festes steht der Jude als Mensch schlechthin, der sich in seiner Gebundenheit an die Erdenwirklichkeit konfrontieren soll mit der wirklichsten und zugleich unfaßbarsten aller Wirklichkeiten, mit G o t t. Dieses Unfaßbare hat die Volksphantasie in Bildern und Gleichnissen symbolisiert, deren Schauer sich niemand entziehen kann, der sie von ihrer Glaubenskraft aus versteht.

Gott ist der K ö n i g der Welt. Seine Herrschaft verlangt allgemeine Anerkennung und Unterwerfung. I s r a e l aber ist sein Königsbereich im besonderen. Darin liegt die „Erwählung" des jüdischen Volkes, daß es unter den Völkern der Welt der „Knecht Gottes" ist, der in besonderer Unmittelbarkeit Gott allein untertan und verantwortlich ist. Wie Israel in seiner Gesamtheit, so steht jede „einzelne Seele in Israel" in persönlicher Verantwortung vor Gott.

Rosch Hoschana ist der Tag der R e c h e n s c h a f t. Vor Gott steht jeder Einzelne und Israel im Ge r i c h t. Einem Hirten gleich läßt Er, unser Hirt, wie es gleichnishaft die Worte des berühmten Gebetes „Unetane tokef" sagen, die Menschen an sich vorüberziehen, mustert und prüft sie und fertigt jedem seinen Urteilsspruch. „Am Neujahrstag wird es geschrieben und am Versöhnungstag wird es besiegelt, wie viele vergehen, wie viele entstehen, wer leben wird und wer sterben ... wer in Freuden, wer in Leiden, wer arm, wer reich, wer sinkt, wer steigt. Aber U m k e h r (teschuwa), G e b e t (tefilla) und L i e b e s w e r k e (zedaka) wenden das Böse des Verhängnisses ab."

So gewiß jedem Menschen sein Schicksal zubestimmt ist, so ist nach jüdischem Glauben dem Menschen die Kraft gegeben, durch seinen Willen dem „Bösen des Verhängnisses" eine Schranke zu ziehen. „Mögest du dir alles Gute ausgebetet haben", ist der volkstümliche, weithin übliche Wunsch, den man sich nach dem Gebete zuruft. Der Mensch, dessen Seele rein erschaffen wurde, besitzt selbst die Freiheit des Willens, die Möglichkeit zu steter Erneuerung. So wie am Neujahrstage die Zeit neu anfängt, so kann auch der Mensch immer wieder neu beginnen, so wie die Zeit nie am Ende ist, so ist der wahre Mensch nie am Ende.

Rosch Haschana ist geradezu der Tag der Erinnerung an den Anfang der Welt, da die Schöpfung ins Dasein trat. Zugleich aber auch der Tag, da unsere Hoffnung hinauszieht in das Ende der Tage, da die Schöpfung vollendet sein wird, da das Reich Gottes aufgerichtet sein wird und seiner Herrschaft allein alle Völker sich beugen. So gewinnt das Neujahrsfest des Judentums seinen weiten Horizont, indem es in das Große, Menschheitliche, Messianische mündet.

Rosch Haschana ist der Tag der Verantwortung. Jeder Einzelne ist verantwortlich für sich und für ganz Israel, ganz Israel ist verantwortlich für die Welt. Verantwortlich vor Gott. Gott, Israel und die Welt bilden in ihrer religiösen Beziehung aufeinander die drei Säulen, die die Ideenwelt des jüdischen Neujahrsfestes tragen.

Von diesen Gedanken sind die Gebete erfüllt, wie sie der Machsor enthält[2]).

WENN man nach dem Gottesdienst am Vorabend des Rosch Haschana aus der Synagoge nach Hause geht, begrüßt man seine Freunde mit den Worten „leschana towa tikatewu!" (Zu einem guten Jahr möget ihr eingeschrieben werden.) Nach dem Kiddusch und der Mauzi[3]) wird zu Hause ein in Honig getauchtes Stück eines Apfels als Symbol der Hoffnung auf ein „gutes und süßes neues Jahr" genossen. In manchen Gegenden ist der Brauch verbreitet, am Erew Rosch Haschana vom Kopf eines Fisches oder Widders zu essen als Sinnbild dafür, am Anfang und nicht am Ende zu sein[4]).

Beim Gottesdienst am Vormittag des Feiertags tritt zwischen das Morgengebet und die Tora-Vorlesung (vgl. über die Art der Toravorlesung den Anhang zu „Sabbat") die Litanei „Awinu malkenu", die auf ein Gebet Rabbi Akibas zurückgeht und vor „unseren Vater und König" die Bitten der Gemeinschaft trägt[5]).

Im Mittelpunkt der Tora-Vorlesung steht charakteristischerweise das Schicksal von Kindern, in deren Leben sich die Macht der Vorsehung bewährt

---

[2]) Vgl. Anhang, Anm. 2.
[3]) Vgl. Anhang, Anm. 3.
[4]) Vgl. Anhang, Anm. 4.
[5]) Vgl. Anhang, Anm. 5.

hat. Einer talmudischen Tradition zufolge ist der 1. Tischri der Geburtstag Isaaks und der Tag seiner Opferung sowie der Geburtstag Samuels. Man „leint" daher am Rosch Haschana — übrigens in einem von dem am Schabbat üblichen Niggun abweichenden „Trop" — außer den Festtags-Abschnitten am 1. Tag den Abschnitt von der Geburt Isaaks (1. Buch Mose 21, 1—34), am 2. Tag den von Isaaks Opferung, und liest als Haftara am 1. Tag von der Geburt Samuels (1. Buch Samuel 1—2, 10) und am 2. Tag Jeremias Schau von Israels Rückkehr in sein Heimatland und dem Trost der Stammutter Rahel über den Verlust ihrer Kinder (Jer. 31, 2—20).

An die Tora-Vorlesung schließt sich vor dem „Einheben" das S c h o f a r - B l a s e n [6]), das außerdem dreimal innerhalb des Mussaf-Gebetes ertönt. Einst wurden Ankündigungen aller Art vom Schofar-Blasen begleitet. Später sind die Töne des Schofar, T e k i a , S c h e w a r i m , T e r u a , zu Zeichen geworden, die die Erinnerung an die Frühzeit unseres religiös-geschichtlichen Weges mit der Hoffnung auf unsere Erlösung in der Endzeit verknüpfen und zu jeder Zeit ein Weckruf für Israel sein sollen, seiner aus der Zugehörigkeit zum Priestervolk sich ergebenden Pflicht inne zu werden. Der Gaon Saadja (892—942) gibt eine zehnfache Deutung des Schofar-Blasens an, das nach ihm die Erinnerung wecken soll an die Weltschöpfung, unsere Pflicht zur Umkehr, die sinaitische Offenbarung, die mahnenden Worte unserer Propheten, die Zerstörung des Tempels, Abrahams Bereitschaft, Gott zu gehorchen, das Trompetengeschmetter bei Kriegsgefahr, das Weltgericht in der messianischen Zeit, Israels Erlösung und die Auferstehung der Toten.

Von besonderer poetischer Kraft ist die bereits erwähnte Schilderung des Weltgerichtes, die die Einleitung der Keducha im Mussafgebet „U n e - t a n e t o k e f" („Wir wollen die Gewalt und Heiligkeit des Tages verkünden") enthält.

DREI der charakteristischen Gedanken des Festes sprechen aus drei besonderen Einschaltungen des Mussafgebetes: den M a l c h u j j o t, Gott als Weltenlenker, den S i c h r o n o t, Gott als Richter, und den S c h o f a r o t, Gott als Erlöser. Jedes dieser Stücke besteht aus einer Reihe von Bibelversen. Es ist einer der ergreifendsten Augenblicke des Gottesdienstes, wenn ganz Israel auf dem Erdenrund bei den Worten „Wir beugen das Knie, werfen uns nieder und bekennen uns in Dankbarkeit zu ihm, dem König aller Könige, dem Heiligen, gelobt sei er", innerhalb des die Malchujjot einleitenden Gebets „Alenu leschabbeach" als äußeres Zeichen ehrfürchtig-demütiger Unterwerfung unter den Weltenlenker vor geöffneter Toralade aufs Knie fällt[7]).

---

[6]) Vgl. Anhang, Anm. 6.
[7]) Vgl. Anhang, Anm. 7.

Seiner Bedeutung wegen hat dieses „Alenu" - Gebet, das ursprünglich dem Rosch-Haschana-Gottesdienst vorbehalten war, seinen Platz am Ende jedes Gottesdienstes gefunden. Am Neujahrstage aber wird es zum gewaltigen, eindringlichen und erschütternden Bekenntnis des Judentums, zum Ausdruck unserer ewigen, durch keine noch so bitteren zeitlichen Erfahrungen auszulöschenden Hoffnung auf jene Zeit, von der wir glauben, daß jedes neue Jahr, das wir erleben, uns ihr ein kleines Stück näher führt, „da der Götzendienst von der Erde schwindet, der Irrwahn ausgerottet sein wird, da die Welt zum Gottesreiche aufgerichtet sein wird und die Verheißung der Schrift sich erfüllen wird: Der Ewige wird König sein über die ganze Erde, an jenem Tage wird der Ewige einzig sein und sein Name: Einziger"[8]).

ANHANG

Anmerkung I (zu Seite 146): Selichot sind insbesondere für Faststage bestimmte Gebetstücke. Man ruft die Barmherzigkeit Gottes an und zitiert darum die Stelle des II. B. M., Kap. 34, Vers 6f., in der berichtet wird, wie Gott seine „Herrlichkeit" an Moses vorüberziehen ließ und dieser ausrief: „Herr, Herr, barmherziger Gott, gnädig, langmütig, reich an Huld und Treue..." Diesem Kernstück gehen Selichotgedichte voran und es folgen ihm Bibelverse, die auf den Bund der Urväter und auf Zusicherungen des Erbarmens hinweisen, und schließlich das S ü n d e n b e k e n n t n i s (Widduj), das mit dem Wore „aschamnu" beginnt („Wir haben gesündigt"). Es wird mit Ausnahme des Jom Kippur still gesagt, wobei man mit der geschlossenen Hand bei jedem Wort ans Herz schlägt. An das Sündenbekenntnis schließen sich noch einige Litaneien. Die mittelalterlichen Piutimdichter — das Wort ist aus dem aramäischen paiton, vgl. griechisch „poietes", Dichter, gebildet — verfaßten eine große Zahl von Selichot für die verschiedensten Anlässe. In vielen Gegenden wählt der Rabbiner für Jom Kippur die zu sprechenden Selichot aus, die er vorher in einem Selichotzettel öffentlich bekannt gibt. Während die Selichot der Fasttage in das Achtzehngebet eingefügt werden, sagt man die Selichot vor Rosch Haschana und während der Bußtage zeitlich morgens vor dem üblichen Gebet. Man beginnt insbesondere am ersten „Selichottage" und am Vortag des Rosch Haschana vor Sonnenaufgang und darum ohne Tefillin und Tallit mit dem Gebet der Selichot. Bei vielen Selichot ist neben dem Reim das Prinzip festgehalten, die Verse mit den Buchstaben der alphabetischen Reihe beginnen zu lassen. Dieses Prinzip begegnet uns schon bei einigen Psalmen. Es kehrt im obenerwähnten Sündenbekenntnis wieder. Manche Selicha wird strophenweise von Gemeinde und Vorbeter gesungen. Man nennt sie Pismon, d. h. Gesang. Für jeden Tag wird ein anderer Pismon gewählt. In den Tagen zwischen Rosch Haschana und Jom Kippur wird unter den Selichot jedesmal eine rezitiert, die sich auf die Opferung Isaaks bezieht. (Auch hier jeden Tag eine andere.) Man nennt sie die Akeda, d. h. eigentlich das Anbinden des Opfers. Zu Ehren Salomos Ben Juda hababli (10. Jahrh.), der das Vorbild der Selichotdichter wurde, nennt man eine Art „Schalmonit". Die zuerst gesprochene Selicha bezeichnet man als Peticha, d. h. die Eröffnung. Die berühmteste Selicha ist die am Vortag des Rosch Haschana gesprochene: Sechor Berit (Gedenke des Bundes), deren Verfasser Gerschom Ben Juda ist, die „Leuchte des Exils", der um das Jahr 1000 in Mainz lebte.

Viele Selichotdichtungen sind von ergreifender Innigkeit, viele allerdings durch gekünstelte Anspielungen auf Schriftstellen schwer verständlich.

Die Stimmung der Selichottage ist in unseren Breitegraden die des trüben und windigen Herbstes. Es hat sich darum der Ausdruck eingebürgert: es slichezt, d. h. es herbstelt. Manche fasten aus dieser Bußstimmung heraus am ersten Selichottage, am Vortag des Rosch Haschana bis zum Minchagebet, manche darüber hinaus auch noch an einzelnen anderen Selichottagen.

---

[8]) Vgl. Anhang, Anm. 8.

ROSCH HASCHANA

Anmerkung 2 (zu Seite 148): Der Ernst des Gerichtsprozesses, der am Rosch Haschana beginnt, wird in der Synagoge durch die Farbe versinnbildlicht. Der Vorhang vor der Lade, die Toramäntel, die Decke auf dem Vorbeterpult und der Sterbekittel des Vorbeters während des Morgengottesdienstes sind weiß.

Anmerkung 3 (zu Seite 148): Über Lichterbenschen, Kiddusch usw. vgl. die entsprechende Anmerkung bei „Sabbat". Um auch beim Kiddusch des zweiten Abends das „Schehechejanu" sprechen zu können, stellt man sowohl in der Synagoge als auch zu Hause vor den, der den Kiddusch segen spricht, eine Frucht, die er im Laufe eines Jahres noch nicht genossen hat, zuhause auch für das Lichterbenschen.

Anmerkung 4 (zu Seite 148): Der Wunsch, daß das neue Jahr süß sein möge, wird in vielen Gegenden durch das sogenannte Zimmes (Zu-Mus) symbolisiert, das bei der Abendmahlzeit gegessen wird. Es besteht aus Karotten, Birnen und Kraut, die mit Zucker oder Honig zubereitet werden.
Viele Fromme bleiben während der ersten Nacht des Festes wach, um gleichsam im Anfang des Gerichtsprozesses Herren ihrer Gedanken zu sein.

Anmerkung 5 (zu Seite 148): Das schon im 9. Jahrhundert auf 25, später auf 43 Sätze erweiterte Gebet, das immer mit den gleichen Worten beginnend durch seine schmucklose Wucht alle Wünsche und Hoffnungen des Menschen, aber auch die Erinnerungen an Verfolgung und Martyrium aufrührt, wird während der zehn Bußetage („asseret jeme teschuba"), das sind die Tage vom ersten Rosch-Haschana-Feste bis einschließlich Jom Kippur, in den Gottesdienst am Morgen und Nachmittag nach der Tefilla eingeschoben. Nur am Freitagabend, am Tage vor Jom Kippur und am Sabbat wird es nicht gesagt. Das gilt auch dann, wenn Rosch Haschana oder Jom Kippur auf einen Sabbat fallen. Nur am Schluß des letzten Gebetes vom Jom Kippur, dem Neilagebete, sagt man es immer.

Anmerkung 6 (zu Seite 149): Der Schofar ist das einfache Horn eines Widders, das nur durch Einwirkung der Hitze präpariert werden darf. Es hat eine gebogene Gestalt. An seinem schmalen Ende ist eine Verdichtung, das Mundstück. Hier muß der Schofar richtig „angesetzt" werden. Diese Fertigkeit will gelernt und geübt sein, sonst ist aus dem Instrument überhaupt kein Ton herauszubringen. Eine der vielen Überlieferungen bringt das Horn mit dem Widder in Zusammenhang, der von Abraham an Stelle seines Sohnes geopfert wurde. Nach antiker religiöser Auffassung sollte der Schofar Gott an die Opferbereitschaft des israelitischen Stammvaters „erinnern". Ergreifende Stücke solchen Gotterinnerns sind über die ganze Liturgie dieser Tage verstreut. Am Rosch Haschana darf der Schofarbläser (Baal tekia) die ritusmäßig festgelegte Reihenfolge von Tönen nur blasen, wenn ihm von jemandem die Namen dieser Töne vorgesagt werden. In religiösen Kreisen wurde immer darauf geachtet, daß vor dem Schofarblasen nichts gegessen werde. Es ist vielfach Brauch, nach Beendigung des Mussaf-Gottesdienstes nochmals die dreißig Töne der Liturgie zu wiederholen. In manchen Gemeinden fügt man noch 28 Töne hinzu, damit zuammen mit den 30 des Morgengebetes und den 12 des Mussafgebetes 100 geblasen worden sind. Am Sabbat entfällt die Schofarliturgie, da an diesem Tage kein Instrument benützt werden soll. Zwischen Rosch Haschana und Jom Kippur wird der Schofar nicht geblasen. Man hört ihn erst wieder als Ankündigung, daß der Jom Kippur vorüber ist.

Anmerkung 7 (zu Seite 149): Das Niederknien ist außer an den Hohen Feiertagen unserer Liturgie heute fremd. Am Jom Kippur kniet die Gemeinde bei der gleichen Stelle des Alenu-Gebetes und dreimal während der sogenannten Awoda, der gedanklichen Wiederholung des hohepriesterlichen Opferdienstes im einstigen Tempel in Jerusalem. Es sind das die Stellen, die daran erinnern, daß beim Aussprechen des göttlichen Namens, das nur dem Hohepriester an diesem Tage gestattet war, das Volk, das in der Vorhalle stand, in die Knie sank. Das Knien geschieht in der Weise, daß man gleichzeitig auf beide Knie sinkt und dann sofort hingestreckt mit dem Gesicht den Boden berührt. Hierauf steht man rasch auf. Besonders schwierig ist diese Zeremonie für den Vorbeter, in dessen Tefilla sie enthalten ist, während welcher es nicht gestattet ist, die Füße schrittweise zu bewegen. Dem Ritus nach muß er also das Knien und Wiederaufstehen in einer Art Sprung vollziehen.

Anmerkung 8 (zu Seite 150): In manchen Gegenden besteht der Brauch, nach dem Minchagebet des ersten — oder wenn dieser ein Samstag ist, des zweiten — Neujahrstages an ein fließendes Wasser, einen Teich oder an das Meer zu gehen und Brosamen hineinzuwerfen. Dabei werden die Schlußverse aus Micha gesprochen, die in der Übersetzung von Martin Buber lauten:

> Wer ist Gottheit wie du,
> Verfehlung ertragend,
> hinwegschreitend über Abtrünnigkeit,
> dem Rest seines Eigentums!
> der nicht auf ewig festhält seinen Zorn,
> denn an Holdschaft hat er Gefallen!
> der nun rückkehrend sich unser erbarmt,
> unsre Verfehlungen niedertritt!
> — Ja, werfen wirst du all ihre Sünden
> in die Strudel des Meers,
> Treue wirst du dem Jaakob schenken,
> Holdschaft dem Abraham,
> die du zugeschworen hast unseren Vätern
> von den Urtagen her.

Eines der Worte: „t a s c h l i c h" (werfen wirst du) hat der ganzen Zeremonie den Namen gegeben. Man brachte sie auch mit den Fischen in Zusammenhang als dem Symbol der Verborgenheit oder Fruchtbarkeit.

Jom Hakippurim

Von Max Eschelbacher

I.

DENN an diesem Tage wird Er euch entsühnen, euch zu reinigen von allen euren Sünden. Vor dem Ewigen sollt ihr rein sein. So schließt in der Tora (III. B. M. 16, 30) die Einsetzung des Jom Hakippurim. Sühne von aller Schuld ist der Anfang. Das Ziel ist Reinigung, und der erreichte Stand Reinheit vor Gott. Schuld ist das allgemeine menschliche Verhängnis. Sie wird im Leben mit erschreckender Macht sichtbar. Strafgerichte und Gefängnisse stehen in jeder Stadt als ihre steinernen oder lebendigen Zeugen. Aber der Bereich der Schuld geht weiter, über das Sichtbare hinaus. Wenn der Mensch sie verbergen kann, schweigt er von ihr bis zum Tode. Das Geheimnis, das mit ihm begraben wird, ist meist seine Schuld. Doch das Gebiet der Sünde erstreckt sich noch weiter, hinaus über alle Grenzen des Wissens. Unser Sündenbekenntnis, Widduj, bittet wiederholt um Verzeihung für die Sünden, die wir „wissentlich oder unwissentlich" begingen. Es gibt eben Sünde, von der wir selber nichts wissen. Sie herrscht in dem Dunkel des Unbewußten, in den Tiefen der Triebe und Instinkte. Es gibt Menschen, die unwahr sind, und die selber nichts von ihrer Unwahrhaftigkeit ahnen. Sie sitzt in ihrem Innersten, nicht auf ihren Lippen. Sie beginnt schon, wenn sie die Dinge auffassen und sich zurechtlegen, keineswegs erst, wenn sie reden. Sie lenkt schon das stumme, einsame Selbstgespräch und nicht erst die Aussprache mit Anderen. Zu dieser persönlichen Schuld tritt der Anteil eines jeden an der schwer faßbaren, aber unzweifelhaften Gesamtschuld aller. Wir alle sind mitschuldig, wenn irgendwo auf der Welt Unrecht geschieht. Deshalb ist das Sündenbekenntnis, das wir am Jom Hakippurum sprechen, in der Mehrzahl abgefaßt. „W i r haben gesündigt! W i r waren treulos!" Gewaltig umgibt, auf allen Seiten, wie die Atmosphäre, die Schuld den Menschen.

Schuld fordert Sühne. Mit größter Strenge faßt so die Mischna den Tag der Versöhnung auf: „Sünden zwischen dem Menschen und Gott entsühnt der Jom Hakippurim. Sünden zwischen Mensch und Mensch entsühnt er nicht, ehe der Mensch den Menschen versöhnt hat" (Joma VIII, 9).

Aber ist denn nicht alles im Gleichgewicht, wenn der Schuldige seine Tat wieder gut gemacht hat? Nein! Es dauert an der Abscheu des Menschen vor sich selber, die Trauer über die Verirrung, die Qual des schlechten Gewissens, der Verlust des Vertrauens zum Selbst. Der Mensch als sündiges Wesen gleicht nach dem Bilde unserer Dichtung dem meineidigen Zeugen, der das Haupt nicht erhebt, und dem Krieger, der seine Waffen verloren hat. Kein Richter, kein Gefängnis, keine Buße, kein Arzt kann ihn vor diesem Schicksal bewahren. Diese Depression der Seele ist es, die bei vielen Völkern, in vielen Religionen, als Unreinheit, als Befleckung, als Besudelung bezeichnet wird. Freiheit von dieser Trübung ist das leidenschaftlich verfolgte Ziel des Menschen, der sich noch nicht verloren gibt und auf das Gute hofft. Der Jom Hakippurim ist gesendet, diese Befleckung zu tilgen und die Reinheit vor dem Ewigen wiederherzustellen.

II.

Im Kampf um die Reinheit ruft der Mensch die gewaltige Kraft des Heiligen auf. Ezechiel, der Priester und Prophet, sagt (36, 25): „Ich gieße auf euch reines Wasser, und ihr sollt rein werden von allen euren Unreinheiten, und von allen eueren' Greueln reinige ich euch." Darum brachte jeden Morgen und jeden Abend der Priester das Opfer in dem Tempel dar, in dem Gott in der Mitte der Menschen wohnt (II. B. M. 25, 8). Darum wurde am Jom Hakippurim der eine Bock im Heiligtum dargebracht, der andere, beladen mit den Sünden der Kinder Israel, in die Wüste, dem „Asasel", gesandt, wo er von einem Felsen herabgestürzt wurde (III. B. M. 16). Darum legte der Hohepriester, der „Heilige des Ewigen" (Ps. 106, 16), das Sündenbekenntnis ab, in dem er den verborgenen Gottesnamen aussprach, den keiner sonst über die Lippen brachte, und den er selber nur an diesem einzigen Tage nennen durfte. Ein erschütterndes Bemühen um Reinigung durch die Macht des Heiligen, des Tempels, des Priesters, des Opfers, des Namens äußert sich in diesem Gottesdienst des b i b l i s c h e n Jom Hakippurim, der, solange der Tempel stand, den gewaltigen Tag ausfüllte.

Das Opfer hat mit der Zerstörung des Tempels tatsächlich aufgehört. Aber seine innere Kraft hat diese Katastrophe überdauert. An die Stelle der einstigen Handlung ist die Erinnerung getreten. Die Einsetzung des Opferdienstes in der Stiftshütte, das sechzehnte Kapitel im dritten Buch Moses, bildet die Toravorlesung zu Mussaf. In allen seinen Einzelheiten hat dieser alte, längst verschwundene und dennoch unsterbliche Opferdienst die Lehrer des Talmud und die Dichter unseres Mittelalters in seinen Bann gezogen. Die Schilderung dieses Dienstes, die Awoda, ist das Zentrum des Mussaf-Gottesdienstes. Wenn dreimal verkündet wird, wie der Hohepriester einsam im Allerheiligsten den wahrhaften Gottesnamen aussprach, sinkt heute die Gemeinde in die Knie wie vor Tausenden von Jahren im Tempel zu Jerusalem. Alles hat sich gewandelt. Das Opfer wird nicht mehr dargebracht. Aber wie über dem Fall, dessen Wassermassen in jedem Bruchteil eines Augenblicks andere sind, ewig das Gesetz waltet, nachdem sich das Licht darin bricht und zum Regenbogen wird, so ist die Erschütterung durch das Heilige unbekümmert um den völligen Wechsel aller Dinge geblieben. Es gab bis an die Schwelle der Gegenwart, und es gibt vielleicht noch heute Männer, die sich inbrünstig in die biblischen und talmudischen Vorschriften für den Dienst des Hohepriesters am Versöhnungstage versenkten. Wenn der Tempel mit seinem Dienste wieder erstände, sollte es nicht an Berufenen fehlen, die das Amt des Hohepriesters übernehmen könnten.

Die Zerstörung des Tempels hat die Bahn frei gemacht für eine andere Feier des Jom Hakippurim, ohne Priester und ohne Opfer. Eine religiöse Dichtung unseres Mittelalters (Selicha Ariel bihejoto al mekono) zählt die mannigfachen Opfer und Mittel der Sühne auf, die in jener lange vergangenen Epoche den Juden entsühnten, und klagt: „Seitdem das Los des Schicksals über Jerusalem gefallen ist, sind alle diese dahin, und wir haben keine Sühne mehr. Schau, Herr, nichts blieb uns übrig, als davon zu erzählen." Aber Verzweiflung bleibt nicht das letzte Wort. Im Tone der Resignation spricht vielmehr der Trost: „Vom Schicksal vorbehalten ist uns nur die Umkehr und der Jom Hakippurim." Nur die Umkehr! Aber was uns blieb, ist größer, als was uns genommen wurde. Denn Umkehr war von Anfang an die Kraft, die allen jenen Mitteln der Heiligung erst ihren Wert gab.

III.

Das Judentum ist an dem Falle seines Tempels nicht zugrunde gegangen. Sein Jom Hakippurim blieb. Unsere Lehre von der Versöhnung und von der verlorenen und der wiedergewonnenen Reinheit war immer von einer erschütternden Einsicht in die Tragödie der Heiligung selber beherrscht. Im Tempel, im Priester, im Opfer liegt der Keim der Sünde so gut wie irgendwo in der Welt. Sie können deshalb nicht die letzten Mittel der Erlösung sein. Reinheit vor dem Ewigen bleibt erreichbar, auch wenn die äußeren Hilfsmittel, sie zu erlangen, zunichte geworden sind. In seiner ältesten Gestalt ist der Jom Hakippurim wesentlich Entsühnung des in seiner Reinheit gefährdeten Heiligtums. „Der Priester soll das Heiligtum entsühnen von den Unreinheiten der Kinder Israel und von ihren Sünden und allen ihren Vergehungen. Und so soll er es mit dem Stiftszelt machen, das bei ihnen wohnt inmitten ihrer Unreinheit" (III. B. M. 16, 16). Der Hohepriester muß zuerst für sich selbst und dann für sein Haus das Schuldopfer darbringen und das Sündenbekenntnis sprechen. Dann erst darf er für das Volk opfern und die Sünden bekennen. Das Fasten endlich kann die wirkliche Sühne verhindern, durch einen täuschenden Schein ersetzen und damit vereiteln. Dieses Verhängnis, das über der Kasteiung schwebt, hat Jesaja (58, 5—8) enthüllt: „Soll so ein Fasten sein, das Ich wähle, ein Tag, an dem der Mensch seine Seele niederbeugt, daß er nur wie Schilf sein Haupt senkt und in Sack und Asche sich hüllt? Willst du das ein Fasten nennen und einen Tag, an dem der Ewige Wohlgefallen hat? Nein! Das ist ein Fasten, das Ich wähle: lösen die Bande des Frevels, öffnen die Stricke der Unterdrückung, die Zerschmetterten in die Freiheit hinaussenden und jedes Joch zerreißen! Fürwahr! Brich dem Hungrigen dein Brot und die Armen, die Verirrten bring in dein Haus! Wenn du einen nackt siehst, bekleide ihn, und von deinem Fleische halte dich nicht zurück! Dann wird wie die Morgenröte dein Licht hervorbrechen und deine Heilung wird schnell sich vollziehen, und es geht vor dir her deine Gerechtigkeit, die Herrlichkeit des Ewigen nimmt dich auf." Jesaja gibt mit seinem gewaltigen Aufruf dem Fasten seinen alten Sinn wieder. Im Grunde verlangt ja die Tora „Kasteiung der Seele". Der Jude soll am Jom Hakippurim „seine Lebensgeister darben lassen" (S. R. Hirsch zu III. B. M. 16, 31). Das ist das Wesen der Forderung. Das Fasten ist ihre Erscheinung, ihr Ausdruck, ihr Symbol. Es ist aber die tiefe Fragwürdigkeit alles Irdischen, die auch das Heilige bedroht, daß das Sinnbild an die Stelle des Wesens und das Symbol an die Stelle der wahrhaften Verwirklichung tritt. Dann kann der Mensch bei strikter Erfüllung des Gebotes ungewandelt der bleiben, der er war, und das Gebot wird eben durch seine Erfüllung vereitelt.

Gerade diese mächtige Rede von dem entarteten und deshalb wertlos gewordenen und von dem wahrhaften Fasten ist aus der ganzen Heiligen Schrift herausgehoben und zum Prophetenabschnitt für die Toravorlesung im Morgengottesdienst bestimmt worden. Als lebendiges Wort schlägt sie an jedem Jom Hakippurim ans Ohr der Gemeinde. Sie offenbart die Krisis, in die alles Irdische, auch das Heilige, geraten kann. Erschütternd verkündet sie die Unmöglichkeit, mit der Erfüllung irgend einer Pflicht sich zu begnügen, und die Notwendigkeit, von jeder Gestalt gewordenen religiösen Schöpfung auf das lebendige Herz zurückzugehen, aus dem sie hervorzugehen hat.

Das gleiche Schicksal, das den Tempel, den Priester, das Fasten ereilen kann, bedroht schließlich den Jom Hakippurim in seinem Wesen. „Wenn einer sagt: Ich will sündigen und umkehren, ich will sündigen und umkehren, dann wird ihm keine Möglichkeit gegeben, umzukehren. Sagt er: Ich will sündigen, und der Jom Hakippurim wird mich entsühnen, dann entsühnt der Jom Hakippurim ihn nicht," warnt die Mischna (Joma V. 9). Es gibt eben Menschen, welche die Aussicht auf Gnade an der Umkehr verhindert. Deshalb dringt das Judentum von jeder äußeren Handlung zu der unfaßbaren Forderung vor, deren Verkörperung sie sein soll. Es erkennt an, daß seine heiligen Institutionen gemein werden können. Deshalb belebt es sie aus dem Quell des Herzens und weiht sie dann von Neuem. Der Jom Hakippurim braucht, so gut wie der Hohepriester und wie jeder Mensch, seinen Jom Hakippurim, seine Sühnung und Wiederherstellung, damit er selber wieder sühnen könne. Deshalb hängt er auch an keiner heiligen Handlung oder Person, und wären es Tempel, Opfer und Hoherpriester, sondern sie hängen an ihm und stehen in seinem Dienste.

IV.

Im Stiftszelt bekannte der Hohepriester alle Sünden der Kinder Israel (III. B. M. 16, 21). Nach der Zerstörung des Tempels wurde dieses Sündenbekenntnis das Rückgrat des ganzen Gottesdienstes am Jom Hakippurim. Im Stiftszelt hatte der Hohepriester allein die Widduj für das ganze Volk abgelegt. In der Synagoge spricht sie die ganze Gemeinde und jeder Einzelne für sich. Es ist ein Akt der Gewissenforschung, der Ausdruck eines erhabenen Aufschwungs zu Gott und einer großartigen Mystik.

Denn von Natur gilt die erhabene Wahrheit, die der Psalm (90,8) verkündet: „Du stellst unsere Schuld vor D i c h hin, unser heimliches Tun vor das Licht D e i n e s Angesichtes." Gott kennt die Schuld des Menschen. Der Mensch selber weiß vielleicht nichts von ihr. Zweimal nennt die Widduj Sünden, die wir begingen, ohne davon zu wissen. Vielleicht sind diese unwissentlichen Sünden unsere schwersten. Jedenfalls sind sie die gefährlichsten. Denn bei ihnen versagt das Gewissen. Es kann nicht mahnen. Dann ist uns die Umkehr genommen. In dieser Ahnungslosigkeit gibt das Sündenbekenntnis dem Menschen jenes Wissen von seiner Sünde, das bisher nur Gott hatte. Je tiefer es erfaßt wird, desto mehr leuchtet es hinein in das Gewußte und in das nicht Gewußte. Das Sündenbekenntnis stellt unsere Schuld vor u n s hin, unser heimliches Tun vor das Licht u n s e r e s Angesichtes. Es macht den Menschen durch die Erkenntnis seiner Schuld Gott ähnlicher. Gerade dort, wo die Menschlichkeit des Menschen sich offenbart, in der Schuld selber, verhilft das Sündenbekenntnis zu der Erfüllung des Gebotes: „Heilig sollt ihr sein, denn heilig bin Ich, der Ewige, Euer Gott" (III. B. M. 19, 2). Es führt so zu der Nachfolge Gottes.

Es wird vor Gott, dem Allwissenden, abgelegt. So bekennt es den Gott, vor dessen allsehendem Auge nichts verborgen ist. Es beginnt: „Die mutwilligen und die leichtfertigen Sünden kennst Du. Der freie Wille und der Zwang, die offenbaren und die verborgenen Dinge, vor Dir sind sie offenbar und bekannt. Du kennst die Geheimnisse der Welt und die Verborgenheit der verhüllten Dinge alles Lebendigen. Du erforschest alle Kammern des Innern und prüfest Nieren und Herz. Nichts ist vor Dir verhohlen und nichts versteckt vor Deinem Auge." Rechtfertigung vor dem allwissenden Gott, nicht nur Selbstgespräch der einsamen Seele ist das Sündenbekenntnis.

Es ist ein allgemeines, ein menschliches Gebet. Jeder könnte es sprechen, wes Glaubens er auch sei. Keine Sünde wird erwähnt, die, wie Entweihung des Sabbats oder Verstoß gegen Speisegesetze, nur der Jude begehen könnte. Dafür breitet sich vor dem Beschauer das menschliche Herz in seiner ganzen Weite aus, die Verirrungen seines bewußten Lebens wie die Schuld in seinen ihm selber verborgenen Tiefen. Es erbittet Verzeihung für die Sünden, die wir begingen, gezwungen oder freiwillig, in der Verstocktheit des Herzens oder ohne davon zu wissen, offen oder im Geheimen, durch törichte oder unreine Rede wie durch die Gedanken des Herzens, durch Übermut, im Leichtsinn oder in der Bestürzung, durch Stolz und durch Begehrlichkeit, durch Torheit und durch Hartnäckigkeit, durch den Trieb zum Bösen und durch Leichtfertigkeit, durch Unzucht oder durch Trug, durch Unterdrückung des Nächsten und durch Veruntreuung, durch Zins und Wucher, durch Entweihung des göttlichen Namens wie durch Geringschätzung von Eltern und Lehrern, durch leeres Sündenbekenntnis wie durch eherne Stirn, durch Bestechung und durch Lüge, durch Verleumdung und durch Spott, durch Abwerfung des uns auferlegten Joches, im Handel und Wandel und beim Essen und Trinken, durch falschen Eid und durch Jagd auf den Nächsten, durch Eilfertigkeit zum Bösen und durch unbegründeten Haß.

Weit entfernt ist diese Gewissenserforschung von den peinlichen Fragen eines Strafgesetzbuches. Denn sie spricht wenig von genau bestimmten Tatbeständen. Um so mehr forscht sie nach den verborgenen Kräften, in denen jezer harah, der Trieb zum Bösen, sich äußert. Sie ergründet die innerste Gesinnung mit jenem Blick, den Samuel (I. Sam. 16, 7) als den Gottes bezeichnet. „Der Mensch schaut aufs Auge, Gott aber schaut aufs Herz!" Mit dem Blick aufs Innerste gerichtet ist die Widduj entworfen. Wer sie mit der Erschütterung liest und beantwortet, die sie fordert, der lernt sich kennen. Darum ist sie Erweckung zu einem höheren Leben, zu gesteigertem Bewußtsein und damit zur eigentlichen Menschlichkeit. Durch die Widdui rüttelt der Jom Hakippurim den Menschen aus seinem Schlummer. Vor der Vertreibung Adams aus dem Paradiese spricht Gott (I. B. M. 3, 22): „Siehe, der Mensch ist geworden wie einer von uns, zu erkennen Gut und Böse". Raschi deutet das Wort so: „Er ist einzig in der unteren Welt, wie Ich einzig in der oberen Welt bin. Worin aber besteht seine Einzigkeit? Daß er Gut und Böse erkennt, was kein Tier kann." So hängt an der Erkenntnis von Gut und Böse, also auch an dem Bewußtsein von der eigenen Sünde, der Vorzug des Menschen vor aller Kreatur. Eben die Sünde eröffnet dem Menschen den Weg zu seiner Erhebung. So seltsam verschlingen sich die Wege unseres Wesens und unseres Schicksals.

V.

Bekenntnis der Schuld wird Reue, Beschämung, Zerknirschung erwecken. Wir stehen nach einem Bild unserer mittelalterlichen Dichtung „arm und leer" da. Dieser Zusammenbruch unseres Selbstbewußtseins ist aber zugleich der Anfang der Wende und Wandlung, der Teschuwa.

„Umkehr, Gebet und gute Taten wenden das böse Geschick," heißt es im Mussafgebet des Rosch Haschana und Jom Hakippurim. Das Judentum setzt die Kraft zur Umkehr, zur Wandlung, voraus. Von Natur ist uns diese freilich nicht gegeben. „Ich weiß, Ewiger, daß nicht dem Menschen sein Weg gehört, und daß es nicht an dem Manne liegt, wie er geht und seinen Schritt lenkt," sagte Jeremia (10, 23). Auf stärkste hält das Gebet dem Menschen seine Ohnmacht vor. „Was sind wir? Was ist unser Leben? Was ist unsere Frömmigkeit und was unser Heil, was unsere Kraft und was unsere Stärke? Was sollen wir vor Dir sagen, Ewiger, unser Gott? Wahrlich, alle Helden sind wie nichts vor Dir, und die Berühmten wie nie gewesen, die Weisen wie ohne Verstand und die Klugen wie ohne Einsicht. Denn die meisten ihrer Taten sind nichts, und die Tage ihres Lebens sind ein Hauch vor Dir." Diese Einsicht in die Schwäche des Menschen wird noch überboten durch das anschließende Zitat aus Kohelet (3, 19): „Ein Vorzug des Menschen vor dem Vieh ist nicht, denn Alles ist eitel." Die Liturgie des Jom Hakippurim steigert sich bis zur Verkündigung der völligen Nichtigkeit des Menschen vor Gott, wenn sie aus dem Buche Jeremia (18, 6) das Bild aufnimmt: „Siehe! Wie der Ton in der Hand des Töpfers, der, wenn er will, ihn lange zieht und, wenn er will, ihn abschneidet, so sind wir in Deiner Hand." Das Judentum erwartet also Umkehr und Wandlung keineswegs von der Kraft des Menschen allein. Es appelliert an die Gnade Gottes. Aber es erhofft das Heil ebensowenig ausschließlich von Gottes Gnade, sondern von dem Zusammenwirken von menschlicher Anstrengung und göttlicher

Barmherzigkeit. Tröstend und antreibend zugleich spricht das Neila-Gebet am Schluß des Tages das Geheimnis der göttlichen Gnade aus: „Du reichst die Hand den Sündern, und Deine Rechte ist ausgestreckt, aufzunehmen die Rückkehrer." Jetzt erscheint der Mensch nicht mehr wie Ton in des Töpfers Hand, sondern wie ein Schwimmer, der um sein Leben ringt. Er kann das Ufer nur erreichen, wenn sich ihm eine Hand entgegenstreckt. Aber der Retter kann auch nur helfen, wenn der Ertrinkende gegen den Untergang kämpft. So braucht der Mensch Gottes Gnade und ist ohne sie, nur auf seine schwache Kraft angewiesen, verloren. Aber auch Gott braucht die Anstrengung des Menschen, Reue, Buße, Wiedergutmachung. Wenn nicht der Mensch Gottes ausgestreckte Hand ergreift, kann auch Gott nicht erlösen.

VI.

Mit einem schönen Sinnbild von Gottes Gnade beginnt der Nachmittagsgottesdienst. Als Prophetenabschnitt ist die Erzählung von Jona gewählt, dem Beauftragten Gottes, der seiner Sendung vergeblich zu entfliehen suchte. Sie schließt: „Dir tut es leid um den verdorrten Baum, um den du dich nicht gemüht, und den du nicht großgezogen hast. Und mir sollte es nicht leid tun um Ninive, die große Stadt, in der mehr als zwölf Myriaden Menschen sind, die nicht zu unterscheiden wissen zwischen rechts und links, und dazu so viele Tiere?"

Kol Nidre, am Eingange des Jom Hakippurim, wird durch eine feierliche Verkündigung eingeleitet: „Im Gerichtshof im Himmel und im Gerichtshof auf Erden! Im Einklang mit der Gemeinde und im Einklang mit der Versammlung! Wir erlauben, zu beten mit den Sündern!" Die Worte sind rätselhaft, das Denkmal irgend einer Vergangenheit, ein Stück Geschichte mitten in einem Gottesdienst, der sonst fast überall unmittelbar zum Menschen spricht und keiner Erklärung bedarf. Die Forschung streitet über ihre Herkunft und historische Bedeutung. Gewiß ist sie symbolische Wahrheit. Am Versöhnungstage fällt die Wand, die den Verstoßenen von seinen Genossen schied. Der Gebannte in der Gemeinde ist das Sinnbild der versöhnenden Kraft des heiligen Tages.

Vierundzwanzig Stunden später, am Schluß des Neila-Gebetes, entläßt die Synagoge die Gemeinde mit der Mahnung an Tod und Ewigkeit. Das Bekenntnis zum Ewigen wird von allen gemeinsam abgelegt. Einmal Schema Jisroel, dreimal „Gelobt sei der Name, die Herrlichkeit Seines Reiches immer und ewig", siebenmal „Adonaj, Er ist Gott!" Diese „Schemoth" sind der Abschluß des Tages. Früher oder später wird sie der Jude wieder hören, auf seinem Sterbelager. Der Schofarstoß, in dem sie ausklingen, mag wohl die Mahnung an die letzten Dinge sein. Der Tod ist auf Erden die letzte

Sühne der Schuld. Das Ende des Lebens ist eins mit dem Eingang in die Ewigkeit.

Bis an die Schwelle der Gegenwart hat allenthalben die Gemeinde am Jom Hakippurim im Gotteshaus das Sterbegewand getragen. Mehr als alle Worte es vermöchten, erschütterte sie der Anblick der Beter in „Kittel und Sargenes". Das großartige Symbol ist in den jüngsten Jahrzehnten in vielen Gemeinden verschwunden. Aber auch dann wird der Jude von heute in den innersten Kammern des Herzens davon gepackt, daß er mit dem Sterbegebet den heiligen Tag beschließt. Wenn er den erhabenen Moment in sich bewahrt, wird ihm in Zukunft jeder Tag zum Jom Hakippurim.

VII.

WENN der Hohepriester am Ausgang des großen Tages in Frieden aus dem Tempel zurückgekehrt war, veranstaltete er ein Fest für alle seine Freunde. Eine unvergleichliche Verantwortung hatte auf ihm gelegen, jetzt war er ihrer ledig. So war er nunmehr von einer Freude erfüllt, mit der keine andere sich messen konnte. Die heiligen Handlungen, die er zu vollziehen hatte, gehören für uns der Vergangenheit an. Wir kennen keine Opfer mehr, kein Tier wird mehr, beladen mit den Sünden der Kinder Israel, in die Wüste geschickt, keines mehr im Heiligtum dargebracht. Jeder spricht für sich selber das Sündenbekenntnis zusammen mit allen anderen. Aber so ernst wie je und entscheidend für das Heil in dieser und in jener Welt blieb der Jom Hakippurim. Darum beherrscht den Juden an dem Ausgang des hohen Tages eine Freude, wie er sie an keinem anderen Tage kennt. Viele nennen ihn den schönsten Tag des Jahres. Der Klarheit des Himmels nach dem Gewitter vergleicht Jesaja (44, 22) die Seele, der Gott verziehen hat. „Ich lösche aus wie die Wolke deine Vergehen, und wie Nebel deine Sünden. Kehre zu Mir zurück, denn Ich habe dich erlöst!" Wolken und Nebel, die die Sonne verfinsterten, werden wesenlos, nichts. So von Dunkel und Dunst befreit, von reiner Sonne durchleuchtet ist die Seele der Erlösten, die Gott versöhnt, die Er von allen Sünden gereinigt, die rein sind vor dem Ewigen.

Anhang: Jomkippur-Bräuche

WÄHREND der Bußtage zwischen Rosch Haschana und Jomkippur (oder Jom Hakippurim) werden die Selichot am Morgen und „awinu malkenu" am Morgen und am Nachmittag gesagt. Damit wird gewissermaßen eine Steigerung der Buß-stimmung gegenüber den ersten Selichotagen angedeutet. Außerdem werden im Achtzehngebet gewisse Sätze eingeschaltet, die an die Barmherzigkeit des richtenden Gottes appellieren. So wird durch das Wort

ANHANG: JOMKIPPUR-BRÄUCHE

„melech" (König) an Stelle des milderen „el" (Gott) ausgedrückt, daß die Welt im Gerichte steht. Diese kleinen Einschaltungen und Änderungen bleiben sogar am Sabbat, an dem Selichot und „awinu malkenu" als zu schwere Dämpfer der Sabbatstimmung entfallen. Der Tag nach Rosch Haschana ist überdies ein Festtag, Z o m G e d a l j a. Der Tag erinnert an die Ermordung Gedaljas, den nach der Zerstörung von Jerusalem (586 v.) Nebukadnezar zum Statthalter über die im Land Verbliebenen eingesetzt hatte. Gedalja war energisch, großzügig, von edelster Gesinnung. Er wollte das Land durch Neuorganisierung allmählich selbständig machen. Aber nach zwei Monaten wurde er ermordet, und damit schwand die letzte Hoffnung auf Erneuerung des jüdischen Staates. An diesem Bußetag tritt zu den anderen Gebeten noch die für den Fasttag übliche Toravorlesung.

Der Sabbat während der Bußetage wird S c h a b b a t s c h u w a genannt, nach den Anfangsworten der Haftara (Hosea 14, 2): „schuwa jisrael" (Kehre um, Jisrael). Sie wird in der Regel vom Rabbiner gleichsam als Bußpredigt vorgelesen. Darum verschiebt man auch eine an diesem Sabbat fällige Barmizwafeier, falls der dreizehnjährige Knabe die Haftara vortragen soll, auf den nächsten Sabbat oder Festtag.

Der V o r t a g d e s J o m k i p p u r (Erew Jomkippur) gilt als eine Art Festtag. Es werden nur wenige Slichot gesagt, ein gekürztes Sündenbekenntnis gesprochen, das alltägliche Bußgebet Tachanun entfällt, ebenso „awinu malkenu". Man will gleichsam den Unterschied zum bevorstehenden Jomkippur durch eine kleine Caesur deutlich machen. In einigen europäischen Gegenden hat sich in nachtalmudischer Zeit ein eigenartiger Brauch eines Sühneopfers (K a p p a r a) herausgebildet, das Kapporeschlagen. Ein Huhn wird dreimal über das Haupt geschwungen und dazu wird ein Spruch gesagt, der (ähnlich wie beim Widder für Asasel im alten Heiligtum) ausdrückt, daß das Tier die Sünden des Menschen übernehmen und dann geopfert werden soll. Das Huhn wird geschlachtet, eventuell verschenkt oder wird sein Geldwert an Bedürftige verteilt.

Bei den Ostjuden bestand vielfach der Brauch, sich an diesem Tag als Buße 39 Geißelhiebe vom Tempeldiener geben zu lassen. Schon am frühen Nachmittag wird das M i n c h a g e b e t gesprochen und darin bereits still am Ende des Achtzehngebetes das S ü n d e n b e k e n n t n i s (Widduj) gesagt, und zwar sowohl das alphabetisch geordnete „aschamnu" (wir haben gesündigt), als auch die in doppelter Alphabetfolge abgefaßten zwei Gruppen von Formeln, die mit den Worten „al chet" (für die Sünde) beginnen, sowie eine dritte Gruppe, Satz um Satz mit „weal chatoim" (Und für die Sünden) beginnend, die alle Arten von Strafen anführt. Mit letztem Ernst werden hier alle Möglichkeiten einer Vergehung, ja einer bloß unrechten Gesinnung, hervorgeholt. Diese Widduj-Bekenntnisse kehren in allen Gebeten des Jomkippur wieder und werden dann laut auch vom Vorbeter gesagt. Nur beim Nëila-Gebet werden die Gruppen „al chet" und „weal chatoim" nicht mehr rezitiert.

Man benützt den Vortag des Jomkippur, um sich mit allen auszusöhnen, die man etwa gekränkt hatte, pflegt am Nachmittag noch ein Bad zu nehmen und geht frühzeitig zum Abendessen. Bevor man sich zum Gottesdienst begibt, werden die Lichter entzündet und gesondert ein Licht der Erinnerung an die Toten geweiht, des S e e l e n - (n e s c h a m a) L i c h t. In vielen Gegenden wird dieses Licht in der Synagoge selbst entzündet. Es soll vierundzwanzig Stunden lang brennen, darum verwendet man dazu eine große Wachskerze oder eine Öllampe. Man benscht die Kinder und geht noch vor Sonnenuntergang in die Synagoge. Vorhang und Betpult, ebenso die Torarollen im Innern der Lade sind weiß gekleidet, alle Funktionäre tragen weiße Gewänder, in konservativen Kreisen legen die Männer (mit Ausnahme der unverheirateten) die linnenen weißen Sterbegewänder an, die Kittel, die um die Lenden mit einer Schnur gehalten werden, damit gewissermaßen die höhere und niedere Welt im Menschen selbst sinnbildlich geschieden sei. Auf dem Haupt trägt man die weiße Kappe und wie einst die Priester geht man in Schuhen, die keine Ledersohlen haben. Solange es noch Tag ist, legt man, weil dieses Gebot nur für den Tag gilt, den Tallit um. Die vom Vorbeter laut dazu gesprochene Beracha ist für die Gemeinde das Zeichen, daß der Gottesdienst beginnt. Dann treten zwei der würdigsten Männer, gewöhnlich der Rabbiner und ein altes Mitglied der Gemeinde, zu beiden Seiten des Vorbeters an das Pult und der eine von ihnen, in der Regel der Rabbiner, spricht dreimal eine aramäische Formel, die besagt, daß diese drei Männer, gewissermaßen als ein religiöser Senat, auch den „Übergetretenen" (Abarnaim) gestatten, mit der übrigen Gemeinde zu beten. Diese Zeremonie stammt wohl aus den Zeiten der Marranen, da viele gezwungenermaßen äußerlich den fremden Glauben angenommen hatten. Man behielt dann auch später vielfach diese ernste Einleitungsformel bei, weil sie auf alle jene gedeutet werden konnte, die sich sonst während des Jahres von der jüdischen Gemeinschaft entfernt hatten. Es folgt nun unmittelbar abermals eine bloße Rechtsformel, das K o l n i d r e , das der Vorbeter nach der berühmten uralten Melodie intoniert. Wiewohl es sich also auch hier um kein Gebet handelt, gab gerade diese Formel dem ganzen Abend den Namen. Das hängt wohl damit zusammen, daß in dieser Präambel zum ganzen Fest der Ernst der Stimmung getroffen ist: die Synagoge erscheint als Gerichtssaal und wird zum Symbol der an diesen Tagen gerichteten Welt. Der aramäische Text besagt, daß „alle Gelübde, Verzichtungen, Schwüre", die man in Übereilung Gott gelobt hat, aufgelöst seien. Es handelt sich selbstverständlich, wie eindeutig klar ist, um Gelübde, die jemand aus Askese oder aus Opferbereitschaft für gottgefällige Zwecke gemacht hat und die er nicht auszuführen imstande war. Versprechungen aber, die man den Mitmenschen gemacht hat, oder gar rechtliche Verpflichtungen, die man eingegangen ist, können im Judentum überhaupt keiner religiösen Dispens unterliegen. Die Gelübde vor Gott wurden auf Grund des Verses im 4. Buch Moses 30, 3 sehr ernst genommen und von diesen konnte man, falls sie im Affekt oder unbedacht geschehen sind, den Einzelnen entheben.

Die demütig hoffenden Rufe einer Gemeinde zu dem unsichtbaren Vater, der über ihr Schicksal entscheidet, die Innigkeit der Gesänge und der Anblick der Gemeinde selbst haben seit jeher auch auf Nichtjuden Eindruck gemacht. Nikolaus L e n a u wollte die Kolnidre-Melodie in seiner Sterbestunde noch einmal hören. Rudolf O t t o , der große christliche Theologe, entdeckte seine fruchtbare Idee vom Heiligen während des Kolnidre-Gebetes in einer marokkanischen Synagoge. Man muß allerdings den Sinn für die eigenartige Ästhetik der religiösen „Gemeinde" haben, die ganz anderen Gesetzen als andere Gemeinschaften folgt. Es ist nicht zuletzt diese Ästhetik, welche die Umkehr zur jüdischen Religiosität immer wieder bewirkt. Die nichtjüdische Bevölkerung

ANHANG: JOMKIPPUR-BRÄUCHE

hatte zumeist eine große Ehrfurcht vor diesem höchsten Fest des Judentums und nannte es den „langen Tag". Die Bezeichnung: der „Tag" ist auch dem jüdischen Schrifttum geläufig. Der Talmudtraktat über den Jomkippur führt geradezu diesen Namen (Joma). Alle Gebote für den Sabbat gelten auch für ihn, der als einziger Feiertag in vieler Hinsicht höher steht als der Sabbat. Das Gebot der Enthaltung geht so weit, daß man sich an diesem Tag nicht einmal wäscht, sondern nur Finger und Augen mit Wasser benetzt. Im Sinne der Mischna gewöhnt man Knaben und Mädchen etwa vom elften Lebensjahr an, wenigstens einige Stunden zu fasten. Daß für Kranke über Anordnung des Arztes das Gebot des Fastens nicht gilt, sagt schon die Mischna. Der Gottesdienst dauert mit einer kurzen Unterbrechung vom frühen Morgen bis Sternenaufgang. Viele bekunden dadurch ihre besondere Loslösung vom Irdischen, daß sie sich die ganze Zeit über nicht niedersetzen. Das Aufstehen gilt allgemein als Pflicht, wenn an den feierlichen Stellen der Gebete die Lade geöffnet ist.

In antiker Zeit hatte der Tag einen um vieles heitereren Charakter. Es wird berichtet (Talmudtraktat Taanit 26 b), daß junge Mädchen in weißen, festlichen Gewändern Reigentänze aufführten. Schon vor dem Feste war die Einkleidung des Hohepriesters und die prunkvolle Prozession, in der er zum Heiligtum geführt wurde, von besonderem Glanz. Eine Dichtung, die noch heute gesprochen wird, preist das Bild des Hohepriesters an diesem Tage. Über die Toravorlesung ist im vorausgehenden Kapitel, sowie in dem über „Sabbat" das Wichtigste gesagt. Der Tonfall (Nigun) der Vorlesung und auch der Beracha ist der gleiche wie für Rosch Haschana. (Über die Awoda und die Zeremonie des Niederkniens vergleiche die Anmerkungen zu Rosch Haschana.) Vor dem Einheben beim Morgengebet oder bei Mincha wird die H a s k a r a eingeschaltet, das Erinnerungsgebet für die Toten.

Etwa eine Stunde vor Sonnenuntergang beginnt man mit dem Schlußgebet, N ë i l a , das in vielen Gemeinden der Rabbiner spricht. Die herkömmlichen Melodien, vor allem das berühmte einleitende Kaddisch vor der Tefilla, drücken die müde Stimmung aus, die immer wieder aufgerüttelt wird. In den Texten wird der bildhafte Ausdruck „Schreibe uns ein in das Buch des Lebens (katwenu) durch Veränderung eines Buchstabens in den Ausdruck: „Besiegle unser Los usw." (chatmenu) verwandelt. Nëila heißt eigentlich schließen. Zur Zeit des Tempels wurde vor dem Schließen der Tempeltore täglich ein Schlußgebet gesprochen. Es hat sich heute bloß am Jomkippur erhalten. „Es geht auf Nile", bedeutet soviel wie: es geht zu Ende. Während des Nëilagebetes bleibt die Lade vom lauten Rezitieren der Tefilla an geöffnet, gleichsam als Symbol der noch geöffneten himmlischen Tore. Nach dem zum Schluß gesagten „Schema", dem dreifachen „baruch schem kewod" (das beim Schema-Gebet des ganzen Tages ausnahmsweise laut gesprochen wird) sowie dem siebenmal für alle diesseitigen Himmelssphären geltenden „adonaj hu haëlohim" (Er ist der Gott), wird das Kaddischgebet gesagt und der Schofar geblasen, und zwar werden bei den Sefardim vier Töne, bei den Aschkenasim die langgezogene Tekia geblasen. Hierauf wird noch das Abendgebet gesagt, die Hawdala gemacht (siehe „Sabbat") und dann geht man zum „Frühstück" oder „Anbeißen". Viele lassen es sich nicht nehmen, noch am Abend eine religiöse Pflicht zu erfüllen, den neuen Mond zu begrüßen und irgend etwas in der Sukka für das bevorstehende Fest herzurichten.

LEKTÜRE FÜR DIE HOHEN FEIERTAGE

Elul

Von Schemarja Gorelik

MEHR als alle Monate liebe ich den Elul, das Vorspiel der „Tage der Furcht", an denen der jüdische Geist sich so peinigt. Ich liebe sie, die schlichten Tage — Wochentage sollte man meinen — mehr als die Feste. Es ist soviel Schönheit und Stille in ihnen, ein Rüsten zum Wichtigen, Ernsten, das kommen muß, schon nahe ist, wartet. Heute ist's freilich nicht oft zu finden, höchstens in irgend einem entlegenen Städtchen, abseits von der Bahn, wo noch nicht das Grammophon den Schofar verdrängt, wo sich die alte jüdische Tradition noch eine Gnadenfrist erbeten hat, ehe sie für immer verschwindet. Aber meine Gedanken gehen in die Jahre der Kindheit zurück, da ich in den Elultagen den ersten Atem des Herbstes fühlte.

Es ist alles so anders als sonst. Die Läden sind ja wohl offen. Die Leute gehen auf den Markt, fahren auf Jahrmärkte, man arbeitet und treibt Handel. Und doch, wenn man so recht zusieht, merkt man, daß die Schritte langsamer, die Stimmen leiser sind, wie wenn sie jemanden zu beleidigen fürchteten. Und diesen Jemand sieht man nicht. Man fühlt ihn nur. Er schwebt über den jüdischen Gassen dort in den alten jüdischen Städtchen — ein Geist, der in den Elultagen sie ernster, stiller, langsamer, melancholischer macht.

Es hängt an den Tagen wie ein leichtes Wölkchen. Es ist keine schwere Sorge, und doch eine Sorge. Man seufzt. Und still spricht der Jude zu sich, nur zu sich:

„Schon Elul, schon bald Mitte Elul."

Mein kleines, junges Hirn verstand damals noch nicht, was das bedeuten soll. Aber ich war beunruhigt. Und die Unruhe pflegte zu wachsen, wenn aus dem Nachbargäßchen, in dem sich das Bet-hamidrasch befand, Schofartöne an mein Ohr drangen.

Großvater kommt aus der Schul'. Das Zusammenfalten des Tallis nimmt ihn länger in Anspruch als sonst. Er ist nachdenklich, ernst, geht in der großen alten Stube auf und ab und summt eine chassidische Melodie. Tritt ans Fenster, zieht die Vorhänge auseinander, seufzt, und ich höre ihn sagen:

„Ach, schon Elul, schon bald Mitte Elul."

Später rücken die Slichot-Tage heran. Die Gesichter werden noch verträumter, noch trauriger. Ich erinnere mich an das Aufstehen vor Sonnenaufgang. Großvater führt mich durch die dunklen Gäßchen. Es ist schon kalt. Räder knarren irgendwo. Ein Tor geht auf, und ein verschlafener Bauer trottet mit dem Wassereimer zum Brunnen. In langer Reihe streben Fuhrwerke dem Markte zu. Großvater geht schweigend, mit den Gedanken in einer andern Welt. Plötzlich hustet er stark, läßt meine Hand los und lehnt sich an einen Zaun. Ich stehe zitternd daneben. Aber ich bin zufrieden und dankbar, daß mich Großvater aufweckte und zu Slichot mitnahm.

In dem großen Zimmer mit dem erdigen Fußboden, das als Bet-hamidrasch dient, sind schon die Lichter angezündet. Und durch die zwei kleinen Fenster erblicke ich die Beter in Werktagskleidern, aber in Feiertags-Andacht. Feierlich still senden sie die Gebete zu Gott empor, und ich denke, daß der alte jüdische Gott diese Gebete vor Sonnenaufgang mehr lieb haben muß als alle anderen. Stille, stille Gebete sind es, nicht wie an den „Tagen der Furcht", hohen Festtagen, da die Juden schreiend ihren Gott gleichsam an den Rockschößen fassen und ihn nicht lassen, bis er ihnen vergeben hat. Nein, stille Gebete: Hilf uns, Herr, verlaß uns nicht! So weich, so elegisch, so bittend klingt die Stimme der kleinen Beterschar.

Nach dem Beten werden sie wieder auseinandergehen, in die Läden, auf den Markt, Weizen und Flachs kaufen. Aber anders als sonst werden sie aussehen, die kleinen Krämer. Eine Zigarette drehend, wird einer zum andern sagen:

„Ja, so ist es. Elul. Schon Ende Elul, gelobt sei Gott."

Und wird sich entfernen, ohne eine Antwort abzuwarten.

Jahre, viele Jahre sind seitdem verstrichen. Großvater ist gestorben. Das Bet-hamidrasch steht schon lange nicht mehr an der alten Stelle. Und ich gehe nicht mehr zu Slichot. Aber die Elul-Motive klingen in mir wie früher. Der Text ist ein anderer geworden, die Melodie dieselbe geblieben. Ich höre sie in allen Liedern, die bei uns gesungen werden, ich fühle sie in den edlen Tränen, die im Stillen vergossen werden, und in der Frage, die meine Freundin an mich richtet: Warum ist's so traurig, so kalt und finster? Warum schmerzt die Seele so?

Ich habe ihr nichts zu antworten.

Ich erinnere mich an die stillen Slichot-Tage von einstmals, an Großvater, der über die große Stube ging, ans Fenster trat, die Vorhänge auseinanderzog und traurig sprach:

„Ach, schon Elul, bald Ende Elul."

Hilf uns, Herr! Verlaß uns nicht. Wir drängen dich nicht, wir bitten nur. Und bitten darf man doch...

Im Elul am Grabe Rahels

Von M. Y. Ben Gavriel

WIE es Sitte ist, zur Hadlaka nach Merom, zu Purim nach Tel-Aviv und zu Pessach nach Jerusalem zu ziehen, so zieht man im Herbstmonat Elul, im „schrecklichen Monat", besonders in den Vollmondnächten dieses Monats zum Grab der Erzmutter Rahel, das „auf dem Weg gen Ephrat, das ist Betlehem", liegt.

Hunderte und Hunderte von Menschen, nicht nur Juden, sondern auch Araber, ziehen in diesen phantastisch hellen Nächten zu Fuß, zu Pferd, auf Maultieren oder in Autobussen von Jerusalem die breite Straße gegen Betlehem hinab. Weit liegt das Tal, hinter dem blau die Moabiterberge aufragen. An Olivenhainen vorbei und an einzelnen Steinhäusern, typisch palästinensischen Steinmauern entlang, dann wieder an wüsten Feldern vorbei, auf denen Disteln und niederes Nadelgestrüpp wuchern, genügsamer Kamele mühselige Nahrung, und dann hinauf in die Ebene Refaim, wo König David zweimal die Philister schlug. Rechter Hand bleibt das Kloster Tantur, das wie eine Kreuzfahrerfestung in seinen Gärten liegt — und seines Weines wegen berühmt ist — und dann unten im Tal die spärlichen Lichter von Betlehem, die den Hang jenseits des Tals hinansteigen. Links, geisterhaft unwirklich, zwei beinweiße arabische Dörfer, über die der Mond einen Dunstschleier senkt.

Plötzlich Menschen vor uns. Wir unterscheiden ein paar Polizeisoldaten im Dunkel unter einem Olivenbaum, Juden und ein paar Araber, darunter eine Betlehemiterin mit dem typischen Kopfputz derselben, der noch aus der Kreuzfahrerzeit stammt. Wir stehen vor dem Grabmal der Mutter Rahel, dem Kewer Rahel, das die Araber qibr rahil nennen. Ein moscheeartiges Gebäude ohne Minarett ist über dem Grab selbst aufgebaut, ein typisch orientalisches Gebäude, das aber in seiner jetzigen Form nicht viel älter als neunzig Jahre ist.

Wir betreten das Grabgewölbe. In der offenen Vorhalle liegen und sitzen auf Matten Bettler von Marokko bis Persien, ein bettelndes Völkermuseum, Einäugige, Lahme, Alte und Uralte, durchwegs Modelle, für die jeder europäische Maler viel geben würde. Von hier führt eine niedere Tür in die eigentliche Grabkammer. Ein hoher, aber sehr enger Raum, in dem ein tief herabgelassener Luster mit etwa fünfzig Totenlichtern, die mit Öl gespeist sind, Licht verbreitet, das sich in den Goldstickereien der Seidentücher fängt, die — manche Stücke von hohem Wert, andere wieder unsagbar geschmackloses billiges Zeug — die Wände beinahe zur Gänze bedecken. Der Blick gleitet aber fast augenblicklich von all dem ab: mächtig, den Raum bis auf einen schmalen Rundgang fast völlig ausfüllend, steht der Kenothaph vor uns, der über dem Grab Rahels aufgebaut ist. Ein grauer, nach oben sich ein wenig verjüngender, wie polierter Block, von doppelter Manneshöhe und von fünf Männern kaum zu umfassen, ist das Bauwerk, das sich nach orientalischer Sitte über dem Grab erhebt, von vielen tausenden Unterschriften — im ersten Augenblick schon fällt der Name Bernard G. Shaw ins Auge — bedeckt. Schweigend umschreiten wir den mächtigen Würfel. In einer Ecke stehen Männer und rezitieren Psalmen, in einer anderen Weiber. Zwei Frauen messen siebenmal den Umfang des Kenothaphs an einer Schnur ab, die dann zu einem Docht gedreht wird, der im Zimmer einer Schwangeren brennen wird. Die Luft ist voll Öldunst und zittert im leisen Weinen der Weiber. Neue Besucher kommen, von draußen kommt das Tuten eines Autos, dem ein paar Eselschreie folgen. Wir werfen einige Münzen in die Sammelbüchsen, die in fast unzählbarer Menge aufgestellt sind, und steigen wieder zur Straße hinauf. Wieder gleiten die Schatten der Menschen draußen durcheinander, ein paar Reiter und ein mit Kindern vollgepackter Autobus sind angekommen, über den Himmel laufen Wolkenfetzen, die das Licht des Mondes wie gejagt über die Straße zittern lassen, irgendwo weint ein Schakal und das Licht eines Autoscheinwerfers greift hart und gespenstisch über die Beduinengräber, die, halb verfallen, sich an das Grabmal Rahels, der Erzmutter, schmiegen.

Die Wallfahrt zum Kewer Rahel ist kein Fest im gewohnten Sinn des Wortes, aber dennoch ein Fest im Sinne eines F e s t stehenden im Ablauf des Jahres. Man geht zu diesem Grab seit Tausenden von Jahren, verstärkt durch diesen Gang die Fürbitte in den „Jomim hanoraim". Man tritt zwischen Tod und Leben, vor diesen Stein, etwa wie man vor die Klagemauer tritt, g e s a m m e l t zu dem einzigen, zu dem gegensätzlichen Zweck: sich a u f - z u l ö s e n in einem innerlichen Weinen, das eine Verbindung schafft zwischen dem Abgestorbenen, dem Existenten und dem Werdenden. So ist es völlig gleichgültig, ob dieser Kenothaph wirklich über dem Grab der Stammutter sich erhebt, oder ob es sich hier um eine der vielen geschichtlichen Unrichtigkeiten — wie etwa beim Davidsgrab, oder gar bei den Gräbern Adam und Evas in Hebron — handelt. Das fromme Gedenken von Millionen Menschen findet hier seinen Stützpunkt, so daß es unwesentlich ist, ob die verehrte Tote hier oder fünfzig Meter weit davon entfernt einst begraben wurde. Womit aber nicht gesagt sein soll, daß irgendetwas gegen die Authenzität dieses Grabes spricht. Die ungebrochene Tradition ist allenfalls stärker als Hypothesen und stärker vielleicht sogar als die realen Beweise historiegebundener Logik.

Festtage
Von Jakob Loewenberg

So getreu ich mich der Einzelheiten des ersten Schultages erinnere, so wenig weiß ich von der folgenden Schulzeit. Nur die Wellen, die über das Ufer strömen, lassen sichtbare Spuren zurück. Zuweilen jedoch, wenn die Wasser des Tages ablaufen, sehe ich auf dem Ebbegrund alte Zeichen und seltsame Bilder. Gerate ich über meine alte Lesefibel, so kommen plötzlich Gedanken und Vorstellungen aus jenen Tagen zurück. Da weiß ich ganz genau, hier hast du dieses und dort jenes gedacht. Bilder gab es leider in unserer Fibel nicht; aber die einzelnen Wörter verwandelten sich in Bilder und führten ein selbständiges Leben, das gar nichts mit dem zu tun hatte, was sie eigentlich bedeuteten. Ein langes schweres Wort war ein Wagen, der nicht von der Stelle konnte, und das kleine „und" davor war der Fuhrmann, der es antrieb. Und dann wieder war ein Wort neidisch auf ein anderes, weil ich es nicht so gut gelesen hatte wie seinen Nachbarn, und ich ging wieder zu ihm zurück und las es viele Male, bis es mir ein ganz freundliches vergnügtes Gesicht machte.

Bis die Herbstfeiertage herankamen, konnte ich schon lesen und schreiben. Am Roschhaschana-Abend lag ein sauber nachgemaltes Briefchen unter dem Teller des Vaters. Darin standen allerhand großtönige Versprechungen und Danksagungen, und ein Gefühl von Stolz und Scham zugleich beschlich mich, wenn ich an mein Briefchen dachte. Ob's der Vater wohl findet? Da kommt er mit seinem schweren Tritt aus der „Schul", sein ernstes Gesicht ist noch ernster als gewöhnlich, und die Falten noch tiefer als sonst. Er schreitet auf die Mutter zu und küßt sie. Ich wende mich um, halb kichernd, halb erschrocken. Ich schäme mich, und es ist mir recht unbehaglich zumute. Es ist das einzige Mal im ganzen Jahre, daß wir Kinder sehen, daß die Eltern sich küssen. Kaum wage ich mich an sie heran, um mich von ihnen benschen zu lassen. Der Vater legt mir die Hände aufs Haupt und murmelt denselben alten Segensspruch, mit dem einst Jakob seine Enkelkinder gesegnet, und die Mutter segnet mich auch; aber sie drückt mich noch hinterher in ihren Arm und küßt mich und nennt mich leise ihren Goldjungen.

Der Segen über Brot und Wein wird gesprochen, und noch immer sieht der Vater meinen Brief nicht. Da verrückt die Mutter den Teller ein wenig, endlich! „Was ist denn das?" Ich lasse den Kopf hängen wie ein Missetäter, und als Ascher den Brief vorliest, gleite ich leise vom Stuhl unter den Tisch hinunter. Den ganzen Abend fühle ich mich wie in einer Zwangsjacke; nicht plaudern, nicht lachen, nicht springen, sonst könntest du etwas tun, was gegen die Gelöbnisse des Briefes verstößt. „Ich will mich immer bestreben, recht artig und folgsam zu sein." Ach, die Eltern begreifen gar nicht, wie entsetzlich schwer es einem Kinde wird, immer artig und folgsam zu sein.

Glücklicherweise war am anderen Morgen Brief und Versprechen vergessen.

Nach dem ernsten Neujahrsfest folgt das noch ernstere Versöhnungsfest. Da dauert der Gottesdienst von morgens früh bis zur dunklen Nacht, bis die Sterne am Himmel glänzen. Kein Wunder, daß die christlichen Dorfbewohner den Tag den „langen" nannten, nicht nur wegen des vielen Betens, sondern auch wegen des langen vierundzwanzigstündigen Fastens, dem alle Erwachsenen unterworfen sind. Auch die größeren Kinder müssen fasten, und die jüngeren doch mindestens bis zum Mittag. Unser guter dicker Nachbar, der Jamburensmeier, bedauerte mich immer: „So'n Jungsken!" Ich war aber nicht wenig stolz darauf, mitfasten zu dürfen, und dann, das wußte der Jamburensmeier gewiß nicht, vor dem Feste gab es eine große, große Mahlzeit, bei der es nicht nur ein Recht, sondern sogar eine Pflicht war, so viel wie nur eben möglich zu essen.

Der Versöhnungsabend brachte uns eine große Genugtuung. Während des ganzen Jahres waren wir es, die bei Kirchengängen, Prozessionen und großen Beerdigungen die Zuschauer bildeten, und — wenn auch nur heimlich und verstohlen und gegen der Mutter Gebot — den Prunk und den Pomp der Heiligenbilder, der Meßgewänder und Fahnen bewunderten. Obgleich wir stolz darauf waren, daß wir an „so was" nicht glaubten, sahen wir es doch gern und ergötzten uns an der reichen Farbenpracht. Am Versöhnungsabend aber kamen die Christen zu uns. Da standen sie im Hinterraume der Synagoge bis auf den Vorplatz, dichtgedrängt: die Männer, die ausgegangene Pfeife und die Kappe in der Hand, die Frauen, die kleinen Kinder auf dem Arm. Und sie sahen in den hellen Kerzenglanz hinein und blickten neugierig auf die Leute, die, in Sterbegewand und Gebetmäntel gehüllt, so ganz andere Wesen zu sein schienen als die, welche ihnen täglich auf der Straße begegneten. Und sie standen und lauschten der wehmütigen, tiefergreifenden Weise des Kol Nidre-Gebets und hörten der Predigt zu, die merkwürdigerweise gar nichts enthielt, was nicht der Herr Pastor auch hätte sagen können: Tut Buße, reinigt euer Herz, versöhnet euch mit euren Nebenmenschen, erst dann könnt ihr Versöhnung von eurem Gott verlangen.

Zwischen den Ständern, den einzelnen Betpulten, spähten wir Kinder neugierig nach den Zuschauern hin, ob nicht vielleicht Nachbars Kasper oder Wilhelm da wären und sähen, wie wir da ganz vorn bei dem Vorbeter standen. Mit besonderem Stolz blickten wir auch auf den Peter Henrik, den Polizeidiener, der, die rotgeränderte Dienstmütze auf dem Kopfe, den Säbel an der Seite, mitten vor den Zuschauern stand und voll Würde und Selbstgefühl da hinten Ordnung und Ruhe hielt. Heute war er sozusagen zu unserer Ehre da, und wir durften ihn ganz frei ansehen, und er durfte uns gar nichts tun.

Sabbat-Stube
auf der Ausstellung für Gesundheit, soziale Hygiene und Leibesübungen
(„Gesolei"), Düsseldorf 1926

Moritz Oppenheim / Sabbat-Anfang
(Gemälde)

Heilige Lade („Aron hakodesch"):
1. und 2.: Tora-Schreine aus Geroda und Königshofen (Bayern) — 3. und 4.: Tora-Schreine aus Padua (scuola spagnuola und scuola italiana)

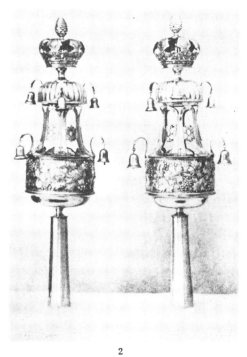

Tora-Aufsätze („Rimmonim")
1.: Aus der Sammlung Dr. I. Friedmann, Budapest — 2. und 3.: Aus dem jüdischen Museum, Breslau — 4.: Aus der Vorstadt-Synagoge, Lemberg

Rituelle Waschgeräte aus Silber und Zinn, 18. und 19. Jahrhundert
1., 2., 4. und 5.: Aus Bayern — 3.: Aus der Gieldzinski-Sammlung, Danzig

Rosch Haschana
(Nach Bodenschatz, „Aufrichtig teutsch redender Hebräer". Bamberg 1756)

Le SON *du* COR *au* PREMIER JOUR *de* L'AN.

Schofarblasen am Rosch Haschana in der portugiesischen Synagoge zu Amsterdam
(Nach einem Kupferstich aus dem 18. Jahrhundert)

Jom Kippur in einer deutschen Synagoge
(Nach einem Stahlstich von B. Picart aus dem Jahre 1725)

1

4

2

3

5

Gürtelschließen   Schnupftabak-Dosen

für den Jom kippur:
1. und 2.: Aus dem Jüdischen Museum, Berlin — 3.: Aus der Sammlung Dr. I. Friedmann, Budapest — 4. und 5.: Aus der Sammlung Dr. I. Friedmann, Budapest

Eine Seite aus der Darmstädter Haggada mit Darstellung des Seders
(in der Landesbibliothek, Darmstadt)

Eine Seite aus der Darmstädter Haggada
(Landesbibliothek, Darmstadt)

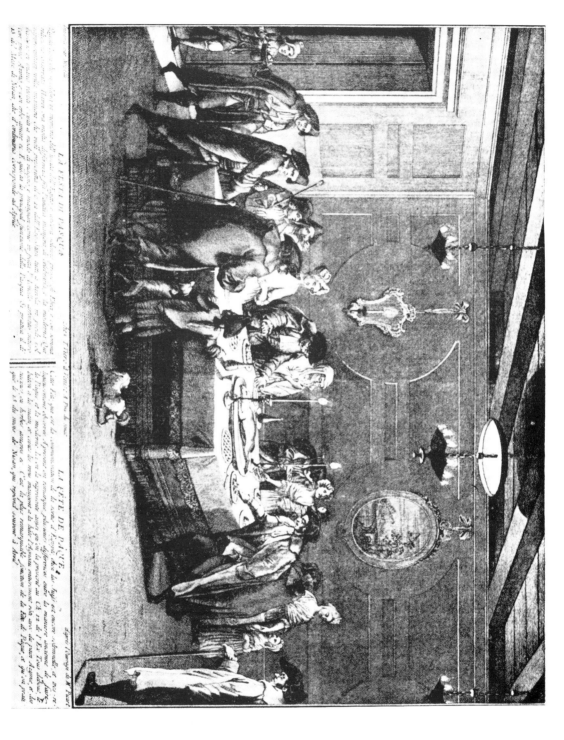

Seder bei den sefardischen Juden
Stich von Novelli nach B. Picart (18. Jahrhundert)

Seder-Schüsseln:
1. Silberne Schüssel im Empire-Stil aus der Sammlung Dr. I. Friedmann, Budapest — 2. Majolika-Schüssel in der Gieldzinski-Sammlung, Danzig — Zinnerne Schüsseln: 3. im Jüdischen Museum, Prag — 4. in Bamberger Privatbesitz — 5. aus Bayern — 6. aus Prag (1760) — 7. Majolika-Schüssel aus Italien — 8. Zinnerne Schüssel aus Krumbach (Bayern)

Schawuot-Fest
Nach einem Stich in Kirchner, „Kirchliche Verfassung der heutigen Juden", Frankfurt a. M., 1748

Neumond-Segen am Rosch Chodesch
(„Birkat Halewana")
(Nach Bodenschatz, „Aufrichtig teutsch redender Hebräer", Bamberg 1756)

REPAS des JUIFS pendant la FÊTE des TENTES.

In der Sukka
(Nach einem Stahlstich von B. Picart, 1724)

Etrog-Dosen:
1. Aus der Gieldzinski-Sammlung der Jüdischen Gemeinde Danzig — 2. Aus dem Wiener Jüdischen Museum — 3. Aus Mainzer Privatbesitz — 4. und 5. Aus dem Wiener Jüdischen Museum — 6. und 7. Aus bayerischem Privatbesitz

Die Mutter harrte immer bis zum letzten Augenblicke des folgenden langen Tages im Gotteshause aus, und wenn sie dann nach Hause kam in ihrem weißen Kleide und in der weißen Haube, dann glühte ihr Gesicht vor innerem Glück, und ihre Augen leuchteten in einer stillen, reinen Freude, so daß es ganz selbstverständlich klang, wenn sie sagte: „Der Jom Kippur ist mein schönster Jontef."

Rosch Haschana
Von Israel Querido

MIT einem feierlichen Ausdruck auf seinem Antlitz schritt Josua über die Pflastersteine des breiten Hofes mit seinen totenstillen, niedrigen, winzigkleinen Häusern, die unter der Last der schmiedeeisernen Straßenlampen gebeugt schienen. Er stahl sich auf den Zehenspitzen in die portugiesische Synagoge, wo der feierliche Abendgottesdienst für das Neue Jahr noch nicht begonnen hatte.

Unsinn — als ob er zu spät kommen könnte!

Das schwache Licht der Kerzen flackerte verschwommen um sein blasses Gesicht. Josua küßte rasch den Türpfosten. Dann, von Glückseligkeit überwältigt, ging er zu seinem Sitz direkt in der ersten Reihe, nahe dem halbdunklen Raum zwischen Vorbeterpult und Lade, wo der Rabbi einstweilen auf einer separaten Querbank gegenüber der schwachbeleuchteten dunklen Wand saß. Die goldene Ledertäfelung glitzerte sanft wie die Schuppen eines Karpfens. Josua fühlte sich sehr glücklich und grüßte mehrere Bekannte, indem er leise seine Glückwünsche murmelte: „Möget Ihr für ein glückliches Jahr eingeschrieben werden."

Dann näherte er sich ehrerbietig dem Rabbi Gazarida d'Azevedo und schüttelte ihm die Hand. Der weiße Sand auf dem Holzboden knirschte unter seinem leichten Tritt. Das goldene Kerzenlicht zitterte auf d'Azevedos Gesicht, das hie und da unter seinem Zweispitz sichtbar wurde.

Der Gottesdienst begann . . . .

Aus der innersten Tiefe seiner beklommenen Freude an dem Neujahrsfest, dem Tag, der die Welt ins Dasein gerufen hat, fühlte Josua, wie sich eine dunkle, stöhnende Anklage gegen ihn selbst erhob. Er hatte den Herrn der Gerechtigkeit nicht in allem anerkannt, er hatte nicht treu nach Gott gesucht. Tausendfältig hat er gegen ihn gesündigt, mit Sünden, die ihm nie verziehen werden können.

Er weinte, Josua Hereira weinte voll Angst und Scham, während seine Lippen mit dem Murmeln der betenden Gemeinde mitgingen, über die sich die volle Stimme des Vorbeters Rocamoza erhob, der auf dem Almemor stand . . .

Josua wagte es kaum, zu den hohen halbdunklen Fenstern der Synagoge aufzublicken, hinter denen die Gipfel der alten Bäume schwankten. Er wagte es nicht, die Köpfe der Menschen anzusehen, auf denen der Widerschein der Kerzenlichter tanzte, auch nicht die leicht bewegten Ampeln über dem dunklen Chor, von wo das Psalmsingen der Knaben wie ein Widerhall aus nebliger Tiefe zu hören war. Josua erschienen die Ampeln schwarz; alle die phantastisch tanzenden Flammen der Kerzen schienen ihm voll Trauer zu zittern. Dem einzigen Gott, dem höchsten Richter, hat Josua nicht treu gedient. Nicht immer und nicht in allem hat er seinen Atem gespürt. Das Geheimnis seiner Träume und seiner Glücksvisionen, die er an einem Fenster in der Zandwarsstraße hegte, hat er sogar vor seinem Herrn versteckt ... Er fragte sich, ob ihn Gott in der tiefen Dunkelheit seiner Reue sehen würde, ihn, ein bloßes Nichts. Würde der Herr so gnädig sein, seine Sünden in die dunklen Tiefen des Ozeans zu werfen?

Vom ersten Tag des Monats Elul an war der Schofar zweimal täglich im Gotteshaus erklungen ... Und doch, wenn nur das Blasen des Schofars aufgehalten werden könnte! Wenn er nur den drei Posaunentönen der Schewarim entrinnen könnte! Denn Josua fühlte, daß er vor Angst und Schrecken auf der Stelle tot hinfallen müßte. Die Posaune des Neuen Jahres, die Tekia, würde wie eine wilde Klage durch die Synagoge hallen, wie ein menschliches Stöhnen, ein Sühnegebet, das plötzlich mit einem herzzerreißenden Schluchzen hervorbricht. Bevor er diesen durchdringenden Laut des Schofars hört, muß er Gott mit aufrichtiger Reue anflehen, ihm seine Sünden gegen Ihn und seine Sünden gegen die Menschen zu vergeben.

Er muß auch bitten, daß der Allmächtige Gnade und Sündenerlaß seinen irrenden Söhnen gewähre, die Gottes Existenz leugnen, die dessen nicht inne werden, wie sie in Not und Qual an dem großen Tag des Herrn, an dem Tag des Jüngsten Gerichtes, wenn der große Schofar ertönen wird, furchtbar erzittern werden. Der Allmächtige regiert für immer und ewig über der Sonne und der ganzen Erde.

Josua sehnte sich nach der Toravorlesung, nach der lieben und heiligen Geschichte von Abrahams Opfer, die immer am zweiten Tag von Rosch Haschana gelesen wird... Angenommen, daß der Herr auch ihn prüfen wollte .. würde er seine Rebekka opfern, wenn der Herr es wünschte, wie Abraham seinen Isaak, den er liebte, zu opfern bereit war? ...

Josua erschauerte vor Grauen. Doch er muß fortfahren, um Gnade zu bitten, um Mitleid an diesem Tage, dem Jom Hadin. Denn, um ehrlich zu sein, war er wirklich gut, geduldig und hilfreich zu all denen gewesen, die um ihn waren? War er in Gedanken gleich gut zu allen seinen Mitmenschen gewesen, zu Christen wie zu Juden?

Oh, er würde nicht auf sieben Teppichen sitzen, wie der große Rabbi Jochanan. Aus ihm sprach weder Sentimentalität, noch Torheit, noch das Verlangen, sich bei dem Höchsten Wesen einzuschmeicheln, auch nicht der bloße Wunsch, „für ein glückliches Jahr eingeschrieben zu werden", wie man einander immer zu Rosch Haschana wünschte. Denn er, wahrhaftig, wandte sich an den Namen Gottes aus Kummer und Sorge... Was war es, das in ihm brannte, das so furchtbar und heimlich in heißem Schmerz an seinem Geiste nagte, wie wenn er in der Tiefe seines ängstlichen Herzens getroffen worden wäre? Josua wünschte die Frage zu umgehen, er versuchte, sich selbst darüber zu täuschen. Aber der Herr deckte es auf...

Es war die unbesiegbare Abneigung, die er gegen seinen Schwager Rosenheim fühlte, und die vollkommene Unmöglichkeit, den Abscheu allen seinen Verwandten gegenüber zu überwinden.

Josua stammelte unterwürfig: Gesegnet seist Du, o Herr, unser Gott und

Gott unserer Väter...

Sein Haß gegen Henry Rosenheim war noch immer lebendig, dumpf atmend in der Tiefe und Verborgenheit seiner Seele. Der Herr hat es entdeckt....

Es steht geschrieben: Du sollst dich nicht rächen noch einen Groll tragen gegen die Kinder deines Volkes. Die Tora befiehlt es. Warum hat er ein Gelübde getan, vollständig mit Rosenheim zu brechen?

Josua hörte die Stimme eines sterbenden Mannes, der das Sündenbekenntnis ablegte, und die Stimmen derjenigen, die einstimmten, wenn der heilige Name ausgesprochen wurde.

Er zitterte bei der eigenen Beichte seiner Sünden ... und flehte: O Herr, erhelle meine Dunkelheit!

Die Legende vom Unetane Tokef
Von Michael Sachs

NACH der Mitteilung des Rabbi Gedaljah Jachia im „Schalschelet Hakabbala" (Amsterd. J. d. W. 5457, S. 41) fand man nachstehende Geschichte unter den Papieren des Rabbi Ephrajim ben Rabbi Jakob aus Vienne (in Frankreich) aufgezeichnet:

Rabbi Amnon, einer der Reichsten und Angesehensten seiner Zeit, genoß die Gunst des Kurfürsten von Mainz in hohem Grade. Die Höflinge drangen unaufhörlich in ihn, sich zu bekehren, und selbst der Kurfürst bot seine Beredsamkeit auf, ihn zur Abschwörung seines väterlichen Glaubens zu bewegen. Amnon konnte diesen eindringlichen Worten nicht widerstehen und erbat sich drei Tage Bedenkzeit. Auf dem Wege nach Hause fand er in dieser vorschnellen Äußerung eine fast zusagende Andeutung, ein sträfliches Wanken in seinen früher ausgesprochenen Grundsätzen. Trostlos und von Gewissensbissen gefoltert, durchseufzte er die drei Tage. Die Frist verstrich, er ging nicht; er wurde vorgeladen, er kam nicht; endlich trat die Gewalt ein, er wurde abgeholt. Vor den Fürsten gebracht, wurde er hart angefahren und über seinen Wortbruch zur Rechenschaft gezogen. Ich will — sprach er gefaßt — mir selbst das Urteil sprechen: Die Zunge, die gelogen, werde herausgeschnitten. — Nein, entgegnete der Fürst, nicht die Zunge, sondern die Füße, die nicht kommen wollten, sollen abgehauen und dein Körper soll gefoltert werden.

Diese Strafe wurde wirklich vollzogen und er sodann nach Hause getragen. Standhaft und geduldig ertrug er diese Schmerzen, denn sie waren ihm eine verdiente Buße. Als bald darauf der Neujahrstag erschien, ließ er sich samt den abgehauenen Gliedmaßen in die Synagoge tragen und die Bahre, auf welcher er lag, neben dem Vorbeter niederstellen. Bei dem Gebete Keduscha rief der Verstümmelte ihm zu, er möge inne halten, denn er wolle den Namen Gottes verherrlichen. Darauf begann er das Gebet Unetane Tokef mit lauter Stimme und feierlicher Andacht, und mit dem Ende dieses Gebetes endete auch er wunderbarer Weise.

Nach drei Tagen erschien er dem berühmten Rabbi Kalonymos ben Rabenu Meschulam nachts im Traume, lehrte ihn dieses Gebet und trug ihm auf, es in allen Gemeinden Israels zu verbreiten.

Diese Geschichte soll im Anfange des dreizehnten Jahrhunderts vorgefallen sein. Der Geschichtsschreiber Jost, der sie als eine Sage abfertigt, bemerkt, daß Basnage („Historie des Juifs") sie glaubhaft findet.

Das Opferlamm
Von Salomo ibn Gabirol

Wie harmlos froh der Knabe war,
Bestimmt vom Vater zum Altar!
Gott prüft' ihn: „Bringe mir ihn dar,
Er sei als Gabe für mich heilig.

Wie mir im Korb die erste Frucht,
Sei als Geschenk er ausgesucht;
Der Gattenliebe erste Zucht
Weih' ich mir wie mit Salböl heilig."

Und Schmerz empfand der Vater nicht,
Nicht Sohn, nicht Vater widerspricht;
Sie neigen fromm ihr Angesicht
Am Berge, der dem Gotte heilig.

Und als das Holz ward hingelegt,
Da fragt der Ein'ge tiefbewegt:
„Daß nirgend doch das Lamm sich regt,
Das Lamm, deß Blut dem Gotte heilig?"

„Gott hat das Lamm sich schon ersehn,
Wird deiner Mutter Schmerz verstehn;
Der All-Erforscher hör' dein Flehn,
Er helfe dir, der hoch und heilig!"

„O Vater! binde fest mich jetzt,
Daß, wenn das Messer mich entsetzt,
Das Opferfest nicht sei verletzt,
Und nicht entweiht, was rein und heilig."

Da weinte wohl das teure Haupt,
Wie sich der Vater selbst beraubt,
Sich anschickt, wie er sicher glaubt,
Es darzubringen, still und heilig.

Der Engel Mitleidsträne taut —
„Ward so Entsetzliches geschaut?
Die Hände hebt und betet laut
Zu Gott, der thront so groß und heilig!"

Als Gott den Vater sah, der band
Das stumme Lamm, den Opferbrand,
Beim Herzensprüfer Gnade fand
Der Engel Ruf, sein Tun so heilig.

Als er das Messer schon gezückt,
Da rief's: „Dem Tod sei er entrückt!
Dein Tun steht vor mir ausgeschmückt
In Zügen weihevoll und heilig.

„Ich weiß, daß rein du folgtest mir,
Statt seiner nimm ein Opfertier;
Ersatz für's Kind gestatt' ich dir,
Und der Ersatz auch sei mir heilig."

Belohnt ward edler Kindesmut,
Er bog den Hals, doch floß kein Blut;
Als Opfer fiel das Tier der Glut —
Nie ward ein Opfer noch so heilig!

O Gott, gib Frieden seinem Stamm,
Der, so wie er ein Opferlamm,
Oft schon im eignen Blute schwamm,
Der Rest, entrinnend, sei dir heilig!

Bußtag
Von Max Brod

ES ist jüdische Sitte, in den zehn Bußetagen zwischen Neujahr und Versöhnungsfest die Gräber der großen Weisen und Lehrer unseres Volkes zu besuchen. — Ein ostjüdischer Freund fordert mich auf, mit ihm auf den alten Prager Friedhof zu gehen. Nicht auf jenen berühmten Friedhof an der Moldau, der den Fremden als Sehenswürdigkeit vorgezeigt wird. Auf jenen stilleren, halbvergessenen, der knapp vor dem neuen Friedhof benützt wurde. Diese Gräberstätte ist gleichsam selbst begraben, zwischen neue Häuserviertel eingesunken. Vereinzelte Familien suchen da noch ihre Großeltern auf. Im übrigen herrscht wahrhaftes Todesschweigen in seinen Mauern. Noch nicht alt genug, um historisch zu sein, nicht mehr neu genug, um im lebendigen Gedächtnis unserer Generation zu stehen — so führt dieser Friedhof ein unrühmliches verlassenes Dasein. Hier ist das Sterben mitten im Stadtlärm nochmals gestorben. Hier ist jeder „Betrieb" zu Ende, antiquarischer und aktueller. Diese Insel gehört dem Schweigen, den Steinen und dem Gras...

Wir treten ein.

Öde Parkwege im wehenden Herbstsonnenlicht. Noch nicht so gründlich verwahrlost, daß neues Naturleben aus vermorschten Stämmen aufsprießen könnte. Vielmehr ist durch Aufräumen und Ordnung der Eindruck der Leblosigkeit noch verstärkt. Gräser und Grabsteine wetteifern an Starrheit miteinander.

Doch plötzlich klingt in diese Stille ein leises Geräusch hinter Gesträuch hervor. Ein weinender Gesang, dem wir folgen, der anschwillt und uns zu einer seltsamen Gruppe leitet: Mitten zwischen halbverblichenen Steinplatten im Gestrüpp und auf einem schmalen Weg beten polnische Juden inbrünstig an einem Grabmal. Es ist die letzte Ruhestätte des Prager Oberrabbiners und Gelehrten Ezechiel Landau. —

Daß wir Juden eine uns eigentümliche Art von Grabsteinstil bereits ausgebildet hatten, daß unsere schweren, oben halbkreisförmig abgerundeten Blöcke, deren Form an die legendären Umrisse der Sinaitafeln gemahnte, daß unsere großartig ernsten Quadratschrift-Typen, nicht eingeritzt und goldglitzernd, sondern reliefartig sich vorbuckelnd wie mahnende Augenbrauen, mit schwarzer Farbe gewichtig aus der Steinfläche hervorgehoben, daß unsere biblischen Inschriften im traditionellen Musiv-Hebräisch einen besonderen, charakteristischen Adel der Grabstätte schufen: wer fragt danach? Vor dem Grabe Jecheskel Landaus wird es mir erst wieder bewußt, vor diesem gleichsam organisch gewachsenen, echt jüdischen Stein mit seinem Levitenwappen zwischen zwei Löwen, mit der hebräischen Inschrift: Jecheskel, Sohn des Jehuda Landau Halevi, Rabbi zu Prag, der berühmte Verfasser des Buches Noda-bi-Jehuda („Bekannt in Juda"), Gerichtsvorsteher, der Bescheidene und wegen seiner Weisheit in der ganzen Zerstreuung Israels Gerühmte. Wir fordern alle Vorübergehenden auf, vor dem Grabe ihr stilles Gespräch mit Gott auszuschütten usw.

Diese Aufforderung, jahrzehntelang ins Leere gesprochen, hat endlich ihre Leute gefunden. Die Ostjuden sind nach Prag gekommen. — Da stehn sie. Ein junger schmaler Mann mit rotem Vollbart. Neben ihm ein Greis mit gedrungener männlicher Statur, durchsichtig verklärten Antlitzes. Beide in Kaftan mit Gürtel, beide mit parallelen Bewegungen, über ihre Hüften hin bald rechts, bald links zur Seite geneigt. Ihre Stimmen schwellen gemeinsam an und verlieren sich wieder in leises Geschnörkel der eigentümlichen Melodie. Wie sie da gemeinsam beten, möchte man glauben, daß sie unzertrennlich zusammengehören. Dann aber schließt der Jüngere und entfernt sich langsam, ohne Gruß. Sie kennen einander vielleicht gar nicht. Nur im Gebet, im Geiste waren sie vereinigt...

Um eine geistige Angelegenheit handelt es sich, das bemerke ich bald. — Nun erscheinen zwei galizische Judenfrauen in jener Tracht, die uns an Jüdinnen so durchaus ungewohnt erscheint. Im Kopftuch, unter dem der „Scheitel" (die Perücke) hervorlugt, ein schlichtes Tuch um die Schultern gelegt. Rock und Jacke, wie sie Bäuerinnen tragen. Fast möchte man sie wirklich für Bäuerinnen aus der Umgebung Prags halten. Aber wenn man in die von tiefen Furchen entstellten, müden Züge näher hineinschaut, was strahlt uns entgegen: das Auge unserer Mütter und Großmütter, die einfache, häusliche, sorgenvolle Miene der jüdischen Hausfrau, die über unsern Kindertagen aufging. Und nun haben die beiden Frauen aus ihren Tüchern uralte zerschlissene Gebetbücher, Bücher, so braun und formlos wie gefallenes, faulendes Laub, hervorgeholt. Ihre lauten Klagerufe mischen sich in die ruhigeren Männerstimmen. Auch die Männer singen jetzt lauter. Weinen und Schluchzen ertönt...!

Das jüdische Volk gedenkt des Andenkens eines Großen in Israel.

Und Scham erfaßt mich, wie ich hier neben meinen östlichen Brüdern stehe. Lebe ich nicht seit drei Dezennien und länger in Prag, ohne von dem Vorhandensein dieses Grabes eine Ahnung zu haben... Aus der Ferne, von Galizien, mußten Flüchtlinge kommen, um mich an die Größe eines Juden, der in meiner Heimatstadt gewirkt hat, zu erinnern...

Mit einer Unmittelbarkeit, die das Erschütternde dieser Szene ist, empfinden sie den großen Frommen als einen der ihren, bei ihm suchen sie mit rührendem Vertrauen Trost und Hilfe. Ein Führer war er dem Volke, solange er lebte. Das Volk hat ihm auch im Tode die Treue bewahrt. Dieses durchaus erlebte, hingebungsvolle Vertrauen, diese volkstümliche Unterordnung unter den Geist, unter die geistige Größe und Führerschaft, dieser willige, liebevolle Respekt vor dem bedeutenden Genius, diese allerdirekteste Beziehung zur Literatur: wo findet man das noch auf Gottes weiter Erde, außer bei Juden, freilich bei den „modernen" Juden schon in wesentlich geringerem Maße als bei den chassidischen?

In der Vorrede des Maimonides zum Seder Seraim heißt es: „Der Zweck der Welt und alles dessen, was sich darin befindet, ist: Ein weiser und guter Mann." Und Maimonides erläutert dies durch einen paradoxen Satz aus dem Traktat Berachot (58a): „Als der Sohn des Soma auf dem Berge des Tempels stand und die Israeliten zur Feier hinaufsteigen sah, sagte er: Gesegnet sei, der alle diese erschaffen hat, um mir zu dienen. — Denn er, Friede sei mit ihm, war der Größte seines Zeitalters." — Nicht schärfer konnte die um den Geist zentrierte jüdische Weltanschauung formuliert werden. Denn aus den Worten des Rabbi spricht keineswegs irgendwelche Überheblichkeit. Demut galt ja stets als Zeichen des Weisen bei uns. Nur die schlichte Einsicht, daß Geist und Güte den einzigen Sinn des Daseins aller Wesen ausmachen, drückt Ben Soma in kühnster Form aus.

Und als ein lebendiges Beispiel für diesen Satz fühle ich die Bußtagsszene auf dem menschenleeren Friedhof. — Wie sie sich beugen, wie sie den teuren Grabstein küssen! Der Hügel ist mit kleinen Zetteln („Quitteln") übersät. Regen hat die Schrift, die Wünsche verwischt. Mag das Papier modern; solange Ostjuden in Prag sind, wird es diesem Grab nicht an Besuchern, kleinen Steinchen und hingelegten Grasbüscheln fehlen. Die vornehmen antiken Tempelchen und Sarkophage einiger Prager Millionärsfamilien stehen unbeachtet beiseite. Dem Geiste, dem Geiste wird Ehrfurcht und ewigjunger Dank gezollt.

Mag sein, daß Ezechiel Landaus Ansichten uns Heutige fremdartig, ja bekämpfenswert anmuten würden — wenn sie uns bekannt wären! Aber auch diese Ostjuden stimmen ja durchaus nicht mit ihm überein. War er doch ein „Misnagid", ein Feind des Chassidismus... Es wird erzählt, daß seine Mutter trotzdem Anhängerin des Baalschem war und häufig zu diesem fuhr. Natürlich fürchtete sie jedesmal, daß ihr der Baalschem Übles über ihren Sohn sagen würde. Um so größer war ihr Erstaunen, als er eines Tages in sanftem Tone zu ihr sprach: „Weißt du auch, daß auf deinem Sohne ein Drittel der Welt steht?"

Es ist die absolute Potenz des Geistes und der reinen Gesinnung, vor der der echte Jude sich beugt — von Meinungsverschiedenheiten ganz abgesehen. Der Baalschem in dieser Geschichte, die Ostjuden am Grabe ihres großen Gegners — es ist stets dasselbe Leitmotiv der Verehrung echter Geistesgröße.

Wir können das Rad nicht zurückdrehen. Die Beter am Grabe, die vielleicht nicht ganz frei von abergläubischer Ichsucht sind, können uns kein Beispiel sein. Aber wer hindert uns, in unserer Art und Weise dasselbe unmittelbare innige Verhältnis zur geistigen Vergangenheit Israels zu suchen wie sie? Haben wir immer unsere Pflicht gegen den jüdischen und gegen den allmenschlichen Geist getan? — Wenn wir mit dieser Frage in der Seele zur Zeit der Bußtage die Gräber unserer Geisteshelden aufsuchten: wer weiß, ob es dann nicht in der Tat wahre „B u ß t a g e" für uns würden?

Leid und Erlösung
Von Hermann Cohen

ES ist von ergreifender Bedeutsamkeit, daß in den Gebeten des Versöhnungstages, in denen die Abwehr der schwersten Lebensnöte spezialisiert wird, neben Hungersnot und Pest und ähnlichen Plagen nebst der Sünde besonders genannt wird der g r u n d l o s e H a ß.

Dieser Begriff ist überhaupt ein Gebild der rabbinischen Sittenlehre. In der biblischen Sprache gibt es den falschen, den trügerischen Haß (Ps. 35, 9 senat scheker), aber der nichtige, der mit dem Wort bezeichnet wird, das allgemein „umsonst" bedeutet, sinat chinam, dieser eitle Haß ist das tiefste Wort für die Verwerflichkeit des Hasses. „Du sollst nicht hassen deinen Bruder in deinem Herzen" (3. M. 19, 17). Dieser Ausspruch vernichtet den Haß durch die beiden Worte: des Bruders und des Herzens. Wen du hassen willst, der ist vielmehr dein Bruder. Und wie du hassen willst, so mißbrauchst du dein Herz, das zum Leben da ist.

So ist aller Haß grundlos, eitel und nichtig. Es gibt überhaupt keinen Grund und kein Recht zum Menschenhaß. Unter dem Leiden am Menschen, steht oben an dieser eitle Menschenhaß, der tragische Grundzug aller bisherigen W e l t g e s c h i c h t e.

Dieses Leiden im Menschengeschlecht ist vorzugsweise das Leiden I s r a e l s. Es ist das alte Thema, das durch alle Propheten, die Psalmen und die ganze nachfolgende Literatur hindurchklingt. Die höchste Gestalt des Monotheismus, der Messias selbst, wird durch dieses Leiden verklärt, das er für die Menschen leidet. Und wie er selbst nur ein Symbol ist für Israel, so leidet Israel für die Völker, die den einzigen Gott nicht annehmen.

Aber das ist ja Theodizee, wie auch die Fabel Hiobs diese Moral lehren soll. Bedarf denn etwa Israel selbst nicht auch des Leidens und der Anerkennung dieser seiner Verpflichtung auf das Leiden? Wäre es anders, so würde auch für Israel die Erlösung nicht kommen können. Dies ist nun der höchste Sinn des Versöhnungstages, daß die Buße in der Anerkennung und Übernahme des Leidens erst ernsthaft wird.

Israel gilt, wie überall, nur als das Symbol des Individuums. Seit Jecheskel ist jeder zur Seele geworden. Und seitdem bedeutet die Seele nicht mehr nur das Leben und die Person, sondern das Selbst, welches in seiner Selbstverantwortlichkeit sich auferbaut. Zu den Maßnahmen dieser Selbstverantwortung gehört das in seinem Werte anerkannte Leiden. Es kann nicht übergangen, es kann nicht ausgeschaltet werden. Es ist die Vorbedingung zu dem seiner selbst bewußten Individuum. Und von dem Individuum wird es übertragen auf das Volk.

Welches andere Volk, welche andere Glaubensgemeinschaft gäbe es, denen ein solches Martyrium zum historischen Wahrzeichen geworden ist? Wie ein Hiob geht es durch die Weltgeschichte. Und immer und überall zerstört sich die Umwelt und die Mitwelt ihr eigenes Selbst durch die Selbstgerechtigkeit, mit der sie das Leiden Israels als die Wirkung seiner Unwürdigkeit sich deutet. Wann wird die Zeit anbrechen, in der die Gefahr dieser Selbstgerechtigkeit erkannt wird?

Im Palaste des Hohen Priesters
Von Franz Werfel

Saal mit einem mächtigen Rundbogenfenster, in dessen Bild der hochgebaute Tempel zu sehen ist und ein wolkenschwerer Himmel

RABBI ZADDOK
Es ist hoch am Rüsttag von Jom Kippur. Eh' die Stunde des Sterns naht, bin ich gekommen, mit dir zu weinen.

DER HOHE PRIESTER
(immer auf- und abgehend)
Gottesmensch! Rühr mich an mit deiner Hand! Tag und Nacht durchwandere ich so das Haus. Wieviel Nächte schon! Selbst wenn ich bete, die Tefillin am Morgen lege, denke ich nicht mehr an Gott. Siehe, das Unglück im Unglück ist die Zerstreuung. Hilf mir, Gottesmensch!

RABBI ZADDOK
Um Chanan deines Sohnes willen habe ich mein Fasten verschärft. Hast du Nachricht?

DER HOHE PRIESTER
Eine neue Nachricht!
(Er bleibt stehn)
Auch der andere Sohn ist aus dem Haus gegangen! Geflohn heimlich, tückisch, ohne Wort! Und mit wem?

RABBI ZADDOK
Matthias!

DER HOHE PRIESTER
Mit einer griechischen Dirne, einer aussätzigen Tänzerin, einer unbekehrten Heidin, die wir Weitherzigen geduldet haben! Siehst du, Gottesmensch! Stundenlang gehe ich hin und her durchs Haus, das meine Kinder verdammt haben. Meine Füße gehen und ich denke nicht.

RABBI ZADDOK
(nach einer großen Pause)
So will ich für diesen Abtrünnigen meine Nachtwachen bis ans Ende der Dämmerung ausdehnen.
(Leise, wie unter einer riesigen Last)
Es ist zu viel! Eine ganze Jugend verschworen wider sich selbst. Ich allein kann den stürzenden Berg nicht halten...
(Finster, mit Überwindung)
Du aber, Vater, wisse: Wer lebt, kann umkehren.

DER HOHE PRIESTER

Ist es gut, daß ein Abtrünniger lebt? Aber Chanan, Chanan ist kein Abtrünniger. Du hast ihn gekannt, als er ein Knabe war. Nein, er ist nicht schlecht! Seine Seele ist verschämt bis zur Bosheit! Er wollte dem Ewigen reiner dienen als ich! Sieh, ich wandere und weiß! Nicht die Kinder sind schuldig an sich, die Väter sind's! Oh, diese Schande...! Lebt mein Chanan? Und warum lebe ich!?

RABBI ZADDOK

Das will ich dir sagen, Priester des Volks! Du lebst für den großen Tag morgen, wo du Gott mit Israel versöhnen mußt.

DER HOHE PRIESTER

Verwundet bin ich, ausgeblutet! Wo soll ich Kraft finden für Jom Kippur, für den langen schrecklichen Tag des Gerichts? Meine Hände sind lahm! Wie sollen sie die Sünde des Volkes tragen!? Wie sollen sie die ungeheure Sünde meiner Söhne auf den Bock häufen und ihn kräftig in die Wüste schicken!? Mein Herz schnappt wie das Herz eines Gekreuzigten! Wie soll es den schauerlichen Augenblick überleben, wenn's mit dem Schöpfer allein ist im Allerheiligsten, mit ihm allein im finstern Weltraum?!

(Er geht schwankend zum Fenster)

Siehe! Der Herr verdüstert den Rüsttag der Versöhnung. Viele Wetter hängen über dem Tempel.

RABBI ZADDOK
(breitet die Arme gegen den Tempel aus)

Ihr mächtigen Wolken Jeruscholajims! Der Engel Heldenleiber berget ihr. Schart euch um die Festung, denn auch wir Alten, wir Letzten versagen! Schützet i h r den Tempel!! Wetterwolken, Feuerengel!!

(Er weint)

RABBI HUNA
(kommt)

DER HOHE PRIESTER
(ihm erregt entgegen)

Du bringst Botschaft, Huna!

RABBI HUNA

Von deinem Sohn nichts. Von den Früchten seines Frevels viel. Marullus hat die Gelder geraubt. Wir haben uns stundenlang vor ihm erniedrigt. Mit seiner schamlosen Freundlichkeit hat er gehöhnt, er brauche Geiseln gegen neuen Aufruhr. Geh vor die Stadt, so siehst du, daß auf allen Bergen Kreuze errichtet werden. Gott (er sei gepriesen) nimmt des Römers Hand, uns blutig zu schlagen. Die Ursache ist klar. Wir dulden die Ketzerei, die Beleidigung der Tora...

DER HOHE PRIESTER

Unerbittlich wandern die Stunden. Bald wird der Stern die Nacht des furchtbaren Tages verkünden. Wie habe ich sonst Jom Kippur erwartet! Mit dem stolzen Zittern des Feldherrn, der an seinem Sieg nicht zweifelt. Wie selig habe ich dem Augenblick entgegengebangt, wo ich allein unter allen Menschen den allmächtigen Namen aussprechen darf vor dem Volk!? Aber heute?! Ich bin ein Ort, den sein Engel verlassen hat. Und dieses Warten, das schlaflose Warten aufs Unglück! Wer nimmt's von mir?

    (Ein großer Lärm, dann stetiges Gemurmel)

DER HOHE PRIESTER
    (mit überbewußten Augen)

Jetzt ist es da.

PINCHAS
    (zerfetzt, verwahrlost, stürzt dem Hohen Priester zu Füßen)

... Ich bin nicht schuldig, mein Herr, ich bin nicht schuldig!

DER HOHE PRIESTER

Du?! Wo ist mein Kind?! Wo ist Chanan?!

PINCHAS

Er war mir wie ein junger Bruder! Ich wollte es ja hindern, mein Herr! Zu schwach bin ich. Wer ist Pinchas? Aber am Entsetzlichen bin ich nicht schuldig, mein Herr! Liefere mich schnell dem Marullus aus! Ich will sterben, sterben.

DER HOHE PRIESTER
    (sehr leise)

Wo ist Chanan?

PINCHAS

In der Wüste Juda haben wir uns versteckt. Gestern nachts kamen wir zu einer Wasserstelle...

DER HOHE PRIESTER

Chanan!!?

PINCHAS

Mein Herr Hoher Priester! Verzeih es mir, verzeih es...

    (er würgt am Wort)

Chanan hat sich erhängt...

DER HOHE PRIESTER
    (leise)

Wo habt ihr ihn?

PINCHAS

Sie haben ihn in den Hof gebracht. Er muß ja vor Abend noch begraben sein. Ah...

DER HOHE PRIESTER
    (als verstünde er erst jetzt)

Er ist nicht tot! Es ist noch Leben in ihm! Laßt mich hinaus! Ihn sehn!

VIER PRIESTER
    (die das große Ornat des Hohen Priesters vor sich hertragen, sind eingetreten)

RABBI MEÏR
    (tritt leise zum Hohen Priester)

Die Stunde ist gekommen. Du mußt vergessen, daß du ein Mensch bist.

DER HOHE PRIESTER

Er lebt! Lebt! Was wollt ihr, Leute!? Laßt mich hinaus!

FRANZ WERFEL / IM PALASTE DES HOHEN PRIESTERS

RABBI ZADDOK
Hoher Priester Gottes! Dein Kind ist tot. Und du darfst es nicht sehn. Denn du mußt rein bleiben vom Anblick eines Toten für den Dienst.

DER HOHE PRIESTER
Ich will kein Priester sein!!

RABBI ZADDOK
Du kannst deinen Adel nicht abtun. In unendlicher Ahnenreihe von Aaron her bist du zum Priester geboren!

DER HOHE PRIESTER
Sie tragen ihn fort.

RABBI MEÏR
Denke der beiden Söhne Aarons. Sie hatten falsches Feuer geopfert. Da verzehrte sie das Feuer des Altars. Und Aaron in seinen Festgewändern durfte nicht trauern.

DER HOHE PRIESTER
(mit kurzer, erstickter Raserei zum Himmel auf)
Ich befehle dir, daß kein Tod ist!!

DER PRIESTER - VORSTEHER
(mit tiefer Verbeugung)
Der Rüsttag sinkt. Erlaubt der Herr Hohe Priester, daß wir ihm die Gewänder Aarons anlegen?

DER HOHE PRIESTER
(steht starr)

DER PRIESTER - VORSTEHER
Damit er nach dem Gesetz angetan die vorgeschriebene Tempelkammer betrete!

DIE PRIESTER
(umstellen den Hohen Priester)

DIE VIER RABBUNIM
(stehen als dichte Gruppe abseits)

RABBI SCHIMON
Seht! Wie weiß er ist!

RABBI MEÏR
Er wird umsinken.

RABBI ZADDOK
Es ist keine Seele mehr in ihm.

RABBI MEÏR
Seine Augen sind gebrochen.

DIE PRIESTER
(beginnen mit der heiligen Einkleidung)

DER PRIESTER - VORSTEHER
(rezitiert seine Formeln als Halbgesang)
Ich werfe um deinen Leib das blaue Obergewand. Es ist der lichte Himmel selbst, Gott des Gepriesenen Kleid. An seinen Fransen die silbernen Kugeln, die goldnen Granatäpfel, Blitz und Donner sind sie.
(Das letzte Wort jedes Absatzes wird wie eine große Note lang ausgehalten)

DER PRIESTER - VORSTEHER
Um deine Schultern tue ich das Kleid Ephud, das aus den vier Farben des Vorhangs gewoben ist und golddurch-

RABBI SCHIMON
Mögen die heiligen Kleider ihm Kraft geben!

RABBI ZADDOK
Man muß ihn festhalten! Er bäumt sich auf. Er wird die Kleider abwerfen!

RABBI HUNA
Rabbunim! Ist nach Vorschrift für einen Stellvertreter gesorgt?

wirkt. Byssus, Hyazinth, Purpur und Scharlach. Ich habe das Weltall in seinen Elementen um dich getan und seine Gottdurchwirktheit!
Ich schmücke dich mit den zwölf Juwelen: Topas, Smaragd, Karneol, Jaspis, Rubin und Saphir, Bernstein, Achat, Amethyst, Onyx, Beryll, Chrisolith.
Es sind die Stämme der Menschen! Israels Kinder, deine Kinder! Hüte sie gut!

RABBI MEÏR
Freut euch, ihr Väter! Er weint, er weint! Seine Seele ist gelöst. Israels Priester wird gut beten!

RABBI SCHIMON
Rabbunim! Seht den Tempel!
(Der Himmel ist nicht mehr bewölkt. Von der letzten Sonne ist der Tempel in eine dunkelglühende Glorie getaucht)

RABBI ZADDOK
Ein Wunder! Der Tempel brennt, blutet und zerfließt in ein goldenes Weinen.

RABBI MEÏR
Ein Vater hat seinen Sohn hingegeben. Ein Mensch hat den Menschen überwunden.

DER PRIESTER - VORSTEHER
Nun setz' ich die Krone auf dein Haupt, die den Namen der ewigen Herrschaft trägt.
(Die Priester treten zur Seite)

DER HOHE PRIESTER
(steht regungslos in den herrlichen Gewändern. Über sein Gesicht rinnen die Tränen)
Eine große Musik
(mahnt vom Tempel her)

Neun
Von G. Leipziger

DEM Städchen war es gegangen wie allen anderen in der Nachbarschaft. Die Steppe hatte an ihm gezehrt, der Krieg, die Not. Schließlich war, wer irgend konnte, nach Amerika gegangen. Briefe von Verwandten waren gekommen, die hatten gelockt und gebeten, eine ruhige Zukunft verheißen und selbst die Standhaftesten, die Eingesessensten hatten nachgegeben. Ein Wagen nach dem anderen war den Berg hinab gerollt, hochbepackt, und immer weniger Zurückgebliebene hatten ihm traurig nachgeschaut. Ein jüdischer Laden nach dem anderen war verrammelt worden, und als auch der alte Synagogendiener zu seinen Kindern übers Meer gefahren war, hatte man für die Wochentage sogar die Schul geschlossen.

Nur ein paar ganz alte Männer waren dageblieben. Die gehörten seit so undenklichen Zeiten zum Städtchen und zur Bank vor dem Garten des Popen, daß wirklich niemand ernstlich daran denken konnte, sie hier zu entwurzeln. Wenn sie sich zusammen in die Sonne setzten und den Weg hinunterblickten, der nach der Bahnstation führte, sah es so aus, als wären sie unbewegliche Standbilder, steinerne Wahrzeichen des Städtchens, unmöglich von hier fortzunehmen.

Den Alten war es kalt. Früher, als noch alle da waren und man noch von den Geschehnissen des Tages sprechen konnte, als noch lebendige Menschen und nicht nur verschwommene Erinnerungen die Gasse belebten, früher wars warm gewesen. Damals, ja, da war man hier noch fromm und gottesfürchtig, da war das Bet-Hamidrasch jeden Morgen und Abend dicht gefüllt, man hatte gelernt, gebetet, gesungen und geweint dort, je nach der Zeit und dem Tag, aber immer mit vielen, vielen anderen zusammen! Niemals wars so unheimlich gewesen, wie's jetzt ist, wenn man die alte Tür der Schul öffnet und sie so laut und klagend kreischt. Ging man damals durch die Bankreihen, mußte man sich an anderen vorbeidrücken, manche standen sogar auf, wenn sie einen Alten kommen sahen. Und heute geht man scheu von Platz zu Platz, denkt an die, die hier standen, ruft sich ihre Gestalt ins Gedächtnis zurück, unterhält sich im Geist mit ihnen, fragt sie, wie es ihnen geht, bis man merkt, daß sie gar nicht mehr da sind, und erschreckt und fröstelnd stumm wird. Dann schimpft man sich selbst einen alten Narren, weil man noch immer in der Erinnerung an eine Welt lebt, die nicht mehr da ist.

Jetzt haben sie drüben im Dorf die Ernte eingebracht, ein junger jüdischer Händler fährt in seinem offenen Wagen über den Markt, die Räder holpern, und die Alten wachen aus ihrem Mittagsschläfchen auf.

„Hat scheinbar wieder eine Vermittlung zustande gebracht, der Jechiel," sagt einer, der gern ein Gespräch beginnen möchte, nur um die ewige Langeweile zu töten.

„Was sind das schon für Geschäfte, die heute einer machen kann," sagt verdrießlich ein anderer, nimmt eine Prise Tabak, schnupft verächtlich und seufzt: „Ja früher..."

„Ich meine ja gar nicht den Handel, den der da eben abgeschlossen hat," fängt der erste wieder an.

„Sondern?" Mit einem Mal wachen die übrigen Alten auf. Vielleicht gibt's irgend eine Neuigkeit, etwas, worüber man wird nachdenken können, den ganzen langen Sommerabend hindurch, an dem es niemals richtig dunkel wird, so daß man Lust verspürte schlafen zu gehen.

„Ich wollte nur sagen," dehnt jetzt wieder der Alte die Worte, um die Spannung, die er einmal hervorgerufen hat, möglichst lange auskosten zu dürfen, „ich wollte nur sagen, was für ein tüchtiger Kerl er doch ist, der Jechiel. Und schließlich ist er ja auch noch ganz fromm, kommt immer nach Schul, obwohl er doch wahrhaftig mehr zu tun hat als wir, die wir..."

Er bricht ab. Schon wieder waren sie beim alten Thema. Ganz unwillkürlich mußte man immer Vergleiche ziehen zwischen heute und gestern, zwischen einer toten und einer lebenden Stadt. Auch wenn man sich eben anschickte, ein Gespräch einzuleiten, das gerade von diesen Vergleichen ablenken sollte, kam man wieder auf sie zurück.

NEUN

Die Alten schwiegen eine Weile. Erst als Schimon, der Älteste, bei dem es immer eine Zeitlang dauerte, bis er begriff, was gerade vorging, die dürre Hand ausstreckend sich zum Reden anschickte, räusperten sie sich beunruhigt. Sie wußten, daß jetzt etwas kommen würde, worüber man besser nicht sprach.

„Dummkopf," sagte Schimon, „das hat doch mit Frommsein nichts zu schaffen, zur Schul muß er ja gehen — — wir haben ja sonst kein Minjan —!"

Da stand plötzlich das Gespenst vor ihnen, das sie schon seit langem plagte, das aber noch keiner gewagt hatte, beim Namen zu nennen. Vorläufig waren ja noch zehn Juden im Städtchen, wenn man den Getreidehändler und seinen Jungen hinzurechnete. Noch brauchte man sich keine Sorge zu machen, und Gott würde schon weiter helfen und es nicht zulassen, daß die schöne Schul, in der man seit undenklichen Zeiten sich zu seinen Ehren in laut rauschendem Gebet versammelt hatte, kein Minjan mehr haben sollte. Aber heute oder morgen schon konnte das Unglück eintreten, wenn... ja, wenn einer von den acht Alten starb.

Und nun mußte gerade der Älteste dies Thema anschneiden, jetzt, im Elul... Sie schlurften bald fröstelnd nach Haus, die Alten. Es wollte nichts Rechtes mehr aus der Unterhaltung werden, und auch die Sonne wärmte heute gar nicht mehr so, wie all die Tage zuvor. Der Gedanke, den einer von ihnen achtlos ausgesprochen hatte, fing an, sie zu quälen, sich in eine drückende, atemraubende Furcht zu wandeln. Am nächsten Tag schon war eine unruhige Besorgnis in ihnen entstanden. Scheu und ängstlich erkundigten sie sich gegenseitig nach dem Befinden, legten dem alltäglichen, längst gewohnten Husten des einen eine ungewöhnliche Bedeutung bei, brachten Halstücher und Decken, packten ihn sorgfältig ein, verboten ihm, abends auf die Straße zu gehen. Sie fingen an, einer den anderen argwöhnisch zu beobachten. Schien es so, als ob heute jemand gebeugter noch als gestern einherging, so waren gleich drei, vier da, die ihn stützten, behutsam führten, sich als die weitaus Jüngeren und Kräftigeren gaben. Wie nur Mütter ein Kind, das nach langem Krankenlager aufsteht, führen können, faßten sie, wie auf Verabredung, einem, der nicht gebrechlicher als sie selbst war, unter die Schulter und trugen ihn fast bis zur Bank in der Sonne. Es hatte sich ihrer langsam etwas wie ein Wahn bemächtigt, ein Minjan zu bleiben. Und so unwahrscheinlich es schien, daß sie alle noch lange leben würden, so lebhaft sie selbst auch an den nahen Tod dachten und von ihm sprachen, so ausgemacht war es doch bei jedem von ihnen, daß er, er selbst, das Minjan nicht zerstören würde. Er würde zuletzt sterben, dachte ein jeder von ihnen. Das schien Ehrensache.

Und es war, als ob der Wille, nicht zu sterben, zumindest jetzt nicht, sie neu belebte. Die Wangen begannen Farbe zu gewinnen, und die beliebte Wehleidigkeit früherer Tage war gänzlich geschwunden.

So war Rosch Haschana vorübergegangen und der Jom Kippur herangekommen. Ängstlicher als je hatte man sich in der Schul versammelt, zögernd versammelt, zögernd die Lichter angezündet, für die Amerikaner, deren Eltern hier einmal gebetet und gefastet hatten, schon vor ein paar Wochen von weither das Geld geschickt hatten. Die Schatten, die das ganze Jahr hindurch in allen Winkeln des Bet-Hamidrasch hausten, waren nach oben, in die

Kuppel und die Frauenempore, geflüchtet und liefen dort unruhig hin und her, als zürnten sie darüber, daß man sie vertrieben hatte. Durch ein Loch im obersten Teil eines Fensters zogen Windstöße, unter denen irgendwo eine Schranktür sich kreischend in den Angeln drehte. Unten schlurften die weißgekleideten Alten langsam, wie aus Gräbern Entstiegene, vom Waschbecken zum Almemor und von dort zu ihren Plätzen. Unheimlich klangen die Seufzer und das Gemurmel der langen Gebete, die sie zu Kol-Nidre aufgeschlagen hatten. Und als der Vorbeter, in Strümpfen, unhörbar, zu seinem Pult schritt, sah es ganz so aus, als hätten sich hier Tote zu mitternächtlichem Spuk versammelt.

Aber der Vorbeter begann noch nicht. Die Alten schritten erst noch aufeinander zu, um nach altem Brauch, sich die Hände schüttelnd, gegenseitige Verzeihung zu erbitten für Kränkungen, die sie einander möglicherweise während des vergangenen Jahres zugefügt hatten. Lautlos und in feierlicher Bedrückung gingen sie, noch langsamer als sonst, von Platz zu Platz und streckten einer dem anderen die fahle Hand entgegen.

Und dann, kurz nachdem das Kol-Nidre etwas hart und heiser verklungen war, setzte sich Schimon, der Älteste, plötzlich, ohne jede Veranlassung scheinbar, auf seine Bank. Von der Ostwand her das Gesicht den anderen zugewandt, starrte er ein paar Sekunden mit leerem Blick in den Raum. Dann konnten alle sehen, wie der Kopf plötzlich auf die Brust sank und die Augen sich schlossen. Noch ein paar Minuten und alle wußten, daß er für immer eingeschlummert war.

Niemand trat heran. Der Vorbeter war, wie erstarrt, mitten im Gebet verstummt. Die Alten blickten ungläubig in die Ecke zwischen Toraschrein und Ostwand. Alle schwiegen. Oben kreischte noch immer die Tür in den Angeln.

Da war es also geschehen. Jetzt waren nur noch neun da. Eine tote Stadt. Eine, wie die vielen Städtchen, die Juden verlassen hatten, in denen das Gotteshaus verrammelt war und nie, nie mehr laut gebetet wurde. Niemals wieder würde man den heiligen Schrein öffnen, um ihm die Rollen zu entnehmen, selbst am Simchas Tora nicht. Zehn Juden bilden eine Gemeinschaft. Nun waren sie nur noch neun Einzelne, Einsame...

Was sollten sie noch auf der Welt? — Immer den anderen ins Gesicht gucken und zählen, eins, zwei, drei... Feststellen, daß es nun gar kein Unterschied mehr sei, ob noch einer mehr stürbe oder nicht?

Zweck- und sinnlos schien plötzlich das Leben geworden. Die letzte, die einzige Freude war geraubt: das Gefühl, in einem jüdischen Städtchen, wenn auch einem kleinen, zu leben. Nun mußte jeder für sich still weiterbeten. Der Vorbeter mußte an seinen Platz zurückgehen und da stehen bleiben, einsam, wie auf einem Friedhof bei Nacht. Niemals wieder würden sie seine Stimme hören: Jißgadal Wejis...

Nein, das durfte nicht sein. Man konnte jetzt nicht Kol-Nidre vollenden, als sei man allein, weit fort von jeder jüdischen Ansiedlung. Es ging nicht an, so urplötzlich aus dem Glied einer Gemeinschaft ein ewig Einsamer zu werden. Und wie auf eine Eingebung hin bedeuteten sie dem Vorbeter, fortzufahren.

Sie wollten ein Minjan bleiben. Sie wollten den Toten da und den Tod ignorieren.

Eine Tür hatte sich geöffnet. Heftiger Luftzug ging durch den Raum. Die Lichter flackerten.

Die Alten begannen wieder laut zu beten. Sie wollten sich vor einander den Anschein geben, als sei nichts geschehen. Aber die Scheu in ihrem Blick und die Zaghaftigkeit ihrer Bewegungen verriet, wie sehr sie sich davor fürchteten, daß die Täuschung bald ein Ende haben würde.

In seiner Ecke lehnt der tote Schimon. In den Bankreihen stehen, die jahrelang mit ihm zusammengelebt haben, und vermeiden es, ihn anzublicken. Mit unterdrücktem Gemurmel bewegen sie sich hin und her. In ihren weißen Haarsträhnen verfängt sich hier und da eine verstohlene Träne.

Sie wollen nicht wissen, daß ihr Freund gestorben ist und sie einsam zurückgelassen hat. Sie wollen ein Minjan bleiben.

Der Wind zaust dem Toten im Bart, und im Flackern der Kerzen sieht es aus, als bewegten sich seine Lippen und beteten mit den Lebenden. Es sieht aus, als wäre noch Minjan...

Jom Kippur in der Kleinstadt
Von Oskar Baum

EIN windstilles sonniges Frühherbstwetter trug erheblich zu der feierlichen Stimmung bei, die am heiligen Versöhnungsfest über Groß-Podschelitz lag.

„No ja, die Juden haben Glück!" sagten die Leute auf dem Markt und in den Kaufläden. Sie waren heute alle verdrießlich wegen des schlechten Geschäftsgangs. Auf dem Ringplatz und in allen Straßen fielen die geschlossenen Läden auf und von ihnen schien die festliche Ruhe auszugehen, die in dieser größtenteils christlichen Stadt heute unverkennbar vorherrschte. Mit scheuer Ehrerbietung grüßte man die schwarzgekleideten Herren im Zylinder, die ihre Frauen im Seidenkleid zur Synagoge führten. Die großen Gebetbücher, in Zeitungspapier gewickelt, trug jeder in der Hand. Mit anerkennender Hochschätzung besprachen viele, an denen sie vorbeikamen, die weihevolle Frömmigkeit. Sie rechneten es hoch an, daß auch die Ärmsten den Verdienst dieses Wochenmarkttages so ohne weiteres fahren ließen, wo doch die Gefahr so groß war, daß die Konkurrenz ihnen manche Kundschaft dauernd wegfischte.

Lebhaft und angeregt ging es vor dem kleinen Tempel zu, der auf einem weiten freien Platz stand, umgeben von gepflegten Anlagen, die sich auf einem, wie eine alte, unbewiesene Sage erzählte, ehemaligen Friedhofe erhoben. Das große runde Tor stand auf und der Tempeldiener in einem alten knappen Salonrock davor mit einem weitrandigen glanzlosen Zylinder, um alle Unberufenen fernzuhalten. Der breite Park um den Tempel war voll von Kindern, die mit gedämpfter Lustigkeit hin- und herliefen und miteinander spielten. Wenn eines zu ausgelassen war, erinnerten es die anderen mit „Pst" daran, welcher Tag und welcher Ort dies war. Zwischen den spielenden Kindern, die sich meist am Wegrand hielten, gingen die jungen Mädchen in lichten neuen Kleidern Arm in Arm in Reihen oder Gruppen spazieren, mit Gewürznelken besteckte Äpfel, Orangen oder Zitronen in den Händen, deren Duft sie über den Hunger hinwegtrösten sollte. Von Zeit zu Zeit kamen Leute aus der Synagoge, um nach ihren Kindern zu sehen oder um frische Luft zu schöpfen. Drin war es heiß. Der Tempel war überfüllt; aus den umliegenden Ortschaften kamen viele herbei und vermehrten die Gemeinde. Jeder kannte seinen Sitznachbarn, da die Familien ihre Sitze schon seit Menschengedenken innehatten. Wenn der eine zu spät kam, ließ er sich von einem andern sagen, wo der Kantor hielt, und die Stelle im Gebetbuch aufblättern, indes er sich den Gebetmantel um die Schultern legte. Gemeinsam kritisierten sie auf dem Heimweg die Rede des Rabbiners, tauschten die Meinungen über die Beträge aus, die die Wohlhabenden für die Armen gespendet hatten, wenn sie zur Tora gerufen wurden, und schimpften zusammen über die jungen Leute, die im Tempel schwätzten. Aber beim Gottesdienst saßen sie ernst über ihre Gebetbücher gebeugt und mit leisem Lispeln flogen die Lippen und sie befeuchteten sich immer die Fingerspitzen vor dem Umblättern. Um sie her tönte der begeisterte Gesang des Kantors, bald leise, fast weinend vor Innigkeit, dann beschwörend brünstig oder milde tröstend zu den feierlichen Akkorden der Chorbegleitung, die an seine Stimme geschmiegt auf- und abschwellend von der Galerie hinabschwebte. Und immer wieder und wieder unterbrach die flehenden, die dankenden Rezitationen voll jauchzender Freude und Siegesbewußtsein das schmetternde „Schema". Die Gemeinde begleitete den Gesang mit Summen und Murmeln, das sich je nach Wichtigkeit und Melodie des Gebets hob und senkte. Greise wackelten in besonderem Eifer mit Kopf und Oberkörper und rezitierten ihre Gebete im eigenen Singsang, der ganz anders war als die Melodien des Kantors, an uralte ferne Zeit gemahnend, und es beirrte sie die laute stolze Baritonarie des Kantors nicht, oft nicht einmal der Chor. Wie wäre es auch möglich gewesen? Diese Melodien waren ja mit dem Gebet verwachsen, waren d a s Gebet für die Greise. Was da die Kantoren arrangierten und komponierten, war vielleicht ein gutes Konzert, nein, das Gebet war so. Und sie zogen ihren beweglichen „Niggen" mehr durch die Nasen als durch den Mund, legten oft mehrere Töne lang ihre ganze Seele in ein „N" oder „M". Und sie verschluckten die Vokale, wiederholten Silben, solange die Melodie reichte. Und vielen stieg im Rausch der Rührung das Wasser in die Augen. Dachte vielleicht einer an die schauerlichen Bluttaten und Martyrien, die die Entstehung und Wirkung der bedeutendsten unter den frommen Gedichten umschweben? An den Rabbi etwa, der nicht gehorchte, als ihn der König am Versöhnungstag zu sich rufen ließ, und zu dem die Henker in die Synagoge kamen, um ihm die ungehorsamen Füße abzuhacken, und der sich dann mit den blutenden Stümpfen vor die Tora tragen ließ und laut zu Gott betete und ihn pries: „Unetane tokef!" und alle Leute sangen weinend mit und merkten sich die Worte, und als er die letzte Silbe gesungen hatte, war auch das Blut des Rabbi verströmt und sein Kopf sank stumm neben den Altar.

Nachmittags um zwei begann die Pause, die bis um vier Uhr zu dauern hatte; aber die wenigsten von den älteren Männern und Frauen verließen den Tempel. „Sobald ich an die Luft komme, habe ich Hunger," pflegten die meisten zu sagen und einige von den Ältesten begriffen nicht, wozu man die bewährte alte Einrichtung abgeschafft hatte, die Gebete den Tag über nicht enden zu lassen, wie noch heute in den Gemeinden des Ostens.

In der Pause kamen die Töchter und die Söhne zu ihren Eltern, die plaudernd auf ihren Plätzen saßen, brachten ihnen Blumen und wünschten, man möge sich alles Gute ausgebetet haben und weiter gut fasten. Man beteuerte sich gegenseitig, man fühle gar nicht, daß man faste, und stattete dann gemeinsam bei den Plätzen der Bekannten und Verwandten in den verschiedenen Sitzreihen Besuche ab.

Die Tage des Gerichts
Von Franz Rosenzweig

DIE „gewaltigen Tage", diese Feste eigner Art, im Monat des Festes gelegen, das unter den Festen der Volksgemeinschaft das Zur-Ruhe-Kommen zum Inhalt hat, sind ausgezeichnet vor allen anderen Festen dadurch, daß hier und nur hier der Jude kniet. Was er dem Perserkönig weigerte, was keine Macht der Erde ihm abtrotzen darf, was er aber auch seinem Gott an keinem Tage des Jahres sonst und bei keiner Handlung seines Lebens schuldig ist: hier tut ers.

Erinnernd erschwingt die Gemeinde das Gefühl der Gottesnähe in der Schilderung des einstigen Tempeldienstes und vornehmlich des Augenblicks, wo die Priester den nie ausgesprochenen, stets umschriebnen Namen Gottes dies eine Mal im Jahre unumschrieben aussprachen und das im Tempel versammelte Volk auf die Knie fiel. Unmittelbar aber taucht die Gemeinde in jenes Gefühl in dem Gebet, das auch sonst schon sich ganz verliert in der Verheißung des künftigen Augenblicks, wo sich vor Gott beugen wird jegliches Knie, wo aller Götzendienst geschwunden sein wird von der Erde, wo die Welt befestigt wird im Reich Gottes und alle Kinder des Fleisches seinen Namen rufen, alle Frevler der Erde zu Ihm sich kehren und Alles das Joch seines Reiches aufnimmt. Über diese sonst alltäglich den Schluß des Gottesdienstes bildende Fassung wächst das Gebet an den gewaltigen Tagen hinaus; jenes Flehen um die Herbeiführung der Zukunft ist da in das Hauptgebet hineingenommen, das an diesen Tagen mit gewaltigen Worten schreit nach dem Tag, wo alles Geschaffene in die Knie sinkt und einen einzigen Bund bildet, Gottes Willen zu tun mit einem ganzen Herzen. Aber das Schlußgebet, das schon alltäglich diesen Schrei ausstößt, schweigt an diesen großen Tagen den Schrei und ergreift schon in der Gegenwart, im vollen Bewußtsein, daß die eigne Gemeinde noch nicht der eine Bund alles Geschaffnen ist, den Augenblick der ewigen Erlösung: und was die Gemeinde sonst im Jahre nur sagt: hier tut sie es: sie fällt auf's Angesicht vor dem König aller Könige.

So stellen die gewaltigen Tage, der Neujahrstag und der Tag der Versöhnung, die ewige Erlösung mitten in die Zeit. Die Posaune, die am Neujahrstag auf der Höhe des Festes geblasen wird, macht ihn zum „Tag des Gerichts". Das Gericht, das sonst in die Endzeit gelegt wird, hier wird es unmittelbar in den gegenwärtigen Augenblick gesetzt. Nicht die Welt deshalb kann es sein, die gerichtet wird — wo wäre sie denn schon in dieser Gegenwart! Sondern das Gericht richtet über den Einzelnen. Jedem Einzelnen wird nach seinem Tun sein Schicksal bestimmt. Am Neujahrstag wird ihm das Urteil für das vergangene und kommende Jahr geschrieben und am Versöhnungstag, wenn die letzte Frist dieser „zehn Bußtage" verstrichen, besiegelt. Das Jahr wird ganz und gar zum vollgültigen Stellvertreter der Ewigkeit. In der jährlichen Wiederkehr dieses, des „jüngsten" Gerichts, ist die Ewigkeit von aller jenseitigen Ferne befreit; sie ist nun wirklich da, greifbar, faßbar dem Einzelnen und den Einzelnen mit starker Hand greifend und fassend. Er steht nicht mehr in der ewigen Geschichte des ewigen Volkes, nicht mehr in der ewig wechselnden Geschichte der Welt. Es gibt kein Warten, kein sich Verkriechen hinter die Geschichte. Der Einzelne unmittelbar wird gerichtet. Er steht in der Gemeinde. Er sagt Wir. Aber die Wir sind an diesem Tage nicht die Wir des geschichtlichen Volks; nicht die Überschreitung der Gesetze, die dieses Volk von den Völkern des Erdballs scheiden, ist die Sünde, um deren Vergebung wir schreien. Sondern an diesen Tagen steht der Einzelne unmittelbar in seiner nackten Einzelheit vor Gott, in der Sünde des Menschen schlechtweg; nur diese menschliche Sünde wird in der erschütternden Aufzählung der Sünden, „die wir gesündigt haben", genannt, eine Aufzählung, die mehr bedeutet als Aufzählung: eine alle Schlupfwinkel der Brust erleuchtende Hervorlockung des Bekenntnisses der einen Sünde des immer gleichen menschlichen Herzens.

Und so können die Wir, in deren Gemeinschaft der Einzelne also in seiner nackten und bloßen Menschlichkeit vor Gott an seine Brust schlägt und in deren bekennendem Wir er sein sündiges Ich fühlt wie nie im Leben, keine engere Gemeinde sein als die eine der Menschheit selbst. Wie das Jahr an diesen Tagen unmittelbar die Ewigkeit vertritt, so Israel an ihnen unmittelbar die Menschheit. „Mit den Sündern" ist sich Israel bewußt zu beten. Und das heißt ja, sei der Ursprung der dunklen Formel, welche er wolle: als Ganzes der Menschheit „mit" einem Jeden. Denn Jeder ist ein Sünder. Mag die Seele von Gott dem Menschen rein gegeben sein, so ist sie nun hineingerissen in den Streit der beiden Triebe seines zwiegespaltenen Herzens. Und mag er in immer neu gesammeltem Willen mit Vorsatz und Gelübde immer neu das Werk der Einigung und Reinigung des zwiespältigen Herzens beginnen — an der Scheide zweier Jahre, die die Ewigkeit bedeutet, wird ihm aller Vorsatz zunichte, alle Weihe entweiht; alles gottzugekehrte Gelübde zerbricht, und was Sein wissendes Kind begann, das wird dem wähnenden vergeben.

Ein vollkommen sichtbares Zeichen stellt diesen Grundton der gewaltigen Tage, daß sie das Ewige für den Einzelnen unmittelbar in die Zeit hineinrücken, für ihre ganze Dauer fest. Der Beter kleidet sich an diesen Tagen in sein Sterbekleid... so tritt er hier in vollkommener Einsamkeit, ein Gestorbener mitten im Leben, und Glied einer versammelten Menschheit, die sich alle wie er selbst mitten im Leben schon jenseits des Grabes gestellt haben, vor das Auge des Richters. Alles liegt hinter ihm. Schon zu Beginn des letzten Tages, auf den die neun vorausgegangenen nur Bereitungen waren, hat er in jenem Gebet um die Vernichtigung aller Gelübde, aller Selbstweihen und guten Vorsätze sich die reine Demut erobert, nicht als sein wissendes, nein, bloß noch als sein wähnendes Kind vor den zu treten, welcher ihm verzeihen möge, gleich wie er verzieh „der ganzen Gemeinde Israel und dem Fremden, der da unter ihnen weile, denn allem Volk geschahs im Wahne". Nun ist er reif zum Bekennen der eignen Schuld vor Gott in immer neuen

Wiederholungen. Es gibt da keine Schuld vor Menschen mehr. Drückte ihn die, so müßte er sich ihrer zuvor von Mensch zu Mensch in offnem Geständnis entledigen. Der Versöhnungstag sühnt solche Schuld nicht; er weiß nichts von ihr; ihm ist alle Schuld, auch die vor Menschen gesühnte und entschuldigte, Schuld vor Gott, Sünde des einsamen Menschen, Sünde der Seele — denn die Seele ist's, die sündigt. Und solch gemeinsam-einsamem Fehlen einer Menschheit in Sterbekleidern, einer Menschheit jenseits des Grabes, einer Menschheit von Seelen, neigt sein Antlitz der Gott, der den Menschen liebt vor seiner Sünde wie nachher, der Gott, den der Mensch in seiner Not zur Rede stellen darf, warum er ihn verlassen habe, der barmherzig ist und gnädig, langmütig, voll unverdienter Huld und voll Treue, der seine Liebe aufbewahrt dem zweitausendsten Geschlecht und vergibt Bosheit und Trotz und Schuld und begnadigt den, der umkehrt. Also daß der Mensch, dem so das göttliche Antlitz sich neigte, aufjubelt in dem Bekenntnis: Er, dieser Gott der Liebe, er allein ist Gott...

Das Gebetbuch
Von Martin Buber

AN den zwei hohen Festen, welche die furchtbaren Tage genannt werden, das sind die Feier des neuen Jahres und der Versöhnungstag, pflegte der Rabbi von Dynow, wenn er vor die Bundeslade trat, um zu beten, das große Gebetbuch des Meisters Lurja zu öffnen und vor sich auf den Ständer hinzulegen. So lag es offen vor ihm alle Zeit seines Betens, aber er blickte nicht hinein und rührte es nicht an, sondern ließ es groß und offen daliegen im Angesicht der Lade und vor den Augen der Gemeinde, daß das starke unverblaßte Schwarz der Lettern aus dem breiten, gelblichen Grunde weithin schlug, und er stand hochgestreckt in seiner Weihe davor wie der opfernde Hohepriester vor dem Altar. So geschah es, und aller Augen mußten immer wieder darauf blicken; aber keiner von den Chassidim wagte es, davon zu sprechen. Einmal jedoch stärkten etliche ihr Herz und fragten den Rabbi: „Wenn unser Herr und Lehrer aus dem Buch des Meisters Lurja betet, warum sieht er nicht hinein von Seite zu Seite nach der Ordnung seines Betens, und wenn er nicht daraus betet, warum öffnet er es und warum liegt es vor ihm?" Da sprach der Rabbi zu ihnen: „Ich will euch erzählen, was sich in den Tagen des heiligen Baalschem, sein Andenken sei zum Segen, ereignet hat.

In einem Dorfe lebte ein Pächter mit seiner Frau und seinem kleinen Sohn. Der Gutsherr war dem stillen Mann zugetan und gewährte ihm manche Vergünstigung. Dennoch kamen schlimme Jahre über ihn. Einer schlechten Ernte folgte im nächsten Sommer immer wieder eine schlechtere, und so stieg und schwoll die Not, bis die grauen Wogen über seinem Haupt zusammenschlugen. Er hatte jeder Mühe und Entbehrung standgehalten; dem Elend konnte er nicht ins Auge schauen. Er fühlte sein Leben schwach und schwächer werden, und als sein Herz zuletzt still stand, war es wie das Ersterben eines Pendelschlags, dessen stetes Leiserwerden man nicht wahrgenommen hat und dessen Aufhören über einen nun wie etwas Plötzliches gerät. Und wie seine Frau mit ihm durch das holde und das arge Schicksal gegangen war, so ging sie auch mit ihm hinaus. Als sein Grab bereitet war, konnte sie sich nicht länger zwingen, sie sah ihren kleinen Sohn an und konnte sich doch nicht zwingen, und so legte sie sich hin und redete sich vor, sie gehe nicht zum Tod, bis sie zu ihm kam.

Der kleine Nachum war drei Jahre alt, als die Eltern starben. Sie waren aus der Ferne gekommen, und man wußte von keinen Verwandten. So nahm ihn der Gutsherr zu sich, dem der Knabe mit dem schmalen, aus den goldroten Locken blütenweiß hervorschimmernden Gesicht gut gefiel. Bald gewann er des Kindes zarte, fast traumhafte Art mehr und mehr lieb, und er zog es wie ein eigenes auf. So wuchs der Knabe heran in Licht und Freude und wurde in allem Wissen unterwiesen. Von seiner Eltern Art und Glauben hatte er keine Kunde. Wohl verschwieg ihm der Gutsherr nicht, daß sein Vater und seine Mutter Juden gewesen waren; doch als er ihm davon sprach, fügte er hinzu: „Ich aber habe dich mir genommen, und nun bist du mein Sohn, und all das Meine ist dein." Dies verstand Nachum wohl; das aber, was ihm von seinen Eltern gesagt worden war, das schien ihm jenen Geschichten zugehörig, die ihm die Mägde von Waldteufeln, Nixen und buntem Elfenvolk erzählten; wunderbar war es ihm nur und unbegreiflich, daß er selbst mit solch einer Geschichte zu schaffen hatte, und er fühlte sich einem fernen Dunkel verbunden.

Eines Tages kam er unversehens in eine abgelegene Kammer des Hauses, in der allerlei Gerümpel übereinandergeschichtet lag, das seine Eltern einst hinterlassen hatten. Da waren seltsame Dinge, die er nicht kannte. Da war ein sonderbar gestaltloser weißer Mantel mit langen, schwarzen Streifen. Da war ein gesticktes Stirntuch von prächtiger und doch stiller Art. Da war ein mächtiger, vielarmiger Leuchter verblaßten Glanzes. Da war ein reich verästelter, in einer Krone zusammenwachsender Gewürzbehälter, um den noch ein letzter, dünner Duftnebel zu flattern schien. Und da war endlich ein großes, schweres Buch, in dunkelbraunen verschlißnen Sammt gebunden, die Ecken silberbeschlagen, mit silbernen Klammern. Das waren die Dinge, die seine Eltern nicht hatten aufgeben können, auch vor den Augen des letzten Elends nicht. Und nun stand er und sah darauf, und die Boten des Dunkels waren ihm näher als je. Dann nahm er das Buch und trug es scheu und vorsichtig, beide Arme fest darum gelegt, in sein Zimmer. Da löste er die Klammern und öffnete es ganz leis, und die breiten, schwarzen Lettern starrten ihn an, fremd und doch nicht fremd, sahen ihn an wie eine Schar kleiner Kameraden, wirbelten vor ihm dahin, flogen durcheinander, zerflimmerten, — und da waren keine Lettern mehr, und das Buch war wie ein dunkler See, daraus schauten ihm zwei Augen entgegen, tränenlos, aber eines ewigen Schmerzes voll. Und Nachum wußte, daß dies das Buch war, aus dem seine Mutter gebetet hatte. Seither hielt er es tagüber verborgen, aber an jedem Abend holte er es aus dem Versteck, und beim Licht der Lampe, und lieber noch beim lebendigen Licht des Mondes sah er auf die fremden Lettern, bis sie sich zum Reigen einten und endlich zum See zusammenflossen, daraus die Augen der Mutter hervortauchten.

So kamen die Tage des Gerichtes heran, die Tage der Gnade, die furchtbaren Tage. Aus allen Dörfern zogen die Juden zur Stadt, um im Rauschen der Volksgemeinde vor Gott zu stehen, um ihre Schuld mit der Schuld der

DAS GEBETBUCH

Tausende ihm darzubringen und in seinem Feuer aufgehen zu lassen. Nachum stand vor der Tür des Hauses und sah die Wagen vorübereilen, unzählig viele, sah Männer und Frauen darin in Festgewändern, und über allen war die Macht der Bereitschaft. Und ihm war, als seien all die Menschen Boten zu ihm, Boten des Dunkels nicht mehr, Boten der Sonne und des lichten Seelengrundes, und als enteilten sie ihm nur deshalb, weil er sie nicht anrief. So rief er einen an und fragte ihn: „Wohin fahret ihr, und was ist dies euch für eine Zeit?" Jener sprach: „Wir fahren dem Tag der Erneuerung entgegen, dem Tag des Anfangs, da im Buch des Himmels geschrieben wird unsere Tat und unsere Lösung. Und wir fahren, um zu Gott zu reden in großer Schar und unsere Stimmen zu binden zu Einem Gebet." Der Knabe hörte das Wort; aber weit ausgespannt darüber flog ihm ein anderes Wort zu, ein großes Rufen, das kam aus der Unendlichkeit zu ihm. Von dieser Stunde an war das Rufen über ihm, brausend im Schweigen wie ein mächtiger Sturmwind. Und das Rufen erhellte das Dunkel, das ihm so lange die Welt umkleidet hatte. So wandelten die zehn Tage der Buße hin, und der Vortag des Versöhnungsfestes war da. Und wieder sah der Knabe die Juden aus den Dörfern die Straße zur Stadt fahren; stumm und regungslos saßen sie, und ihre Gesichter waren bleicher als vordem. Und wieder fragte Nachum einen von ihnen: „Was führt euch und wohin?" Jener sprach: „Dies ist der Tag, auf den wir hofften und harrten, der Tag der Versöhnung, da unsere Schuld sich löst im Lichte des Herrn und er seine Kinder aufnimmt in die Heimat seiner Gnade." Da lief der Knabe in seine Stube, nahm das Buch mit den silberbeschlagenen Ecken in die Arme und lief aus dem Haus auf die Straße und lief, bis er in die Stadt kam. In der Stadt lenkte er seinen Schritt zum Bethaus, und er trat ein. Als er eintrat, war es die Stunde, da das Kolnidre gesprochen ward, das Gebet der Lösung und der heiligen Freiheit. Er sah die Scharen stehen, in den langen, weißen Sterbegewändern, stehen und sich neigen und sich erheben vor Gott. Er hörte sie aufschreien zu Gott, aufschreien aus allen verdeckten Tiefen zum Licht, aus allen Geheimnissen ihrer Seele zur Wahrheit. Und die Hand des Geistes war auf der Schulter des Knaben, und er stand und neigte sich und erhob sich vor Gott, und er schrie auf zu Gott. Und da er merkte, wie rings um ihn Worte schallten in einer fremden Sprache und es über ihn kam, daß er nicht beten konnte, wie die andern, nahm er das Buch der Mutter und legte es aufs Pult und rief: „Herr der Welt! Ich weiß nicht was zu beten, ich weiß nicht was zu sagen — da hast du, Herr der Welt, das ganze Gebetbuch." Und legte den Kopf auf das offene Buch und weinte und unterredete sich mit Gott.

Es war aber an jenem Tag, daß die Gebete der Gemeinde wie flügellahme Vögel am Boden flatterten und sich nicht emporschwingen konnten. Das Haus war ihrer voll, schwer die Luft, trüb und verzagend der Sinn der Beter. Da kam das Wort des Knaben, das nahm die Gebete aller auf seine Fittiche und trug sie in Gottes Schoß.

Der Baalschem aber sah und erkannte alle diese Dinge, und er sprach das Gebet in hoher Freude. Als das Fest vorüber war, nahm er den Knaben zu sich und zog ihn heran und lehrte ihn die lautere und gesegnete Wahrheit."

So erzählte der Rabbi von Dynow seinen Frommen. Und er sprach: „Auch ich weiß nicht, was ich tun soll und wie ich die Absicht der heiligen

Männer, der ersten Beter, aus deren Mund die Gebete sind, erfüllen kann. Darum nehme ich das Buch des Meisters Lurja, des Ehrwürdigen, und mische es auf, daß es vor mir liege zur Stunde des Gebets, und gebe es Gott mit allem Willen, der darin ist, und aller Inbrunst und allem Sinn."

Chassidische Parabel
Von An-ski

GOTTES Welt ist groß und heilig. Das heiligste Land der Welt ist Erez Israel. Die heiligste Stadt in Erez Israel ist Jerusalem. Der heiligste Ort in Jerusalem ist der heilige Tempel und in dem Tempel befand sich das Allerheiligste. — Es gibt siebzig Völker auf der Welt. Das heiligste unter ihnen ist das Volk Israel. Im Volke Israel ist der Stamm Levi der heiligste. Im Stamme Levi sind die Priester die heiligsten und unter den Priestern ist der heiligste der Hohepriester. — Das Jahr hat 354 Tage. Von diesen sind die heiligsten die Feiertage; noch heiliger aber sind die Sabbattage. Von den Sabbattagen ist der Versöhnungstag, der Sabbat der Sabbate, der heiligste. — Es gibt siebzig Sprachen in der Welt. Die heiligste Sprache ist die hebräische. Das Heiligste in dieser Sprache ist die Tora. In der Tora sind die zehn Gebote das Heiligste. In den zehn Geboten ist das heiligste Wort der Name Gottes.

Einmal im Jahre, zu einer bestimmten Stunde, pflegten die vier größten Heiligkeiten zusammenzukommen. Das war am Versöhnungstage, wenn der Hohepriester nach dem allerheiligsten Orte kam und da den Namen Gottes aussprach. Und da dieser Augenblick unermeßlich heilig und furchtbar war, war er zugleich der gefährlichste, sowohl für den Hohepriester als auch für das gesamte Volk Israel. — Wenn in diesem Augenblick dem Hohenpriester — Gott behüte! — ein sündiger oder ein fremder Gedanke gekommen wäre, so wäre die Welt vernichtet worden.

Jeder Ort, an dem ein Mensch den Blick zum Himmel erhebt, ist dem Allerheiligsten des Tempels gleich. Jeder Mensch, den Gott nach seiner Gestalt geschaffen hat, ist wie ein Hohepriester, jeder Tag des Menschenlebens ist ein Versöhnungstag und jedes Wort, das ein Mensch aufrichtig ausspricht, ist wie der Name Gottes. Darum zieht jede Sünde und jedes Vergehen eines Menschen den Sturz der Welt nach sich.

Der jüdische Erlösungsgedanke
Von Friedrich Thieberger

ERLÖSUNG ist immer nur Erlösung vom Leide. Soweit wir aber auch das menschliche Leid kennen, entspringt es zwei deutlich scheidbaren Quellen, die freilich auf der Oberfläche unseres Bewußtseins oft ineinander verfließen. Daß ich, ein sich selbst erlebendes Pünktlein von Gefühl und Bewegung, einem Körper eingeleibt bin, von dessen Rhythmus und Begrenzung ich rück-

sichtslos abhänge; daß ich nicht nur die G e b r e s t e n dieses Körpers schmerzhaft trage, sondern das Bewußtsein nicht loswerde, in allem Denken und Wollen, so selbstzufrieden es in mir auftauchen mag, an Endliches, rätselhaft Bestimmtes gebunden zu sein: das ist ein Leid, das auch der verlassenste Robinson empfinden müßte, weil es in der bloßen Tatsache der Existenz beschlossen ist, und das ich darum das L e i d d e r E x i s t e n z nennen möchte.

Aber niemand ist nur einsam. Wir alle sind in das große Gewebe bestehender und gewesener Existenzen mit verstrickt. Daß mich fremde Wesen mitbestimmen, für die ich selbst ein unbekanntes, bestimmendes Wesen sein kann; daß die teuersten Menschen so leidend und vergänglich sind wie ich, erfüllt mich mit einem Leid, das aus dem Schicksal des Mitmenschentums stammt, mit dem L e i d d e r K o ë x i s t e n z.

Die bedeutsamste Form des Leidens der Koëxistenz ist das S c h u l d g e f ü h l. Ich habe schuldigen Anteil an dem allgemeinen Leid, weil ich wollend oder nicht wollend ein mitbestimmender Teil der Allgemeinheit bin. Soweit es sich aber um das Leid meiner Existenz und um das Mitleid mit der bloßen Existenz eines Menschen handelt, kann ich nicht von einem Schuldgefühl sprechen, sondern nur von einem leidvollen Gefühl der U n v o l l k o m m e n h e i t. Das Christentum mußte die Unvollkommenheit selbst als Schuld betrachten. Denn Gott erlöst, weil er durch sein Leiden alle S c h u l d auf sich genommen hat; es gibt hier keine Erlösung, die nicht Erlösung von Schuld wäre. Wenn aber jemand darunter leidet, daß er kein Malertalent hat, ist diese Unvollkommenheit seine oder irgend jemandes Schuld? Das Christentum muß antworten: sie ist, vielleicht erst im letzten Grunde, die Schuld Adams. Für das Christentum ist ja jede Existenz nur Leidensfolge der Koëxistenz und es kennt eigentlich kein Leid der Koëxistenz, das nicht selbst Schuldgefühl wäre oder von einem Schuldgefühl durchsetzt wäre.

Gerade umgekehrt ist der Erlösungsweg B u d d h a s. Er streicht seinen Anteil an dem Sein mit anderen. In warhaft heiligem Egoismus bricht er alle Bindungen der Liebe und des Hasses mit den Menschen ab. Im Leid der Existenz schwerlos werden, ist das geheime Wissen Buddhas und die Offenbarung seines Lächelns.

Erst in solcher Gegenüberstellung wird der Erlösungsgedanke des Judentums voll umgrenzbar. Es hat die beiden Leidensformen der Existenz und der Koëxistenz nicht verwischt, Schuld und Unvollkommenheit nicht vertauscht. Dabei ist der Begriff der Schuld in seiner furchtbaren Weite erkannt worden. Das Lehrbeispiel Hiobs meint ja, daß das Leiden des einzelnen nicht das Korrelat einer persönlichen Schuld sein müsse, sondern daß die Verstricktheit im Leben durch die Schuld anderer auch dem Gerechtesten Leiden schaffe. Schuld ist immer mit Bewußtheit des Handelns (wenn auch nicht mit der Erkenntnis der Wirkung) verbunden. Darum ist die Umkehr (Teschuwa) zu einem schuldlosen Leben jedem möglich, weil sich der Prozeß der Menschheit im Bewußtsein vollzieht und das Bewußtsein falsch gerichtet sein kann, nicht aber der Mensch schlecht ist. Darum gibt es auch, nicht erst aus praktischen Erwägungen, sondern aus religiöser Grundeinstellung, eine Verantwortung den Mitseienden gegenüber und mit der Vertiefung des Bewußtseins wächst die Furcht vor der Schuld.

FRIEDRICH THIEBERGER / DER JÜDISCHE ERLÖSUNGSGEDANKE

Der Erlösungsweg aus dem Leid der Koëxistenz, soweit es ein Leiden aus Schuld und Mitschuld ist, kann also im jüdischen Sinn nur dieser sein: **Verminderung des Leides durch die Art unseres Lebens**. Hier, in dieser Welt haben wir zu wirken, nicht bloß als Mitseiende eines Augenblickes, sondern als Schulderben einer Vergangenheit und als Mitbestimmer einer Zukunft. Es ist unserem Bewußtsein als ein kleines Stück Freiheit anheimgegeben, eine Gemeinschaft zu bilden, in der die Schuld am Leid der Koëxistenz sich immerzu verringert. Das jüdische Volk sollte eine erste Zelle sein, in der eine solche heilige Gemeinschaft vorbildlich ersteht. Darum der peinliche Ausbau seines Gesetzes, das nicht — wie so oft gesagt wird — das Kontraktverhältnis zwischen Menschen und Gott endgültig und beruhigend löst, sondern nur das Bewußtsein in jedem Augenblick schärft, für ein leidloseres Leben verantwortlich zu bleiben. Es ist bezeichnend, daß der Versöhnungstag nicht die Schuld aufhebt, die zwischen Mensch und Mensch sich ereignet, sondern nur die „Schuld" des Menschen als einer Existenz vor Gott. Die Sühne dieses Tages gehört einer andern Kategorie an als der Koëxistenz.

Dort aber, wo das Leid der Koëxistenz nicht einer Schuld, sondern einer Unvollkommenheit entspringt und so auch in allem Leid der Existenz, bleibt nur **eine** Hoffnung: auf den einheitlichen Sinn der Welt, auf Gott. Hier gibt es keine Selbsterlösung durch den Menschen, sondern nur eine Beruhigung des Leidgefühles kraft des Bewußtseins. Es ist wohl mit einem Wort zu sagen, was das Judentum meint, und also in der Tat ein Erlösungsgedanke. Aber es bleibt unerschöpflich in den Formen, in denen es sich ereignet, und wie jeder wirkliche Lebensprozeß, nicht zu erzwingen, sondern nur zu wollen: **Auf den einheitlichen Sinn der Welt gerichtet sein: die Kawwana**. Wenn der Hohepriester am Versöhnungstag die Sprengungen im Allerheiligsten vornahm, dann war diese höchste religiöse Handlung, die das alte Judentum kannte, vergeblich, sobald seine Gedanken nicht ausschließlich und mit gespannter Bewußtheit auf den Dienst Gottes gerichtet waren. Kein einziges der scheinbar nur juristischen Gesetze des jüdisch-religiösen Lebens hat Geltung (wird „angerechnet", wie die alten Lehrer sagten), wenn es nicht getragen ist von jener Gerichtetheit auf Gott, jenem „Anhangen", für das Maß und Regel unzulänglich bleiben. Die religiösen Bewegungen im Judentum waren seit je Revolutionen der Kawwana.

Deutlich waltet in der Lehre Spinozas, der den göttlichen Sinn der Welt so vernünftig zu erkennen meinte, daß er die Welt durch diesen Sinn vergöttlichte, der jüdische Erlösungsgedanke. Spinoza mißtraut diesem Sinn nicht, wie der indische Pantheist. Das Böse ist nur eine unklare Richtung des Denkens, die wahre leiderlösende ist die Liebe auf Gott zu.

Der Gedanke der Kawwana sammelt aber auch ein versöhnendes Licht auf das Leid, das aus der Schuld der Koëxistenz herrührt. **Jede Schuld hat irgendeine Wurzel auch in der Unvollkommenheit.** „Es handelt niemand schuldvoll, den nicht ein unvernünftiger Geist befallen hat," lautet ein altes Wort. Wir können das Leid der Koëxistenz vermindern, aber wir können es nicht aufheben. Wenn es aber einmal bis auf die unbehebbaren Reste vermindert sein wird, dann ist die Zeit des Messias da, der alles Leid der Existenz und der unvollkommenen Koëxistenz von uns nehmen wird. Dieses Ende der Tage bedarf unser in jedem Augenblick. Wir sind die Mittler des Messias.

Bemerkungen zu den Lektürestücken für die Hohen Feiertage

Schemarja Gorelik: Elul

Die Schilderung ist der Sammlung „Die liebe Provinz" (Jüdischer Verlag, Berlin) entnommen. Gorelik (geb. 1877 in Rußland) gibt in seinen Erzählungen gern reflektierenden Ausführungen Raum.

M. Y. Ben Gavriel: Im Elul am Grabe Rahels

Das vorliegende Stück des aus Wien stammenden Jerusalemer Schriftstellers zeigt, wie viele in der übrigen jüdischen Welt nahezu unbekannte Feste sich in Palästina erhalten haben. Ein solches ist auch die gleich zu Anfang erwähnte Hadlaka (Lichteranzünden). Sie bezieht sich auf die feierliche Prozession, die am Jahrestag des Simon Ben Jochaj zu seinem Grab unternommen wird, damit dort das Sterbelicht entzündet werde.

Jakob Löwenberg: Festtage

Jakob Löwenberg (1856—1929) stammte aus Westfalen und lebte als Lehrer in Hamburg. Sein schönster Band Lyrik sind die Gedichte „Aus jüdischer Seele", eine der ersten Sammlungen bewußter jüdischer Verse in deutscher Sprache. Das hier abgedruckte Stück entstammt dem Roman „Aus zwei Quellen". Der schriftliche Glückwunsch des Kindes zu Rosch Haschana ist in der dargestellten Form in vielen Gegenden Brauch.

Israel Querido: Rosch Haschana

Israel Querido (geb. 1872 in Amsterdam, gest. 1932) war einer der führenden holländischen Dichter. In einer Reihe von Erzählungen (Simson) und Dramen (Saul und David, Aron Laguna) hat er jüdische Probleme gestaltet. Seine Kunst psychologischen Nachspürens zeigt sich auch in dem hier abgedruckten Stück, das dem Sammelwerk „Yisroel" (herausgegeben von Josef Leftwich; Verlag John Heritage, London) entnommen ist. Querido schildert mit Vorliebe sefardisches Milieu. Die Übersetzung besorgte Berta Thieberger.

Michael Sachs: Die Legende vom Unetane tokef

Michael Sachs (1808—1864), ein hervorragender Prediger, übersetzte mittelalterliche Dichtungen ins Deutsche, die er vielfach in seiner Ausgabe der „Festgebete der Israeliten" verwendete. Dem Band für den ersten Tag Rosch haschana ist das abgedruckte Stück entnommen.

Salomo Ibn Gabirol: Das Opferlamm

Die Erinnerung an die Opferung Isaks, die Akeda, nimmt in der Liturgie der zehn Bußetage eine wichtige Stelle ein. Der große jüdische Dichter der spanischen Epoche — er war um 1021 in Lalaga geboren und starb kaum vierzigjährig in Valencia — gibt hier eine geradezu balladeske Darstellung des Opferganges und schließt mit Versen, in denen die jüdische Geschichte selbst als eine auf Erlösung harrende Akeda gesehen ist. Seligmann Hellers Übersetzung trifft namentlich in den Schlußzeilen den Ton der kunstvoll gebauten Verse.

Max Brod: Bußtag

Die Skizze stammt aus der Zeit des Weltkrieges, als viele Ostjuden aus ihren Heimatländern nach dem Westen flüchten mußten. Einem dieser ostjüdischen Freunde widmet der

ZU DEN STÜCKEN FÜR DIE HOHEN FEIERTAGE

Dichter die aus einer Aktualität geschöpften und tief ins allgemein Jüdische reichenden Gedanken. (Aus Brods Sammelband „Im Kampf um das Judentum"; R. Löwit Verlag, Wien.)

Hermann Cohen: Leid und Erlösung

Hermann Cohen (1842—1918), der Begründer der sogenannten Marburger Philosophen-Schule, die eine Erneuerung des kantischen Idealismus anstrebte, suchte in seinem letzten Werk „Die Religion der Vernunft aus den Quellen des Judentums" von der monotheistischen Idee her, der die gesamte Philosophie unterstellt wird, das Judentum in seinen Einrichtungen und seiner geschichtlichen Eigenart zu durchleuchten. Das 12. Kapitel ist dem Versöhnungstag gewidmet. Das Kernstück bildet der hier wiedergegebene Teil (§ 23—24). Über den „grundlosen Haß" hat Cohen einen eigenen Aufsatz geschrieben, in welchem er darzulegen versucht, daß dieser Begriff viel tiefer geht, als der der Feindesliebe: denn er besiegt die Feindschaft selbst. (Jüdische Schriften III, 72 f; Schocken-Verlag, Berlin). Die bisherige Weltgeschichte ist die Geschichte grundlosen Hasses. Israel mußte diesen Haß, der monotheistisch sinnlos ist, am meisten zu spüren bekommen. Aber wie Hiob nimmt Israel das Leid auf sich und anerkennt trotz allem die göttliche Gerechtigkeit, was ja der Sinn seiner Theodizee ist. Der grundlose Haß in der Welt verlangt Buße. Israel büßt am Versöhnungstag nicht nur, wie die Völker meinen, seine eigenen Sünden, sondern es anerkennt die Notwendigkeit der Buße überhaupt, weil es in dieser Welt noch ein Hassen gibt. Jecheskel (Ezechiel) hat als erster die Verantwortung jedes Einzelnen für sein Tun verkündet. Noch ist sein Gedanke nicht Allgemeingut der Welt geworden. Erst wenn jeder Mensch sein Leben dem monotheistischen Gedanken unterstellen wird, kann die Welt vom Haß und damit vom Leid erlöst werden. Darum schließt das ganze Kapitel mit den Worten: „Der Versöhnungstag ist das Symbol für die Erlösung der Menschheit."

Franz Werfel: Im Palaste des Hohen Priesters

Aus „Paulus unter den Juden. Eine dramatische Legende". Das fünfte Bild spielt im Palaste des Hohen Priesters, am Rüsttag des Jom Kippur, in einer Epoche großer religiöser Kämpfe. Die Söhne des Hohen Priesters stehen gegen den eigenen Vater. Der eine tötet sich, der andere geht im sinnenfreudigen Heidentum unter. Die Wucht dieser Nachrichten schlägt den Vater innerlich nieder. Aber er muß den heiligen Dienst vollziehen und opfert seine persönlichen Gefühle der großen Verantwortung, die ihm auferlegt ist. In dem Texte sind jene Stellen fortgelassen, die nur für den Zusammenhang mit den übrigen Akten wichtig sind. Das Werk erschien im Verlag Paul Zsolnay, Wien.

G. Leipziger: Neun

Die Novelle ist dem von Julius Wassermann herausgegebenen Sammelwerk junger jüdischer Autoren: „Zwischen den Zelten" entnommen.

Oskar Baum: Jom Kippur in der Kleinstadt

Der blinde Dichter (1883 in Pilsen geboren) schildert an einer Stelle seines Romans „Die böse Unschuld" das bewegte äußere Bild eines Versöhnungstages, wie es sich auch heute noch im westlichen Judentum darbietet (Ruetten u. Loening Verlag, Frankfurt a. M.).

Franz Rosenzweig: Der Tag des Gerichtes

Die Stelle ist dem „Stern der Erlösung", S. 406—409, mit einigen Auslassungen entnommen. Rosenzweig legt in diesem Werk, das er zum Teil während des Weltkrieges im Felde verfaßt hat, seine ganze Philosophie nieder, die zugleich eine jüdische Religionsphilosophie ist. Indem er den reinen Idealismus überwindet, d. h. die Erkenntnis des Lebens Kraft der Ideen, entdeckt er die vor jeglichem Denken bestehenden und diesem unerfaßbaren Wirklichkeiten: Mensch, Welt, Gott. Aber Mensch und Welt bleiben trostlos einsame Realitäten, solange sich ihnen nicht ihre Beziehung zu Gott, diese Liebesbeziehung des Geschaffenen zum Schöpfer, offenbart. Für solche Offenbarung, die dem einsamen Menschen in der Stunde des Gerichtes und der Todesnähe aufgeht, ist der Versöhnungstag die wahre Stätte. Der „Stern der Erlösung" erschien bei J. Kauffmann, Frankfurt a. M.).

Martin Buber: Das Gebetbuch

Aus der „Legende des Baalschem" (Schocken-Verlag, Berlin), erstes Stück des zweiten Kreises, eine von den meisterhaften Erzählungen Bubers, der unserer Generation an dem Beispiel des Chassidismus das Wesen jüdischer Religiosität enthüllte: nur scheinbar kommt es ihr auf Form und Wissen an, in Wahrheit auf die Glaubenskraft der Seele, durch welche die göttlichen Funken in der Welt erlöst werden.

An-ski: Chassidische Parabel

S. An-ski (Pseudonym für Salomon Seinwill Rapaport) wurde 1863 in Witebsk geboren, schrieb russische und jiddische Erzählungen, Theaterstücke, Memoiren und sammelte eifrig jüdische Bräuche und Sitten. Er starb 1920 wenige Tage vor der Erstaufführung seines berühmten „Dybbuk" durch das jüdische Theater in Wilna. Das mystische Stück, in dessen Mittelpunkt die Beschwörung eines Geistes (des Dybbuk) durch einen Wunderrabbi steht, war von Anski selbst aus der ursprünglichen russischen Fassung ins Jiddische übertragen worden. Dem dritten Akt ist das hier abgedruckte Gleichnis entnommen, das der Wunderrabbi Asriel nach Sabbatausgang im Kreise seiner Chassidim erzählt. Wir folgen der autorisierten Übersetzung von Rosa Nossig (Benjamin Harz-Verlag, Berlin).

Friedrich Thieberger: Der jüdische Erlösungsgedanke

Aus einem Artikel über den jüdischen Erlösungsgedanken im Sonderheft der Zeitschrift „Der Jude": „Judentum und Christentum".

PESSACH

Wegräumen des Chamez
Holzschnitt aus einem alten
Minhagim-Buch, Amsterdam 1723

Pessach
Von Friedrich Thieberger

PESSACH ist das Fest der Verwandlung. Sie geschieht auf gründlichste, dabei heiterste Weise. Wenn nahezu alle Feste die Wiederholung von Ereignissen sind, die aus der allgemeinen Sprache der Geschichte in die der persönlichen Wirklichkeit übersetzt werden wollen, ist Pessach geradezu das Musterbeispiel solcher festlichen Grammatik. Es lehrt: Wir sind nicht Wir allein, wir sind die Generation, die aus Ägypten gezogen ist und alle Wunder einer Volksbefreiung erlebt hat, deren Sinn Demut vor dem Göttlichen und Verheißung einer Aufgabe war. Wir haben alle Lasten einer Knechtschaft getragen, zu Gott geschrieen und das Rätsel der Erhörung an uns erfahren. Wir sind der zeitliche Knotenpunkt einer bewegten Saite, die damals angeschlagen wurde und in gleicher Schwingung forttönt. Wir sehen von unserem Jetzt und Hier ab, um unser Einst und Überall zu finden.

FRIEDRICH THIEBERGER / PESSACH

Der Mensch endeckt sich, wenn er in sich hineinhorcht oder über sich hinausdenkt. Auf beiden Wegen findet er Gott: dort spürt er letzten Endes das Göttliche in sich, hier das Menschliche in einer göttlichen Welt. Die Festtage im Tischri, Neujahr und Versöhnungstag, diese ungeschichtlichen „furchtbaren" Tage, meinen das Hineinhorchen des Menschen in sich selbst. Pessach aber fordert das Über-sich-Hinausdenken und knüpft auch die anderen geschichtlichen Feste an den Auszug aus Ägypten. Mehr! Alle sozialen Forderungen der Bibel: Liebe zum Nächsten, Gerechtigkeit dem Arbeitenden und Leidenden gegenüber, Achtung vor dem Fremden, Fürsorge für den Bedürftigen, alle Staats- und Lebensgesetze, die doch nur der göttlichen Rechtfertigung bedurft hätten, werden ausdrücklich erst mit dem Hinweis auf das Erleben des Auszuges sanktioniert. In diesem Sinne ist der schauerlich großartige Satz zu verstehen: Wer den Pessach nicht hält, „dessen Seele merzt sich aus Israel aus" (Exod. 12, 15).

Das religiöse Denken ist nicht ein datenmäßiges Besinnen auf den Ablauf geschichtlicher Begebenheiten, es ist vielmehr ein persönliches Erfahren, die Ansprache des Früher ans Heute. Dabei kommt es nicht darauf an, ob die Generationen, die nach dem Auszug aus Ägypten lebten, in die Vergegenwärtigung des Früheren ihr spätes Schauen hineintrugen. Wie der einzelne Mensch im Zusammenhang mit anderen und also auch im Blick der anderen mehr bedeutet, als den bloßen Inhalt seiner Lebensgeschichte, so wuchs auch durch das Leben der späteren Zeit die ägyptische Befreiung über jene Bedeutsamkeit hinaus, die vielleicht die Menschen von damals ihrer eigenen Befreiung gegeben haben. Darum die Rückfälle, die Enttäuschungen, das Murren nach dem ägyptischen Auszug! Darum aber auch die lebendige Nähe jener Menschen, die nicht Menschen des Übermaßes, nicht heroische Wunschgebilde einer späteren Zeit waren, sondern triebhafte Wesen, verworren und dem Augenblick ganz hingegeben! Der Glanz, der in unserem Gedenken über sie ausgebreitet ist, stammt nicht aus ihnen selbst, sondern aus dem Ereignis, das sich an ihnen erfüllt: dem Hervortreten einer Gemeinschaft, die dem Denken und Leben der Menschheit einen neuen, den endgültigen Weg gewiesen hat. Wo gibt es auch in der Geschichte ein zweites Beispiel für eine Volkswerdung, die ebenso rein wie die jüdische, von aller Anfang an im Hinblick auf die Menschheit sich vollzogen hätte? Denn im Grunde kommt es bei der ägyptischen Befreiung nicht auf das jüdische Volk an, sondern auf die Menschheit. Vor dem e i n e n Gott gibt es nur die e i n e Menschheit. Im Augenblick der jüdischen Volksentstehung ist schon die Forderung erhoben, über sich als Volk hinwegsehen zu können, ohne sich aufzugeben.

Es mag im Verlauf der jüdischen Geschichte ebenso schwere Zeiten gegeben haben, wie die ägyptische und ebenso unerwartete Rettungen. Das

Esterbuch will die biblische Beglaubigung solchen Geschehens sein. Aber nur jenes ägyptische Ereignis hat den Sinn der neuen Volkswerdung verwirklicht: nicht bloß um seiner selbst willen da zu sein. Darum wird man nach dem alten Worte, das in die Pessachhaggada aufgenommen wurde, sich den Auszug aus Ägypten auch dann vergegenwärtigen, wenn einmal der Messias gekommen sein sollte. Die größere Erlösung wird den Ursinn der Erlösung erst recht sichtbar machen, wie das Ziel den Anbeginn. Ganz bewußt spielt mit diesem Gedanken ein altes Preisgedicht, das in konservativen Synagogen am 7. Pessachabend vorgetragen wird. Sein Verfasser, Josef bar Jakob, stellt dem „Pessach Mizrajim", dem ägyptischen, den „Pessach leatid", den kommenden der messianischen Erlösung gegenüber. Nicht also, daß wir irgend einmal ein freies Volk wurden, bildet den Kern des Festes, sondern daß wir d i e s e s Volk wurden, dessen Geschichte die des e i n e n Gottesgedankens und des e i n e n Menschheitsgedankens bleiben soll. Darum kann aber auch Erlösung nicht Selbstvernichtung des Persönlichen bedeuten und Über-sich-Hinausdenken nicht heißen, seine eigenen Grenzen zu verleugnen. Als widerspruchsvolles Gemenge aus Gut und Böse, Erkenntnis und Leidenschaft, Freiheit und Bindung sind Menschen und Völker ständig von Erschütterungen bedroht. Darum kommt es für uns immer wieder darauf an, jenen Prozeß innerlich zu vollführen, der unsere Geschichte rekapituliert und uns mitten auf dem Weg der Gegenwart zum Ausgangspunkt rückwandeln läßt.

Man muß sich dem Zauber dieses Weges hinzugeben wissen, den mit erfinderischer Liebe Altertum und Mittelalter bereitet haben: die wunderfrohe Antike, die sich nur durch sühnende Opfer von einer unbekannten Schuld loszulösen wußte, das autoritätstreue Mittelalter, das sich an juristischer Feinhörigkeit nicht genug tun konnte, um die Schwere des göttlichen Wortes in Reinheit zu tragen. Alle diese Strecken der Entwicklung leben in den Riten des Festes fort und schlagen den Menschen, der sie übt, in ihren Bann. Denn in allen Menschen hat sich Altertum und Mittelalter rudimentär erhalten und die geistige Palingenese, die Wiedergeburt der monotheistischen Geschichte in uns, ist nur möglich, wenn mit e i n e m Blick das Einst und das Heute geschaut werden. Dieses Einst hat uns zum Heute gewandelt. So wandeln wir um der Zukunft willen das Heute zur Vergangenheit.

Das große äußere Zaubermittel der Pessachtage, die der eiligen Zeit vom Auszug aus Ägypten bis zur Rettung am Schilfmeer entsprechen, ist die substanzielle Nachahmung der damaligen Lebensführung: die Vermeidung jedes Genusses von Gesäuertem. Das Erleben der Freiheit setzt die Wiederholung der Dürftigkeit voraus. Es war keine Zeit, das Brot gären zu lassen. Man mußte sich mit ungesäuertem Brot begnügen, wie es noch heute eine allerärmste Gruppe von Menschen im Orient kennt. Die Mazza ist das

Brot der Armut, es verzehren heißt, sich der ägyptischen Generation einverleiben. Und liegt nicht auch im Stofflichen, ebenso wie im Geistigen göttlicher Auftrag? Der Mensch ist hier in besonders bewußter Weise beider Welten teilhaftig. Essen und Trinken geschehen nicht um der Erhaltung, sondern um des Auftrags willen. Etwas Zauberisches haftet dem horror vor dem Gesäuerten an. Aber man will weder Kräfte der Natur damit beschwören, noch böse Geister in sich bekämpfen. Der ganze zeremonielle Apparat der Speisen will sinnfällig und gegenständlich zum gespensterlosen Glauben an das Wunder des Lebens hinleiten. Mit der Spürkraft, die sich durch die Ehrfurcht vor dem biblischen Gebote entfaltete — „ungesäuertes Brot soll in sieben Tagen gegessen werden und kein Gesäuertes soll bei dir gesehen werden und kein Sauerteig in deinem ganzen Bereich" (2. Buch Mose, 13, 7)— ging man allen Möglichkeiten nach, die sich wie Gefahren der Erfüllung hätten entgegenstellen können. Man begnügte sich nicht mit der Reinigung des Hauses von den kleinsten Resten gesäuerten Brotes, man grübelte den vielen parallelen Stellen der Bibel nach, um durch den schlichten Sinn des Wortbildes gewissermaßen sein zweites Gesicht zu erfahren, und man nahm den erschlossenen Willensausdruck ebenso wichtig, wie die Forderungen des offenkundigen Textes.

Zunächst stellte man fest, daß unter Chamez, d. h. Gesäuertem nur solche Speisen zu verstehen sind, die aus Brotmehl hergestellt werden: aus Gerste, Weizen, Roggen, Hafer, Spelt usw., wenn der Teig nicht unmittelbar nach der Zubereitung gebacken wird, also in Gärung geraten ist. Macht man mit diesem Begriff des Gesäuerten ernst, dann ergibt sich daraus eine Revolutionierung des ganzen Haushaltes. Nicht ein Stäubchen solchen Mehles darf man im Hause haben und schon gar nicht etwas daraus Zubereitetes. Ja, alle Gerätschaft, die sonst im Laufe des Jahres für Chamez verwendet wurde oder nur in seiner Nähe lag, muß durch neue oder ausschließlich für Pessach bestimmte ersetzt werden. Solche Gefäße und Geräte, die man bis zur Rotglut bringen kann — so auch die Ofenplatte — oder die man in kochendes Wasser tauchen kann — man wirft gern in sie Kieselsteine, die vorher in der Kohle glühend gemacht worden sind — darf man nach jenem Prozeß des „Kascherns" verwenden. Nicht also Porzellangefäße oder poröses irdenes Geschirr! Denn die ersteren eignen sich nicht für diesen Vorgang, das letztere nimmt von den in ihm zubereiteten Speisen winzige, aber im Hauch noch fühlbare Teilchen an. Messer und Gabel können gekaschert werden, wenn sie aus einem Stück hergestellt sind, weil das gefährliche Chamez in die feinsten Fugen eingedrungen sein könnte. Aber darüber hinaus müssen alle für Pessach verwendeten Speisen aus einem Material gemacht sein, über das schon von seiner Entstehung oder Verarbeitung die Sorge um den besonderen Zweck gewaltet hat, einerlei ob es sich um Fette oder Rosinen oder Tee oder Zucker oder Salz handelt. Denn es muß die Gewähr dafür gegeben sein, daß auf dem Wege von der Erzeugung bis zum Verbrauch das Chamez sie nicht einmal hat berühren können. Ganz besonders gilt dies für den Wein. Das heidnische Altertum pflegte vor dem Genusse des Weines durch Verschütten einen Bruchteil den Göttern zu opfern. Solcher götzengeweihter Trank war den Monotheisten ein Greuel. Und die Vorschrift blieb bestehen, daß nur von Juden oder unter ihrer Aufsicht bereiteter und versiegelter Wein genossen werden dürfe. Für Pessach war dies eine doppelt gewichtige Forderung. Mit geschärften Augen blickte man auf das Gift des Chamez, das den atmosphärischen Bann des pessachreinen Hauses hätte zersetzen können. Man holte selbst die Milch vom Melken, man trank nicht aus einem Brunnen, in den ein Getreidekorn gefallen war, man wusch die Eier, ehe man sie ins Haus brachte, sorgfältig ab, man öffnete an den Pessachtagen kein Huhn, weil man in seinem Innern noch ein Korn hätte finden können.

Das ganze Jahr war auf die richtige Vorbereitung zum Pessach eingestellt. Allen ökonomischen Gesetzen zum Trotz hat man seit je alles daran gesetzt, die teueren Waren für Pessach nur ja jedem Haushalt zugänglich zu machen. Jede größere Gemeinde kennt den eigenen Pessachverein, jede jüdische Siedlung sah immer eine ihrer elementaren Aufgaben darin, für den Pessach der Bedürftigen zu sorgen. Die sozial-erzieherische Bedeutung dieses Festes ist unermeßlich. Niemand sollte aus materiellen Gründen beiseite stehen müssen und sich nicht so vorkommen dürfen, als sei er selbst aus Ägypten gezogen.

Im Mittelpunkt aller Sorgen und Freuden steht das Brot des Festes: die Mazza. Mindestens vier Wochen vorher wird der Weizen dafür gemahlen. Ja, aber was für ein Weizen und in was für einer Mühle! Er darf nie naß geworden sein, darf nicht gewaschen werden, damit seine lauernde Neigung, in Gärung zu geraten, nicht gefördert werde. Am gesuchtesten sind die Weizenkörner aus Ländern, in denen vom Beginn der Samenbildung bis zur Ernte kein Regen auf das Feld niedergeht. Die Mühle selbst wird gründlich vom alten Mehlstaub gereinigt, der Mühlstein geschliffen, der Mehlkasten neu ausgelegt. Die Mehlsäcke werden gewaschen und peinlich getrocknet. Diese Arbeiten müssen ebenso wie die folgenden unter strenger Aufsicht verläßlicher Menschen durchgeführt werden. Schließlich kommt das Mehl ins Backhaus. Der Raum ist direktem Sonnenlicht abgekehrt, denn zwischen Teigbereitung und Backen darf es keine Gärungsmöglichkeit geben. Hier, das einzige Mal, kommt mit besorgter Schnelle das Mehl mit Wasser in Berührung. Auch für dieses gibt es besondere Vorschriften. Es muß reines Quell- oder Brunnenwasser sein, das am Abend vorher geschöpft und durch ein reines Tuch filtriert worden ist. Das Gefäß, worin geknetet wird, besteht aus e i n e m Stück. Während des Prozesses darf der Teig nicht in Ruhe gelassen werden, damit er gut durchgeknetet unter die Holzwalzen komme, die ihn möglichst dünn entlassen. Unverzüglich schneidet man die runden oder eckigen Formen heraus, gewöhnlich mit Hilfe von Stichhölzern, die kleine Löcher in die Masse treiben. Unmittelbar darauf schafft man die rohe Mazza zum Ofen. Auch für ihn gelten besondere Reinigungsvorschriften. Rasch und geschickt, damit sich der dünne Teig nicht verbiege, schiebt man ihn in den Ofen. Behutsam schafft man endlich das fertige Erzeugnis heraus. Es soll nicht getrocknet, sondern wirklich gebacken aus dem Ofen kommen. Neben den Mazzot, die auf maschinelle Weise besonders dünn hergestellt werden können, backt man auch die großen ungesäuerten Brotlaibe, die zu einer Art Mehl verrieben werden. Viele aber ziehen es vor, die feineren Mazzot pulverartig zu vermahlen.

Erfindungsreiche Kochkunst hat es verstanden, aus der begrenzten und doch reichhaltigen Möglichkeit des Materials und der zulässigen Ingredienzien besondere Speisen herzustellen, die den Zauber des Pessachfestes auch in diese Kategorie der leiblichen Genüsse tragen. Welche Erinnerungen haften an ihnen! Weihe und Behagen zugleich. Schon die in den Kaffee eingebrockten Mazzot scheinen sich aus einem Brot der Armut in eine festliche Speise zu verwandeln. Besonders fromme Juden im Osten wagen allerdings aus Angst vor der Gärung nicht, die Mazza mit einer Flüssigkeit zusammenzubringen. Und sie gönnen sich den Genuß des „Einbrockens" erst am achten Tage des Pessachfestes, der nicht mehr von der Bibel gefordert wird.

Mit der Umstellung des Hauses ist nur die äußere Voraussetzung für den Bann geschaffen, in den man sich mit dem Anbruch des Pessach begibt. Auch die inneren Vorbereitungen haben schon Wochen vorher eingesetzt. Spätestens am 1. Adar wird auf den nahenden Monat Nissan, den Frühlingsmonat der Bibel — sein später Name stammt aus dem Babylonischen — an vier „ausgezeichneten" Sabbaten hingewiesen. Zuerst wird am S c h a b b a t S c h e k a l i m in der Synagoge aus einer zweiten Torarolle der Abschnitt von der Abgabe eines halben Schekels an das Heiligtum als der Tempelsteuer für Opfer, die um diese Zeit gekauft wurden, verlesen (Exodus XXX, 11—16). Am S c h a b b a t S a c h o r steht man unmittelbar vor dem 14. Adar, vor Purim, dem Fest der Rettung aus den Händen Hamans, des ewigen Judenhassers. Man liest wieder aus einer besonderen Torarolle den Abschnitt über Amalek, der die Juden von rückwärts angriff, als sie müde und wehrlos durch die Wüste zogen. Der erste Vers beginnt mit dem Wort: Sachor, Gedenke dessen! (Deuteronomium 2, 17—19.) Nun folgt der S c h a b b a t P a r a mit dem Sonderhinweis auf die Para aduma (die rote Kuh), deren Asche zur

Reinigung verwendet wurde (Numeri 19). Am 14. Nissan sollten ja alle Männer zum Tempel kommen und ihre Pessachopfer darbringen. Die „Unreinen" aber mußten vorher für ihre Reinigung sorgen. Der Sabbat vor dem Neumondstag heißt S c h a b b a t h a c h o d e s c h. An ihm werden die Verse aus Exodus 12, 1—20, verlesen, weil hier der Hinweis auf den ersten Monat des Jahres geschieht, also die Einsetzung des Kalenders bestimmt ist. Der Schabbat vor dem Feste aber, der nicht mehr durch die Verlesung aus zwei Torarollen bedeutsam hervorgehoben wird, hat dennoch in der Tradition den Namen „der große", h a g g a d o l, bekommen. Gewöhnlich werden an ihm Vorträge über eine Vorschrift des Pessachfestes gehalten, Warnungen, Deutungen, Feinheiten der Übung erörtert. Am Nachmittag wird bereits ein Stück aus dem Sederbüchlein, der Haggada, gelesen: „Knechte waren wir dem Pharao in Ägypten". Man steht ganz im Zeichen der letzten Vorbereitungen, die jedem Ereignis erst die richtige Erhöhung geben.

Am 13. Nissan abends sind alle Arbeiten im Hause bereits beendet. Der Hausherr geht mit einem Licht, einem Leinenfetzen, einem Holzstückchen oder Federwisch durch die Räume und „sucht nach Chamez". Nun ist ja in den meisten Räumen sicher nichts mehr davon zu finden. Aber in der Küche und in dem einen oder anderen Raum gibt es ja noch Brot für die Mahlzeit am nächsten Morgen. Was immer die Augen des Suchenden an Brot erblicken, wird in den Leinenfetzen zusammengetragen. Die Hausfrau hat für diese symbolische Handlung am Fenstergesims oder auf der Tischkante ein paar Brosamen vorher hingelegt, dafür im Vorratsraum sorgfältig alles Chamez versteckt. Der Hausherr erklärt in einer juristisch festgelegten Formel, daß aller Sauerteig und alles Gesäuerte, das sich in seinem Bereich finden sollte und das er nicht gesehen und darum nicht habe beiseite schaffen können, so zu betrachten sei, als gehöre es niemandem, als sei es nichtig und dem Staube der Erde gleich. Am nächsten Morgen gegen zehn Uhr verbrennt er das am Abend Gefundene. Was man aber an alltäglichem Geschirr und an Lebensmitteln für die Tage nach Pessach aufheben will, schafft man in einen eigenen unbewohnten Raum, auf den Boden oder in den Keller oder man verkauft es, insbesondere wenn man Lebensmittelhändler ist, für die kommenden acht Tage einem Nichtjuden. In alten Pessachhaggadot findet man noch auf der ersten Seite Formeln für den Chamezverkauf vorgedruckt, der von den Partnern wohl nur als Scheingeschäft betrachtet wird, juristisch freilich von Juden nicht angefochten werden dürfte. Allein man hat das Bewußtsein, für diese Tage das gefährliche Chamez auch seelisch irgendwie los zu sein.

Wenn man dann am Vormittag endgültig mit dem Genuß von Chamezspeisen aufhört, versagt man es sich doch den ganzen Tag über, Mazzot oder etwas aus ihnen Zubereitetes zu essen, um den Unterschied zum kommenden

Fest deutlich zu machen. Man sühnt gleichsam vorweg die Schuld der übermäßigen kommenden Freude. Man macht sich ihrer würdig, indem man sie demütig empfängt. Darum wird ja auch sonst die Tage vor dem Schabbat und vor jedem anderen Fest die Mahlzeit eingeschränkt. Viele fasten sogar an diesem Vortag, dem Erew Pessach, und es bürgerte sich die Sitte ein, daß alle Erstgeborenen zu fasten haben. Wurden sie doch bei dem allgemeinen Sterben der Erstgeborenen in Ägypten verschont! Die mittelalterliche Angst ließ die abergläubische Vorstellung entstehen, daß die Erstgeborenen, die diesen Fasttag nicht halten, im Laufe des Jahres sterben. Aber eine fromme Klugheit wußte solche Strenge doch zu mildern. In den Gemeinden richten sich Einzelne ihr Studium des Talmuds so ein, daß sie am Morgen des 14. Nissan einen Traktat beenden. Nun laden sie zu diesem frohen Abschluß, dem Sijum, die Erstgeborenen ein, denn ein solches Fest der Lehre hat die Kraft, den doch nur brauchmäßigen Fasttag zu verdrängen. Anfang und Ende des Traktates werden in einem Vortrag sinnvoll verknüpft, und dann reicht man Speise und Trank herum. Große rabbinische Autoritäten, wie der Prager Ezechiel Landau, haben sich gegen die Ablösung des Fastens durch Lernen gewendet. Aber ist hier nicht durch eine geistige Freude dem Bewußtsein einer traditionellen Pflicht genüge getan? Und liegt nicht auch in diesem Brauch Selbstbesinnung und innere Vorbereitung auf das Fest?

Der Glanzpunkt des Festes ist der Sederabend. Aller Zauber der Erwartung und Erinnerung erfüllt ihn: die volkstümliche Weisheit eines durch Jahrhunderte geformten Rituales, die persönliche Freude an ererbten Familienarabesken bei Rede und Singweise, die vertraute Umschlossenheit einer Tischgemeinschaft, bei der dem Gedächtnis des Alters ebenso Raum gegeben ist, wie der Fragelust des Kindes, und das gleichzeitige Gefühl, nur der Sonderfall einer weithin verbundenen Gemeinde zu sein. Mächtig spürt man den reinen Hauch monotheistischer Geschichte. Hier gibt es keine Heldenverehrung oder Volksverhimmelung. Moses tritt ganz zurück und ebenso jede Leistung des Volkes! Nur das Unsichtbare waltet, das Geheimnis, das sich seinen Weg in die Zeiten bricht. Es ist unser Weg von Ägypten bis in die messianischen Tage. Mit einem Wunder hebt unsere Erinnerung an und unsere Hoffnung schließt mit einem Wunder. Es gibt im Ablauf des Geschehens keinen anderen Halt als diesen: wir stammen aus einem Wunder und gehen in ein Wunder ein.

Der Sederabend knüpft, wenn man ihn der Tradition nach richtig verstehen will, an den Zeitpunkt v o r dem Auszug aus Ägypten an. Vier Tage vor dem 14. des ersten Monates — so ist uns das Gebot im 2. Buch Mose 12, 3—11, bewahrt — sollte jede Familie ein Pessachlamm, das Überschreitungslamm, vorbereiten, das am Nachmittag des 14. geschlachtet und dessen Blut an die Oberschwellen und Türpfosten gesprengt wurde, damit, wenn der Todesengel über die Häuser schreitet, die jüdischen an diesem Zeichen erkannt würden. Am Abend aber sollte „das Fleisch gebraten gegessen werden, mit ungesäuertem Brote und bitteren Kräutern, man sollte es in Eile verzehren, die Lenden gegürtet, die Schuhe an den Füßen und den Wanderstab in der Hand". Diese Zeremonie uralten Opferkultes wurde in der Antike beibehalten. Man war zu Pessach, dem „Überschreitungsfest", dem ersten der Wallfahrtsfeste, nach Jerusalem gepilgert, um dort das Opferlamm darzubringen. Wer am 14. Nissan z. B. durch eine weite Seereise daran verhindert war, sollte genau einen Monat später das Pessachopfer nachtragen und das Fest der ungesäuerten Brote feiern. Diese merkwürdige Möglichkeit eines „zweiten Pessach", wie man es nannte, beispiellos bei jedem anderen Fest, zeigt klar, daß die wiederholende Komponente dieses Festes weit wichtiger war als die bloß erinnernde.

Noch während der Zeit des Tempels hat sich bei der Verzehrung des Opferlammes am Abend eine Zeremonie entwickelt, bei der auch ungesäuerte Brote und Bitterkräuter gegessen wurden. Darauf deutet z. B. das Neue Testament hin, welches das letzte Mahl, das Jesus mit seinen Jüngern einnahm, als Passahmahl bezeichnet. Hier hat die Stiftung des christlichen Abendmahles ihren Ursprung. Insbesondere ging das Passahlamm als Symbol des sich opfernden Jesus in die Mystik der neuen Religion über. Die substantielle Einverleibung der Gottheit durch Brot und Wein ist ja die christliche Umdeutung von Pessachspeise und -Trank, die im reinen jüdischen Monotheismus nur den Sinn der Wiederholung haben konnte.

Nach der Zerstörung des Tempels gewann der häusliche Pessach an Bedeutung. Nur bei den Samaritanern, der von den Juden nicht anerkannten Sekte, hat sich die Zeremonie des Opferlammes bis auf den heutigen Tag im buchstäblichen Sinn erhalten. Die Samaritaner wandern mit ihrem Hohenpriester nachts auf den Berg Gerisim, schlachten und verzehren dort sieben Osterlämmer an der letzten Opferstätte der modernen Welt.

Aber auch unser Pessachmahl selbst ist vielleicht die letzte lebendig gebliebene Erinnerung an eine antike Lebensform, das Festmahl. (So wie sich in unserer Tora und Esterrolle die l e t z t e Form des antiken Buches erhalten hat.) Die Polster auf dem Sitz dessen, der den „Seder hält" („Seder" heißt soviel wie Ordnung), das Hinneigen nach der linken Seite, die kleinen Vorspeisen an Kräutern und zubereiteten Pflanzen, die musartigen Früchte, in die man die „Kräuter eintaucht" und am Schluß der Mahlzeit das Epikomion, d. h. das Jubellied mit feierlichem Umzug, das alles sind Überreste antiker Formen, die später vielfach nicht mehr verstanden wurden. So brachte man das griechische Wort Epikomion mit dem chaldäischen Aphikuman: „Tischentferner", also Nachtisch, in Zusammenhang.

Als die Verzehrung des Pessachopfers nicht mehr im Mittelpunkt des Abends stehen konnte, drang der Bericht über den Auszug aus Ägypten entschieden vor. Man fand auch sehr geschickt die Stellen in der Bibel, in die man die Erzählung, die Haggada, verankern konnte. Viermal wird in der Bibel ausdrücklich gefordert, dem Sohn, der nach der Bedeutung des Festes fragen sollte, eine bestimmte Antwort zu geben. An drei Stellen — 2. Buch Moses 12, 26, ebenda 13, 14 und im 5. Buch Moses, 13, 8 —, bloß die Antwort. Die Erzählung vom Auszug aus Ägypten wird also zu einem religiösen Gebot, wenn sie als Antwort auf die Frage eines Kindes gelten kann. Im Mischnatraktate Pessachim — die Mischna war um 200 n. abgeschlossen — finden wir die erste Skizzierung des Sederabends. Schon damals stand an der Spitze der Ordnung die Frage, die der Sohn oder das jüngste Mitglied der Tischgesellschaft stellt: „Ma nischtana... Was unterscheidet diese Nacht von allen anderen Nächten?..." Nun konnte sich die Antwort weit über das Maß ausdehnen, das die Bibel ursprünglich gefordert hatte. Da aber für den gläubig Hingegebenen nicht zuviel und nicht zu wenig in der Bibel steht, bedeuten jene vier Stellen offenbar Antworten auf vier verschiedene Arten von Fragern. Die Antwort ohne formulierte Frage, sagte man sich, gilt wohl für das Kind, das noch nicht zu fragen versteht. Hatte man einmal diesen einen Typus entdeckt, schloß man leicht die anderen daran, den Klugen, den Bösen, den Einfältigen. In der Bibel selbst ist keine Andeutung dieser Typologie zu finden, ebensowenig etwas von der spitzen Antwort, die dem Bösen gegeben wird. Im Jerusalemer Talmud lauten auch die Antworten anders als im babylonischen. Vor dem Jahre 500 n., dem Abschluß des Talmuds, war also unsere Haggada jedenfalls noch nicht so festgelegt gewesen, wie wir sie heute kennen. In der Mischna wird empfohlen, daß der Bericht über den Auszug aus Ägypten mit dem Verse beginne: „Ein Aramäer wollte meinen Vater zugrunde richten". (5. Buch Mose, 26, 5.) In den talmudischen Erläuterungen hierzu wird vorgeschlagen, die Erzählung mit den Worten zu beginnen: „Anfangs waren unsere Vorfahren Götzendiener". Erst Raba aus dem 4. Jahrhundert n. legte fest, daß man mit den Worten beginne: „Sklaven waren wir dem Pharao in Ägypten". Wenn auf den Bericht über den Auszug aus Ägypten und auf die Erklärungen der Torastellen die Psalmen 113—118, das sogenannte Hallelgebet, folgen, die bei der Darbringung des Pessachopfers von den Priestern gesungen wurden und darum in die Ordnung des Abends so aufgenommen sind, daß sie das Festmahl umrahmen, so war in der Zeit der Mischna noch ein Streit zwischen Schammai und Hillel, ob man das Mahl, das also einer religiösen Handlung entspricht, nach dem 113. oder 114. Psalm einschieben solle. Man entschied sich wie immer für Hillel und fügte nur vor Beginn des Mahles den Segensspruch des Rabbi Tarphon mit der Ergänzung des Rabbi Akiba aus dem 2. Jahrhundert n. hinzu, der die neuerliche Sehnsucht nach Befreiung und nach Rückkehr in die Stadt Jerusalem ausdrückt und der zum erstenmal das Fest als „pedut nafschenu", d. i. als seelische Erlösung bezeichnet.

Hier spürt man übrigens so recht den Beginn des jüdischen Mittelalters: durch das Befreiungsfest tönt die Klage nach der verlorenen Freiheit. Nur mit ganz wenigen Sätzen ist diesem Gefühl Ausdruck gegeben, aber sie stehen an entscheidenden Stellen. Schon vor dem Spruch Akibas, als von Laban, dem ersten Bedränger Jakobs die Rede ist, heißt es in einer Art Aufschrei: „Nicht nur einer ist wider uns aufgetreten, um uns zu vernichten, sondern in jedem Geschlechte standen Leute wider uns auf, uns zu vernichten. Aber der Heilige rettete uns aus ihrer Hand." Und ehe man nach dem Tischgebet wieder zu den Psalmen zurückkehrt, fügt man die erschütternden Verse ein, die ganz aus dem Rahmen des Festes fallen und nur der persönlichen Qual Ausdruck geben, die sich in Worte der Bibel hüllt. Wenn man sie ausspricht (Psalm 79, 6; 69, 25; Klagelieder 3, 66), öffnet man die Tür und die Kinder erwarten mit angehaltenem Atem die Ankunft des Propheten Elia als Vorboten der messianischen Erlösung: „Gieße aus Deinen Grimm über die Völker, die Dich nicht anerkennen und über die Reiche, die Deinen Namen nicht rufen. Denn sie haben Jakob aufgezehrt und seine Wohnungen vernichtet. Gieße aus auf sie Deinen Zorn, und Dein Grimm treffe sie. Verfolge sie mit Wut und tilge sie aus unter dem göttlichen Himmel!" Am Schluß, nach einigen Liedern, deren Zierlichkeit oder Reimkunst bereits auf eine sehr späte Zeit hindeutet — das alphabetische Adir hu finden wir zum erstenmal in dem Machsor Avignon aus dem 14. Jahrhundert — mahnt der schlichte Satz: „**Im nächsten Jahr in Jerusalem**" an die unvergessene verlorene Heimat und an die Zuversicht der kommenden Erlösung.

So ist aus Jahrhunderte alten Erinnerungen und weitschichtigen Lebensformen das Ordnungsbuch des Abends, das bunte Erzählungsbuch entstanden. Die Reihe der Psalmen erweiterte man schon in talmudischer Zeit (der Pessachtraktat 118 a deutet es an), um den großen 118. Psalm, dessen Mittelteil für die Befreiung aus Ägypten und Überwindung der Wüstenfeinde dankt, adjektivlos, mit der ganzen Wucht kosmischer Vorstellungen und dem unerschütterlichen Refrain: „Denn ewig währt seine Gnade". Weiter fügte man Gebete des Festmorgens hinzu, mit ihrem hymnischen Aufgehen alles Menschlichen in dem Wunder der Existenz.

Da die staunende Frage des Kindes zu Anfang der „Ordnung" gestellt wird, mußte ein Teil des antiken Zeremonials der Vorspeisen noch vor die Frage gerückt werden. Dabei übersah man freilich, weil offenbar der Sinn

der ursprünglichen Zeremonien verdunkelt war, daß das zweite „Eintauchen", nach welchem das Kind fragt, an seiner späteren Stelle belassen wurde. Da und dort fügte man ferner Reminiszenzen an talmudische Meister ein oder Aussprüche von ihnen, ernste, wie die Frage, warum man das Gebot der Erzählung nachts erfülle, da sich sonst Gebote auf den Tag beziehen, oder den Bericht von den Weisen in Bene Berak, die über der Erzählung vom Auszug aus Ägypten das Kommen des Morgens vergaßen, oder wiederum heitere, wie die von den Wetteiferern um die bessere Ausdeutung der Zahl der ägyptischen Plagen, ganz in der Art der talmudischen Methode, eine Bibelstelle durch eine andere überraschend aufleuchten zu lassen, oder man erfand jene kurze Wiederholung der jüdischen Geschichte, deren originelle Wendungen aus dem Negativen ins Positive mit dem chormäßigen Refrain des Dankes für die göttlichen Wohltaten schließen: „Dajenu, es hätte genügt!"

Schon in der Zeit der Mischna gehörte zum festen Bestand der „Ordnung" die Vorschrift des Rabban Gamaliel (aus dem ersten Jahrhundert nach oder wenn es sich, wie andere meinen, um Gamaliel den Zweiten handeln sollte, aus dem zweiten Jahrhundert), der die Pflicht des Pessachabends ganz im mittelalterlichen Sinne in das A u s s p r e c h e n von Worten faßte, und zwar der drei Worte: Pessach, Mazza und Maror (Traktat Pess. 10, 5). Auch die Vorschrift der vier Becher[1]) Weins — und wäre es nur Rosinenwein, wie man ihn, weil er alkoholfrei ist, auch heute noch für Kinder gern zubereitet, — kennt schon die Mischna. Damals schon sah man streng darauf, daß nicht zwischen dem ersten und zweiten Becher und ebenso zwischen dem dritten und vierten jeder nach seinem Belieben trinke. Dies sollte nur zwischen der Frage des Jüngsten und dem Dankgebete nach der Mahlzeit gestattet bleiben.

Den heutigen Abschluß der Haggada bilden zwei Kinderlieder, die deutschen Volksliedern nachgebildet sein dürften und in den Handschriften erst sehr spät, im 15. Jahrhundert, in aramäischer Sprachform erscheinen: das „Zahlenlied" und das „Lied vom Lämmchen", dessen deutsche Fassung in des „Knaben Wunderhorn" zu finden ist. Diese Lieder haben sich auch nur in den Kreisen der deutschen Juden eingebürgert, wanderten mit ihnen auch nach dem Osten und werden heute sogar in westlichen, z. B. französischen Ausgaben mit der deutschen Übersetzung in hebräischen Schriftzeichen gedruckt. Hingegen fehlen in den älteren deutschen Handschriften die Schlußverse eines gereimten Pessachrituales von R. Joseph ben Samuel tob Elem aus dem 11. Jahrhundert, die mit ihrem „Chasal sidur pessach — beendet ist die Ordnung des Pessach" gewissermaßen als Schlußvignette vor das „Adir hu" gesetzt wurden. Sehen wir von diesen späten Schlußliedern ab,

---

[1]) Vgl. Anhang, Anm. 1.

so ist die Haggada in unserer heutigen Fassung schon im ältesten Gebetbuch, das wir kennen, enthalten, in dem Siddur des Gaon Amram aus der babylonischen Stadt Sura des 9. Jahrhunderts. Da es sich in dem Werke Amrams um eine von spanischen Juden erbetene Zusammenstellung der liturgischen Tradition handelt, darf man annehmen, daß unsere heutige Haggada zwischen 500 (der Zeit des Abschlusses des Talmuds) und 800 n. ihre endgültige Form bekommen hat.

Frühzeitig hat man das kleine, volkstümlich gewordene Ritual des Sederabends in einem selbständigen Buch zusammengefaßt und es als Haggada schlechthin oder — in intimer Wortverkleinerung — als „Gude" bezeichnet. Man hat die Haggada kommentiert und vor allem illustriert. Denn sie gab sich weder gelehrt ernst, noch streng gottesdienstlich. Sie wollte Satz um Satz Gelegenheit geben zu persönlicher Abschweifung, zu heiterer anekdotischer Weisheit, sie wollte ein Rahmen sein, der wohl auch als ganzes Bild genügt hätte, der aber umso reicher wurde, je mehr man in ihn hineinkomponierte. Die Illustrationen lassen Zeit und Landschaft ihrer Zeichner deutlich erkennen. Die ältesten Handschriften, die dem 14. Jahrhundert angehören, weisen nach Spanien, die großartigste unter ihnen ist die sogenannte Haggada von Sarajevo. Aus dem gleichen Jahrhundert stammen auch schon die ersten deutschen Handschriften, deren bekannteste die des Germanischen Museums in Nürnberg und die Darmstädter Haggada sind. Bereits aus dem Jahre 1526 hat sich ein Prager Druck mit Holzschnitten erhalten, kurz nachher entstand der berühmte Druck von Mantua. Wenige Jahre vor 1600 wurde in Amsterdam eine Haggada zum erstenmal mit Kupferstichen hergestellt, die solchen Anklang fand, daß sie bis in die neueste Zeit das Vorbild der landläufigen Ausgaben bildete. Die heutige Renaissance des Judentums ließ auch einige Künstler zu dem alten Familienbuch zurückfinden. Der lyrisch heitere Joseph Budko und der dramatisch eckige Jakob Steinhardt haben das alte Buch mit ganz neuartigen Illustrationen geschmückt.

Auf Schmuck und Glanz ist ja der ganze Abend gestellt. Möglichst viele Lichter zündet man an. Silberne oder kristallene Becher stehen sogar vor dem Platz eines jeden Kindes. Und der größte, in die Mitte hingestellte Becher, der für den unsichtbaren Gast, den Propheten Elia, gefüllt wird, gibt dem Tisch einen sakralen Glanz, der um so tiefer auf den Betrachter wirkt, je mehr Schichten der Erinnerung und des Wissens in ihm angerührt werden. In manchen Gegenden zieht der Hausherr sogar den priesterlich weißen Kittel an, den man sonst nur am Jomkippur anlegt und in dem man einmal begraben werden wird.

Die Sederschüssel, vor dem mit Polstern belegten Sitz des Hausherrn, ist gewöhnlich eine große Platte, auf der, durch Deckchen voneinander gesondert, drei Mazzot liegen. Besonders Fromme haben diese Mazzot, die gewöhnlich dicker als die anderen sind, unter eigener Aufsicht hergestellt, weil man an ihnen das Gebot, die hohe Mizwa des Mazzotessens erfüllt. Man bezeichnet sie geradezu als „Mizwot" und gab ihnen besondere Namen. Die unterste heißt Israel, die mittlere Lewi, die oberste Kohen. Noch Maimonides meinte, daß zwei Mazzot für die Sederschüssel hinreichen. Da man aber zu Beginn des Sederrituales die Hälfte der mittleren Mazza als Afikomen aufhebt, und den Segensspruch über Brot erst später spricht, wollte man hierfür zwei ganze Stücke haben, weil man ja auch sonst an Feiertagen zwei Brote zum Segensspruch nimmt, in Erinnerung an das Doppelbrot des Manna, das vor jedem Feiertag in doppelter Menge fiel.

Auf der obersten Decke der Sederschüssel liegen in kleinen Behältnissen folgende symbolische Speisen:

1. K a r p a s , d. i. ein grünes Kraut. Der Ausdruck stammt aus dem spaniolischen Ritus, im deutschen Ritus verwendet man als Karpas Petersilie, Sellerie oder auch Kartoffeln. Daneben stellt man

2. ein kleines Gefäß mit S a l z w a s s e r oder Essig.

3. M a r o r , d. i. Bitterkraut. Man verwendet dazu Meerrettig oder Lattich.

4. C h a r o s s e t , d. i. Fruchtmus. Es ist eine Mischung aus gestoßenen Mandeln oder Nüssen mit Äpfeln oder auch Datteln oder Feigen, wozu ein wenig Zimt gegeben wird. Das Ganze wird mit Wein, eventuell Weinessig, zu einem rötlichen Gemenge verarbeitet. Es will an die Lehmmasse erinnern (Lehm heißt hebräisch Cheres), aus der die Israeliten bei ihrer Fronarbeit Ziegel herstellen mußten. Es war aber urspünglich wohl nur eine der Vorspeisen, die man nach antiker Sitte zur Anregung des Appetits, ebenso wie Bitterkraut, einnahm. Charosset auf die Mazzo nehmen, bezeichnet man als „Eintunken".

5. Ein gebratenes E i.

6. Ein K n o c h e n , an dem noch ein wenig gebratenes Fleisch ist. Auch Ei und Knochen sind, eben weil sie gebraten wurden, deutliche Symbole der beiden Hauptgerichte, die man am Pessachabend verzehrt hat: des Pessachopfers, dessen Fleisch zu Hause gegessen wurde, und, wenn die Tischgesellschaft groß war, des Festopfers, das man, um genügend Opferfleisch zu haben, außerdem noch dargebracht hatte. Nach dem Untergang des Tempels blieb bloß die Erinnerung an zwei Speisen zurück und eine solche Ordnung des Festmahles entsprach auch der griechisch-römischen Sitte, zwei Fleischgerichte aufzutragen. Schon der spätere Talmud ist sich aber im Unklaren darüber, was unter diesen zwei Speisen zu verstehen sei. Einzelne alte Handschriften

fordern für den Abend zwei Fleischspeisen, während sie das Ei nicht kennen. Aber gerade eine sinnvolle tiefere Deutung hat das Symbol des Festopfers, des Eies, neben dem Symbol des Pessachopfers, des Knochens, erhalten. Das Ei ist die erste Mahlzeit, welche Trauernde nach dem Begräbnis genießen, mag dies nun daher kommen, daß die runde Form als Symbol für die Rückkehr zum Ursprung genommen wird, oder daß das Ei Sinnbild der Fruchtbarkeit und Erneuerung des Lebens ist. Man wollte durch diese Totenspeise mitten im Fest an den Untergang des Tempels erinnern. Darum ist es auch vielfach Brauch, unmittelbar vor der Mahlzeit des Sederabends ein Stück Ei zu verzehren, kurz nachdem man den Brauch wiederholt hat, den Hillel zu üben pflegte, „als noch das Heiligtum stand".

Auch die Sederschüssel wurde Gegenstand jüdischer Bildkunst und jüdischen Kunstgewerbes. Es gibt dreistöckige Sederschüsseln aus Holz oder Silber, denen man bequem die Mazzot entnimmt, ohne die Schüsselchen von oben erst abtragen zu müssen. Wenn man die Worte spricht: „Das ist das Brot des Elends, das unsere Väter in Ägypten gegessen haben," braucht man bloß die Vorhänge, die solche Sederschüsseln gewöhnlich umgeben, beiseite zu schieben, um die Mazzot deutlich zu sehen. Auf den flachen Sederschüsseln wiederum findet man oft allerlei Figuren und Szenen dargestellt, ähnlich wie in der Haggada und oft von der gleichen Heiterkeit, so wenn auf einer Schüssel des Prager Jüdischen Museums eine jüdischem Wesen gewiß fern liegende Hasenjagd dargestellt ist. Die Anregung hierzu stammt aus einem mnemotechnischen Merkwort, wie es gerade in der Haggada Rabbi Jehuda (etwa 150 n.) für die zehn Plagen sanktioniert hat. Er faßte ihre Anfangskonsonanten und zwei Vokale in die Worte: „dezach, adasch, beachab" zusammen. Man schätzte diese Tradition Rabbi Jehudas so sehr, daß man sagte, diese Zeichen seien schon im Stabe Moses eingegraben gewesen. Fällt nun der Sederabend auf den Ausgang des Sabbats, knüpfen sich die Einleitungszeremonien für das Fest an Jajin (Wein), Kiddusch (Heiligung des Festes), Ner (Segensspruch zum Sabbatausgang über das Licht), Hawdala (Scheidung von Sabbat und Festtag), Seman (Dank für das Erleben des Festes). Die Anfangsbuchstaben dieser Schlagworte ergeben: Jaknhas, mnemotechnisch „Jag' den Has'", und aus diesem Einfall ergab sich das Bild der vielfach auch in alten Handschriften wiederkehrenden Hasenjagd.

Die Tradition hat eine Fülle von Feinheiten ausgebildet, die vielfach nur mündlich von Geschlecht zu Geschlecht weitergegeben werden. Einige davon seien hier erwähnt, weil sie mit zum Fundus der jüdischen Szenenwelt gehören. So werden bei der Aufzählung der zehn Plagen aus dem Becher Tropfen auf die Untertasse hinausgespritzt als Sinnbild dafür, daß man das Böse, das man aussprechen mußte, und das über die Dinge Gewalt gewinnen könnte, aus dem Trank entfernt, den man sich einverleibt. Im Kommentar der oben erwähnten Darmstädter Handschrift, deren genaue ritualmäßige Erschließung wir Bruno Italiener verdanken, wird auf diese Übung als die einiger deutscher Gelehrter verwiesen.

Zu den heiteren Episoden des Sederabends pflegt, wenn Kinder zugegen sind, das Wegnehmen des Afikomens zu gehören. Ehe nach der Mahlzeit der zweite Teil der Haggada gelesen wird, verteilt der Hausherr an die Tischgenossen Stücke des Afikomens, den er zu Beginn des Abends von der zweiten Mazza abgebrochen und in einer Serviette aufgehoben hat. Die Kinder aber wußten sich dieses kostbaren Gutes zu bemächtigen und da man, ohne vom Afikomen genossen zu haben, nicht im Rituale fortschreiten will, beginnt ein improvisiertes Verhandlungsspiel um die Herausgabe des Afikomens, für den schließlich der Hausherr irgend einen Preis versprechen muß. Am zweiten Sederabend wird ein Teil des Afikomens sorgfältig aufgehoben und am Vortag des nächstjährigen Pessachfestes mit dem Chomez verbrannt[2]). Den Kindern brachte die Sedernacht immer noch ein anderes kleines Geschenk: man mußte nicht das Nachtgebet sprechen, denn diese Nacht galt ja selbst als lel schimurim, d. i. als Nacht des Behütetseins.

Nach Mitteleuropa weist der Brauch, am Sederabend sogar zu einer fortgeschrittenen Jahreszeit ein kleines Feuer im Ofen zu entzünden. Pessach war ja die Zeit grausamster Judenverfolgungen. Man bezichtigte die Juden immer wieder, zur Zubereitung der Mazzot Christenblut zu gebrauchen. Alle Proteste nichtjüdischer Gelehrter und hoher Geistlicher gegen diesen Wahn waren für die Anschuldigungen gedungener Volksaufwiegler kein Gegengewicht. Man brachte Kinderleichen heimlich in jüdische Wohnungen und insbesondere ließ man sie in den Kaminen auffinden. Darum das Anzünden des Ofenfeuers, das solches Einschmuggeln verhindern sollte! In Heines „Rabbi von Bacherach" findet sich die berühmteste Darstellung einer solchen Szene.

Der zweite Sederabend entfällt in Palästina mit dem ganzen zweiten Feiertag. In der Diaspora war er nur wegen der besonderen Vorsicht vor der Verzögerung oder dem Irrtum der Kalender-Boten aus Jerusalem eingeführt worden. Später aber wollte man einen alten Väterbrauch nicht mehr abschaffen. Die Kleinwirtschaft des Mittelalters machte es auch gar nicht schwer, mitten in einer nichtjüdischen Welt den zweiten und am Schluß des Pessach noch einen achten Feiertag hinzuzufügen. Die Innigkeit der Tradition macht auch hier religionsgesetzlich widerlegbare und ökonomisch schwierigste Bräuche unantastbar. Man stößt sich gar nicht daran, daß das

---

[2]) Vgl. Anhang, Anm. 2.

Kind von der „ausgezeichneten" zweiten Sedernacht genau so spricht, als hätte es die erste nicht gegeben.

Den zwei ersten Festtagen mit den Sederabenden folgen die Tage, die auch weiterhin durch peinliche Beobachtung der ungesäuerten Speisen den Bann des Ganz-Anderen einen leiblich erfahren lassen. Es sind dies zuerst die vier Halbfeiertage, Chol hamoëd. Handel und Wandel mußten ja weitergehen, wenn auch in gedämpftem Maße. Denn der Bann des Pessach durfte nicht durch Berührung mit Gegenständen, die man seinem Bereich entzogen hatte, gebrochen werden. Menschen, welche diesen feiertäglichen Bann besonders ängstlich hüten, wie die Chassidim, schreiben auch an Halbfeiertagen nicht, andere tun es mit der linken Hand oder mit verstellter Schrift. Man versteht, daß es hier nicht um juristische Deutungen eines Gebotes geht, sondern um die zauberhafte Stimmung, die man sich erhalten will. Ja, so sehr betrachten die Chassidim auch die Halbfeiertage als Feste, daß sie an ihnen keine Tefillin anlegen, denn diese sind das alltägliche Symbol der Bindung des Juden an den Gedanken der Weltschöpfung und der Volksschöpfung. Von den vier Stellen der Bibel, die auf den Pergamenten der Tefillin-Gehäuse aufgeschrieben sind, sprechen zwei vom Auszug aus Ägypten.

In den Gebetriten und synagogalen Übungen dieser Tage lebt die historische Stimmung des Festes. Man liest auch an den Halbfeiertagen, an denen man vier Personen zur Tora aufruft, aus zwei Torarollen Stücke, die auf den Auszug oder auf die spätere Feier Bezug haben. Man legt darum auch die Tefillin vor der Verlesung aus der Tora ab, mit Ausnahme des ersten Halbfeiertages, an dem gerade ein Teil aus der Bibel verlesen wird (der Anfang des 13. Kapitels aus dem 2. Buch Moses), der eben auf den Pergamentrollen der Tefillin steht. Man dokumentiert durch diese zeremonielle Feinheit, wie sehr man diese Stelle täglich mit Herz und Verstand behütet. An ein vergessenes Zeremoniell gemahnt das Fortlassen des 100. Psalms im Morgengebet der Halbfeiertage. Sein Inhalt läßt keinen Schluß auf diesen Brauch zu. Aber wir wissen, daß dieser Psalm wochentags von den Lewiten bei der Darbringung des Mehlopfers gesungen wurde. Es entfiel naturgemäß auch an den Pessachhalbfeiertagen. So treu bewahrt die späte jüdische Erinnerung jeden Zug einer irgend einmal lebendigen Tradition.

Tief ins Humane reicht die Begründung dafür, daß von dem Hallelgebet der Festtage diesmal, vom ersten Halbfeiertage an, nur ein Teil, das „halbe Hallel", vorgetragen wird. Dem Auszug aus Ägypten folgte die Rettung am Schilfmeer durch den Untergang der ägyptischen Reiterei. Daß aber Menschen damals untergehen mußten, sollte die Freude der Geretteten herabstimmen. So erzählt ja auch der Midrasch: Als die Ägypter im Meere den Tod fanden, wollten die Himmels-Chöre jubeln. Gott aber sprach: „Ihr wollet singen und die Werke meiner Hände versinken im Meer!" Darum nur das halbe Hallel.

Der siebente Pessachtag, wiederum Vollfeiertag, ist dieser zweiten Rettung am Schilfmeer ganz zugewandt. Aus der Tora verliest man den Zug durchs Schilfmeer und die „Schira", den Lobgesang Moses, der Gott als den „Mann des Kampfes" preist. Man fürchtet sich nicht vor dem Bekenntnis zu einem kriegerischen Gott. Es schließt im Grunde Demut und Menschenliebe ein. Ohne die Grenzfälle der Gewalt gibt es keinen Zwang zum Guten. Ohne Gericht keine Gerechtigkeit. Aber alles Gute, alle Gerechtigkeit und Liebe bleiben ein verruchter Wahn, wenn sie nicht im Glauben an Gott wurzeln. Sie existieren nicht um ihrer selbst willen, nur um Gottes willen. Darum ist es auch ein Rückfall aus lebendiger Religiosität in leblose Historie, jenen Durchzug durch das Schilfmeer auf vernünftige Weise, etwa durch Ebbe und Flut, erklären zu wollen, oder Wolken und Feuersäule, die nirgends in der Religionsgeschichte eine Parallele haben, durch wirklich beobachtete Fälle von wandernden Rauchbildungen zur Zeit vulkanischer Eruptionen verständlich machen zu wollen. Es kommt nicht auf die Werkzeuge der Rettung an, sondern auf ihre Durchleuchtung durch die neue Helle des monotheistischen Bewußtseins. Am Schilfmeer ereignete sich der Sieg eines Volkes gegen den übermächtig gerüsteten Gegner, ohne Schwert, ohne Beute. Die gesamte Antike kennt auch hierfür keine Parallele. Richtig verstanden spricht aus dem Liede Moses derselbe Geist, wie aus der messianischen Vision des 10. Kapitels des Jesaja, in der die einstige leidlose Versöhnung der Welt bildhaft schlicht dargestellt ist. Gerade diese Vision wurde als Haftara für den angefügten achten Festtag gewählt, kurz bevor man nach dem Brauch vieler Gegenden der Toten gedenkt.

Gegenüber der geschichtlichen Potenz treten die Hinweise auf das Fest als bäuerliche Frühjahrsfeier zurück. Das ist seit dem Verlust des palästinensischen Bodens verständlich. Aber die wenigen Bindungen, die übrig geblieben sind, konnte auch die Galut und die Reform nicht lockern, die alle Beziehungen zu Palästina symbolisch umzudeuten suchte. Pessach fällt in den „Monat der Reife", d. i. in die Zeit, da die Gerste reif wurde. Am 2. Pessachtag wurde das erste Omer Gerste von der neuen Ernte dargebracht. Ein Omer ist ein Hohlmaß, daß etwa 2¼ Liter umfaßt. Und wie damals zur Zeit des Heiligtums zählt man auch heute die Tage seit der Darbietung des „Omers" sieben Wochen lang und begeht den 50. Tag als Erntefest oder Wochenfest, als Schabuot. Es ist das Fünfzig-Tagfest, das in der Verballhornung des griechischen Wortes für fünfzigster Tag (Pentecoste) als Pfingsten, Pentecôte usw. in den christlichen Sprachgebrauch übergegangen ist.

An palästinensische Zeitmaße vollends ist das „Tal"-Gebet des ersten Pessachtages gebunden, das in die Mussaf-Zeremonie eingeschaltet wird, und dem einer der ersten Piutim-Dichter Eleasar Kalir die endgültige liedhafte Gestalt gegeben hat. "Tal" heißt Tau. Die Zeit des Regens hat in Palästina aufgehört, man wünscht für die Erde den Tau und läßt nunmehr alle die Einschaltungen in den Gebeten fort, die seit dem Schlußfest im Tischri oder seit dem Beginn der Winterepoche, d. i. dem 4. oder 5. Dezember, gesprochen wurden. Dem Pessach als Frühlingsfest scheint auch der Brauch eigen zu sein, am Sabbat der Halbfeiertage oder, falls es sich kalendarisch so ergibt, am zweiten Sabbat des Festes, das „Lied der Lieder" (Schir haschirim) zu lesen, das Liebeslied aus der Zeit, da der „Winter vorüber ist und die Regen dahin, da man schon Blumen auf dem Felde sieht, die Zeit des Sanges einsetzt, da die Stimme der Turteltaube auf der Flur gehört wird, der Feigenbaum seine Früchte mit Süße würzt und die jungen Trauben des Weinstockes schon duften". Rabbi Akiba hat das Gedicht für den religiösen Kanon der biblischen Bücher gerettet, weil er es als Bild der göttlichen Liebe zu seinem Volke deutete. So gleicht dieses Gedicht einer kostbaren Kamee, welche die beiden Teile dieses Festes sinnvoll aneinander knüpft: das Befreiungs- und das Frühlingsfest. Darum sprechen auch die Chassidim das Lied der Lieder am Schluß des ersten Sederabends. Denn ihnen ist die Freiheit nur das Symbol eines metaphorischen Lebens in göttlicher Liebe.

Der Bann des Festes wird erst gebrochen, wenn sich am Ende des letzten Pessachtages nach Anbruch der Nacht der Vorbeter unvermittelt ins Wochentags-Gebet stürzt und das erste Wort ausspricht „Borchu", — Preiset! Es ist das „Chomezdige Borchu", wie man es zu nennen pflegt, und die Kinder freuen sich dabei schon auf das alltägliche Brot, das man, wenn mit der Hawdala die Scheidung zwischen Fest und Wochentag ausgesprochen ist, wie den Gruß einer Welt betrachtet, zu der man nach einer Reise durch verzaubertes Land zurückgefunden hat.

Anhang

Anmerkung 1 (zu Seite 209): Der Grund, warum gerade vier Becher von jedem getrunken werden sollen, wird mit den vier Ausdrücken in Zusammenhang gebracht, welche die Erlösung im 2. B. M., Kap. 6, Vers 6 u. 7, bezeichnen: „Ich führe euch hinaus..., ich rette euch..., ich erlöse euch..., ich nehme euch mir zum Volk..." („wehozeti, vehizalti, vegaalti, velakachti"). Diese Erklärung gehört ihrer ganzen Art nach einer späteren Zeit an. In italienischen und spanischen Handschriften aus dem 14. und 15. Jahrhundert ist auch von einem 5. Becher die Rede. (Vgl. die Darmstädter Haggada, herausgegeben von B. Italiener. Textband.)

Anmerkung 2 (zu Seite 213): In ostjüdischen Gegenden herrscht vielfach der Brauch, ein Stück Mazza zum dauernden Gedächtnis an den Auszug aus Ägypten an einem sichtbaren Ort in der Wohnung, oder auch in der Synagoge, bis zum nächsten Pessach aufgehängt zu bewahren.

LEKTÜRE FÜR DEN SEDERABEND

Auf dem Wege von Ägypten

Von Felix Salten

MAN muß durch die Wüste, um von Ägypten nach Palästina zu gelangen, von Afrika nach Asien. Man muß fort von dem penetranten Grün der Fluren, die der Nil durchströmt, muß hinaus in die wundersame Öde. Weg von der unaufhörlichen, saftigen Fruchtbarkeit, weg von den üppig getränkten, fetten Ackerflächen, die bukolisch belebt sind, hin durch die herrliche Strenge der gelben Sandwellen.

Nirgendwo ist die Erde so ganz und so vollkommen sie selbst, wie in der Wüste. Weder auf dem Meer, noch auf den Gletschergipfeln des Hochgebirges wirkt sie so einsam, so erhaben, als Erdball...

Das war der Weg, den Moses die Juden geführt hat, fort aus Mizrajim, dem Lande der Knechtschaft, in das Land der Verheißung.

Armes Volk, das diesen harten, einsamen Weg der Befreiung gegangen ist; ausgeschieden und ausgetrieben aus den Gefilden des Reichtums, aus den Fluren des Genießens, aus der guten Stallwärme beständig ruhigen Wohnens. Armes Volk, das ganz allein war mit sich und seinem strengen Gott, umgeben von der drohenden Strenge der Wüste und dazu noch gestriemt von den Erinnerungen an die stets gefüllten Futternäpfe. Denn die Heimat, der sie suchend entgegenwanderten, kannten sie nicht mehr, und das Land, von dem sie ausgezogen waren, hatten sie noch nicht vergessen.

Als sie Ägypten verließen, im ersten Rausch der Freiheit, im Triumph über ihre Peiniger, im Taumel ihrer neu errungenen Rechte, aßen sie das Brot ungesäuert und achteten die Kargheit ihrer Speise für weniger, als ein kleines Opfer. Sie hätten, wie jedes Volk, in den Tagen der Erhebung und Erregung bereitwillig auch Hobelspäne geschluckt oder Stroh gekaut. Aber dann, draußen in der Wüste, allein in der großartigen Öde, allein mit ihrem Gott, den sie nicht schauen konnten und den sie nicht beim Namen nennen durften, preisgegeben dem Befehl eines Führers, dessen Tyrannei sie verschüchterte, dessen Absichten sie nur halb begriffen, dessen majestätische Hoheit sie kaum ahnten, brach ihre Sehnsucht nach den Fleischtöpfen Ägyptens ungestüm hervor.

Es war, damals schon, jenes wurzellose Heimweh, das die Juden so oft um einer Heimat willen gelitten haben, die nicht die ihre gewesen und die ihnen nur Mißhandlung geboten hatte.

Wie verängstigt und erschrocken mag das Volk am Fuße des Sinai hingesunken sein, vor dreitausend Jahren, als Gott sich in Gewitterwolken zum Gipfel des Berges niederließ. Der Sinai steht heute noch genau so da wie einst. Nichts ist verändert, alles wie damals und die dreitausend Jahre scheinen in seinem Anblick wie ein Tag. Er gleicht seinen geringeren Vettern, der Sinai, den anderen Felsgebirgen, die sich hier oft aus der Wüste erheben, dem Mokkatam bei Kairo oder den Steinwänden vor Theben, in denen die Ägypter ihre Pharaonen begruben; er gleicht ihnen in den rötlichen und fahlgelben Farben seiner Mauern und in der toten Zerrissenheit seines Bodens. Nur mächtiger ist er, als seine übrigen kleinbürgerlichen Verwandten hierzulande. Er reckt sich empor, wie das Haupt eines riesenhaften Löwen; er steht da, wie die unbarmherzige Drohung eines Giganten, und er ist in das Antlitz der Erde hier gezeichnet, wie das Stirnrunzeln einer zürnenden Gottheit. Gewaltiger als alle Berggipfel der Welt ist der Sinai, denn auf seinem Rücken hat er Gott getragen, indessen die anderen Bergspitzen auf ihrem Haupt und an ihren Schultern nur Schnee liegen haben, den jede Sommersonne zu schmelzen, den jede Wolke wieder zu erneuern vermag... Die Lawine des göttlichen Wortes, die damals nieder donnerte, haben die Sonnen dreier Jahrtausende nicht hinwegschmelzen können; ihre Spur wird aus den Herzen der Menschen in zehnmal drei Jahrtausenden nicht zu löschen sein und frisch bleiben, wie am ersten Tag.

Herrlicheren Reichtum, als je aus quelldurchrauschtem Felsenhang sprudelte, oder aus goldgeädertem Bergschoß gegraben wurde, hat diese steinerne Anhöhe der Welt geschenkt. Denn in der knapp gemeißelten Form der Zehn Gebote ist der Inhalt und der Weg, die Weisheit und das Glück der Seele beschlossen, ihre Stütze und ihre Ruhe, ihre Fülle und ihre Unsterblichkeit.

Ein neues sittliches Bewußtsein erwachte, loderte empor, war noch klein und noch nicht weithin sichtbar, war noch genau so unbekannt, wie die Flammen des brennenden Dornbuschs, aber ebenso rein, ebenso unwiderstehlich wie diese. Alle die Gottheiten und Götzen Ägyptens wurden von diesem Feuer zu Asche vernichtet; ausgetilgt wurden die Fetische der Philister und Amalekiter, die mächtigen Dämonen der mächtigen Perser und Assyrer. Selbst die schönen, daseinsfreudigen Götter Griechenlands verbrannten zu Asche. Ihre prächtigen Tempel, ihre Bildsäulen und Altäre wurden Ruinen und Trümmer und der Welt blieb nichts als jener brennende Dornbusch, den das Feuer nicht verzehrte, blieb nichts als dieser Berg in der Wüste hier, der ein einzigesmal zum Schemel für Gottes Füße gedient hatte...

In der Wüste, die ich durchfahre, wandern Beduinen. Sie kommen aus Ägypten und sind, wie ich, auf dem Wege nach Palästina. Ausgestreut im gelbroten, sonneglühenden Sand, zieht ihre Schar langsam dahin. Sie reiten auf schönen, arabischen Pferden, die dünne Beine haben und kleine, zierliche Köpfe. Kamele führen sie mit, die ihre Zelte tragen, viele Esel, die stämmig sind, graue und weiße, die hochbepackt einhertrollen, oder auf denen die Frauen sitzen. Ihre Herden treiben sie mit, Schafe, Ziegen und kleine Rinder. Von den jungen Männern gehen manche zwischen dem Gewimmel zu Fuß und sie gehen in einem merkwürdigen, adelig sorglosen Schlenderschritt...

Die Beduinen ziehen, wie einst die Erzväter Abraham, Isaak und Jakob gezogen sind, als Nomaden, mit ihren Kamelen und Pferden und Eseln, Schafen, Ziegen und Rindern. Nur wenig unterscheidet sich das Leben dieser Beduinen da von dem Leben unserer Patriarchen in grauer Vorzeit.

Diese Beduinen gehen die gleiche Richtung, in der die Juden einst auszogen, von Ägypten nach Palästina, vor dreitausend Jahren. Und alles ist hier unverändert, alles ist wie damals. Die Wüste, der schmale Silberstreif des Mittelmeeres, der in weiter Ferne manchmal aufglänzt, der hochgewölbte saphirblaue Himmel, und die grelle, nackte Sonne, die ihre blendenden Strahlen wie Feuer niederschüttet. Alles, wie einst.

Die Beduinen werden zum lebendigen Traumbild einer längst dahingesunkenen ungeheuren Vergangenheit. Aber diese Beduinen, die von den Weidegründen des Fayoum kommen, marschieren ohne Hindernis, ohne

AUF DEM WEGE VON ÄGYPTEN

Wunder und ohne Erscheinungen zu erleben, und sie werden Halt machen, bis sie die Wiesenflächen von Gaza erreicht haben. Sie legen diesen Weg in freier Entschließung Jahr für Jahr zurück und er dauert nur wenige Wochen. Ihr Zug weckt aber die Erinnerung an den Exodus der Juden, der eine große, gottbefohlene Tragödie gewesen ist...

Was auch vorfiel in dieser langen Zeit an Ungehorsam, Widerstand, Kleinmut oder Verzweiflung, es ist menschlich, gemessen an dem trostlosen Dasein in der Wüste, gemessen an der Not, die Leib wie Seele litt, an dem hart geprüften Hoffen. Und das Ausharren der Kinder Israels über alle die schweren Heimsuchungen hinweg, die stille Zähigkeit, mit der sie ihr Schicksal trugen, die unüberwindliche Kraft des Leidens, ihre grenzenlose Bereitschaft, sich zu opfern, Brücke zu sein, Wegzeichen und Straßenstaub für die Kommenden, dies alles ist erstmalig in der Welt gewesen und jüdisch. Erstmalig in der Welt war auch dies inbrünstige Hangen am Gedanken des einzigen, unsichtbaren Gottes, zu dem sie von allen augenblicklichen Versuchungen immer wieder heimfanden. Diesem Volk, das zwischen üppig fruchtbaren Ländern durch Wüstenöde in der Irre umherzog, war der einzige, unsichtbare, unnennbare Gott Heimat und Wurzelerde. Sie haben die vielen kleinen Götterchen und Götzen Ägyptens aus der Tiefe ihres Blutes verachtet. Sie sind arm gewesen, aber stark; mitleidenswürdig, aber heroisch; rebellisch, aber dennoch treu; zerstritten und zerzankt untereinander, aber eins und einig in allen großen Stunden. Sie sind begierig gewesen nach Wohlleben und Reichtum, trotzdem waren sie jedesmal bereit, alle Kostbarkeiten der Erde von sich zu werfen für die Schätze des Geistes. Und sie geben ein Beispiel damit bis heute. Denn sie sind sich gleich geblieben in jedem Ägypten, dessen Mißhandlungen sie zu dulden hatten und auf allen Wüstenwanderungen, zu denen sie gezwungen waren bis auf diesen Tag.

Hier, auf dem Weg von Ägypten ins Gelobte Land, mitten in der strahlenden Öde, die so beredsam ist und so belebt von großen Erinnerungen, hier, wo ich gleich weit entfernt bin von den Ufern des Nils wie den Fluren des Jordans, neige ich mich stumm vor dem Gott meiner Väter. Hier bin ich ganz allein mit ihm, wie niemals zuvor... Mit dem kleinen Volk, das er auserwählt hatte, zog er sich in die Wüste zurück und bereitete den gewaltigsten Umsturz vor, den die Menschheit je erlebt hat. Dieses Volk aber ließ er arm und rechtlos und elend zurück, während er dann zum höchsten Triumph emporstieg.

Doch er bewahrte es vor Untergang, er erhielt es lebendig, kraftvoll und jung, indessen so viele andere, größere Völker vom Alter entkräftet hinsanken, starben und verschwanden. Sein Volk hat die Mission, die es in Ägypten, die es vom Sinai herab und hier in der Wüste empfing, weitergetragen in alle Lande. Es ist ein Volk von Umstürzlern und Rebellen geblieben, bis in die Gegenwart, ein halsstarriges Volk. Arm und rechtlos streitet es für die Rechte der Freiheit, kämpft auf allen Schlachtfeldern und Barrikaden wider Pharao und ist nicht erschöpft durch die Ströme Blutes, die es im Lauf der Jahrtausende hingeschüttet hat, nicht gebeugt von den vielen Jochen und Ketten, die es tragen mußte, nicht geschwächt noch entmutigt von den Foltern, mit denen sein Leib wie seine Seele zerrissen wurden.

Denn in ihm lebt die Idee des ewigen Gottes, in seinem Hirn und Herzen pocht unsterblich die Ewigkeit der Idee.

Midraschim

Die zehn Plagen

WEM ist Pharao vergleichbar: Einem Hirten, der eine Schweineherde hütete. Da fand er ein Schaf, nahm es und steckte es unter seine Tiere. Der Eigentümer des Schafes schickte zu ihm und ließ ihm sagen: Sende mir mein Schaf zurück! Da antwortete der Hirt: Du hast kein Schaf bei mir. Der Eigentümer sprach zu seinen Leuten: Lasset mich wissen, wo er seine Tiere tränkt. Man erfragte es und meldete es ihm. Da verschüttete er die Quellen und sprach: Laß mir mein Schaf! Der Hirte aber antwortete: Du hast keines bei mir. Der Eigentümer sprach zu seinen Leuten: Lasset mich wissen, wo er seine Tiere lagern läßt. Sie erfragten es und meldeten es ihm. Er riß die Hürden ein und sprach: Laß mir mein Schaf! Der Hirte antwortete: Du hast keines bei mir. Der Eigentümer sprach zu seinen Leuten: Lasset mich wissen, wo er die Tiere weidet. Sie erfragten es und meldeten es ihm. Da verbrannte er alles Grüne auf dem Felde und sprach: Laß mir mein Schaf! Der Hirte aber antwortete: Du hast keines bei mir. Der Eigentümer sprach: Lasset mich wissen, in welche Schule sein Sohn geht. Dann ging der Eigentümer hin, nahm ihm den Sohn und ließ ihm sagen: Laß mir mein Schaf! Da antwortete der Hirt: Dein Schaf ist schon weggeführt. Da nahmen sie ihn und hielten ihn zusamt dem Sohne gefangen. Nun sprach der Hirt: Jetzt habe ich nicht mehr dein Schaf, warum hältst du mich gefangen, was hast du noch bei mir? Da wurde ihm geantwortet: Ich fordere von dir die Jungen, die es geboren hat, und die Wolle für die Zeit, da es bei dir gewesen ist. Der Hirt begann zu jammern und sprach: O, daß ich es doch nicht hergegeben hätte!

Der Dankbare

GOTT sprach zu Mose: „Verwandle den Nil in Blut. Mose antwortete: „Ich kann ihn nicht verwandeln. Gibt es denn einen Menschen, der aus einem Brunnen trinkt und ihm Steine nachwirft?" Da sprach Gott: „So soll Ahron gehen und ihn verwandeln." Ahron ging, schlug ihn und verwandelte ihn in Blut. Warum aber hatte Mose ihn nicht geschlagen? Er sagte: „Ich wurde in ihn geworfen und er hat mir keinen Schaden zugefügt." Darum heißt es: „Gott sprach zu Moses: Sprich zu A h r o n : Hebe deinen Stab über die Gewässer Ägyptens!"

Pharaos Weh

ALS Pharao das Volk ziehen ließ, wer hat da Wehe gerufen? Kein anderer als Pharao. Gleich einem Könige, dessen Sohn in ein fernes Land ging, wo er bei einem reichen Manne wohnte, der ihn freudig aufnahm. Als der König erfuhr, wer seinen Sohn aufgenommen habe, und in welcher Stadt er sich befand, schrieb er einen Brief an den Mann, in welchem er ihn aufforderte: Schicke mir meinen Sohn. Das geschah ein-, zwei-, dreimal, dann zu jeder Zeit, in jeder Stunde, bis er endlich selbst ging und seinen Sohn holte. Da fing der Mann an darüber zu schreien, daß der Königssohn sein Haus verlasse. Seine Nachbarn fragten ihn: „Warum schreist du denn?" „Ich genoß große Ehre," antwortete er, „solange der Königssohn bei mir war. Denn der König schrieb Briefe an mich, er machte sich mit mir zu schaffen, und ich wurde von ihm hochgehalten. Jetzt, da sein Sohn mir entzogen wird, wird er sich nicht mehr mit mir befassen, darum schreie ich." So sprach auch Pharao: „Als die Israeliten bei mir waren, befaßte sich Gott mit mir, ich war geachtet bei ihm und er sandte Briefe an mich alle Stunden und ließ mir sagen: So spricht der Ewige, der Gott der Hebräer: ‚Laß mein Volk ziehen!' Aber als er aus Moses Munde hörte: ‚Entlasse meine Kinder', wollte er sie nicht ziehen lassen. Als nun Gott selbst nach Ägypten hinabstieg und die Israeliten herausführte, wie es heißt: ‚Ich bin hinabgestiegen, um es aus der Hand der Ägypter zu befreien, da fing Pharao an zu schreien: „Wehe, daß ich Israel habe ziehen lassen". Darum heißt es: Wehe, als Pharao es ziehen ließ.

Ein wenig Philologie zur Haggada

In einem interessanten Buch „Die Sprache des Pentateuch in ihren Beziehungen zum Ägyptischen" vergleicht A. S. Yahuda ägyptische Wortformen mit hebräischen und hellt dadurch eine ganze Reihe von Ausdrücken des biblischen Berichtes erst so recht auf. Es erweist sich auf diesem philologischen Wege, wie nahe der biblische Bericht an die ägyptische Zeit heranreicht. Denn nur wenige Jahrhunderte später konnten die intimen Kenntnisse der dargestellten Lebensverhältnisse nicht mehr vorhanden gewesen sein. Einige Worterklärungen, die auf die Pessach-Haggada Bezug haben, seien nach den Deutungen Yahudas angeführt:

M i z r a j i m. Das Auffallende an diesem Namen für Ägypten ist die Dualform — ajim. Es ist bereits seit langem die Annahme herrschend, daß die Zweizahl aus der Teilung Ägyptens in Ober- und Unterägypten zu erklären sei. Es ist — wie nunmehr Yahuda noch deutlicher zeigt — eine wörtliche und grammatische Anpassung an den Dual für das ägyptische Wort Land, also etwa Zweiland, womit die Ägypter seit je ihr Land bezeichneten. In den anderen semitischen Sprachen kommt die Dualform erst sehr spät vor, in den Amarnatafeln aus dem 14. Jahr. v. wird Ägypten noch in der Einzahl Mizri genannt. So scheint erst durch die Israeliten, welche die genaue Ausdrucksweise der Ägypter kannten, der Dualname in die übrigen Länder eingedrungen zu sein.

M a z z o t. Dieses Wort für ungesäuerte Brote hat in keiner semitischen Sprache eine lautliche Entsprechung und stammt daher offenbar aus einer altägyptischen Bezeichnung für eine Art Brot oder Kuchen. Die in der Bibel gegebene Beschreibung der Herstellung als Fladen erinnert lebhaft an eine Sorte, die noch bis auf den heutigen Tag in Ägypten verfertigt wird. Es sind dies dünne, runde Fladen aus ungesäuertem Teig, die in der Sonne gebacken werden, wie es ja auch die Israeliten getan haben, da sie schwerlich Backöfen mitgenommen haben werden. Solche Fladen haben keinen guten Geschmack und werden in der Regel nur von Armen gekauft. Es ist ein rechtes Armenbrot, wie ja die Mazzot auch genannt werden.

P h a r a o. Es ist charakteristisch, daß der König von Ägypten in den Büchern Moses niemals mit Namen genannt, sondern durchwegs als der Pharao bezeichnet wird. Wie man schon seit langem weiß, bedeutet das soviel wie „Das große Haus", ähnlich wie man statt Sultan die „Hohe Pforte" oder statt Papst der „Heilige Stuhl" zu sagen pflegt. Den Namen des Königs wegzulassen, war — wie Yahuda zeigt — im damaligen Ägypten Brauch, erst als sich die Israeliten von der ägyptischen Geschichte ganz distanziert hatten, findet sich in den späteren geschichtlichen Büchern der Bibel der Name bestimmter Pharaonen. Das Wort Pharao hat sich bis heute unter den Arabern, die zwischen Nil und Rotem Meer, südlich von Assuan, leben, erhalten.

M o s e s. Über den ägyptischen Ursprung dieses Namens ist man einer Meinung. Man dachte gewöhnlich dabei an Namen, wie Ach-Mose (Sohn des Mondes), Thut-Mose (Sohn des Thot), Ra-mses (Sohn des Ra). Mose hieße also einfach: Sohn, Kind. Allein wie kommt es dann, daß die Bezeichnung in der Bibel: „Moscheh" lautet und die für die Festung, welche die Israeliten in der Fron zu bauen hatten, Ra-mses (wobei ein ganz anderer Zischlaut, schin gegenüber zweimaligem samech verwendet ist)? Die Sache liegt eben so: der Name Mosche besteht aus zwei Teilen: der erste bedeutet ägyptisch soviel wie Wasser, Same, Sohn, der zweite soviel wie See (-sche wird auch sonst an Namen angefügt), es heißt also: Sohn des Sees, ägyptisch gedacht: Sohn des Nils. Die in der Bibel gegebene Erklärung: denn aus dem Wasser habe ich ihn gezogen, stimmt also genau mit der Ausdrucksweise der ägyptisch redenden Königstochter überein. Im Hebräischen ist versucht worden, diesen Gedanken mit einem dem Ohr ähnlich klingenden Wort (meschisihu — ich habe ihn gezogen) zu assoziieren.

Im Anschluß an die Erklärung des Namens Moses versucht Yahuda auch den Sinn von teba (= Kasten) zu erklären, in den Moses nach der Geburt hineingelegt wurde. Daß das Wort teba ägyptischen Ursprungs ist, ist seit langem bekannt. Es bedeutet im Ägyptischen soviel wie „heiliger Kasten" und diente als Behausung für Götterfiguren, die in Tempeln bewahrt wurden. An bestimmten Feiertagen wurden die heiligen Kasten in feierlichen Prozessionen herumgetragen oder auf dem Nil von einer Tempelstadt zur andern gefahren. Einen ähnlichen Kasten haben wir auch in dem biblischen Berichte vor uns. Die Mutter hat sich für die Rettung des Kindes ein Mittel ausgedacht, das für ägyptische Verhältnisse bezeichnend ist. Die Königstochter sollte in dem Kasten einen Schrein mit einem Götterbild, der in den Fluß gefallen war und ans Land geworfen wurde, vermuten und ihn unverzüglich holen lassen. So spiegelt auch dieses Wort getreues ägyptisches Kolorit wider.

Kult und Moral

Von Michael Guttmann

ZU den Eigenheiten der jüdischen Konfession wird in außerjüdischen Kreisen merkwürdigerweise auch der religiöse Partikularismus gezählt. Merkwürdig ist dies schon deshalb, weil doch der universalistische Menschheitsgedanke nicht nur seinen ältesten, sondern auch seinen klarsten und kräftigsten Ausdruck gerade in den begeisterten Worten der jüdischen Propheten gefunden hat ...

Dies wird an dem Erlebnis des Auszugs aus Ägypten mit dem daran sich knüpfenden Zeremonial- und Gesetzeskomplex besonders deutlich. Das geschichtliche Moment ist schon als solches partikularistisch. Alles historische Geschehen ist singulär und örtlich wie zeitlich gebunden, alo individuell oder partikularistisch. Was nun den Auszug aus Ägypten ganz besonders zur Grundlage kultischer und religionsgesetzlicher Bestimmungen gemacht hat, ist die Tatsache, daß er nicht als rein historisches Geschehen empfunden wurde, sondern als religiöses Erlebnis ...

Das Erlebnis erschöpfte sich aber durchaus nicht im bloßen Kult. Der Auszug aus Ägypten wurde zur Quelle von ethischen Lehren. Die wichtigste von ihnen ist zweifellos die Lehre von der allgemeinen Menschenliebe. Das Wertvollste, was dem ägyptischen Schmelzofen abgewonnen wurde, war die vollständige Umwertung des Begriffes Fremdling, die Vermenschlichung des Fremden. Wenn man bedenkt, von welch naturalistischen und mysteriösen Gegensätzen zugleich die Seele des Ägypters in Spannung gehalten wurde, so wird man die Bedeutung dieser Umwertung nicht hoch genug anschlagen können. Auf der einen Seite die Vergötterung von Tieren, auf der anderen die Vertierung von Menschen, oder, wenn möglich, eine noch tiefere Herabsetzung derselben, besonders, wenn es sich um Fremde handelte. Und an diese ungeheuerlichen Gegensätze mußte die neue Ethik anknüpfen. Diese Gegensätze bilden gleichsam den Unterbau für die neue Offenbarung: Der angesiedelte Fremde müsse dem Eingeborenen gleichgestellt werden, man müsse ihn lieben wie sich selbst, „denn Fremdlinge waret ihr im Lande Ägypten; ich bin der Ewige euer Gott" (Lev. 19, 33—34).

Unmittelbar darauf folgt das Gesetz, daß man kein Unrecht im Gericht tue und auf gerechtes Maß und Gewicht streng achten müsse, ebenfalls unter Berufung auf den Auszug aus Ägypten (das. V. 35—36).

Die Ermahnung, daß man Witwen und Waisen gegenüber wohltätig und barmherzig sein müsse, wird wiederholt durch die Erinnerung an die ägyptische Knechtschaft verschärft (Deut. 16, 11—12).

Das Sabbatgesetz, das seinem kultischen Inhalt nach die Idee der Weltschöpfung symbolisiert und Gott als den Schöpfer in Erinnerung rufen soll, gewann eine neue Seite, in deren Mittelpunkt der Mensch selbst steht. Diese humanitäre Komponente hat die ägyptische Knechtschaft zur Grundlage. „Damit dein Knecht und deine Magd gleich dir ruhen, und gedenke, daß du Sklave im Lande Ägypten warst, und der Ewige dein Gott dich von dort mit starker Hand und gestrecktem Arm hinausgeführt, darum hat der Ewige dein Gott dir geboten, den Sabbat zu halten" (Deut. 5, 14—15).

Besondere Erwähnung verdient ein Schriftwort, das dem Israeliten eine Regel gibt, wie er sich seinem einstigen Unterdrücker und Peiniger gegenüber zu verhalten habe: „Den Ägypter sollst du nicht verabscheuen, denn du hast in seinem Lande als Fremdling geweilt" (Deut. 23, 8). — Durch diesen einen Halbvers wurde manches Epos im Keime erstickt. Über eine vierhundertoder auch nur zweihundertjährige Knechtschaft, wie sie seinerzeit in Ägypten durchgelitten wurde, wo der Menschenbegriff über die Kaste hinaus nicht reichte, wäre sehr viel zu sagen gewesen. So manche Episode aus der Tyrannenherrschaft der Pharaonen hätte geeigneten Stoff zu ergreifenden Dichtungen gegeben, aber sie wären mit dem biblischen Geist nicht vereinbar gewesen. „Den Ägypter sollst du nicht verabscheuen!" Statt dessen weiß die talmudische Legende zu berichten: „Die diensttuenden Engel wollten einen Gesang anstimmen; da rief ihnen der Heilige, gelobt sei sein Name, zu: Das Werk meiner Hände versinkt im Meere und ihr wollt einen Gesang anstimmen?" (Sanhedrin 39 b). In der jüdischen Liturgik findet dieser Gedanke nach einigen Autoren darin seinen Ausdruck, daß das vollständige Hallel bloß am ersten Festtag — in der Diaspora an den ersten zwei Tagen — des Pessachfestes gesagt wird. An den übrigen Tagen wird abweichend von allen anderen Festtagen bloß Halb-Hallel gesagt. Nach einer anderen Legende soll Pharao selbst auch dem Untergang im Roten Meer entkommen sein, weil er im letzten Augenblick Buße getan — ebenfalls eine agadische Voraussetzung. Und zwar läßt ihn die Legende leben, nicht etwa als eine umherirrende, unstete Schattengestalt, als eine Ahasver-Figur, als unglücklichen Zeugen des gegen seinen hartnäckigen Widerstand freigewordenen Israel, sondern als König von Ninive in königlicher Herrlichkeit und Pracht. Es wird ihm die sympathische Rolle zugewiesen, das Mahnwort des Propheten Jona mit dem richtigen Verständnis erfaßt und sein n e u e s Volk vom angedrohten Untergange gerettet zu haben, in dem er es Buße tun ließ (Pirke di R. Eliezer 43)...

Das religiöse Erlebnis mit allem Ritual, das auf ein Festhalten oder Symbolisieren desselben abzielt, bezeichnen wir als „Kult". D a s hingegen, was die Offenbarung dem Kult als L e b e n s l e h r e beifügt, ist die „Moral". Der Kult ist der Baum, der seine Wurzeln in den geheimen Schoß des Bodens senkt; der unsichtbar aus der Tiefe seine Kräfte zieht. Die Morallehren sind die Früchte des Baumes. Die innere Zusammengehörigkeit beider wird niemand leugnen, und doch ist ihre Natur grundverschieden. Der Baum hat nun einmal seine organische Sonderexistenz, sein inneres, geschlossenes Leben; er versinnbildlicht die partikularistische Seite des Religionsbuches, den Kult. Die Morallehren sind gleichsam die Früchte, die wohl am Baume hängen, ihm ihre Entstehung zu danken haben, die aber vom Baume doch verschieden sind; vor allem aber teilen sie mit dem Baume die bodenständige, starre Gebundenheit nicht.

Der liturgische Teil des im Familienkreis gefeierten Pessachabends beginnt mit den Worten: „Sklaven waren wir bei Pharao in Ägypten, und der Ewige, unser Gott, führte uns von dort heraus". Es sind Worte, die nicht ein jeder sprechen kann, weil hierzu dem Nichtisraeliten die erforderliche Gemeinschaft des Erlebnisfeldes fehlt, aber die daraus sich ergebende Moral ist universalistisch... Der partikularistische Kult bildet hier die Grundlage für ein universales Moralsystem.

Beim Turmwächter Gerson

Von Max Brod

„WER ist weise?" fragte David, „der, welcher alle Bücher gelesen hat? Oder sind nicht vielmehr die Unwissenden weiser als die Gelehrten?"

Der Wächter sprach, als hätte er gerade diese Frage erwartet, als überrasche sie ihn durchaus nicht und komme vielmehr dem entgegen, was er eben selbst erwäge: „Im Gebete heißt es: Gelobt sei, der Licht hervorgehen ließ und

Finsternis schuf. Bei dem Worte „Licht" küßt man nur die Kapsel am heiligen Denkriemen der Hand, bei dem Worte „Finsternis" aber küßt man die Kapsel der Stirnbinde. Was entnehmen wir daraus? Daß in den oberen Welten, den Welten der Stirne, Finsternis regiert, während die niederen Welten, die Welten der Hände und der Taten, von Licht erfüllt sind. Die Finsternis der oberen Welten ist freilich nur scheinbar Finsternis — Finsternis für unsere groben Sinne — und in Wahrheit überstarkes Licht, so wie man vom hellen Tageslicht geblendet wird, wenn man aus einem dunklen Zimmer tritt und die leuchtende Klarheit der Luft nicht erträgt, die einem, je klarer sie ist, desto dunkler erscheint..."

Die Kerze war erloschen.

Schlief Gerson in seinem hohen Lehnstuhl? Dawid flüsterte hinüber: „Und wie ist es mit der Sünde? Hat auch das Böse Anteil an den oberen Welten?"

„Elf ist die Zahl des Bösen, nach seinen Buchstaben. Und elf ergeben die beiden letzten Buchstaben des Gottesnamens. Elf Gewürze waren im Weihrauch des Heiligtums vermischt. Elf Ziegenhäute bildeten die Decke der Stiftshütte. Und heißt es denn nicht: die Stiftshütte, die bei ihnen wohnt, inmitten ihrer Unreinheiten?"

„So sollte und durfte das Volk unrein sein — und gerade unter dem unreinen Volke wohnte Gott?" Immer näher gerät Dawid an den Wirbel, der von Kindheit an seine Seele beunruhigt.

„Voreiliges Volk!" tönt es aus dem Schatten. „Noch ist die Zeit nicht gekommen, die verborgene Weisheit zu enthüllen — für mich nicht, für niemanden. Die rote Narbe auf meiner Stirne sollte es dir melden. Nicht ohne Grund hat sie mir Erzvater Jakob mit seinem Stabe geschlagen."

„Erzvater Jakob?"

„So weißt du nicht, daß die Lämmer, die der Hirte Jakob weidete, Seelen von Frommen waren, die, ehe sie in Menschenleibern geboren wurden, einen Tikkun, eine besondere Vollendung erhalten sollten? Deshalb, aus keinem andern Grunde, hat Jakob so viele Lämmer zu erwerben gewünscht. Oder dachtest du etwa, gemeine Habsucht sei der Grund gewesen? Er wollte recht viele Lämmer, um recht viele Fromme künftiger Geschlechter aufzuziehen. Und war sehr streng mit uns. Und diese Narbe da habe ich davongetragen, weil ich schon damals zu voreilig war. — Du staunst und bist vielleicht selbst eines von jenen Lämmern, die Jakob, unser Vater, geweidet hat. Der Name deutet es an. Alle, die Lamm oder Lämmel heißen, sind dieses heiligen Ursprungs..."

Dawid glüht im Schmelzofen der Erkenntnisse. Nichts mehr erscheint ihm unmöglich. „Und ihr erinnert Euch an jene Zeit, da Ihr mit Jakob waret?"

„Es ist meine achte Wiedergeburt seither." Die gedämpfte Stimme hallt im Turmgewölbe wider. „Dreier von ihnen entsinne ich mich. Weise aber nennt man erst den, der sich aller seiner früheren Geburten entsinnt."

Derartiges hat Dawid weder vom Vater und dessen gelehrten Schülern noch von Hirschl gehört. Doch es fällt ihm ein, in einem verbotenen Buche, das ihm der Vater vor vielen Jahren einmal aus den Händen genommen, die Lehre von den Wiedergeburten gelesen zu haben. Einen Satz hat er nicht vergessen: „Wer sich seiner früheren Geburt entsinnt, der versteht das Geheimnis des großen Drachen." — „Ist es die Sünde, was man das Geheimnis des großen Drachen nennt?" fragte er hastig.

„Überall, wo die Schrift von Pharao, König der Ägypter, spricht, meint sie den großen Drachen. Mit dem Geheimnis des großen Drachen aber beschäftigen sich nur jene Weisen, die das Geheimnis der Schöpfungswerke schon erkannt haben. Denn der große Drache lagert in den innersten Gemächern der Schöpfung und in tausend Ausströmungen durchdringt er von da aus alle vier Welten, Aziluth — die Welt der Urseele, Beriah — die Welt der Urformen, Jezirah — die Welt der Engel und Planeten, und Asijah — unsere und der Dämonen Welt. Alle diese vier Welten durchströmt das Geheimnis des großen Drachen. Und deshalb heißt es: der große Drache, der in seinen Strömen lagert."

„Nur wir Juden," springt Dawid auf, „wir nennen uns: die der Rose vergleichbare Nation, die das Böse vermeidet —, wir haben uns ausgesondert aus diesen Strömen des Bösen. Nur wenig sündigen wir. Und das will ich nun wissen: Ist es gut, daß wir so tun — oder ist es unser Verderben und schuld an allem Haß, an Elend und Verfolgung, die uns schlagen?"

Unbeweglich fährt Gerson fort: „Es heißt: Gott sprach zu Mose — komm zu Pharao. Nicht ‚gehe von mir weg, gehe zu Pharao' heißt es, sondern ‚komm', so wie einer sagen würde, ‚komm, komm zu mir'."

Dawid zittert. Spricht aus dem Verrückten der teuflische Versucher? „Wollt Ihr sagen, daß Gott — und Pharao, der Drache — Pharao, der Böse — daß sie ein und dieselbe Person sind?" Im aufgehenden Mond, der dick und rot die ganze Turmluke füllt, glaubt Dawid den Alten verwandelt zu sehen. Er ist nicht mehr alt, nicht verfallen, zerfurcht — die Muskeln straffen sich unter der glatten Haut, das Gesicht ist frisch, die Gestalt erhebt sich, berührt wieder, in den weiten Mantel eines Feldherrn gehüllt, die Decke der Turmstube: ein Riese!

Und die sonst immer gedämpfte Stimme wird groß: „Nun weißt du auch, warum Moses Angst hatte, wider Pharao zu kämpfen, warum der fromme Mann sich weigerte, Gottes Befehl auszuführen. Weil dieser Befehl lautete: kämpfe gegen den Drachen, der in seinen Strömen lagert — aber tastest du ihn an, so wisse, daß du gegen mich selbst die Hand erhebst."

In höchster Erregung reißt Dawid an Gersons Mantel: „Die Lösung, die Lösung! Müssen wir also auf Gottes Geheiß gegen Gott selbst die Hand erheben? — Wenn wir Sünde tun und dann erst — kommt dann der Messias?"

Der Mantel bleibt in Dawids Hand. Es ist, als wäre nichts, keine Gestalt in dem Mantel gewesen. Die Hand greift Luft. — Denn Gerson ist mit einem Schrei zu Boden gesunken: „Habe ich das gesagt? — O meine Sünde, meine Schmach. — Ein Werkzeug... und zerbrochen. Eine Lärmtrompete... und der Stimme beraubt — und doch: schien nicht die Zeit erfüllt? War die Bedrängnis nicht aufs höchste gestiegen? — O, wer sie gesehen hätte, jene Gespenster in Genua — und immer noch zaudern, immer noch? — Die Gemeinden taten Buße und legten sich die unmenschlichsten Kasteiungen auf. Schlaf und Essen, selbst Wasser und Brot, waren verabscheute Dinge. — Da erschien auch schon die Feuersäule, des Nachts zu leuchten, und die Wolkensäule, um tagsüber vor uns herzuziehen. Und doch zu früh, immer noch zu früh!"

Dawid ist zu ihm hingekniet, er möchte den Greis aufrichten.

„Weißt du, wen du anrührst! In mir war das göttliche Geheimnis. Und ich habe es entweiht. — Es hat mich verwirrt, ich weiß nicht wie, Ehrgeiz, der Blick der schönen Frau. Und so habe ich mich erniedrigt zu Aas und unreinem Gedärm."

Auf allen vieren eilt er durchs Zimmer, heult auf wie unter fürchterlicher Qual. Es ist, als könne er in Menschengestalt diese Qual nicht ertragen, — wie ein Tier hat er mit einem Rammen des Schädels die Tür zur Turmgalerie aufgestoßen. Er packt das Horn, mit dem er die Stunden anzuzeigen hat. Schaurig erklingt es, — zwölfmal, zwanzigmal, dreißigmal.

Er hört überhaupt nicht mehr auf zu blasen, der närrische Wächter.

Ein paar Neugierige sammeln sich unten und grinsen: „Gerson bläst wieder einmal den langen Mittag aus den Tagen des Messias."

Ziemt uns noch Frohsein?

Von Leopold Marx

Ziemt uns noch Frohsein und ein Fest zu feiern?
Heim kehrt sich uns zur Fremde, Haus zum Zelt ...
Wir — Schiff im Sturm, wer weiß, ob es zerschellt?
Wir — Blatt im Wind, wer weiß, wohin es fällt?
Gewölk umdroht uns, finster, kalt und bleiern.

Dennoch: was sich in dieser Nacht begeben,
Lebt hell in unserm Blut mit Urgewalt.
Viertausend Jahre machen es nicht alt ...
Blitz ward zur Flamme, Flamme zur Gestalt —
Ein Mann stand auf, der lehrte uns zu leben.

Nicht s e i n e m Namen ist der Tag verschrieben,
Weil er uns einen größern eingeprägt,
Der über allem waltet, was sich regt. — —
Seit er das WORT in unsre Hand gelegt,
Sind wir ein Volk geworden und geblieben.

Volk aus dem Wort, das sich zum Buch entfaltet.
Der NAME über Volk und Buch und Wort
Als Glanz gebreitet, leuchtend fort und fort,
Unlöschlich, heut wie damals, hier wie dort —
Volk, über dem sein Gott als König waltet ...

Volk, das sehr oft den König preisgegeben,
Ihm heute folgte, morgen ihm entglitt,
Heut ihn verriet und morgen für ihn stritt,
Dann ganz SEIN Volk, wenn es am tiefsten litt
Und alles für ihn gab, Besitz und Leben. —

Die Nacht ist dies vom Anbeginn zu sagen,
Der Ruf und Aufbruch und Befreiung war —

Die Stunde Gottes, die aus einer Schar
Ein Volk schuf, störrisch, zwiegespalten zwar,
Doch hat's den NAMEN durch die Welt getragen.

Der NAME, zu entrückt, daß man ihn nenne,
Nie gleich, beschwörbar nie, doch immer da:
Dann wunderbar vertraut und tröstend nah,
Wenn ER uns schlug, wenn uns ein Leid geschah, —
Doch ging's uns wohl — als ob ihn keiner kenne.

Bald Sturz, bald Steigen — Wachsen und Zerrinnen,
Empörung, Darbnis, Kriegsnot, Zwietracht, Mord —:
So sah der Mörtel aus — der Bau wuchs fort,
Der Acker so — die Saat ist nicht verdorrt.
So lernten wir: Verlieren heißt gewinnen.

Manchmal war Brüllen um uns, manchmal Stille...
Und wenn's uns traf wie Wetter, Hieb um Hieb,
Tod einbrach über Tod — ein Rest verblieb,
Der trug durch alle Drangsal, Not und Pein
Das Wissen weiter: Dennoch — w i r s i n d S e i n ...
ER wirkt... doch unerforschlich ist Sein Wille.

Die Passahnacht

Von I. Breuer

ALLJÄHRLICH kehrt im Leben der Juden eine Nacht wieder, die dazu auserkoren ist, daß der jüdische Vater seinen Kindern verständlich macht, was es bedeutet, Jude zu sein. Durch diese Nacht weht der heiße Atem einer lebensstrotzenden Nation voll unverwüstlicher Kraft, tönt die wehe Klage einer leiderprobten, feindumstellten, klingt der stolze Triumphsang einer nie besiegten, Staaten überdauernden, jubelt das Danklied einer ihrem Gotte nahen, im Unglück glücklichen, ihrer Heilszukunft gewissen Nation: Das ist die Passahnacht, die Nationalnacht des Judentums. Wer diese Nacht kennt, hat das Wesen des Judentums begriffen.

Um den Tisch versammelt der Vater seine Kinder. Auf dem Tische aber steht das ungesäuerte Brot, das einst die Vorfahren beim Auszug aus Ägypten gegessen, weil die Ägypter ihnen nicht erst Zeit gelassen, das Brot zur Gärung zu bringen; steht das Bitterkraut, das so bitter ist, wie einst die Knechtschaft war, in der der Pharao die Vorfahren hatte schmachten lassen; steht alles Silbergerät des Hauses, an dem es den Söhnen Israels nie ganz gemangelt hat, seit sie den Vorrat der Ägypter mit in die Wüste genommen. Über die in Lichterglanz getauchte Tafel gleitet der fragende Blick der Kinder und bleibt am Antlitz des Vaters haften: „Was bedeutet all dies?" Da hebt er zu erzählen an, wie es geschrieben ist in der Haggada, der uralten Freiheitsurkunde der Nation: „Sklaven sind wir gewesen dem Pharao in Mizrajim. Da führte Gott, unser Gott, uns von dort hinaus mit starker Hand und ausgestrecktem Arm. Und hätte der Heilige, gesegnet sei Er, unsere Väter aus

DIE PASSAHNACHT

Mizrajim nicht hinausgeführt, so wären wir, unsere Kinder und Kindeskinder, dienstbar geblieben dem Pharao in Mizrajim. Nicht nur drum unseren Vätern, sondern uns selbst, wären wir auch noch so weise, erfahren, gereift und wissend, liegt es ob, vom Auszug aus Mizrajim zu erzählen, und wer viel erzählt, ist lobenswert..."

Nicht märchenhafte Kunde aus längst verklungenen Zeiten, sondern selbsterlebte geschichtliche Gewißheit ist der jüdischen Nation der wunderbare Auszug aus Ägypten. Des steht der Vater in dieser Nacht vor seinen Kindern als Zeuge der Wahrhaftigkeit. Hat es selber aus dem Munde seines Vaters vernommen, und Glied auf Glied schließt sich die Kette, die die Sklaven der Ägypter über die Jahrtausende hinweg mit ihren jüngsten Nachfahren verbindet.

„Von Geschlecht zu Geschlecht ist der jüdische Mensch verpflichtet, sich anzusehen, als sei e r aus Mizrajim gezogen, denn es heißt: erzähle deinem Sohn in der Folgezeit, daß um dessentwillen Gott an m i r gehandelt, als i c h aus Mizrajim auszog. Denn nicht unsere Väter allein hat der Heilige, gesegnet sei Er, erlöst, sondern auch uns hat Er mit ihnen erlöst, denn es heißt: u n s hat er von dort hinausgeführt, uns heimzuführen in das Land, daß Er unseren Vätern zugeschworen..."

Von seinen e i g e n e n Erlebnissen erzählt dann der Vater seinen Kindern. Nicht mehr als Einzelner, schwach, hinfällig, zeitlich auf engsten Raum beschränkt, sondern als Vertreter der Nation, als Fortträger ihrer nationalen Geschichte, spricht er zu ihnen und heischt von ihnen den Gehorsam, den zwar nicht er, den aber die Nation von allen ihren Gliedern erwarten darf. Wehe dem Kinde, das in dieser Nacht, da die Nation zu ihm spricht, mit Achselzucken sich fortwendet und, mit Beziehung auf die ungesäuerten Brote und das Bitterkraut, voll Überlegenheit einwendet: Dieser Dienst, der für eure Vorfahren vielleicht einmal Sinn gehabt haben mag, was soll er denn E u c h! „Euch? Ihm nicht? So hat er sich selber aus der Nation ausgeschieden und damit das Wesen des Judentums verleugnet! So schließe auch du ihn aus, denn geschrieben steht: „Um des Gehorsams willen hat Gott an m i r gehandelt, als ich aus Mizrajim zog. A n m i r u n d n i c h t a n i h m. Denn wäre er mit seinem Ungehorsam in Mizrajim gewesen, er wäre nicht miterlöst worden..."

Wisset: wir sind keine Nation wie die anderen Nationen. Die anderen Nationen —: wer weiß denn, wie sie entstanden sind? Die natürlichen Bedingungen ihres Seins tragen sie. Sie verehren den Boden, der ihnen Früchte bringt, die Sonne, die ihnen leuchtet, die Muskelkraft, die sie schützt. Wir aber? Seht den Therach an, den Vater des Abraham und des Nachor. Jenseits des Stromes saß er, blieb er mit Nachor und teilte das Geschick der Nationen. Den Abraham aber, euren Vater, nahm Gott von jenseits der Stromes und führte ihn herum im ganzen Lande Kanaan, wählte aus der Fülle seiner Nachkommen den Jizchak, schenkte dem Jizchak den Jakob und den Esaw, überließ dem Esaw das Gebirge SSeïr und brachte den Jakob und seine Söhne nach Mizrajim. Haß und Mißgunst hat uns dort versklavt, und während Esaws Nachkommen schon als Könige in SSeïr herrschten, waren wir in Mizrajim eine rechtlose Menschenhorde. „Und sie taten uns Böses an und quälten uns und legten uns harte Arbeit auf." Wir aber wußten uns selbst nicht zu helfen, denn ihrer war die Macht und die Kraft. Nach den Gesetzen der Geschichte waren wir verloren. Nichts hatten wir mehr als den Gott unserer Väter. „Da schrien wir auf zu Gott, dem Gotte unserer Väter, und es hörte Gott unsere Stimme, sah unser Elend, unsere Mühsal und unsere Bedrängnis und führte uns aus Mizrajim hinaus mit starker Hand und ausgestrecktem Arm, mit großer Furcht und mit Zeichen und mit Wundern..."

Halleluja! Stimmt mit ein in die jüdische Nationalhymne, die König David gesungen! Stimmt mit ein in das Lied, in das schauende Lied, das Gottes Walten in der Geschichte besingt! Unser ist die Geschichte! Unser die Zukunft! Wir haben den Völkertod in Mizrajim überwunden. Wir haben am Sinai das Licht geholt, das uns, wo immer wir sind, „Knechtschaft in Freiheit, Kummer in Freude, Trauer in Festtag, Abhängigkeit in Erlösung, Finsternis in große Helligkeit wandelt: Halleluja!" —

Wer jemals diese Nacht, die von Anbeginn geweihte Nacht Israels, als Wissender miterlebt hat, der ist für immer von jedem Zweifel darüber geheilt, ob die Juden eine Nation sind. Enthalte sich jeder eines Urteils über sie, der diese Nacht nicht kennt. Den Kindern ist sie geweiht, daß sie, die körperlich in Deutschland, Rußland, England und wo sonst geboren sind, auf Israels heiligem Boden ihre geistige Geburt vollenden. In dieser Nacht, in der die nationale Einheit des Judentums von Jahr zu Jahr für jede neue Generation immer wieder von Grund auf errichtet wird, ist mit keinem Sterbenswörtchen von D o g m e n die Rede oder von der vorbildlichen, bis zum Symbol vertieften Gottinnigkeit, ja Gottgemeinschaft einer geheimnisvollen religionsstiftenden P e r s ö n l i c h k e i t. Diese Nacht ist ganz G e s c h i c h t e, ganz N a t i o n a l g e s c h i c h t e. Abraham, Jizchak und Jakob, von der nur aus toten Büchern schöpfenden Theologie in wunderlicher Spielerei ins Mythologische umgedeutet: diese Nacht stellt sie dem jüdischen Kinde, getragen von der Zeugenschaft des eigenen Vaters, so deutlich und lebhaft vor Augen, als hätten sie erst gestern sich, ihre Söhne segnend, in die Höhle Machpela gelegt. Und wenn die Wissenschaft darüber streitet, ob die Juden wohl je unter Pharaos Zepter geschmachtet: das jüdische Kind ißt mit den Vätern das Brot mizrischer Knechtschaft, schmeckt die Bitternis der Sklaverei und stimmt mit fortgerissen in das nationale Danklied ein, das Moses einst mit den Vätern am Meeresufer gesungen. Was endlich will die Scheidung bedeuten, die tiefsinnige Gelehrte zwischen dem alten Volke Israel und den heutigen Juden vornehmen: Es ist eine unnütze papierne Scheidung, die an die nationale Bewußtseinseinheit nicht heranreicht, die den jüngsten Juden von heute in dieser Nacht mit Moses und den Propheten, mit David und Salomos Tempel mit der Kraft unmittelbarer geschichtlicher Selbstgewißheit verknüpft. Es gibt keine jüdische „Religion", es gibt nur eine jüdische N a t i o n a l - g e s c h i c h t e. Bewußter Jude sein heißt die jüdische Nationalgeschichte erfahren haben und sich ihr als Fortträger, als wirkender Fortgestalter mit ganzer Persönlichkeit hingeben.

Chassidische Geschichten
Von Martin Buber

1. Der Seder des Unwissenden

RABBI Levi Jizchak hatte einst den Seder der ersten Pessachnacht mit allen Intentionen gehalten, so daß jeder Spruch und jeder Brauch in der Weihe seines geheimen Sinns am Tisch des Zaddiks aufleuchtete. Nach der Feier, in der Morgendämmerung, saß Rabbi Levi Jizchak in seiner Kammer und war froh und stolz, weil ihm der Dienst dieser Nacht so geglückt war. Da aber redete es zu ihm: „Wessen berühmst du dich? Lieblicher ist mir der Seder Chajims des Wasserträgers als der deine." Der Rabbi rief seine Hausleute und Schüler zusammen und fragte nach dem Mann, dessen Name ihm genannt worden war. Niemand kannte ihn. Auf das Geheiß des Zaddiks gingen einige Schüler ihn suchen. Lange mußten sie umherlaufen, ehe ihnen am Rand der Stadt, wo die Armen wohnen, das Haus Chajims des Wasserträgers gezeigt wurde. Sie klopften an die Tür. Eine Frau kam heraus und fragte nach ihrem Begehr. Als sie es erfahren hatte, verwunderte sie sich und sagte: „Wohl ist Chajim, der Wasserträger, mein Mann. Aber er kann nicht mit euch kommen, denn er hat gestern viel getrunken und schläft sich nun aus, und wenn ihr ihn auch weckt, wird er die Füße nicht zu heben vermögen". Jene antworteten nur: „Der Rabbi hat es befohlen!", gingen hin und rüttelten ihn auf. Er sah sie aus blinzelnden Augen an, verstand nicht, wozu sie seiner bedurften, und wollte sich wieder zurechtlegen. Sie jedoch hoben ihn vom Lager, nahmen ihn in ihre Mitte und trugen ihn fast auf ihren Schultern zum Zaddik. Der ließ ihm einen Sitz in seiner Nähe geben, und als er stumm und verwirrt dasaß, beugte er sich zu ihm und sprach: „Rabbi Chajim, mein Herz, auf welches Geheimnis ging Euer Sinnen, als Ihr das Gesäuerte zusammensuchtet?" Der Wasserträger sah ihn mit stumpfen Augen an, schüttelte den Kopf und antwortete: „Herr, ich habe mich umgesehen in allen Winkeln und habe es zusammengesucht." Staunend fragte der Zaddik weiter: „Und welche Weihe hattet Ihr im Sinn, als Ihr das Gesäuerte verbranntet?" Er dachte nach, betrübte sich und sagte zögernd: „Herr, ich habe vergessen, es zu verbrennen. Und nun entsinne ich mich, es liegt noch auf dem Balken." Als Rabbi Levi Jizchak dies hörte, ward er vollends unsicher; aber er fragte weiter: „Und das sagt mir nun, Rabbi Chajim: wie habt Ihr den Seder gehalten?" Da war es, als erwache jenem etwas in Aug und Gliedern, und er sprach mit demütiger Stimme: „Rabbi, ich will Euch die Wahrheit sagen. Seht, ich habe von je gehört, daß es verboten ist, Branntwein zu trinken die acht Tage des Festes, und da trank ich gestern am Morgen, daß ich genug habe für acht Tage. Und da wurde ich müde und schlief ein. Dann weckte mich mein Weib, und es war Abend, und sie sagte zu mir: ‚Warum hältst du nicht den Seder wie alle Juden?' Sagte ich: ‚Was willst du von mir? Bin ich doch ein Unwissender, und mein Vater war ein Unwissender, und ich weiß nicht, was tun und was lassen. Aber sieh, das weiß ich: unsre Väter und unsre Mütter waren gefangen bei den Zigeunern, und wir haben einen Gott, der hat sie hinausgeführt in die Freiheit. Und sieh', nun sind wir wieder gefangen, und ich weiß es und sage dir, Gott wird auch uns in die Freiheit führen.' Und da sah ich den Tisch stehen, und das Tuch strahlte wie die Sonne, und standen darauf Schüsseln mit Mazzot und Eiern und andern Speisen, und standen Flaschen mit rotem Wein, und da aß ich von den Mazzot mit den Eiern und trank vom Wein und gab meinem Weibe zu essen und zu trinken. Und dann kam die Freude über mich, und ich hob den Becher Gott entgegen und sagte: ,Sieh, Gott, diesen Becher trink ich dir zu! Und du neige dich zu uns und mache uns frei!' So saßen wir und tranken und freuten uns vor Gott. Und dann war ich müde, legte mich hin und schlief ein."

2. Verbannung und Erlösung

EIN Schüler fragte den Maggid von Slotschow:
„Gott spricht zu Mose: ,Jetzt wirst du sehn, was ich mit Pharao tue: ja, mit starker Hand jagt er sie aus seinem Lande'. Braucht man den Knecht, der aus schwerer Fron befreit wird, in die Freiheit zu treiben? Wird er nicht enteilen wie der Vogel aus der Schlinge?"

„Wenn Israel verbannt ist," sagte der Maggid, „ist es immer im eigenen Bann, und nur wenn es selber ihn löst, kommt ihm die Erlösung zu. Besiegt es die böse Macht in sich selbst, dann wird die Dämonsmacht des Bösen gebrochen, und sogleich schwindet auch die fesselnde Kraft der irdischen Machthaber. Weil Israel in Ägypten nicht willens war, aus dem Exil der Seele zu ziehen, spricht Mose zu Gott: ,Gerettet hast du dein Volk nicht'; das heißt: Nicht an dir ist die Rettung. Gott aber spricht: ,Jetzt wirst du sehn.' Und er, der allen Mächten Übermächtige, wahrt den beschworenen Bund. Sein großes Licht stürzt er der Dämonsgewalt Mizrajims entgegen, daß sie geblendet wird. Die heiligen Funken aber, die in sie verbannt sind, erwachen, Art findet sich zu Art, die Funken schauen das Urlicht und glühen ihm zu, bis die Dämonsgewalt sie nicht länger tragen kann und sie austreiben muß. Und sowie dies oben geschieht, geschieht es auch unten in Israel und an Pharao. Das ist der Sinn der Plagen."

Rabbi Henoch sprach:
Das eigentliche Exil Israels in Ägypten war, daß sie es ertragen gelernt hatten.

Der Hundeseder
Von J. L. Perez

UNTER denen, die zum Baalschem zu pilgern pflegten, war einer, ein unausstehlicher Emporkömmling. Ich will ihn sogar beim Namen nennen, und mag sein Geist des Nachts kommen, um Rache an mir zu nehmen. Jokel Konskiwoler hieß er. Selbst der Baalschem, der doch von Natur so gütig war, legte die Stirn in Falten, wenn er ihn eintreten sah. Die andern aber fuhren einfach aus der Haut. Erstens war es dem Manne gar nicht um die Sache zu tun. Denn er war nur aus Trotz zum Baalschem gelaufen gekommen. Man hatte ihn daheim in seiner Empfindlichkeit verletzt, er hatte Streit mit dem Gemeindevorstand und mit dem Rabbi gehabt. Da wollte er ihnen einen Tort antun. Und als schwerreicher Mann konnte er sich's erlauben. Ein anderer an seiner Stelle wäre in dem chassidimfeindlichen Städtchen zertreten, vernichtet worden. Dann war dieser Jokel Konskiwoler überhaupt ein sehr gewöhnlicher, roher Mensch und ein Frechling und Prahlhans obendrein, wie alle Emporkömmlinge. Wenn Betenszeit war, lief er rasch an das Vorbeterpult. (Vorbeten konnte er!) Sollte das Tischgebet gesprochen werden, dann riß er den Segensspruch an sich. Wurde über irgend etwas diskutiert, dann rief er etwas von einem Pferde dazwischen, das er gekauft hatte, und schnalzte laut dazu. Einmal brachte er durch eine seiner Neuigkeiten den ganzen Tisch in Unordnung. Es handelte sich um eine Peitsche mit goldenem Handgriff, die er von einem Lakai des Grafen Potocki bekommen hatte...! Zu alledem war er auch noch ein schrecklicher Geizhals. Jeden Augenblick holte er, um zu prahlen, eine goldene Tabakdose hervor und stellte sich, als ob er schnupfte, schnupfte aber nicht. Denn es war ihm um den Tabak leid. Und steckte jemand von seitwärts einen Finger in die Dose, dann klappte er rasch den Deckel zu, so daß der Finger eingeklemmt wurde. So ein Geizhals war er...

Nun kam er einmal an den Halbfeiertagen des Pessachfestes und blieb über den Sabbat. Da ihn der Baalschem nicht beschämen wollte, ließ er ihn mit allen andern am Tische sitzen. Der Baalschem sprach gerade über einen sehr heiligen Gegenstand, wie nämlich die Gebete zum göttlichen Throne hinaufkommen. Er sagte, daß nicht alle Gebete gleichzeitig anlangen. Es könne sich ereignen, daß jemand später bete als ein anderer und sein Gebet doch früher oben sei. Es komme da auf den Grad der R e i n h e i t des Gebetes an. Das Gebet sei, erklärte er, ein Körper mit einer Seele. Die Worte stellen den Körper, die Andacht die Seele dar. Je mehr Andacht, desto mehr Geistigkeit, desto rascher eile das Gebet hinauf, desto gerader steige es empor, wie der Rauch vom Altar ... Sei aber keine Andacht da, könne es nicht gleich in die Höhe, sondern schleppe sich hin und her, in die Länge und Breite, Wind oder Wolke trage es weg und schleudre es in den Abgrund... Zuweilen falle ein Gebet, das sich in einer Wolke verfing, auch mit dem Regen herab, auf Meere und Wüsten... Freilich gelange es ja schließlich hinauf. Kehre ja jede Sache zu ihrem Ursprung zurück. Am Ende komme doch die Zeit, da die Luft rein wird, Wind und Wolke nicht mehr stören. Dann tragen es die Buchstaben allein in die Höhe, fallen einer nach dem anderen vor den Thron Gottes nieder. Früher oder später — gleichviel, es komme an. Und darum treffen immer Gebete ein. Und das sei der geheime Sinn der Stelle: „Denn siehe, es schläft und es schlummert nicht der Hüter Israels..." Immer, immer fallen Gebete vor den Thron Gottes nieder. Wenn die Gegner der Chassidim mit ihren Gebeten fertig seien, beginnen die Chassidim... Dann kommen die verspäteten... Tag und Nacht folgen sie einander... Und das göttliche Erbarmen könne kein Auge schließen... müsse auf der Wacht stehen!

Es komme vor — so erklärte der Baalschem weiter — daß ein Jude während des Gebets an Korn und Weizen denkt! Dann sei sein Gebet mit Irdischem, mit Getreidesäcken, mit gemeinen Dingen allzu beschwert und gelange vielleicht erst nach dem Tode des Beters an die Stufen des göttlichen

Thrones. Und wenn inzwischen der Beter vor das höchste Gericht getreten ist, der Ankläger Sünde auf Sünde auf die linke Waagschale gehäuft hat — schon sind es viele Zentner — wenn der Fürsprecher mit leeren Händen dasteht, nichts hat, um es in die andere Waagschale zu werfen? Wenn nun der Sünder ausruft: „Für alle Fälle habe ich doch gebetet, o Herr!" — und das Gebet noch gar nicht angekommen ist? Dann werde ihm ein Himmelsfenster geöffnet, damit er sich von der Gerechtigkeit des höchsten Gerichtes überzeuge, damit er mit eigenen Augen sehe, wie seine Gebete irgendwo unten im Pfuhle herumkollern...

Wenn aber jemand während des Gebetes sündige Vorsätze habe, dann ziehen diese Vorsätze das Gebet in die unterste Hölle hinab... Denn jede Sache kehre ja schließlich zu ihrem Ursprung zurück...

Wir waren über die Worte des Baalschem traurig geworden. Dies bemerkte er und wollte uns eine Freude bereiten:

„Ich kann euch aber eine gute Botschaft bringen," sagte er. „Ich habe Kenntnis davon, daß unsere Seder-Gebete nirgends aufgehalten wurden, sondern gerade emporgestiegen sind und dort gnädig und wohlwollend aufgenommen wurden. Die neue Melodie des ‚Chadgadjo' hat besonders gefallen."

„Und mein Seder, Rebbe?" fiel da plötzlich der Emporkömmling mit dreister Frage ein.

Der Baalschem legte die Stirn in Falten und erwiderte: „Deine Sedergebete sind noch nicht angelangt. Sie schwirren um mein Haus herum, begehren Einlaß, um hier verbessert zu werden."

„Und wann werdet Ihr sie hereinlassen?" fragte der ungläubige Dummkopf.

„Nach Hawdole!" antwortete der Baalschem gelassen.

Aus derselben chassidimfeindlichen Stadt wie Jokel Konskiwoler war noch vor Beginn des Pessachfestes auch ein Lehrer gekommen. Daheim hatte er gesagt, daß er zu seiner Frau fahre. Als nun später auch der Emporkömmling eintraf, versteckte er sich vor ihm, erschien nicht bei Tische. Denn er fürchtete, der ungeschlachte Mensch könnte es zu Hause erzählen, und dann würde man ihm den Cheder entziehen und Bart und Schläfenlocken ausreißen. Wir hatten nun Mitleid mit dem Lehrer, der auf seinem Zimmer bleiben mußte, und brachten ihm Schirajim*) und eine Flasche Branntwein... Dabei fragten wir ihn, wie sich eigentlich der Emporkömmling beim Seder benehme.

„Das mag der Teufel wissen," antwortete der Lehrer, der ihm natürlich nicht sehr freundlich gesinnt war. „Der Mann wohnt ja draußen vor der Stadt, um's zu den Gutsherren nahe zu haben und allen anderen Kaufleuten zuvor zu kommen. Der hat ja an der ganzen Welt nicht genug! Nun, da hält er sich Hunde, um nicht bestohlen zu werden, und so wagt sich natürlich kein Mensch zu ihm hinein. Dabei hat er noch die Gewohnheit, daß er jeden Freitag und Feiertagabend dem Bethausdiener den Auftrag gibt, ihm zwei, drei Gäste hinauszuschicken. Selber kann er nämlich nicht warten, um sie mitzunehmen! Der Geiz jagt ihn! Noch vor Schluß des Gottesdienstes rennt er davon. Anfangs wies man ihm nun wirklich Gäste zu. Sie kamen mit

---

*) Reste von der Tafel des „Rebben", die die Chassidim zu erhaschen suchen.

zerrissenen Kleidern und gebissen zurück. Solche Hunde hat er. Und Schreien hilft nichts. Tür und Läden sind verschlossen! Na, da hat man dann aufgehört, ihm Gäste zuzuschicken. Er aber hat nicht aufgehört, seinen Auftrag zu geben: ‚Schickt, schickt, — soviel ihr wollt!' Vor Pessach fügt er noch hinzu: ‚Kol dichfin, jejssej wejejchojl — wer hungrig ist, komme und esse'. Soviel versteht er!"

Nun sind wir erst recht neugierig, was nach der Hawdole sein wird. Denn der Baalschem hatte uns eingeladen, zu kommen und die „Hagode" von Jokel Konskiwoler zu hören.

Endlich ist die Hawdole vorüber. Alle sind versammelt, auch der Emporkömmling. Er wartet, ist ein wenig geärgert, daß sich seine „Hagode" um fremde Häuser herumtreiben muß, und ein wenig glaubt er auch nicht an die ganze Geschichte. So sitzt er da, hat die goldene Tabakdose in der Hand, trommelt mit den Fingern daran, und brummt:

„Na, wir werden ja sehen. Werden ja sehen..."

Jetzt sind auch die Loblieder zu Ende gesungen. Der Baalschem erhebt sich und befiehlt die Tür und die Läden zu schließen... Nun wird dem Kerl die Sache etwas unheimlich. Er steht auf und will hinaus. Aber man läßt ihn nicht, jemand faßt ihn von hinten und zieht ihn auf die Bank zurück. Schwer, wie ein Ballen Getreide, sinkt er hin. Der Baalschem befiehlt, die Lichter auszulöschen. Es wird finster. Ich sitze neben dem Konskiwoler und fühle, wie er am ganzen Leibe zittert. Und da ruft schon, wahrscheinlich auf Befehl des Baalschem, der Gabbe aus:

„Komm herein, Jokel Konskiwolers ‚Hagode' und laß dich hören!"

Und sie kommt und läßt sich hören. Man erkennt die Stimme des Emporkömmlings, nur dazwischen hört man noch andere Stimmen — Hundegebell:

Awodim hojinu — wau, wau, wau! le-Pharoj bemizrajim — wau, wau, wau...! und so weiter... kol dichfin — wau, wau, wau! Jejssej wejejchojl — wau, wau, wau!

Als man wieder Licht machte, war Jokel Konskiwoler nicht mehr im Zimmer. Er ließ sich auch nie wieder sehen.

Der Rabbi von Bacherach

Von Heinrich Heine

SOLCHE gemeinschaftliche Familienmahle im Rabbinerhause fanden ganz besonders statt bei der jährlichen Feier des Passah, eines uralten, wunderbaren Festes, das noch jetzt die Juden in der ganzen Welt am Vorabend des vierzehnten Tages im Monat Nissan, zum ewigen Gedächtnisse ihrer Befreiung aus ägyptischer Knechtschaft, folgendermaßen begehen:

Sobald es Nacht ist, zündet die Hausfrau die Lichter an, breitet das Tafeltuch über den Tisch, legt in die Mitte desselben drei von den platten ungesäuerten Broten, verdeckt sie mit einer Serviette und stellt auf diesen erhöhten Platz sechs kleine Schüsseln, worin symbolische Speisen enthalten, nämlich ein Ei, Lattich, Meerrettichwurzel, ein Lammknochen und eine braune Mischung von Rosinen, Zimt und Nüssen. An diesen Tisch setzt sich der Hausvater mit allen Verwandten und Genossen und liest ihnen vor aus einem abenteuerlichen Buche, daß die Agade heißt, und dessen Inhalt eine seltsame Mischung ist von Sagen der Vorfahren, Wundergeschichten aus Ägypten, kuriosen Erzählungen, Streitfragen, Gebeten und Festliedern. Eine große Abendmahlzeit wird in die Mitte dieser Feier eingeschoben, und sogar während des Vorlesens wird zu bestimmten Zeiten etwas von den symbolischen Gerichten gekostet, sowie alsdann auch Stückchen von dem ungesäuerten Brote gegessen und vier Becher roten Weins getrunken werden. Wehmütig heiter, ernsthaft spielend und märchenhaft geheimnisvoll ist der Charakter dieser Abendfeier, und der herkömmlich singende Ton, womit die Agade von dem Hausvater vorgelesen und zuweilen chorartig von den Zuhörern nachgesprochen wird, klingt so schauervoll innig, so mütterlich einlullend und zugleich so hastig aufweckend, daß selbst diejenigen Juden, die längst von dem Glauben ihrer Väter abgefallen und fremden Freuden und Ehren nachgejagt sind, im tiefsten Herzen erschüttert werden, wenn ihnen die alten wohlbekannten Passahklänge zufällig ins Ohr dringen.

Im großen Saale seines Hauses saß einst Rabbi Abraham, und mit seinen Anverwandten, Schülern und übrigen Gästen beging er die Abendfeier des Passahfestes. Im Saale war alles mehr als gewöhnlich blank; über den Tisch zog sich die buntgestickte Seidendecke, deren Goldfransen bis auf die Erde hingen; traulich schimmerten die Tellerchen mit den symbolischen Speisen sowie auch die hohen weingefüllten Becher, woran als Zierat lauter heilige Geschichten von getriebener Arbeit; die Männer saßen in ihren Schwarzmänteln und schwarzen Platthüten und weißen Halsbergen; die Frauen, in ihren wunderlich glitzernden Kleidern von lombardischen Stoffen, trugen um Haupt und Hals ihr Gold- und Perlengeschmeide, und die silberne Sabbatlampe goß ihr festlichstes Licht über die andächtig vergnügten Gesichter der Alten und Jungen. Auf den purpurnen Sammetkissen eines mehr als die übrigen erhabenen Sessels und angelehnt, wie es der Gebrauch heischt, saß Rabbi Abraham und las und sang die Agade, und der bunte Chor stimmte ein oder antwortete bei den vorgeschriebenen Stellen. Der Rabbi trug ebenfalls sein schwarzes Festkleid, seine edelgeformten, etwas strengen Züge waren milder denn gewöhnlich, die Lippen lächelten hervor aus dem braunen Barte, als wenn sie viel Holdes erzählen wollten, und in seinen Augen schwamm es wie selige Erinnerung und Ahnung. Die schöne Sara, die auf einem ebenfalls erhabenen Sammetsessel an seiner Seite saß, trug als Wirtin nichts von ihrem Geschmeide, nur weißes Linnen umschloß ihren schlanken Leib und ihr frommes Antlitz. Dieses Antlitz war rührend schön, wie denn überhaupt die Schönheit der Jüdinnen von eigentümlich rührender Art ist; das Bewußtsein des tiefen Elends, der bittern Schmach und der schlimmen Fahrnisse, worinnen ihre Verwandten und Freunde leben, verbreitet über ihre holden Gesichtszüge eine gewisse leidende Innigkeit und beobachtende Liebesangst, die unsere Herzen sonderbar bezaubern. So saß heute die schöne Sara und sah beständig nach den Augen ihres Mannes; dann und wann schaute sie auch nach der vor ihr liegenden Agade, dem hübschen, in Gold und Sammt gebundenen Pergamentbuche, einem alten Erbstück mit verjährten Weinflecken aus den Zeiten ihres Großvaters, und worin so viele keck und bunt gemalte Bilder, die sie schon als kleines Mädchen, am Passah-Abend, so gerne betrachtete, und die allerlei biblische Geschichten darstellten, als da sind: wie Abraham die steinernen Götzen seines Vaters mit dem Hammer entzweiklopft, wie die Engel zu ihm kommen, wie Moses den Mizri totschlägt, wie Pharao prächtig auf dem Throne sitzt, wie ihm die Frösche sogar bei Tische keine Ruhe lassen, wie er Gott sei Dank versäuft, wie die Kinder Israel vorsichtig durch das Rote Meer gehen, wie sie offenen Maules mit ihren Schafen, Kühen und Ochsen vor dem Berge Sinai stehen, dann auch wie der fremde König David die Harfe spielt, und endlich wie Jerusalem mit den Türmen und Zinnen seines Tempels bestrahlt wird vom Glanze der Sonne!

Der zweite Becher war schon eingeschenkt, die Gesichter und Stimmen wurden immer heller, und der Rabbi, indem er eins der ungesäuerten Osterbrote ergriff und heiter grüßend emporhielt, las folgende Worte aus der Agade: „Siehe! Das ist die Kost, die unsere Väter in Ägypten genossen! Jeglicher, der da traurig, er komme und teile unsere Passahfreude! Gegenwärtigen Jahres feiern wir hier das Fest, aber zum kommenden Jahre im Lande Israels! Gegenwärtigen Jahres feiern wir es noch als Knechte, aber zum kommenden Jahre als Söhne der Freiheit!"

Da öffnete sich die Saaltüre, und herein traten zwei große, blasse Männer, in sehr weite Mäntel gehüllt, und der eine sprach: „Friede sei mit euch, wir sind reisende Glaubensgenossen und wünschen das Passahfest mit euch zu feiern." Und der Rabbi antwortete rasch und freundlich: „Mit euch sei Frieden, setzt euch nieder in meiner Nähe." Die beiden Fremdlinge setzten sich alsbald zu Tische, und der Rabbi fuhr fort im Vorlesen: „... wie Rabbi Josua, Rabbi Elieser, Rabbi Asaria, Rabbi Akiba und Rabbi Tarphon in Bene-Brak angelehnt saßen und sich die ganze Nacht vom Auszuge der Kinder Israel aus Ägypten unterhielten, bis ihre Schüler kamen und ihnen zuriefen, es sei Tag, und in der Synagoge verlese man schon das große Morgengebet."

Derweilen nun die schöne Sara andächtig zuhörte und ihren Mann beständig ansah, bemerkte sie, wie plötzlich sein Antlitz in grausiger Verzerrung erstarrte, das Blut aus seinen Wangen und Lippen verschwand und seine Augen wie Eiszapfen hervorglotzten; — aber fast im selben Augenblicke sah sie, wie seine Züge wieder die vorige Ruhe und Heiterkeit annahmen, wie seine Lippen und Wangen sich wieder röteten, sein Augen munter umherkreisten, ja, wie sogar eine ihm sonst ganz fremde tolle Laune sein ganzes Wesen ergriff. Die schöne Sara erschrak, wie sie noch nie in ihrem Leben erschrocken war, und ein inneres Grauen stieg kältend in ihr auf, weniger wegen der Zeichen von starrem Entsetzen, die sie einen Moment lang im Gesichte ihres Mannes erblickt hatte, als wegen seiner jetzigen Fröhlichkeit, die allmählich in jauchzende Ausgelassenheit überging. Der Rabbi schob sein Barett spielend von einem Ohr nach dem andern, zupfte und kräuselte possierlich seine Bartlocken, sang den Agadetext nach der Weise eines Gassenhauers, und bei der Aufzählung der ägyptischen Plagen, wo man mehrmals den Zeigefinger in den vollen Becher eintunkt und den anhängenden Weintropfen zur Erde wirft, bespritzte der Rabbi die jüngeren Mädchen mit Rotwein, und es gab großes Klagen über verdorbene Halskrausen und schallendes Gelächter. Immer unheimlicher ward es der schönen Sara bei dieser krampfhaft sprudelnden Lustigkeit ihres Mannes und beklommen von namenloser Bangigkeit schaute sie in das summende Gewimmel der buntbeleuchteten Menschen, die sich behaglich breit hin und her schaukelten, an den dünnen Passahbroten knoperten, oder Wein schlürften, oder miteinander schwatzten, oder laut sangen, überaus vergnügt.

Da kam die Zeit, wo die Abendmahlzeit gehalten wird, alle standen auf, um sich zu waschen, und die schöne Sara holte das große, silberne, mit getriebenen Goldfiguren reichverzierte Waschbecken, das sie jedem der Gäste vorhielt, während ihm Wasser über die Hände gegossen wurde. Als sie auch dem Rabbi diesen Dienst erwies, blinzelte ihr dieser bedeutsam mit den Augen und schlich sich zur Türe hinaus. Die schöne Sara folgte ihm auf dem Fuße; hastig ergriff der Rabbi die Hand seines Weibes, eilig zog er sie fort durch die dunklen Gassen Bacherachs, eilig zum Tor hinaus auf die Landstraße, die den Rhein entlang nach Bingen führt...

Der Rabbi, des Sprechens ohnmächtig, bewegte mehrmals lautlos die Lippen, und endlich rief: „Siehst du den Engel des Todes? Dort unten schwebt er über Bacherach! Wir aber sind seinem Schwerte entronnen. Gelobt sei der Herr!" Und mit einer Stimme, die noch von innerem Entsetzen bebte, erzählte er: wie er wohlgemut die Agade singend und angelehnt saß und zufällig unter den Tisch schaute, habe er dort zu seinen Füßen den blutigen Leichnam eines Kindes erblickt. „Da merkte ich" — setzte der Rabbi hinzu — „daß unsere zwei späten Gäste nicht von der Gemeinde Israels waren, sondern von der Versammlung der Gottlosen, die sich beraten hatten, jenen Leichnam heimlich in unser Haus zu schaffen, um uns des Kindermordes zu beschuldigen und das Volk aufzureizen, uns zu plündern und zu ermorden. Ich durfte nicht merken lassen, daß ich das Werk der Finsternis durchschaut; ich hätte dadurch nur mein Verderben beschleunigt, und nur die List hat uns beide gerettet. Gelobt sei der Herr! Ängstige dich nicht, schöne Sara; auch unsere Freunde und Verwandten werden gerettet sein. Nur nach meinem Blute lechzten die Ruchlosen; ich bin ihnen entronnen und sie begnügen sich mit meinem Silber und Golde. Komm mit mir, schöne Sara, nach einem anderen Lande, wir wollen das Unglück hinter uns lassen, und damit uns das Unglück nicht verfolge, habe ich ihm das letzte meiner Habe, das silberne Becken, zur Versöhnung hingeworfen. Der Gott unserer Väter wird uns nicht verlassen —."

Pessach in Swislowitz

Von Shmarya Levin

DER Abend rückt heran, und die Sonne wirft einen letzten Schimmer über die Stadt Swislowitz. Erneuert und gereinigt scheint jedes jüdische Haus an diesem Tage zu leuchten. Auf jedem Tische prangt das größte, prächtigste und blendendste Tischtuch. Die Kinder haben ihre neuen Kleider angelegt. Sogar die Straße ist gefegt und der Gang bis zum Hause mit reinem gelbem Sand bestreut worden. Durch die stillen Straßen mit ihren zartknospenden Bäumen gehen wir, jung und alt, zur Synagoge. Alles atmet Zufriedenheit, Fülle und Frieden. Denn zu welcher anderen Zeit das Jahres kann es wohl vorkommen, daß sich jede jüdische Familie in Swislowitz rühmen darf, für acht volle Tage — die ganze Dauer des Festes — mit Nahrungsmitteln versorgt zu sein? Der ärmste Haushalt, der einundfünfzig Wochen im Jahr vom Hunger heimgesucht wird, ist bis zum letzten Ostertag mit Proviant versehen: so will es das Gesetz. Und wann sonst wohl im Laufe des Jahres können sie ihre kläglichen Sorgen abwerfen und sich des Feiertags und des Frühlings freuen? Ist es da ein Wunder, daß Pessach der beliebteste aller Feiertage ist? An diesem Festabend konnte der Ärmste in Swislowitz in aufrichtiger Großmut das Gebet sprechen, das den Hausgottesdienst eröffnet: „Wer hungrig ist, komme und esse mit! Wer bedürftig ist, komme und feiere mit uns!" Es ist verboten, daß irgendjemand hungrig sei. Und die weisen Leute der Stadt räsonierten schlau: „Konnte Gott wohl ein schöneres Fest als Pessach gewählt haben, um die Juden aus Ägypten zu führen?"

Wir sind aus der Synagoge zurück. Wir sind zu Hause. Nichts scheint in meine Kindheitserinnerungen so licht und traut wie dieser Pessachabend. Er hat seinen leuchtenden Glanz für immer über mein Leben gebreitet und in all den Jahren nichts von seinem Zauber eingebüßt. Denn an jenem Abend war unser Haus ein Schloß, mein Vater war König, und wir alle waren Glieder der königlichen Familie, Königin, Prinzen und Prinzessinnen. Und der ärmste Gast, der mit uns am Tische saß, war ein Gesandter. Meine Freude war zu groß, um sich eindämmen zu lassen; sie strömte über und ergoß sich durch das Zimmer und über die Menschen darin. Ich hatte den Wunsch, daß die Erwachsenen mir herrliche Geschichten erzählten und ich wollte ihnen zum Dank andere erzählen. Ich war erfüllt von dem wunderbaren Auszug aus Ägypten, und ich erlebte auf meine eigene Weise alle Akte dieses größten Dramas der Weltgeschichte.

Der Tisch war an jenem Abend ausgezogen und mit Einlagen versehen worden, damit alle Gäste Platz fänden. Oben an der Tafel saß mein Vater gegen Kissen gelehnt, die zu seiner Rechten lagen — ein Symbol seiner Freiheit, Majestät und Herrschaft. Ihm zur Seite saß meine Mutter. Die Ehrenplätze neben ihnen waren den Ehrengästen angewiesen und danach kamen die Familienmitglieder. Eine Menge Pokale und Weingläser, von leuchtenden Karaffen umgeben, funkelten auf der Tafel. Mein Vater leitete die Sederfeier mit königlicher Würde, ohne Hast und ohne Ungeduld. Da mein jüngerer Bruder noch zu klein war, um die „vier Fragen" zu rezitieren, fiel dieser Teil der Zeremonie mir zu. Ich aber fühlte etwas wie Beschämung, mit einer so simplen Rolle beteiligt zu sein, denn ich verstand fast die ganze Haggada. Und so rezitierte ich die vier Fragen auf hebräisch mit ihrer jiddischen Übertragung wie jemand, der einem Zwang gehorcht. Auf die Frage folgte das Hersagen der Antworten. Groß war mein Triumph, als wir an das Aufzählen der Plagen kamen, die den Ägyptern auferlegt worden waren, und er steigerte sich noch, als wir von den komplizierten Berechnungen gewisser Gelehrter lasen, die auf Grund einer eigenen Logik nachwiesen, daß die Ägypter nicht von zehn, sondern von ganzen zweihundertundfünfzig Plagen heimgesucht wurden. Geschieht ihnen recht, dachte ich: das wird sie lehren, die Juden in Ruhe zu lassen.

Nach alter Sitte wird bei der Sederfeier der Afikomon (ein zum Nachtisch aufgehobenes Stück Mazze) von den Kindern unter dem Kissen des Vaters heimlich fortgenommen. Der Vater legt den Afikomon zu Beginn der Feier beiseite, um ihn am Schluß hervorzuholen und unter die Anwesenden zum Nachtisch zu verteilen. Die Kinder müssen also das Mazzestück in der Zwischenzeit an sich bringen. Mein Bruder wollte mir bei dem Diebstahl behilflich sein, stellte aber die Bedingung, daß wir das Lösegeld, das der Vater für die Rückgabe des Afikomon zahlen mußte, miteinander teilten. Da kam mir ein glänzender Einfall. Ich ging zu meinem Vater und fragte ihn, was für eine Belohnung er mir geben wollte, wenn ich den Afikomon nicht stahl. Der Gedanke gefiel ihm außerordentlich, und er versprach mir mehr, als ich für einen gelungenen Diebstahl zu erwarten gehabt hätte. Ich erhielt meine Belohnung und blieb obendrein ehrlich. Ich machte nicht nur keinen Versuch, den Afikomon fortzunehmen, sondern paßte auch auf meine Brüder auf und hinderte sie am Stehlen.

In der Mitte des Tisches stand der Becher mit Wein, der nach dem Ritual für den Propheten Elia vorbereitet werden muß. Niemand darf daraus trinken außer ihm, wenn er im rechten Augenblick unsichtbar erscheint. Und ich behielt den Becher fest im Auge, um zu beobachten, ob sich nicht eine Verringerung des bis an seinen Rand reichenden Inhalts bemerkbar machte. Natürlich zweifelte niemand von uns, daß Elia an diesem Abend in jedem jüdischen Hause erschien. Wir wußten aber auch, daß es ihm ganz unmöglich war, die Tausende und aber Tausende von Trinkbechern zu leeren, die für ihn bereit standen. Ein kleines Schlückchen hätte er aus jedem Pokal nehmen können, und ich lauerte wie gebannt auf ein Zeichen wenn auch noch so geringer Abnahme der Weinmenge. Als der Augenblick gekommen war, erhoben wir uns alle von unseren Sitzen, mein Vater öffnete die Tür und sprach die schaurigen Worte: „Ergieße Deinen Zorn über die Völker, die Dich nicht anerkennen..." Ich hielt den Atem an und schaute und lauschte. O, ich wußte wohl, daß Elia nicht wie ein gewöhnlicher Mensch grob sichtbar und hörbar eintreten konnte! Aber ich erwartete einen Schatten, den Hauch eines Tons, ein Schlürfen von Fußtritten. Die Beschwörung war beendet, die Tür wurde geschlossen, und ich vermochte nichts zu sagen. Hatte ich etwas gehört? Hatte ich gefühlt, daß etwas vorbeikam? Ich sah prüfend nach dem Tisch und dem Becher des Propheten. Aber meine Spannung hatte mich wieder einmal verwirrt: ich konnte mich nicht genau besinnen, wie hoch der Wein vorher im Glase stand. Vielleicht hatten die Lippen des Propheten den Wein unsichtbar, kaum merklich, berührt. Und den ganzen Abend machte ich mir Gedanken, fiel dabei in einen Halbschlaf, bis mein Vater mich weckte und mich aufforderte, mit allen anderen zusammen das letzte der Haggadalieder zu singen: „Chad gadja, chad gadja, ein Lämmlein, ein Lämmlein, mein Vater kauft es bar, sein Preis zwei Sussim war. Chad gadja, chad gadja" ...

Nur einem einzigen Menschen in unserer Stadt, und zwar dem ungebildetsten Swislowitzer Juden — keinem anderen als Ascher Pakeß, seines Zeichens Wasserträger und Wächter der Gratisherberge — war die Auszeichnung zuteil geworden, den Propheten nicht nur einmal, sondern volle zweimal zu erblicken. Pakeß war eine durch und durch einfache Natur, das heißt, er hatte die Einfalt seiner Kindheit in sein Mannesalter übertragen und faßte alle Dinge buchstäblich auf. Er war auch so ehrlich wie ein Kind; sein Sinn wich nicht um Haaresbreite vom Wege ab. Niemand brauchte auf Pakeß aufzupassen: und darin unterschied er sich gewaltig von Pagaleja, der Bäuerin, auch einer Wasserträgerin, der man die Küche nicht anvertrauen konnte, wenn ein Holzlöffel liegengeblieben war. Ascher Pakeß konnte man allein in der Küche lassen, wenn eine Handvoll Goldstücke auf dem Tisch lagen. Oft genug ließen Frauen, die kein Kleingeld hatten, ihre Schuld bei ihm bis zu vier und fünf Eimern Wasser anstehen. Und dann zahlten sie mit einem Zehnkopekenstück und trauten ihm, daß er den Rest ein andermal herausgäbe. Ascher Pakeß ruhte aber nicht, bis er die letzte Kopeke abgegeben hatte ....

Eben diesem Ascher Pakeß wurde die hohe Auszeichnung zuteil, Elia, den Propheten, zweimal in Person zu schauen. Während des Osterfestes war die Gratisherberge leer, denn selbst die Bettler fanden während dieses Festes irgendwo Aufnahme. Ascher und seine Frau waren also ganz allein im Hause, und sie begingen den Sederabend zu zweit. Aschers Frau, die etwas geweckter war als er, kannte alle Einzelheiten der Sederfeier. Sie wußte also auch, daß man den größten und hübschesten Becher auf dem Tische für Elia, den Propheten, bereitzustellen hatte. Sie wußte auch, daß bei der Stelle: „Ergieße Deinen Zorn", die Tür weit geöffnet werden mußte. Im richtigen Augenblick riß Pakitscha die Tür weit auf und — eine Ziege trabte geradewegs in die Stube. Weder Ascher, noch seiner Frau kam es in den Sinn, die Ziege hinauszujagen. Sie wußten, wer die Ziege war. Das war Elia, der Prophet, in einer jener Verwandlungen, von denen in den Volkssagen so oft erzählt wird. Die Ziege, die so freundlichen Willkomm fand, ging bis zur Mitte des Zimmers, sprang mit beiden Vorderfüßen auf den Tisch, beschnupperte eine der Mazzen, als ob sie ein Gebet darüber spräche, und warf den Weinbecher Elias, des Propheten, um.

Hier konnte Ascher Pakeß sich nicht mehr halten. „Rabbi, Prophet," rief er atemlos, „sei nicht böse, bitte. Iß soviel du willst. Trinke soviel du willst. Aber, bitte, zerbrich nichts!"

Am zweiten Pessachabend, an dem dieselbe Zeremonie in jeder Einzelheit wiederholt wird, erschien bei dieser Stelle ein zweiter Besuch. Ein Mann in langem weißen Gewande, die Mütze tief ins Gesicht gedrückt, erschien an der Tür, trat ein und schritt auf den Tisch zu. Ascher war durch diesen Gast weit mehr erschreckt als durch die Ziege. Er schrie vor Entsetzen auf. Der Gast erhob aber nur den Becher des Propheten, trank ihn leer und verschwand. Unter den Juden von Swislowitz sprach es sich herum, daß der Gast Israel, der Sohn Josef Bärs, des Kantors, gewesen war. Ascher Pakeß war jedoch fest überzeugt, daß kein anderer als Elia, der Prophet, in einer anderen Verkleidung abermals erschienen war, um den Weinbecher zu leeren.

Diese beiden Geschichten waren in Swislowitz allgemein bekannt, und Ascher war jederzeit bereit, sie auf Verlangen, zum großen Gaudium seiner Zuhörer, zu wiederholen. Er erzählte sie einfach, rückhaltlos, wie ein Kind ein Erlebnis berichtet. Es gab aber einige, die nicht lachten. Sie fragten sich: wer mag wissen, wer die Ziege war? Wer mag wissen, wer sich hinter dem Gast in dem langen Gewande verbarg — was auch immer Israel, der Sohn Josef Bärs, behauptet? Und wer konnte am Ende wissen, wer Ascher Pakeß, der

Einfältige, selber war? War es nicht schon oft vorgekommen, daß der Holzhacker gar kein Holzhacker, der Wasserträger kein Wasserträger war? Und muß man nicht an die sechsunddreißig verborgenen Heiligen denken, diese bescheidenen, stillen Geister, die in niedriger Gestalt über die Erde wandeln, und durch deren Tugenden die Welt besteht? Wer könnte sagen, daß er nicht einem dieser Heiligen in der Gestalt eines frommen, ehrlichen Geistesarmen begegnet wäre?

Der Fremde
Von Josef Roth

„MORGEN abend wirst du bei uns essen, wie alle Jahre" — sagte Skowronnek. Es war der erste Osterabend. Mendel nickte. Er wollte lieber in seinem Hinterzimmer bleiben, er kannte die schiefen Blicke der Frau Skowronnek und die berechnenden Hände, mit denen sie Mendel die Suppe und den Fisch zuteilte. Es ist das letztemal, dachte er. Von heute in einem Jahr werde ich in Zuchnow sein: lebendig oder tot; lieber tot.

Als erster der Gäste kam er am nächsten Abend, aber als letzter setzte er sich an den Tisch. Frühzeitig kam er, um die Frau Skowronnek nicht zu kränken, spät nahm er seinen Platz ein, um zu zeigen, daß er sich für den geringsten unter den Anwesenden hielt. Ringsum saßen sie schon: die Hausfrau, beide Töchter Skowronneks mit ihren Männern und Kindern, ein fremder Reisender in Musikalien und Mendel. Er saß am Ende des Tisches, auf den man ein gehobeltes Brett gelegt hatte, um ihn zu verlängern. Mendels Sorge galt nun nicht allein der Erhaltung des Friedens, sondern auch dem Gleichgewicht zwischen der Tischplatte und ihrer künstlichen Verlängerung. Mendel hielt mit einer Hand das Brettende fest, weil man einen Teller oder eine Terrine darauf stellen mußte. Sechs schneeweiße dicke Kerzen brannten in sechs silbernen Leuchtern auf dem schneeweißen Tischtuch, dessen gestärkter Glanz die sechs Flammen zurückstrahlte. Wie weiße und silberne Wächter von gleichem Wuchs standen die Kerzen vor Skowronnek, dem Hausherrn, der im weißen Kittel auf einem weißen Kissen saß, angelehnt an ein anderes Kissen, ein sündenreiner König auf einem sündenreinen Thron. Wie lange war es her, daß Mendel in der gleichen Tracht, in gleicher Art den Tisch und das Fest regiert hatte? Heute saß er gebeugt und geschlagen in seinem grün schillernden Rock am letzten Ende, der Geringste unter den Anwesenden, besorgt um die eigene Bescheidenheit und eine armselige Stütze der Feier. Die Osterbrote lagen verhüllt unter einer weißen Serviette, ein schneeiger Hügel neben dem saftigen Grün der Kräuter, dem dunklen Rot der Rüben und dem herben Gelb der Meerrettichwurzel. Die Bücher mit den Berichten von dem Auszug der Juden aus Ägypten lagen aufgeschlagen vor jedem Gast. Skowronnek begann die Legende vorzusingen, und alle wiederholten seine Worte, erreichten ihn und sangen einträchtig im Chor diese behagliche, schmunzelnde Melodie, eine gesungene Aufzählung der einzelnen Wunder, die immer wieder zusammengerechnet wurden und immer wieder die gleichen Errungenschaften Gottes ergaben: die Größe, die Güte,

DER FREMDE

die Barmherzigkeit, die Gnade für Israel und den Zorn gegen Pharao. Sogar der Reisende in Musikalien, der die Schrift nicht lesen konnte und die Gebräuche nicht verstand, konnte sich der Melodie nicht entziehen, die ihn mit jedem neuen Satz umwarb, einspann und umkoste, so daß er sie mitzusummen begann, ohne es zu wissen. Und selbst Mendel stimmte sie milde gegen den Himmel, der vor viertausend Jahren freigebig heitere Wunder gespendet hatte, und es war, als würde durch die Liebe Gottes zum ganzen Volk Mendel mit seinem eigenen kleinen Schicksal beinahe ausgesöhnt. Noch sang er nicht mit, Mendel Singer, aber sein Oberkörper schaukelte vor und zurück, gewiegt vom Gesang der Andern. Er hörte die Enkelkinder Skowronneks mit hellen Stimmen singen und erinnerte sich der Stimmen seiner eigenen Kinder. Er sah noch den hilflosen Menuchim auf dem ungewohnten erhöhten Stuhl am feierlichen Tisch. Der Vater allein hatte während des Singens von Zeit zu Zeit einen hurtigen Blick nach seinem jüngsten und ärmsten Sohn geworfen, das lauschende Licht in seinen törichten Augen gesehn und gefühlt, wie sich der Kleine vergeblich mühte, mitzuteilen, was in ihm klang, und zu singen was er hörte. Es war der einzige Abend im Jahr, an dem Menuchim einen neuen Rock trug, wie seine Brüder, und den weißen Kragen des Hemdes mit den ziegelroten Ornamenten als festlichen Rand um sein welkes Doppelkinn. Wenn Mendel ihm den Wein vorhielt, trank er mit gierigem Zug den halben Becher, keuchte und prustete und verzog sein Gesicht zu einem mißlungenen Versuch zu lachen oder zu weinen: wer konnte es wissen.

Daran dachte Mendel, während er sich im Gesang der Andern wiegte. Er sah, daß sie schon weit voraus waren, überschlug ein paar Seiten und bereitete sich vor, aufzustehn, die Ecke von den Tellern zu entlasten, damit sich kein Unfall ereignete, wenn er loslassen sollte. Denn der Zeitpunkt näherte sich, an dem man den roten Becher mit Wein füllte und die Tür öffnete, um den Propheten Eliahu einzulassen. Schon wartete das dunkelrote Glas, die sechs Lichter spiegelten sich in seiner Wölbung. Frau Skowronnek hob den Kopf und sah Mendel an. Er stand auf, schlürfte zur Tür und öffnete sie. Skowronnek sang nun die Einladung an den Propheten. Mendel wartete, bis sie zu Ende war. Denn er wollte nicht den Weg zweimal machen. Dann schloß er die Tür, setzte sich wieder, stemmte die stützende Faust unter das Tischbrett, und der Gesang ging weiter.

Kaum eine Minute, nachdem Mendel sich gesetzt hatte, klopfte es. Alle hörten das Klopfen, aber alle dachten, es sei eine Täuschung. An diesem Abend saßen die Freunde zu Haus, leer waren die Gassen des Viertels. Um diese Stunde war kein Besuch möglich. Es war gewiß der Wind, der klopfte. „Mendel," sagte Frau Skowronnek, „Ihr habt die Tür nicht richtig geschlossen." Da klopfte es noch einmal deutlich und länger. Alle hielten ein. Der Geruch der Kerzen, der Genuß des Weins, das gelbe ungewohnte Licht und die alte Melodie hatten die Erwachsenen und die Kinder so nah an die Erwartung eines Wunders gebracht, daß ihr Atem für einen Augenblick aussetzte und daß sie ratlos und blaß einander ansahen, als wollten sie sich fragen, ob der Prophet nicht wirklich Einlaß verlangte. Also blieb es still und niemand wagte sich zu rühren. Endlich regte sich Mendel. Noch einmal schob er die Teller in die Mitte. Noch einmal schlurfte er zur Tür und öffnete. Da stand ein großgewachsener Fremder im halbdunklen Flur, wünschte guten Abend und fragte, ob er eintreten dürfe. Skowronnek erhob sich mit einiger Mühe aus seinen Pölstern. Er ging zur Tür, betrachtete den Fremden und sagte: please! — wie er es in Amerika gelernt hatte. Der Fremde trat ein. Er trug einen dunklen Mantel, hochgeschlagen war sein Kragen, den Hut behielt er auf dem Kopf, offenbar aus Andacht vor der Feier, in die er geraten war und weil alle anwesenden Männer mit bedeckten Häuptern dasaßen.

„Es ist ein feiner Mann" — dachte Skowronnek. Und knöpfte, ohne ein Wort zu sagen, dem Fremden den Mantel auf. Der Mann verneigte sich und sagte: „Ich heiße Alexej Kossak. Ich bitte um Entschuldigung. Ich bitte sehr um Entschuldigung. Man hat mir gesagt, daß sich ein gewisser Mendel Singer aus Zuchnow bei Ihnen aufhält. Ich möchte ihn sprechen."

„Das bin ich," sagte Mendel, trat nahe an den Gast und hob den Kopf. Seine Stirn reichte bis zur Schulter des Fremden. „Herr Kossak," fuhr Mendel fort, „ich habe schon von Ihnen gehört. Ein Verwandter sind Sie."

„Legen Sie ab und setzen Sie sich mit uns an den Tisch," sagte Skowronnek... Sie fuhren fort. Still und schmal saß der Gast auf seinem Platz. Mendel betrachtete ihn unaufhörlich. Unermüdlich sah Alexej Kossak auf Mendel Singer. Also saßen sie einander gegenüber, umweht von dem Gesang der Andern, aber von ihnen getrennt...

Nun waren sie bald fertig. Die Kerzen waren bis zur Hälfte abgebrannt, der Tisch war nicht mehr glatt und feierlich, Flecken und Speisereste sah man auf dem weißen Tischtuch, und Skowronneks Enkel gähnten schon. Man hielt am Ende des Buches. Skowronnek sagte mit erhobener Stimme den überlieferten Wunsch: „Im nächsten Jahr in Jerusalem!" Alle wiederholten es, klappten die Bücher zu und wandten sich zum Gast. An Mendel kam jetzt die Reihe, den Besucher zu fragen. Der Alte räusperte sich, lächelte und sagte: „Nun, Herr Alexej, was wollen Sie mir erzählen?"

Mit halblauter Stimme begann der Fremde: „Ihr hättet längst von mir Nachricht gehabt, Herr Mendel Singer, wenn ich Eure Adresse gewußt hätte. Aber nach dem Kriege wußte sie niemand mehr..."

„Und nun," fuhr Kossak fort, „habe ich eine angenehme Nachricht." Mendel hob den Kopf. „Ich habe Euer Haus gekauft, vom alten Billes, vor Zeugen und auf Grund einer amtlichen Einschätzung. Und das Geld will ich Euch auszahlen."

„Wieviel macht es?" fragte Mendel.

„Dreihundert Dollar!" sagte Kossak.

Mendel griff sich an den Bart und kämmte ihn mit gespreizten zitternden Fingern. „Ich danke Ihnen!" sagte er.

„Und was Euren Sohn Jonas betrifft," sprach Kossak weiter, „so ist er seit dem Jahr 1915 verschollen. Niemand konnte etwas über ihn sagen. Weder in Petersburg, noch in Berlin, noch in Wien, noch im Schweizer „Roten Kreuz". Ich habe überall angefragt und anfragen lassen..."

Mendel wollte eben den Mund auftun, um nach Menuchim zu fragen. Aber sein Freund Skowronnek, der Mendels Frage voraussahnte, eine traurige Antwort für sicher hielt und bestrebt war, betrübliche Gespräche an diesem Abend zu vermeiden oder sie wenigstens, so lang es ging, zu verschieben,

DER FREMDE

kam dem Alten zuvor und sagte: „Nun, Herr Kossak..., machen Sie uns vielleicht noch die Freude, etwas aus Ihrem Leben zu erzählen. Wie kommt es, daß Sie den Krieg, die Revolution und alle Gefahren überstanden haben?"

Der Fremde hatte offenbar diese Frage nicht erwartet, denn er antwortete nicht sofort. Er schlug die Augen nieder, wie einer, der sich schämt oder nachdenken muß, und antwortete erst nach einer längeren Weile: „Ich habe nichts Besonderes erlebt. Als Kind war ich lange krank, mein Vater war ein armer Lehrer wie Herr Mendel Singer, mit dessen Frau ich ja verwandt bin. (Es ist jetzt nicht an der Zeit, die Verwandtschaft näher zu erläutern.) Kurz, meiner Krankheit wegen und weil wir arm waren, kam ich in eine große Stadt, in ein öffentliches medizinisches Institut. Man behandelte mich gut, ein Arzt hatte mich besonders gern, ich wurde gesund, und der Doktor behielt mich in seinem Haus. Dort," — und hier senkte Kossak die Stimme und den Kopf, und es war, als spräche er zum Tisch, so, daß alle den Atem anhielten, um ihn genau zu hören — „dort setzte ich mich eines Tages an das Klavier und spielte aus dem Kopf eigene Lieder. Und die Frau des Doktors schrieb die Noten zu meinen Liedern. Der Krieg war mein Glück. Denn ich kam zur Militärmusik und wurde Dirigent einer Kapelle, blieb die ganze Zeit in Petersburg und spielte ein paarmal beim Zaren. Meine Kapelle ging mit mir nach der Revolution ins Ausland. Ein paar fielen ab, ein paar Neue kamen dazu, in London machten wir einen Kontrakt mit einer Konzertagentur, und so ist mein Orchester entstanden."

Alle lauschten immer noch, obwohl der Gast längst nichts mehr erzählte. Aber seine Worte schwebten noch im Zimmer, und an den und jenen schlugen sie erst jetzt... Er sah schnell auf Mendel Singer und fragte: „Ihre Frau ist tot?" Mendel nickte. „Und soviel ich weiß, haben Sie doch eine Tochter?" Statt Mendels erwiderte nun Skowronnek: „Sie ist leider durch den Tod der Mutter und des Bruders Sam verwirrt geworden und in der Anstalt." Der Fremde ließ wieder den Kopf sinken... Mendel war endlich entschlossen, nach Menuchim zu fragen. Auch Skowronnek fühlte, daß die Frage nicht mehr aufzuschieben war. Er fragte lieber selbst, Mendel, sein Freund, sollte zu dem Weh, das ihm die Antwort bereiten würde, nicht auch noch die Qual zu fragen auf sich nehmen müssen.

„Mein Freund Mendel hatte noch einen armen kranken Sohn, namens Menuchim. Was ist mit ihm geschehen?"

Wieder antwortete der Fremde nicht... Endlich sagte er, unerwartet laut, wie mit einem plötzlichen Entschluß:

„Menuchim lebt!"

Es klingt nicht wie eine Antwort, es klingt wie ein Ruf. Unmittelbar darauf bricht ein Lachen aus Mendel Singers Brust. Alle erschrecken und sehen starr auf den Alten. Mendel sitzt zurückgelehnt auf dem Sessel, schüttelt sich und lacht. Sein Rücken ist so gebeugt, daß er die Lehne nicht ganz berühren kann. Zwischen der Lehne und Mendels altem Nacken (weiße Härchen kräuseln sich über dem schäbigen Kragen des Rocks) ist ein weiter Abstand. Mendels langer Bart bewegt sich heftig, flattert beinahe, wie eine weiße Fahne, und scheint ebenfalls zu lachen. Aus Mendels Brust dröhnt und kichert es abwechselnd. Alle erschrecken, Skowronnek erhebt sich etwas schwerfällig aus den schwellenden Kissen und behindert durch den langen weißen Kittel, geht um den ganzen Tisch, tritt zu Mendel, beugt sich zu ihm und nimmt mit beiden Händen Mendels beide Hände. Da verwandelt sich Mendels Lachen in Weinen, er schluchzt, und die Tränen fließen aus den alten halbverhüllten Augen in den wildwuchernden Bart, verlieren sich im wüsten Gestrüpp, andere bleiben lange und rund und voll wie gläserne Tropfen in den Haaren hängen.

Endlich ist Mendel ruhig. Er sieht Kossak gerade an und wiederholt: „Menuchim lebt?"

Der Fremde sieht Mendel ruhig an und sagt: „Menuchim lebt, er ist gesund, es geht ihm sogar gut!"

Mendel faltet die Hände, er hebt sie, so hoch er kann, dem Plafond entgegen. Er möchte aufstehn. Er hat das Gefühl, daß er jetzt aufstehen müßte, gerade werden, wachsen, groß und größer werden, über das Haus hinauf und mit den Händen den Himmel berühren. Er kann die gefalteten Hände nicht mehr lösen. Er blickt zu Skowronnek, und der alte Freund weiß, was er jetzt zu fragen hat, an Mendels Statt.

„Wo ist Menuchim jetzt?" fragt Skowronnek.

Und langsam erwiderte Alexej Kossak:

„Ich selbst bin Menuchim."

Sedernacht
Von Carry van Bruggen

DER alte grauhaarige, von Alter gebeugte Mann schlurfte durch das Zimmer mit seiner altertümlichen Einrichtung. Seine Stimme zitterte und ein weicher Blick kam in seine Augen, als er in der Richtung des Schrankbettes sprach: „Sarah, schläfst du...? schläfst du...? Ach, du bist wach! Es ist Zeit zum Seder, Sarah... Ich will eben die Lampe anzünden... und den Tisch decken... Mein Gott, was für ein schreckliches Wetter... Wind und Regen... nicht ein Stern am Himmel und die Bäume sausen wie toll... Du weißt, Sarah, ich fürchte, daß das Wetter zu schlecht für Elija, den Propheten, ist. Wir werden noch ein Jahr warten müssen, bevor wir nach Erez Israel fahren. Was ist mit dir, Sarah? Du wirst doch in der Sedernacht nicht weinen? Komm, ich will die Lampe anzünden und alles vorbereiten. Wir werden den Pessach zusammen feiern. Da ruft jemand ‚Laden'. Wer ist da? Ich kann Sie nicht hören... Sprechen Sie etwas lauter... Sie wünschen Knöpfe...? Ich verkaufe keine Knöpfe diese Nacht... Ich verkaufe überhaupt nichts diese Nacht... Weil sie eine Feiernacht ist... Welche Feier geht Sie nichts an... Lassen Sie mich in Ruh'... Wenn ich nicht den Laden schließe, ist es meine Sache ... Schließen Sie die Tür hinter sich zu.

Das war Jane Lammers, Sarah. Sie wollte wissen, warum ich nicht die Tür schließe, wenn ich nichts zu verkaufen wünsche. Wenn ich ihr gesagt hätte, daß wir diese Nacht die Tür nicht schließen dürfen, weil der Messias kommen könnte, hätten sie wieder etwas gehabt, um uns auszulachen.

Sie hätten wieder etwas gehabt, um auf der Straße hinter mir herzuschreien. Ich wünschte, daß sie mich heute Nacht in Ruhe ließen. Bitte, weine nicht, Sarah. Schau, ich will mich hersetzen, so daß du mich wirst sehen und hören können. So daß du die Sedernacht wie sonst wirst feiern und deine

SEDERNACHT

Pflicht tun können. Du weißt, daß Rabbi Gamaliel sagte: Derjenige, welcher am Pessach von diesen drei Dingen nicht spricht, hat seine Pflicht nicht erfüllt, nämlich: das Pessachlamm, das ungesäuerte Brot und die bitteren Kräuter... Du schläfst doch nicht, wie...? Du bist wach, eh? Der Arzt sagte mir heute früh... er sagte, ich solle nicht den Seder mit dir in diesem Zimmer feiern... er sagte, daß du zu schwach seist, daß es dich zu sehr aufregen würde... dein Herz ist schwach... aber ich könnte das nicht machen, es ist undenkbar... Sedernacht ohne einen Seder, ohne Wein zu trinken, ohne die Mazzo zu brechen... Hätte ich seinen Rat befolgen sollen? Habe ich Unrecht getan? Bist du wirklich zu schwach, Sarah? Nein, natürlich nicht, ein jüdisches Weib kann nicht zu krank sein, um den Seder zu hören...

Ja, ich erinnere mich, dies ist die Decke, die uns unsere Kinder zur silbernen Hochzeit gaben. Die Kinder sind fort und die Decke ist noch hier... Das ist schon gut so, heute ist Jomtof... Es sind nun sieben Jahre vergangen, seit unser Daniel sein Vaterhaus nicht mehr betreten hat. Weinst du nun wieder...? Sei still. Der Arzt sagt, daß es gefährlich ist, dich aufzuregen. Ich werde kein Wort mehr über die Kinder sagen.

Das ist schwer zu machen, das kann nur eine Frau tun. Voriges Jahr hast du das Tuch gefaltet, obwohl du schon damals nicht mehr gehen konntest. Du saßest im Lehnstuhl und ich stellte alles bereit; aber du faltetest das Tuch... Ja, und... Nun, Liebe, wie gefällt es dir? Hab ich es richtig gemacht? Ich kann ohne sie alle leben, aber ich könnte nicht ohne dich leben... du darfst mich nicht verlassen... hörst du... nie! Wenn du von mir weggehst, werde ich nicht in diesem Hause bleiben. Ich werde auf die Straße gehen und Hawdala-Kerzen verkaufen oder Arba Kanfot! Nein! Ich würde das nicht tun; es ist keine Nachfrage mehr nach diesen Sachen... Und ich werde von Tür zu Tür gehen, Ansichtskarten, Seife und Kämme verkaufen... Und außerdem... diejenigen müssen mir Brot geben, denen ich mein ganzes Leben Brot gegeben habe, und ich werde bis zum Ende meiner Tage zu essen haben.

Mein Sohn Daniel hätte nicht ein Sozialist werden dürfen, schon um seines Vaters willen... Meinetwegen hätte er es nicht so weit kommen lassen sollen, aus dem Seminar ausgeschlossen zu werden, weil er jede Nacht zu sozialistischen Versammlungen ging... ausgeschlossen... ausgeschlossen... ich könnte alles vergessen... aber ich werde nie vergessen, daß ein Enkel des Reb Josef Lehren väterlicherseits, ein Urenkel von Reb Akiba Rabbinowitsch mütterlicherseits... der Enkel eines Gelehrten... der Urenkel eines Märtyrers... und aus dem Seminar ausgewiesen, wie ein Verbrecher... Stundenlang pflegte er die Bilder in seiner Haggada anzuschauen... Das Rote Meer, die zehn Plagen... der böse Sohn und der kluge Sohn, der einfältige Sohn und der Sohn, der nicht zu fragen weiß... Da ist seine Haggada... da ist sein Gebetbuch... Schau diese Worte an... Jewarechecha adoschem wejischmerecha... Der Herr segne und erhalte dich... Der Herr segne dich...

Laden... Nein, ich will nicht gehen! Ich will nicht gehen! Sollen sie rufen, sollen sie die Glocke läuten... Ich will nicht gehen... Was wollt ihr? Nein, ich will jetzt nichts verkaufen... keine Knöpfe... keine Schuhbänder... keine Mützen... keine Bänder... Ich feiere mein Fest... Ihr kommt nur her, um mich zu quälen... Ich hör euch lachen... Hinaus! Ah, ihr geht, geht ihr? Nun, es war auch schon an der Zeit...! Sie sind weggegangen, Sarah... Ich werde mir von ihnen nicht meinen Abend verderben lassen... sie wollen, daß ich die Tür absperre, aber ich darf die Tür nicht absperren... Du meinst es doch nicht auch, Sarah? Du willst doch nicht, daß ich die Tür absperre? Nie in meinem Leben, bis zum Ende meiner Tage nicht, wird meine Tür in der Nacht des Auszugs abgesperrt sein. Und falls... falls eines von ihnen nach Hause kommen wollte, Sarah... eines von unseren Kindern... Sollen sie die Tür ihres Vaters abgesperrt finden? Auch ihretwegen soll meine Tür bis zum Ende meiner Tage nicht zugesperrt werden...

Da sind die bitteren Kräuter und das Charoset. Ich habe etwas Wein in das Charoset gegeben, Sarah, einige Rosinen, einen Apfel, süße Mandeln, braunen Zucker und Zimt... Hab ich es nicht gut gemacht, Sarah? Voriges Jahr hast du es noch gemacht. Kannst du dich erinnern, wie du einmal der Esther gesagt hast, sie solle Charoset machen? Sie verpfuschte es ganz... Sie hatte nie den Sinn für jüdische Sachen... Nun sind ihre Kinder getauft... Meine Tochter Esther... Die Urenkelin von Reb Akiba... Jeden Sonntag geht sie in die Kirche, damit die Leute nicht wissen, daß sie eine Jüdin ist...

Salzwasser. Ich darf es nicht verschütten... Hier ist das Ei... der Lammsknochen... das Pessachlamm... Was für ein schrecklicher Wind... und Regen... Die Straßen sind überflutet... und die Bäume sausen... Sie schließen den Laden des Bäckers jenseits der Straße... Sie haben recht, es werden keine Kunden mehr in diesem Wetter kommen... Um so besser. Nun werden sie uns allein lassen... hier ist Kren... Sie haben mir viel dafür gerechnet... Ich mußte drei Penny dafür zahlen... Dir haben sie nie soviel gerechnet, Sarah.

Ich glaube, daß ich nun alles vorbereitet habe... Ich werde es dir vorsagen. ...Hör zu, Sarah. Nein, setz dich nicht im Bett auf... du mußt ruhig liegen, du weißt es. Da ist der Knochen und da das Ei... Kannst du dich erinnern, wie die kleine Rose nie verstehen konnte, daß das Ei kein Ende hat? Immer wieder erklärte ich ihr, daß das Ei das Symbol der Unendlichkeit sei. „Da ist das Ende", pflegte sie zu sagen und auf die Spitze zu zeigen. Sie war dumm; man konnte ihr alles einreden. Der Himmel weiß, was ihr der Bursche eingeredet hat, der Schuft, der sie von uns weggenommen hat... er hat eine Frau und Kinder gehabt... Kren... Salz... süßes Charoset und bittere Kräuter... „Diese bitteren Kräuter essen wir, weil die Ägypter das Leben unserer Vorväter in Ägypten verbittert haben..." Es ist unser eigenes Leben, das verbittert worden ist... Nun muß ich noch den Wein vorbereiten... Möchtest du ein Glas, Sarah? Ein Glas Wein aus Palästina? Es wird dir gut tun... du schläfst doch nicht, Sarah... du schläfst doch nicht...? Ich spreche zu dir... hörst du mich...? Ich spreche nicht zu mir selbst... Ich spreche nie zu mir selbst... ich kann es nicht leiden... ich muß jemanden haben, zu dem ich reden kann... Hab ich dich aufgeweckt, meine Liebe...? Habe ich dich aufgeweckt...? Verzeih mir... ich brauche jemanden, der mir zuhört... ich kann es nicht ertragen, allein zu sein... wenn ich allein wäre, würde ich beginnen mit mir selbst zu sprechen... und wenn ich zu mir selbst reden müßte, würde ich verrückt werden... Willst du ein Glas Wein, Sarah? Willst du nicht versuchen? Nun gut, ich will ihn also allein trinken...

SEDERNACHT

Nun muß ich beginnen... Das ist schnell geschehen... ein Sessel und ein Buch... ein Sessel für mich und meine eigene alte Haggada... Warte, da ist auch ein Sessel für dich. So begannen wir ja. Ich pflegte hier zu sitzen und du dort. So war es in der ersten Sedernacht nach unserer Heirat. Und dann... Hier ist ein anderer Sessel für Josef... Josef war ein lieber Junge... er hätte mit mir im Laden bleiben sollen... so wäre wenigstens er mit uns heute Nacht. Er hatte so ein gutes Herz. Er hätte nie nach Amsterdam gehen sollen... Das verdarb ihn. Die Juden sind dort nicht gut... Am Sabbat gehen sie herum und rauchen Zigarren. Das war sein Verderben. Und doch... wenn Josef eine andere Frau geheiratet hätte... wenn er Becky Hartog oder Simchah Kopermann geheiratet hätte... dann wäre uns Josef nicht entfremdet worden... Ja, weißt du, Sarah, daß acht von uns diese Nacht hätten hier sein können? Er, seine Frau und seine Kinder. Wie kann ich wissen, ob sein Sohn beschnitten worden ist? Vielleicht weiß es Josef gar nicht, daß heute Nacht Seder ist... Vielleicht ist er irgendwo in einem Kaffeehaus... oder im Theater... Am vorigen Rosch Haschana sah ihn Hirsch mit seiner Frau in einem Restaurant... Josef weiß nicht, daß es Sedernacht ist, und daß er einen alten Vater und eine kranke Mutter hat.

Hier ist ein anderer Sessel, ein Sessel für Esther... Esther pflegte hier neben mir zu sitzen. Sie wollte nie ihre Pflicht tun. Sie wußte nie, was Pflicht ist. Sie hatte kein Ehrgefühl... Weißt du, Sarah, woher ich es weiß? Ich bemerkte es in den Sedernächten, wenn ich den Maror schnitt und herumreichte. Da konnte man ihren Charakter sehen. Josef aß, um uns einen Gefallen zu machen. Kannst du dich erinnern, Liebe, wie wir über seine Grimassen lachten... er haßte es, aber er aß es trotzdem, uns zu Gefallen. Rose aß, weil sie sich fürchtete, sie spielte damit, sie weinte — es dauerte bei ihr eine halbe Stunde, um dieses kleine Stück Bitterkeit zu schlucken... so ein kleines Stück Bitterkeit! Der Klumpen, den sie uns schlucken ließ, ist größer, härter und bitterer...

Nun weinst du wieder, Sarah... Ach, meine Liebe, ich verursache dir soviel Leiden! Aber ich kann nichts dafür. Diese Nacht fehlen sie mir so alle... es fehlt mir sogar Esther, obwohl sie nie gut zu uns gewesen ist... Sie schämte sich unser. Sie wußte nicht, was Pflicht bedeutet. Sie konnte nicht verstehen, was es heißt, die Enkelin eines Gelehrten und die Urenkelin eines Märtyrers zu sein... Sie war schön... Sie war ein feines Mädchen... Sie nahm den ersten Christen, der um sie freite. Sie ist von uns fortgegangen und hat uns verleugnet. Und doch fehlt sie mir. Auch Rose fehlt mir. Sie war so dumm und immer fürchtete sie sich... Gott weiß, wie sie sich vor diesem Mann fürchtet... Der Himmel weiß, was für ein Leben er sie führen läßt! Für sie müßte meine Tür nicht offen sein... Sie wird nicht wieder kommen... Sie wird es nicht wagen zurückzukommen! Von Rose versteh ich alles... Aber mein jüngster Sohn... da versteh ich nichts... er... mein jüngster Sohn... mein liebster Sohn, der ein Gelehrter geworden wäre, nun, da es nicht mehr nötig ist, ein Märtyrer zu sein. Er war mutig, er war klug und war gut. Da, ein Sessel für Daniel... Und hier ist die Haggada von Reb Itzig, aus welcher er die „manischtanah" zu lesen pflegte... Das erste Jahr ließ ich es ihn übersetzen, um zu sehen, ob er es verstanden hat. Und er sagte in seinem kindlichen Diskant: „Warum ist diese Nacht verschieden von allen anderen Nächten?" Bis zum Ende meiner Tage werde ich nicht imstande sein zu verstehen, warum er mir diese Schande antat.

Aber ich habe zu viel von Dingen gesprochen, die vergangen sind... Ich werde mich nicht länger quälen. Ich werde den Seder feiern. Hörst du, Sarah? ... Willst du zuhören, wie ich Kiddusch sage...? Du weißt, Sarah, wir zwei allein sind übrig geblieben. Wir begannen... zwei... dann waren wir unser drei... dann vier... dann fünf... dann sechs... Als Daniel wegging, waren wir wieder fünf... Rose verließ uns, da waren wir unser vier... dann Esther, und da waren wir unser drei... und nun, da Josef nicht mehr kommt, sind wir wieder zwei, gerade wie es war, als wir begannen. Nur waren wir damals jung und jetzt sind wir alt. Und alle die Jahre, die dazwischen liegen, alle Sorgen, all der Kummer, alles war umsonst gewesen! Alles umsonst, alles Nichtigkeit... Wir haben vier lebende Kinder, und nicht ein einziges kommt nach Hause, um den Seder zu feiern. „Jom Haschischi —". Da sind sie wieder und läuten die Glocke... Weg mit euch... Elende, die ihr seid... Wer gibt euch das Recht, mich in meinem eigenen Haus zu stören... ich bin allein... ich bin alt, und meine Frau ist gefährlich krank... ihr werdet sie töten... ihr werdet ihr Tod sein... laßt uns allein... wir feiern unser Fest und wir stören niemanden... Verlaßt meinen Laden! Was wollt ihr hier? Was ist das für ein Geräusch? Diebe... Diebe... Ihr stehlet meine Ware... nun gut... nehmt sie... aber bitte geht nach Hause, geht ruhig nach Hause... Nächste Woche werde ich wieder meine Waren verkaufen... es ist so ein schlechtes Wetter... es regnet und der Wind bläst... und es ist spät... geht zu Bett, geht schlafen... laßt mich in Frieden.

Großer Gott, sie lachen mich aus... Gebt mir meine Kinder zurück, ihr...! Ihr habt sie von mir genommen, ja, ihr habt sie von mir genommen, ihr habt sie gequält und gedemütigt, bis sie sich geschämt haben, Juden zu sein. Ihr habt mich vor der Zeit alt gemacht... ihr habt meine Frau krank gemacht... Lacht nicht... lacht nicht... geht aus meinem Haus hinaus... Ich will hier der Herr sein. Ich will die Sedernacht feiern. Hinaus, weg mit euch...! Ich nehme meinen Stock und haue euch auf den Kopf...

Dem Himmel sei Dank, sie sind endlich weggegangen! Nun rasch, zurück zu dem Sedertisch... ‚Jom Haschischi — —' Gott im Himmel, Sarah... Sarah... hörst du nicht...? Um Gottes willen, Sarah, sag ein Wort zu mir, nur ein Wort! Schau mich an, Sarah...!

Nun bin ich ganz allein... ganz allein ..."

Die Heimkehr
Von S. J. Agnon

ERST am Tage vor Pessach kehrte Gerschom nach Hause zurück, anders als im vorigen Jahre, wo er mit der ersten Sonne des Nissan gekommen war. Gerschom hatte sich vor dem Kummer im Hause des Vaters gefürchtet und seine Reise verschoben, solange es möglich war. Seit dem Tage, an dem das Gericht ihn getroffen hatte, standen die Wände des Vaterhauses schwarz vor ihm, und die Fenster, als ob noch eine Träne an ihnen hinge, die seine

DIE HEIMKEHR

Mutter, Friede über ihr, in der Stunde der Dämmerung auf sie gedrückt hätte...

Auf dem Wege, der zur Stadt der Jeschiwa hinführt, gingen Gerschoms Brüder und Schwestern heraus, um ihn zu empfangen. Obwohl seine Liebe zu ihnen, seitdem er von Hause fort war, groß gewesen war und er immer wieder gesagt hatte: Wann sehe ich sie?, blieb er dennoch, als sie ihm um den Hals fielen und ihn küßten, ohne jede Bewegung stehen und war nicht fähig zu sprechen, um ihnen freundliche Worte zu sagen, und er ließ ihnen seinen Körper, damit zu machen, was sie wollten, bis sie an das Haus kamen.

Als Gerschom sein Vaterhaus sah, wollte er hineinspringen; da sprach seine Schwester zu ihm: Ich bitte dich, Gerschom, bleib stehen und warte noch ein bißchen, denn der Vater möchte sich stärken, bevor er dich sieht. Gerschom wartete ein bißchen und trat mit schwacher Stimme ein. Und die feuchten Augen des Vaters blieben mit ihm und mit seinen Augen verschlungen, bis ihre Tränen sich einander verbanden.

Der Großvater trat ein, begrüßte ihn und ordnete ihm die Schläfenlocken. Und er fragte ihn nach seinem Lernen und nach der Gesundheit seines Körpers. Gerschom blieb stehen und sein Mund war nach oben geöffnet, als ob er wartete, daß seine Mutter kommen und ihn küssen würde. Während er noch so stand, fielen ihm seine Schwestern abermals um den Hals, herzten ihn, küßten ihn und streichelten in Liebe sein Gesicht und seine Hände...

Rabbi Awigdor stillte die Seufzer, und mit einem Wort, halb Ernst, halb Scherz fragte er: Gerschom, hast du einen Sijum? Mosche, dein Bruder, wollte mit seinem Sijum auf dich warten, aber die Unwissenden im Lehrhaus verbanden sich, und er mußte seinen Sijum mit ihnen machen. In diesem Augenblick wandte er sich zu der Köchin, die auf der Schwelle stand und sich die Tränen abwischte, und sprach zu ihr: Gib ihm etwas zu essen! Und als sie, die deswegen gekommen war — nur als sie ihn von Angesicht sah, übermannte sie das Mitleid und verwirrte sie — die Mahnung hörte, kehrte sie um und trat in die Küche, nahm eine Art Kartoffelkuchen, die sie mit Gänsefett buk, tat ein paar Grieben und gebratene Zwiebeln dazu und brachte es zum Essen. Das Schwesterchen, das sich indessen beruhigt hatte, kam wieder und hielt Gerschom eine kleine Mazza hin, wie man sie für Kinder bäckt, und sagte: Iß doch, Gerschom! Und Gerschom, der wußte, wie lieb eine solche Mazza den Kindern ist und wieviel Liebe in dieser Gabe war, kannte sich selber nicht, bis seine Brüder in Lachen ausbrachen: Mazzot am Tage vor Pessach! Und der Vater schüttelte den Kopf: Das Herz ihrer Mutter, das Herz ihrer Mutter!

Gerschom saß und schlang widerwillig seine Mahlzeit, und sein Vater saß ihm gegenüber und betrachtete alle seine Bewegungen, und aus seinen Augen glänzte Liebe, die das Herz weich macht. Sein Großvater stand am Ende des Zimmers und wusch Tabakblätter für Pessach, legte sie auf den Sims des Ofens zum Trocknen und schnitt sie mit eigener Hand.

Gerschom, der den Blick des Vaters wegen dieser besonderen Weichheit ein wenig schwer ertrug, suchte eine Stelle, an die er seine Augen heften könnte, und schaute hin und her. Das Haus war prächtig geordnet nach allen Vorschriften für Pessach, die Wände mit Kalk getüncht und die Leuchter vor

S. J. AGNON / DIE HEIMKEHR

Schönheit blinkend. Nur an der Wand, an der das Bett seiner Mutter gestanden hatte, war ein rötlicher Fleck von Arzneien zurückgeblieben. Als sein Großvater ihn auf diesen Fleck schauen sah, seufzte er und sprach: Natürlich, wenn die Hausfrau fehlt, ist die Arbeit der Magd verkehrt.

Während er noch sprach, kehrten die Kinder ins Zimmer zurück und hielten sich an den Händen. Und sie zeigten einen kindlichen Stolz auf ihre Kleider, die ihnen die Tante zu Ehren des Festes gerichtet hatte. Gerschom erkannte gleich den Stoff, der von einem Kleide der Mutter genommen war. Wie hatte er es geliebt, den Widerschein ihres Gesichts über diesen blauen Stoff gleiten zu sehen. Und da er an seine Mutter dachte, ließ er schweigend sein Haupt sinken. So aß er und überließ sich der Trauer, bis der Abend des Festtags sich über ihn senkte und er ins Lehrhaus ging ...

Beinahe hätte es einen Zwist gegeben zwischen seinem Vater und dem Brautvater, denn beide wollten, daß Gerschom zum Seder bei ihnen sein sollte. Der Brautvater sagte: „Hätte ich in einer anderen Stadt gewohnt, so hätte Gerschom die ganzen Pessachtage zu mir kommen müssen, und jetzt, da ich hier bin, und nur von ihm verlange, zu den Sederabenden zu kommen, ist es nicht recht, daß er kommen soll? Mein ganzes Leben lang habe ich mich bei der Stelle der Mischna ‚Und hier fragt der Sohn', gegrämt, daß ich nicht mit Söhnen begnadet war; ich dachte, wann kommt der Bräutigam meiner Tochter, daß ich die vier Fragen aus seinem Munde höre, und jetzt, da er gekommen ist, soll ich sie nicht hören? Verlaßt euch darauf, daß die Braut zu Ehren Gerschoms auf ihr Recht verzichten wird!" Aber sein Vater wandte ein: „Nicht also, sondern in meinem Hause wird er das Fest feiern. Ein Kind ist das ganze Jahr von Hause fort, und jetzt soll es zu anderen gehen!" Da sprachen sie: „Wir wollen den Jungen rufen und ihn selbst fragen." Und hier zeigte sich der Brautvater schlau und sagte: „Gerschom, abgemacht, daß du heute bei mir das Fest feierst?" Und Gerschom, der nichts von dem Streit wußte, antwortete: „Wenn es abgemacht ist, bin ich einverstanden!" und ging dem Brautvater nach.

Die Herrlichkeit des Festes schwebte über dem ganzen Haus. Der Tisch war gedeckt, die Kerzen strahlten und Silbergeschirr stand da, damit man sich seiner bediene, wie freie Herren. Und sogar Geschirr, das Christen dem Hause geliehen hatten, stand auf einem besonderen Tisch, damit man sich an seinem Anblick erfreue. Der Geruch von Charosset, Bitterkraut und anderem Grünzeug brachte etwas wie Frühling ins Haus.

Gerschom war zuerst verwirrt. Als er mit dem Hausherrn und seiner Frau sprach, wußte er nicht, ob man sie einfach Herr und Frau soundso oder Schwiegervater und Schwiegermutter anreden sollte. Wie oft spricht nicht ein Mensch mit einem andern und braucht keine Anrede, und hier gibt es keinen einzigen Satz, bei dem seine Zunge nicht anstieß, vorher ihren Namen zu nennen.

Im Hause fanden sich nur drei Haggadot. Zwar hatte man ihm zu Ehren eine besondere Haggada vorbereitet, aber der Buchbinder hatte sie kurz vor Pessach eingebunden (als er auch den Talmud einband), und man war zu vorsichtig, sie zu benutzen, aus Furcht vor etwas Ungesäuertem. Schon begann Gerschom sich zu sorgen, daß er vielleicht die Haggada aus einem Buche mit der Braut lesen müsse und ihm daraus eine Zerstreuung der Seele entstehen könnte. Am Ende fand man ein altes Gebetbuch mit der Haggada, und er wurde beruhigt.

Nach der Mahlzeit ließ sich der Hausherr seine Pfeife bringen, und für Gerschom hatte er eine Zigarette gedreht. Aber ehe der Schwiegervater die Pfeife in den Mund gesteckt hatte, faßte ihn ein Schlaf und er entschlummerte. Auch die Schwiegermutter machte es wie ihr Mann und nickte ein. Über Gerschom, der schon mehr als vier Becher getrunken hatte, kam der Geist des Festes, und er ließ seine Stimme trällern, bis ihm daraus ein Sehnen kam. Als seine Braut ihn so sah, da schien es ihr, als hätte auch sie einen Bruder, groß in der Tora, und er säße vor ihr und erfüllte das ganze Haus mit der Stimme der Tora.

Geendigt war die Ordnung des Pessach nach ihrer Vorschrift.

Der Hausherr schlummerte auf seinem Sessel, und die Hausfrau war fortgegangen, um zu schlafen. Gerschom las Chad Gadja, und Menucha antwortete ihm: „Chad Gadja, Chad Gadja." Und ebenso lasen sie das Hohelied, er einen Vers und sie einen Vers, bis sie das ganze Buch beendet hatten und sich trennten.

Voderader Mazzes

Von Vojtech Rakous

ÜBER Dorf und Hof fegte ein wildes Frühlingsschneegestöber — Schnee, Wind und Regen — aber rückwärts, hinter dem Verkaufsgewölbe, in der Küche, war es jetzt nach dem Mittagmahl warm und dämmerig still. Die Ladenglocke, die den ganzen Vormittag bimmelte, war jetzt wie auf ewig verstummt. Frau Hecht saß auf dem kleinen Schemel im Winkel hinter dem Ofen — auf ihrem Lieblingsplätzchen, ein Wunder, daß sie dort nicht auch nachts schlief — und strickte Strümpfe. Hecht saß beim Tisch und war ganz in die Lektüre seines Leibjournals vertieft. Frau Hecht erhob von Zeit zu Zeit neugierig ihren Blick vom Strumpf zu ihrem Mann hinüber. Gern hätte sie gewußt, was es heute Neues in der Zeitung gebe, wer gestorben sei, wer sich verlobt habe, und ob in der heutigen Nummer auch der „Ratgeber" sei — diesen las Frau Hecht am liebsten — aber sie fürchtete sich, ihren Mann beim Lesen zu stören. Wenn sie während des Lesens auch nur ein Wörtchen zu ihm sprach, gleich war immer Feuer am Dach. Endlich legte Hecht die Zeitung weg, aber — was war das? Statt wie gewöhnlich sein Nachmittagspfeifchen anzuzünden, wie er es durch die ganzen dreiundzwanzig Jahre, Tag für Tag, seit sie verheiratet waren, zu tun pflegte, zog er aus der Tasche eine Kreide und begann den Tisch wild mit Ziffern zu bedecken. Starr und stumm hielt Frau Hecht im Stricken inne, und ihre Hände sanken ihr in den Schoß. Ist Eman verrückt geworden? Ihn geradeheraus zu fragen — Gott behüte! Ihn im Rechnen stören, hieße sich in Lebensgefahr begeben! Mit wachsendem Erstaunen betrachtete Frau Hecht ihren Mann. Auf dem Tisch wuchs Ziffer auf Ziffer, schon bedeckten sie beinahe den ganzen Tisch. — Endlich warf Eman die Kreide fort.

„Ein ganzer Hunderter schaut dabei heraus!" rief er freudig, und sein Gesicht leuchtete vor Entzücken.

„Und wobei schaut ein ganzer Hunderter heraus?" wagte nun Frau Hecht zu fragen.

„Aus den Mazzes, Fanny, aus den Mazzes!"

„Aus Mazz..., aus Mazzes! Bist du verrückt geworden, Eman?"

„Ja, aus den Mazzes!" wiederholte Hecht siegesbewußt. „Wir werden Mazzes zum Verkauf backen!"

„Aber Eman! Eman!"

„Laß Eman Eman sein, Fanny, und nimm deinen Verstand in beide Fäuste. Hier, nimm die Zeitung und lies, aus was für gottverlassenen Nestern man heutzutage Mazzes anbietet. Da hast du Pristoupimer, Libochowitzer und Wotitzer und Gott weiß was noch für welche... Und warum, sage ich, Fanny, warum sollte es nicht auch Voderader Mazzes geben können? Warum sollte ich es nicht auch zuwege bringen? Einen Backofen haben wir, und was für einen Backofen! Und Mehl genug, um daraus Mazzes für die ganze Welt zu backen, warum also soll ich es nicht auch versuchen?"

Frau Hecht konnte sich noch immer nicht fassen.

„Und an wen willst du sie verkaufen?"

„An die Juden, selbstverständlich!"

„Aber welche Juden, Eman?"

„Die Juden aus der Umgebung, es sind ihrer zweiundvierzig, ich habe schon alles berechnet. Ein Hunderter ist dabei sicher, beutle dir ein solches Stück Geld aus dem Ärmel, wenn du kannst."

Frau Hecht ereiferte sich.

„Daß du unsern Herrgott nicht fürchtest! Und was wird mit dem Königgrätzer Schammes sein, der die Mazzes, seit ich mich erinnern kann, für unseren ganzen Umkreis bäckt? Er hat acht Kinder, und wenn es keine Mazzes mehr gäbe, wovon würde er sie ernähren? Eman, fürchte doch Gott!"

„Der Rock ist mir nah, das Hemd ist mir näher," bestand Hecht auf seinem Recht, „von mir aus soll sich der Schammes sein Königgrätz behalten, ich nehm' mir das Land."

„Es soll dir nur nicht fehlschlagen!"

„Es wird nicht fehlschlagen, Fanny, sei ohne Sorge. Ich gebe sie um fünf Kreuzer billiger als der Schammes, und wozu haben wir Pferd und Wagen? Bis jetzt mußte jeder um die Mazzes nach Königgrätz laufen, ich werde sie jedem bis zum Maul hinführen — das wird ziehen. Gleich morgen lasse ich in Königgrätz beim Buchdrucker solche Zettel drucken — Zirkulare nennt man das, das ist jetzt so Mode — und mit diesen Zetteln werde ich alle umliegenden Dörfer aufsuchen; wir können dann mit Gottes Hilfe zu backen beginnen."

„Wegen eines Hunderters einen armen Menschen mit acht Kindern ums Brot bringen!" Frau Hecht schüttelte bedenklich den Kopf. „Und diese Arbeit!"

„Ohne Arbeit gibts keine Kolatschen!"

„Und wie willst du die Mazzes machen? Es gibt doch dafür jetzt sogar eigene Maschinen — der Königgrätzer Schammes walkt sie auch mit einer Maschine. Ich habe es mit eigenen Augen gesehen."

„Laß mich nur, Fanny, ich habe schon alles ausgerechnet. Keine Maschinen, mit Walkern wird alles ausgewalkt, wie es zu alten Zeiten war. Jetzt, liebes Kind, kommt alles Alte wieder in Mode. Geh' nur in Königgrätz auf den Hauptplatz und schau dir die Kaufläden an; überall dieselben Aufschriften: „Handarbeit! Handverfertigte Anzüge! Handverfertigte Schuhe". Sag' also, Fanny, wenn es handverfertigte Kleider und Schuhe geben kann, warum könnte es nicht auch handverfertigte Mazzes geben? Ich werde dem Buchdrucker alles ordentlich in die Feder diktieren, und er muß mir alles, wie es sich gehört, drucken. Nur du, Fanny, misch dich nicht in meine Angelegenheiten!"

Eman stand auf, zum Zeichen, daß die Unterredung beendet sei, und zündete sein gewohntes Nachmittagspfeifchen an. — —

Eine Woche darauf pilgerte der Voderader Hecht von Dorf zu Dorf und händigte den Glaubensgenossen stolz ein Zirkular folgenden Inhaltes ein:

„**Erste Voderader Niederlage für handverfertigte Mazzes des Emanuel Hecht** in Voderady offeriert den P. T. Glaubensgenossen seine Prima-Mazzes in bester Qualität zu den billigsten Preisen! Keine Fabriksarbeit! Solide Handarbeit! Für Dauerhaftigkeit wird garantiert. Reparaturen werden angenommen."

Der Königgrätzer Buchdrucker, der sein Lebtag noch kein Zirkular für Mazzes gedruckt hatte, stellte es, um nicht zu fehlen, nach „bewährten Mustern" zusammen, und so kam es denn, daß den Glaubensgenossen in diesem Zirkular gar manches rätselhaft blieb. Am meisten ging ihnen aber die Stelle, wo von den Reparaturen die Rede war, im Kopf herum. Man wird doch nicht mit jedem zerbrochenen Stück Mazze nach Voderady laufen, um es von Hecht reparieren zu lassen!

Sie schüttelten zwar die Köpfe, doch allen Prophezeiungen von des Himmels Strafgericht zum Trotz, bestellten alle in der „Ersten Voderader Niederlage" ihre Mazzes. Der Nachlaß von fünf Kreuzern, hauptsächlich aber der Umstand, daß ihnen die Mazzes bis ins Haus gebracht werden sollten, hatte es ihnen angetan und war die Ursache, daß der Königgrätzer Schammes die ganze Landkundschaft verlor. Im Geheimen zwar schimpfte jeder weidlich auf Hecht — hatte doch Hecht in Voderady dreißig Strich Feld, einen einträglichen Kaufladen und keine Kinder — daß so ein reicher Geizhals einem armen Schammes nicht einmal das Stückchen trockenes Brot gönnte, aber trotzdem wollte keiner um die Mazzes nach Königgrätz laufen.

Volle drei Wochen, Tag für Tag, wurden bei Hechts Mazzes gebacken. Alle Weiber im Dorf, verheiratete wie ledige, junge und alte, was nur vom Haus abkommen konnte, walkten in zwei Zimmern an langen Tischen Mazzes. Frau Hecht stand beim Ofen, und Hecht verpackte die Mazzes am Schüttboden in Pakete. Zerbrochene und verbrannte gab er jedesmal in die Mitte des Pakets.

Endlich war alles fertig, die letzten Mazzes gebacken und verpackt. Der ganze Schüttboden war voll davon. Eine Woche vor den Feiertagen rüstete sich Hecht, die Früchte seiner Arbeit zu ernten und die Mazzes zu versenden. Der Kutscher Tonda bereitete den Leiterwagen vor, fegte und scheuerte ihn rein und belegte ihn inwendig mit Plachen. Es sah alles so feierlich aus, als ob der Leiterwagen zu einer Hochzeit vorbereitet worden wäre. Es fehlten nur noch die farbigen Bänder. Am Abend vor dem Feiertag wurden die Mazzes auf den Leiterwagen geschichtet, damit man zeitlich in der Früh, noch während der Dunkelheit, aufbrechen könnte. Der umfangreiche Leiterwagen faßte in seinem Inneren die ganzen Mazzes, denn Hecht hoffte, daß er, bevor es Abend würde, allen seinen Kundschaften die bestellten Mazzes werde abliefern können. Das Tor wurde sorgsam geschlossen, der Hund von der Kette gelassen, damit nicht — was Gott verhüten möge — irgend ein Haderlump auf die Mazzes Lust bekomme. Hecht besah sich noch aufmerksam das Firmament und gab sein Urteil dahin, daß es morgen schön sein werde. Der Himmel war rein wie „ein Dukaten" und voll Sterne.

Dann legte sich Hecht zu Bette — Frau Hecht schlief schon längst — und da hatte er einen schönen Traum. Auf dem Voderader Dorfplatz sah er eine riesig große Fabrik, mit unzähligen rauchenden Schloten, und auf der Fabrik stand mit goldenen Lettern: „Erste Voderader Mazzesfabrik des Emanuel Hecht in Voderady". Und in seinem Traum sah Hecht deutlich ganze Eisenbahnzüge aus dem Fabrikstor herausrollen, alle mit Voderader Mazzes gefüllt, um mit diesem Erzeugnis nach allen Weltrichtungen zu fahren. Und in allen Weltstädten — in Paris, in London, in Berlin, überall — schrien von allen Straßenecken stolz die Plakate: „Voderader Mazzes sind die besten!"

Als Hecht am seligsten träumte, fühlte er plötzlich, daß ihn jemand gewaltsam aus dem Bette zerrte, und es war ihm, als hörte er aus unendlichen Fernen ein Rufen:

„Emanuel, es regnet, Emanuel, es regnet!"

Nur mit größter Anstrengung konnte er die Augen öffnen.

Vor dem Bette stand in denkbar nachlässigem Hauskleid sein Eheweib; sie hielt eine brennende Kerze.

„Was reitet dich schon wieder..."

„Emanuel, es regnet," kreischte Frau Hecht aus Leibeskräften.

Hecht wurde jetzt mit einem Schlage wach. Das eintönige Rauschen des Regens füllte sein Gehör mit schauerlichem Widerhall. Er sprang aus dem Bett und stürzte ohne Hülle, im Nachtgewand, bloßfüßig auf den Hof. Frau Hecht keuchte hinter ihm her. Auf dem Hofe herrschte tiefe Finsternis und der Regen mochte wohl schon recht lange gewährt haben, denn der Hof stand tief im Wasser. War das ein Regen! Ganze Gießbäche stürzten aus unsichtbaren Wolken. Stumm watete Hecht, das Wasser bis an die Knöchel spürend, bis zum Leiterwagen, der in der Mitte des überfluteten Hofes dunkel wie ein Gespenst dräute. Ihm auf dem Fuß folgend, watete Frau Hecht, laut klagend und Gottes Hilfe herabbeschwörend.

Sie blieben beim Wagen stehen. Von allen Seiten gischte Wasser aus seinem Innern. Winselnd, als nahe sein letztes Stündchen, und vor Angst und Kälte zähneklappernd, schob Hecht schüchtern die Hand zwischen die Wagenrippen — und er verspürte, wehe, nur Teig! Er wiederholte dieselbe Operation auf der anderen Seite, und siehe, er verspürte wiederum Teig! Mit fieberhafter Hast steckte er die Hände bald da, bald dort, zwischen die Wagenrippen: Teig... Teig... Teig...

Und ein Regenschwall, voll Ausdauer, ein duftiger Frühlingsregen, stürzte strömend aus unsichtbarem Gewölke...

Der Königgrätzer Schammes schloß immer, wenn er vor Ostern diese traurige Historie den Gläubigen „Bei der goldenen Sonne" — wohin sie zu kommen pflegten, um den Leib zu stärken, nachdem sie vorher im Tempel die Seele gestärkt hatten — zum besten gab, mit folgender sittlicher Belehrung:

„Und seit dieser Zeit hat der Voderader Hecht das Mazzesbacken sein lassen. Und so bestraft Gott jeden Menschen, der einen armen Schlucker um das bißchen Broterwerb bringen will." Der Schammes nimmt eine Schnupftabakprise und blinzelt bedeutsam von einem Gläubigen zum andern, indem er so zum Ausdruck bringt, der liebe Gott würde gewiß auch jeden Zuhörer so strafen, der etwa sich unterfinge, dem sündigen Beispiel des Voderader Hecht zu folgen.

Die Prüfung
Von Thomas Mann

DU bist klug, sagte Jaakob, indem er die Hand auf Josephs Haupt wieder in Bewegung setzte, „du bist klug, Jaschup, mein Sohn. Dein Kopf ist außen hübsch und schön, wie Mamis war" (er gebrauchte den Kosennamen, mit dem der kleine Joseph die Mutter genannt hatte und der babylonischer Herkunft war: der irdisch-trauliche Namen der Ischtar), „und innen gar scharf und fromm. So lustig war auch der meine, als ich nicht mehr Umläufe zählte als du, aber er ist schon etwas müde geworden von den Geschichten, nicht nur von den neuen, sondern auch von den alten, die auf uns gekommen sind und die es zu bedenken gilt; ferner von den Schwierigkeiten und von Abrahams Erbe, das mir ein Sinnen ist, denn der Herr ist nicht deutlich. Möge immerhin sein Antlitz zu sehen sein wie das Antlitz der Milde, so ist es doch auch zu sehen wie Sonnenbrand und wie die lohe Flamme; und hat Sodom zerstört mit Glut, und es geht der Mensch hindurch durch das Feuer des Herrn, um sich zu reinigen. Die fressende Flamme ist er, die das Fett des Erstlings verzehrt am Tag der Tagesgleiche, draußen vor dem Zelt, wenn es dunkel ward, und wir innen sitzen mit Zagen und vom Lamme essen, dessen Blut die Pfosten färbt, weil der Würger vorübergeht..."

Er unterbrach sich und seine Hand wich von Josephs Haar. Der blickte auf und mußte sehen, daß der Greis das Gesicht mit den Händen bedeckt hielt und daß er zuckte.

„Was ist meinem Herrn!" rief er bestürzt, indem er sich eilig herumwarf und mit den Händen gegen die des Alten hinaufstrebte, ohne eine Berührung zu wagen. Er hatte zu warten und noch einmal zu bitten. Jaakob veränderte seine Stellung nur zögernd. Als er sein Gesicht enthüllte, schien es zügig vergrämt und drang mit mühseligen Augen neben dem Knaben hin ins Leere.

„Ich gedachte Gottes mit Schrecken," sagte er und seine Lippen schienen schwer beweglich. „Da war mir, als sei meine Hand die Hand Abrahams und läge auf Jizchaks Haupt. Und als erginge seine Stimme an mich und sein Befehl..."

„Sein Befehl," fragte Joseph mit einer vogelhaft kurzen und herausfordernden Kopfbewegung...

„Der Befehl und die Weisung, du weißt es, denn du kennst die Geschichten", antwortete Jaakob versagenden Tones und saß vorgebeugt, die Stirn gegen die Hand gelehnt, in der er den Stab hielt. „Ich habe sie vernommen, denn ist Er geringer, als Melech, der Baale Stierkönig, dem sie der Menschen Erstgeburt bringen in der Not und überliefern bei heimlichem Fest die Kindlein in seine Arme? Und er darf nicht fordern von den Seinen, was Melech fordert von denen, die ihn glauben? Da forderte er es denn, und ich vernahm seine Stimme und sprach: ‚Hier bin ich!' Und mein Herz stand still, mein Atem ging nicht. Und gürtete einen Esel in der Frühe und nahm dich mit mir. Denn du warst Isaak, mein Spätling und Erstling, und ein Lachen hatte der Herr uns zugerichtet, als er dich anzeigte und warst mein ein und alles, und auf deinem Haupte lag alle Zukunft. Und nun forderte er dich mit Recht, wenn auch gegen die Zukunft. Da spaltete ich Holz zum Brandopfer und legte es auf den Esel und setzte das Kind dazu und zog aus mit den Hausknechten von Beerscheba drei Tage weit hinab gegen Edom und das Land Muzri und gegen Horeb, seinen Berg. Und als ich den Berg des Herrn von ferne sah und den Gipfel des Berges, ließ ich den Esel zurück mit den Knaben, daß sie auf uns warteten, und legte auf dich das Holz zum Brandopfer und nahm das Feuer und Messer, und wir gingen allein. Und als du mich ansprachst: ‚Mein Vater?', da vermochte ich nicht zu sagen: ‚Hier bin ich', sondern meine Kehle winselte unversehens. Und als du mit deiner Stimme sagtest: ‚Wir haben Feuer und Holz. Wo ist aber das Schaf zum Brandopfer?' da konnte ich nicht antworten, wie ich hätte müssen, daß der Herr sich schon ersehen werde ein Schaf, sondern mir wurde so weh und übel, daß ich hätte mögen meine Seele aus mir speien mit Tränen, und winselte neuerdings, daß du mit deinen Augen nach mir blicktest von der Seite. Und da wir zur Stätte kamen, baute ich den Schlachttisch aus Steinen und legte das Holz darauf und band das Kind mit Stricken und legte es obenauf. Und nahm das Messer und bedeckte mit der Linken dein Augenpaar. Und wie ich das Messer zückte und des Messers Schneide gegen deine Kehle, siehe, da versagte ich vor dem Herrn, und es fiel mir der Arm von der Schulter, und das Messer fiel, und ich stürzte zu Boden hin auf mein Angesicht und biß in die Erde und in das Gras der Erde und schlug sie mit Füßen und Fäusten und schrie: ‚Schlachte ihn, schlachte ihn Du, o Herr und Würger, denn er ist mein ein und alles, und ich bin nicht Abraham, und meine Seele versagt vor Dir!' Und während ich schlug und schrie, so rollte ein Donner hin von der Stelle den Himmel entlang und verrollte weit. Und ich hatte das Kind und hatte den Herrn nicht mehr, denn ich hatte es nicht vermocht, für ihn, nein, nein, nicht vermocht", stöhnte er und schüttelte die Stirne an der Hand am Stabe.

„Im letzten Augenblick," fragte Joseph mit hohen Brauen, „versagte die Seele dir? Denn im nächsten," so fuhr er fort, da der Alte nur schweigend den Kopf etwas wandte, „im allernächsten wäre ja die Stimme erschollen und hätte dir zugerufen: ‚Lege deine Hand nicht an den Knaben und tu ihm nichts!', und hättest den Widder gesehen in der Hecke."

„Ich wußte es nicht," sagte der Greis, „denn ich war wie Abraham, und die Geschichte war noch nicht geschehen."

„Ei, sagtest du nicht, du hättest gerufen: ‚Ich bin nicht Abraham'?" versetzte Joseph lächelnd. „Warst du aber nicht er, so warst du Jaakob, mein Väterchen, und die Geschichte war alt und du kanntest den Ausgang. War es doch auch nicht der Knabe Jizchak, den du bandest und schlachten wolltest," fügte er, wieder mit jener zierlichen Kopfbewegung, hinzu. — „Das ist aber der Vorteil der späten Tage, daß wir die Kreisläufe schon kennen, in denen die Welt abrollt, und die Geschichten, in denen sie sich zuträgt und die die Väter begründeten. Du hättest mögen auf die Stimme und auf den Widder vertrauen."

„Deine Rede ist gewitzt, aber unzutreffend," erwiderte der Alte, der seinen Schmerz über dem Streitfall vergaß. „Zum ersten nämlich, wenn ich denn Jaakob war und nicht Abraham, so war nicht gewiß, daß es geschehen werde wie damals, und ich wußte nicht, ob der Herr nicht wolle zu Ende geschehen lassen, was er einst aufgehalten. Zum zweiten, siehe doch an: Was wäre meine Stärke gewesen vor dem Herrn, wenn sie mir gekommen wäre aus der Rechnung mit dem Engel und auf den Widder und nicht vielmehr aus dem Gehorsam und aus dem Glauben, daß Gott kann die Zukunft hindurchgehen lassen durch das Feuer unversehrt und sprengen die Riegel des Todes und Herr ist der Auferstehung? Zum dritten aber — hat denn Gott mich geprüft? Nein, er hat Abraham geprüft, der bestand. Mich aber habe ich selbst geprüft mit der Prüfung Abrahams, und mir hat die Seele versagt, denn meine Liebe war stärker denn mein Glaube und ich vermochte es nicht," klagte er wiederum und neigte aufs neue die Stirn zum Stab; denn nachdem er seinen Verstand gerechtfertigt, überließ er sich wieder dem Gefühl.

„Sicherlich habe ich Ungereimtes gesprochen," sagte Joseph demütig, „meine Dummheit ist zweifellos größer als des Großteils der Schafe, und ein Kamel gleicht an Einsicht gewiß Noah, dem Hochgescheiten, im Vergleich mit diesem sinnlosen Knaben. Meine Antwort auf deine beschämende Zurechtweisung wird nicht erleuchteter sein, aber dem blöden Kinde scheint, daß, wenn du dich selber prüftest, du weder Abraham noch Jaakob warst, sondern — es ist ängstlich zu sagen — du warst der Herr, der Jaakob prüfte mit der Prüfung Abrahams, und du hattest die Weisheit des Herrn und wußtest, welche Prüfung er dem Jaakob aufzuerlegen gesonnen war, nämlich die, welche den Abraham zu Ende bestehen zu lassen er nicht gesonnen gewesen ist. Denn er sprach zu ihm: ‚Ich bin Melech, der Baale Stierkönig. Bringe mir deine Erstgeburt!' Als aber Abraham sich anschickte, sie zu bringen, da sprach der Herr: ‚Unterstehe dich! Bin ich Melech, der Baale Stierkönig? Nein, sondern ich bin Abrahams Gott, dess Angesicht ist nicht zu sehen wie der Acker, wenn ihn die Sonne zerreißt, sondern vielmehr wie des Mondes Angesicht, und was ich befahl, habe ich nicht befohlen, auf daß du es tuest, sondern auf daß du erfahrest, daß du es nicht tun sollst, weil es schlechthin ein Greuel ist vor meinem Angesicht, und hier hast du übrigens einen Widder.' Mein Väterchen hat sich damit unterhalten, daß er sich prüfte, ob er zu tun vermöchte, was der Herr dem Abraham verbot, und grämt sich, weil er fand, daß er das nie und nimmer vermöchte."

„Wie ein Engel," sagte Jaakob, indem er sich aufrichtete und gerührt den Kopf schüttelte. „Wie ein Engel aus der Nähe des Sitzes sprichst du, Jehosiph, mein Gottesknabe! Ich wollte, Mami könnte dich hören; sie würde in die Hände klatschen, und ihre Augen, die du hast, würden vor Lachen schimmern. Nur die Hälfte der Wahrheit ist bei deinen Worten, und zur anderen Hälfte bleibt es bei dem, was ich sagte, denn ich habe mich schwach erwiesen in der Zuversicht. Aber dein Teil Wahrheit hast du angetan mit Anmut und gesalbt mit dem Salböl des Witzes, so daß es ein Spaß war für den Verstand und ein Balsam für mein Herz. Wie kommt es dem Kinde nur, daß seine Rede gewitzt ist durch und durch, so daß sie lustig fällt über den Felsen der Wahrheit und ins Herz plätschert, daß es vor Freude hüpft?"

Aber die Sterne?

Von Simon Samuel Frug

Es glänzt der Mond. Es glänzen die Sterne
In wallender Nacht über Berg und Tal. . . .
Und wieder les' ich die uralten Blätter;
Ich las sie tausend und tausend Mal.

Und wie ich lese die heiligen Worte,
Hält eine Stimme mich gebannt:
„Mein Volk, Du wirst sein wie die Sterne am Himmel,
Wie am Meeresgestade der Sand."

Ich weiß es, mein Gott: Von deiner Verheißung
Wird sich erfüllen das leiseste Wort.
Ich weiß es, mein Gott: Es sucht nur Dein Wille
Die richtige Zeit, den richtigen Ort.

Und eines hat schon die Erfüllung gesehen,
Ich hab' es mit allen Sinnen gefühlt:
Wir sind zu treibendem Sande geworden,
Von jeglichem Fuße durchwühlt. . . .

Es hat sich erfüllt! . . . Wie Sand und wie Steine
Zerstreut und zerstoben zu Schande und Spott!
. . . Nun aber die Sterne mit leuchtendem Scheine,
Die Sterne, die Sterne, wo sind sie, mein Gott? . . .

So machte es Hillel

DIESE Worte der Pessachhaggada sind typisch für das pietätvolle Ansehen, das über Jahrhunderte hin dieser sanfteste aller Meister der Schriftauslegung genoß. Er stammte aus Babylonien, wanderte aus bloßer Lernbegierde nach Palästina, setzte sich hier wegen einer bewundernswerten

Schärfe des Denkens bald durch und übte vierzig Jahre lang, von 30 v. bis 10 n., das Amt des Vorsitzenden der höchsten religiösen Behörde, des Synhedrions, aus. Durch die Legenden, die frühzeitig seine Person umschlossen, fühlen wir das Milde und Klare seiner Lebensweisheit deutlich hindurch. Als er nach Palästina kam, war er so arm, daß er sich als Tagelöhner verdingen mußte. Von dem, was er verdiente, gab er aber noch die Hälfte dem Pförtner des Lehrhauses als Einlaßgeld. Da traf es sich, daß er eines Tages nichts verdiente und so den Einlaß in das Lehrhaus nicht erlangen konnte. Es war an einem Winter-Freitagabend, die Lernbegierde trieb ihn zum Äußersten. Er erstieg die Fensterbrüstung, klammerte sich daselbst fest und horchte fleißig auf die Lehrvorträge im Innern des Lehrhauses. In seinem Eifer fühlte er wenig von der Kälte und den auf ihn gefallenen Schneeflocken, die ihn ganz bedeckt hatten. In dieser Stellung brachte er die ganze Nacht zu. Am Morgen erst bemerkte man ihn, eilends wurde er herabgeholt, aber er war starr und wie tot. Es war Sabbat, trotzdem lautete der Ruf von allen Seiten: „Machet Feuer! Hillel ist's wert, daß man seinetwegen das Gesetz übertrete!" Nur mit großer Anstrengung vermochte man ihn ins Leben zurückzurufen. Von nun an ließ man ihn ohne Entgelt ins Lehrhaus.

Von Hillels Geduld wird folgende Probe überliefert:

Zwei Männer gingen miteinander eine Wette ein, wer von ihnen beiden den weisen Hillel erzürnen werde; wer das zuwege brächte, sollte von dem andern vierhundert Zuz erhalten. Also ging der eine am Freitage zu Hillel, kam vor sein Haus und rief: Wo ist hier Hillel? Wo ist hier Hillel? Der Weise war gerade dabei, sich zu Ehren des Sabbats den Kopf zu waschen; er warf sich den Mantel um, kam heraus und sprach zu dem vor der Tür Stehenden: Was ist dein Begehren? Jener sagte: Ich will dich nach einer Sache fragen. Hillel erwiderte: Frage nur, mein Sohn. Der Mann sprach: Warum sind die Schädel der Babylonier platt gedrückt? Hillel antwortete: Eine bedeutsame Frage hast du an mich gerichtet. Ihre Köpfe sind platt, weil es in diesem Lande keine Wehmütter gibt. Da ging der Mann fort und kam in einer Stunde wieder. Abermals rief er: Wo ist Hillel? Hillel hüllte sich ein, kam heraus und sprach zu dem Wiedererschienenen: Was ist dein Verlangen? Ich habe noch eine Frage zu stellen. Hillel antwortete: Laß sie mich hören, mein Sohn. Da sprach der Dreiste: Warum sind die Augen der Tardumäer scheel? Hillel entgegnete: Weil sie in sandigen Gegenden wohnen und der Wind ihnen den Sand in die Augen treibt. Der also Beschiedene ging fort, wartete wieder eine Stunde und kam zum dritten Male vor das Haus Hillels. Er rief: Wo hält sich da Hillel auf? Hillel wickelte sich in seinen Mantel und kam zu dem Manne heraus. Dieser fragte: Warum sind die Füße der Afrikaner so breit? Hillel antwortete: Der Boden ihres Landes ist sumpfig, und sie gehen unbeschuht; davon dehnen sich ihre Füße. So hatten die Fragen des Aufdringlichen Hillel nicht aus seiner Fassung gebracht. Da nun der Mann, der die Wette eingegangen war, sah, daß er den Gleichmut des Weisen nicht gebrochen hatte, sprach er: Bist du Hillel, der Fürst der Juden? Hillel erwiderte: Das bin ich. Da sprach der Wütige: Es mögen deinesgleichen nicht viele in Israel werden! Darauf fragte Hillel: Mein Sohn, warum sollen meinesgleichen nicht viele werden? Der Mann versetzte: Weil ich durch dich um vierhundert Zuz gekommen bin. Hillel sprach: So sei nun fortan gemessen;

es ist besser, daß du vierhundert Zuz Schaden erfahrest, als daß Hillel in Zorn gerate. —

Sein Stellvertreter im Synhedrion Schamai war sein richtiges Gegenstück: ein leidenschaftlicher und ungeduldiger Mann. So entstand das Sprichwort: Der Mensch sei sanftmütig wie Hillel und nicht aufwallend wie Schamai. Einmal kam ein Heide zu Schamai mit der Bitte, er solle ihm die ganze Lehre des Judentums beibringen während der Zeit, da er auf einem Fuße stehen könne. Schamai geriet in Zorn und verjagte den Mann mit dem Maßstab, den er gerade in der Hand hielt. Der Heide ging zu Hillel und stellte an ihn das gleiche Verlangen. Dieser sprach: „Was du nicht willst, daß man dir tue, das tue auch keinem andern. Das ist das ganze Gesetz, alles andere ist seine Erklärung. Nun geh hin und lerne!" —

Aus Hillels Privatleben wissen wir, daß er auf Reinheit, tägliches Baden und Waschen großes Gewicht legte und sie seinen Jüngern als die Erfüllung eines Gottesgebotes empfahl. „Sehet," sprach er zu ihnen, „wie man die Reinigung der Statuen und Bilder auf freien Plätzen, in den Theatern und Palästen gern sieht, sollte der Mensch, als Träger des göttlichen Ebenbildes, nicht das Baden und Waschen seines Leibes als die Vollziehung eines Gottesgebotes betrachten?" Auf gleiche Weise sprach er von der inneren Reinigung, der täglichen, sorgfältigen Pflege der Seele. „Einen Gast habe ich zu Hause, der meiner bedarf, ich muß eilen, ihn zu bewirten!" wiederholte er täglich seinen Jüngern, als er sie nach beendigtem Lehrvortrage begleitete und sich von ihnen verabschiedete. Die tägliche Wiederholung dieser Rede fiel ihnen auf, sie fragten: „Was ist das für ein Gast, von dem du täglich sprichst?" „Der Gast," antwortete er, „das ist unsere Seele, die heute in uns ist, aber morgen vielleicht nicht mehr!" —

Die Sprüche der Väter haben uns einige von Hillels Worten erhalten: „Liebe den Frieden und jage ihm nach, liebe die Menschen und führe sie der Lehre zu." „Wenn ich nicht für mich bin, wer soll denn für mich sein, aber wenn ich nur für mich bin, was bin ich, und wenn nicht jetzt, wann denn?" „Sondere dich nicht von der Gemeinschaft ab. Halte dich nicht für zuverlässig bis zum Tag deines Todes. Verurteile deinen Nächsten nicht, solange du nicht selbst in seine Lage gekommen bist."

Die Weisen von Bene Berak

Von Oskar Levertin

DER große Raum war ganz angefüllt mit dem Pessachtisch. Die Decke glänzte im Schein der Wachskerzen, die auf den dreiarmigen Leuchtern entzündet waren, und alle silbernen Becher warfen das Licht der flackernden Lichter zurück.

Aber an einem Ende des Tisches war die Festtafel in einen Opferaltar umgewandelt. Da schimmerten zwei große silberne Becher, der eine für den Vorsänger und der andere, bis zum Rand gefüllt, für den allabendlich erwarteten Gast, den Propheten Elia, den nahen Vorboten des Messias, der gleichfalls am Pessach-Abend im Schein der Abendröte niedersteigen und

Israel befreien wird. Da lagen auf silberner Schüssel, eingehüllt in ein weißes Tuch, die ungesäuerten Brote der Armut und Wüstenwanderung, da war das Salzwasser, welches Fron und Bedrückung im Lande Ägypten symbolisierte, der Lammsknochen, der an das Pessachopfer erinnerte, und die hartgekochten Eier, Sinnbilder des Lebens in seiner Wandlung und Erfüllung.

Vor diese Schüssel und Gefäße setzte sich Henoch, der Vorsänger und Familienvater, in einen hohen Ehrenstuhl, seine Frau neben ihn, und die beiden alten Leute thronten in ihren weißen Gewändern am Ende des Tisches als das Königspaar des Festes. Neben ihnen saßen in langer Reihe alle Kinder, die Knaben mit den kraushaarigen schwarzen Köpfen, die Mädchen mit den glattgekämmten, geneigten Köpfchen, und die kleinen Hände hielten die Becher fest umschlossen, worin der Rosinenwein für die Jugend schäumte, der mit dem Duft von Kindersago gewürzt schien. Hinter diesen Kleinen saßen wieder die älteren, die Brüder von Frau Rosalie und der immer lärmende Kleiderhändler Jakob. Weit davon hatte Kalonymos seinen Platz, Esther gegenüber.

Mit einemmal trat in dem großen Raume vollständige Stille ein. Die weißen Vorhänge hingen dicht über den Doppelfenstern. Kein Laut drang von der Straße herein. Alle waren weit entrückt von Ort und Jahren, wie auf einer Palmeninsel im Meer der Zeiten, und in der Wasserglätte des Horizonts spiegelten sich der Totenpalast Pharaos, die öden Wüstenwege und die fernen Tempel Kanaans auf den Bergen wider, die im Rot der untergehenden Sonne leuchteten und von dichtem Schilfrohr umsäumt waren. Mit erhöhter, lebensvoller Stimme durchbrach Henoch das Schweigen und dann las er: „Sehet, dies ist das Brot der Armut, das unsere Väter gegessen haben im Lande Ägypten. Wer hungrig ist, der komme und esse mit uns, wer dürftig ist, feiere mit uns das Pessach — dieses Jahr hier, nächstes Jahr im Lande Israel, dieses Jahr in Fron, nächstes Jahr in Freiheit."

Er hielt inne, und die Mutter gab unter der Decke Michael ein Zeichen, der nun mit seiner Frage einfallen sollte. Mit kindlicher, unsicherer Stimme las der Knabe die Worte, die eher zu alten Stimmen und runzeligen Gesichtern hätten passen mögen. Aller Augen waren auf ihn gerichtet. Den kleinen, schwarzen, lockigen Kopf hielt er bis ganz über das Buch geneigt. Der Schatten seines Fingers, mit dem er sich selbst den Text zeigte, flog über die Seite wie ein schwarzer Schmetterling. Endlich war er fertig und mit einer durchdringend leidvollen Stimme rief er die Schlußworte aus. Alle winkten hinüber und rollten ihm über den Tisch Nüsse und Obst zu. Aber da begann Henoch selbst von Ägypten zu erzählen. Sein Vortrag war weder ein Sagen noch ein Singen, sondern ein Gemisch von beidem. Er summte die Worte nach den alten traditionellen Melodien, die von einer Gegend zur andern wandern, mit den gleichen Gebärden und anklagenden Lauten, wie sie von Vater auf Sohn bei ihrem Herumirren durch die Welt und durch ihr Unglück vererbt werden, unausrottbar wie die Hoffnung dieses Volkes, eigenartig wie die Beteuerungen und Gelübde aus dem Beginn der Urzeit, feierlich wie ein Wiederholen der unerschütterlichen, wenngleich in so langer Zeit niemals verwirklichten Verheißungen. Aber an diese uralten Melodien knüpfte er alle andern Lieder aus seinem Leben: das Wiegenlied der Mutter beim Neugeborenen, die Festchöre der Knaben im Haus der Braut, die Tischlieder an frohen Tagen, ja, den Gassenhauer eines savoyischen Sängers, alles ergoß sich in diesen breiten Strom, in dessen einförmigem Brausen eingetan sind Jahrhunderte und das Leid dieser Jahrhunderte.

Aber je mehr Henoch in den Strom der Begebenheiten geriet, desto dramatischer wurde sein Ton. Das Ritual verwandelte sich in ein religiöses Theater und die Gestalt des Vorsängers wandelte sich mit und wuchs. Und die um den Tisch herum fielen nach Belieben ein, flüsterten oder lachten. Das religiöse Erzählen hatte in diesem Hause eine gastliche Stätte und man ging damit vertraulich um und ohne konventionelle Rücksichten. Kalonymos hörte den Lehrer, der halblaut mit tonloser und abgeplagter Stimme dem Text folgte, hörte die Fistelstimme des Hofschneiders, der der schönen Esther seine Komplimente machte, und den heiseren Ton der Stimme Jakobs. Selbst aber erfaßte er nichts von alledem und für sein Ohr klang das Jauchzen der Kinder neben ihm, als käme es aus weiter Ferne. Er hatte das Gefühl, als läge er einsam hingestreckt auf dem Sand seines holländischen Heimatstrandes, und während die Dämmerung sich zur Nacht verdichtete, hörte er die Brandung des Meeres Legenden brausen vom zerrissenen und zerstreuten Israel.

Die Pessach-Erzählung begann mit der Geschichte von den weisen Meistern in Judäa, jenen fünf Rabbis aus der Zeit Kaiser Hadrians: Elieser, Josua, Eleasar ben Asarja, Tarfon und Akiba. An einem Sederabend saßen sie in der Lehrstadt Akibas, der Rebenstadt Bene Berak in Palästina, und diskutierten eifrig in dem ärmlichen ländlichen Haus Akibas über die besondere Bedeutung des Abends, bis sie durch ein Klopfen gestört wurden. Es waren das die Schüler der Talmudschule, welche die Lehrstühle leer gefunden hatten, und mit Staunen riefen, daß es Zeit zum Morgengebet sei. Die fünf Rabbis hatten nämlich nicht bemerkt, daß während ihrer Aussprache die Nacht vergangen war.

Kalonymos sah sie vor sich, alle fünf. Da war Elieser, aufrecht wie eine Säule, mit großem, unbeweglichem, gleichsam versteinertem Gesicht, die dürre Hand im tropfsteingrauen Bart. Er sprach nur nach den Vorschriften des Gesetzes, mit einer Stimme, die wie ein Echo gemauerter Gräber und eingestürzter Tempel war. Aber zu allem, worauf das Gesetz keine Antwort gab, sagte auch er: „Wovon das Gesetz nichts weiß, wovon unsere Vorfahren nichts wissen, davon weiß auch ich nichts." Oder er zwang den vergeblichen Frager durch Gegenfragen zum Schweigen, etwa wieviele Muscheln auf dem Strand zwischen Joppe und Askalon verwitterten, oder wieviel Leiden das jüdische Volk noch zu überdauern habe. Wenn dann Ruhe eintrat, wurde seine Stimme wiederum zur ehernen Hülle für die Weisheit des Gesetzes.

Da war weiter der kleine, verwachsene, plumpfüßige Josua, ein ausgelernter Nadelschmied, mit den Zeichen der Armut und der niedrigen Herkunft im zusammengedrückten Gesicht und auf den von Zange und Hammer schwergewordenen Händen. Sein Handwerk lehrte ihn würdige Mäßigung und Ehrfurcht vor den geringsten Kräften des Lebens. Fünfzig wohlgemessene Hammerschläge auf festen Messingdraht verlangte ein einziger Nadelschaft und ebensoviel die Hohlkehle um das Ör, aber wenn schließlich die Nadel fertig auf dem Amboß lag, eignete sie sich nur zum Befestigen und Verbinden, keineswegs zum Stechen oder Verwunden. Und wenn die Nacht kam, saß Josua im Eingang der dunklen Schmiede und verfolgte die Bewegung der Sterne am Himmel. Wie wäre es, wenn sie nicht auf ihrer Himmelsbahn leuchteten, und wie wäre die Nacht, die Wüste und das Meer ohne das silberne Sternenlicht! Aber wenn er dann auch die kleinen Stecknadelköpfe bedachte, die frisch geschmiedet zwischen der schwarzen Kohle der ausgebrannten Esse lagen und ihren Glanz und ihre Aufgabe hatten, wurde Josuas Herz voll von frommer Ehrfurcht vor dem Unendlichen.

Während aber Elieser und Josua alt waren, war Eleasar ben Asarja jung, und das betrübte ihn. Unruhiges königliches Blut, beiderseits von den Eltern vererbt, rollte in seinen Adern. Seine Mutter war die schöne Gespielin der Berenike gewesen. Er selbst war schön und weise wie der junge Salomon und trotzdem blickten seine Augen träumerisch weit weg von Schulen und Lehrhäusern. Bei Sonnenuntergang pflegte er auf dem Dach seines Marmorhauses zu sitzen, beide Hände gegen Westen ausgestreckt, und seine Lippen bewegten sich dabei sehr fein. „Ein frommer Seufzer der Gebete" sagten die Leute, aber was Eleasar ben Asarja rezitierte, war Homer. Er hatte in Alexandrien studiert und Diotima war zur geheimen Vertrauten seiner Seele geworden. Daß er aber die Schwere der Gehässigkeit und Verachtung von sich werfe, die er von Jugend an in seiner Umgebung ertragen mußte, darin lag sein allzu königlicher Stolz. So kehrte er nach Hause zurück und bemühte sich, schnell über diesen alten Büchern zu altern.

Der vierte, Rabbi Tarfon, war ein gewaltiger Donnerer und Strafer, der Strengste in Israel. Im Kummer schüttelte er seine weiße Mähne um seine olivgelbe Stirn, und seine mächtigen Kiefer knirschten, wenn er gegen die Abtrünnigen und Heiden sich erboste. Aber er war auch nicht nachgiebig seinem eigenen Fleisch und Blut gegenüber. Den Fluch hatte er ebenso leicht zur Hand, wie andere den Segen, und Söhne und Angehörige, welche die Vorschriften überschritten, stieß er unter einem Hagel von Worten und Schlägen mit eigener Hand über die Schwelle. Noch spät abends hörte man seine Posaunenstimme durch das nächtliche Dunkel, und die Jünger, die gerade durch die finsteren Straßen gingen, beschleunigten den Schritt, wenn sie an seinem Haus vorüberkamen.

Rabbi Akiba, der Allkundige und Allweise, war aber der hervorragendste von diesen fünf. Schon als Knabe konnte er lesen und verstand er allerlei Schriftzeichen: die Linien und Furchen auf der menschlichen Hand, das Geäder der Blätter und die Gewebe der Spinnen. Als Hirte, der hinter der Herde ging, erlernte er die Sprache der Tiere, er verstand das Summen der Bienen, den Gesang der Vögel, stundenlang unterhielt er sich mit dem weißen Panther oder den einsamen Nachtschlangen, und die Zeichen der hingleitenden Wolken waren ihm nicht fremd. In seiner Vollkraft überragte er alle Kenner der Schrift. Moses und die Propheten hatten die großen Gebote dargelegt, Akiba deutete jeden Punkt der Tora aus. Partikeln und Wörtchen, an denen andere vorübergingen, wurden für ihn goldene Ketten der Wahrheit, und das zweifache ABC der Natur und der Schrift kündeten seiner Seele ein und dasselbe Wort vom einzigen Gott und seinem geprüften, aber doch einmal mit dem Siege gekrönten Volke.

Das waren die fünf Rabbi in Bene Berak. Ringsumher klirrten die Waffen und dröhnten die Hufe der Pferde. Überall in Kanaan tobte das letzte Ringen mit den Römern um die Verteidigung des Bodens, der Frauen und der Kinder, um Salomos Tempel, den Titus dem Erdboden gleichgemacht hatte, der aber wiederum sich aus dem Schutte erhob und mit seinen weit offenen Räumen vom Berge Zion zum Himmel rief. Der letzte Held des judäischen Reiches, den Akiba, der Deuter, als er ihm das erstemal ins Antlitz sah, „Sternensohn" nannte und dem er als dem Messias huldigte, Simon bar Kochba, in dessen Armen sich die Kraft Simsons erneuerte, und in dessen Herzen der Mut Juda Makkabis wieder auflebte, er war es, der die Scharen zum Siege führte und den Römern Stadt um Stadt entriß. Sieh, das war der Grund, warum unsere fünf Rabbi mit einem Eifer wie nie zuvor den Text vom Auszug aus Ägypten erklärten, so daß die Nacht verging, ohne daß sie es merkten...

Aber ach! der „Sternensohn" fiel auf dem Schlachtfeld... Zion wurde ein Steinhaufen, eine Flugstatt für Krähen und ein Versteck für Schakale. Alle fünf Rabbi wurden gesteinigt oder verbrannt, Elieser, der Mann des Gesetzes, Josua, der weise Nadelschmied, Eleasar, der Träumer, und Tarfon, der strenge Künder. Als letzter starb Akiba, allein, an der Grenze, gebrochen von enttäuschter Hoffnung, aber heldenhaft aufrecht. Ohne daß er vom Leib den nassen, wollenen Mantel gerissen hätte, der die Marter der Feuersglut verlängern sollte, stand er in den Flammen wie im Lehrhause, Zeugnis ablegend, glücklich, wie er sagte, „daß er Gott mit seinem Leben lieben könne", bis zum letzten Augenblick fromme Worte auf den Lippen. Das war der letzte Kampf, den das jüdische Volk mit dem Schwert in der Hand führte, und die Nacht von Bene Berak war eine neue Nacht des Auszuges auf einen Weg in die Wüste. Dieser Weg war länger als der ägyptische, ohne Manna-Regen und sprudelnde Quellen am Tage, ohne Feuersäulen bei Nacht, ohne den Tempel, der entgegenwinkte, ohne Ziel — ein Wüstenweg, der noch immer nicht zu Ende ist.

Die Legende von Rabbi Akiba

Von Emil Bernhard Cohn

ÜBER den leeren Markt von Tiberias schritt Rabbi Akiba. Die Menschen saßen zitternd in ihren Häusern und hielten die Türen verschlossen, als Rabbi Akiba heimkehrte zu seinem Weibe. Alt und gebeugt empfing sie den Mann und schwieg. Er ging in sein Lehrhaus hinüber. Das Lehrhaus war verschlossen, das Schloß verrostet, öde standen die Wände. Er kehrte in sein Haus zurück. Dort war gerade ein Bote eingetroffen, der den Fall Betars und das Ende Bar Kochbas meldete. Akiba zerriß seine Kleider, setzte sich in den Staub und streute sich Asche auf das Haupt. So saß er einen Tag, da erschien ein anderer Bote, der berichtete, daß die heilige Stadt ihren heiligen Namen nicht mehr tragen und das heilige Volk die Stätte nicht mehr betreten dürfe. Der Kaiser hätte ihr den römischen Namen Aelia Capitolina gegeben, und auf der Höhe des Zionsberges erhebe sich jetzt ein marmornes Haus, das dem Römergotte geweiht sei. Noch redete dieser, da schlich heimlich ein dritter Bote herein und erzählte, daß nun alles vom Kaiser verboten sei, das Beten, das Lesen, das Lernen, das Lehren, und daß der Tod darauf stehe. Akiba hörte es und schwieg. Der Bote sah ihn an, sah das Weib an, und indem er die Tür schon wieder in die Hand nahm, flüsterte er: „Flieh, Akiba!" und verschwand.

Da fing Akiba zu seinem Weibe zu reden an: „Erinnerst du dich, Rahel, wie ich ein roher Hirte war und dich in der goldenen Sänfte fand?" Nach einer Weile fuhr er fort: „Und erinnerst du dich, wie ich um der Lehre willen dich darben ließ und selber darbte viele Jahre lang?" Und nach abermals einer Weile fing er laut zu stöhnen an: „O weh, mein Sohn, du hast gemacht, daß ich die Lehre verließ!" Bei alledem wandte sich das Weib nicht zu ihm hin, sondern ihr Herz blieb verschlossen.

Da stand Akiba auf und stieß die Tür seines Hauses auf. Dabei war es ihm, als öffne sich die letzte aller Welten vor seinem Schritt. Es war der Schritt des Bergstieres, mit dem er zum letzten Male auf die Gasse von Tiberias trat, und mit dem Brüllen des Stieres schrie er über den Markt: „Kommt alle, die ihr lernen wollt. Akiba lehrt euch die Lehre!" Scheu wichen die Leute zur Seite und schlüpften in die nächste Gasse, er aber trat mitten auf den Markt und rief noch einmal: „Kommt alle, Akiba lehrt euch die Lehre!" War da ein Jüngling mit Namen Pappus, der trat näher und sprach: „Akiba, der Tod steht darauf!" — „Ich will dir ein Gleichnis sagen," antwortete Akiba: „Der Fuchs rief den Fischen im Waldbach zu: Vor wem flieht ihr denn so, ihr Eiligen?" — Sprachen die Fische: „Vor den Angeln und Netzen." — Sagte der Fuchs: „So kommt ans Ufer, ich rette euch!" — Da lachten die Fische und spotteten sein: „Sind wir schon nicht sicher," sagten sie, „im Wasser, das unser Element, um wieviel weniger werden wir es am Strande sein, der unser Element nicht ist? Fisch, verlasse das Wasser nicht, Israel, nicht deine Lehre!" So rief Akiba und begann das Volk zu lehren auf offenem Markte.

Als man das seinem Weibe berichtete, befahl sie zum ersten Male wieder den Mägden, das Lehrhaus zu öffnen und zu reinigen. Aber Akiba ging nicht ins Lehrhaus, sondern holte die Leute aus den Häusern, schlug auf dem Markte eine Bank auf und verkündete vor aller Ohren die heilige Lehre. Da kam seinem Weibe die Nachricht, daß der Sieger Severus das Land verlassen habe und der grausame Rufus mit seiner Rufina zurückgekehrt sei. An diesem Tage verließ sie zum ersten Male wieder das Haus, und alles Volk rief: „Sieh, Akiba, dein Weib ist auf dem Markte!" Sie trat an den Weisen heran und sprach: „Hör auf zu lehren, Rufus steht vor den Toren!" Er aber hörte nicht auf sie, sondern lehrte weiter, wie es geboten war. Seine greisen Arme fuhren beim Sprechen wild durch die Luft, seine Augen waren blutig wie das Auge des Stieres, und über die Gewalt seiner Stimme erbebten die Schüler, denn es war, als riefe er „Rufus! Rufus!" in einem fort. Da fing die Frau laut zu schreien an: „Heißt ihn schweigen, ihr Leute! Einmal hat er mich zur Witwe gemacht, ließ den Sohn mir sterben als eine Waise! Nun will er mich zum zweitenmal zur Witwe machen! Heißt ihn schweigen!" Sie jammerte so, daß es auf dem Markte von Tiberias einen Aufruhr gab, und sieh, da klirrten schon Waffen und an der Spitze seiner Legionäre erschien Rufus. Alles Volk verstummte und lief auseinander, der greise Akiba stand zuletzt allein auf dem Markte, nur sein Weib war bei ihm, und da die Schüler entlaufen waren, rief er Himmel und Erde an: „Horche, o Himmel! Merke auf, o Erde! Vernimm, o Welt, die Lehre deines Gottes!"

Da faßten ihn die Häscher und führten ihn gefangen fort...

Rabbi Akiba war heiter und still. Der Kerkermeister quälte ihn, wie er konnte, aber Akiba blieb sanft und lächelte den ganzen Tag. Sein Schüler Josua aus Gerasa bediente ihn und brachte ihm jeden Tag sein Maß voll Wasser. Eines Tages traf ihn der Kerkermeister, nahm ihm den Krug fort und goß die Hälfte auf die Erde. Spät und traurig erschien Josua vor Akiba. Da sagte der Meister zu ihm: „Josua, warum kommst du heute so spät? Weißt du nicht, daß ich alt bin und mein Leben an deinem hängt?" Wie er aber das wenige Wasser sah und hörte, was war, sagte er: „Gieße es mir über die Hände, daß ich mich waschen und beten kann!" Sprach der Jüngling: „Zum Trinken reicht es nicht, soll es zum Waschen sein?" und Akiba antwortete: „Gieße, mein Sohn! Besser, ich verschmachte nach Wasser, als die Tora verschmachtet nach mir...!"

Da öffnete sich die Kerkertür, und Akibas Gattin trat herein. Ihr Haar war weiß geworden über Nacht, denn sie hatte gehört, daß Akiba heute sterben sollte. Nun kam sie, die letzte Stunde mit ihm zu teilen. Wie Akiba sie sah, schloß er sie in seine Arme und weinte und lachte durcheinander.

„Akiba, warum lachst du so?" flüsterte sie, „und warum weinst du denn so, Akiba?"

Da sagte Akiba: „Ich habe den Rindern meiner Herde Genüge getan, darum lache ich. Ich habe meinem Weibe nicht Genüge getan, darum weine ich, Rahel. Ich habe meinem Volk Genüge getan, darum lache ich. Ich habe meinem Sohn nicht Genüge getan, darum weine ich, Rahel. Ich habe der Lehre Genüge getan, denn ich habe sie vielen Tausenden verkündet, und ich habe ihr nicht Genüge getan, denn ich habe sie meinen einzigen Sohn nicht gelehrt, darum lache und weine ich zusammen und muß nun Gott Genüge tun und sterben."

Und fuhr weiter fort und sprach: „Als ich die Herde hatte, fehlte mir die Liebe. Als ich die Liebe fand, fehlte mir die Lehre. Als ich die Lehre hatte, fehlte mir wieder die Liebe. Warum konnte ich nicht die Liebe zur Lehre bringen, warum nicht die Lehre zur Liebe? Nun habe ich die Lehre, die Liebe und den Tod."

Rufus hieß das Weib Akibas aus dem Kerker führen, und die Knechte begannen den Weisen zu schinden. Sie gingen ihm mit ihren eisernen Kämmen an den Leib, und die Haut ging in Blut und Fetzen von ihm ab. Akiba gab keinen Laut von sich und lächelte nur. Als die Zeit des Schema-Gebetes kam, fing er zu beten an. Er betete laut, und sein Lächeln wurde überirdisch, während die Knechte an ihm wüteten. Die Schüler sahen es und weinten: „Rabbi, wie betest du noch?" Er antwortete: „Steht nicht geschrieben: Du sollst ihn lieben mit ganzer Seele? Habe ich nicht gedeutet: Selbst wenn er dir die Seele nimmt? Jetzt nimmt er sie, so kann ich ihm zeigen, wie sehr ich ihn liebe!" und fuhr fort, das Schema zu beten. Als er aber an die Stelle kam: „Und du sollst sie einschärfen deinen Kindern", schrie er jammervoll auf und konnte nicht weiter. Dann fing er wieder von vorn an und sprach das hochheilige Bekenntnis immer von neuem, bis es wie Jubel klang, und den Knechten vor diesem Manne graute. Die Schüler hielten seinen zerfetzten Leib in den Armen und benetzten ihn mit Tränen. Um die Abendzeit sprach Akiba das Bekenntnis noch einmal, indem er mit den letzten Worten seinen letzten Atemzug tat. Dann sank er zurück und war tot. In diesem Augenblick ging ein Beben durch das Haus; daß die Kerkerwand riß, und Schüler und Henker mit Schrecken flohen. Vor Gottes Thron aber zitterten in dieser Stunde die Engel und riefen: „Herr der Welt! Ist das die Lehre und dies ihr Lohn?" Und eine Stimme tönte durch den Himmel: „Heil dir, Akiba, du gingest ein zum ewigen Licht!"

Die Nacht des Sühnetages war gekommen. Alle Schüler waren auseinandergegangen. Auch Rabbi Josua schlich im Dunkeln nach Hause. Wartete da ein Fremder vor seiner Tür und grüßte ihn in der Nacht: „Friede sei mit dir!" — „Was willst du?" fragte Josua. Antwortete jener: „Ich bin ein Priester und frage dich, ob du mit mir gehen willst, deinen Lehrer zu bestatten?" Josua folgte ihm, und wie sie zum Kerker kamen, stand das Tor offen, und die Wächter schliefen. Sie traten ein, und Josua wollte den toten Lehrer auf eine Bahre heben. Der Fremde aber hob ihn schnell auf seine Schulter und ging voran. So schritten sie beide mehrere Stunden durch die Sühnenacht, bis sie nach Antifras kamen, das in den Bergen lag. Dort öffnete sich ihnen eine Höhle, da ging es drei Stufen hinab und drei Stufen hinauf, und sie befanden sich in einer Grotte, wo ein Bett, ein Tisch und ein Leuchter standen. Alsbald bettete der Fremde den Toten auf das Ruhelager, legte den Finger auf den Mund und gebot Josua durch ein Zeichen, ihm zu folgen. Sie verließen den Raum schweigend, wie sie gekommen waren. Als Josua aber zurückblickte, sah er noch, wie die Kerze sich von selbst entzündete, und die Grotte sich langsam schloß. Voll Staunen folgte er dem Fremden, der schnell und immer schneller durch die Nacht voranschritt. Da hielt ihn Josua auf und fragte: „Rabbi, du nanntest dich einen Priester, wie durftest du dich an dem Toten entweihen?" — „Sei still, Josua, mein Sohn!" sagte der Fremde. „Dieser war einer, und kein anderer war neben ihm!" Wie er das sagte, verschwand der Mann, und aus dem Dunkel ertönte eine Stimme: „Heil euch, ihr Liebenden! Heil euch, ihr Lernenden! Heil euch, ihr Gottesfürchtigen!"

Da sah Josua, daß es der Prophet Elia war, und sank hin im Walde und weinte die ganze Nacht.

Das Lied der Lieder

In deutscher Übertragung von Max Brod

I.

Auf dem Lande

DIE Stimme meines Geliebten! Sieh, da kommt er, springt über die Berge, hüpft über die Hügel!

Es gleicht mein Geliebter dem Hirsch oder dem Jungen der Gazelle.

Da steht er hinter unserer Mauer, schaut durch die Fenster, späht durch die Gitter. Mein Geliebter hebt an und spricht zu mir:

DER HIRT

Mache dich auf, meine Freundin! Meine Schöne, brich auf!

Denn der Winter ist vorüber, der Regen vorbei, seines Weges gegangen.

Die Blüten zeigen sich im Lande, die Zeit ist gekommen, den Weinstock zu beschneiden, und die Stimme der Turteltaube hört man in unserem Lande.

Der Feigenbaum treibt seine Früchte, und die Reben in Blüte strömen Duft. Mache dich auf, meine Freundin! Meine Schöne, brich auf!

Meine Taube in den Felsklüften, im Versteck des Vorsprungs, laß mich deinen Anblick schauen, laß mich deine Stimme hören. Denn deine Stimme ist süß und dein Anblick lieblich.

Die du in Gärten wohnst, Freunde lauschen auf deine Stimme, — laß mich sie hören!

SCHULAMMITH

Wie schön, mein Geliebter, wie lieblich, unser Lager wie frischgrün!

DER HIRT

Die Balken unseres Hauses Zedern, unser Hausrat Tannen.

SCHULAMMITH

Ich bin die Narzisse von Saron, die Rose der Täler.

DER HIRT

Wie die Rose unter Dornen, so meine Freundin unter den Mädchen.

SCHULAMMITH

Wie der Apfelbaum unter Waldbäumen, so mein Geliebter unter den Jünglingen.

DER HIRT

Wie schön, meine Freundin, wie schön! Deine Augen Tauben zwischen deinem Schleier hervor, dein Haar wie eine Ziegenherde, die den Berg Gilead herabsteigt.

Deine Zähne wie eine Herde frischgeschorener Schafe, die aus der Schwemme kommen, jegliches Zwillinge tragend und keines unfruchtbar.

Wie ein Purpurfaden deine Lippen und dein Mund lieblich. Wie eine Granatapfelscheibe sieht deine Schläfe hinter deinem Schleier hervor. Wie der Turm Davids dein Hals, als Bollwerk aufgerichtet. Tausend Schilde sind an ihm aufgehängt, alle Schilde der Helden. Deine Brüste sind zwei Rehkälbchen, Zwillinge der Hindin, die unter Rosen weiden. Bis der Tag auskühlt und die Schatten fliehen, will ich zum Myrrhenberg gehen und zum Weihrauchhügel.

Vollkommen schön bist du, meine Freundin, und kein Fehl ist an dir.

Mit mir vom Libanon, o Braut, komm mit mir vom Libanon! Blick herab von Amanas Gipfel, vom Gipfel des Schenir und Chermon, von den Löwenwohnungen, von den Pantherbergen.

Du hast mich des Verstandes beraubt, o meine Schwester Braut, hast mich des Verstandes beraubt mit dem einen deiner Augen, mit einer einzigen Kette deines Halsgeschmeides.

Wie süß ist deine Liebe, meine Schwester Braut, wieviel köstlicher deine

Liebe als Wein und deiner Salben Duft als alle Balsamdüfte.

Honigseim träufeln deine Lippen, Braut, Honig und Milch liegen unter deiner Zunge und der Duft deiner Kleider gleicht dem Dufte des Libanon.

Ein verschlossener Garten ist meine Schwester Braut, ein verschlossener Garten, ein versiegelter Quell.

Deine Schößlinge sind ein Granatenhain mit köstlicher Frucht, Zyprusblumen und Narden. Narde und Krokus, Kalmus und Zimt samt allen Gewürzsträuchern, Myrrhe und Aloë samt allen Wohlgerüchen.

Eine Quelle der Gärten bist du, Brunnen lebendigen Wassers, das vom Libanon rieselt. Auf, Nordwind, und komm, o Südwind, durchwehe meinen Garten, daß sein Balsamduft ströme.

SCHULAMMITH

Es komme mein Geliebter in seinen Garten und genieße seine köstlichen Früchte.

DER HIRT

Ich komme in meinen Garten, meine Schwester Braut. Ich pflücke meine Myrrhe samt meinem Wohlgeruch, ich genieße meine Wabe samt meinem Honig, ich trinke meinen Wein samt meiner Milch. Esset, Freunde, trinkt und berauscht euch, Geliebte! Jetzt fangt uns die Füchse, die kleinen Füchse, die Weinbergsverderber, denn unsere Weinberge stehen in Blüte.

II.

Der Raub

Einen Weinberg hatte Salomo in Baal Hamon. Den Weinberg übergab er den Hütern. Jeder sollte für seine Frucht tausend Silberstücke geben.

Mein Weinberg, der meine, gehört mir. Die tausend dir, o Salomo, und zweihundert den Hütern seiner Frucht.

Sage du mir, den meine Seele liebt, wo weidest du? Wo lagerst du am Mittag? Denn warum soll ich traurig stehen bei den Herden deiner Freunde!

DER HIRT

Wenn du es nicht weißt, du Schönste unter den Frauen, so gehe den Spuren der Schafe nach und weide deine Zicklein bei den Zelten der Hirten!

Zum Nußgarten stieg ich hinab, zu sehen die frischen Triebe im Tal, ob der Weinstock grünt, die Granatäpfel knospen.

Unversehens hat meine Seele zum Wagen eines Edlen mich geführt und zu seinen Leuten. Was ist's, was dort heraufkommt aus der Wüste wie eine Rauchsäule, umduftet von Myrrhe und Weihrauch, von allen Gewürzen des Kaufmanns?

Das ist Salomos Sänfte. Sechzig Helden rings um sie von den Helden Israels. Sie alle schwertumgürtet, kriegsgeübt. Jeder sein Schwert an der Hüfte gegen den Schrecken der Nächte.

Einen Tragstuhl ließ sich König Salomo fertigen aus Holz vom Libanon. Seine Säulen ließ er aus Silber machen, die Decke aus Gold, den Sitz aus Purpur, sein Inneres ist erfüllt von Polstern der Liebe der Töchter Jerusalems.

Wer ist's, die dort heraufkommt aus der Wüste, gestützt auf ihren Geliebten!
Dreh dich, dreh dich, Schulammith, — dreh dich, dreh dich, daß wir dich anschauen!"

SCHULAMMITH

Was wollt ihr schauen an Schulammith?
Etwa den Tanz der Kriegslager?

DER KÖNIG

Wie schön sind deine Füße in den Schuhen, Tochter eines Edlen! Die Wölbungen deiner Hüften wie Halsgeschmeide, Werk von Künstlerhänden.

Dein Nabel eine runde Schale, nicht fehlt der Wein darin. Dein Leib eine Weizengarbe, von Rosen umsteckt.

Deine Brüste wie zwei Rehkälbchen, Zwillinge der Hindin.

Dein Hals wie ein Elfenbeinturm, deine Augen wie Teiche in Hesbon am Tore Bath-Rabbim, deine Nase wie der Libanonturm, der gegen Damaskus blickt.

Dein Haupt auf dir wie der Karmel und das Haar deines Hauptes wie Purpur — der König gefesselt in deinen Locken.

Wie schön bist du, wie anmutig, Geliebte, in den Ergötzungen.

Dein Wuchs gleicht der Palme, deine Brüste den Trauben.

Ich denke, die Palme werde ich ersteigen, ihre Zweige ergreifen. So mögen deine Brüste wie Trauben am Weinstock sein und der Dufthauch deiner Nase wie Äpfel. Und dein Gaumen wie guter Wein, der dem Geliebten über Lippen und Zähne strömt.

SCHULAMMITH

Ich gehöre meinem Geliebten und nach mir steht sein Verlangen.

DER KÖNIG

Meiner Stute am Pharaowagen vergleiche ich dich, meine Freundin.
Lieblich deine Wangen in den Gehängen, dein Hals in den Schnüren.
Goldene Gehänge wollen wir dir machen, mit Pünktchen aus Silber.

SCHULAMMITH

Ein Myrrhenbündel ist mir mein Geliebter,
der an meinen Brüsten ruht.
Ein Zyprusstrauß in den Weinbergen von
Engedi ist mir mein Geliebter.
Er küsse mich mit seines Mundes Küssen. —
Denn lieblicher als Wein ist deine Liebe.
Fliehe, mein Geliebter, und gleiche dem
Hirsch oder dem jungen Rehe auf den Balsambergen.

DIE ZURÜCKBLEIBENDEN HIRTEN

Eine kleine Schwester haben wir, noch ohne Brüste. Was tun wir mit unserer Schwester am Tage, da sie gefordert wird?

Ist sie eine Mauer, so bauen wir auf ihr einen silbernen Mauerkranz. Ist sie aber eine Türe, so schließen wir sie mit zederner Bohle.

DAS LIED DER LIEDER

III.

Im Palast Salomos

CHOR DER FRAUEN

KOMMT heraus und schauet, Töchter Zions, den König Salomo, schaut den Kranz, mit dem ihn seine Mutter bekränzt hat — am Tage seiner Hochzeit, am Tage seiner Herzensfreude.

Köstlich ist der Duft deiner Salben. Wie ausgegossenes Öl dein Name. Darum lieben dich die Jungfrauen.

Zieh mich dir nach, wir wollen eilen. Mich brachte der König in seine Gemächer. Wir wollen jubeln und uns deiner freuen, deine Liebe preisen mehr als Wein. Mit Recht liebt man dich.

Solange der König auf seinem Ruhepolster weilte, gab meine Narde ihren Duft.

SCHULAMMITH

Ich gehöre meinem Geliebten und mein Geliebter ist mein, der unter Rosen weidet.

DER KÖNIG

Schön bist du, meine Freundin, wie Thirza, anmutig wie Jerusalem, furchtbar wie Gewappnete.

Wende deine Augen ab, denn sie erschrecken mich...

Ich habe sechzig Königinnen, achtzig Nebenfrauen, Jungfrauen ohne Zahl.

Eine nur ist meine Taube, meine Reine, sie, die einzige ihrer Mutter, die Auserwählte der, die sie gebar. Es sahen sie die Mädchen und priesen sie, Königinnen und Nebenfrauen, und rühmten sie.

CHOR

Wer ist's, die hervorschaut wie die Morgenröte, schön wie der Mond, glänzend wie die Sonne, furchtbar wie Gewappnete?

SCHULAMMITH

Schwarz bin ich, doch lieblich, ihr Töchter Jerusalems, wie Kedars Zelte, wie Salomos Teppiche.

Seht mich nicht an, daß ich so schwärzlich bin, daß die Sonne mich versengt hat. Meiner Mutter Söhne grollten mir, sie machten mich zur Hüterin der Weinberge, — den Weinberg, der mein ist, habe ich nicht gehütet.

Wie der Apfelbaum unter Waldbäumen, so mein Geliebter unter den Jünglingen. In seinem Schatten begehrte ich zu sitzen und seine Frucht war meinem Gaumen süß.

Er hat mich ins Weinhaus geführt und seine Fahne über mir war Liebe.

O stärket mich mit Traubenkuchen, erquickt mich mit Äpfeln. Denn krank von Liebe bin ich.

Seine Linke unter meinem Haupte und seine Rechte umarme mich.

DER KÖNIG

Ich beschwöre euch, ihr Töchter Jerusalems, bei den Hindinnen oder den Gazellen der Flur, störet die Geliebte nicht und weckt sie nicht, bis es ihr gefällt.

SCHULAMMITH

Ich beschwöre euch, ihr Töchter Jerusalems. Wenn ihr meinen Geliebten findet, was werdet ihr ihm sagen? — Daß ich krank bin von Liebe.

CHOR

Was ist denn dein Geliebter vor einem andern, du Schönste unter den Frauen, was ist dein Geliebter vor einem andern, daß du uns so beschwörst?

SCHULAMMITH

Mein Geliebter ist weiß und rot, hervorragend aus Zehntausenden.
Sein Haupt wie feines Gold, die Locken herabrollend, rabenschwarz.
Seine Augen wie Tauben an Wasserquellen, in Milch sich badend, am Rande sitzend. Seine Wangen wie Balsambeete, Türme von Wohlgerüchen, seine Lippen Rosen, die fließende Myrrhe träufeln.
Seine Hände goldene Ringe, mit Tarsisstein besetzt, sein Leib ein Kunstwerk aus Elfenbein, bedeckt mit Saphiren.
Seine Schenkel Marmorsäulen auf Füßen aus Gold, sein Anblick gleich dem des Libanon, auserlesen wie Zedern.
Sein Gaumen Süßigkeit, alles an ihm Lieblichkeit. Dies ist mein Geliebter, dies mein Freund, ihr Töchter Jerusalems.

CHOR

Wohin ist dein Geliebter gegangen, du Schönste unter den Frauen? Wohin hat sich dein Geliebter gewandt, daß wir ihn suchen?

SCHULAMMITH

Mein Geliebter ging hinab in seinen Garten zu den Balsambeeten, in den Gärten zu weiden und Rosen zu pflücken.
Ich bin wie eine Mauer, meine Brüste wie Türme. Da war ich in seinen Augen wie eine, die Gunst findet.
Auf, mein Geliebter, gehen wir hinaus aufs Feld, übernachten wir in den Dörfern. Laß uns früh nach den Weinbergen gehen, wir wollen schauen, ob der Weinstock blüht, ob die Blüte sich öffnet, ob die Granaten knospen. Dort will ich dir meine Liebe geben.
Die Veilchen senden Duft aus und an unsern Türen alle Früchte, neue wie alte, mein Freund, habe ich dir aufbewahrt.
Ach wärest du doch mein Bruder, saugend an meiner Mutter Brüsten. Fände ich dich draußen, ich küßte dich: man dürfte mich nicht schmähen.
Ich führte, brächte dich in meiner Mutter Haus, die mich erzogen hat, ich tränkte dich mit Würzwein, mit meinem Granatenmoste. (Seine Linke unter meinem Haupte und seine Rechte umarme mich.)
Unter dem Apfelbaum würde ich dich aufwecken, dort lag in Wehen mit dir deine Mutter, dort in Wehen, die dich gebar.

DER KÖNIG

Ich beschwöre euch, ihr Töchter Jerusalems, bei den Hindinnen oder den Gazellen der Flur, störet die Geliebte nicht und wecket sie nicht, bis es ihr gefällt...

IV.

Die Flucht

AUF meinem Ruhebett in den Nächten suchte ich, den meine Seele liebt. Ich suchte ihn und fand ihn nicht.

Ich schlief, doch mein Herz wachte. Die Stimme meines Geliebten klopft. „Öffne mir, meine Schwester, meine Freundin, meine Taube, meine Reine. Denn mein Haupt ist voll von Tau, meine Locken von den Tropfen der Nacht."

Ich habe mein Kleid ausgezogen, wie soll ich's wieder anziehen! Ich habe meine Füße gewaschen, wie soll ich sie beschmutzen! Mein Geliebter streckte seine Hand durch das Fenster. Da wogte mein Inneres zu ihm.

Ich stand auf, meinem Geliebten zu öffnen, und meine Hände träufelten von Myrrhe, meine Finger von fließender Myrrhe auf die Griffe des Riegels.

Ich tat meinem Geliebten auf, doch er war fortgegangen, verschwunden. Meine Seele war bei seinen Worten erschrocken. Ich suchte ihn, aber ich fand ihn nicht. Ich rief ihn, aber er antwortete nicht.

So will ich aufstehen und die Nacht durchstreifen, die Märkte und Straßen. Ich will suchen, den meine Seele liebt. Ich suchte ihn, aber ich fand ihn nicht.

Mich fanden die Wächter, die die Stadt durchstreifen. Den meine Seele liebt, habt ihr ihn gesehen?

Mich fanden die Wächter, die die Stadt durchstreifen. Sie schlugen mich, verwundeten mich, meinen Schleier nahmen mir die Wächter der Mauern.

Kaum war ich an ihnen vorüber, da fand ich den, den meine Seele liebt. Ich hielt ihn fest und ließ ihn nicht, bis ich ihn in meiner Mutter Haus gebracht, in die Kammer der, die mich gebar.

Lege mich wie einen Siegelring an dein Herz, wie einen Siegelring an deinen Arm! Denn stark wie der Tod ist Liebe, schwer wie die Unterwelt Leidenschaft, ihre Gluten Feuergluten, eine Flamme Gottes!

Viele Wasser können die Liebe nicht auslöschen und Ströme überfluten sie nicht. Wollte einer alles Gut seines Hauses hingeben um Liebe, man würde ihn doch nur verachten.

Bemerkungen zu den Lektürestücken für den Sederabend

An den Sederabenden wird vielfach der Brauch geübt, bevor man zum zweiten Teil der Haggada übergeht, etwas zu erzählen, das außerhalb der festgefügten Folge des Rituales auf das Fest und seine Überlieferung Bezug hat. Eine Zusammenstellung solcher Stücke für den Sederabend bietet die folgende Auswahl. Die erste Gruppe bezieht sich auf das Ereignis des Auszuges selbst, die folgende auf das Fest und den Sederabend, daran schließt sich eine Gruppe von Berichten und Legenden einzelner Gestalten der Haggada. Den Abschluß bildet das Hohelied, das am Pessach gelesen werden soll.

Felix Salten: Auf dem Wege von Ägypten

Das Einleitungskapitel aus der Reiseschilderung „Neue Menschen auf alter Erde" (Verlag Paul Zsolnay, Wien), das mit einigen Auslassungen hier wiedergegeben ist, knüpft in dichterischer Schau Gegenwart an Vergangenheit.

ZU DEN LEKTÜRESTÜCKEN FÜR DEN SEDERABEND

Midraschim

Midraschim sind älteste Schrifterklärungen. Sie enthalten eine unausschöpfliche Fülle von Legenden und Deutungen als einzigartiges Denkmal der religiösen Volksphantasie. Die hier wiedergegebenen Stücke sind dem sogenannten Midrasch rabba zum 2. B. M. entnommen. In den „Zehn Plagen" wird das rührende Eigentumsverhältnis von Gott und Israel gezeichnet. „Der Dankbare" will eine Erklärung für die auffallende Stelle im 2. B. M. Kap. 7, 19 geben, wo Gott Moses den Auftrag erteilt, er solle Ahron sagen, daß d i e s e r den Stab über die Gewässer Ägyptens hebe und das Wunder der Verwandlung vollziehe. Der letzte der angeführten Midraschim wird erst richtig verständlich, wenn man das erste hebräische Wort des Verses 17 im 13. Kap. des 2. B. M.: „waj-hi" („Und so wars", als Pharao das Volk ziehen ließ) in seine zwei Silben zerlegt. Dann ergibt nämlich der Sinn: Wehe, als Pharao das Volk ziehen ließ. Im Anschluß an diese Midraschim sei auch auf den im darstellenden Teil von Pessach erwähnten Midrasch hingewiesen, der erzählt, daß Gott darüber betrübt war, als die Ägypter, seine Geschöpfe, im Schilfmeer untergingen.

Ein wenig Philologie zur Haggada

Im Anschluß an A. S. Yahuda: „Die Sprache des Pentateuch in ihren Beziehungen zum Ägyptischen". (Verlag Walter de Gruyter u. Co., Berlin.) Yahuda, 1878 in Jerusalem geboren, hervorragender Orientalist, war eine Zeitlang Professor an der Universität Madrid.

Michael Guttmann: Kult und Moral

Aus „Das Judentum und seine Umwelt" (1. Band 1927, S. 115, 122). In diesem Werk des bedeutenden Gelehrten (erschienen im Philo-Verlag, Berlin) wird der oft verkannte universalistische Grundzug der jüdischen Religion aus den Quellen dargelegt.

Max Brod: Beim Turmwächter Gerson

Aus „Rëubeni, Fürst der Juden" (Paul Zsolnay Verlag, Wien). David Rëubeni, dessen Jugend der Dichter in das Ghetto seiner Heimatstadt Prag verlegt, wird von dem Gedanken erschüttert, daß man „Gott auch mit dem bösen Trieb lieben müsse". Die wiedergegebene Stelle aus dem 15. Kapitel des 1. Teiles hängt mit diesem Grundgedanken zusammen. Der Turmwächter Gerson enthüllt in einer Stunde der Ekstase dem Wißbegierigen den kabbalistischen Sinn von Urgeschichte und Befreiungsbericht.

Leopold Marx: „Ziemt uns noch Frohsein"

Dieses (zuerst in der „Jüd. Rundschau" erschienene) Gedicht ergreift durch das Erlebnis der ewigen Aktualität, die vom heutigen Juden im Sederabend wieder entdeckt wird.

I. Breuer: Die Passahnacht

Aus „Judenproblem" (S. 71—75). In dieser (im Verlag J. Kauffmann, Frankfurt a. M., erschienenen) Schrift wird vom orthodoxen Standpunkt das nationale Problem des Judentums beleuchtet. Das wiedergegebene Stück will die eigentliche Probe auf die vorgebrachten Erörterungen sein.

Martin Buber: Chassidische Geschichten

Aus „Die chassidischen Bücher". Die Geschichten erweisen den tiefsten Sinn des Chassidismus: nicht auf Wissen und Formen kommt es an, sondern auf innige Gottverbundenheit. Die Neuausgabe der „Chassidischen Bücher" erschien im Schocken-Verlag, Berlin.

J. L. Perez: Der Hundeseder

Aus „Volkstümliche Geschichten" (Jüdischer Verlag, Berlin). Die hebräischen Worte am

ZU DEN LEKTÜRESTÜCKEN FÜR DEN SEDERABEND

Schlusse, Sätze aus der Pessachhaggada, bedeuten: „Knechte waren wir dem Pharao in Ägypten ... Jeder Dürftige komme und esse". Auf den letzten dieser Sätze ist der humorvolle Streich des Baalschem zugespitzt. Die Wiedergabe der hebräischen Worte entspricht dem ostjüdischen Dialekt. Die Übersetzung aus dem Jiddischen stammt von Mathias Acher.

S. J. Agnon: Die Heimkehr

Aus der Erzählung „Der Verstoßene", deutsche Übertragung von Max Strauß. (Jüdischer Verlag, Berlin; jetzt Schocken-Verlag.) Gerschom, Enkel des gelehrten Vorstehers Rabbi Awigdor, kehrt von dem Ort seines Talmudstudiums, der Jeschiwa, zum erstenmal nach dem Tod seiner Mutter ins Vaterhaus zurück. In der Heimatstadt erwartet ihn auch seine Braut, die einzige Tochter eines reichen Mannes. Eine überzarte Sanftheit des Gemütes spricht aus diesen in Glaubensdingen unbeugsamen Menschen. Der Ausdruck Sijum, der im Anfang erwähnt wird, bedeutet „Abschluß" des Studiums eines Talmudtraktates. Dies wird oft, besonders am Vortag des Pessach, zum Anlaß einer kleinen Feier genommen.

Heinrich Heine: Der Rabbi von Bacherach

Als Heine dieses Kapitel seines Romans schrieb, gehörte er, auch seinem äußeren Bekenntnis nach, der jüdischen Gemeinschaft an.

Shmarya Levin: Pessach in Swislowitz

Aus „Kindheit im Exil" (S. 200—208, mit einigen Auslassungen). Das weißrussische Swislowitz ist der Geburtsort Levins (1867—1935), der die Qualitäten seiner großen Redekunst auch in seiner mehrbändigen Lebensgeschichte bewährte: Tiefe des Empfindens und Wissens, Klugheit in der Beobachtung von Zusammenhängen, Humor und gewinnende Darstellungsgabe. Die Übersetzung des deutsch im Rowohlt-Verlag, Berlin, erschienenen Buches stammt von Martha Fleischmann.

Joseph Roth: Der Fremde

Die Stelle ist dem vorletzten Kapitel des ergreifenden Romans „Hiob, Roman eines einfachen Mannes", entnommen. Mendel Singer, ein armer Lehrer im russischen Städtchen Zuchnow, wird vom Unglück verfolgt. Sein jüngstes Kind, Menuchim, ist geistig zurückgeblieben. Singer wandert nach New York aus, nachdem er Menuchim einem Schwiegersohn der Familie Biles übergeben hat. Ein anderer Sohn dient im russischen Heer. Über die Familie bricht in Amerika neues Unglück herein: Tod von Sohn und Frau, Irrsinn der Tochter. Der fromme Mann beginnt mit Gott zu hadern, schließlich wird er ganz apathisch. Man bringt ihn bei der Familie Skowronek unter.

Carry van Bruggen: Sedernacht

Die holländische Dichterin Carry van Bruggen de Haan (1881—1932), eine Schwester des 1924 in Jerusalem ermordeten Schriftstellers de Haan, schildert in der monologischen Erzählung die Tragödie eines einsam gewordenen Juden. Die Erzählung ist dem Sammelwerk „Yisroel" (herausgegeben von Josef Leftwich; Verlag von John Heritage, London) entnommen und von Berta Thieberger übersetzt.

Vojtech Rakous: Voderader Mazzes

Aus „Die Geschichten von Modche und Resi und anderen lieben Leuten". Verlag „Tribuna", Prag. Übersetzung aus dem Tschechischen von Emil Saudek. V. Rakous (1862—1935) ist der Schilderer des böhmischen Landjudentums am Ende des vorigen Jahrhunderts. Die meisten seiner von volkstümlichem Humor erfüllten Geschichten sind wahren Begebenheiten nacherzählt.

ZU DEN LEKTÜRESTÜCKEN FÜR DEN SEDERABEND

Thomas Mann: Die Prüfung

Entnommen den „Geschichten Jaakobs", und zwar dem 1. Kapitel, S. 57 f. Ein Meisterwerk nacherlebter Darstellung und neuer Deutung des eindringlichsten und zugleich geheimnisvollsten Berichtes aus der Urväterzeit: der Opferung Isaaks. Bewundernswert ist die Einfühlung eines Nichtjuden in die feinsten Einzelheiten der legendären Überlieferungen. Die beiden vorliegenden Bände der Jaakob-Trilogie Th. Manns erschienen im S. Fischer Verlag, Berlin.

Simon Samuel Frug: Aber die Sterne

An mehreren Stellen der Bibel wird im Sinn antiker Segensvorstellungen die wachsende Volkszahl mit der Fülle des Sandes am Meer oder der Sterne am Himmel verglichen. Nach dem Beweis von Abrahams Opferbereitschaft heißt es (1. B. M. Kap. 22, Vers 17): „Mehren will ich, mehren deinen Samen wie die Sterne des Himmels und den Sand am Ufer des Meeres." Die Pessachhaggada selbst, die Stück um Stück des 5. Verses aus dem 27. Kapitel des 5. B. M. auf verschiedene andere Bibelstellen bezieht, fügt zu den Worten: „wenige Leute" den 22. Vers des 10. Kapitels aus dem 5. B. M. hinzu: „Zu siebzig Seelen wanderten deine Väter nach Ägypten hinab. Und nun hat Er dein Gott dich an Menge gleich gemacht den Sternen des Himmels." Diese Stellen der Verheißung setzt das Frugsche Gedicht mit seiner wehmütigen, fast anklagenden Gläubigkeit voraus. — Über den Dichter siehe die Bemerkung zu den Lektürestücken für die traurigen Tage. Die Übersetzung stammt von Theodor Zlocisti.

So machte es Hillel

Benützt wurden der Artikel „Hillel" in Hamburgers „Realencyclopädie des Judentums" und M. J. bin Gorions „Der Born Judas", 2. Band.

Oskar Levertin: Die Weisen von Bene Berak

Aus der Novelle „Kalonymos". Oskar Levertin (1862—1906), Prof. an der Stockholmer Universität, bedeutender schwedischer Dichter, bewußter Jude, nahm unter seine Rokoko-Novellen auch die Novelle „Kalonymos" auf, welche die Geschichte eines jungen, schönen und geistvollen holländischen Juden am Ende des achtzehnten Jahrhunderts erzählt. Dieser reist, einer innern Sendung folgend, durch die Welt, besucht die Juden von Ort zu Ort und predigt ihnen Versöhnlichkeit und Liebe, damit die Erlösung bald komme. In Stockholm wird er im Hause des Juweliers Henoch aufgenommen, der ihm gerne seine Tochter Esther zur Frau geben möchte. Aber gerade am Sederabend tritt es Kalonymos klar ins Bewußtsein, daß seine Sendung nicht erfüllt ist. Trotz wehmütiger Gefühle zieht er weiter.

Emil Bernhard Cohn: Die Legende von Rabbi Akiba

Erschienen in der Sammlung „Jüdische Legenden". Das hier wiedergegebene Stück ist der Schlußteil der von E. B. Cohn ergreifend dargestellten Lebensgeschichte Akibas, der, zuerst Knecht auf dem Hofe seines späteren Schwiegervaters, mit vierzig Jahren zu studieren beginnt, der berühmteste Meister des Schrifttums wird, aber um der Lehre willen fern von Frau und Kind leben muß. Erst nach dem Tod seines Sohnes, der Eroberung Palästinas durch die Römer und der Schließung der Lehrhäuser kehrt er endgültig nach Hause zurück.

Das Lied der Lieder

Das Lied der Lieder, auch das Hohelied Salomonis genannt, wurde kraft der Autorität Rabbi Akibas, der es symbolisch als Hymnus auf die Liebe zwischen Gott und Israel deutete, in die Reihe der biblischen Bücher aufgenommen. Als Frühlingsgedicht wurde es von der Tradition zur Lektüre für den Sabbat der Pessachhalbfeiertage bestimmt. Die Chassidim

ZU DEN LEKTÜRESTÜCKEN FÜR DEN SEDERABEND

lesen es auch in der ersten Sedernacht. Der innere Zusammenhang der Handlung und der Gespräche ist in dem überlieferten Texte nicht leicht zu verstehen und gab zu vielen Theorien Anlaß. Wir drucken die Übersetzung Max Brods ab, der durch bloße Umstellung von Versen eine sinnvolle Rekonstruktion des ursprünglichen Singspieles, für das er mit vielen Gelehrten das Hohelied hält, versucht hat. Brod begründet seine Theorie ausführlich im 8. Teil seines Bekenntnisbuches „Heidentum, Christentum, Judentum", wo auch seine Rekonstruktion des Hoheliedes wiedergegeben ist.

Getreide für Mazzot
wird zur Mühle gebracht
Holzschnitt aus einem alten
Minhagim-Buch, Amsterdam 1723

SCHAWUOT

Moses empfängt die Bundestafeln
am Sinai
Holzschnitt aus einem alten
Minhagim-Buch, Amsterdam 1723

Schawuot
Von Max Dienemann

DAS Fest wird am sechsten, außerhalb Palästinas auch am siebenten Siwan begangen. Es hat seinen Namen: chag haschawuot, „Fest der Wochen", von der biblischen Vorschrift 3. B. M. 23, 15, 16: „Und ihr sollt euch zählen von dem Tag nach dem Sabbat, von dem Tag, da ihr die Gabe der Schwingung bringet, sieben Wochen, vollständige sollen es sein. Bis zum Tag nach der siebenten Woche sollt ihr zählen: fünfzig Tage." Diese Zählung war einstmals eine unentbehrliche Notwendigkeit, da es einen festen Kalender nicht gab und man nur durch solche genau innezuhaltende Zählung einem Irrtum über den Termin des Festes entgehen konnte. Trotzdem ein praktischer Grund für ein solches Zählen mit dem Vorhandensein eines Kalenders entfiel, blieb in wörtlichem Gehorsam gegen das Bibelwort das Zählen als festes Gebot, es hat seinen religiösen Wert erhalten, und er ist ihm geblieben, der Zählende verbindet mit ihm eine Fülle von religiösen Gedanken, die den Akt des Zählens über eine rein formale oder praktische Handlung hinausheben. Die

Beibehaltung des Zählens über seine praktische Notwendigkeit hinaus ist eines der vielen Zeichen der konservativen Grundhaltung der jüdischen Seele. Das Zählen wird in Anlehnung an das biblische Wort, daß man damit beginnen solle an dem Tage, an dem man die Garbe — hebräisch O m e r — von der ersten Gerstenernte im Tempel als Gabe schwingt, das Omer-Zählen oder schlechthin das Omern genannt. Die Formel dafür lautet: „Heute ist der so und sovielte Tag für den Omer." Die gesamte Zeit des Zählens[1]) gilt als Vorbereitung und Hinleitung auf das Wochenfest.

Der Ausgangspunkt des Zählens ist schon in früherer Zeit heftig umstritten. Die biblische Vorschrift setzt Schawuot in feste Beziehung zu Pessach. Zwischen beiden sollen fünfzig Tage Zwischenraum sein. Aber von welchem Tage des Pessachfestes an? Die Bibel ordnet beim Pessachfest an, daß von dem Schnitt der neuen Ernte, der Gerstenernte — das Pessachfest war von Anfang an das Fest der Gerstenernte — ein Omer als Opfer geschwungen werde, am Tage n a c h d e m S a b b a t. Es ist hier der Ausdruck „Sabbat" und nicht Festtag gebraucht. Über die Auslegung dieses Wortes herrschte Meinungsverschiedenheit. Die Pharisäer verstanden hier unter „Sabbat" den ersten Pessachtag, gleich auf welchen Tag der Woche er fiel, da ja auch er ein Ruhetag war und Arbeitsverbot an ihm herrschte. Nach dieser Auslegung wurde der Omer am zweiten Pessachtage geopfert, mit ihm hatte dann die Zählung zu beginnen, entsprechend dem Wortlaut des im Eingang angeführten Verses. Die Sadduzäer nahmen den Ausdruck wörtlich, sie setzten also als den Omertag den Tag nach dem ersten Sabbat im Pessachfeste an. Dieser Auslegung folgten späterhin die Karäer, ihr ging und geht parallel Auslegung und Praxis der Samaritaner. Die pharisäische Auslegung und Handhabung ist die herrschende und verbindliche geworden. Demgemäß beginnt man mit dem zweiten Pessachtage zu zählen und Schawuot muß stets auf denselben Wochentag fallen, auf den der zweite Pessachtag fiel, während nach der sadduzäischen und karäischen Auslegung und Übung Schawuot stets auf einen Sonntag fallen muß.

Für das Schawuotfest galt als Vorschrift, daß aus seinem Anlasse alle männlichen Mitglieder des Volkes Israel „vor Gott erscheinen sollen". Es bleibe dahingestellt, ob dabei schon an ein Zentralheiligtum für das ganze Land und für die Juden auf der ganzen Welt gedacht war, zu dem allein man wallfahren konnte. Jedenfalls ist das Fest eines der drei sogenannten schalosch regalim, der drei Wallfahrtsfeste, für die das Gebot des Pilgerns zum Heiligtum galt.

Das biblische Gebot setzt neben den üblichen Tieropfern als das charakteristische Opfer dieses Tages die Gabe zweier Brote aus der neuen Weizenernte an. (3. B. M. 23, 16, 17.) „Dann sollt ihr euch IHM mit einer Gabe vom

---
[1]) Vgl. Anhang, Anm. 1.

Neuen nahen... Aus euren Wohnsitzen sollt ihr Brot der Schwingung bringen, zwei, aus zwei Zehnteln feinen Mehls sollen sie sein, gesäuert sollen sie gebacken werden, Erstreife IHM." Entsprechend dem hier gebrauchten Worte „bikkurim - Erstreife" heißt darum das Fest auch chag habikkurim, „Fest der Erstreife". Dementsprechend lautet die Verordnung in 4. B. M. 28, 26: „Und am Tage der Erstreife, wenn ihr IHM eine Gabe vom Neuen bringt, an eurem Wochenfeste soll euch Ausrufen der Heiligung sein, keinerlei Dienstarbeit sollt ihr tun." Und ähnlich 2. B. M. 23, 16: „Und das Fest der Ernte, der Erstreife deiner Arbeit, dessen was du ausgesät hast auf dem Felde." Abschweifend und doch in Verbindung mit der Bezeichnung chag habikkurim — Fest der Erstreife — ist folgendes zu berichten. Die Tora ordnet in 5. B. M. 26 ff. an, daß die Erstreife aller Früchte als Gabe in den Tempel gebracht werden solle. Der Bringende hatte dabei ein bestimmtes dort nachzulesendes Bekenntnis zu sprechen. Diese Fruchtgabe wird ständig auch als bikkurim bezeichnet. Für das Heranbringen der Früchte hatte sich eine bestimmte Ordnung herausgebildet, nach der man sich ort- und landschaftweise zusammenfand, um gemeinsam nach Jerusalem hinaufzuziehen. Dort wurden die Pilger von Priestern empfangen und in feierlichem Zuge in den Vorhof des Tempels geleitet. Je nach den Vermögensverhältnissen brachte man die Früchte in einfachen Blattkörben oder silbernen oder goldenen Körben, die dann als Weihegeschenk im Tempel belassen wurden. Es wird berichtet, daß König Agrippa I. sich an dieser bikkurim-Prozession beteiligte. Das Ganze hatte einen ausgesprochen festlichen Charakter. Diesen bikkurim ist ein ganzer Mischna-Traktat gewidmet. An diese Erstreife-Feier knüpft im heutigen Palästina das jetzt dort gefeierte chag habikkurim an, das zu einem Feste der Jugend umgewandelt ist. Die biblische Erstreife-Gabenfeier war insoweit mit dem Erstreife-Fest benannten Schawuot-Fest in Beziehung gesetzt, als nach der Anordnung der Mischna die Erstreifen der Früchte nicht eher gebracht werden durften, als bis die zwei Brote aus der neuen Weizenernte am Schawuotfeste geschwungen worden waren, weil für sie erstmalig und in der Hauptsache die Bezeichnung bikkurim geprägt war.

Das Fest ist also in seiner biblischen Herkunft ein **Erntefest** wie die zwei anderen sogenannten Wallfahrtsfeste, fügt sich zu dem Pessachfeste als dem Dankfest der Gerstenernte und zu dem Hüttenfest als dem Dankfest der Obsternte. Es ist so in seiner alten Gestaltung eines der Feste, in denen die starke Verbundenheit Israels mit seinem Lande zum Ausdruck kam, und es war bestimmt durch den Rhythmus des Landlebens in Erez Israel und durch die mit der Weizen-, der Haupternte bestimmte Gegebenheit. Und alle fromme Handlung an ihm nimmt nach dem biblischen Gebot bezug auf dieses für Land und Menschen wichtige Ereignis. Das spiegelt sich noch in dem

Namen wider, den Mischna und Talmud für das Fest zumeist haben, sie nennen es azeret, Schlußfest, weil mit ihm die Körnerernte abgeschlossen ist, obgleich der Name azeret biblisch für den auf das Hüttenfest folgenden Schlußtag angewandt wird.

Es ist naturgemäß, daß diese Beziehung auf die Ernte, das Bestimmtsein durch den Rhythmus des ländlichen Lebens, ins Schwinden geraten mußte, als man des Landes verlustig ging und die Abwanderung aus Erez Israel unaufhaltsam wurde. Alle Feste gewannen damals eine B e z i e h u n g z u r G e s c h i c h t e I s r a e l s, und wo diese Beziehung seit langem schon gegeben und im Volksbewußtsein verankert war, wurde sie jetzt die hauptsächliche, die tragende. Das Wochenfest wurde jetzt in der Hauptsache zu dem Fest der O f f e n b a r u n g a m S i n a i, zu dem Fest der Erinnerung an den Tag, an dem vom Sinai die zehn Worte des Bundes erklangen. Daß die Verkündung der Bundesworte an diesem Tage, dem sechsten des dritten Monats, des Monats Siwan geschah, ergab sich aus einer bestimmten Auslegung des biblischen Berichts in 2. B. M. 19 ff. Dort heißt es, daß die Kinder Israel am ersten Tage des dritten Monats nach der Wüste Sinai kamen. M o s c h e s t i e g e m p o r und Gott kündete ihm die Erwählung Israels an, die an die Bedingung des Gehorsams gegen Gottes Wort geknüpft war. Das tat Mosche Israel kund, sie antworteten: „alles was Gott spricht, wollen wir tun". Die Worte des Volkes b r a c h t e M o s c h e a n G o t t z u r ü c k. Nun kündete Gott ihm an, daß er am dritten Tage dem Volke sich offenbaren werde, und daß das Volk sich darauf vorbereiten solle. Indem nun die Mechilta, der älteste Kommentar zum zweiten Buch Mose, für die Ankunft, das Hinaufsteigen zu Gott und die Überbringung der Antwort je einen Tag annimmt, ergibt sich als der von der Ansetzung der Vorbereitungszeit an zu errechnende dritte Tag der sechste des Monats. Da Nisan stets 30 Tage und Ijar immer 29 Tage hat, ist der fünfzigste Tag nach dem zweiten Pessachtag stets der sechste Siwan.

Damit aber erhielt der Festtag einen ganz anderen Inhalt, er wurde in einem ganz besonderen Maße vergeistigt, und nun ist er der F e s t t a g d e r T o r a s c h l e c h t h i n. An ihm steht nun im Mittelpunkt die Erwählung Israels mit allem, was mit diesem Gedanken und diesem Bewußtsein mitschwingt, die Verkündung der zehn Worte des Bundes, die Übergabe der Tafeln des Bundes an Mosche und die Tora im Ganzen, in ihrer Wirklichkeit, in der Idee des Gesetzes und in der Bedeutung, die Tora und Gesetz für die Eigenart Israels und seine Erhaltung haben.

Der Gottesdienst spiegelt das wider, denn als Schriftvorlesung für den ersten Tag ist 2. B. M. 19 bestimmt, der Bericht von der Offenbarung am Sinai, von der Verkündung der zehn Bundesworte. Sie selbst werden inmitten der gesamten Vorlesung in einem besonders getragenen Tone vorgelesen, der anders geartet ist als die übliche Kantilene, mit der sie vorgetragen werden, wenn dieser Abschnitt im Fluß der Wochenabschnitte des Jahres vorgelesen wird. Für die Vorlesung des ganzen Kapitels hat Rabbi Meir bar Jizchak, der zu Raschis Zeit Vorbeter in Worms war (Mitte des elften Jahrhunderts), eine kunstvolle Einleitung gedichtet. Sie war gedacht als Einleitung zum Vortrag des Targum, der aramäischen Übersetzung des Bibelkapitels, sie ist daher auch in aramäischer Sprache gehalten; man behielt sie auch nach dem Wegfall des Vortrages der aramäischen Übersetzung bei. Es gab eine Kontroverse darüber, ob man sie vor oder nach dem ersten Verse der Toravorlesung sagen soll. In der Kontroverse spiegelt sich noch wider, daß sie einst nicht die hebräische Vorlesung, sondern die aramäische Übersetzung einleitete. Da wo man im vorigen Jahrhundert die poetischen Einschaltungen, die Pijutim, in Wegfall kommen ließ, wurde auch sie aus dem Gottesdienst entfernt. Sie ist archaistisch, denn sie ist verfaßt zu einer Zeit, in der aramäisch nicht mehr von Juden lebendig gesprochen wurde. Sie preist in kunstvoller Sprache Gott als Schöpfer und Gesetzgeber und malt in glühender Farbenpracht das Heil der Frommen in den Tagen des Messias aus. Sie beginnt mit dem Worte a k d a m u t und wird nach diesem Wort benannt. Die Melodie für das Stück hat den Melodiecharakter des ganzen Feiertages entscheidend beeinflußt. Als Prophetenvorlesung ist für den Tag das erste Kapitel des Jecheskel bestimmt, die Schilderung des „Thronwagens" Gottes, der sogenannten M e r k a w a. Die innere Beziehung zur Schriftvorlesung ist die, daß in diesem Kapitel auch eine Offenbarung Gottes geschildert wird.

In der Galut wird Schawuot altem Herkommen entsprechend a n z w e i T a g e n g e f e i e r t. Am zweiten Tag ist als Schriftvorlesung 5. B. M. 15, 9—16, 17, bestimmt, ein Stück, das an jedem der drei Wallfahrtsfeste an einem Tage vorgelesen wird. Es hat keinen Bezug auf das Wochenfest allein, es behandelt alle drei Wallfahrtsfeste. Als Prophetenvorlesung ist für diesen Tag das dritte Kapitel aus Chabakuk bestimmt. Die innere Beziehung zu dem Fest ist hier auch darin gegeben, daß in dem Kapitel von einer Offenbarung Gottes die Rede ist, die man mit der am Sinai identifizierte. Für die aramäische Übertragung dieses Kapitels hat der oben genannte Rabbi Meir bar Jizchak gleichfalls archaistisch eine aramäische Einleitung gedichtet, sie beginnt mit den Worten jeziw pitgam. Auch sie blieb, als der Vortrag einer aramäischen Übersetzung längst in Wegfall gekommen war, bis die Pijutim überhaupt der Reformierung des Gottesdienstes unterlagen. An beiden Tagen wird dem Maftir aus der zweiten ausgehobenen Torarolle 4. B. M. 28, 26—31 vorgelesen, die Anordnung über die an dem „Fest der Erstreife" zu bringenden Opfer und die Arbeitsruhe. Wo es üblich ist, an jedem Festtag ein Gedächtnis der Toten zu begehen, haskarat neschamot, wird es am zweiten Tage gehalten; wo dieser Brauch nicht besteht, wird der zweite Tag als sogenannter matnat jad begangen, d. h. als ein Tag, an dem Spenden für Arme gelobt werden. Die Bezeichnung stammt aus 5. B. M. 16—18, isch kematnat jado, „jeder nach dem, was er zu geben vermag".

In der Liturgie, im Kiddusch und in der Tefilla wird das Fest seman mattan toratenu, „Fest der Gabe unserer Tora" benannt.

Mit dem Fest ist von altersher die Lektüre des Buches Rut verbunden, eines biblischen Buches aus den sogenannten „fünf Rollen". Der Grund der Verknüpfung dieses Büchleins mit dem Wochenfeste wird wohl der sein, daß in ihm von der Weizenernte die Rede ist und das Fest, wie ausgeführt, aus dem Erntedankfest der Weizenernte herausgewachsen ist. Über die äußerliche Verknüpfung hinaus hat man eine innere vergeistigtere Beziehung in folgendem gefunden. In dem Buche ist die Rede von der Nächstenliebe, die Rut an ihrer Schwiegermutter geübt hat, es wird ferner erzählt, wie das Gebot, die Nachlese und das Vergessene und Herabgefallene den Armen zu überlassen, selbstverständlich befolgt ward, es wird weiter berichtet, wie Boas aus Nächstenliebe seine Pflicht der Versorgung der Witwe seines verstorbenen Verwandten erfüllt, das ganze Büchlein wirkt so wie eine Verherrlichung praktischer Betätigung der Nächstenliebe. Man wollte durch seine Ansetzung für die Lektüre am Fest der Offenbarung deutlich zum Ausdruck bringen, daß die wahre Erfüllung der Tora in der Betätigung der Nächstenliebe zu finden sei. — Die Legende läßt König David, den Nachfahren der Moabiterin Rut, an diesem Tage geboren und gestorben sein und begründet damit die Verknüpfung des Buches mit dem Wochenfeste[2]).

Weil in 3. B. M. 23 bei der Anordnung, sieben Wochen zu zählen, die Worte stehen „vollständig sollen es sein", besteht der Brauch, da wo man dem Worte der Bibel minutiös zu gehorchen den Willen hat, das Fest nicht vor dem wirklichen Ende des Rüsttages, erst mit dem Sonnenuntergang zu beginnen, damit eben die sieben gezählten Wochen voll gerundet seien. Ebenso läßt man dann den Gottesdienst des Abends des zweiten Tages erst mit dem wirklichen Ausgang des Tages beginnen, weil der zweite Tag der Idee nach aus dem Zweifel, welches der rechte Tag ist, stammt und also auch hier die Vollständigkeit der Wochen zu erstreben ist.

Aus der Welt der Mystik stammt der Brauch, die Nacht zum ersten Tage wach zu bleiben und in ihr sich mit der Tora zu befassen. Der Brauch ist älter, als das für diesen Abend in Übung befindliche Buch „Tikkun lel schawuot", wörtlich „Vervollkommnung in der Schawuot Nacht". Die Ordnung des Abends geht auf den Kabbalisten Jizchak Lurja (zweite Hälfte des

---

[2]) Vgl. Anhang, Anm. 2.

siebzehnten Jahrhunderts) zurück. Es wird von allen Wochenabschnitten der fünf Bücher und von den anderen Büchern der Bibel jeweils der Anfang und das Ende rezitiert, dann werden bestimmte Psalmen gebetet, danach Stücke aus den sechs Ordnungen der Mischna und aus dem Sohar vorgetragen[3]). Es soll damit zum Ausdruck gebracht werden, daß die Offenbarung am Sinai sich nicht auf die zehn Bundesworte beschränkt, sondern daß die gesamte Tora, Bibel, Propheten und die anderen heiligen Bücher, schriftliche und mündliche Lehre, eine unauflösliche Einheit darstellen, und daß es sich bei diesem Feste um die ganze Tora in allen ihren Verzweigungen und Verästelungen handelt. In der Regel pflegt man dieses Toralernen in der Schawuot-Nacht bis in das Morgengrauen auszudehnen und läßt es dann gleich in das Schacharit- (Morgen-) Gebet übergehen.

Es besteht vielfach der Brauch, Synagoge und Haus in diesen Tagen mit frischem Grün zu schmücken. Rabbi Mosche Isserles, der Ergänzer des Schulchan Aruchs, Rabbiner in Krakau Mitte des sechzehnten Jahrhunderts, erwähnt ihn. Manche möchten den Brauch darauf zurückführen, daß nach der Mischna (Rosch haschana I 2) am Wochenfest Gott über das Wachstum der Baumfrüchte bestimmt. Es wird wohl eher so sein, daß hier eine Anlehnung an die Sitte der Umwelt, zu Pfingsten die Häuser mit Maien zu schmücken, stattgefunden hat.

Es besteht an manchen Orten der Brauch, am ersten Tage des Wochenfestes milchige Speisen zu bevorzugen. Die mystischen Hintergründe dieses Brauches kann man nicht mehr ergründen, die mancherlei Erklärungsversuche sind mehr als gekünstelt, man beruft sich auf den Bibelvers Hohes Lied 4, 11, „Honig und Milch sind unter deiner Zunge", bei dem man Milch und Honig der Tora gleichsetzt; man findet in den milchigen Speisen eine gewisse Askese und wertet das als Symbol dessen, daß mit der Tora eine enthaltsame Lebensweise verbunden sein müsse[4]); man kann den Brauch nur feststellen und als einen mystischen registrieren. Rabbi Mosche Isserles spricht in seinen Anmerkungen zum Schulchan Aruch davon. Er empfiehlt, erst milchige Speisen zu essen und danach Fleisch und zu jeder dieser zwei Speisearten ein anderes Brot auf den Tisch zu tragen, und er will in diesen zwei Broten dann eine Erinnerung an die zwei Brote finden, die nach der biblischen Vorschrift 3. B. M. 23, 17 an diesem Fest auf den Altar gebracht wurden.

Das Wochenfest hat im Gegensatz zu den anderen Festen kein ihm und nur ihm eigenes Symbol. Man hat das damit zu erklären versucht, daß der Gegenstand, dem das Fest gewidmet ist, die Tora, zu weit, zu beziehungsvoll, zu umfassend ist, als daß er sich in irgend einem Symbol, in irgend einer kultischen Handlung darstellen lasse.

---

[3]) Vgl. Anhang, Anm. 3.
[4]) Vgl. Anhang, Anm. 4.

SCHAWUOT / ANHANG

Der Volkswitz, der auch vor dem Ernstesten nicht Halt macht, hat sich auch dieses Festes bemächtigt, er hat es in Beziehung gesetzt zu den anderen Wallfahrtsfesten, zu Pessach, an dem die gesäuerten Speisen verboten sind, zu Sukkot, an dem man nur in der Hütte essen darf, und von ihm das Wort geprägt, es sei ein Fest, an dem man essen dürfe, was man wolle und wo man wolle.

ANHANG

Anmerkung 1 (zu Seite 281): Die Zeiten des Zählens, die „Sefira", gilt als eine Zeit der Trauer. Unter den Jüngern des Rabbi Akiba soll in der Sefira eine Seuche gewütet haben, die erst am 33. Tag des Omer-Zählens (Lag Beomer) — das ist am 18. Ijar — aufhörte. Darum wird dieser Tag als Freudentag angesehen. An diesem Tage dürfen auch Hochzeiten stattfinden, was während des ganzen Monates Ijar (ebenso wie das Haarschneiden, Bartscheren) vom traditionellen Standpunkte aus verpönt ist.

Die Trauer während der Sefirazeit wurde noch dadurch verschärft, daß die großen Judenverfolgungen in Deutschland während des ersten Kreuzzuges nach Pessach ausbrachen. Seit damals wurde am Sabbat vor dem Wochenfest der Märtyrer besonders gedacht. Man schaltete nach der Haftara ein Gebet ein, das nach seinen Anfangsworten als „Aw harachamim" bekannt ist. Später wurde es vielfach auch an anderen Sabbaten rezitiert. Frühzeitig scheint sich auch der Brauch eingebürgert zu haben, vor diesem Gebete aus dem sogenannten Memorbuch (vom lateinischen memoria-Gedächtnis) oder Maskir-Buch (d. h. Gedenkbuch) die Namen der Märtyrer einer Gemeinde zu verlesen, oder wie man vielfach sagte, zu „memern". Später wurden auch die Namen derer hinzugefügt, die Stiftungen für wohltätige Zwecke gemacht hatten, bzw. auf deren Namen solche Stiftungen lauteten. Schließlich wurde die Verlesung dieser Namen auf den Tag der Haskara (Seelenfeier) verlegt.

Die Sefira hatte für die Kabbala einen besonders tiefen Sinn. Sie wurde mit der Sphärenlehre in Zusammenhang gebracht. Man nahm zehn Sphären an, von denen sieben der diesseitigen Welt angehören. Durch die siebenmal sieben Tage des Zählens durchmißt der Mensch den ihm möglichen Raum von der ersten Befreiung bis zum Empfang der Lehre.

Das Christentum behielt die gleiche Zählung bei und errechnet den 50. Tag nach Ostern als Pfingsten (Pentecôte, aus dem griechischen pentekoste, d. i. der fünfzigste Tag).

Anmerkung 2 (zu Seite 285): Aus dem gleichen Grunde liest man in vielen Gegenden am ersten Festtag den ganzen Psalter Davids.

Anmerkung 3 (zu Seite 286): Der ganze Text, der gesagt wird, gliedert sich in dreizehn Abteilungen. Nach jeder spricht man das Kaddischgebet. Man bringt die Zahl dreizehn mit dem Zahlenwert des hebräischen Wortes „echad" (einzig) zusammen und will auch auf diese Weise die Einzigkeit Gottes bezeugen. Übrigens werden während dieser Nacht, um ihre Festlichkeit zu betonen, Backwerk und Getränk genossen.

Anmerkung 4 (zu Seite 286): Enthaltsamkeit war ausdrücklich in der Tora drei Tage vor der Gesetzgebung gefordert worden. Man nennt diese Tage der Abgrenzung „Scheloschet jeme hagbala". In der das Urerlebnis des Festes nachahmenden Weise bereitet man sich alljährlich durch eine gewisse Selbsteinschränkung auf den immer erneuerten Empfang der Tora vor. In früheren Zeiten war es Brauch, den fünfjährigen Knaben kurz vor dem Fest den ersten Unterricht im Hebräischen zu geben, damit sie dann in der Synagoge der Verkündung der zehn Worte zuhören dürfen. Es ist der gleiche Grund, der reformierte Gemeinden dazu bewogen hat, die Mädchenkonfirmation am 1. Tag des Schawuot-Festes vorzunehmen. Mädchen gelten bereits nach dem 12. Lebensjahr für religiös volljährig.

Der Tag nach Schawuot ist „Issru chag". So bezeichnet man nach einer Talmudstelle (Sukka 45b) den ersten Tag, der einem der Wallfahrtsfeste folgt. Das Wort ist dem Psalm 118,27 entnommen, der in den Hallelgebeten der Feiertage rezitiert wird: „Bindet das Festopfer (issru chag) mit Seilen an die Hörner des Altars." Man hält gleichsam die Stimmung der Wallfahrtsfeier, die in der Bibel als „chag" bezeichnet wird, noch fest. An diesem Tage entfallen darum auch die Bußgebete.

LEKTÜRE FÜR SCHAWUOT

Die zehn Worte mit Raschis Kommentar

ICH bin dein Gott, der ich dich führte aus dem Lande Ägypten, aus dem Dienstfrönerhaus. Nicht sei dir andere Gottheit neben meinem Angesicht. — Nicht mache dir Schnitzwerk noch irgend Gestalt des, was im Himmel ringsoben, was auf Erden ringsunten, was im Wasser ringsunter der Erde ist, wirf dich ihnen nicht hin, diene ihnen nicht, denn ICH, dein Gott, bin ein eifernder Gott, bedenkend Fehl von Vätern an Söhnen am dritten und vierten Glied, denen die mich hassen, aber Huld antuend ins tausendste denen, die mich lieben und meine Gebote wahren. — Trage nicht Seinen deines Gottes Namen auf den Wahn, denn nicht freispricht Er ihn, der seinen Namen trägt auf den

RASCHI: **Der ich dich führte aus dem Lande Ägypten:** Dieses Herausführen ist schon wert, daß ihr Mir dienet. Andere Erklärung: Am Meere war Er als Kriegsheld erschienen und hier als ein Greis voll Erbarmen, so heißt es (II. B. M. 24, 10): „Sie sahen den Gott Israels: zu Füßen ihm wie ein Werk aus saphirnen Fliesen, wie der Kern des Himmels an Reinheit." Jene Fliesen (eigentlich Ziegelsteine) waren vor Ihm in der Zeit ihrer Knechtung als Erinnerung an die Leiden ihrer Ziegelarbeit: die Reinheit des Himmels sahen sie, als sie erlöst wurden. Weil ich nun in Meinen Erscheinungen mich wandle, saget nicht, es seien zwei waltende Mächte; sondern: Ich bin es, der ich dich aus Mizrajim und übers Meer geführt habe. Andere Erklärung: Weil sie vielerlei Stimmen hörten (sagt es doch der Vers nach den Zehnworten), Stimmen von allen vier Enden des Himmels und der Erde, saget nicht, daß es vielerlei waltende Mächte seien. Warum steht aber die Einzahl: „Ich bin **dein** Gott?" Damit Mosche nach der Begebenheit mit dem Kalbe einen Einwand habe, das Volk zu verteidigen. Dies nämlich meint der Vers (II. B. M. 32, 11): „Warum, Du, soll entbrennen Dein Zorn gegen Dein Volk!" Nicht ihnen hast Du ja befohlen: ‚Ihr' sollt keine anderen Götter haben, sondern mir allein. — **Aus dem Dienstfrönerhaus:** Aus dem Hause Pharaos, dem ihr Knechte gewesen seid. Oder ist etwa gemeint: aus dem Hause der Sklaven, so daß sie Sklaven von Sklaven gewesen sind? Nun heißt es aber (V. B. M. 7, 8): „Er führte euch... aus dem Dienstfrönerhaus, aus der Hand Pharaos, des Königs von Ägypten"; dem ist zu entnehmen, daß sie Sklaven des Königs und nicht Sklaven von Sklaven gewesen sind. — **Nicht sei dir:** Warum ist das so ausgedrückt? Weil es gleich darauf heißt: „Nicht mache dir Schnitzwerk..." Dieser letzteren Stelle entnehme ich nur, daß man solches nicht **machen** darf; wenn aber ein Götze schon gemacht ist, welcher Stelle entnehme ich, daß man ihn auch nicht behalten darf? Eben deshalb heißt es: „Nicht sei dir." — **Andere Gottheit:** Sie ist nämlich keine Gottheit, sondern andere haben sie als Gottheit über sich gesetzt. Es ist ganz unzutreffend, die Stelle so erklären zu wollen: Andere Gottheit außer mir; denn es ist eine Lästerung gegenüber dem Höchsten, neben Ihm etwas als Gottheit zu bezeichnen. Eine andere Erklärung: „Die Gottheit ist eine andere" (fremde) für ihre Anbeter. Sie rufen zu ihr: aber sie antwortet ihnen nicht und ist für sie wie etwas anderes, nie Gekanntes. — **Neben meinem Angesicht:** Das heißt soviel wie: solange Ich bestehe; damit du nicht sagst, der Götzendienst sei nur für jenes Geschlecht am Sinai verboten worden. — **Irgend Gestalt:** Die Gestalt von irgendeiner Sache, die am Himmel ist. — **Ein eifernder Gott.** Er eifert zu bestrafen und läßt sich nicht bewegen, Götzendienst zu verzeihen. — **Denen, die mich hassen,** gemeint ist es so, wie Onkelos übersetzt: wenn sie mit ihren Händen an dem Werke ihrer Väter festhalten (so heißt es auch im Talmud Sanhedrin 27b). — **Huld antuend:** Für das Gute, das der Mensch übt, bewahrt Er den Lohn bis ins tausendste Geschlecht. So zeigt es sich, daß die Eigenschaft Gottes, zu belohnen, fünfhundertmal größer ist, als seine Eigenschaft, zu bestrafen: denn die letztere erstreckt sich nur auf vier Geschlechter, jene auf zweitausend (das „Tausendste" ist im Hebräischen als Dual

DIE ZEHN WORTE

Wahn. — Gedenk des Tags der Feier, ihn zu heiligen. Ein Tagsechst dien und mach all deine Arbeit, aber der siebente Tag ist Feier IHM, deinem Gott: nicht mach irgend Arbeit, du, dein Sohn, deine Tochter, dein Dienstknecht, deine Magd, dein Vieh, und dein Gastsasse in deinen Toren. Denn ein Tagsechst machte ER den Himmel und die Erde, das Meer und alles was in ihnen ist, und ruhte am siebenten Tag, darum segnete ER den Tag der Feier und hat ihn geheiligt. — Ehre deinen Vater und deine Mutter, damit fortlangen deine Tage auf dem Erdacker, den dein Gott dir gibt. — Morde nicht. — Buhle nicht. — Stiehl nicht. — Aussage nicht gegen deinen Genossen als Lugs Zeuge. — Begehre nicht das Haus deines Genossen. Begehre nicht das Weib deines Genossen, seinen Knecht, seine Magd, seinen Ochsen, seinen Esel, noch irgend was deines Genossen ist.

auffaßbar). — **Auf den Wahn**: Das erstemal bedeutet der Ausdruck so viel wie „falsch". Vgl. Traktat Schewuot 29a: Was ist ein falscher Schwur? Wenn jemand schwört, daß etwas Bekanntes anders ist, z. B., daß eine steinerne Säule von Gold ist. Das zweitemal bedeutet der Ausdruck so viel wie „vergeblich", wie wenn jemand zwecklos schwört, daß eine Säule von Holz Holz und eine von Stein Stein ist. — **Gedenk des Tags der Feier** heißt es hier und im Dekalog des V. B.: „Wahre den Tag der Feier", Gedenk und Wahre sind in **einem** Wort gesagt worden. Ähnliches finden wir auch sonst: Vom Sabbat heißt es II. B. M. 31, 14: „Wer irgend Arbeit macht, gerodet werde solch ein Wesen...", und Num. 28, 9 wird gefordert, daß am Sabbattage Opfer dargebracht werden. Oder V. B. M. 22, 11: „Kleide dich nicht in Mengstoff, Wolle und Flachs zusammen" und im folgenden Vers: „Langschnüre mache dir..." (aus himmelblauer Wolle auch an leinenen Gewändern). Oder: (III. B. M. 18. 16): wird die Ehe mit einer Schwägerin verboten und V. B. M. 25, 5 gefordert. Auf solche scheinbare Widersprüche bezieht sich die Stelle in den Psalmen (62, 12): Eins hat Gott gesprochen, ein Doppeltes habe ich darin gehört. Im Hebräischen ist das Wort für „Gedenk" eine Nennform (= gedenken, vgl. Jes. 22, 13 oder Samuel II, 3, 16, wo Nennformen für bestimte Formen verwendet sind). Und dies ist die Erklärung: Richtet euer Herz darauf, jederzeit des Tags der Feier (des Sabbats) zu gedenken. Wenn sich dir ein schöner Gegenstand bietet, halte ihn für den Sabbat bereit. — **Und mach all deine Arbeit**: Wenn der Sabbat kommt, sei es in deinen Augen, als wäre all deine Arbeit gemacht, daß du nicht über die Arbeit nachdenkst. — **Du, dein Sohn, deine Tochter**: Gemeint sind die Minderjährigen. Oder bezieht es sich etwa nur auf die Erwachsenen? Dagegen spricht, daß diese schon in den Geboten direkt angeredet sind. Hier aber hat der Vers die Bedeutung, die Erwachsenen zur Sabbatfeier der Minderjährigen zu verpflichten. So heißt es im Traktat Sabbat 121a: Wenn ein Kind am Sabbat ein Feuer löschen will, läßt man es nicht gewähren, weil seine Sabbatruhe dir obliegt. — **Und ruhte am siebenten Tag**: Er schrieb sich gewissermaßen selbst Ruhe vor, damit der Mensch, dessen Arbeit mit Mühe und Ermattung verbunden ist, einen Schluß vom Leichten aufs Schwere ziehe und am Sabbat ruhe. — **Segnete er und hat ihn geheiligt**: Er segnete den Sabbat durch das Manna, das am sechsten Tag als zweifaches Brot verdoppelt fiel, und heiligte ihn durch das Manna, das am Sabbat nicht fiel. — **Damit fortlangen deine Tage**: Wenn du sie ehrst, vermehren sich deine Tage, wenn du sie aber nicht ehrst, werden deine Tage verkürzt. Die Worte der Tora sind wie Abkürzungen zu deuten; aus der Bejahung des Ganzen wird die Verneinung klar und aus der Verneinung des Ganzen die Bejahung — **Buhle nicht**: Der Ausdruck bezieht sich immer auf die Frau eines anderen Mannes, vgl. III. B. M. 20, 10, ferner Jecheskel 16, 32. — **Stiehl nicht**: dieser Vers meint Menschendiebstahl. Das Verbot des Diebstahls von Gegenständen spricht der Vers im III. B. M. 19, 11 aus: „Stiehl nicht. Hehlet nicht usw." Oder ist es vielleicht umgekehrt, daß hier (im Dekalog) vom Diebstahl an Vermögen und dort vom Menschendiebstahl die Rede ist? Wenn wir vom Zusammenhang ausgehen, so ist klar, daß ebenso wie: „Morde nicht", „Buhle nicht" von einem Verbot sprechen, auf das Todesstrafe steht, auch „Stiehl nicht" ein Verbot meint, auf das Todesstrafe steht.

Die Vorstellung von Gott

Von Moses ben Maimon

GRUNDLAGE und Voraussetzung alles Wissens ist die Anerkennung eines Urdaseins. Dieses ist die Ursache alles Bestehenden. Alle Dinge des Himmels und der Erde und was dazwischen ist, bestehen nur infolge der Wirklichkeit jenes Urdaseins. Wollte man annehmen, daß das Urdasein nicht existiere, dann könnte auch kein anderes Ding existieren. Und wollte man annehmen, daß alles außer ihm Vorhandene nicht existiere, würde jenes Urdasein trotzdem existieren und nicht durch dessen Nichtigkeit nichtig werden. Denn alles Existierende ist auf jene Urexistenz angewiesen, aber sie, die wir als Gott preisen, ist weder auf irgend etwas Existierendes, noch auf die Gesamtheit aller Existenzen angewiesen. Daher ist ihre Wirklichkeit nicht wie die irgend einer anderen Existenz. Das meint der Prophet mit dem Wort: „Er, Gott, ist wirklich." Das heißt, er selbst ist wirklich und nichts anderes hat eine Wirklichkeit wie es die seine ist. Dasselbe sagt die Tora: „Es gibt nichts außer ihm allein", d. h. außer ihm existiert keine Wirklichkeit wie es die seine ist.

Diese Urexistenz ist der Weltgott, der Herr der ganzen Erde. Er lenkt die Weltsphären mit einer unendlichen und unbedingten Kraft. Denn das Weltall bewegt sich unaufhörlich, und es ist unmöglich, daß es sich ohne einen Beweger bewegen sollte. Er, gelobt sei Er, ist der Beweger ohne Hand und ohne Körper.

Die Anerkennung dieser Tatsache ist (für uns Juden) geradezu ein Gebot, denn es heißt: „Ich bin dein Gott". Wer aber glaubt, daß es außer diesem eine andere Gottheit gebe, verstößt gegen ein Verbot. Denn es heißt: „Nicht sei dir andere Gottheit neben meinem Angesicht." Wer es aber doch glaubt, leugnet das Grundprinzip, denn es ist eben das Grundprinzip, von dem alles andere abhängt.

Dieser Gott ist ein einziger und nicht eine Zweiheit oder Mehrheit, sondern eine Einheit. Diese seine Einheit ist nicht mit den Einheiten, die wir in der Welt kennen, vergleichbar, sie ist nicht wie die Einheit einer Gattung, die viele Arteinheiten umfaßt, und nicht wie die Einheit eines Körpers, der in Teile und Stücke zerlegt werden kann. Sie ist vielmehr eine Einzigkeit, dergleichen es keine auf der Welt gibt. Wenn es viele Gottheiten gäbe, wären sie Gestalten und Körper. Denn zählbare Dinge, die ihrem Wesen nach gleich sind, können nur dadurch voneinander unterschieden werden, daß sie als Gestalt und Körper auftreten. Wäre nun der Schöpfer eine Gestalt oder ein Körper, wäre er endlich und bedingt. Denn es ist nicht möglich, daß ein Körper existiere, der nicht endlich wäre. Da nun jeder Körper begrenzt und bedingt ist, ist es auch seine Kraft. Die Kraft unseres Gottes, gelobt sei Er, ist aber unendlich und unbedingt, da sich das Weltall fortwährend bewegt. Die Gotteskraft ist nicht die eines Körpers, und weil Gott kein Körper ist, erscheint er auch nicht in Körperform, um von etwas anderem geschieden werden zu müssen. Darum kann es nur einen einzigen Gott geben. Die Anerkennung dieser Tatsache ist ein Gebot, denn es heißt: „Der Ewige unser Gott, der Ewige ist einzig." In der Tora und bei den Propheten wird erklärt, daß Gott körper- und gestaltlos ist, denn so heißt es: „Der Ewige, euer Gott, ist Gott im Himmel oben und auf der Erde unten", und ein Körper kann doch nicht gleichzeitig an zwei Orten sein. An einer anderen Stelle heißt es: „Denn ihr habet keine Gestalt gesehen." Und weiter: „Mit wem wollet ihr Mich vergleichen, dem Ich ähnlich wäre." Wenn er ein Körper wäre, würde er anderen Körpern ähneln.

Wie kommt es aber, daß es in der Tora z. B. heißt: „... unter seinen Füßen" oder: „... geschrieben mit dem Finger Gottes" oder „seine Hand", „seine Augen", „seine Ohren". All dies ist entsprechend dem Begriffsvermögen der Menschen gesagt, die nur Körper kennen. Die Tora spricht eben in der Redeweise der Menschen. Die obigen Ausdrücke sind Umschreibungen. Wenn es heißt: „Habe ich denn den Blitz meines Schwertes geändert", so hat doch Gott weder ein Schwert, noch tötet er mit dem Schwert. Vielmehr ist das Ganze nur ein Gleichnis, ebenso wie die anderen Ausdrücke. Daß es nur so gemeint ist, beweist die Tatsache, daß ein Prophet sagt, er habe Gott in schneeweißen, und ein anderer, er habe ihn in tiefroten Gewändern gesehen. Unser Lehrer Moses sah Gott auf dem Meere wie einen kämpfenden Helden und auf dem Sinai wie einen Vorbeter, der in seinen Gebetmantel gehüllt ist. Das alles besagt gerade, daß Gott weder eine Form, noch eine Gestalt hat, und daß es den Propheten nur in ihrem inneren Gesicht und Schauen so vorkam. Die Wirklichkeit dieser Tatsache aber kann der menschliche Verstand nicht erfassen, auch nicht ergründen. Das eben meint die Schrift, wenn sie sagt: „Gott willst du ergründen und die Absicht des Allmächtigen erfassen?"

Was wollte eigentlich unser Lehrer Moses erkennen, als er zu Gott sprach: „Laß mich doch Deine Herrlichkeit schauen?" Er wollte die Wirklichkeit der göttlichen Existenz erkennen, daß sie ihm innerlich so kenntlich sei, wie die Kenntnis irgend eines Menschen, dessen Gesicht er sehen und dessen Züge er sich innerlich einprägen konnte, um ihn von anderen Menschen zu unterscheiden. So wollte unser Lehrer Moses die Existenz Gottes von den übrigen existierenden Dingen innerlich so klar unterscheiden, daß er die Wirklichkeit des göttlichen Wesens erfahren könne. Der Ewige antwortete ihm aber, daß die Erkenntniskraft des lebenden Menschen, der aus Körper und Seele zusammengesetzt ist, nicht hinreiche, derartiges im Grunde zu begreifen. Schließlich ließ ihn Gott etwas erkennen, was nie ein Mensch vorher und nachher erkannt hat. Moses konnte in seinem Geist die Wirklichkeit der göttlichen Existenz von allen anderen Existenzen sondern. So etwa wie wir einen Menschen, den wir nur von rückwärts sehen, nach seiner Gestalt und Kleidung erfassen und von anderen Menschen unterscheiden können. Das deutet die Schrift an, wenn sie sagt: „Meinen Rücken sollst du sehen, aber mein Angesicht kann nicht gesehen werden."

Da es also klar ist, daß Gott keine Gestalt und keinen Körper hat, ist es auch klar, daß ihm keine körperlichen Eigenschaften zukommen, weder Verbindung noch Trennung, weder Ort noch Maß, weder Steigen noch Sinken, weder rechts noch links, weder Gesicht noch Rücken, weder Sitzen noch Stehen. Es kommt ihm kein zeitliches Werden zu, kein Anfang, kein Ende und kein Maß an Jahren. Er ändert sich nicht, denn es existiert nichts, das eine Änderung an ihm verursachen sollte, für ihn gibt es kein Sterben und kein Leben nach Art des Lebens lebender Körper, keine Torheit und keine Weisheit nach Art der Weisheit eines weisen Menschen, kein Schlafen oder Wachsein, keinen Zorn, kein Zürnen, kein Lachen, keine Freude, keine Trauer, kein Schweigen, kein Reden wie das Reden der Menschen. Das meinten auch die Weisen, wenn sie sagten: Oben existiere weder ein Sitzen noch ein Stehen, weder Starre, noch Müdigkeit.

Somit sind alle Ausdrücke dieser und ähnlicher Art in der Tora und in den Reden der Propheten nur Bilder und Metaphern. So wenn es heißt: „Der im Himmel sitzt, lacht", „Sie haben mich erzürnt durch ihre Torheiten", „Wie der Ewige sich freut" u. dgl. Im Hinblick auf all dies sagten die Weisen, die Tora spreche in der Art der Menschen. So heißt es in der Schrift: „Mich wollen sie erzürnen", aber es heißt ja auch: „Ich, der Ewige, ändere mich nicht." Wenn er sich aber manchmal freute und manchmal zürnte, würde er sich ändern. All diese Ausdrücke beziehen sich nur auf die trüben, niedrigen Körper, die in Wohnung aus Erde hausen und deren Ursprung im Staube ist. Er aber, der Gepriesene, ist über all das hoch erhaben.

Midraschim

Der Kessel

ES heißt 2 M. 19, 17: „Und sie stellten sich zu u n t e r s t dem Berge". Dazu sagte Raw Awdimai bar Chama: das bedeutet, daß Gott den Berg über sie stülpte gleich einem Kessel, und er sprach zu ihnen: Wenn ihr die Tora annehmen wollt — gut, wenn nicht — ist hier euer Grab. (Sabbat 88.)

Das Schweigen

Rabbi Abahu sagte im Namen von Rabbi Jochana: Als der Heilige, gelobt sei er, die Tora gab — kein Vogel zwitscherte, kein Vogel regte die Schwingen, kein Rind brüllte, die Räder (am Thronwagen Gottes) flogen nicht auf, die Serafim sprachen nicht ihr: Heilig, das Meer regte sich nicht, kein Geschöpf redete, sondern die ganze Welt hielt stille und schwieg — da fuhr aus die Stimme: Ich bin dein Gott. (Schemot rabba XXIX.)

Jedem nach seiner Kraft

Sieh wie die Stimme ausfuhr! Sie kam zu jedem in Israel gemäß seiner Kraft, zu den Alten nach ihrer Kraft, zu den Jungen nach ihrer Kraft, zu den Kindern nach ihrer Kraft und zu den Frauen nach ihrer Kraft, und auch zu Mosche nach seiner Kraft. Dazu sagte Rabbi Jose ben Chanina: Wenn du darüber staunst, lerne vom Manna, es kam auch zu Israel gemäß der Kraft eines jeden. Die Jungen aßen es, und es war ihnen wie Brot, die Alten — und es war ihnen wie Kuchen mit Honig, die Kleinen — und es war ihnen wie Milch aus Mutters Brust, die Kranken — und es war ihnen wie feines Mehl und Honig gemischt. (Schemot rabba V, 9.)

Die Stimme von Überall

Zur Stunde, da der Heilige, gelobt sei Er, die Tora am Sinai gab, zeigte er mit seiner Stimme Israel Wunder über Wunder. Wie das? Der Heilige, gelobt sei er, sprach, und die Stimme fuhr aus und kreiste in der ganzen Welt;

Israel hörte die Stimme. Sie kam zu ihm von Süden her, alles lief dorthin, um die Stimme aufzunehmen, da sprang sie um, und es war, als käme sie vom Osten. Man lief nach Osten, und wieder änderte die Stimme ihre Richtung und kam nun von Westen. Man drängte sich zum Westen, da sprang die Stimme um, und sie erklang vom Himmel her. Alles schaute zum Himmel auf, wieder erfuhr die Stimme eine andere Richtung, und nun kam sie von der Erde her. Da sprachen die Israeliten einer zum anderen (Jjob 28, 12): „Die Weisheit, wo findet man sie? Und wo ist der Ort der Einsicht?" (Schemot rabba V, 9.)

Die Bürgen

Als Israel am Sinai stand, um die Tora zu empfangen, sprach der Heilige, gelobt sei er, zu ihnen: ich gebe sie euch nicht eher, als bis ihr mir gute und sichere Bürgen stellt, daß ihr sie auch treu bewahren und halten werdet. Sprachen sie: die Erzväter werden für uns bürgen, kann es bessere Bürgen geben? Da antwortete der Heilige, gelobt sei er: diese Bürgschaft genügt mir nicht. Ich habe gegen die Väter mancherlei Klagen. Ihr müßt mir bessere Bürgen stellen, damit ich sie euch gebe. Sprach Israel: dann werden die Propheten, die einst uns erstehen werden, Bürgen für uns sein. Da antwortete der Heilige, gelobt sei er: ich habe Unmut auch über sie; sie werden auch ihre Augenblicke haben, in denen sie schwach sind und ihrer Aufgabe nicht gerecht werden, ihr müßt mir tauglichere Bürgen stellen, dann erst kann ich euch die Tora geben. Da sprach Israel: so sollen unsere Kinder für uns einstehen. Jetzt antwortete der Heilige, gelobt sei er: das ist eine Bürgschaft, die mir gefällt, auf diese Bürgen hin gebe ich euch die Tora. (Midrasch zum Hohen Lied. Abschnitt I.)

Toragebung und Abfall

Von Jehuda Halevi

KUSARI: Wer euch so reden hört, daß Gott mit eurem ganzen Volke gesprochen und ihm die Tafeln beschrieben u. dgl., der wäre eigentlich berechtigt, euch den Glauben an einen körperlichen Gott zuzuschreiben, und das wäre euch nicht zu verargen, da ja doch jene großen, offenkundigen Erscheinungen nicht wegzuleugnen sind. Man müßte euch darin Recht geben, daß ihr hierbei Verstandesschlüsse und Denktätigkeit abweist.

MEISTER: Fern bleibe von Gott alles Falsche! Fern, daß in der Tora etwas enthalten sei, was der Verstand verwerfen müsse und für falsch erkläre. Das erste der Zehngebote verlangt, daß wir an Gott glauben; das zweite verbietet die Anbetung fremder Götter, die Anfertigung von Schnitzbildern, Gestalten und Abbildungen, mit einem Worte: Gott für ein körperliches Wesen zu halten. Und warum sollten wir ihn denn nicht über die Körperlichkeit erheben, da wir ja das bei einzelnen seiner Geschöpfe tun, wie z. B. bei der Seele, die ja der eigentliche Mensch ist? Denn was aus Moses mit uns spricht, lehrt, leitet, ist uns nicht seine Zunge, sein Herz, sein Hirn — das sind nur Organe des Moses; Moses selbst ist die denkende, vernünftige, unkörperliche

Seele, die von keinem Raum umschlossen, der kein Raum zu eng, und die selbst weit genug ist, um die Formen alles Geschaffenen in sich aufzunehmen. Wenn wir also ihr schon engelhafte, geistige Prädikate beilegen, um wie viel mehr dem Schöpfer des Alls! Da wir aber mit eben solchem Recht die Überlieferung von jenem Akte nicht wegleugnen können, so müssen wir sagen, daß wir nicht wissen, wie der göttliche Wille sich verkörperte, bis er zum Laut wurde, der unser Ohr traf, und was Gott sich von noch nicht Seiendem erschaffen, und was er von dem schon Dagewesenen verwendete, da es ihm nicht an Macht fehlt. So sagen wir also, er habe die Tafeln geschaffen und die Schrift darin eingegraben, wie wir sagen, daß er den Himmel — durch sein bloßes Wort — geschaffen, und dies verkörperte sich in dem Maße, das ihm beliebte, und in der Form, die ihm beliebte, und so grub sich in die Tafeln die Schrift der Zehngebote. So verstehen wir es, wenn wir sagen, daß er das Meer gespalten, und es in Mauern umgewandelt, die rechts und links vom Volke standen, und in geebnete, gerade Straßen und gerade Bahnen, auf denen sie ohne Mühe und Hindernis gehen konnten. So wird Spalten, Bauen, Zurichten Gott zugeschrieben, ohne daß er dabei eines Werkzeugs oder überhaupt vermittelnder Kräfte bedürfte, wie solche bei einer menschlichen Tätigkeit nötig sind. Wie nun die Wasser auf sein Wort standen und nach seinem Willen sich formten, so formt sich die Luft, die an das Ohr des Propheten schlägt, nach den Lauten, welche den Inhalt dessen bezeichnen, was nach Gottes Willen der Prophet oder das Volk hören soll.

KUSARI: Diese Darstellung genügt mir.

MEISTER: Ich behaupte übrigens nicht, daß diese Sache gerade so vor sich gegangen; vielleicht geschah es in einer für unser Denkvermögen unerfaßlichen Weise...

KUSARI: Nimm dich in acht, Meister, daß du im Lobe deines Volkes nicht zu weit gehst und das ausläßt, was allgemein von ihrem Ungehorsam, trotz dieser Erscheinungen, bekannt geworden ist. Ich habe ja gehört, daß sie gerade in dieser Zeit sich ein Kalb gemacht haben und durch dessen Anbetung von Gott abfielen.

MEISTER: Das ist eine Sünde, die man ihnen ihrer Größe wegen so hoch anrechnet. Groß ist, dessen Sünden gezählt werden.

KUSARI: Da bist du parteiisch, wenn du auf Seiten deines Volkes stehst. Gibt es eine größere Sünde als diese? Wie kann man noch darüber hinausgehen...?

MEISTER: Nun, die Völker jener Zeit beteten insgesamt Bilder an. Wenn auch Philosophen Beweise für die Einheit des göttlichen Wesens führten, so blieben doch auch sie nicht ohne Bild, an das sie sich hielten und von dem sie dem Volke sagten, daß ihm ein Göttliches innewohne, und daß es sich durch etwas Außergewöhnliches von andern unterscheide... Nun hatte das Volk die Zehngebote gehört und Moses war auf den Berg gestiegen, ihnen die geschriebenen Tafeln zu bringen und ihnen eine Lade zu machen. Das sollte ihnen ein sinnlich Wahrnehmbares sein, an das sie sich wenden konnten, und worin sich der Bund mit Gott und die unmittelbare Schöpferkraft (ich meine die Tafeln) darstellen sollten, abgesehen von der Wolke und der Herrlichkeit, welche zur Lade gehörten, und abgesehen von sonstigen Wunderzeichen, welche an der Lade sichtbar wurden. So wartete nun das Volk auf die Rückkehr des Moses, und zwar in derselben Lage, ohne Veränderung ihres Äußeren, ihres Schmuckes, ihrer Kleidung, wie am Tage der Offenbarung am Sinai; in dieser Stimmung verharrten sie, des Moses wartend. Nun blieb er vierzig Tage aus; Speise hatte er nicht mitgenommen und war überhaupt von ihnen gegangen, wie einer, der noch an demselben Tage wiederkommen will. Da bemächtigte sich eines Teiles dieser großen Volksmasse ein böser Gedanke, und es bildeten sich verschiedene Parteien. Nach den verschiedensten Vorschlägen und Plänen fanden es endlich einige für nötig, einen sinnlichen Gegenstand der Anbetung zu suchen, dem sie sich, gleich anderen Völkern, zuwenden könnten, ohne aber dabei den Gott, der sie aus Ägypten geführt, zu verleugnen. Es sollte eben nur da sein, damit sie sich an dasselbe wenden könnten, wenn sie von den Wundern ihres Gottes erzählten, wie die Philister von der Lade sagten, Gott sei darin, und wie wir es mit dem Himmel machen und mit allen den Dingen, von denen wir wissen, daß ihre Bewegung durch göttlichen Willen, nicht durch Zufall oder menschlichen Willen oder Naturgesetz geschieht. Ihre Sünde bestand darin, daß sie ein — ihnen verbotenes — Bild machten und daß sie dem, was sie mit ihren Händen und nach ihrem Belieben ohne göttliche Weisung machten, eine göttliche Kraft zuschrieben... Es ging ihnen wie jenem Narren, der in den Laden eines Arztes geriet und Menschen mit den Arzneien den Tod brachte, die ihnen früher geholfen hatten. Eben weil dem Volke gar nicht der Gedanke einkam, den Dienst ihres Gottes zu verlassen, sondern sie nur glaubten, sich um gottesdienstliche Verrichtungen zu bemühen, kamen sie zu Ahron, ihm ihr Vorhaben mitzuteilen, und darum half er ihnen, beging aber darin einen Fehler, daß er ihrem Ungehorsam aus der Idee zur Tat verhalf. Uns kommt das heute sehr erheblich vor, weil bei den meisten Völkern jetzt keine Bilder angebetet werden, aber damals war es das in der Tat nicht, weil alle Völker Bilder hatten, die sie anbeteten... Fand man ja doch nichts Auffallendes an den Bildern, die Gott selbst vorschrieb, nämlich den Cherubim. Bei all dem wurden die Männer, die das Kalb angebetet, mit dem Tode bestraft, zusammen dreitausend Mann unter 600 000. Das Manna hörte nicht auf zu fallen zu ihrer Speise, die Wolke deckte sie, die Feuersäule führte sie, die Prophetie dauerte unter ihnen fort und nahm sogar zu; kurz, sie vermißten nichts von allem, was Er ihnen gegeben, als die zwei Tafeln, die Mose zerbrochen, die aber auch auf seine Bitte ihnen ersetzt wurden, und so war die Schuld ihnen vergeben.

Die zehn Doppelworte

(Aus dem Sohar)

„IST ein Friedensopfer seine Darnahung..." (III. B. M. 3, 1). Hierzu bemerkte Rabbi Schim'on: Geschrieben ist: „Zehn und zehn die Schale nach dem Gewicht des Heiligtums" (IV. B. M. 7, 86). Wozu die Verdoppelung des Wortes zehn? Es soll damit bezeichnet werden: Zehnheit im Werke der Schöpfung und Zehnheit im Werke der Toragebung. Zehn Worte der Toragebung entsprechen zehn Worten der Schöpfung. Das will sagen, daß die Welt geschaffen ist um der Tora willen, und solange Israel sich der Tora befleißigt, hat auch die Welt Bestand. Wenn aber Israel sich von der Tora loszumachen sucht, dann ergeht die Mahnung: „Würde je zunichte mein Bund am Tag und Nacht, Satzungen Himmels und Erden, machte ich zunichte sie" (Jer. 33, 25).

Und dieses sind die zweimal zehn Worte: „Ich bin dein Gott..." und dort: „Licht werde! Und Licht ward." Es ist die Verbindung mit dem Allheiligen, der „Licht" genannt wird, so wie es heißt: „Mein Licht und meine Freiheit ist Er. Vor wem mich fürchten?" (Psalm 27, 1.)

Sodann: „Nicht sei dir andere Gottheit neben meinem Angesicht." Und dort: „Gewölb werde inmitten der Wasser und sei Scheide von Wasser und Wasser." Israel selbst ist die Marke der Scheidung als Erbe des Allheiligen, das an jener Stätte sich hält, die „Himmel" genannt wird. So fragte einmal Rabbi Jesse der Alte den Rabbi Ilani: „Alle anderen Völker hat der Allheilige unter die Macht erhabener Herrscherwesen gestellt; welche Stätte wies er Israel zu?" Und jener antwortete: „Mit Israel ist ‚Elohim' in der Scheidung der Gewässer." Sein Sitz ist also mitten in den Wassern, zwischen den Worten der Urlehre. So muß es unterscheiden zwischen dem Allheiligen, welcher genannt ist „Born des lebendigen Wassers" und den Gegenständen des Götzendienstes, welche genannt sind „zerbrochene Brunnen".

Sodann: „Trage nicht Seinen deines Gottes Namen auf den Wahn." Und dort: „Das Wasser unterm Himmel sammle sich an einem Ort." Es ist nämlich, wenn einer den Gottesnamen zum Falschen wendet, als ob die himmlische „Mutter" von ihrer Stätte geschieden würde und alle die heiligen „Kronen" dann ihren Platz nicht behaupten könnten: wie es heißt: „Wer verleumderisch redet, bewirkt Trennung dem Fürsten" (Sprüche 16, 28), der kein anderer ist, als der Allheilige selbst. So wie die Wasser durch das Schöpfungswort an einen Ort kamen, der der Wahrheit entspricht, und nicht an einen anderen Ort der Lüge. Denn was ist Lüge? Daß die Dinge nicht an i h r e n , sondern an einen a n d e r e n Ort gebracht werden.

Sodann heißt es: „Gedenke des Tages der Feier (des Sabbats) ihn zu heiligen..." Und dort: „Sprießen lasse die Erde Gesproß." Welches ist der Tag, an dem der Erde höheres Urbild Fruchtbarkeit und Pracht empfängt? Der Sabbat, an dem sich alles mit dem himmlischen König vereinigt; und davon quillt aus ihm die Macht des Wachstums und des Segens.

Sodann: „Ehre deinen Vater und deine Mutter." Und dort: „Leuchten seien am Gewölb des Himmels." „Dein Vater und deine Mutter," das sind Sonne und Mond. Die Sonne kein anderer als der Allheilige selbst, wie es heißt: „Ja, Er ist Sonne und Schild" (Psalm 84, 12). Und der Mond kein andrer als die „Gemeinschaft Israels", wie es heißt: „Und dein Mond, nie wird er eingezogen" (Jes. 60, 20). Und so geht alles zur Einheit.

Sodann: „Morde nicht." Und dort: „Das Wasser wimmle, ein Wimmeln lebenden Wesens..." So schuf Gott die großen Wale. An den Menschen aber ergeht die Weisung: „Du sollst nicht morden", denn es heißt: „Und der Mensch ward zum lebenden Wesen" (1. B. M. 2, 7). Darum sollt ihr nicht sein wie die Fische, bei denen die großen die kleinen verschlingen!

Sodann: „Buhle nicht." Und dort: „Es sprach Gott: die Erde treibe lebendes Wesen nach seiner Art." Hieraus folgt, daß der Mensch nicht mit einem anderen Weibe Verkehr pflege. Denn es heißt: „Nach seiner Art." Wie alle

Zeugung nach der Art geschieht, so soll das Weib gebären nur von ihrer Art, das heißt: von ihrem Gatten.

Sodann: „Stiehl nicht." Und dort: „Und Gott sprach: Hier gebe ich euch alles Kraut, das Samen sät." So wie das Gegebene euer ist, so sollt ihr nicht Gut eines anderen nehmen.

Sodann: „Aussage nicht gegen deinen Genossen als Lugs Zeuge." Und dort: „Gott sprach: Machen wir Menschen in unserem Bild." Wie der Mensch im Wahrheitsbilde geschaffen ward, ist, wer gegen einen Menschen lügnerisch Zeugnis sagt, als täte er es gegen den Himmel.

Sodann: „Begehre nicht das Weib deines Genossen..." Und dort: „Er, Gott, sprach: Nicht gut ist, daß der Mensch allein sei." So sollst du, dem dein Ehegefährt gegeben ward, nicht gelüsten nach dem Weibe deines Nächsten.

Auf diese Weise entsprechen also zehn Worte der Toragebung zehn Worten der Schöpfung. Wie es heißt: „Zehn und zehn die Schale nach dem Gewicht des Heiligtums." Durch dieses Gleichgewicht hat die Welt Bestand und wird der Friede in ihr verwirklicht. Hierauf beziehen sich auch die Worte: „Ist ein Friedensopfer seine Darnahung," auf daß die Welt durch den Frieden bestehe...

Der jüdische Mystizismus

Von Zwi Perez Chajes

IN den offiziellen Schriften des Judentums wird alles in den Hintergrund gedrängt, was nach Mystizismus aussieht. Im Hintergrund besteht es aber dennoch, es wurde nur auf ein Nebengeleise gedrängt. Der Schulchan Aruch z. B. stammt aus dem 16. Jahrhundert. Sein Verfasser heißt R. Josef Karo. Er war ein Spanier, der infolge der Judenvertreibung in den Orient wanderte. Wenn Sie seine Bücher lesen, etwa den Kommentar zu Maimonides, wird Ihnen nicht im Traume einfallen, daß Sie einen Kabbalisten lesen. Das geht soweit, daß er eine Auffassung der Kabbala, die auch das Gebet berührt, direkt ablehnt. Von demselben Mann gibt es aber ein Buch, das einen rein mystischen Charakter hat. Es enthält Gespräche, die er mit einem Engel führt, der ihn jeden Freitag besucht. Das Buch heißt: „Magid Mescharim". Das Beispiel ist aus dem 16. Jahrhundert, aber das Gleiche gilt für die Bibel.

Sie können sehen, wie die Bibel alles unterdrückt, was irgendwie nach Mystizismus aussieht. Denken Sie z. B. an die Erzählung von Moses. Wie oft und wie viel hätte die Bibel da Mystisches hineintragen können. Zwischen der Art, wie es bei uns in der Bibel erzählt wird und wie die Lebensgeschichte anderer hervorragender Heerführer und Religionsstifter geschildert wird, herrscht ein bedeutender Unterschied. Mit einer Keuschheit sondergleichen vermeidet die Bibel in dieser Erzählung alles, was nach Mystizismus aussieht. Wenn die Bibel berichtet, daß Moses vierzig Tage und Nächte in Verbindung mit der Gottheit bleibt, was hätten andere Religionen da erzählt! Bei dem Tode Mosis hören wir nur, kein Mensch habe sein Grab kennen dürfen, weil man dieses nicht zum Gegenstand eines Kultes machen wollte. Denken Sie an die Figur, die direkt zum Mystizismus reizt, an die Erzählung in der Bibel über Elias, über die Erscheinung Gottes diesem gegenüber und an Elias im Feuerwagen. Die Bibel erzählt die Tatsache, ohne sie weiter auszuführen, aber trotzdem hat sicherlich eine ausgedehnte Eliaslegende bestanden. Das deutet uns ein Wort an in einem Propheten am Ende des babylonischen Exils, der uns sagt: Am Ende der Tage wird Elias erscheinen (Maleachi III, 23). Es gibt eine andere Andeutung von Elias, der ewig lebt und seinem Volke in letzter Stunde beistehen wird. Die Bibel schweigt. Wir hören von Elias, der in Not und Gefahren beisteht, der die Zweifel löst usw. Ebenso ist es mit dem Sagenkreise, den wir in Alexandrien und Samarien finden und dem die Bibel in ihren offiziellen heiligen Schriften keinen Platz geben wollte.

Erst in der Zeit der schweren Krisis bricht sich der Mystizismus Bahn, zur Zeit der Zerstörung des Tempels und des babylonischen Exils. E z e c h i e l, ein Prophet dieser Zeit, hat bereits ein mystisches System. Vergleichen Sie aber die anderen Propheten mit diesem. Bei den größten, selbst bei Jesaja, kommt ein Verhältnis des Menschen zu Gott wie des Sohnes zum Vater nicht zum Ausdruck. Jeremia z. B. bekämpft alles Mystische. Er bekämpft den Tempel und die Bundeslade, weil sie das Volk auf Abwege führen können. Ezechiel hingegen, der wenige Jahrzehnte nachher gelebt hat, ist von solchen Bedenken frei. Sein erstes Kapitel schildert in eingehender Weise den göttlichen Wagen. D i e s e s K a p i t e l w a r d i e B a s i s d e s j ü d i s c h e n M y s t i z i s m u s und wurde direkt von Ezechiel bis zu den talmudischen Rabbinen geführt. Wir haben in der Mischna eine Andeutung über die übersinnliche mystische Auffassung des Verhältnisses des Menschen zu Gott (Chagiga II, 1). In bezug auf die erste Vision Ezechiels wird gesagt: Das darf man nicht öffentlich sagen, das darf nur der auserwählte Lehrer dem auserwählten Schüler sagen, das bleibt Geheimnis für die Allgemeinheit, um nicht mißdeutet zu werden.

Das Gleiche geschieht zur Zeit einer anderen schweren und großen Krisis des jüdischen Volkes, zur Makkabäerzeit. Aus dieser Zeit stammt das Buch D a n i e l. Dort finden wir weit mehr noch als in den anderen Propheten ein mystisches System ausgebaut, soweit es ausgebaut werden durfte. Um die gleiche Zeit ungefähr entsteht jene große Literatur, von der wir einige Fragmente in den apokryphischen Schriften finden. Jedoch wurde nur das Buch Daniel in den Kanon aufgenommen.

Die Mischna, das offizielle Buch der talmudischen Zeit, kennt keinen Mystizismus. Die Mischna nicht, wohl aber der Talmud. Sie werden fragen, warum die Mischna nicht, jedoch der Talmud. Die Antwort ist die: der Talmud war nicht zum offiziellen Buch bestimmt. Er ist nichts anderes als eine Sammlung von Protokollen über die Gespräche, die in den Gelehrtenschulen von Palästina und Babylonien durch lange Jahrhunderte geführt wurden. Sie waren nicht dazu bestimmt, fixiert zu werden. Ich will nicht sagen, daß die Mischna von Anfang an bestimmt war, ein offizielles Buch zu werden. Es darf Sie nicht wundern, wenn sie hören, daß man Hunderte von Seiten auswendig lernen mußte. Solch ein Buch zum Auswendiglernen war die Mischna. Es gibt noch jetzt bei den Indern heilige Bücher, die nur in wenigen Manuskripten vorhanden sind und auswendig gelernt werden, ähnlich bei den Abessiniern. Die Mischna, die ein solches Buch werden sollte, mußte alles

Mystische ausscheiden. Im Talmud war es anders. Wenn sie jetzt in die orientalischen Schulen gehen, so werden Sie sehen, daß sich die Leute dort den ganzen Tag aufhalten. Man spricht da nicht immer vom Lernen. Alles, was man in langen Jahrhunderten in Palästina und Babylonien gesprochen hat, das finden wir dort wieder. Der Talmud ist ein Buch, das überhaupt nicht die Form eines Buches zeigt. Oft herrscht kein Zusammenhang. Er war nicht als Buch gedacht und hatte keine Redaktion. Deshalb finden wir darin das, was ursprünglich nicht dazu bestimmt war, in einem offiziellen Buche des Judentums enthalten zu sein.

Aber nicht nur in der talmudischen Zeit finden wir die Tendenz, den Mystizismus in den Hintergrund zu drängen, auch später, wo wir bereits ein ausgebautes mystisches System besitzen. Die mystischen Bücher des Judentums nämlich, die ein System darstellen, gehören alle dem Mittelalter an, bis auf die Fragmente in den A p o k r y p h e n. Deshalb wird man zur Ansicht verleitet, das alte Judentum habe keinen Mystizismus gekannt, außerdem, daß sich der Mystizismus im Mittelalter unter dem Einflusse der Araber und Inder entwickelt habe. Das ist grundfalsch. Freilich kann man einige Einflüsse, die zufällig hineingekommen sind, nicht leugnen, doch das entscheidet den Charakter nicht. Ich bin nicht der Ansicht, daß die Bibel des jüdischen Mystizismus, der S o h a r, dem zweiten Jahrhunderte nach der gebräuchlichen Zeitrechnung angehört, aber ich verstehe, warum man den Sohar für ein uraltes Werk gehalten hat: weil man dort Gedanken findet, die von der Zeit der talmudischen Gelehrten und des biblischen Judentums auf Geheimwegen sich in das Mittelalter gerettet haben. Warum entstand dieses System denn erst im Mittelalter? Es entstand zur Zeit einer schweren nationalen und seelischen Krisis des Judentums.

Wie war der Weg der Geheimlehre aus dem Orient nach Europa? Aus Babylonien und Palästina kam sie nach Italien, von dort nach Spanien, Frankreich, Deutschland. Vor wenigen Jahrzehnten wurde in einer alten englischen Bibliothek ein Werk entdeckt, die „Chronik des Achimaaz" — eine italienische Familienchronik. Der Verfasser verfolgt die Geschichte seiner Vorfahren durch drei Jahrhunderte zurück. Er beschränkt sich nicht nur auf die Geschichte seiner Familie, sondern äußert sich auch über das Gemeindeleben. Damals gab es dort ein sehr lebhaftes jüdisches Leben. Süditalien war ja die Brücke zwischen Palästina und Europa. Achimaaz erzählt, wie im 9. Jahrhundert ein Mann aus Babylonien nach Süditalien gekommen ist und dorthin die Geheimlehre verpflanzt hat. Hier ist der Weg gesichert, den wir vermutet haben. Im 9. Jahrhundert kommen Vertreter der Geheimlehre nach Süditalien, von dort nach Deutschland, das damals um den Besitz Italiens kämpfte. Erst dann kam die Geheimlehre nach Spanien. Damals war sie eine wirkliche Geheimlehre. Es mußte die Zeit einer schweren Krisis kommen, damit sich der Mystizismus Bahn brechen und sich zu einem mehr oder weniger offenen System ausbilden konnte. Diese Krisis waren die Kreuzzüge.

Die unerhörten Leiden jener Zeit, ebenso wie die messianischen Bewegungen zeitigten damals das Anwachsen des Mystizismus. Nach den Kreuzzügen finden wir, was man bis vor wenigen Jahren noch nicht wußte, daß in Deutschland Mystiker lebten. Im 13. Jahrhundert, da der Sohar in einer festen Form erscheint, begann sich zuerst in Spanien der Mystizismus herauszubilden. Und warum geschah das nur so langsam? Eine solche Krisis, wie sie die deutschen Juden während der Kreuzzüge erlebten, haben die spanischen Juden schließlich doch nicht mitgemacht. Die Bedrückungen waren nur lokale. Die Möglichkeit, mit einem mystischen System hervorzutreten und alle Elemente, die durch lange Jahrhunderte verstreut waren, zu sammeln, ergab sich in Spanien und den angrenzenden Provinzen Frankreichs erst in späterer Zeit.

Der moderne jüdische Mystizismus hat seine Wurzeln in der Kabbala, die sich besonders in Palästina, aber auch in anderen Ländern der alten Türkei, unter den aus Spanien und Portugal vertriebenen Juden findet. Isaak L u r i a , der Vertreter des mystischen Gedankens, war zwar kein spanischer Jude, er war wahrscheinlich ein Italiener, lebte jedoch in spanischer Umgebung. Wenn Sie seinen Mystizismus verfolgen, macht er auf Uneingeweihte den Eindruck des Neuen, vielfach vom Christentum Abhängigen. Wer aber die Entwicklung des jüdischen Mystizismus von der ältesten Zeit an kennt, weiß, daß nicht das Christentum auf den jüdischen Mystizismus und Luria eingewirkt hat, sondern umgekehrt. Alle Gedanken, die wir im alten Christentum finden, nicht nur in den ersten drei Evangelien, die einen palästinensischen Charakter tragen, sondern auch in den anderen Schriften des Neuen Testamentes, befanden sich im Judentum auf einem Nebengeleise, das von den Apokryphen befahren wurde, und diese Gedanken wurden offiziell in das Christentum aufgenommen.

Zum Beispiel findet sich bei Luria der Gedanke der „Erbsünde", der bekanntlich christlich ist. Er bedeutet, daß durch die Sünde Adams ein Gift in die Seele der Menschheit gekommen sei, und die Menschheit darunter leide. Das Christentum glaubt, daß seine Aufgabe die Befreiung von der Erbsünde sei. Dieser Gedanke wurde von der Kabbala und von Luria aufgenommen. Man sagt, es sei klar, daß Luria unter der christlichen Auffassung stehe. Nein, der Gedanke findet sich bereits in der alten jüdischmystischen Literatur, auch in der talmudischen, wo von vier Menschen erzählt wird, die nicht gesündigt und nicht durch eigene Sünden und Fehler den Tod verdient haben. Diese Menschen starben wegen der Sünde der Schlange (Sabbat 55b). Ein anderes Beispiel: Es heißt: „Als Israel zum Sinai kam, wurde aus seiner Seele das Gift der Schlange entfernt, das Eva hineingebracht hatte". Dieser Gedanke der Erbsünde wurde bewußt hinausgedrängt. Erst, als es zur Zeit der großen Krisis zu einem offenen Aufleben des Mystizismus kam, wurde dieser Gedanke in einem Teile des jüdischen Volkes lebendig. So ist es mit Hunderten und Hunderten von Gedanken, von denen der oberflächliche Leser meint, sie seien christlich, und dennoch sind sie uralte jüdische Gedanken.

Die letzte Erscheinung des jüdischen Mystizismus, der sich gegen das offizielle Judentum auflehnt, finden wir im 18. Jahrhundert, im C h a s s i d i s m u s. „Ja, aber wo war die Krisis?", werden Sie fragen. Immerhin, es traten zwei Erscheinungen auf, die für das Judentum im Osten, in Polen und Rußland, nicht geringere Bedeutung hatten als für die Juden Westdeutschlands: die Kosakenunruhen um die Mitte des 17. Jahrhunderts und die Folgeerscheinung, das Auftreten Sabbatai Zewis und des Frankismus. Wir machen uns keinen Begriff von den ungeheuren Verwüstungen der Kosakenkämpfe unter den Juden. In den zeitgenössischen Schriften spricht man von 200 000 Erschlagenen. Wir pflegen auch solchen Zahlen skeptisch gegenüberzustehen, aber es dürfte mit jener Zahl seine Richtigkeit haben. In den jüdischen Gemeinden bestand nämlich die Sitte, auch heute besteht sie noch in manchen Gemeinden, einen „Pinkas" (eigentlich „Pinax") anzulegen, nämlich ein Verzeichnis der für die Ehre Gottes Gefallenen. Ebenso hat eine ganze Reihe von Gemeinden Memorbücher angelegt. Wenn Sie die Zahl zusammenzählen, so finden Sie eine Ziffer, die uns glaubhaft erscheinen läßt, daß die Verwüstungen so schrecklich waren. Ungefähr um die gleiche Zeit entsteht in Smyrna die Bewegung Sabbatai Zewis. In Polen und Rußland konnte die Bewegung nicht festen Fuß fassen. Von den Gemeinden, die im Mittelpunkt des jüdischen Lebens standen, wie Hamburg, Amsterdam, Livorno waren Rußland und Polen zu weit entfernt. Aber nachdem jene großen Verwüstungen durch die Kosaken gekommen waren, trat die Bewegung des Frankismus auf. Das war eine unehrliche Bewegung, im Gegensatz zu der Sabbatai Zewis, wenigstens in deren Ursprunge. Aber die Frankisten haben bereits auf Sabbatai hinweisen können, und dadurch haben sie eine Gefahr für das Ostjudentum bedeutet. Zur Zeit der materiellen Krisis und der seelischen und geistigen Verwüstung (letztere durch den Frankismus hervorgerufen) entsteht der neue Mystizismus, der Chassidismus, auch im Kampfe gegen das offizielle Judentum.

Das ist die Geschichte des Mystizismus. Er hat immer bestanden, wurde aber immer in den Hintergrund gedrängt. Es wäre eine Gefahr gewesen, ihn unkontrolliert zu lassen. So haben wir heute ein Judentum, dem nicht nur ein religiös fühlender, sondern auch ein klar denkender Mensch zu folgen vermag.

Offenbarung und Denkfreiheit

Von Moses Mendelssohn

DAS Judentum rühmt sich keiner ausschließenden Offenbarung ewiger Wahrheiten, die zur Seligkeit unentbehrlich sind; keiner geoffenbarten Religion, in dem Verstande, in welchem man dieses Wort zu nehmen gewohnt ist. Ein anderes ist geoffenbarte Religion; ein anderes geoffenbarte Gesetzgebung. Die Stimme, die sich an jenem großen Tage auf Sinai hören ließ, rief nicht: „Ich bin der Ewige, dein Gott! Das notwendige, selbständige Wesen, das allmächtig ist und allwissend, das den Menschen in einem zukünftigen Leben vergilt nach ihrem Tun." Dieses ist allgemeine Menschenreligion, nicht Judentum; und allgemeine Menschenreligion, ohne welche die Menschen weder tugendhaft sind, noch glückselig werden können, sollte hier nicht geoffenbart werden ...

Wunder und außerordentliche Zeichen sind nach dem Judentume keine Beweismittel für oder wider ewige Vernunftwahrheiten. Daher sind wir in der Schrift selbst angewiesen, wenn ein Prophet Dinge lehrt oder anrät, die ausgemachten Wahrheiten zuwider sind, und wenn er seine Sehnsucht auch durch Wunder bekräftigt, ihm nicht zu gehorchen; ja, den Wundertäter zum Tode zu verurteilen, wenn er zur Abgötterei verleiten will. Denn Wunder können nur Zeugnisse bewähren, Autoritäten unterstützen; Glaubhaftigkeit der Zeugen und Überlieferer bekräftigen; aber alle Zeugnisse und Autoritäten können keine ausgemachte Vernunftwahrheit umstoßen, keine zweifelhafte über Zweifel und Bedenklichkeit hinwegsetzen.

Ob nun gleich dieses göttliche Buch, das wir durch Moses empfangen haben, eigentlich ein Gesetzbuch sein und Verordnungen, Lebensregeln und Vorschriften enthalten soll; so schließt es gleichwohl, wie bekannt, einen unergründlichen Schatz von Vernunftwahrheiten und Religionslehren mit ein, die mit den Gesetzen so innigst verbunden sind, daß sie nur eins ausmachen. Alle Gesetze beziehen oder gründen sich auf ewige Vernunftwahrheiten oder erinnern und erwecken zum Nachdenken über dieselben, so daß unsere Rabbinen mit Recht sagen: die Gesetze und Lehren verhalten sich gegeneinander wie Körper und Seele. Die Erfahrung vieler Jahrhunderte lehrt auch, daß dieses göttliche Gesetzbuch einem großen Teil des menschlichen Geschlechts Quelle der Erkenntnis geworden, aus welcher sie neue Begriffe schöpfen oder die alten berichtigen. Je mehr ihr in demselben forscht, desto mehr erstaunt ihr über die Tiefe der Erkenntnisse, die darin verborgen liegen. Die Wahrheit bietet sich zwar in demselben in der einfachsten Bekleidung, gleichsam ohne Anspruch, auf den ersten Anblick dar. Allein je näher ihr hinzudringt, je reiner, unschuldiger, liebe- und sehnsuchtsvoller der Blick ist, mit welchem ihr auf sie hinschaut, desto mehr entfaltet sie euch von ihrer göttlichen Schönheit, die sie mit leichtem Flor verhüllt, um nicht von gemeinen, unheiligen Augen entweiht zu werden. Allein alle diese vortrefflichen Lehrsätze werden der Erkenntnis dargestellt, der Betrachtung vorgelegt, ohne dem Glauben aufgedrungen zu werden. Unter allen Vorschriften und Verordnungen des mosaischen Gesetzes lautet kein einziges: Du sollst glauben oder nicht glauben; sondern alle heißen: du sollst tun oder nicht tun! Dem Glauben wird nicht befohlen; denn der nimmt keine anderen Befehle an, als die den Weg der Überzeugung zu ihm kommen. Alle Befehle des göttlichen Gesetzes sind an den Willen, an die Tatkraft der Menschen gerichtet. Ja, das Wort in der Grundsprache, das man durch Glauben zu übersetzen pflegt, heißt an den mehrsten Stellen eigentlich Vertrauen, Zuversicht, getroste Versicherung auf Zusage und Verheißung. Abraham vertraute dem Ewigen, und es ward ihm zur Gottseligkeit gerechnet (1. B. M. 14, 31). Wo von ewigen Vernunftwahrheiten die Rede ist, heißt es nicht glauben, sondern erkennen und wissen. Damit du erkennst, daß der ewige wahre Gott und außer ihm keiner sei (5. B. M. 4, 39). Erkenne also und nimm dir zu Sinne, daß der Herr allein Gott sei, oben im Himmel sowie unten auf der Erde und sonst niemand (daselbst). Vernimm Israel! Der Ewige, unser Gott, ist ein einziges, ewiges Wesen! (5. B. M. 6, 4.) Nirgends wird gesagt: Glaube Israel, so wirst du gesegnet sein; zweifle nicht, Israel! Oder diese und jene Strafe wird dich verfolgen. Gebot und Verbot, Belohnung und Strafen sind nur für Handlungen, für Tun und Lassen, die in des Menschen Willkür stehen und durch Begriffe vom Guten und Bösen, also auch von Hoffnung und Furcht gelenkt werden. Glaube und Zweifel, Beifall und Widerspruch hingegen richten sich nicht nach unserem Begehrungsvermögen, nicht nach Wunsch und Verlangen, nicht nach Fürchten und Hoffen; sondern nach unserer Erkenntnis von Wahrheit und Unwahrheit.

Das Zwiegespräch
Von Martin Buber

EIN Chassid wird nach dem Tode seines Lehrers gefragt, was für diesen das Wichtigste im Leben gewesen sei. Er antwortete: „Das, womit er sich gerade abgab." In jedem Augenblick hat jeder Mensch einen echten Zugang zum Sinn des Daseins: eben das, womit er sich gerade, im natürlichen Gang seines Lebens, jetzt und hier abgibt. In der Heiligung dieses Jetzt und Hier, also in der leiblichen Einheit von Glauben und Leben, hat er den einzigen echten Zugang zum Sinn. Er wird diese Einheit freilich nur sehr unzulänglich verwirklichen; aber wenn er in der Heiligung die ganze gesammelte Kraft seines Wesens einsetzt, hat er das Seine getan, das Weitere ist nicht mehr seine Sache. Der Mensch kann nur anfangen; aber um dieses Anfangens willen, das ihm niemand abnimmt, ist er da. „Wer sich zu reinigen kommt, dem steht man von oben bei."

Der Verlauf des menschlichen Daseins wird vom Judentum, für das alles Weltgeschehen von der Schöpfung bis zur Erlösung im Zeichen der Sprache steht, als ein Zwiegespräch empfunden. Der Mensch wird durch das, was ihm widerfährt, was ihm geschickt wird, durch sein Schicksal angeredet; durch sein eigenes Tun und Lassen vermag er auf diese Anrede zu antworten, er vermag sein Schicksal zu verantworten. Diese Antwort mag stammelnd erfolgen — wenn nur eine unbedingte Entscheidung des Menschen in ihr rückhaltlos zum Ausdruck kommt. Die menschliche Person ist in der Auffassung des Judentums trotz aller Belastung vom Ursprung her bis auf heute immer noch in der Lage des ersten Menschen; sie steht in der Freiheit, auf die Anrede, die vom schöpferischen Geheimnis aus an sie ergeht, die Lebensantwort zu geben oder sie zu versagen — das anvertraute Stück Welt zu heiligen oder es zu entweihen. Denn was nicht geheiligt wird, wird entweiht.

Dieser dialogische Charakter des Lebens verstärkt und vertieft sich noch in der Geschichte des Volkes. Das Schicksal, das es zum Volk zusammenfügt, der Akt der Befreiung aus der Knechtschaft ist zugleich ein Akt der Prüfung, eine Anrede und Befragung. Was ihm abgefordert und zugetraut wird, ist das Höchste, das scheinbar Unmögliche, die Nachahmung Gottes: „Werdet heilig, denn heilig bin ich". Aber dies soll eben nicht durch eine Abkehr von der Welt, durch eine Erhebung über die menschlichen Bedingtheiten geschehen, sondern dadurch, daß gerade diese geheiligt werden. Es gilt, eine Menschengemeinschaft aufzubauen, die sich in der ganzen Breite und Fülle des wirtschaftlichen, gesellschaftlichen, kulturellen Lebens als Gemeinschaft bewährt, die nicht jenseits der natürlichen und sozialen Bedingungen, sondern in ihnen die Unmittelbarkeit von Ich und Du verwirklicht. Die Agrargesetzgebung, die im Mittelpunkt der Tora steht, zielt auf einen periodischen Ausgleich der Besitzesunterschiede ab, der verhüten soll, daß die Gemeinschaftlichkeit von den immer wieder aufkommenden Differenzen überwuchert werde. Die Gemeinschaft ist es, durch deren immer reinere Vollendung der Mensch die Nachahmung Gottes vollziehen soll: die Gemeinschaft als Werk der Einung. Die Menschen, die miteinander Gemeinschaft, also lebendige Einheit stiften, verwirklichen das Bild des einigen Gottes im Stoff der im Widerstreit wogenden

Welt. Alle Heiligung bedeutet Einung zwischen Wesen und Ding, zwischen Wesen und Wesen; die höchste Stufe der Weltheiligung aber ist die Einung der Menschengemeinschaft im göttlichen Angesicht. Sie erst ist die zureichende Antwort der Schöpfung an den Schöpfer, sie erst die angemessene Leiblichkeit des Geistes.

Von hier aus ist zu verstehen, warum für die jüdische Religion das Volk so wesentlich ist. Es geht nicht um das Volk als Selbstzweck, sondern um das Volk als Anbeginn des Reichs. Die echte Gemeinschaft, die das Volk aus sich errichten soll, ist schon von den Propheten als der Erstling jener Menschheitsgemeinschaft verkündigt worden, zu der sich einst die Völker zusammenschließen werden: Die Einung der Verschiedenen, das bruderhafte Einanderfinden der Gesonderten in der gemeinsamen Sohnschaft soll sich zuerst in diesem Volksleib Israel darstellen. Die „Auserwähltheit" des Judentums ist nicht eine zu Macht und Herrlichkeit, sondern zu diesem langen Weg der Pein und Überwindung, durch immer neue Prüfung, immer neue Anrede und Befragung, immer neues Antwortsagen, Falschantworten, Halbantworten endlich zur Antwort gelangen, zur Heiligung des zwischenmenschlichen Bereichs, zur Stiftung der beginnenden Gemeinschaft.

Der Beitrag, den das Judentum zu der neuen Weltfrage leistet, besteht in der von ihm nicht bloß gelehrten, sondern schicksalhaft dargelebten Erkenntnis, daß man den Sinn weder in einer isolierten Sphäre des Geistes, noch in einer isolierten Sphäre des Lebens zu finden vermag, wohl aber in beider Vermählung. Der Sinn, der nicht vom Menschen gemacht wird, sondern der den Menschen und die Welt macht und trägt, kann nicht erdacht und nicht erfühlt werden; und erst recht führt ein Leben, das ohne Verbindlichkeit des Geistes gelebt wird, nicht zu ihm hin. Man wird des Sinns nur inne, indem man den Geist verleibt, das Leben heiligt, den Glauben erfüllt. Das heißt: man findet ihn nicht, wenn man ihn sucht, sondern nur, wenn man ihm dient.

Die Bibel berichtet, das Volk Israel hätte auf den Zuruf Gottes am Sinai geantwortet: „Wir tuns, wir hörens". Man möchte meinen, erst müsse das Hören kommen und dann das Tun. Aber es ist in Wirklichkeit unser eigenes Tun, aus dem sich uns der Sinn erschließt. Wir vernehmen die Stimme, wir heben an zu tun, was sie gebietet, und in diesem Tun selber vollendet sich die offenbarende Rede. Wir erfahren den Sinn, indem wir ihn tun.

Ruth

Von Richard Beer-Hofmann

I.

Es ist dunkel.

Aus der Tiefe bauen sich langsam, feierlich fünf Töne zu ernster Frage auf und verebben wieder in die Stille. Es hellt sich. In weitwallendem meergrünen morgenländischen Gewand wird der noch junge Sprecher sichtbar. Mildes warmes Licht überfließt ihn und dämmert an den Rändern der Gestalt ins Dunkel.

Er hebt an:

UND es geschah in den Tagen, da die Richter regierten, da ward Hunger im Land. Und ein Mann von Bethlehem Jehuda zog aus, zu wohnen im Ge-

filde Moabs.

Der hieß Elimelech und Naemi sein Weib und Machlon und Chiljon seine zween Söhne.

Und da sie kamen in das Gefilde Moabs, blieben sie dort. Und es starb Elimelech, und zurück blieb Naemi mit ihren zween Söhnen.

Die nahmen moabitische Frauen: der einen Name Orpha, der anderen Name Ruth.

Und da sie dort wohneten bei zehen Jahre, starben auch Machlon und Chiljon. Und zurück blieb Naemi, ohne Mann — ohne Söhne. —

So machte sie sich auf, zurück in ihre Heimat zu kehren.

Und Orpha und Ruth gingen mit ihr. —

Da sprach Naemi: Kehret um, eine jegliche zu ihrer Mutter Haus. Der Herr lohne euch, was ihr an den Toten und an mir getan. Der Herr gebe euch, daß ihr eine ruhige Stätte wieder findet, eine jegliche in eines Mannes Haus!

Da huben sie ihre Stimmen auf und weineten und sprachen: Mit dir wollen wir gehn zu deinem Volk.

Aber Naemi sprach: Kehret um, warum wollt ihr mit mir gehen? Nicht doch, meine Töchter. Mir ist sehr bitter, mehr denn euch, denn des Herren Hand ist über mich ergangen!

Da huben sie ihre Stimmen auf und weineten noch mehr.

Und Orpha küßte ihre Schwieger und kehrte um. Ruth aber blieb.

Und Naemi sprach: Sieh, umgewandt ist deine Schwägerin zu ihrem Volk und zu ihrem Gott — kehr auch du um.

Ruth antwortete: Dring nicht in mich, daß ich dich verlassen sollt. Wo du hingehest, da will ich auch hingehen; wo du bleibst, da bleibe ich auch. Dein Volk ist mein Volk, und dein Gott ist mein Gott. Wo du stirbst, da sterb ich auch; und da will ich auch begraben werden. (ER) tue mir an, was er will, nur der Tod soll zwischen dir und mir scheiden. —

Und da Naemi sah, daß Ruth fest im Sinne war, ließ sie ab.

Also gingen die beiden miteinander, bis sie gen Betlehem kamen.

Es hellt sich. In der Tiefe des Raumes, gelagert auf zwei Höhen, die ein kurzer Sattel eint, Betlehem, in sonnigem Frühlicht. Aus Acker- und Gartenland heben sich die Hügel. Das Silbergrau der Ölbäume und das satte Grün der Feigen und Reben schwillt die Hänge hinan, durchsprengt vom hellen Gestein der Treppen, Terrassen, Häuser, die zu den alten Burgmauern der Höhe hinaufdrängen. Über den tiefblauen Himmel gleiten weiß, rosig durchleuchtet, schmale Schichtwolken im kühlen Morgenwind.

Der Sprecher, der nur einen Augenblick innehielt, fährt fort, während das Gelände wieder ins Dunkel zurückdämmert.

Es war aber um die Zeit, daß die Gerstenernte anging, daß Naemi mit Ruth, der Moabitin, wiederkam aus dem Gefilde Moabs gen Betlehem.

Ein dunkler Dreiklang beendet entschlossen die Rede. Ein hellerer, gebrochener leitet zu neuer Rede über.

II.

Aber vom Geschlecht Elimelechs, des Mannes der Naemi, war ein Blutsfreund da mit Namen Boas — ein rüstiger und reicher Mann.

Und Ruth, die Moabitin, sprach zu Naemi: Laß mich aufs Feld gehen, Ähren auflesen hinter den Schnittern.

Naemi sprach: Gehe hin, meine Tochter! So ging sie und las auf einem Felde hinter den Schnittern her Ähren auf.

Es traf sich aber, daß es ein Feld des Boas war. Und siehe, Boas kam eben von Betlehem und sprach zu den Schnittern: Der Herr mit euch! Sie antworteten: Der Herr segne dich!

Es wird jäh hell. Ein hohes dichtes Ährenfeld steht goldleuchtend in Mittagsglut gegen den blauen Horizont. Zwischen den Ähren die geneigten Nacken junger Schnitterinnen und sonnenverbrannte sehnige Leiber der Schnitter, die ihre Sicheln dengeln. Vorne, am Feldrand, Ruth, in ungegürtetem, weißem Linnengewand. Ein schmal um den Kopf gewundenes Tuch hält das dünne Schleiergewebe fest, das Wangen und Schultern umwallt. In der Beuge des linken Armes ein Ährenbündel, in der lässig herabgesunkenen Rechten die Sichel. Ihr Blick geht ins Weite. Am Feldrand rechts, auf einer niederen Bodenwelle, die hochragende Gestalt Boas' in weißem Leinengewand, dessen Ränder bunte Stickerei breit bordet. Von gebräunten Wangen fließt ein dunkler Bart zur Brust. Unter ernsten Brauen geht der Blick seiner schwarz-gewimperten hellen Augen aus und umfängt Ruth. Zu seiner Rechten ein schlanker Jüngling in ähnlicher Tracht, zu seiner Linken, leicht geneigt, zu ihm aufblickend, auf Ruth weisend, der noch junge Aufseher der Schnitter. Der nackte Oberleib tief gebräunt, der bunte Lendenschurz bis zu den Knien. Nur einen Augenblick lang leuchtet das Bild auf, dann sinkt es zurück ins Dunkel.

Und Boas sprach zu dem Knaben, der über die Schnitter gestellet war: Wes ist dies Mädchen?

Der Knabe antwortete: Die Moabitin ist es, die mit Naemi kommen ist von der Moabiter Land, und hat gebeten, daß sie möcht die verlassenen Ähren sammeln, den Schnittern nach.

Da sprach Boas zu Ruth: Hör meine Tochter, du sollst nicht gehen auf einem andern Acker aufzulesen. Halt dich zu meinen Dirnen, und wo sie schneiden im Feld, da gehe ihnen nach. Auch meinen Knaben habe ich geboten, daß dir niemand überlästig sei. Und so dich dürstet, geh hin zu den Gefäßen und trink von dem, was die Knechte schöpfen.

Da fiel sie auf ihr Antlitz und neigte sich und sprach: Woher habe ich Gnade gefunden vor deinen Augen, daß du mich beachtest, und ich bin doch eine Fremde?

Boas antwortete: Es ist mir angesagt alles, was du getan an deiner Schwieger nach deines Mannes Tod; daß du verlassen hast Vater und Mutter und Heimat und bist zu einem Volk gezogen, das du nicht gekannt hat, gestern und ehegestern nicht. Vergelte der Herr dir dein Tun, und müsse dein Lohn vollkommen sein bei dem Herrn, dem Gott Israels, zu welchem du gekommen bist, daß du unter seinen Flügeln Zuversicht hättest.

Ruth sprach: Ich habe Gnade gefunden vor deinen Augen, mein Herr, denn du hast mich getröstet und hast gesprochen zum Herzen deiner Dienerin, so ich doch nicht einmal bin als deiner Mägde eine!

Und Boas sprach: Wenns Essenszeit ist, so mache dich hier herzu und iß des Brots und tunke deinen Bissen in den Essig. Und sie setzte sich zu Seiten der Schnitter.

Und da sie sich wieder aufgemacht hatte zu lesen, gebot Boas seinen Knaben: Lasset sie auch zwischen den Garben auflesen, und auch von den Haufen laßt über, daß sie es aufhebe.

Also las Ruth auf dem Felde bis zum Abend und nahm es mit in die Stadt und zeigte es Naemi.

Da sprach Naemi: Wo hast du heute gelesen, gesegnet sei, der sich deiner so angenommen hat.

Sprach Ruth: Der Mann heißt Boas. Da sprach Naemi: Gesegnet sei er! Zu uns gehört der Mann, von unseren Blutsfreunden ist er.

Und Ruth: Er sprach auch: Du sollst dich zu meinen Schnittern halten, bis sie mir alles eingeerntet haben.

Und Naemi sprach: Es ist gut so, meine Tochter.

Also hielt sich Ruth zu den Mägden Boas', bis daß die Gerstenernte in den Scheuern geborgen war. —

III.

Da sprach dann Naemi zu Ruth: Meine Tochter! Sollte ich nicht eine Stätte für dich suchen, so du geborgen wärst, und vorsehn, daß dirs wohl ergehe?

Nun — ist dieser Boas uns nicht Blutsfreund, von unsern Erben einer, denen ein Recht ist an unserem Erbacker und dir?

Siehe, er worfelt Gersten auf seiner Tenne diese Nacht. So bade dich, salbe dich, tu dein schönes Gewand an und steig zur Tenne hinab und lasse dich nicht sehn von Boas, ehe man gegessen und getrunken hat.

Und es geschehe, wenn er zu schlafen geht, so merk den Ort, da er sich hinlegt, und komm und schlag zurück die Decke zu seinen Füßen und strecke dort dich hin; und er selbst mag dir dann künden, was du tun sollst.

Und Ruth sprach: Alles, was du mir sagtest, will ich tun.

Und Ruth stieg hinab zur Tenne und tat nach allem, wie Naemi ihr geboten.

Und da Boas bei einem Garbenhaufen sich zu schlafen gelegt hatte, kam Ruth leise gegangen und schlug zurück die Decke zu seinen Füßen und streckte sich dorthin.

Und es geschah um Mitternacht, da schrak der Mann aus dem Schlaf auf und neigte sich vor — und siehe — ein Weib lag zu seinen Füßen.

Und er sprach: Wer bist du?

Sie sprach: Ich bin Ruth, deine Magd. Breite deinen Flügel über deine Magd, denn du bist unser Erbe!

Er aber sprach: Gesegnet seist du dem Herrn. Und nun, meine Tochter, fürchte nichts! Woran du mich mahnst, ich will es tun. Wohl bin ich einer eurer Erben, aber ein andrer ist noch da, näher euch Blutsfreund denn ich.

Bleibe diese Nacht; und morgen soll es sein. So er dich nehmen will nach dem Recht der Verwandtschaft —, wohl — mag es geschehn. Wo nicht — will ich dich nehmen, so wahr der Herr lebt! Schlafe bis zum Morgen.

Und sie schlief zu seinen Füßen.

Es hellt sich. In blauem Mondlicht die steinerne Tenne des Boas. Auf der ebenen Felsplatte, zu Haufen gelehnt, aufrechte Garbenbündel. Davor zum Lager ausgebreitet Büschel leerer Halme. Auf dem Lager, schlafend, die Glieder gelöst — Ruth. Ihr Kopf ruht in der Beuge ihres linken Armes. Eine Decke ist über sie bis zur Brust gebreitet. Ihr zu Häupten, auf quergeschichteten Garben sitzend, hält Boas Wacht. Sein Blick empor zum überstirnten Himmel, an dem — über Ruths Haupt — silbern die schlanke Sichel des neuen Mondes steht.

Das Bild verdämmert.

Und da die Nacht anhub zu scheiden, stund Ruth auf im Dämmer und ging.

IV.

Aber Boas stieg von der Tenne hinauf zur Stadt und saß dort im Stadttor nieder.

Und siehe, der Blutsfreund, von dem er zu Ruth geredet, ging vorüber.

Da sprach Boas: Tritt ein wenig herzu und sitz nieder. Und er saß nieder. Und Boas rief zehn Männer von den Ältesten der Stadt und sprach: Sitzet bei mir nieder. Und sie saßen nieder.

Und er sprach zum Blutsfreund: Das Feld, das unsres Blutsfreundes Elimelech war, das beut feil Naemi, die wiederkommen ist aus dem Gefilde Moabs.

Dies wollt ich dir aussagen, vor allen so hier sitzen:

Willst du es haben, so kauf es nach dem Rechte der Verwandtschaft. Wo nicht — so sag es, daß ich es wisse, denn es ist kein Erbe denn du — und nach dir ich.

Der Erbe sprach: Ich will das Feld kaufen.

Und Boas sprach: Des Tages, da du das Feld kaufst aus der Hand Naemis, mußt du auch Ruth, die Moabitin, des Machlon Wittib, nehmen, daß auch ihr Machlons Name auf seinem Erbteil wieder erstehe.

Da erwiderte der Erbe: Dann sprech ich mein Erbrecht nicht an, damit ich nicht etwa mein eigen Erbe gefährde. Tritt du das Erbe an.

Da sprach Boas zu den Ältesten und zu allem Volk: Zeugen seid ihr mir heute, daß ich aus Naemis Hand alles gekauft habe, was ihres Mannes und ihrer Söhne war, und auch, daß ich Ruth, die Moabitin, Machlons Weib, zum Weib genommen habe, dem Verstorbenen einen Namen zu erwecken auf sein Erbteil, damit sein Name nicht ausgelöscht werde in seinem Haus, in seiner Sippe und in den Toren seines Volks! Des — sag ich — seid ihr heute Zeugen!

Und alle riefen: Wir sind Zeugen! Der Herr mache das Weib, das in dein Haus einzieht, wie Rahel und Lea, die beide das Haus Israel gebaut.

Also nahm Boas Ruth, daß sie sein Weib ward.

Und der Herr gab ihr, daß sie einen Sohn gebar.

Da sprachen die Weiber zu Naemi: Gelobt sei der Herr, der deinem Haus einen Erben gab, daß sein Name bleibe und daß du einen hättest, der dein Herz tröste und dein Alter betreue.

Denn geboren hat ihn, die deines Sohnes Weib war und die dich geliebt hat und dir besser ist denn sieben Söhne!

Und Naemi nahm das Kind und legte es auf ihren Schoß und ward seine Wärterin.

Und sie hießen ihn Obed. Und Obed war der Vater Isais, welcher ist der Vater Davids.

Aus sinkenden Nebeln tauchen Betlehems Hügel, von blauem Mondlicht überrieselt, steil, scharf umrissen in die Bläue einer wolkenlosen Sommernacht ragend. Am Himmel flammt ein einziger Stern auf und schwillt zu stärkstem Leuchten. Er steht über Betlehem.

Aus der Ferne ein dunkler Hornruf. Dunkel sinkt über alles. Auch der Sprecher ist nicht mehr zu sehen.

Exodus 34/29
Von Franz Werfel

Als vom Sinai stieg der heilige Lehrer,
Seiner Botschaft wilder Wiederkehrer,
Hangen war in seinem Haar geblieben
Gottes Feuer. Und es steht geschrieben:
„Er warf Strahlen, aber wußt es nicht."

Heilande, Propheten, heilge Lehrer
Kamen nach ihm, Gottes Wiederkehrer.
Licht auf ihrem Haupt ist rückgeblieben,
Doch allein von Mose steht geschrieben:
„Er warf Strahlen, aber wußt es nicht."

Bemerkungen zu den Lektürestücken für Schawuot

Die zehn Worte mit Raschis Kommentar

Die zehn Worte („asseret hadiwrot", griechisch: Dekalog) stehen im Mittelpunkt des Festes. Sie waren die auf beiden Bundestafeln eingegrabenen Worte. In der Tora kommen sie an zwei Stellen vor: im 2. B. M. 20, 2—14, und im 5. B. M. 5, 6—18. Kleine Abweichungen bieten den Kommentatoren Anlaß zu scharfsinnigen Auslegungen. Wir geben die Stelle des 2. Buches, die am Fest verlesen wird, in der Buber-Rosenzweigschen Übersetzung wieder. Die Einteilung in „zehn Gebote" ist in unserem Texte im Sinne der jüdischen Tradition durch Gedankenstriche angedeutet. Das erste Gebot scheint wohl nur eine Art Präambel zu sein, wurde aber von der Tradition als Gebot gedeutet (vgl. die in unserer Sammlung abgedruckte Stelle aus Maimonides). Philo aus Alexandrien und der Historiker Josephus zählten das erste Gebot bis zu den Worten: „...neben meinem Angesicht." Diese Einteilung übernahmen Calvin und die griechisch-katholische Kirche. Die römisch-katholische Kirche hingegen — und hierin folgte ihr Luther — rechnet das erste Gebot bis zu: „...Gebote wahren". Hier werden also das erste und zweite Gebot der jüdischen Tradition zu einem zusammengefaßt. Dafür wird das letzte Gebot in zwei zerlegt. Sonach ist z. B. das Gebot der Elternehrung im Judentum das fünfte, im Katholizismus und bei Luther das vierte Gebot.

Wir fügen den Zehn Worten in der alten Form, wie Kommentare um den Text gedruckt wurden, den berühmtesten bei, den von Raschi (in der Übersetzung des Herausgebers). Raschi ist die Abkürzung für Rabbi Schelomo ben Jizchak. Er war 1040 in Troyes (Nordfrankreich) geboren und starb dort 1105. In Worms, wo er studiert hatte, wird noch heute die „Raschi-Schul" gezeigt. Die meisten seiner Erklärungen nimmt er aus Midrasch und Talmud. Er liebt die im Mittelalter einzig denkbare Methode, eine Stelle der Schrift mit einer anderen zu begründen, und so beide aufzuhellen. Innerhalb dieses ihm „heiligen" Zirkels bewegt er sich in niemals verstiegener Weise, als weiser und bescheidener Diener des Wortes. Sein Torakommentar war das erste gedruckte hebräische Buch (1475).

Moses ben Maimon: Die Vorstellung von Gott

Wir geben hier das erste Kapitel der „Mischna Tora", des grundlegenden Religionskodex' des Maimonides (geb. 1135 in Cordova, gest. 1204 in Fostat bei Kairo), wieder. Das

ZU DEN LEKTÜRESTÜCKEN FÜR SCHAWUOT

Kapitel enthält im Wesentlichen die ganze Philosophie des Rambam, wie er in der jüdischen Tradition nach den Anfangsbuchstaben seines Namens Rabbi Moses ben Maimon heißt. Nach ihm ist Gott als Ursache der Welt und ihrer Bewegung rein vernunftmäßig anzuerkennen. Er ist nicht nur eine Idee, sondern eine wirkliche Existenz, von dessen Einzigkeit man sich keine bildhafte Vorstellung machen darf. So gründet sich alle Erkenntnis auf das erste der Zehn Worte. Heute mag die mittelalterliche Methode des Maimonides, einen Vers der Bibel durch einen anderen zu stützen, seltsam anmuten, auch sein physikalisches Weltbild von den Sphären, wie sie die griechische Wissenschaft gelehrt hatte, ist längst unhaltbar geworden. Trotzdem bleibt die Leistung des Maimonides für die unbedingte Reinheit des Monotheismus und die mit letzter Ehrlichkeit umkämpfte Einheit von Denken und Glauben ein bewundernswertes menschliches Denkmal. Die deutsche Wiedergabe stammt vom Herausgeber.

Midraschim

Die hier wiedergegebenen Midraschim (siehe die Anmerkungen zu der Lektüre für den Sederabend) sind von Max Dienemann übersetzt.

Jehuda Halevi: Toragebung und Abfall

Jehuda ben Samuel Halevi (geb. 1083 in Toledo, gest. 1141 in Palästina, wohin die Sehnsucht ihn zog), der größte hebräische Dichter des jüdischen Mittelalters, verfaßte in arabischer Sprache ein religionsphilosophisches Werk, das die Form eines Dialogs zwischen dem König der Chazaren, Kusari, und einem jüdischen Weisen hat. Kusari, ein früher Saladin, sucht nach der wahren Religion. Er hat die Vertreter der verschiedenen monotheistischen Bekenntnisse zu sich gebeten, findet aber, daß sich alle auf das sonst geschmähte Judentum berufen. So läßt er sich denn von einem jüdischen Meister das Wesen des Judentums darlegen. Der Meister kündigt zum Schlusse dem König, den er für sich gewonnen hat, seinen Entschluß an, nach Palästina zu ziehen. Historische Forschungen bestätigen, daß um die Mitte des achten Jahrhunderts tatsächlich ein Teil der Chazaren, die vom Kaukasus bis zum heutigen Bulgarien ein mächtiges Reich errichtet hatten, zum Judentum übergetreten sind. Sagen und Volksphantasien haben sich bald dieser Tatsache bemächtigt und wußten auch von einer religiösen Disputation des Königs mit den Bekennern verschiedener Religionen zu berichten. Diesen Stoff griff Jehuda Halevi auf. Unter dem Einfluß des persischen Mystikers Ghasali stellte er sich gegen eine rein vernunftmäßige Erfassung des Glaubens, wie sie nach ihm Maimonides forderte. Das Judentum galt dem Dichter als eine Religion der Tat. — Bei dem hier wiedergegebenen Auswahlstück folgen wir der Übersetzung, die David Cassel um die Mitte des vorigen Jahrhunderts auf Grund der hebräischen Übertragung des Jehuda ibn Tibbon (12. Jahrh.) besorgt hat. Unsere Stelle umfaßt mit einigen Auslassungen die §§ 88—97 des ersten Teiles.

Aus dem Sohar: Die Zehn Doppelworte

Der „Sohar" (Glanz) ist das Grundbuch der Kabbala. Es enthält im Wesentlichen fortlaufende Erklärungen zu den Versen der Tora, aber in etwas anderer Weise, als die Midraschim sie bieten. Es setzt eine mystische Auffassung vom Weltall voraus, nach der das Emporstreben durch die Sphären zu Gott höchster Sinn des Lebens ist. Gottes Botschaft durchflutet alle Bezirke. Es ist der geheime Sinn der biblischen Berichte und Worte, daß sie sich nur dem erschließen, der jenen mystischen Glauben hat. Von außen gesehen erscheinen die Deutungen des „Sohar" gekünstelt, aber es kommt ihm nicht auf vernunftmäßige Erkenntnis an, sondern auf die Stärkung des Glaubens an den Zusammenhang der Dinge durch Gott. In dem hier abgedruckten Stück werden die zehn Worte im 2. B. M. mit dem Bericht der Tora über die Weltschöpfung in Zusammenhang gebracht, also gleichsam die religiöse Schöpfung des Menschen im erschaffenen Kosmos wieder erkannt. Der „Sohar" taucht zuerst

ZU DEN LEKTÜRESTÜCKEN FÜR SCHAWUOT

im 13. Jahrhundert auf, geht aber auf viel ältere Quellen zurück. Wir benützen die ausgezeichnete Übersetzung aus dem aramäischen Urtext von Ernst Müller. („Der Sohar, das heilige Buch der Kabbala", S. 276—278; Verlag Dr. Heinrich Glanz, Wien.) Die Bibelzitate sind der Einheitlichkeit wegen in der Buber-Rosenzweigschen Übersetzung wiedergegeben.

Zwi Perez Chajes: Der jüdische Mystizismus

Z. P. Chajes — 1876 in Brody geboren, Universitätsprofessor in Florenz, später Rabbiner in Triest, 1927 als Oberrabbiner in Wien gestorben — hat seine große Gelehrsamkeit zugunsten seiner sozialen und zionistischen Arbeiten zurückgestellt. In seinen wenigen Werken (Kommentar zu Amos) und seinen Vorträgen (zum Teil von M. Rosenfeld in Wien herausgegeben) sind viele Ergebnisse seiner Forschung niedergelegt. Einem solchen Vortrag, von dem das Stenogramm vorliegt, ist das hier ausgewählte Stück entnommen. Es ist vollständig in einer Sammlung von Reden zu finden, die 1935 Wiener Jünger und Freunde von Chajes gesammelt und hektographisch vervielfältigt haben. Das Kapitel aus Ezechiel, die prophetische Schau des göttlichen Wagens, die sogenannte „Merkawa", die auch Chajes als die Grundlage des jüdischen Mystizismus anführt, wird als Haftara am ersten Tag von Schawuot gelesen.

Moses Mendelssohn: Offenbarung und Denkfreiheit

Die Stelle ist dem zweiten Abschnitt des 1783 erschienenen Buches „Jerusalem oder über religiöse Macht und Judentum" entnommen, worin Mendelssohn seine Auffassung vom Judentum darlegt: daß es eine Gesetzesreligion und keine Offenbarungsreligion ist, d. h., daß das Judentum von seinen Bekennern nur bestimmte Handlungen und Zeremonien fordert, nicht aber Glaubenssätze oder Dogmen, die das menschliche Erkenntnisvermögen übersteigen. Gerade die Offenbarung am Sinai beweise dies. Dort seien nur Sätze ausgesprochen worden, die von jedem vernünftigen Wesen als wahr erkannt werden müßten. Das Judentum kenne keine Einschränkung der Denkfreiheit. In tiefem Vertrauen auf die Kraft der menschlichen Vernunft versuchte Mendelssohn auf solche Weise alle Hemmungen zu beseitigen, die auf Seiten des Judentums der Anteilnahme an der europäischen Wissenschaft entgegenstanden und auf nichtjüdischer Seite der Skepsis dienten, eine Gemeinschaft mit eigenen Glaubensvorstellungen bei sich aufzunehmen.

Martin Buber: Das Zwiegespräch

Rosenzweig und Buber haben dem Begriff der Offenbarung einen neuen Sinn gegeben. Man denke an die Fälle, in denen ein Mensch oder auch ein Kunstwerk uns innerlich ergreift und wir uns von ihm im Kern unseres Wesens „angesprochen" fühlen. Ja, mehr, in denen wir auf die Ansprache mit unserer Ergriffenheit als einer Antwort reagieren. In dieser dialogischen Situation offenbart sich uns der Mensch oder das Werk. Wer nun in jedem Augenblick durch sein wirkliches Tun auf das, was ihm das Leben als Aufgabe zuträgt, antwortet, und zwar immer in Gedanken auf Gott gerichtet, der erfährt das Zwiegespräch mit Gott, die Offenbarung. Buber hat in einem Aufsatz „Das Judentum und die neue Weltfrage" (erschienen in seinen gesammelten Reden und Schriften „Kampf um Israel", Schocken-Verlag, Berlin) diesen Gedanken sehr einprägsam dargelegt. Wir geben hier den Schlußteil des Aufsatzes wieder.

Richard Beer-Hofmann: Ruth

Richard Beer-Hofmann stellt seinem Schauspiel „Der junge David" einen szenischen Prolog voran, der fast das ganze Buch Ruth wiedergibt. Die szenischen Bemerkungen des Dichters untermalen die wunderbare idyllische Stimmung. — „Der junge David", der erste Teil der Trilogie vom König David, erschien, ebenso wie das Vorspiel „Jaakobs Traum", im S. Fischer-Verlag, Berlin.

ZU DEN LEKTÜRESTÜCKEN FÜR SCHAWUOT

Franz Werfel: Exodus 34/29

Die Verse („Gedichte" S. 411; Paul Zsolnay Verlag, Wien) beziehen sich auf die im Titel angeführte Bibelstelle, die in der Buber-Rosenzweigschen Übersetzung folgendermaßen lautet: „Es geschah, als Mosche vom Berge Sinai niederstieg, die zwei Tafeln der Vergegenwärtigung in Mosches Hand, als er vom Berg niederstieg, Mosche wußte aber nicht, daß von seinem Reden mit Ihm die Haut seines Gesichts strahlte; da schaute Aharon und alle Söhne Jisraels Mosche: die Haut seines Gesichtes strahlte, und es schauerte sie, zu ihm heranzutreten."

Manna
Holzschnitt aus einem alten
Minhagim-Buch, Amsterdam 1723

SUKKOT
UND DIE ANSCHLIESSENDEN FESTE

Sukkot
Holzschnitt aus einem alten
Minhagim-Buch, Amsterdam 1723

Sukkot, Schemini Azeret, Simchat Tora
Von Oskar Wolfsberg

IM Reigen der jüdischen Feiertage nimmt das Laubhüttenfest mit dem ihm angeschlossenen Schlußfest eine besondere Stellung ein. Wiederholt wird es in der Bibel als d a s Fest bezeichnet, mehrfach ohne erklärenden Zusatz. So schon in der Tora: Lev. 23, 39. Die Fülle der Symbole und der Reichtum des festlichen Gehalts entsprechen diesem Charakter.

Es ist neben Pessach und Schawuot eines der „schalosch regalim", d. h. der drei Wallfahrtsfeste, an denen die Männer verpflichtet waren, zum Zentralheiligtum zu pilgern und Opfer und Gaben darzubringen. Auch Sukkot hat gleich den anderen Wallfahrtsfesten mehrere Wurzeln. Es ist zunächst ein F e s t d e r N a t u r im rhythmischen Ablauf des Jahres. Die endgültige Einbringung der Ernte, insbesondere die Wein- und Obstlese, geben Sukkot die besondere Note. Aber dann hat auch die G e s c h i c h t e ihren Anteil an dem Fest. Die Wüstenwanderung mit ihrem Nomadenleben, die Unsicherheit und der häufige Wechsel von Lagerstatt und Wohnort ist in der Erinnerung des Volkes wach geblieben und hat auch Sukkot einen besonderen Zug aufgeprägt.

Wir finden die zwiefache Wurzel von Natur und Geschichte im Brauchtum und in den Namen wieder, die dem Fest eigen sind. Nicht immer läßt sich ein kultischer Zug eindeutig einer der beiden Wurzeln zuweisen. Zuweilen läßt sich ein Brauch auf beide zurückführen. Allmählich verflechten sich überhaupt die Elemente und lassen eine Trennung nicht mehr zu.

Sehr aufschlußreich sind die N a m e n des Festes. Es heißt zunächst „chag" (Fest), „chag laadonaj" (Fest Gottes). Als Naturfest heißt es „chag haassif", Fest des Einsammelns. So tritt es uns zum erstenmal in Ex. 23, 16 entgegen: „Das Fest des Einsammelns am Ausgang des Jahres, wenn du deinen Ertrag vom Felde einbringst"; ähnlich Ex. 34, 22: „Das Fest der Lese an der Wende des Jahres". Aber selbst an den beiden ausführlichen Stellen, wo schon andere Bezeichnungen und Funktionen klar gebraucht werden, Lev. 23, 39 ff. und Deut. 16, 13, lauten die Wendungen folgendermaßen: Lev. 23, 39: „Doch am 15. Tage des siebenten Monats, wenn ihr den Ertrag des Landes einsammelt", und Deut. 16, 13: „Das Laubhüttenfest sollst du feiern sieben Tage lang, wenn du einsammelst von deiner Tenne und deiner Kelter".

Im Volksbewußtsein ist das Herbstfest das „chag hassukkot", das Fest der Laubhütten. So finden wir es Lev. 23, 34: „Sprich zu den Kindern Israel, wie folgt: am 15. Tage dieses 7. Monats ist das Sukkotfest, sieben Tage für Gott."

Endlich finden wir den Terminus „seman simchatenu", die Zeit unserer Freude. Diese Bezeichnung beruht auf Lev. 23, 40: „Ihr sollt euch freuen vor Gott" (vgl. Deut. 16, 15 und 17). Diese Häufung der Aufforderung zur Freude oder, wie Raschi meint, die Zusicherung und Verheißung, daß nur Freude walten werde, ist ein Charakteristikum unseres Festes. Der Frohsinn fließt aus der Eigenart als Erntefest, als Erntedankfest, in dessen Natur die Gelöstheit und der Jubel liegt.

Das Schlußfest, der 8. Tag des Festes, heißt „Sch'mini Azeret" oder „Azeret" (Lev. 23, 36, Num. 29, 36). Nur einmal heißt in der Tora auch der 7. Tag Pessach A z e r e t (Deut. 16, 8), während sonst dieser Terminus für den Schlußtag des Sukkot reserviert ist. In der Mischna ist für Schawuot, das Wochenfest, die Bezeichnung Azeret geläufig. Der Zusatz „seman simchatenu" gilt für das Schlußfest genau wie für Sukkot, obgleich die Tradition Wert auf den selbständigen Charakter dieses Feiertags legt (b. Rosch haschana 4b): „Der achte (Tag) ist ein Fest für sich (ein selbständiges, sui generis)". Bei der Verdoppelung der Festtage in der Diaspora („der 2. Festtag des Exils") hat auch „Sch'mini Azeret" eine zweitägige Dauer. Wiederum begegnen wir hier einer Ausnahme: dieser zweite Tag hat einen besonderen Inhalt und Namen erhalten: „Simchat Tora", die Gesetzesfreude. Der Name und die Institution ist verhältnismäßig jungen Datums; im Talmud fehlt noch jegliche Andeutung. Erst im 12. Jahrhundert begegnet uns die Bezeichnung „wesot habracha" (nach dem letzten Toraabschnitt) bei Schlomo ben ha-Jatom und später erst die heute übliche (zuerst bei Isaak ibn Gajat). In der Liturgie dagegen ist Sch'mini Azeret die allein legitime Benennung, auch für den 2. Tag, für Simchat Tora.

Das Sukkotfest ist durch zwei Symbole ausgezeichnet, den Feststrauß und die Laubhütte. Der Feststrauß heißt auf hebräisch die „arbaa minim" — die vier Arten; denn er setzt sich aus vier Elementen zusammen, die vereint erst den Strauß bilden. Seine Teile[1]) sind der Etrog (in der Tora „peri ez hadar" genannt, Lev. 23, 40), der Lulaw (biblisch „kapot temarim", Palmwedel), die Myrthenzweige, hadassim (biblisch „anaf ez abot" — Äste von dicht belaubten Bäumen) und zwei Bach-Weiden, arawot (im Pentateuch „arwe nachal"). Von den Myrthenzweigen nimmt man drei, von den Bachweiden zwei Äste und bindet sie mit dem Lulaw zusammen, jene zur Rechten, diese zur Linken. Den Bund nimmt man in die rechte, den Etrog in die linke Hand, führt die Hände ganz nah aneinander, um dadurch die enge Zusammengehörigkeit der Arten und die Einheit der Teile zu bekunden. Der Segensspruch nennt nur den Lulaw. Der Feststrauß ist eindeutig Ausdruck des naturverbundenen Charakters unseres Festes. Er gibt Kunde von der Feier, die der eingebrachten Ernte gilt. Die Ernte und ihr Segen findet im Schmuck des Straußes ihren festlichen Ausdruck, und die Umzüge, „Hakkafot", mit dem Feststrauß und das Schütteln entsprechen freudigen Umzügen bei dem Jubel anläßlich der Ernte. Natürlich hat das dichterische und mystische Sinnen in unserem Volk diesen schlichten und natürlichen motorischen Äußerungen einen ferneren, übertragenen, allegorischen Sinn gegeben.

Im Pentateuch wird das Gebot der Laubhütte verbis expressis gebracht. In Lev. 23, 42—43 heißt es: „In Laubhütten sollt ihr wohnen sieben Tage, jeder Eingeborene in Israel soll in Hütten wohnen. Damit eure Geschlechter wissen, daß in Hütten ich wohnen ließ die Kinder Israel, als ich sie einst aus Ägypten herausführte..." Hier ist das geschichtliche Moment deutlich als das eigentliche Fundament betont, wenn auch die Hütte selbst mit dem Naturfest in Zusammenhang gebracht werden kann. Aber vor allem sollte die Wüstenwanderung, der Weg von Mizrajim nach Erez Israel, die Unbilden des Weges, das Nomadenhaft-Unsichere des dortigen Lebens und Lagerns und dennoch alle Geborgenheit in der leichten Hütte unvergessen bleiben im Gedächtnis der Nation, für die der Ursprung ihres Seins nicht nur rein historische Bedeutung hat, sondern ewiges Gleichnis bleibt. Ursprung als ewiges Quellgebiet, als Kategorie der Schöpfung, des ständigen Beginns. Dieser Auffassung entspricht die halachische Deutung: sitzen = wohnhaft, seßhaft, heimisch sein. Und der Talmud (Sukka 28b) fährt fort: „Drum sagte man: alle sieben Tage gestaltet man seine Sukka als festen, sein Haus als provisorischen Wohnsitz;

---

[1]) Vgl. Anhang, Anm. 1.

so bringt man seine Gäste, seine Polster in die Hütte, ißt, trinkt und bewegt sich in der Sukka und studiert dort." Der Schwerpunkt des Lebens wird verlegt: in die leichte, wenig feste Hütte.

Die Vorschriften über den Bau der Sukka sind bis in jedes Detail festgelegt worden. Hier muß es genügen zu sagen, daß es Maße für die Hütte gibt, für die Höhe, die z. B. 20 Ellen nicht übersteigen darf, für die Wände, die nicht unbedingt vollzählig sein müssen; mindestens aber müssen zwei ganz und die dritte partiell vorhanden sein. Außerordentlich wichtig ist das Dach, bzw. die Decke. Es ist ein entscheidendes Kennzeichen der Sukka, daß sie nicht ein Dach nach dem Vorbilde des Hauses hat, sondern offen ist und nur auf bestimmte Weise partiell gedeckt durch Leisten, evtl. Matten aus Rohr und dann durch Zweige und Blätter, jedenfalls Material, das dem Boden entstammt, das sogenannte „Sechach" (Bedeckung). Hier gilt die Regel, daß man zwar von unten hindurchzublicken imstande sein muß, daß aber der Schatten die Sonne überwiegen soll. Das ist hygienisch durchaus begreiflich — man denke an die Kraft der Sonne in Erez Israel im September - Oktober — gibt aber für Deutungen im übertragenen Sinn manche Möglichkeit. Im Buch Nehemia (8, 14) ist davon die Rede, daß das Volk auf Geheiß der Tradition in die Berge zog, um zum Feste allerlei Ölblätter, Myrthen, Palmenlaub usw. zu sammeln, damit die Sukkot nach Vorschrift gemacht werden. Geschichtlich ist von Interesse, daß die Gruppen, die die mündliche Lehre ablehnten, Sadduzäer und Karäer, den Feststrauß in direkte Verbindung mit dem Bau der Hütte brachten und nur dort benutzten, während die Überlieferung beide Akte trennt und den Feststrauß in das Gebet einbezieht. Bezüglich des Materials der Laubhütte finden wir im Talmud-Traktat Sukka 12a die Angabe, daß es aus dem Abfall von Tenne und Kelter bestehen soll. Diese Auffassung lehnt sich in charakteristischer Exegese an den Bibelvers Deut. 16, 13 an: „Du sollst das Fest begehen, wenn du eingesammelt hast von deiner Tenne und deiner Kelter". Hier wird die Sukka von der Tradition in engere Verbindung mit dem Landleben gebracht. Daß nur der Abfall (es heißt ja: „von deiner Tenne") zum Decken benutzt werden soll, hat nach D. Hoffmann (Das Buch Deuteronomium 264 f.) vielleicht den Sinn, zwar auf den Bodenertrag, aber auf den ungenießbaren, hinzuweisen, was wiederum die Erinnerung an die Wüste erwecken und erhalten soll. So geht auch aus dieser Bemerkung hervor, wie überwiegend das historische Moment im Gebot der Hütte ist.

Das Sukkotfest hat, wie das Pessachfest, einen Vollfeiertag zu Beginn, einen Schlußfeiertag und die Halbfeiertage in der Mitte. Eigentlich sollte nach einer Überlieferung auch das Schawuotfest eine ähnliche Struktur erhalten, doch unterblieb es, weil dieses Fest in die Jahreszeit fällt, die den Landmann allzu sehr in Anspruch nimmt. Dieser Gedankengang, die Rücksichtnahme auf

SUKKOT / SCHEMINI AZERET / SIMCHAT TORA

ökonomische Dinge, ist sehr bemerkenswert. Zwischen Pessach und Sukkot besteht rein formal der Unterschied, daß Sukkot einen Tag Chol ha-moëd mehr besitzt. Das Schlußfest gilt am Sukkot als besonderes Fest (siehe oben). Das kommt darin zum Ausdruck, daß auch am Sch'mini Azeret das „schechechejanu", der Dank an Gott, daß er uns die Zeit hat erleben lassen, gesagt wird, ferner daß an den vorgesehenen Stellen nicht „chag hassukkot" gesagt wird, sondern „schemini chag haazeret".

Das Sukkotfest beginnt am 15. Tischri (ebenso wie Pessach am 15. Nissan; die Analogie beschäftigt den Talmud viel). Der Bibel nach ist der erste Tag Festtag, dann folgen sechs Zwischenfeiertage („chol ha-moëd") und der achte Tag, Sch'mini Azeret, wiederum als Vollfeiertag. So ist es auch heute in Palästina. In den Ländern der Zerstreuung jedoch ist es Tradition geblieben, die Vollfeiertage zu verdoppeln aus der Unsicherheit, die mit der kalendarischen Verfassung zusammenhängt. So entstand der „zweite Feiertag der Galut", der ungeachtet unseres festen Kalenders beibehalten wird (weil es Brauch der Väter war). Dadurch ändert sich für die Diaspora folgendes: Sukkot und Sch'mini Azeret, das sich auch verdoppelt, dauern neun Tage, und es gibt nur fünf Halbfeiertage. In Erez Israel werden Sch'mini Azeret und Simchat Tora e i n Tag und fallen zusammen. An den Vollfeiertagen sind die Arbeiten verboten, die am Sabbat nicht gestattet sind, außer denjenigen, die mit dem Begriff der unmittelbaren Versorgung, besonders der Verpflegung, verknüpft sind; hinzu kommt, daß das Tragverbot wegfällt, und daß die ursprünglich enggefaßte, nur für die unmittelbare Verpflegung geltende Erlaubnis zu kochen usw. weiterziger interpretiert wird. Das Leben, besonders in den assimilierten Ländern, hat den Feiertagscharakter des Chol ha-moëd sehr eingeschränkt. Im alten Osten, besonders aber in Palästina, ist der Halbfeiertag noch in Blüte, und viele halten sich von aller Tätigkeit fern. So werden auch bei den Chassidim und in Palästina nicht Tefillin gelegt.

Die liturgische Ordnung am Sukkot weicht in den Grundzügen nicht von der an den Wallfahrtsfesten üblichen ab. Dabei ist nur zu bemerken, daß in der Liturgie Palästinas ein Unterschied zur Diaspora besteht. Da der zweite Vollfesttag in Erez Israel bereits Chol ha-moëd ist, sagt man in der Diaspora im Mussaf, dort wo die Opfer erwähnt werden, denselben Passus wie am ersten Feiertag, während man in Palästina den für den Halbfeiertag bestimmten Abschnitt einfügt. In der Diaspora müssen, um mit den vorhandenen Texten, die für sieben Tage bestimmt sind, auszukommen, vom dritten Tage an regelmäßig zwei Stücke gesagt werden. Gerade bei den Opfern erweist sich in der Deutung des Midrasch eine großartige humanitäre Tendenz. Die Gesamtzahl der Stiere beträgt siebzig (vom ersten bis siebenten Tag), entsprechend der Zahl der Nationen (die nach alter Auffassung durch die Zahl siebzig begrenzt wird). Israel bringt diese Opfer für die Völker der Welt. Deshalb ist nach midraschischer Auffassung Sch'mini Azeret für Israel allein bestimmt.

In der Ergänzung zur Tora- und Prophetenvorlesung wird K o h e l e t (der Prediger) vor dem Ausheben der Tora am Schabbat Chol ha-moëd still gelesen, in Ermangelung eines solchen Tages am Sch'mini Azeret. Es bestehen aber abweichende Bräuche. Über die Wahl des Buches Kohelet gibt es mancherlei formale und sachliche Vermutungen. Vielleicht entspricht es der Stimmung des nahenden Winters, dem skeptischen Buche Raum zu geben.

Beim Laubhüttenfest begegnen wir ja auch sonst der Tendenz, die ernste Note dem Grundakkord der Freude beizumischen. Ob nun die Weisen und Erzieher des Volkes es für geboten hielten, dem Übermaß des Festjubels entgegenzuwirken, oder ob das Volk aus sich heraus in antithetischer Neigung das Gegenprinzip erzeugte — jedenfalls finden wir solche Einschläge. So ist der Festbrauch der H o s c h a n o t, ursprünglich wohl ein Ausbruch der Freude und des Wunsches, Altar und Heiligtum zu schmücken, abgewandelt worden. Die Bach-Weiden, die man aus Moza bei Jerusalem brachte und am Altar aufstellte, wurden im Tempeldienst ein wichtiges Ritual. Man veranstaltete Umzüge um den Altar, an den sechs ersten Tagen je einmal, am siebenten Tage, dem „Bachweidenfest", wie es genannt wurde — erst im Mittelalter findet sich der Name Hoschana rabba — siebenmal und schlug dabei mit den Weiden jubelnd auf den Boden. Bei den Umzügen wurde aus den Psalmen (118, 25) rezitiert „ana adonaj hoschiana" (O Gott, hilf doch!). Hieraus leitete sich der Ausdruck „Hoschana" für Bach-Weide und liturgische Poesie her, die immer üppiger entstand. Beim Ausklang der Hoschanot am siebenten Tage sprach man den Gruß: „Schönheit dir, Altar" oder „Für Gott und dich, Altar!" Die erste Formel betont den ästhetischen, die zweite den religiösen Gesichtspunkt. Der Brauch der Hoschanot, Schmuck, Umzug und Schlagen der Weide, war übrigens Gegenstand heftiger Kontroversen zwischen den Pharisäern und ihren Gegnern, die den biblischen Ursprung nicht anerkannten. Der Parallelismus von Lulaw mit den übrigen Arten und der Bach-Weide als selbständigem Brauch, den die Überlieferung auf den Plural von „arwa nachal" gründet, und die Sitte des Schlagens mit Weiden am Hoschana rabba, die als Überlieferung, die dem Moses auf dem Sinai gegeben wurde, oder als „Brauch des Propheten" gilt und deshalb im Tempel selbst am Sabbat geübt wurde, fand stärksten Widerstand bei der Sekte der sogenannten Boetusäer; gerade deshalb unterstrichen die Pharisäer den Ritus (vgl. hierzu den Talmud-Traktat Sukka 43b); dieses Verhalten war übrigens typisch. Trotzdem wurde in späterer Zeit das Weidenschlagen nicht mehr am Sabbat geübt, ebenso wie man den Lulaw nicht am ersten Tag Sukkot nahm, wenn er auf Sabbat fiel, obgleich dies ein Toragebot ist und im Tempel die

Mizwa des Lulaw am ersten Tag, der Sabbat war, wohl beobachtet wurde. Beim Lulaw wurde ursprünglich im Tempel alle sieben Tage das Gebot der vier Arten geübt, außerhalb des Tempels nur am ersten Tag. Nach der Zerstörung des Heiligtums wurde überall an allen Tagen der Feststrauß genommen, am Sabbat aber unterlassen aus Befürchtung, man könnte das Tragverbot am Sabbat verletzen. Um aber den Gegnern der mündlichen Lehre nicht als nachgiebig zu erscheinen, griff man zu einer einschneidenden Maßnahme: man änderte den Kalender so, daß der Hoschana rabba-Tag nie auf Sabbat fallen konnte.

Der Brauch der Hoschana als selbständigen Symbols, die losgelöste Arawa neben dem Feststrauß, ist bei uns auf den Hoschana rabba beschränkt. Aber der Brauch, nach dem Mußaf „Hoschanot" zu sagen, d. h. poetische Gebete, die anfangs nur sehr knapp waren, sich aber allmählich charakteristisch erweiterten und für jeden Tag auch ein besonderes Stück einfügten, für Hoschana rabba eine große Zahl, erhielt sich, und die symbolische Funktion ging dabei auf den Lulaw über. Dieser wird bei den Hoschanot erneut in die Hand genommen, und der Umzug mit dem Lulaw um den Almemor wird bei dem spezifischen Abschnitt des jeweiligen Tages ausgeführt[2]). Am Hoschana rabba umschreitet man den Almemor siebenmal; erst nachher beginnt das Ritual der Bach-Weide. Diese Wandlung gegenüber der frühen Zeit ist recht kennzeichnend für die Kraft der Minhagim (der Bräuche), sich zu behaupten und in neuem Gewand wieder zu erscheinen.

In den Hoschanot klingt die ernste Note in eigenartiger Weise an, am Hoschana rabba gelangt sie auf den Höhepunkt. Wehmutsvolle Erinnerungen an einstige Größe der Nation und an den zentralen Kult, Trauer um die Galut-Not, Hoffnung auf Befreiung und Sorge um den Bodenertrag des neuen Jahres — das sind die wesentlichen Motive. Das Wasser, der Regen, ist dabei in der Liturgie des Hoschana rabba ein wichtiger Faktor. Während im Ritus des Wasserschöpfens und des Gießopfers die heitere, froh erwartungsvolle Note, also die idyllisch-naive Seite zum Ausdruck kommen, haben die „Hoschanot" ernsten religiösen Gehalt. Text und Melodie stellen sozusagen den Moll-Ton dar. Die Grundlage für diese ernste Haltung bietet jene Auffassung, die in der Mischna Rosch haschana (I, 2) ausgesprochen ist: „Am Feste (sc. Sukkot) wird gerichtet über das Wasser (d. h. entschieden über den Segen, den das Wasser bringt)". Das systematisierende Denken, besonders der Kabbalisten, schaut die ganze Periode vom Jahresbeginn bis zum Hoschana rabba in Einheit und läßt nach der ziemlich bekannten Anschauung am Rosch haschana die Niederschrift, am Jom ha - Kippurim die Besieglung des Geschicks jedes Individuums geschehen. Am Hoschana rabba beginnt die Vollstreckung des Urteils oder, nach einer anderen Auffassung, wird nochmals an diesem Tage

---

[2]) Vgl. Anhang, Anm. 2.

Gelegenheit zur Umkehr gegeben, durch die das Maß der guten Taten das Übergewicht erhält. So erklären sich Bräuche, die an Jom kippur erinnern, z. B. der Kittel, den mindestens der Vorbeter anlegt, Melodien, die an die hohen Feiertage gemahnen, die Feiertagspsalmen im Morgengebet, der Ernst der Stimmung, das Gefühl der Entscheidung. Wir begreifen den Minhag, die Nacht wie am Schawuot-Fest zu durchwachen und dabei Deuteronomium, Psalmen, evtl. aus dem Sohar zu lesen, ferner morgens ein rituelles Tauchbad zu nehmen. Mit dem Bangen um den Gerichtsspruch hängt die besondere Neigung zu abergläubischen Vorstellungen zusammen, die gerade zu Hoschana rabba gehören. Bekannt ist z. B. die Meinung, daß jemand, der in der Hoschana rabba-Nacht im Mondschein seinen Schatten ohne Kopf sähe, im laufenden Jahr sterben müsse, oder der Brauch, vor Hoschana rabba keine Nüsse zu essen, weil der Zahlenwert für Nuß (hebr. „egos") dem des Wortes für „Sünde" (hebr. „chet") gleichkommt.

Der Ruf nach Regen als dem Spender des Segens, Wasser nach so langer Trockenheit gibt dem Mußaf von Sch'mini Azeret das Gepräge. Hier verdichtet sich Sehnsucht und Bedürfnis in einem besonderen Gebet, „tefillat geschem" („Geschem-benschen"), das in einer klaren Parallele zu „tefillat tal", dem Gebet um Tau, steht, das man am ersten Tag Pessach spricht. Und wiederum der Ernst, der sich im Brauch (Kittel, weiße Farbe des Vorhangs der Lade und der Toramäntel) ausdrückt. Dichterische Einschaltungen, Pijutim, die in der Tefilla „Karoba" heißen, reichen bis zu dem Satz: „Der den Wind wehen und den Regen fallen läßt", der von nun ab in der tefilla den ganzen Winter hindurch gesagt wird, während der Satz „we-ten tal u-matar" (gib Tau und Regen) erst etwa zwei Monate später gesagt wird, zu einer Zeit, da die fernen Pilger wieder die Heimat erreicht haben dürften. Die üblichen Einschaltungen stammen von dem berühmten Pajtan R. Eleasar ha-Kalir. Unter ihnen zwei Fünfzeiler, längere Stücke über die Rolle des Regens, über Wunder, die mit diesem Naturvorgang in Beziehung stehen, dann eine Dichtung, die die Monate, den Zodiacus (Sternkreis), Erzväter und Stämme in Verbindung mit unserem Thema bringt, und endlich sechs Verse, jeder mit „Gedenke" beginnend, in denen aus dem Leben der Erzväter, Moses, Aarons und der zwölf Stämme charakteristische Situationen, in denen das Wasser eine Rolle spielt, gebracht werden. Als Refrain wechseln zwei Sätze ab: „Seinetwegen entziehe uns nicht Wasser", und: „Um seiner Frömmigkeit willen gewähre Wassermengen". Erwähnenswert ist, daß im sefardischen Ritus und bei den Aschkenasim in Palästina nach dem Minhag des Wilnaer Gaon das Gebet um Regen vor dem Mußafgebet gesprochen wird, um keine Unterbrechung und Einschaltungen zuzulassen. Der Ernst des Schlußfestes wird noch gesteigert durch die Haskara, die Erinnerung an die Toten. Freilich ist das keine spezi-

SUKKOT.

1. Hauptfestmelodie.

"HAUSCHANO"-GESANG.

(Beim Rundgang mit dem Feststrauß an den beiden ersten Sukkot-Tagen und am Hoschana Rabba.)

Alte polnische Weise.

Aus „Jonteff-Lieder," herausgegeben von Arno Nadel (Jüdischer Verlag, Berlin).

SUKKOT / SCHEMINI AZERET / SIMCHAT TORA

fische Note, denn sie eignet jedem der Wallfahrtsfeste und Jom kippur.

Man pflegt am Sch'mini Azeret noch in der Laubhütte zu sitzen — entweder zu allen Mahlzeiten oder nur bei einigen von ihnen — sagt aber nicht die bei jeder Mahlzeit innerhalb der ersten sieben Tage übliche Benediktion über das Gebot des Weilens in der Laubhütte, weil es der achte Tag ist und wir nur wegen der Unsicherheit der kalendarischen Berechnung den Tag in der Sukka verbringen; im Zweifelsfall muß aber die Benediktion unterbleiben, damit sie nicht unnütz gesprochen werde. In der Laubhütte wird am ersten Abend, der der entscheidende ist, zu der genannten Benediktion noch der Zeitsegen („schechejanu") hinzugefügt, ebenso beim Lulaw-Benschen am ersten Tag. Am ersten Abend soll man unter allen Umständen in der Sukka essen bzw. den Versuch machen, einen geeigneten Moment abzuwarten, in dem man essen kann, während an den anderen Tagen bei Regen keine Verpflichtung besteht zu warten und keine Benediktion bei Regen gesprochen wird. Es gilt dabei die Regel: Wer physisch leidet, ist frei von der Pflicht. Auch darf man selbst bei gutem Wetter mancherlei außerhalb der Hütte genießen, natürlich keine Hauptmahlzeit, bei der das Tischgebet verrichtet werden muß. Nach R. Elieser soll man vierzehn Mahlzeiten im Laufe des Festes in der Sukka einnehmen.

Von dem alten Fest des Wasserschöpfens sagt die Mischna (Sukka V, 1): „Wer nicht die Freude des Wasserschöpfens gesehen, kennt keine wahre Freude". Es fand am Ausgang des ersten Tages Sukkot statt und diente der Wasserlibation. Man goß dieses Wasser auf den Altar und veranstaltete beim Schöpfen aus dem Siloa, bei dem Herausführen usw. ein großes Fest, bei dem Musikinstrumente mitwirkten. So erzählt der Talmud, R. Schimeon b. Gamliel habe höchst kunstgerecht mit acht brennenden Fackeln jongliert und sich beim Bücken nur auf seine Daumen gestützt, so den Boden geküßt und sich wieder aufgerichtet. R. Josua b. Chananja erklärt: beim Fest des Schöpfens haben wir keinen Schlaf gefunden. Aber auch hier setzen sich ernstere Wendungen durch. Die Frommen und Pflichteifrigen sprachen: „Heil unserer Jugend, die unser Alter nicht beschämt"; die Bußfertigen sagten: „Heil unserem Alter, das unsere Jugend sühnt". Beide Gruppen sprachen: „Heil dem, der nie gesündigt hat; und wer gefehlt, er kehre zurück, und es wird ihm verziehen werden."

Der jüngste Bestandteil unseres Festes ist Simchat Tora, besonders mit dem Zeichen der Freude ausgestattet. Als sich der einjährige Zyklus im Vortrag der Tora am Sabbat durchgesetzt hatte (s. Anhang zum Sabbat), erhielt der Abschluß der Vorlesung eine besondere Bedeutung. Er wurde mit dem Schlußfeste verbunden. Bei den Gaonim hatte der Tag bereits seine Funktion, und bereits damit kam zur Beendigung der Neubeginn hinzu: man las gleich nach Abschluß des 5. Buches den Anfang des 1. Buches. Das Fest der Tora wurde im Mittelalter und der beginnenden Neuzeit immer farbenfreudiger ausgestaltet, wurde vor allem auch zu einem Feste der Jugend, der Kinder. Alle Torarollen werden — gewöhnlich abends und morgens — ausgehoben und in frohen Umzügen unter synagogalen Gesängen herumgetragen. Eine möglichst große Zahl Männer wird an den Umzügen beteiligt und der Tanz tritt in seine Rechte. Die strengen Schranken werden durchbrochen, und der Anteil der Kinder und Frauen ist lebhafter als üblich. Gewöhnlich werden die Männer namentlich zu den Hakkafot aufgerufen[3]. Am Morgen liest man den ersten Teil der Sidra bis zu Kap. 33, 26 des 5. B. M. sehr oft, um möglichst vielen Männern Gelegenheit zum Segensspruch über die Tora zu geben; in kleineren Synagogen läßt man keinen aus. Gewöhnlich ruft man beim letzten Turnus zum Schluß einen Mann „im kol hanearim" („mit allen Knaben") auf und läßt auch diese die Benediktion sagen. Nach der Schluß-Beracha sprechen die Kinder Genesis 48, 6: „hamalach hagoel". Die Ehre, zum letzten Abschnitt aufgerufen zu werden, wird einem angesehenen Mann zuteil. In manchen Gemeinden bzw. Synagogen wechselt es von Jahr zu Jahr, an anderen Orten ist immer der Rabbiner Träger dieses Privilegs. Man hat einen besonderen Terminus für diese Einrichtung geschaffen: „Chatan tora" (Bräutigam der Tora). Eine entsprechende Würde wurde für den geschaffen, der den ersten Abschnitt der Genesis liest bzw. zu diesem aufgerufen wird: „Chatan bereschit" (Bräutigam des Anfangs). Den, der die erste Haftara sagt, bezeichnet man vielfach als „Chatan maftir" (Bräutigam der Haftara). Diese „Bräutigame" pflegen ihre Gäste, die sich reichlich bei ihnen nach dem Gottesdienst einfinden (beim „Chatan tora" am Simchat Tora, beim „Chatan bereschit" am folgenden Sabbat), zu bewirten. In den Ländern des Ostens ist der ganze Tag der Heiterkeit geweiht, selbst der Alkohol spielt eine gewisse Rolle. Fesselnd sind die zahlreichen Weisen, die zu Tänzen gesungen werden und von großem Reiz das Bild, das besonders chassidische Synagogen bieten, in denen, je nach der Richtung der Chassidim, sehr verschiedenartige Melodien und Rhythmen dem Besucher entgegenklingen. In Jerusalem, wo wohl keine bedeutendere Gruppe fehlt, kann man ein sehr vollständiges Bild von der Fülle und Buntheit religiösen Volkslebens an diesem Tage gewinnen. Es gibt recht viele liturgische Dichtungen und Wechselgesänge, oft recht einfacher Art. Sie treten aber, wie das Gebet überhaupt, zurück gegenüber der heiteren Bewegung, die den Tag und das Gotteshaus erfüllt.

Mit Sukkot war noch ein Phänomen geschichtlich verbunden, vielleicht die lockerste Verbindung, die zwischen einer Einrichtung und unserem Feste besteht, eine Zuordnung, die nicht oder kaum aus dem Wesen des Feiertages

---

[3] Vgl. Anhang, Anm. 3.

SUKKOT / SCHEMINI AZERET / SIMCHAT TORA

fließt: Es ist die Versammlung, die alle sieben Jahre, unmittelbar nach Schluß des Sch'mitta-Jahres, also im achten Jahre, am Ausgang des ersten Feiertages stattfand. Bei dieser Versammlung, gelegentlich der Wallfahrt, sollte nach dem Gebot Moses „diese Tora" verlesen werden (Deut. 31, 10—13). Der Talmud in Sota (VII, 8; 41a—b) überträgt dem König die Vorlesung.

Geblieben ist in der Zeit der Zerstreuung bis heute vor allem der intime, familiäre Charakter des Feiertages. Die Sukka ist der Mittelpunkt und das stärkste der Symbole. Enger als sonst schließt die Primitivität der Laubhütte den Kreis des Hauses zusammen. Hier weilen die Männer und, obgleich es kein religiöses Gebot ist, auch, soweit es geht, die Frauen, die frei von dieser Pflicht sind; denn Frauen sind nicht den Geboten unterworfen, die an eine ganz bestimmte Zeit geknüpft sind. Nur Verbote zeitgebundenen Charakters haben für sie Gültigkeit und solche Gebote, die in direktem Zusammenhang mit Verboten stehen, so das Chamez-Verbot und das Mazza-Gebot. In dieser Atmosphäre mangelnder äußerer Stabilität verbringt der Jude seinen heitersten Jomtow, lernt dort Tora, empfängt Gäste, nimmt seine Mahlzeiten und schläft dort, wenn es die klimatischen Verhältnisse erlauben. Gesang und Frohsinn erfüllt die Hütte, die man liebevoll schmückt, und deren Einrichtung sofort nach Ausgang des Jom kippur beginnt. Der Jude bringt sein Vertrauen, seinen frohen Glauben an Gott zu sinnfälligstem Ausdruck, wenn er eine Woche fern vom festgefügten Bau verbringt. Fast ist es eine Paradoxie, daß das Höchstmaß der Festesfreude gerade gekettet ist an Bedingungen äußerer Unsicherheit.

Auch das andere Zeichen unseres Festes, der Feststrauß, ist von eindrucksvoller Schönheit. Es gibt der Synagoge, dem Gottesdienst, seinen Glanz. Der Segensspruch, der nach der „Schacharit"-Tefilla mit dem Strauß in der Hand gesprochen wird, das Hallel-Gebet, bei dem der Beter den Strauß hält, die kultischen Bewegungen, das Schütteln des Lulaw, die als Huldigung nach der Benediktion und an bestimmten Stellen des Hallel vollzogen werden, all das schließt sich zu einem bedeutsamen Bild frommen Gemeindegebets zusammen, und die Umzüge bei den Hoschanot steigern die Ausdruckskraft und die Sinntiefe der Symbole und Bräuche. Bei keinem anderen Fest ist die Gemeinschaft der Beter so aktiv, nirgends anders ist ihnen so viel zur Steigerung der religiösen Weihe und ästhetischen Bereicherung in die Hand gegeben.

Es ist begreiflich, daß der Midrasch die Abschiedsstimmung, die mit dem Sch'mini Azeret sich einstellt, folgendermaßen formuliert: „Ein König lud seine Söhne zu einem Mahl für eine Reihe von Tagen ein. Als die Zeit des Abschieds heranrückte, sprach er zu ihnen: Meine Söhne, ich bitte euch, verweilt noch einen Tag bei mir — schwer ist mir der Abschied, die Trennung von euch." So will Gott im Schlußfest seine Söhne noch ein wenig in seiner Nähe festbannen. Schwer ist die Trennung von Tagen solcher religiösen Freude.

ANHANG ZU SUKKOT / SCHEMINI AZERET / SIMCHAT TORA

ANHANG

Anmerkung 1 (zu Seite 314): Der **Etrog** (Essrog) ist eine zitronenartige Frucht des sogenannten Citrus medica cedra. Er hat an der Spitze einen krönchenartigen Abschluß, den Pitum, der unversehrt sein muß, weiter darf die Frucht keine Flecken zeigen. Sie besitzt besonderen Wert, wenn am untern Teil eine rillenartige Einkerbung, der Adamsbiß, zu sehen ist. Nach einem Midrasch ist nämlich der Etrog die Frucht, die Adam im Paradies genossen hat. Deshalb wird der Etrog auch Adams- oder Paradiesapfel genannt. Das jüdische Kunsthandwerk hat sehr schöne Formen für Etrogbehälter geschaffen. Nach einem weitverbreiteten Aberglauben läßt man Frauen, die ein Kind erwarten, den Pitum abbeißen, was die Schmerzen der Geburt verringern soll. Unfruchtbaren Frauen soll der Etrog Kindersegen bringen.

Der **Lulaw** ist ein Palmzweig, dessen Spitze unversehrt sein muß. Er kann auch mehrere Jahre hindurch verwendet werden. Die Blätter werden durch Ringe, die man aus alten Palmblättern herstellt, zusammengehalten. Mit solchen Ringen und körbchenartigen Geflechten aus dem gleichen Material vereinigt man den unteren Schaft der Palme mit drei Myrthen und zwei Bachweiden zum Feststrauß, über den allein man den Dankspruch sagt. Darum pflegt man den Etrog, der in der linken Hand gehalten wird, während des Dankspruches „al netilat lulaw" (wir danken für das Lulawgebot) verkehrt zu halten, d. h. mit dem Pitum nach unten. Dann erst wendet man den Etrog um und schüttelt nach Osten gewendet den Lulaw je dreimal vor sich, dann rechts, dann hinter sich, dann links, dann nach oben, dann zur Erde zu. Vor der Lulaw-Zeremonie soll man weder Speise noch Trank zu sich genommen haben. Während des Hallelgebetes werden Lulaw und Etrog in der Hand gehalten und während des Rezitierens der ersten zwei Verse des 118. Psalmes („hodu ladonai"), sowie bei der ersten Hälfte des 25. Verses „ana adonai haschiana" vom Vorbeter in der gleichen Weise wie nach dem Segensspruch, nur diesmal schon während des Aussprechens der Worte, geschüttelt. Bloß beim Gottesnamen setzt man mit dem Schütteln aus. Die Gemeinde wiederholt die Verse des Vorbeters, und da sie auf die ersten vier Verse des Psalmes immer mit dem ersten Vers „hodu" antwortet, machen die, welche im Besitze eines Lulaws sind, die nämlichen Schwingungen zweimal öfter als der Vorbeter. Am Schemini Azeret gibt es keine Lulaw-Zeremonie mehr. Der ostjüdische Volkswitz hat für eine Sache, die erst zur Hand ist, wenn man sie nicht mehr brauchen kann, den Ausdruck geprägt: „Esrogim nach Sukkes".

Anmerkung 2 (zu Seite 319): Das Hoschanagebet wird nach Mussaf kurz vor Schluß des Gottesdienstes gesprochen. Man nimmt eine Torarolle aus der Lade, die man dann schließt, und stellt sich damit an das Pult, von dem aus sonst aus der Tora gelesen wird. Während das Hoschana gesprochen wird, umkreisen das Pult alle, die einen Lulaw tragen. Am Hoschana rabba werden alle Torarollen aus der Lade genommen, die offen bleibt und in die man ein Licht hineinstellt. Zum Lulaw nimmt man auch die gesonderten, für den Tag bestimmten Bachweiden („Schanes") hinzu. In den meisten sefardischen Gemeinden besteht der Brauch, an diesem Tag auch den Schofar zu blasen. Es gibt Gemeinden, in denen die Tora um den ganzen Synagogenraum getragen wird, wobei ihr die Lulawträger folgen. Die Weidenzweige dürften das Symbol für das Gedeihen des Pflanzennachwuchses an Wasserläufen sein, um deren Reichtum man betet.

Die Zeremonie des „Schanes-Klopfens" ist folgende: Nach dem siebenfachen Umzug werden Lulaw und Etrog aus der Hand gelegt, nur die Bachweide, die für den Tag bestimmt ist, behält man, um nach den Worten „Kol mewasser mewasser womer" die Blätter der Zweige an Pult oder Bank ein wenig abzuschlagen. Aberglaube schreibt den abgeschlagenen Zweigen eine besondere Heilkraft zu, manche kochen sie sogar ab und verwenden das Hoschanot-Wasser als Mittel gegen allerlei Schmerzen. In chassidischen Kreisen besteht vielfach der Brauch, mit den Zweigen das erste Feuer im Mazzot-Ofen zu nähren.

Anmerkung 3 (zu Seite 321): Nach den Umzügen — wieder bleibt die Lade, in die ein Licht hineingestellt wurde, offen — werden alle Torarollen bis auf drei eingehoben. Am Abend des Simchat Tora werden in diesen drei Rollen die Stellen, die am nächsten Tage zur Verlesung gelangen sollen, aufgerollt. Nachher kleidet man sogleich die Torarollen wieder an, gewöhnlich unter dem Absingen verschiedener Psalmen und Lieder. An den Umzügen nehmen die Kinder mit Fahnen und Lichtern teil. Am Simchat Tora-Tag selbst pflegt der „im kol hanearim" Aufgerufene an die Kinder Süßigkeiten zu verteilen.

LEKTÜRE FÜR SUKKOT, SCHEMINI AZERET, SIMCHAT TORA

Das Fest der Wasserspende

MISCHNA: Wie erfolgte das Wassergießen? Man füllte ein drei Log*) fassendes goldenes Gefäß mit Wasser aus dem Siloaquell. Als man zum Wassertore kam, wurde ein gedehnter, ein schmetternder und wieder ein gedehnter Ton geblasen. Sodann stieg der Priester auf die Altarrampe und wandte sich links hin, wo zwei silberne Schalen waren. R. Jehuda meint, sie seien aus Kalk gewesen und nur vom Weine geschwärzt. Sie hatten je einen schmalen schnabelartigen Spalt, die eine Schale einen breiteren, die andere einen schmäleren, damit beide Schalen sich gleichzeitig entleeren**). Die westliche war für das Wasser und die östliche für den Wein bestimmt. Hatte der Priester das Wasser in die Schale des Weines oder den Wein in die des Wassers gegossen, so hat er trotzdem der Pflicht genügt. R. Jehuda sagt, der Priester habe das Gußopfer **acht** Tage lang mit einem nur **ein** Log fassenden Gefäße durchgeführt. Dem Wassergießenden rief man zu: „Halte deine Hand hoch!" Einmal nämlich hatte ein Priester***) das Opfer auf seine Füße gegossen, und alle Leute bewarfen ihn mit ihren Etrogim. Wie am Wochentage, so vollzog man das Opfer auch am Sabbat, nur daß man bereits am Vorabend eine ungeweihte goldene Kanne mit Siloawasser füllte und sie in einer Kammer aufbewahrte. Wurde das Wasser ausgegossen oder aufgedeckt, so schöpfte man das Wasser aus dem großen Wasserbecken des Vorhofes; Wein und Wasser, die aufgedeckt standen, sind nämlich für den Altar unverwendbar.

GEMARA: Woher stammt dieses Fest des Wassergießens? R. Ena erwiderte: Die Schrift sagt (Jes. 12, 13): „Ihr werdet mit Wonne Wasser schöpfen etc."

Einst waren zwei Sektierer, einer hieß „Wonne" und einer hieß „Freude"; da sprach Wonne zu Freude: Ich bin bedeutender als du, denn es heißt (Jes. 35, 10): Wonne und Freude werden sie erreichen etc. Freude erwiderte dem Wonne: Ich bin bedeutender als du, denn es heißt (Est. 8, 17): Freude und Wonne bei den Judäern. Hierauf sprach Wonne zu Freude: Eines Tages wirst du verlassen, und man wird dich zum Läufer machen, denn es heißt (Jes. 55, 12): Mit Freuden werdet ihr ausziehen. Da erwiderte Freude dem Wonne: Eines Tages wirst du verlassen, und man wird mit dir Wasser schöpfen, denn

---
*) Drei Log sind etwas über ein Liter.
**) Der schwere Wein ergoß sich langsamer als das Wasser, darum war der Schnabel der einen Schale breiter. Das Wasseropfer und das Weinopfer wurden am Laubhüttenfest gleichzeitig von zwei Priestern dargebracht.
***) Er gehörte den Sadduzäern an, die das Wasseropfer verwarfen (Ähnliches berichtet Josephus Flavius in seinen Altertümern XIII, 13,5).

es heißt: ihr werdet mit Wonne Wasser schöpfen.

In unserer Mischna heißt es: Sodann stieg der Priester auf die Altarrampe und wandte sich links etc. Was soll uns damit gelehrt werden? — Wir haben gelernt: Alle, die auf den Altar stiegen, gingen rechts hinauf, gingen um ihn herum und kamen links herunter. Aber drei Verrichtungen sind davon ausgenommen: bei ihnen stieg man links hinauf und nach einer Wendung wieder hinunter, und zwar beim Wassergießen, beim Weingießen und bei der Darbringung des Geflügelbrandopfers, wenn es sich in der Ostseite ansammelte.

In der Mischna heißt es weiter: Und nur vom Weine geschwärzt. Allerdings wurde die Schale des Weines geschwärzt, wieso aber die des Wassers? Da der Meister der Mischna gesagt hat, man genüge der Pflicht, auch wenn man das Wasser in die Schale des Weines oder den Wein in die des Wassers gegossen habe, so konnte auch diese schwarz werden.

Weiter heißt es: Sie hatten je einen schmalen schnabelartigen Spalt. Unsere Mischna folgt der Ansicht R. Jehudas und nicht der Ansicht der Rabbanan. Wir lernen ja in unserer Mischna: R. Jehuda sagt, der Priester habe das Gußopfer acht Tage lang mit einem nur ein Log fassenden Gefäße durchgeführt, nach den Rabbanan aber waren beide Gefäße gleichmäßig (d. h. beide faßten je drei Log), somit brauchten die Schnäbel nicht verschieden breit zu sein, um gleichzeitig die Schale zu entleeren. — Du könntest aber auch sagen, die Mischna folgt der Ansicht der Rabbanan, denn der Wein ist dickflüssig, das Wasser aber dünnflüssig. — Dies ist auch einleuchtend, denn nach R. Jehuda waren die Schnäbel ja weit, beziehungsweise eng. Es wird nämlich gelehrt: R. Jehuda sagte: Da waren zwei Kannen, die eine für das Wasser und die andere für den Wein, die des Weines hatte eine weite Öffnung und die des Wassers eine enge, damit beide sich gleichzeitig entleeren. Ziehe daraus selbst den Schluß.

Rabba b. Bar Chana sagte im Namen R. Jochanans: Die Abflußkanäle unter dem Altar waren bereits seit den sechs Schöpfungstagen vorhanden, denn es heißt (Cant. 7, 2): Die Wölbungen deiner Hüften sind wie Halsgeschmeide, das Werk von Künstlerhänden; die Wölbungen deiner Hüften, das sind die Abflußkanäle; sie sind „wie Halsgeschmeide", d. h. sie sind durchhöhlt und reichen bis zum Abgrunde; „das Werk von Künstlerhänden", d. h. das Kunstwerk des Hochheiligen. In der Schule R. Jischmaels wurde das erste Wort der Bibel, „Bereschit" (am Anfang), so gedeutet: man lese nicht bereschit, sondern bara schit, d. h. er schuf den Abflußkanal.

Es wird gelehrt: E. Eleazar ben Zadok sagte: Zwischen der Rampe und dem Altar, an der Westseite der Rampe, war ein kleiner Schacht, und einmal in siebzig Jahren pflegten die Priesterjünglinge da hinabzusteigen, den gleich getrockneten Feigen geronnenen Wein zu sammeln und ihn in Heiligkeit zu verbrennen, denn es heißt (Num. 28, 7): in Heiligkeit ist das Rauschtrank-Gußopfer dem Herrn zu gießen; wie das Gießen in Heiligkeit geschehen soll, ebenso das Verbrennen in Heiligkeit. — Wieso geht dies hieraus hervor? Rabina gab die Erklärung: „Es folgt aus dem Wort „Heiligkeit"; hier, in unserem Vers heißt es „in Heiligkeit", und Exod. 29, 34 heißt es: du sollst das übrige im Feuer verbrennen, es darf nicht gegessen werden, denn es ist heilig."

Resch Lakisch sagte: Wenn man den Wein auf den Altar gießt, verstopfe man die Abflußkanäle, zur Aufrechterhaltung der Worte: Rauschtrank-Gußopfer dem Herrn zu gießen. — Wieso geht dies hieraus hervor? R. Papa gab die Erklärung: Schechar (Rauschtrank) hat die Bedeutung „Trinken", „Sättigung" und „Trunkenheit". (Es soll also der Kanal oberhalb des Altars mit Wein gefüllt sein.) R. Papa meinte eben, daß, wenn jemand den Genuß des Weintrinkens haben soll, dieser nicht vom Magen, sondern von der Kehle her kommen müsse. Raba sagte: Ein Gelehrtenjünger, der nicht viel Wein hat, schlürfe ihn daher in großen Zügen. Raba selbst pflegte den Becher, über den er den Segen sprach, in großen Zügen zu schlürfen.

Raba trug vor: Es heißt (Cant. 7, 2): „Wie schön sind deine Füße in den Schuhen, du Tochter des Edlen"; wie schön sind die Füße Jisraels, wenn es zur Wallfahrt zieht. Mit der „Tochter des Edlen" ist gemeint: du Tochter unseres Vaters Abraham, der der „Edle" genannt wird. Es heißt (Ps. 47, 10): „Die Edlen der Völker haben sich versammelt, ein Volk des Gottes Abrahams"; des Gottes Abrahams und nicht des Gottes Jizchaks und Jakobs. Vielmehr, des Gottes Abrahams, des Edlen.

In der Schule R. Anans wurde gelehrt: Es heißt (Cant. 7, 2): „ Die Wölbungen deiner Hüften"; weshalb werden die Worte der Tora mit der Hüfte verglichen? Um dir zu sagen: wie die Hüfte verborgen ist, ebenso sind die Worte der Tora verborgen. Das ist es, was R. Eleazar sagte. Es heißt (Mich. 6, 8): „Er hat dir gesagt, o Mensch, was frommt! Und was fordert der Herr von dir außer Gerechtigkeit zu tun, sich der Liebe zu befleißigen und bescheiden zu wandeln vor deinem Gott." Gerechtigkeit zu tun, darunter ist das Rechtswesen verstanden; sich der Liebe zu befleißigen, damit ist die Wohltätigkeit gemeint; bescheiden zu wandeln vor deinem Gott, damit ist gemeint, einem Verstorbenen das Geleit zu geben und eine Braut unter den Baldachin zu führen. Nun ist durch einen Schluß vom Leichteren auf das Schwerere zu folgern: wenn die Tora von Dingen, die öffentlich zu erfolgen pflegen, gesagt hat: „und bescheiden zu wandeln," um wieviel mehr gilt dies von Dingen, die heimlich erfolgen sollen.

Ferner sagte R. Eleazar: Almosen geben ist bedeutender als alle Opfer, denn es heißt (Pr. 21, 3): Almosen und Gerechtigkeit ist dem Herrn lieber als Opfer.

Ferner sagte R. Eleazar: Liebeswerke sind bedeutender als Almosen, denn es heißt (Hos. 10, 12): Almosen sei eure Aussaat, und erntet nach Liebe. Beim Säen ist es zweifelhaft, ob man davon auch essen wird oder nicht, beim Ernten ist es aber sicher, daß man davon auch essen wird.

Ferner sagte R. Eleazar: Das Almosen wird nur nach der damit geübten Liebe bezahlt, denn es heißt: Almosen sei eure Aussaat, und erntet nach Liebe.

Die Rabbanan lehrten: Durch dreierlei ist die Wohltat bedeutender als das Almosen. Das Almosen leistet man mit seinem Gelde, die Wohltat sowohl mit seinem Gelde als auch mit seiner Person; Almosen wendet man nur Armen zu, Wohltaten sowohl Armen als auch Reichen; Almosen nur Lebenden, Wohltaten sowohl Lebenden als auch Toten.

Ferner sagte R. Eleazar: Wenn jemand Wohltaten und Gerechtigkeit übt, so ist es ebenso, als hätte er die ganze Welt mit Liebe erfüllt, denn es heißt (Ps. 33, 5): er liebt Wohltat und Gerechtigkeit, von der Liebe des Herrn ist die Erde voll.

SHMARYA LEVIN

Die Zeit unserer Freude
Von Shmarya Levin

VOR vielen Jahren las ich einmal im „Haschachar" (Morgenröte) des Perez Smolenski, jener Zeitschrift, die die Sturm- und Drangperiode unserer neuesten Geschichte eröffnete, ein Gedicht „Neumondsweihe" von Salman Luria. Der Dichter beschreibt ein armseliges jüdisches Heim in einem russischen Städtchen. Es ist Winter. Die Wohnung ist nicht geheizt. Die hungrigen Kleinen liegen auf Stroh; sie schlummern und träumen von Brot, und die kranke Mutter kauert sich dicht neben sie, um ein wenig Trost und Wärme zu finden. Aber draußen in der hellen Frostnacht steht der Vater und starrt mit bekümmertem Gesicht zur sinkenden Mondsichel empor. Und er fleht zu Gott, daß er den fehlenden Teil des Mondes ausfülle. Er betet, als ob keine andere Sorge für ihn bestünde als die eine — daß Gott vergessen könnte, den unvollständigen Mond wieder zu runden. Und hätte Gott nur mit dem hilflosen Mond Erbarmen, so würde alles gut sein...

Und was fehlte wirklich den Juden von Swislowitz an diesem Jomkippurabend, als sie mit geläuterten Seelen ihren Fast- und Bettag beendeten? Sie hatten sich gegenseitig alles Unrecht und Gott hatte ihnen ihre Sünden gegen ihn verziehen. „Er besprengte sie mit reinem Wasser, und sie waren von allen Schlacken gereinigt." Was brauchten sie mehr? Und so blickten sie klaren Auges zum Himmel auf: und ein Gefühl des Mitleids für den unvollkommenen Mond überflutete sie. Sie erhoben ihre Hände zum Mond und baten Gott, auch mit ihm Erbarmen zu haben.

Aber die Heiligung des Neumonds beendete den Fasttag noch nicht. Sobald mein Vater nach Hause gekommen war und den weißen Kittel abgelegt hatte, holte er einen Hammer und zwei Nägel hervor, verließ abermals das Haus und hämmerte die Nägel in den Teil der Wand, an der am folgenden Feiertag die Laubhütte stehen sollte. Es ist Sünde, heilige Pflichten zu überstürzen. Satan-Kategor (der Ankläger) soll wahrlich nicht gegen die Juden vorbringen können, daß sie nach ihrem Bet- und Fasttage wie Schlemmer nach Hause gestürzt seien, um ein Glas Tee hinunterzustürzen. Also hübsch langsam! Faste den ganzen Tag, bete den ganzen Tag; ist er zu Ende, so bete zuerst für die Wohlfahrt des Mondes; dann geh heim und laß dir wieder Zeit: lege deinen weißen Kittel ab, treibe ein paar Nägel für die Laubhütte in die Wand und dann setze dich an dein Glas Tee. Du wirst immer noch Zeit genug haben für die Köstlichkeiten des Fleisches...

Während der vier Tage zwischen Jomkippur und dem Laubhüttenfest waren die Juden eifrig mit dem Bauen der Hütten beschäftigt. Es gab nur wenige Familien in Swislowitz, die mit dem Luxus einer permanenten Laubhütte prahlen konnten. Alle anderen stellten ihre Hütten-Buden, die aus dünnen Brettern, alten Türen, alten Fenstern und ähnlichem zusammengeflickt wurden, nur für die Festtage auf. Es lohnt sich nicht, zu viel Mühe auf einen Bau zu verschwenden, der nur acht Tage zu stehen braucht und dann wieder abgerissen wird. Natürlich hatte eine permanente Sukka eine Menge Vorzüge. Erstens war sie so fest gebaut, daß sie Sturm und Wind — um diese Jahreszeit häufige Gäste — nicht zu fürchten brauchte. Zweitens hatte sie ein Dach aus zwei Flügeln, die an einem Seil herauf- und heruntergelassen werden konnten, so daß sie keinen Regen zu fürchten hatte. Und drittens — ein nicht minder wichtiger Vorzug als die beiden ersten — hatte sie feste Türen, die vor Dieben geschlossen werden konnten: und Swislowitz fehlte es auch an diesen nicht.

Aber den Vorzügen der permanenten Hütte stand die offenbare geistige Überlegenheit des Menschen gegenüber, der seine Sukka jedes Jahr frisch aufbaute und seine Freude an dem Werk hatte. Tatsächlich gab gerade ihre Unsicherheit, die Abhängigkeit von dem Willen Gottes, der provisorischen Hütte einen feineren, höheren Anstrich. Man mußte Zuversicht zu Gott an den Tag legen und zu glauben bereit sein, daß „Er seinen Kelch nicht in das Antlitz seiner würdigen Gäste ausgießen werde."

In der Sukka fühlte ich mich wundervoll. Das Licht der Feiertagskerze schwang sich zu dem Tannendach empor, das gar kein Dach, sondern ein Stück Himmel war, das sich über unsre Häupter senkte. Und durch die Tannenzweige blinkten die Sterne so kristallklar, als ob auch sie gereinigt und zum Fest gewaschen worden wären. So strömte das Kerzenlicht nach oben und das Sternenlicht flutete herunter, und wo sich beide begegneten, sproß eine Wärme und Zärtlichkeit hervor, die nur der kennt, der die Abende in der Laubhütte verträumt hat.

Hier fühlte sich der Jude, das Symbol des von seinem Mutterboden losgerissenen, dem magischen Kontakt mit der Natur entfremdeten Menschen, wieder auf realem Boden. Durch sein historisches Mißgeschick zu einem kümmerlichen, farblosen Dasein verdammt, empfand er plötzlich den Reichtum des alten Lebens, das aus dem unerschöpflichen Schoß der Erde quoll. Über ihm schwebte ein Dach aus frischen duftenden Tannenzweigen; in einem Tonkrug, in einer Ecke der Hütte, stand der durch Tausende von Meilen herbeigeschaffte schlanke Palmenzweig, umgeben von Weidenruten, die aus den umliegenden Wäldern stammten. Zu keiner anderen Zeit des Jahres konnte das unterdrückte Heimweh in diesen Abkömmlingen von Hirten, Beduinen und Bauern heftiger erwachen oder einem Gefühl der Befriedigung näherkommen.

Die Halb-Heiligkeit der fünf Zwischentage des Laubhüttenfestes war für die Kinder nicht ohne Reiz. Die Synagoge war während dieser Woche so festlich beleuchtet wie nie während eines anderen Feiertags. Das Laubhüttenfest ist ein fröhlicher Feiertag. Die Erwachsenen waren sorgloser, fröhlicher als sonst, und kein Abend verging, ohne daß nach dem Gottesdienst Zuckerwerk und Kuchen unter die Kinder verteilt wurden. Wir durften solange aufbleiben wie die Großen, und am Tage war kein — oder so gut wie kein — Cheder.

Ihren Gipfel aber erreichte die Fröhlichkeit natürlich zu Simchat Tora, dem Tage der Gesetzesfreude. An diesem Tage ist der letzte Abschnitt des Pentateuchs zu Ende gelesen und der Beginn der neuen Runde für das Jahr gemacht worden. Sollten wir uns da nicht freuen? ...

Bei dieser einen Gelegenheit durften die Frauen aus den isolierten Galerien in die Männerabteilung heruntergehen, und das war für die Jungen das Signal, daß alle alltäglichen Gesetze aufgehoben waren. Denn an diesem einzigen Tag des Jahres geschieht es, daß die Tora, die Gesetzeslehre, diese strenge Herrin, die während aller übrigen dreihundert und etlichen Tage eine so unnachgiebige Herrscherin ist, sich zu ihren Anhängern herabläßt und ihnen ihre freundlichere, zärtlichere Seite zeigt. Sechshundertzehn Gebote, Vorschriften und Verbote erlegte sie ihren Anhängern auf, und die Übertretung jeder einzelnen Bestimmung ist große Sünde. Um jede Situation, jeden Schritt ihrer Anhänger hat die Tora einen Zaun errichtet, und keine einzige tägliche Handlung, von der wichtigsten bis zur geringfügigsten, liegt außerhalb ihrer Kompetenz. Das trifft alles zu. Aber sie tut das zum Heil ihrer Anhänger, wie eine Mutter ihren Kindern zu deren eigenem Wohl Beschränkungen und Pflichten auferlegt. Und wie eine Mutter hat sie ihre Stunden der Weichheit und Zärtlichkeit, und dann tanzen ihre Kinder, wild vor Freude, um sie herum.

Am Vorabend des Freudenfestes genießt jeder Bürger, vom Raw angefangen bis herab zum niedrigen Wasserträger, ein besonderes Recht: er darf sich dem Umzug um die Kanzel anschließen und — wenn die Reihe an ihn kommt — die großen Pergamentrollen in ihren mit Glöckchen und Granaten verzierten Samtmänteln tragen. Die Knaben folgen lärmend der Prozession und schwingen ihre Fahnen, auf denen Löwen und Hirsche gemalt sind: „Sei flink wie ein Hirsch und stark wie ein Löwe, auf daß du die Befehle der Tora durchführen kannst." Auch die Mädchen mischen sich unter die Jungen und tanzen und singen. In einem traditionellen symbolischen Ritus sind sie eifriger als die Knaben: flink drücken sie Küsse auf die seidenen und samtnen Mäntel der Torarollen, die an ihnen vorbeigetragen werden. Aber die Knaben, in deren Instinkten schon der Vorgeschmack eines Mädchenkusses halbwach ist, haben ihren eigenen Kniff. Sie passen gut auf: und sobald ein Paar Mädchenlippen den Mantel der Torarolle berühren will, schiebt sich ganz flink eine Knabenhand zwischen die Lippen und den Samt, und statt der heiligen Rolle küßt das Mädchen die Hand eines unverschämten Jungen. Dann bricht in der Synagoge schallendes Gelächter aus und das Gesicht des kleinen Mädchens wird feuerrot vor Scham. Manchmal speit sie den Kuß aus und manchmal schluckt sie ihn in ihrer Verlegenheit hinunter.

Dem Tage der Freude geht ein Abend der Freude voran, denn es tanzt der Bräutigam mit der Braut, das auserwählte Volk mit der Gesetzeslehre. So steht es in den Büchern geschrieben: die Tora ist die Braut, und die Gemeinde von Israel ist der Bräutigam, und Gott selbst ist der Heiratsvermittler, der bald die Braut und bald den Bräutigam zum Altare führt. Die Braut trägt eine Krone aus Silber und ein Kleid aus Samt und Seide, und der Bräutigam legt seine Arme um sie und führt sie im Tanz um die Kanzel. Und der göttliche Heiratsvermittler lacht und wendet sich an die Anwesenden: „Eine wundervoll passende Partie, nicht wahr? Zwillingsseelen, Geistesverwandtschaft..."

Der Tag der Freude war nicht so vergnügt wie der Vorabend, denn das Tageslicht nahm den festlichen Handlungen die Intimität und Zartheit und beleuchtete zu grell unsere geheimnisvollen seelischen Regungen. Die Nacht ist Delila und der Tag ist Mephisto. Die Nacht ist zart, der Tag ist brutal. Und obwohl die Zeremonien des vorigen Abends in allen Einzelheiten wiederholt wurden, war die Wirkung nicht die gleiche. Dieselben Umzüge um die Kanzel, dieselben Mädchen, die die Mäntel der Torarollen oder die Hände frecher Jungen küßten, aber nicht dasselbe Tempo, nicht dieselbe Begeisterung.

Von Stunde zu Stunde flaute die Stimmung ab, und zwischen den Nachmittags- und Abendgebeten war die Lustigkeit schon gezwungen und erkünstelt. Zum Schluß kam die alte Schwermut der Juden zum Durchbruch; die Melodien gingen in Moll über, und statt der fröhlichen Lieder des Vorabends schlichen alte, von unbestimmter Sehnsucht und ewiger Verlassenheit erfüllte Gesänge durch die Synagoge und hallten von den Wänden wider. Am Tage der Freude ist es verdienstvoll zu trinken — und die Juden von Swislowitz gehorchten dem Gesetz und tranken. Aber ich entsinne mich nicht eines einzigen Juden, der sich betrunken hätte. Wohl gab es manche, die vorgaben, betrunken zu sein, und die sich in der Synagoge possenhaft aufführten. Juda, der Sohn des Predigers, spielte gern diese Rolle, aber der Witz bei der Sache war, daß er — wie viele andere — niemals einen Tropfen Alkohol zu sich nahm. Tatsache ist, daß, als der Kantor drei schwere Schläge — das Zeichen zum Abendgebet — auf das Pult abgab, die Gemeinde augenblicklich in ernste Stimmung verfiel und das Wochentagsgebet so trocken und gelassen wieder aufnahm, als ob es ein beliebiger Tag im Jahre gewesen wäre. Mit einem Schlage erstarb die Fröhlichkeit auf den Gesichtern und die alten Runzeln, die alten Sorgen, erschienen wie durch Zauber auf ihnen. Das Fest der Freude war vorüber. Der müde Lauf der Tage begann wieder.

Zwei Vermächtnisse
Von M. J. Landa

> Vorbemerkung: Mr. Septimus Lovelace, ein fanatischer Antialkoholiker und Judenfeind, erbt von seinem reichen Onkel, der zeitlebens diese Eigenschaften des Neffen verspottet hat, ausschließlich Aktien einer Gesellschaft für alkoholische Getränke, sowie Häuser und Grundstücke eines nur von Juden bewohnten Viertels.

Lovelace war empört...
Sein erster heftiger Entschluß war die Delogierung der jüdischen Mieter — nach gesetzlicher Kündigung selbstverständlich. Aber zu seinem Schrecken erfuhr er bald, daß dies merkwürdige Folgen hätte, für ihn geradezu katastrophale.

Die Gegend war nämlich früher von Dieben verseucht gewesen, unhygienisch, ein Verbrechernest, eine Pestbeule. Die Juden hatten die Kerkervögel ausgetrieben und diese Unterwelt umgewandelt. Das stand als Tatsache in den Polizei- und Sanitätsberichten aufgezeichnet. Die Juden waren der einzige sichere Schutz gegen einen Rückfall der Nachbarschaft!

„Irgend etwas stimmt nicht auf dieser Welt," stöhnte er, „sie ist von der Tollwut gepackt, sie tanzt. Hier bin ich, widme mein Leben selbstlosem Dienst, und alles geht mir schief, während mein Onkel, der Schuft, tatsächlich als ein öffentlicher Wohltäter gilt!"

Er versank in Trübsinn, brütete, plante, entwarf. Von den angefaulten Früchten der Enttäuschung nährte er seinen Eifer, der wie faules Unkraut im Treibhaus seiner üblichen Dummheit aufschoß. Es war ihm bei seinen wöchentlichen Besuchen des Ghettos, wenn er die Miete einhob, eine dämonische Freude, die Menschen zu quälen. Dabei ersparte er noch den Lohn für einen Geldeintreiber.

Da geschah es, daß sich ihm eines Morgens ein sonderbarer Anblick darbot. Entsetzlich! Die verhaßten Juden wollten bestimmt sein Eigentum zerstören. So lärmend, so frech! Geradezu mit Gelächter!

Sie hatten Holz und Stroh in allen Hinterhöfen gesammelt und waren im Begriffe, es zu unheimlich aussehenden Bauten anzuhäufen. Trockenes Brennmaterial. Beginnende Freudenfeuer! Schauderhaft!

Er stellte keine Fragen. Er handelte gefühlsmäßig, überstürzt. Er war stolz auf die Raschheit seiner Entschlüsse.

„Baut diese Dinger ab!" befahl er streng. „Warum?" „Weil ich, der Hausherr, es euch befehle," schrie er, wütend über ihre unbezähmbare Gewohnheit zu fragen.

Sie weigerten sich. Sie zuckten mit der Schulter. Sie boten keine Erklärung an, ignorierten seine Gegenwart, fuhren in ihren geheimnisvollen Arbeiten fort.

Er stürzte zu einem Rechtsanwalt; von da zum Magistrat. Er wäre zur Polizei gestürmt, wenn man ihn nicht daran gehindert hätte. In seiner Raserei hätte er alle seine jüdischen Mieter unverzüglich einsperren lassen. Aber das englische Gesetz war so stumpf, so träge! „Von den Juden subventioniert," hatte er einmal zu behaupten gewagt. Hier war der Beweis!

Er krümmte sich unter der amtlichen Verzögerung, aber den gerichtlichen Vorladungen war Folge zu leisten, und erst am dritten Tage kam seine entschiedene Forderung nach Bestrafung vor das Magistratsgericht. Die Juden standen da in ihren festlichen Gewändern. Sie benahmen sich vollkommen unverständlich, verrieten nicht die geringste Spur von Furcht, nicht ein Zeichen von Unruhe. Sie waren angeregt und glücklich.

Er umklammerte mit fester Hand eine Kopie des Mietsvertrages und fühlte sich wieder sicher.

„Auch wenn keine Brandabsicht dahintersteckt" — wie es seiner Meinung nach etwas zu milde sein Rechtsanwalt darstellte — „so ist das Material doch in hohem Grade feuergefährlich und die Klauseln verbieten ausdrücklich, ohne die Erlaubnis des Hausherrn, die Errichtung von Bauten jeglicher Art, ob zeitlich oder dauernd."

Ein jüdischer Rechtsanwalt führte die Sache für die Mieter. Auch er hatte die Ghettogewohnheit, Fragen zu stellen.

„Hat mein Kollege jemals etwas vom Laubhüttenfest gehört?" fragte er.

„Was hat das damit zu tun?" fragte der Anwalt des Herrn Lovelace.

„Ziemlich viel," war die Antwort des anderen, und er ließ einen Vortrag über das mosaische Gebot von Stapel, daß zur Erinnerung an den Schutz in der Wüste Hütten zu bauen seien, und daß nach der modernen Interpretation diese Bauten wahrscheinlich den alten Erntehäusern Israels entsprächen. Vielleicht wüßte das Gericht etwas davon.

„O ja," war die Antwort des Richters. „Ich kenne die Sitte der Juden, ihr Laubhüttenfest, das Erntefest, zu feiern, indem sie in Gärten und Höfen hölzerne Hütten mit Laubdächern aufstellen und ihre Mahlzeit in ihnen einnehmen. Eine seltsame Idee," fügte er hinzu, „aber ich glaube, daß Disraeli es schön dargestellt hat, indem er sagte, daß eine Rasse, die fortfährt ihre Weinlese zu feiern, auch wenn sie keine Frucht zu sammeln habe, ihre Weingärten wieder erlangen werde."

„Ja, im Tancred," bestätigte der jüdische Anwalt.

„Kennen Sie nicht das jüdische Laubhüttenfest und seine Gebräuche?" fragte der Richter Herrn Lovelace. Es lag ein Ton von mitleidiger Kritik in der Frage.

„Ich weiß nichts von Weinlesen und modernen Laubhütten," antwortete der Grundherr steif.

„Seltsam, nicht wahr?" bemerkte der jüdische Anwalt — wieder diese aufreizende Ghettoeigentümlichkeit! — „bei jemandem, der als ein schwerer Aktienbesitzer von geistigen Getränken bekannt ist und nur jüdische Mieter hat?"

Herr Lovelace vermochte nur sprachlos zu starren.

„Aber — aber die Verpflichtung des Mietsvertrages," plädierte sein Anwalt verzweifelt, „sie ist augenblicklich wichtiger, nehme ich an, als die Verpflichtung der Schrift, die vor Jahrhunderten auf Palästina anwendbar war."

„Nun, ja," erwiderte der Richter sanft, „wenn Sie darauf beharren, kann ich es nicht übersehen. Da die Mieter bis nun das Privileg genossen haben, ungestört ihre Hütten errichten zu dürfen, hat, nach Meinung des Gerichtes, Herr Lovelace eigenwillig, ja töricht gehandelt und hat unnötigerweise dieses harmlose Volk in der Ausübung seiner Religion gestört, in der Ausübung eines antiken und malerischen Brauches, der die Tradition erhält und Romantik in ihr ödes Leben bringt. Es schadet nicht und hat einen gewissen Wert.

Allerdings haben sich die Mieter einen formalen Kontraktbruch zuschulden kommen lassen und das Gericht muß seiner Ansicht Ausdruck geben, daß es sich um einen Bruch handelt, ohne jedoch den Schuldigen eine Geldstrafe aufzuerlegen.

Der Beschluß des Gerichtshofes lautet sonach dahin, daß die Bauten binnen sieben Tagen entfernt werden müssen."

Da geschah etwas Sonderbares. Die Juden kicherten zuerst, dann steigerte sich das Gelächter zu einem Lachsturm, schließlich erhoben sie sich und brachen in ein begeistertes Hoch aus. Man mußte sie aus dem Gerichtsgebäude hinausdrängen. Herr Lovelace war noch immer sehr verwundert, warum sie so ungewöhnlich fröhlich waren. Ihr Benehmen zeigte Triumph! Was für ein eigenartiges, hartnäckiges Volk! Und doch war es ihm gerade gelungen, sie öffentlich ermahnen und ihnen seine Macht als Hausherr beweisen zu lassen!

Aber die Abendblätter klärten ihn auf. Sie machten sich auf seine Kosten lustig, indem sie darauf hinwiesen, daß das Gericht offenbar gewußt habe, daß das Fest in sieben Tagen zu Ende sein werde.

Manchen nichtjüdischen Besuch haben in dieser fröhlichen Woche die Laubhütten erhalten. Der weise Kadi wurde reichlich mit Getränken gefeiert, von denen Herr Lovelace seine Dividende bezog, und der letzte Tag des Festes, der mit dem Termin, den das Gericht bestimmt hatte, zusammenfiel, ist nie mit mehr Ursache als ein Tag der Gesetzesfreude begangen worden.

Zwei Erbschaften — und mit öffentlicher Zustimmung mußte sich die Erbschaft des Herrn Lovelace der des Leviticus anpassen.

Im fremden Land

Von Chajim Nachman Bialik

Das Licht des Mondes sickert durch das Laubendach,
Und reglos-tiefe Stille hüllt die Hütte ein.
In seiner Silberwiege weichgebettet schläft
Der Etrog eines Kindes Schlummer, sanft und rein.

Und wie ein treuer Hüter über seinem Haupt,
Mit Myrthe und mit Weidenstrauß in innigem Verein,
Steht an der Hütte Wand gelehnt der Palmenzweig,
Und sieh, auch ihn umfängt die Nacht, und er schläft ein.

Sie schlafen, aber beider Herz ist wach
Und träumt, und jedes träumt in seinem Raum.
Oh, wer versteht des Fremdlings rätselvolles Herz,
Und wer vermag zu künden des Verbannten Traum?

Trägt sie vielleicht ihr Traum ins ferne Heimatland
Zu prächtigen Gärten und zu Himmeln, die ihr Herz umhegt?
Sind sie der Irrfahrt müde, die die Kraft zermürbt
Und trübe Schatten auf des Wandrers Augen legt?

Schreckt sie vielleicht ein Traum, daß nur für kurzes Glück
Das Schicksal sie vereint, daß bald das Fest vergeht,
Daß bald das Band sich löst, der Glanz verblaßt,
Welk wird das grüne Kleid, der Duft verweht?

Wer könnt es sagen? Bleiches Morgendämmerlicht
Drängt sich verstohlen durch des Laubendachs Gezweig —
In seiner Silberwiege weichgebettet schläft
Der Etrog — und zu Häupten ihm der Palmenzweig.

Der Tod Moses

Von Edmond Fleg

DER Ewige sprach zu Moses: „Ich habe allen Sterblichen den Tod bestimmt, Israel allein habe ich das Leben bestimmt, auf daß der Mensch lebe, auf daß der Messias lebe. Ich kann, wenn du willst, meine Bestimmung ändern: du wirst nicht sterben, aber Israel wird sterben; die Zeit wird für dich stille stehen, du wirst ewig sein, aber der Messias wird nicht geboren werden." Und Moses erwiderte dem Herrn: „Du bist ein Gott der Milde, König der Welt, möge der Messias kommen und der Mensch leben; möge Israel leben und ich zugrunde gehen!"

EDMOND FLEG / DER TOD MOSES

Als der Heilige (er sei gelobt) sah, daß der Prophet in seinen Tod einwillige, sprach er zu Gabriel: „Geh und pflücke seine Seele." Aber der Erzengel erwiderte: „Er hat dein Volk geführt, deine Wunder waren in seiner Hand, dein Wort in seinem Munde, er hat das Meer ausgetrocknet und den goldenen Stier zu Staub gemacht: ich kann diesem Gerechten nicht den Tod geben." Da sprach Gott zu Michael: „Geh und pflücke seine Seele." Aber der Erzengel erwiderte: „Deinen Namen, der nicht auszusprechen ist, er allein nennt ihn. Du hast aus ihm mehr als einen Engel und fast einen Gott gemacht: ich kann diesem Gerechten nicht den Tod geben."

Nun wartete Samael seit hundertzwanzig Jahren darauf, daß ihm Moses ausgeliefert werde. Er sprach zum Ewigen: „Ich werde seine Seele von ihm nehmen." Der Ewige erwiderte ihm: „Wirst du es wagen, ihm auch nur nahe zu kommen? Wo ist die Stelle seines heiligen Leibes, die du mit deinen Millionen Augen auch nur anblicken könntest? Sein Antlitz hat das Meine von Angesicht zu Angesicht gesehen. Seine Hand hat aus der Meinen die Tora empfangen. Seine Füße haben die Schwelle meines Glanzes überschritten." — „Und doch werde ich gehen," erwiderte Samael.

Er ergriff sein Schwert, gürtete sich mit Grausamkeit, hüllte sich in den Mantel des Zornes und ging zu Moses. Als der Prophet, der auf dem Gipfel des Berges aufrecht stand, ihn sah, schrieb er mit seinen leuchtenden Fingern die vier Zeichen des unaussprechlichen Namens in die Luft, und wie ein unbeweglicher Blitz im leuchtenden Raume schwebte der Name in den Lüften. Samael wurde zur Erde geschleudert und wollte kriechend entfliehen. Aber Moses' Knie lastete auf seiner Kehle; schon war der Engel des Todes dem Tode nahe, da rief eine Stimme vom Himmel: „Moses, mein Sohn, töte den Tod nicht, die Welt bedarf seiner!"

Samael entschwand; der Ewige erschien.

Er sprach zum Propheten: „Glaubst du, mein Sohn, Ich hätte erlaubt, daß du stirbst, wie die anderen sterben? Lege dich auf die Erde. Kreuze deine Füße, kreuze deine Hände." Moses gehorchte. „Schließ deine Augen." Moses gehorchte.

Nun rief Gott die Seele des Propheten zu sich; er flüsterte: „Seele, Meine Tochter, Ich habe bestimmt, daß du hundertzwanzig Jahre im Leib dieses Menschen wohnen sollst; verlaß ihn heute, seine Stunde ist gekommen." Aber die Seele erwiderte: „König der Welt, ich weiß, daß Du der Gott aller Geister bist, daß Du in Deiner Hand die Seelen der Lebenden hältst und die Seelen der Toten. Du hast mich geschaffen und hast mich in den Leib dieses Gerechten gelegt. Gibt es in der Welt noch einen Leib so rein wie der seine? Ich liebe ihn und will ihn nicht verlassen." — „Meine Tochter," sprach der Herr, „zögere nicht, gehorche; deine Stätte wird im höchsten Meiner Himmel sein, unter dem Throne Meines Ruhmes, bei Meinen Cherubim und Seraphim." — „König der Welt," erwiderte die Seele, „selbst Deine Engel sündigten; als Assa und Asael von Deinen Höhen herniederstiegen, um sich mit Töchtern der Menschen zu paaren, mußtest Du sie zwischen Erde und Wolken in Ketten legen, um sie zu strafen. Von dem Augenblick aber, da Du Moses gewährtest, Dich von Angesicht zu Angesicht zu sehn, hat sein Fleisch das Fleisch nicht mehr gekannt. Darum will ich bei ihm bleiben."

„Fürchtest du dich denn vor Samael?" fragte der Prophet seine Seele. —

„Gott wird mich Samael nicht ausliefern." — „Fürchtest du, meinen Tod beweinen zu müssen, wie Israel ihn beweinen wird?" — „Der Ewige hat meine Augen von Tränen befreit." — „Fürchtest du, in den Schlund der Hölle hinabzumüssen?" — „Gott hat mir die Freuden des Himmels verheißen." — „Dann geh, meine Seele, wohin der Herr dich schickt; und segne seine Liebe gleich mir!"

Der Ewige pflückte Moses' Seele von seinem Munde; so starb der Prophet im Kusse Gottes. Als er tot war, ertönte ein Schrei über dem Lager der Hebräer: „Wehe, wehe, er ist nicht mehr!" Und von diesem Tag fiel kein Manna mehr. Israel, das dreißig Tage Moses beweint hatte, bevor es ihn verlor, trauerte nun und klagte neunzig Tage lang. Auch die Erde schluchzte und stöhnte: „Der Gerechte hat die Menschen verlassen!" Auch der Himmel schluchzte und stöhnte: „Der Himmel hat die Erde verlassen!" Der Ewige rief: „Moses, Mein Sohn, du hast gesagt, daß außer Mir kein Gott sei, weder im Himmel, noch auf Erden; Ich sage, daß kein anderer Moses sein wird in Israel!" Und Gott weinte.

Während alle den Sohn Amrams beweinten, konnte Jochebed, seine Mutter, nicht an seinen Tod glauben. Sie ging zum Sinai und fragte: „Sinai, Sinai, hast du meinen Sohn gesehen?" — „Ich habe ihn nicht gesehen, seitdem er die Tora auf mich herniedergehen ließ." Sie ging zur Wüste und fragte: „Wüste, Wüste, hast du meinen Sohn gesehen?" — „Ich habe ihn nicht gesehen, seitdem er das Manna auf mich herniedergehen ließ." Das Meer erwiderte ihr: „Ich habe ihn nicht gesehen, seitdem er meine Fluten in Erde verwandelte." Der Nil erwiderte ihr: „Ich habe ihn nicht gesehen, seitdem er mein Wasser in Blut verwandelte." Und Jochebed eilte von Ort zu Ort, durch die ganze Welt, und rief: „Wo ist mein Sohn? Wo ist mein Sohn?"

Indessen stieg der Prophet zum Ewigen empor. Als Adam ihn erblickte, sprach er zu ihm: „Warum steigst du höher als ich? Wurde ich nicht nach dem Bilde Gottes geschaffen?" Aber eine Stimme rief: „Er ist größer als du. Die Glorie, die du von Gott empfingst, hast du verloren; die Glorie, die er empfing, hat er bewahrt." Noah sprach zu ihm: „Warum steigst du höher als ich? Bin ich nicht der Sintflut entronnen?" Die Stimme rief: „Er ist größer als du. Du hast dich allein gerettet; er rettete sein Volk." Abraham sprach zu ihm: „Warum steigst du höher als ich? Habe ich nicht die Menschen gespeist, die des Weges kamen?" Die Stimme rief: „Du hast die Menschen dort gespeist, wo Menschen wohnten; er hat sie in der Wüste gespeist." Isaak sprach zu ihm: „Warum steigst du höher als ich? Habe ich nicht auf dem Felsen Moria den Glanz des Herrn gesehen?" Die Stimme rief: „Du hast ihn gesehen und deine Augen wurden schwach; er hat ihn gesehen und noch sehen seine Augen." Jakob sprach zu ihm: „Warum steigst du höher als ich? Habe ich nicht mit dem Engel gerungen und ihn besiegt?" Und die Stimme rief: „Er ist größer als du. Du hast den Engel auf der Erde besiegt, er hat die Engel im Himmel besiegt."

Und Moses stieg empor und setzte sich unterhalb des Thrones und seines Glanzes. Und unterhalb des Thrones und seines Glanzes sitzend, erwartet der Prophet mit Gott die Stunde des Messias.

Simchat Tora
(Nach einem Stahlstich von B. Picart aus dem Jahre 1725)

Umzug an Hoschana Rabba
(Nach einem Stich von B. Picart)

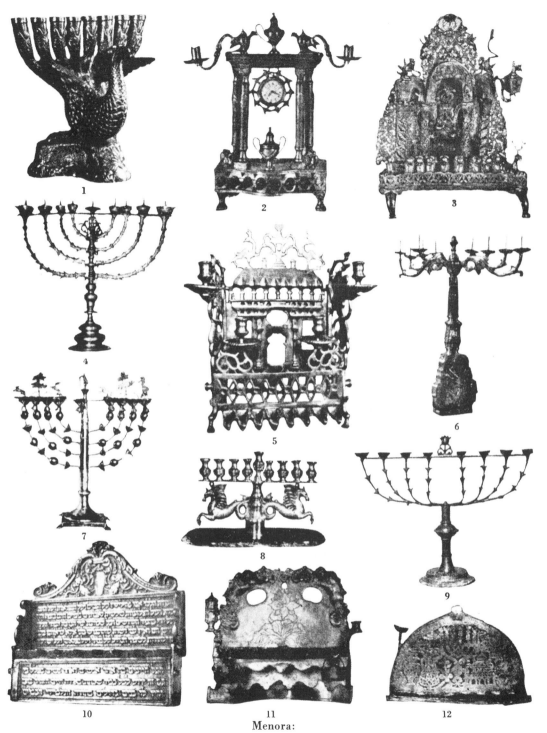

Menora:

1. Silberne Menora in Gestalt eines Pfaus — 2. Menora mit Uhr, 18. Jhdt. — 3. Silberne Menora — 4. Chanukka-Leuchter aus Heidingsfeld (Bayern) — 5. Menora zugleich als Sabbat-Leuchter zu benutzen (im Besitze von Dr. I. Friedmann, Budapest) — 6. Kerzen-Menora in Zeckendorf (Bayern) — 7. Silberne Menora in Münchener Privatbesitz — 8. Polnische Arbeit, jetzt in Bamberg — 9. Messingleuchter für die Synagoge in Veitshöchheim (Bayern) — 10. Menora aus Bronze im Hamburgischen Museum für Kunst und Gewerbe — 11. Menora aus Zinn in Kriegshaber (Bayern) — 12. Menora der sefardischen Gemeinde in Sarajewo aus dem Jahre 1367

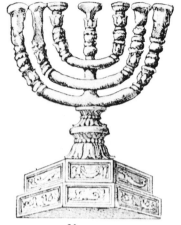

Menora
vom Relief des Titus-Bogens in Rom

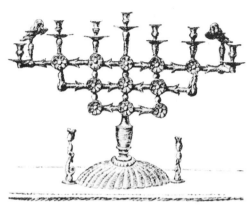

Menora
aus der Parnas-Schul zu Lublin

In der Synagoge   Zu Hause

Chanukka
(Nach Bodenschatz, „Aufrichtig teutsch redender Hebräer", Bamberg 1756)

Das Purimfest in der Synagoge

Aus dem Anfang des 18. Jahrhunderts
(Münchener Privatbesitz)

Im Germanischen National-Museum,
Nürnberg

Italienisch,
im Besitz von Dr. I. Friedmann, Budapest

Aus Augsburg,
im Besitz von Dr. I. Friedmann, Budapest

Megilla-Rollen (in Metall-Hülsen)

Tischa bëab
(Nach Bodenschatz, „Aufrichtig teutsch redender Hebräer", Bamberg 1756)

Pidjon haben
(Nach einem Stich von B. Picart aus dem Jahre 1724)

Hochzeit bei den portugiesischen und bei den deutschen Juden
(Nach Stahlstichen von B. Picart, 1725)

Jüdische Trauringe
(Nach einem Stich von B. Picart aus dem Jahre 1724)
1. Venezianisch, 16. Jhdt. — 2. Italienisch, 16. Jhdt. — 3. Galizisch, 16. Jhdt. — 4. Deutsch, 18. Jhdt. —
5. Venezianisch, 16. Jhdt. — 6. Venezianisch, 16. Jhdt. — 7. Venezianisch, 16. Jhdt. — 8. Deutsch, 17. Jhdt.

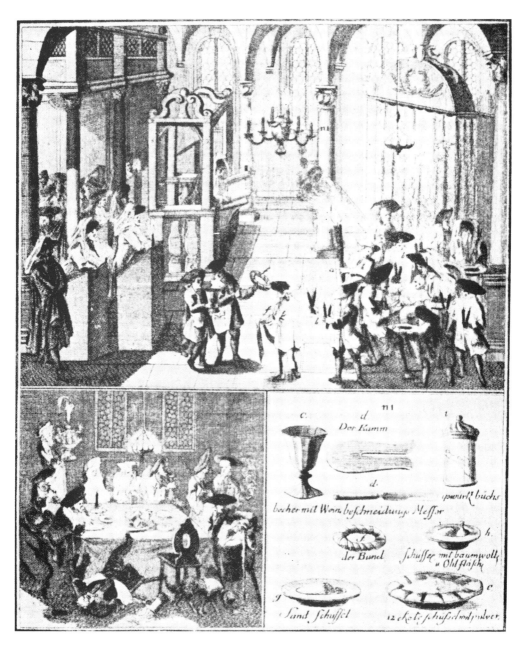

Beschneidung (Berit Mila)
(Nach Bodenschatz, „Aufrichtig teutsch redender Hebräer", Bamberg 1756)
Oberes Bild: Beschneidung in der Synagoge — Linkes Bild unten: Beschneidungsmahl —
Rechtes Bild unten: Die Beschneidungsgegenstände

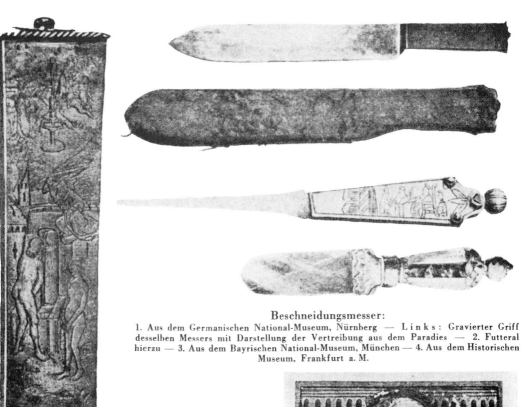

Beschneidungsmesser:
1. Aus dem Germanischen National-Museum, Nürnberg — Links: Gravierter Griff desselben Messers mit Darstellung der Vertreibung aus dem Paradies — 2. Futteral hierzu — 3. Aus dem Bayrischen National-Museum, München — 4. Aus dem Historischen Museum, Frankfurt a. M.

Beschneidung
Nach einem Holzschnitt in einem Minhagim-Buch, gedruckt 1723 in Amsterdam

Titelblatt eines handschriftlichen Mohel-Buches
in der Prager Jüdischen Gemeinde-Bibliothek

Leichenbestattung
(Wandbilder aus dem Sitzungssaal der Chewra Kadischa zu Prag)

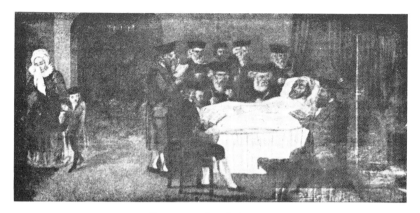

Beten am Sterbelager

Abheben der Leiche

Anfertigung der Leichenkleidung

Leichenbestattung
(Wandbilder aus dem Sitzungssaal der Chewra Kadischa zu Prag)

Waschen des Leichnams

Abholen der Leiche aus dem Hause

Schaufeln des Grabes

Leichenbestattung
(Wandbilder aus dem Sitzungssaal der Chewra Kadischa zu Prag)

Eintritt des Leichenzuges in den Friedhof

Tragen zum Grabe

Leichenrede

Leichenbestattung
(Wandbilder aus dem Sitzungssaal der Chewra Kadischa zu Prag)

Einsenken der Leiche in das Grab

Nach der Beerdigung

Leichenbegängnis:

Silberaufsatz auf einem Krug
der Chewra Kadischa zu Nikolsburg (Mähren)

Laubhütte

Von Morris Rosenfeld

Auf dem fremden Boden ist sie aufgebaut,
Durch das fremde Reisig fremder Himmel blaut,
Und sie steht so ängstlich scheu in Wind und Zeit,
Bis an ihre Türe drängt sich Not und Leid.
Aber drinnen zittert heimelnd Kerzenschein
Und man freut sich, freut sich, gottgeliebt zu sein.

Draußen geht ein Frösteln und die Welt ist müd',
Längst, längst ist des Sommers Feuer abgeglüht.
Nach den reichen Tagen — dieser schmale Rest,
Nach den stolzen Tagen — dieses stille Fest,
Nach den Siegesträumen — dieses enge Zelt,
Nach der Weltenweite — diese Bretterwelt.

Werden feucht die Augen? Freunde, klaget nicht!
Freut euch dieser Stunden! Seht, hier ist's so licht!
Bringt die Festesbrote, bringt den Festeswein!
Fühlt der Tage Weihe! Woll't zufrieden sein!
Sie vergehen, daß ihr's wie im Traume denkt,
Wenn uns wieder erst das alte Heim umfängt.

Worte des Kohelet

WORTE des Kohelet, des Sohnes Davids, Königs in Jerusalem. Eitelkeit der Eitelkeiten, sprach Kohelet, Eitelkeit der Eitelkeiten, alles ist eitel. Was für Nutzen bringt dem Menschen seine Mühe, die er unter der Sonne sich gibt? Ein Geschlecht schwindet, das andere kommt, die Erde aber besteht immer. Die Sonne geht auf, die Sonne geht unter, strebt vorwärts auf ihrem Gange, während sie leuchtet; sie geht gegen Mittag und wendet sich nach Mitternacht. Der Wind geht seinen Kreisgang und kehrt immer wieder zurück. Die Flüsse strömen ins Weltmeer, das Meer aber wird nicht übervoll, denn von dem Orte, wohin sie strömen, kehren sie wieder zurück. Alle Dinge sind in immerwährender Tätigkeit, der Mensch vermag es nicht durch Worte auszusprechen. Das Auge wird nicht satt des Sehens, das Ohr nicht des Hörens. Was gewesen ist, wird wieder kommen; was geschehen ist, wird wieder geschehen. Nichts Neues gibt es unter der Sonne. Oft ereignet sich etwas, von dem es heißt: Siehe! Das ist etwas Neues! Und doch war es schon in den Jahren der Vorzeit. Man denkt nur des vormals Geschehenen nicht, wie die letzten Ereignisse im Gedächtnisse der Nachwelt erloschen sein werden.

Ich, Kohelet, war König über Israel in Jerusalem, ich weihte mein Herz dem Nachforschen und wollte mit Weisheit untersuchen, was unter dem Himmel geschieht. Eine unselige Mühe, die Gott den Menschen verlieh, sich damit zu plagen. Ich betrachtete alle Dinge, die unter der Sonne sich ereignen; alles ist eitel und ein leeres Streben! Das Fehlerhafte ist nicht zu verbessern, das Mangelhafte nicht zu ergänzen. Ich sprach also zu mir selbst: „Siehe, ich bin angesehener und weiser als alle, die vor mir in Jerusalem regiert haben; mein Geist hat viel Weisheit und Kenntnis erworben. Soll aber mein Herz jetzt entscheiden zwischen Weisheit, Kenntnis, Beschränktheit und Unsinn, komme ich zur Überzeugung, daß auch dieses ein eitles Streben ist. Denn je mehr Weisheit, desto mehr Verdruß; je mehr Erkenntnis, desto mehr Leid.

Ich sprach also zu mir selbst: Wohlan, ich will mich der Freude ergeben, dem Wohlleben fröhnen! Aber auch das war eitel! Zum Frohsinn sagte ich: Du bist toll! Und zur Freude: Was frommst du mir? Ich spähte darauf in meinem Herzen folgendes aus: Den Leib mit Wein zu vergnügen, aber meinen Geist von Weisheit leiten zu lassen; bei all dem aber von Leichtsinn nicht zu lassen, um mich endlich zu überzeugen, welches die Glückseligkeit der Menschen fördere, nach welcher Weise sie unter dem Himmel während ihres Lebenslaufes handeln sollen. Ich unternahm große Werke, erbaute mir Paläste, pflanzte mir Weinberge, legte mir Baum- und Lustgärten an und pflanzte darin jede Art Früchte, ließ durch künstliche Wasserleitungen den mit jungem aufsprießendem Gehölze angelegten Wald bewässern. Ich kaufte mir Knechte und Mägde zu dem Gesinde, das ich schon besaß. Auch an Herden großen und kleinen Viehs hatte ich mehr, als jemals einer meiner Vorfahren in Jerusalem; sammelte mir auch Gold und Silber, Kostbarkeiten der Könige und der Länder; hielt mir Sänger und Sängerinnen; leistete mir alle Lebensfreuden der Menschen, Prachtgespann und Triumphwagen, so daß ich größer war und mehr besaß als meine Vorfahren in Jerusalem; meine Weisheit stand mir auch hierin bei. Was meine Augen verlangten, versagte ich ihnen nicht, entzog meinem Herzen keine Freude. Das Herz sollte froh werden meiner Arbeit, dieses war ja der Endzweck meiner Bemühung! Nun schaute ich zurück auf meiner Hände Werk, auf das mühselige Tun, das ich vollbracht, und siehe! Es war alles eitel und nichtiges Streben. Es gibt keine Glückseligkeit unter der Sonne...!

Alles hat seine Zeit, jedes Ding seine Vorherbestimmung unter dem Himmel. Erzeugen hat seine Zeit, Sterben seine Zeit; Pflanzen hat seine Zeit, die Pflanzung ausreißen seine Zeit; Töten seine Zeit, Heilen seine Zeit; Einreißen hat seine Zeit, Aufbauen seine Zeit; Weinen hat seine Zeit, Lachen seine Zeit; Trauern hat seine Zeit, Tanzen seine Zeit, Steine zerstreuen hat seine Zeit, Steine sammeln seine Zeit; Umarmen hat seine Zeit, die Umarmung fliehen seine Zeit; Erwerben hat seine Zeit, Verschwenden seine Zeit; Aufbewahren hat seine Zeit, Wegwerfen seine Zeit; Aufreißen hat seine Zeit, Zusammenheften seine Zeit; Schweigen hat seine Zeit, Reden seine Zeit, Lieben hat seine Zeit, Hassen seine Zeit; Krieg hat seine Zeit, Frieden seine Zeit. Was frommt dem Fleißigen also sein Bemühen? Ich betrachtete den inneren Trieb, den Gott dem Menschen verliehen hat, um sich damit zu plagen. Alles hat Gott im Einklang und schön in seiner Zeit geordnet, auch diese Liebe zur Welt gab er dem Herzen ein, ohne daß der Erdensohn die Endabsicht ausfindig machen könnte, die Gott vom Anfang bis zum Ende hatte...

Ich dachte auch darüber, was die Menschen sich gern sagen, daß sie von Gott besonders ausgezeichnet seien: und doch ist einzusehen, daß sie, sich selbst überlassen, dem Viehe zu vergleichen sind. Wie die Tiere sind sie dem Zufall unterworfen, ein Zufall trifft sie alle. Dieser Tod ist wie jener Tod, alle haben einerlei Geist; der Vorzug der Menschen vor dem Viehe ist nichts, denn alles ist eitel. Alles wandelt nach einem Ort. Alles entstand aus Staub, und alles kehrt wieder zu Staub. Wer weiß denn, ob der Geist des Menschen aufwärts steigt und der Geist des Tieres niedersinkt zur Erde! Ich meinte also, daß nichts Besseres sei, als daß der Mensch seiner Arbeit sich freue. Dieses ist seine Bestimmung. Denn wer führt ihn, um ihm seine Zukunft zu zeigen?

Aber ich kehrte zurück und betrachtete die Gewalttaten alle, die unter der Sonne geschehen; sah Unterdrückte weinen, trostlos, niemand der sie vor der Gewalt der Trotzigen befreite. Glücklicher würde ich preisen die Toten, die längst gestorben sind, als die Lebendigen, die noch am Leben sind; noch glücklicher würde ich den preisen, der noch nicht ist und die Übeltaten alle, die unter der Sonne geschehen, nicht gesehen hat.

Ich betrachtete alle Mühe und allen Kunstfleiß, und siehe! Sie wurzeln in dem Neide der Menschen. Auch dieses ist eitel und nichtiges Streben! Der Tor sitzt mit verschlungenen Händen und zehrt an seinem eignen Fleische. Lieber eine Hand voll Zufriedenheit als beide Hände voll quälender Sorge.

Und ich fuhr fort die Nichtigkeit unter der Sonne zu betrachten... Alles widerfährt allen; ein Zufall trifft den Gerechten wie den Ungerechten, den Guten und Reinen wie den Unreinen, den Opferer wie den, welcher nicht opfert. Gleiches Schicksal hat der Fromme wie der Sünder; der einen Eid ablegt, wie der, welcher Schwüre scheut. Welch ein Übel! Betrachten wir bloß, was unter der Sonne geschieht, daß ein Zufall alle trifft; und auch (ein wahres Übel!) daß das Herz der Menschen voller Tücke und eingewurzelten Unsinns im Leben ist und so zu den Toten hinabsteigt. — Welchen Elenden du auch auswählen wirst, immer bleibt er den Lebenden ein Beweis, daß ein lebendiger Hund besser ist als ein toter Löwe. Die Lebendigen wissen doch wenigstens, daß sie sterben; die Toten wissen aber gar nichts, bleiben ohne Belohnung, und ihr Andenken erlischt. Ihre Liebe, ihr Haß, ihr Neid, alles ist dahin; sie haben keinen Anteil mehr an allem, was unter der Sonne geschieht. Wohlan! So verzehre doch dein Mahl mit Freuden, trinke doch frohen Herzens deinen Wein, Gott hat längst deine Handlungen mit Wohlgefallen aufgenommen. Kleide dich jederzeit in weißes Gewand, und entziehe das Öl deinem Haupte nicht! Führe Wohlleben mit jedem Weibe, das du liebst, die Dauer deines eitlen Lebens, die Gott dir unter der Sonne gönnt in den Tagen deiner Nichtigkeit. Denn das ist ja dein ganzes Los während deines Daseins und aller deiner Arbeit Zweck unter der Sonne. Alles, wozu du Kräfte hast, vollführe ohne Scheu, denn dort im Grabe, wohin du wandelst, ist ja weder Handlung noch Rechenschaft, weder Weisheit noch Verstand.

Ich fuhr fort, noch ferner unter der Sonne zu betrachten: nicht immer erreicht der Schnellfüßige das Ziel, nicht immer trägt der Tapfere den Sieg davon. Die Vernünftigen haben oft kein Brot, die Weisen keinen Überfluß, die Verständigen keine Gunst, Zufall und Ungefähr beherrscht sie alle. Ja, der Mensch weiß nicht, was ihm bevorsteht; wie Fische verstrickt im bösen Netz, wie Vögel im Fallstrick gefangen, so überfallen den Erdensohn plötzlich die Zeiten des Unglücks...

Wie süß ist das Licht, wie angenehm dem Auge der Sonnenglanz! Sind dem Menschen viele Jahre beschieden, so freue er sich in allen, immer eingedenk der unmutsvollen Tage, deren viele sein werden — dann verschwinden die vergangenen im Nichts. Freue dich, Jüngling, deiner Jugendzeit; sei fröhlichen Gemüts in den Tagen deines Jüngling-Standes, wandle immer die Wege, wohin dich Herzenslust und Augenweide führen, aber wisse, daß über alle deine Handlungen Gott dich zur Rechenschaft ziehen wird! Verbanne jeden Gram aus deinem Herzen, jeden Verdruß aus deinem Innern: denn Jugendzeit und Morgenröte sind gleich vergänglich. Aber auch in den Jugendjahren sei eingedenk deines Schöpfers; ehe sie herannahen, die Tage des Kummers, ehe sie dich erreichen, jene Jahre, in denen du ausrufen wirst: Ich mag sie nicht, ehe dunkel werden Sonne, Licht, Mond und Sterne und sich Wolken wieder sammeln nach dem Regen. Wenn sie dereinst wanken, die Wächter des Hauses, die Tapfern sich einkrümmen, die Mühlen rasten und wenig werden und die Seher aus den Luken sich verdüstern. Dann schließen die Türen zu der Straße sich, durch den dumpfen Ton der Mühle; dann erwacht man aufgeschreckt durch des Vogels Stimme; und die Töchter des Gesangs verstummen. Furcht tritt ein vor jeder Höhe; auf jedem Wege stoßen Schrecken auf, wenn nur ein Mandelbaum entblättert wird, eine Heuschrecke hin nur rauscht. Endlich verläßt einen jede Begierde; der Erdensohn geht hin zu seiner Heimat, und Wehklagende umringen die Straßen. Ehe die silberne Schnur sich verwickelt, die goldene Rinne dahin stürzt, der Eimer an der Quelle zerbricht und das Rad am Brunnen zerschmettert; so kehrt der Staub zur Erde zurück, woher er ward, und der Geist schwingt sich aufwärts zu Gott, der ihn gegeben.

Eitelkeit der Eitelkeiten! sagte der Prediger, alles ist eitel. Um so viel größer die Einsicht des Predigers ward, um so viel mehr suchte er das Volk zu belehren. Er erwog mit Aufmerksamkeit und dachte tief nach und verfertigte viele Gleichnisreden.

Die letzte Erkenntnis aber, die alles enthält, war diese: Fürchte Gott, halte seine Gebote! Denn dies ist der ganze Mensch.

Bemerkungen zu den Lektürestücken für Sukkot, Schemini Azeret, Simchat Tora

Das Fest der Wasserspende

Die älteste und großartigste Darstellung der Wasserspende, die an jedem Morgen der Sukkotfeiertage im alten Heiligtum dargebracht wurde, findet sich in der Mischna. Denn wiewohl sie erst im zweiten Jahrhundert n. von Juda Hanassi, schlechthin Rabbi oder Meister genannt, in sechs Abteilungen redigiert wurde, gehen ihre Quellen in die älteste Zeit zurück. Die Mischna enthält die Lehren des mündlich überlieferten Gesetzes, das lange Zeit nicht aufgezeichnet werden durfte und nur durch häufiges „Wiederholen" behalten werden konnte. Das ist auch der Sinn des Wortes Mischna. Sie bildete sogleich nach ihrem Abschluß die Grundlage der religiösen Diskussion in den Hauptzentren des damaligen Judentums, in Babylonien und Palästina. Die Protokolle über diese Mischnaerörterungen wurden dann ihrerseits gesammelt und etwa dreihundert Jahre nach Abschluß der Mischna endgültig redigiert. Sie sind gleichsam deren „Vollendung", d. h. Gemara. Mischna und Gemara zusammen bilden den Talmud, d. h. das Buch der Belehrung. Im Talmud studieren, heißt darum noch heute „lernen". Es galt als höchstes Lob, wenn man von jemandem sagen konnte, er könne gut lernen. Entsprechend den beiden Zentren jüdischen Lernens haben wir einen palästinen-

ZU DEN LEKTÜRESTÜCKEN FÜR SUKKOT / SCHEMINI AZERET / SIMCHAT TORA

sischen und einen babylonischen Talmud. Letzterer wurde der maßgebende. Man bezeichnet den Talmud oft als „Schaß" nach den hebräischen Anfangsbuchstaben von schischa sedarim (sechs Abteilungen). In jeder Abteilung gibt es stofflich gruppierte Traktate, 63 im Ganzen, und jeder Traktat hat wieder seine Abschnitte. Die Sprache der Mischna ist ein von vielen aramäischen Ausdrücken durchsetztes Hebräisch, die der Gemara ist aramäisch. Man druckt bis heute den Talmud in der Größe der Inkunabeln und in der gleichen Seitenanordnung wie die erste Ausgabe, so daß die Zitate jedesmal das betreffende Talmudblatt (Seite a oder b) angeben. Es ist verhältnismäßig leicht, in der Mischna lesen zu lernen, sehr schwer ist es in der Gemara, deren Ausdrucksweise knapp und sigelartig ist. Sie verlangt schon rein materiell Beherrschung von Bibel und Mischna und verbreitet sich wie eben ein Diskussionsprotokoll über alle Gebiete des menschlichen Lebens, ob es strenge Rechtssuche ist, um die es hier vor allem geht, oder Geschichte, Naturwissenschaft, Medizin und Technik, oder Volksbrauch und mystisch-abergläubische Vorstellungen. Hunderte von Namen tauchen auf, verschiedenste Temperamente aus verschiedensten Zeitaltern. Es ist das grandiose Gesamtwerk eines ganzen Volkes, das sich ebenso in der alltäglichen Wirklichkeit wie in abstrakten Gedankengängen zu Hause findet. Denn hier allein spürt man den heiligen Glauben an das Wort der Tora, um dessen Erfüllung willen der Mensch lebt. Unsere Stelle bildet den Schluß des vierten Abschnittes im Mischnatraktate „Sukka". Dran schließt sich, wie im Talmud, die dazu gehörige Gemara, von der wir das Hauptstück bringen. Dabei benützten wir die im Jüdischen Verlag, Berlin, erschienene große Talmudübersetzung von Lazarus Goldschmidt. Unsere Stelle gibt ein Bild der zwei typischen Arten der Gemaradiskussion, der Halacha, d. h. der gesetzlichen Festlegung einer Vorschrift, und der Aggada, d. h. der Erzählung von Begebenheiten, legendärer Ausschmückung biblischer und nachbiblischer Berichte, aufhellender Gleichnisreden. Unsere Stelle zeigt auch die Freude an kunstvollen Wortspielen und allegorischen Deutungen, deren eigentliche Eleganz erst aus der Anwendung des hebräischen Bibelwortes so recht verständlich wird. Daneben finden wir die scharfsinnige Suche nach dem wahren Sinn einer Bestimmung und schließlich ethische Besinnungen edelster Art.

Shmarya Levin: Die Zeit unserer Freude
Über Levin siehe die Bemerkung zu den Lektürestücken für den Sederabend. Unsere Stelle findet sich auf S. 112—120 desselben Bandes (Rowohlt Verlag, Berlin).

M. J. Landa: Zwei Vermächtnisse
Landa (1874 in Leeds geboren) ist ein angesehener englischer Novellist und Komödiendichter. Mit seiner Frau, einer gleichfalls vielgelesenen englischen Schriftstellerin, schrieb er die Erzählung aus dem englisch-jüdischen Leben „Jaakob am Jabok". Die vorliegende Erzählung ist dem Sammelwerk „Yisroel" (Verlag John Heritage, London) entnommen. Die Übersetzung besorgte Berta Thieberger.

Chajim Nachman Bialik: Im fremden Land
Das Gedicht gestaltet eine Stimmung, die auch in den folgenden Versen von Rosenfeld angedeutet ist. Der lyrischen Verträumtheit Bialiks in die Dinge steht bei Rosenfeld der soziale Zuruf gegenüber. Die Übersetzung des Bialikschen Gedichtes aus dem Hebräischen stammt von Berthold Feiwel. Über Bialik vgl. die Bemerkungen zur Sabbatlektüre.

Edmond Fleg: Der Tod Moses
Am Simchat Tora wird aus der Tora das Schlußkapitel gelesen, das vom Tode Moses erzählt und nach einer Legende von Gott selbst geschrieben worden ist. Fleg (geb. 1874) hat in seinem „Moses" aus Midraschim und Sagen ein farbenreiches Mosaikbild geschaffen. Der Größte unter den Menschen ist vom Volke immer nur als Diener eines göttlichen Auftrages gesehen worden. Als Vertrauten und Nahen, als „unseren Lehrer", Mosche Rabbenu, hat die

ZU DEN LEKTÜRESTÜCKEN FÜR SUKKOT / SCHEMINI AZERET / SIMCHAT TORA

Phantasie des Volkes sein Leben und seinen Tod verklärt. Die Übersetzung aus dem Französischen stammt von Alexander Benzion.

Morris Rosenfeld: Laubhütte

Rosenfeld (1862 in Russisch-Polen geboren, 1917 in New York gestorben) war einer der ersten jiddischen Lyriker. Harte Jahre der Not ließen ihn auch das Judentum vor allem als soziale Frage sehen. Das Gedicht ist einem Band Rosenfeldscher Gedichte entnommen, die 1911 vom Herausgeber dieses Buches in deutscher Übertragung in der Jüdischen Universalbibliothek (Verlag R. Brandeis, Prag) veröffentlicht wurden.

Worte des Kohelet

Kohelet, die traditionelle Lektüre für den Sabbat des Laubhüttenfestes oder für Schemini Azeret, ist das biblische Buch des Pessimismus. Viele wollten in dem Wechselspiel zwischen Pessimismus und optimistischen Lehrsätzen einen Widerspruch sehen, der nur dadurch gelöst werden sollte, daß man annahm, in das ursprüngliche Werk seien später mildernde Zusätze eingefügt worden. Allein es gibt kein Aufsteigen zu religiösem Erleben ohne die Vorstufe des menschlichen Nichtigkeitsgefühls. Darum schließt das Buch mit einer Lebenshaltung, die den „ganzen Menschen" meint. Das Wort Kohelet wird vielfach als „Prediger" (Ecclesiastes) übersetzt. Wörtlich bedeutet es: Versammlung, Gemeinde, personifiziert etwa: Mann der Gemeinde. Die Überlieferung schreibt das Werk dem König Salomo zu.

Wir folgen in unserer Auswahl, die aber ein ganzes und geschlossenes Bild gibt, zumeist der Übersetzung von Dr. M. Letteris (1804—1871), der auch als hebräischer Dichter und Übersetzer ins Hebräische (er übersetzte u. a. Goethes Faust, die Werke Racines, Byrons „Hebräische Melodien") großes Ansehen genoß. Die hebräischen Texte der englischen Bibelgesellschaft sind von ihm redigiert worden.

DIE FREUDIGEN TAGE

Lichtanzünden
Holzschnitt aus einem alten
Minhagim-Buch, Amsterdam 1723

Chanukka
Von Max Grunwald

DER Charakter eines Volkes offenbart sich in der Art, wie es seine Feste feiert, insbesondere, wie es eine Siegesfeier begeht. In diesem Sinne ist Chanukka, das am 25. Kislew beginnt und acht Tage dauert, ein ganz spezifisch jüdisches Fest. Es ist das Denkmal für den Triumph eines friedlichen Bauernvolkes, das Jahrhunderte lang ungestört seine Scholle bebaut und sich des Gebrauches der Waffen entwöhnt hatte, gegen einen kriegsgeübten, an Zahl vielfach überlegenen Feind. Aber das offizielle jüdische Schrifttum berichtet nichts von den Schlachten und Siegen, nennt nicht einmal den größten Führer[1] in diesen Kämpfen, auch nicht die Orte, an denen sie stattgefunden haben, und die jetzt im altneuen Erez Israel Wallfahrtziele werden dürften, wie die Gräber der Heldenfamilie von Modin. Nichts sonst erinnert bei uns in Haus und Betraum an jene Siege als ein Lichtchen, das sich acht Tage lang täglich um eines

---

[1] Vgl. Anhang, Anm. 1.

vermehrt, und eine stille Feier im Frieden des Hauses²). Denn wir feiern im Chanukkafest nicht die Siege der Makkabäer, sondern die Wiederaufnahme des Tempeldienstes, des Anzündens der Menora³). Das Chanukkalichtchen deutet bloß den Sinn des Sieges der Makkabäer an und das Mittel und Geheimnis dieses Sieges. „Nicht durch Macht und nicht durch Kraft, sondern durch meinen Geist spricht der Herr der Heerscharen" (Secharja 4, 6).

Einige interessante Chanukkabräuche mögen folgen:

Die Überlieferung weist Frauen Anteil an dem Sieg des Makkabäischen Geistes zu. Die fromme Hanna, die sieben Söhne zum Martyrium anspornt, ist in der jemenitischen Hasmonäerrolle die Schwester der Makkabäer, die ihre Brüder zum Kampfe ermutigt. Weiters lebte im Volk im Zusammenhang mit den makkabäischen Freiheitskämpfen die Erinnerung an Judit fort. Darum dürfen auch Frauen die Lichter anzünden und sollen, um die Verdienste jener Frauen zu feiern, keine Arbeit verrichten, solange die Lichter brennen. Milch und Käse auf der Speisekarte des Festes erinnern daran, daß sich Judit am Tische des Holofernes unerlaubter Speisen enthalten hat. In Avignon durften im 18. Jahrhundert am Chanukka die Frauen ausnahmsweise die Männersynagoge betreten.

Im Kaukasus zündet der Sohn und nicht der Vater die Lichter an. In manchen Gegenden (z. B. Ostfriesland) springt man über die Lichter, in anderen durchzieht man mit ihnen das „Maos zur" singend alle Zimmer.

Unter den Chanukkaspielen sei vor allem das Trendel erwähnt. Es heißt in Rußland und Polen Dreidel, in Mähren „Stellein". Es ist ein Würfel, durch den eine Spindel geht, so daß er sich kreiselartig drehen läßt. An den vier Seiten sind die hebräischen Buchstaben: N, G, H, Sch eingezeichnet. Es sind die Anfangsbuchstaben von: Nes gadol haja scham (Ein großes Wunder ist dort geschehen). Man gewinnt oder verliert je nach dem Buchstaben, der nach dem Drehen oben zu liegen kommt, und zwar bedeutet N: nichts (nämlich vom Einsatz, der gewöhnlich aus Nüssen besteht), G: ganz, H: halb, Sch: stell ein (d. h. gib nochmals den Einsatz).

Ein anderes, namentlich in Galizien verbreitetes Chanukkaspiel sind die sogenannten „Kwittlech". Man zeichnet auf Kartons die hebräischen Buchstaben, die einen bestimmten Zahlenwert darstellen. Es gibt die verschiedensten Spielregeln. Die Kwittlech ersetzen das sonst verpönte Kartenspiel, ebenso wie das Trendel das verbotene Würfelspiel. Nur in der Christnacht, der sogenannten Nitlnacht (natalis), wurde seit jeher von diesem Verbot eine Ausnahme gemacht. Ein anderes Spiel, zu dem Gewandtheit im jüdischen Schrifttum gehört, ist das Chanukka-Ketowes. Aus dem Zahlenwert

---

²) Vgl. Anhang, Anm. 2.
³) Vgl. Anhang, Anm. 3.

irgend einer Schriftstelle, besonders aus dem laufenden Wochenabschnitt von Chanukka, soll die Zahl der Chanukkalichtchen, die mit den acht Schameslichtern 44 beträgt, herausgefunden werden. Einige Redensarten zeigen, wie beliebt diese Rätselaufgaben waren: „Gott läßt mit sich kein Katowes (Spaß) machen."

Die neueste Entwicklung der jüdischen Geschichte ist keinem Feste so zugute gekommen wie Chanukka. Aus einem stillen Lichtfest ist die lautjubelnde Makkabäerfeier geworden. Auch die Umzüge Lichter tragender Kinder in Erez Israel, ein Wiedererwecken früherer öffentlicher Feiern dieses Festes im Orient, haben es zum Volksfest in größerem Stil erstehen lassen.

ANHANG

Anmerkung 1 (zu Seite 343): Über die geschichtliche Seite des Festes unterrichtet das in unserem Lektüreteil wiedergegebene Kapitel aus dem Geschichtswerk von Heinrich Grätz.

Die Legende erzählt, daß man in dem wieder eroberten Heiligtum kein vorschriftsmäßig bereitetes Öl zum Leuchten fand. Endlich sei man auf ein Ö l k r ü g l e i n gestoßen, das mit dem Siegel des Hohepriesters versehen war. Aber es enthielt Brennstoff nur für einen Tag. Da geschah ein Wunder: man konnte mit dem kleinen Vorrat acht Tage lang auskommen, bis neues Öl bereitet worden ist. Daher stamme die achttägige Dauer des Festes. Die palästinensischen Quellen kennen diese Legende nicht, die bei den babylonischen Juden zu Hause gewesen sein dürfte.

Anmerkung 2 (zu Seite 344): Die Lichter sollen mindestens drei Handbreit hoch vom Fußboden stehen. In alter Zeit stellte man sie an die der Mesusa gegenüberliegende Türseite, so daß der Jude von lauter Geboterfüllungen (Mizwot) umgeben war. Heute stellt man die Menora im Hause gewöhnlich an ein Fenster, damit sie ins Freie hinausleuchte. In der Synagoge stehen die Lichter in der Richtung von Ost nach West, wie die Lichter im alten Tempel in Jerusalem. Im Hause zündet man die Lichter nach dem Abendgebet und nach Sonnenuntergang an, in der Synagoge vor dem Abendgebet. Nur am Freitag werden die Lichter im Hause vor dem Abendgottesdienst und vor den Sabbatlichtern angezündet. Am Sabbatabend zündet man sie zu Hause nach der Hawdala (s. Sabbat) an, in der Synagoge vor dem Abschnitt, der mit „wajiten lecha" beginnt, also auch vor der Hawdala.

Vor dem Lichteranzünden sagt man, das brennende Licht, mit dem angezündet wird, den sogenannten S c h a m e s (Diener), in der Hand, zwei Preisungen: „lehadlik ner schelchanukka" (Wir preisen dich für das Gebot, das Chanukkalicht anzuzünden) und: „scheassa nissim laawotenu bajamim hahem baseman hase" (der Wunder getan mit unseren Vätern in jenen Tagen, in dieser Zeit). Am ersten Abend wird auch der Dankspruch für das Erleben dieser Zeit hinzugefügt („schehechejanu"). Dann zündet man die Lichter an, und zwar am ersten Abend das Licht am rechten Ende des Menoraleuchters, am zweiten Abend zuerst das neu hinzugekommene Licht, also das links vom ersten stehende usf., bis am achten Tage alle acht Lichter brennen. Wir folgen dabei der sogenannten Schule Hillels (s. Lektüre zum Sederabend), während die Schule Schammais mit acht Lichtern begann und an jedem weiteren Tage um ein Licht weniger anzündete. Nach dem Anzünden oder während des Anzündens spricht man einige Sätze aus dem sogenannten kleinen Talmudtraktat S o f e r i m , der nicht in den babylonischen Talmud aufgenommen ist. Sie beginnen mit den Worten: „hanerot halalu". (Diese Lichter zünden wir als Dank für die Hilfe an.) Dann singt man das Lied: „m a o s z u r". Nach einer Einleitungsstrophe, welche die neue Einweihung des Altars (chanukkat hamisbeach) ersehnt, wird der vier Rettungen aus der Macht der Ägypter, Babylonier, Hamans und der Griechen zur Zeit der Makkabäer in je einer Strophe gedacht. Die Anfangsbuchstaben der Strophen ergeben den Verfassernamen Mordechaj. Er dürfte im 13. Jahrhundert gelebt haben. Die Herkunft der traditionellen Melodie selbst ist umstritten. Jedenfalls war sie im 15. Jahrhundert schon verwendet worden (vgl. S. 50).

Während die Chanukkalichter brennen, verrichten die Frauen keine Arbeiten im Hause. Das mag den Anlaß zur Entstehung der verschiedenen Chanukkaspiele gegeben haben. Im Hause kann jeder einzelne seine eigenen Menoralichter anzünden. Auch Frauen sind zum Anzünden der Lichter verpflichtet und dürfen dies für die anderen Hausleute tun. In vielen Gegenden pflegt man die Chanukkalichter in der Synagoge nach dem Gottesdienst auszulöschen und vor dem Morgengebete wieder ohne Zeremoniell anzuzünden.

An die Hasmonäer und ihre Siege erinnert eine kurze Einschaltung, die während Chanukka in der Tefilla und auch im Tischgebet gemacht wird. Sie ist dem erwähnten kleinen Talmudtraktat Soferim entnommen und wird mit dem auch für Purim bestimmten Satz aus dem Traktat Sabbat 24, I: „al hanissim" (Dank für Wunder) eingeleitet.

Während Chanukka entfallen alle Bußgebete. Im Morgengebet wird nach der Tefilla das ganze Hallel gesagt, das nur fortgelassen wird, wenn man im Hause eines Trauernden den Gottesdienst abhält. Am Morgen wird aus einer Torarolle ein Abschnitt über die Einweihung des Altars (4. B. M., Kap. 7, von Vers 17 angefangen) jedesmal für drei zur Tora Aufgerufene vorgelesen. Am achten Tage liest man die Verse bis zu der Stelle, die von der Vollendung der Menora für das Heiligtum berichtet. Am Sabbat Chanukka wird aus zwei Torarollen gelesen, als Haftara ist die Stelle aus dem Propheten Secharja gewählt, die mit der Vision einer Menora schließt und die im darstellenden Teil zitierten Verse aus Secharja enthält. Falls noch ein zweiter Sabbat auf Chanukka fällt, liest man als Haftara die Beschreibung der verschiedenen Geräte im Tempel Salomos aus dem 1. Buch Könige 7, 40—50. Fällt Sabbat Chanukka auf den Neumondtag, werden drei Torarollen ausgehoben. Als Haftara bleibt die für den Sabbat Chanukka bestimmte. (Vgl. auch die Anmerkungen zum Art. Sabbat.) In vielen Gemeinden, in denen der dreißigste Psalm, welcher der Einweihung des Tempels gewidmet ist, nicht täglich im Morgengebet gesagt wird, pflegt man ihn während der Chanukkatage am Schluß des Morgengebetes zu sprechen.

Anmerkung 3 (zu Seite 344): Die Menora (Leuchter) des Stiftszeltes war siebenarmig, aus getriebenem Gold. Im Salomonischen Tempel standen zehn solche Leuchter. Im zweiten Tempel nur einer, den Antiochus raubte und Juda Makkabi wiederum ersetzte. Diese Menora wurde nach Eroberung Jerusalems durch Titus (70 n.) nach Rom gebracht. Sie ist noch heute auf dem Titusbogen in großer Abbildung zu sehen. Von Rom soll sie später von den Vandalen nach Karthago verschleppt und von dort nach Konstantinopel gebracht worden sein.

Kein biblischer Kultgegenstand durfte außerhalb des Tempels in den gleichen Maßen nachgebildet werden. Es sollte damit der Möglichkeit eines zweiten Kultortes neben Jerusalem vorgebeugt werden. Trotzdem wurde seit je die siebenarmige Menora für Synagogen und als Sabbatmenora fürs Haus nachgebildet. Die Chanukka-Menora hat acht Arme und gewöhnlich noch einen besonderen Platz für den Schames, der auch gebraucht wird, wenn eines der Lichter vorzeitig ausgehen sollte. Denn ein Chanukkalicht selbst darf zum Anzünden eines anderen nicht verwendet werden. Das jüdische Kunsthandwerk hat die verschiedensten Arten von Menorot hervorgebracht. Im Grunde handelt es sich um zwei Typen: der eine stellt einen Leuchter vor, von dem Arme ausgehen, der andere ordnet auf einer Art Steg die acht Lichter nebeneinander. Für Synagogen wird immer der erste Typ verwendet. Die älteste erhaltene Chanukkamenora stammt aus Lyon (aus dem 13. Jahrhundert).

LEKTÜRE FÜR CHANUKKA

Die makkabäische Erhebung

Von Heinrich Graetz

ALS die blutige Verfolgung des jüdischen Volkes einen so hohen Grad erreichte, daß die Vernichtung des ganzen Volkes oder die Ergebung in das Unabwendbare durch Erschöpfung und Verzweiflung nah war, trat eine Erhebung ein. Sie wurde von einer Familie herbeigeführt, deren Glieder herzenslautere Frömmigkeit und Opferfreudigkeit mit Mut, Klugheit und Vorsicht in sich vereinigten; es war die Familie der Hasmonäer oder Makkabäer. Ein greiser Vater und fünf heldenmütige Söhne haben einen Umschwung und eine Erhebung herbeigeführt, welche das Judentum für alle Zeiten befestigt und das nationale Leben des Volkes auf ein halbes Jahrhundert hinaus gestärkt hat. Der greise Vater hieß Mattathia, Sohn Jochanans, Sohnes des Simon Hasmonai, ein Ahronide aus der Abteilung Jojarib, welcher seinen Wohnsitz in Jerusalem hatte, aber infolge der Entweihung sich in dem Städtchen Modin, drei Meilen nördlich von Jerusalem, niedergelassen hatte. Von seinen fünf Söhnen, die sämtlich zur Erhebung des Volkes aus seiner tiefsten Erniedrigung beitrugen und ihren Tod in dessen Verteidigung fanden, führte jeder einen eigenen aramäisch klingenden, scheinbar aber auf etwas hinweisenden Namen, Jochanan Gadi, Simon Tharsi, Juda Makkabi, Eleasar Chawran und Jonathan Chaphus. Dieses hasmonäische Haus, das wegen seines Ansehens viele Anhänger hatte, empfand die trostlose Lage des Vaterlandes mit stechendem Schmerz... Als einer der syrischen Aufseher, namens Apelles, nach Modin kam, um die Bewohner zum Götzendienste und zum Abfall von der Lehre aufzufordern, fand sich Mattathia mit seinen Söhnen und seinem Anhang geflissentlich ein. Und als er aufgefordert wurde, als der Angesehenste mit dem Beispiel der Unterwürfigkeit voranzugehen, antwortete er: „Und wenn alle Völker im Reiche des Königs gehorchen sollten, von der Weise ihrer Väter abzufallen, so werde ich, meine Söhne und Brüder verharren im Bündnis unserer Väter." Als ein Judäer sich doch dem aufgerichteten Altar näherte, um zu Ehren des Zeus zu opfern, hielt sich Mattathia nicht mehr, sein Eifer erglühte, er stürzte sich auf den Abtrünnigen und tötete ihn neben dem Altar. Seine Söhne, mit großen Messern versehen, fielen über Apelles und seine Schar her, machten sie nieder und zerstörten den Altar. Diese Tat war ein Wendepunkt. Es war damit das Beispiel gegeben, aus der Untätigkeit der Verzweiflung herauszutreten, den Kampf aufzunehmen und nicht als Schlachtopfer leidend zu fallen...

Mattathia hatte unmittelbar nach der eifervollen Strafvollstreckung an Antiochos' Schergen ausgerufen: „Wer für das Gesetz eifert und das Bündnis bestätigen will, ziehe mir nach." Darauf schlossen sich die Bewohner von Modin und der Umgebung ihm an, und er suchte einen sichern Schutzort für sie im Gebirge Ephraim aus. Hier suchte ihn der Rest der Chassidäer auf, welche dem Tode in den Höhlen entgangen waren, und alle, welche vor den Drangsalen hatten entfliehen müssen. So nahm die Zahl der entschlossenen Verteidiger des Vaterlandes und des Gesetzes täglich zu... Gewarnt durch die allzu übertriebene Frömmigkeit der Chassidäer, welche Bedenken hatten, am Sabbat auch nur einen Stein zur Verteidigung zu bewegen, beschloß die Versammlung um den greisen Hasmonäer: künftig jeden Angriff, wenn an einem Ruhetag gegen sie unternommen, mit Waffengewalt zurückzuschlagen, das Sabbatgesetz sollte kein Hindernis zur Verteidigung ihres zur Erhaltung des Gesetzes so notwendigen Lebens sein. Die Chassidäer hatten nichts gegen diesen Beschluß, und auch sie, bis dahin gewöhnt, sich in das heilige Schrifttum zu versenken, Männer von ruhiger, stiller Lebensweise, rüsteten sich zum rauhen Waffenwerk. Ein Zuversicht einflößender Führer schafft Krieger. Die trostlose Lage beim Ausgange der Richterzeit hatte sich wiederholt, das Land war unterjocht, gerade wie beim Beginn der Zeit Sauls, die Bewohner verbargen sich in Löchern und Höhlen, ein Teil hielt es mit dem Feinde, und nur ein kleines Häuflein war bereit, mit seinem Leibe das in Schmach gefallene Vaterland zu decken, hatte aber keine Waffen und war nicht kriegsgeübt. Ein Sieg war jetzt noch mehr aussichtslos als damals, da der Feind unvergleichlich mächtiger und mit der seit der Zeit vervollkommneten Kriegskunst imstande war, das Häuflein Todesmutiger auf einmal zu zermalmen.

Mattathia hütete sich wohl, mit der geringen Schar eine Fehde gegen die Syrer aufzunehmen. Bekannt mit jedem Winkel des Landes drang er nur mit seinen Söhnen und seiner Schar unvermutet in die Landstädte, zerstörte die aufgerichteten götzendienerischen Tempel und Altäre, züchtigte die zum Feinde haltenden Einwohner, verfolgte die Griechlinge, wo er auf sie stieß, und vollzog das Bundeszeichen an den unbeschnitten gebliebenen Kindern. Dann und wann mag er auch eine schwache syrische Truppe, wenn sie ihm in den Weg lief, aufgerieben haben. Sandte der Befehlshaber der Besatzung in Jerusalem eine größere Schar zur Verfolgung der städtischen Judäer, so waren diese zerstoben und nicht zu finden. Kurz, Mattathia führte gegen den Feind den kleinen Krieg, der nur in Gebirgsgegenden möglich ist, aber da auch einen noch so mächtigen Gegner müde macht.

Als der greise Mattathia sich zur Todesstunde vorbereitete (167 v.), brauchte die Schar der Kämpfer nicht in Angst zu geraten, wer sie künftig zusammenhalten würde... Der sterbende Vater bezeichnete einen der ältern Söhne, S i m o n, als den klugen Ratgeber und den jüngern, J u d a, als Anführer im Kriege... Mit Juda Makkabis Auftreten an der Spitze nahm der Widerstand eine noch günstigere Wendung. Er war ein Kriegsheld, wie ihn das Haus Israels seit den Tagen Davids und Joabs nicht gesehen, nur noch lauterer und gesinnungsedler... Er gab der ganzen Zeit seinen Namen. Die Makkabäerkämpfe dienten in späterer Zeit manchen Völkern zum Muster.

Anfangs ging auch er nur in den Wegen seines Vaters, zog heimlich oder in der Nacht aus, um die Abgefallenen zu züchtigen, die Schwankenden an sich zu ziehen und kleinen syrischen Truppenkörpern Schaden zuzufügen. Als aber sein Anhang durch den Zutritt solcher immer mehr wuchs, die bis dahin aus Ruheliebe dem Zwange nachgegeben, das Judentum zum Schein verleugnet hatten und nun zum Kampfe entflammt waren, und auch solcher, welche der Zwang, die Grausamkeit und die Verwüstung von ihrer Schwärmerei für das griechische Wesen gründlich geheilt hatten, da wagte Juda einer syrischen Kriegsschar mit dem Heerführer A p o l l o n i o s an der Spitze zu einem Treffen entgegenzutreten.

Dieser hatte die Besatzungstruppen aus Samaria mit noch anderen zusammengerafften Scharen zur Bekämpfung der judäischen Aufständischen in Bewegung gesetzt, weil es ihm bedenklich schien, Jerusalem oder vielmehr die Akra (Burg) von Kriegern zu entblößen. Es war die erste offene Feldschlacht, welche Juda aufnahm, und sie fiel glücklich aus (166 v.). Der Anführer Apollonios wurde getötet, und seine Soldaten fielen verwundet auf dem Schlachtfelde oder suchten ihr Heil in der Flucht...

Bald folgte ein glänzender Sieg. Ein syrischer Feldherr H e r o n suchte den Helden Juda und seine Schar mit einem großen Heere im Gebirge auf, um sie mit der Überzahl der Krieger zu erdrücken. Verräterische Hellenisten zogen mit ihm, um ihn bequeme Wege in den Bergen zu führen. Als die judäischen Kämpfer diese große Zahl bei der Steige von B e t h o r o n, wo Heron das Lager aufgeschlagen hatte, zuerst erblickten, riefen sie aus: „Wie vermöchten wir gegen diese Krieg zu führen?" Indessen beruhigte Juda ihre Furcht..., ließ die Syrer mit Ungestüm angreifen und schlug sie aufs Haupt. Achthundert von Herons Heer blieben auf dem Schlachtfelde, und die Übrigen entflohen westwärts bis ins Land der Philister. Dieser erste entscheidende Sieg Judas über ein größeres Heer bei Bethoron (166) flößte den Judäern Zuversicht auf den glücklichen Ausgang ihrer Sache und den Völkern Furcht vor des Makkabäers Heldenkraft und geschickter Führung und vor des Volkes Zähigkeit ein. — Was tat indes Antiochos, der Urheber aller dieser Drangsale? Er hatte sich anfangs wenig um die Judäer gekümmert, im Wahne, daß seine Erlasse genügen würden, sie unterwürfig und für seinen Bekehrungszwang geneigt zu machen. Als ihm aber die Unfälle seiner Heeresabteilungen im Kampfe mit ihnen gemeldet wurden und Judas Heldenname an sein Ohr klang, kam er zur Einsicht, daß er ihre Widerstandskraft unterschätzt hatte...

Es lag ihm nicht mehr daran zu hellenisieren. Es hatte seine wohlmeinende Absicht, es einer höheren Gesittung zuzuführen, es durch die griechische Einbürgerung auf eine geachtete Stufe zu erheben, mit Trotz verschmäht und gar gewagt, seinen Scharen mit Waffen entgegenzutreten. Es hatte sich der ihm zugedachten Wohltat unwürdig und darum unverbesserlich gezeigt, es beharrte darauf, ein eigenes, von den übrigen Völkern gesondertes Volk zu bleiben und hegte gegen diese Haß, da es die Verschmelzung mit ihnen verschmähte. Darum sollte es vertilgt, ganz und gar vertilgt werden. Lysias erhielt von ihm den Auftrag, mit der ihm zurückgelassenen Heeresmasse gegen Judäa zu Felde zu ziehen und dann nach dessen Besiegung zu vernichten und auszurotten jede Spur von Israel und jeden Überrest von Jerusalem, ihr Andenken aus dem Lande zu vertilgen, fremde Völkerschaften in das Land zu verpflanzen und es ihnen einzuteilen. In diesen Vertilgungsplan waren auch die jüdischen Griechlinge einbegriffen; Antiochos gab sie auf. Was lag ihm an der geringen Zahl derer, welche sich seinen Anordnungen sklavisch fügten oder sie gar förderten? Auch sie gehörten dem unverbesserlichen Stamme an und verdienten seine Teilnahme nicht...

Als Antiochos mit einem Teil des Heeres nach dem Osten gezogen war (166), hatte Lysias einen Oberfeldherrn auserkoren, P t o l e m ä o s ... und unter ihm zwei Unterfeldherren N i k a n o r und G o r g i a s, einen kriegserfahrenen Führer. Gorgias erhielt Auftrag, den Feldzug gegen die judäische Schar zu eröffnen, und ließ seine Heeresabteilungen — man schätzte sie übertrieben auf 40 000 mit Reiterei — längs der Meeresebene den Weg ins Herz Judäas nehmen. Samaritaner und Philister, alle Erzfeinde der Judäer, stellten sich ihm zur Verfügung. So gewiß war er seines Sieges, daß er Sklavenhändler aufforderte, sich mit ihren Geldbeuteln und Fesseln in sein Lager zum Ankauf von Judäern einzufinden — je neunzig Seelen für ein Talent soll er angeboten haben. Der syrische Truppenführer fand es ratsamer, statt die Judäer totzuschlagen, sie vielmehr als Sklaven zu verkaufen und aus dem Erlös den Rest der Kriegsschuld an die Römer zu zahlen. Während über ihre Leiber Abschlüsse gemacht wurden, versammelten sich die judäischen Krieger um ihren Helden Juda Makkabi; sie zählten indes bereits sechstausend. Ehe ihr Führer sie ins Treffen führte, gedachte er sie mit dem Geiste hingebenden Heldenmutes zu erfüllen. Er veranstaltete eine feierliche Versammlung in der

Bergstadt **M i z p a h** (zwei Stunden von Jerusalem entfernt). Bemerkenswerte Wiederholung! Neun Jahrhunderte vorher hatte der Prophet Samuel eine ähnliche Versammlung zusammenberufen, um einen Führer zur Bekämpfung des die Vernichtung Israels planenden Feindes zu wählen. Mizpah wählte Juda deswegen zum Betplatz, weil es nach der Tempelzerstörung unter Gedalja für den Überrest der Judäer als Mittelpunkt gedient und auch damals einen kleinen Tempel hatte. Da es unmöglich war, in Jerusalem zur Andacht zusammenzukommen, weil das Heiligtum zertreten war und die Frevler in der Akra hausten, so schien Mizpah eine geeignete Stelle zum Gebete. Eine Menge Volk aus den Nachbarstädten hatte sich dazu eingefunden, um an dem feierlichen Bettag teilzunehmen. Auch Nasiräer, welche sich eine bestimmte Zeit des Weines enthalten hatten und zur Entbindung von ihrem Gelübde des Tempels bedurften, waren nach Mizpah gekommen. Die Versammlung war tief ergriffen; sie beobachtete den ganzen Tag ein strenges Fasten, hatte Traueranzüge angelegt und flehte mit der ganzen Inbrunst, deren ein beklommenes Herz fähig ist, ihren Gott um Erbarmen und Hilfe an. Eine Torarolle, welche die judäische Schar in ihrer Mitte führte, wurde ausgebreitet, und sie gab zur Klage Gelegenheit, daß Antiochos sie von ihrem Herzen reißen wollte, damit sie den Heiden und Götzendienern gleich würden. Der Anblick der Erstgeborenen, der niedergelegten Zehnten, der Priesterkleider und besonders der anwesenden Nasiräer erregte tiefe Klagen. Was sollte mit diesen geschehen, da das Heiligtum unzugänglich und es den von dem Gelübde Gebundenen unmöglich geworden ist, von demselben gelöst zu werden? Indessen dachte Juda daran, die Menge nicht bloß durch Rührung zu erregen, sondern sie auch mit Mut zu erfüllen und tatkräftige Vorbereitung zu den voraussichtlich schweren und heißen Kämpfen zu treffen. Er teilte seine Schar in vier Teile und stellte drei seiner älteren Brüder an die Spitze jeder Abteilung. Der Vorschrift des Gesetzes gemäß ließ er durch Beamte ausrufen, daß es denen, welche erst jüngst geheiratet oder ein neues Haus gebaut oder einen Weingarten gepflanzt hätten, oder welche sich nicht Mut zutrauten, gestattet sei, sich dem Kampfe zu entziehen. Darauf zog er dem Feinde entgegen nach Emmaus, acht oder neun Stunden von Mizpah, zwischen Bethoron und Jamnia, da, wo das westliche Gebirge sich in die Ebene abflacht. Gorgias hatte sein Lager mit etwa fünftausend Mann Fußvolk und tausend Reitern in der Ebene bei diesem Orte aufgeschlagen, weil ihm von hier aus das Eindringen in das Gebirge Juda und der Angriff auf den Sammelpunkt des makkabäischen Heeres am leichtesten zu bewerkstelligen schien. Juda lagerte mit seiner Mannschaft südlich von Emmaus auf den Höhen in nächster Nähe, um vom Feinde bemerkt zu werden. Der syrische Truppenführer gedachte daher die judäische Schar in der Nacht zu überrumpeln. Aber Makkabi hatte dessen Kriegslist überlistet. Mit dem Einbruche der Dunkelheit war er mit den Seinigen vom Lagerplatz aufgebrochen, hatte sich auf bekannten Wegen westlich gewendet und stand dem Feinde im Rücken. Da Gorgias den Lagerplatz der Judäer leer fand, so nahm er an, sie hätten aus Furcht sich tiefer ins Gebirge zurückgezogen und eilte ihnen nach. Darauf war Judas Kriegslist berechnet. Er verfolgte die Syrer im Rücken, erreichte ihr Lager, steckte es in Brand und zog den Truppen nach. Mit Tagesanbruch bemerkte erst Gorgias, daß der Feind, den er im Gebirge aufsuchte, hinter ihm her von der Ebene aus nachrückte. Er konnte daher eilig nur einer Abteilung seines Heeres den Befehl geben, halt zu machen und sich den Judäern entgegenzuwerfen. Makkabi hatte indes seine Abteilung geordnet und sie zum Kampfe für Vaterland, Gesetz und Heiligtümer angefeuert. Sein jüngerer Bruder las in der Eile einige ermutigende Verse aus der Tora vor und gab den Kriegern das Erkennungswort: „Gottes Hilfe". Da die judäische Schar der einen Abteilung der syrischen Truppen an Zahl überlegen war und mit Begeisterung kämpfte, so errang sie den Sieg, und der Feind suchte sein Heil in der Flucht, ein Teil nördlich bis Gazer (Gazara) und ein anderer Teil westlich bis Jamnia und südlich bis Aschdod (Azotus). Juda mahnte seine Leute, sich nicht auf die Beute zu werfen, da ihnen noch ein Kampf mit den übrigen Abteilungen des aus dem Gebirge umkehrenden Feindes bevorstehe. Bald darauf wurden diese Truppen bemerkt und die judäischen Truppen hielten sich bereit, das Treffen aufzunehmen. Aber es kam nicht dazu. Sobald diese und die nachrückenden Syrer den Rauch von ihrem früheren Lagerplatz aufsteigen sahen, wandten sie sich gleich zur Flucht, südwärts ins Philisterland... Mit Dank- und Lobliedern, deren Kehrvers lautete: „Preiset den Herrn, denn er ist gütig, und ewig währt seine Gnade", kehrten die Sieger zu ihrem Sammelpunkte Modin zurück.

Aber noch lange durften sie nicht die Waffen aus der Hand legen; sie konnten als gewiß annehmen, daß Lysias, welcher den gemessenen Befehl hatte, die Judäer zu vertilgen, die erlittene Niederlage des einen Feldherrn nicht ruhig hinnehmen, sondern doppelte Anstrengung machen würde, die Scharte auszuwetzen. Sie blieben also gerüstet und hatten die Freude wahrzunehmen, daß ihre Zahl zunahm und bis auf zehntausend wuchs. Gab es je einen heiligen Krieg, so verdiente der von den Makkabäern geführte zweifellos diesen Namen. Als nun im darauffolgenden Jahre (Herbst 165) Lysias selbst, wie es scheint, mit einem starken, auserwählten Heere Fußvolk und Reitern Judäa wieder mit Krieg überzog, fand er dessen Verteidiger noch mutiger und standhafter. Er hatte nicht gewagt, auf derselben Straße von der Meeresebene aus ins Land einzudringen, sondern hatte einen Umweg machen lassen, um von Süden, von dem von den Idumäern besetzten Gebiete aus, den Einfall zu machen. Er schlug sein Lager bei B e t h z u r auf, etwa fünf Stunden südlich von Jerusalem. Makkabi zog ihm mit seinen Zehntausend entgegen; es kam zu einer regelrechten Schlacht, und der ungestüme Angriff der Judäer siegte abermals über die Kriegskunst der syrischen Mietstruppen. Unmutig zog Lysias ab, da er sah, daß die Judäer dem Tode trotzten, und schmeichelte sich, durch Vermehrung seines Heeres ihrer doch endlich Herr zu werden...

Auf die aufreibende Aufregung dieses Zeitraumes war Ruhe eingetreten. Diesen günstigen Augenblick benutzten Makkabi und sein Anhang, um nach Jerusalem zu ziehen und die dort eingerissene greuliche Entweihung aufhören zu machen. Der Anblick der heiligen Stadt war niederbeugend für ihre treuen Söhne, die für deren Ehre ihr Herzblut verspritzt hatten. Ihre entarteten Söhne hatten sie zertreten, geschwächt und derart entstellt, daß sie nicht wieder zu erkennen war. Sie glich einer Einöde, in der nur ihre Verächter sich frech tummelten. Verödet war besonders das Heiligtum, die Torflügel verbrannt, die Hallen zerstört, überall Götzenaltäre, und auf dem Altar das Bildnis des olympischen Zeus, des Greuels der Verwüstung, und Bildnisse des frechen Antiochos. Die heiligen Kämpfer durften sich aber nicht der Trauer und dem Schmerze über die Verwüstung und Entweihung hingeben, sondern mußten rasch handeln, um nicht bei dem Werke der Reinigung plötzlich gestört zu werden. Ihr erstes Geschäft war, das Zeusbild zu zerstören und die Steine sowie alle unreinen Gegenstände aus den Vorhöfen zu entfernen (3. Kislew/November 165). Aber auch den Altar beseitigten sie; durch die an ihm vollzogene vielfache Entweihung schien es ihnen nicht mehr würdig, auf ihm zu opfern. Nach einer vorangegangenen Beratung der Gesetzeskundigen wurde beschlossen, die Steine des Altars nicht mit den übrigen an einen unreinen Ort zu werfen, sondern sie in eine Halle des Vorhofes niederzulegen und zu bewahren, bis ein Prophet, der Prophet Eliahu, auftreten und das Verfahren mit denselben vorschreiben würde. Darauf wurde ein neuer Altar errichtet aus ungehauenen Steinen, die aus unterirdischen Kalkschichten ausgeschnitten wurden. Neue Torflügel wurden eingehängt und neue Tempelgefäße hergestellt, der goldene Leuchter, der Weihrauchaltar und der vergoldete Tisch für die Schaubrote. Antiochos hatte alle diese heiligen Geräte geraubt; die Beute seiner besiegten Heere gab die Mittel dazu, neue dafür zu besorgen. In drei Wochen waren alle diese Vorbereitungen vollendet, und am frühen Morgen des 25. Kislew (Nov. 165) wurde die Tempelweihe mit Opfern und Dankgebeten vollzogen...

Acht Tage dauerte das Weihfest, nach dem Vorgang unter Salomo, oder vielleicht auch um das achttägige Hüttenfest zu ersetzen, welches das Volk, damals noch in banger Ungewißheit, nicht begehen konnte.

Das ganze Volk aus allen Städten Judäas beteiligte sich daran, und wie es scheint, zündeten die Bewohner Jerusalems vor ihren Wohnungen helle Lämpchen an, als Symbol für die Tora, die von den Dichtern als „Licht" bezeichnet wurde und ihnen gewissermaßen zum zweiten Male übergeben wurde. Die Hasmonäerbrüder faßten im Verein mit den übriggebliebenen Mitgliedern des hohen Rats einen wichtigen Beschluß für die Zukunft. Die acht Tage vom 25. Kislew an sollten fortan jährlich zum Andenken an die Tempelweihe freudig und festlich begangen werden. Jahraus, jahrein sollten sich die Glieder des Hauses Israel an die herrlichen Siege Weniger über Viele und an die Wiederaufrichtung des Heiligtums erinnern. Dieser Beschluß wurde gewissenhaft befolgt. Seit der Zeit, zwei Jahrtausende hintereinander, wurden diese Tage als „Einweihungstage" (Chanukka) durch Anzünden von Lampen in jedem Hause Israels gefeiert. Die Tage erhielten von diesem Umstand den Namen „Lichtfest". Es waren die ersten Siegestage, die als Halbfeier eingeführt wurden, und deren Zahl sich im Verlaufe vermehrte.

Die Legende vom greisen Eleazar und von der frommen Channa

(Aus dem zweiten Makkabäerbuch)

EINER der vornehmsten Schriftgelehrten, Eleasar, dessen Gesicht bei schon vorgerücktem Lebensalter den schönsten Anblick darbot, wurde mit Aufsperren des Mundes zum Essen von Schweinefleisch gezwungen. Aber indem er

CHANUKKA.

1. Běracha zum Anzünden der Chanukka-Lichter.

2. Hauptfestmelodie.

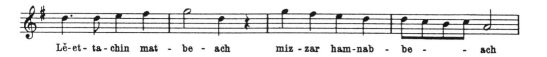

DIE LEGENDE VOM GREISEN ELEAZAR UND DER FROMMEN CHANNA

einen ruhmvollen Tod einem mit Schande befleckten Leben vorzog, spie er's aus und schritt dann aus eigenem Antrieb zur Marterbank, gleichwie es denen ziemte herzutreten, die sich standhaft aller Kost erwehren wollen, deren Genuß nicht erlaubt ist, geschähe er auch aus natürlicher Liebe zum Leben. Die aber zur Aufsicht über das gesetzwidrige Opfermahl bestellt waren, nahmen den Mann, weil sie ihn von alten Zeiten her kannten, beiseite und redeten ihm zu, er solle sich Fleisch bringen lassen, das er essen dürfe und selbst zubereitet habe, und sich dann stellen, als äße er nach des Königs Befehl von dem Opferfleische, damit er durch solches Tun dem Tode entginge und wegen der alten Freundschaft mit ihnen menschenfreundliche Behandlung erfahre. Aber er faßte einen hochherzigen Entschluß, der seines Alters würdig war und des dem Hochbetagten zukommenden Ansehens und des wohlerworbenen und glänzenden grauen Haars und des sehr guten Wandels, den er von Jugend auf geführt hatte, vornehmlich aber in Übereinstimmung mit der heiligen und von Gott gestifteten Gesetzgebung, und sprach seine Meinung offen aus, indem er ohne weiteres zur Unterwelt hingeschickt werden wollte. Denn (sagte er) es ist unseres Alters unwürdig zu heucheln; sonst würden viele unter den jüngeren Leuten denken, Eleasar, der nun neunzig Jahre alt ist, sei zum ausländischen Wesen übergegangen, und auch sie würden wegen meiner Heuchelei und der Fristung des kurzen und spannenlangen Lebens durch meine Schuld verführt werden, während ich meinem Alter sicher Schimpf und Schande zuziehen würde. Denn sollte ich auch für jetzt der Bestrafung durch Menschen entgehen, so könnte ich doch des Allmächtigen Händen weder lebendig, noch tot entfliehen. Darum will ich jetzt mannhaft mein Leben lassen und mich des Greisenalters würdig erweisen, indem ich der Jugend ein edles Beispiel hinterlasse, wie man freudig und edelmütig für die erhabenen und heiligen Gesetze eines schönen Todes sterben soll. Nachdem er dies also geredet hatte, kam er sofort zur Marterbank hin. Die ihn aber führten, verwandelten das kurz vorher ihm bezeigte Wohlwollen in Übelwollen, weil ihnen die eben mitgeteilten Worte als Tollheit erschienen. Als er nun unter den Schlägen dem Tode nahe war, seufzte er auf und sprach: Der Herr, dem die heilige Erkenntnis zu eigen ist, der weiß auch, daß ich, der ich mich dem Tode entziehen konnte, nun grausame Schmerzen dem Leibe nach erdulde von den Geißelhieben, aber der Seele nach gerne dieses leide um der Gottesfurcht willen. Und dieser nun schied auf solche Weise aus dem Leben und hinterließ nicht nur der Jugend, sondern auch der Mehrzahl des Volkes seinen Tod als ein Beispiel edler Gesinnung und ein Denkmal sittlicher Tüchtigkeit.

Es geschah auch, daß sieben Brüder samt ihrer Mutter ergriffen und mit Geißeln und Riemen gepeitscht wurden, weil der König sie zwingen wollte, von dem durch das Gesetz verbotenen Schweinefleisch zu essen. Einer aber von ihnen, der als Wortführer auftrat, sprach also: Was willst du viel fragen und von uns erfahren? Wir sind entschlossen, lieber zu sterben, als unsere väterlichen Gesetze zu übertreten. Da ergrimmte der König und befahl Pfannen und Kessel heiß zu machen. Als diese nun glühend waren, befahl er sofort, daß man dem, der als ihr Wortführer aufgetreten war, die Zunge ausschneide, ihn ringsum (durch Abziehen der Kopfhaut) nach scythischer Weise behandle und ihm die Hände und Füße abhaue, wobei die übrigen Brüder und die Mutter zusehen mußten. Den ganz und gar verstümmelten Körper

DIE LEGENDE VOM GREISEN ELEAZAR UND DER FROMMEN CHANNA

ließ er noch lebendig zum Feuer bringen und in der Pfanne braten. Als nun der Dampf aus der Pfanne sich weithin verbreitete, ermahnten sie einander samt der Mutter, edel zu sterben, und sprachen also: Gott, der Herr, sieht es und erbarmt sich gewißlich über uns, gleichwie Moses in seinem rückhaltslosen strafenden Gesange mit den Worten verkündigt hat: „Und über seine Diener wird er sich erbarmen...."

Über alle Maßen aber war die Mutter bewundernswert und eines rühmlichen Andenkens würdig. Sah sie doch an einem einzigen Tage sieben Söhne umkommen und behielt freudigen Mut, weil sie mit ihnen auf den Herrn hoffte. Jeden von ihnen ermahnte sie, mit edler Gesinnung erfüllt, in der Landessprache und indem sie die weibliche Gemütsart mit männlichem Mut aufrichtete, sprach sie zu ihnen: Ich weiß nicht, wie ihr in meinem Leibe zur Entstehung gekommen seid, und nicht ich habe euch den Odem und das Leben geschenkt, noch die Stoffe zur Bildung eines jeglichen kunstvoll geordnet. Darum so wird euch der Schöpfer der Welt, der des Menschen Ursprung gebildet und das Werden aller Dinge erdacht und bewirkt hat, auch nach seiner Barmherzigkeit den Odem und das Leben wiedergeben, gleichwie ihr's jetzt um seines Gesetzes willen fahren laßt. Antiochus aber, der sich verachtet glaubte und über die Schmähworte in ihrer Sprache wegsah, gab dem noch übrigen Jüngsten nicht nur gute Worte, sondern auch das eidliche Versprechen, er würde ihn zugleich reich und glücklich machen, wenn er von seinem väterlichen Gesetz abfiele, auch ihn als Freund halten und ihm Staatsämter anvertrauen. Als aber der Jüngling durchaus nicht darauf achtete, rief der König die Mutter herbei und forderte sie auf, des Knaben Beraterin zu seinem Heile zu werden. Erst nach vielem Zureden von seiner Seite nahm sie es auf sich, ihren Sohn zu überreden. Indem sie sich aber zu ihm neigte, sprach sie mit Verspottung des grausamen Tyrannen in der Landessprache also: Mein Sohn, erbarme dich meiner, die ich dich neun Monate unter meinem Herzen getragen und drei Jahre gesäugt und weiter mit Nahrung und Pflege bis zu diesem Alter aufgezogen habe. Ich bitte dich, liebes Kind, schaue auf zum Himmel und zur Erde und sieh alles an, was darin ist, und bedenke, daß diese Dinge aus solchen, die nicht waren, von Gott gemacht sind, und das Menschengeschlecht ist ebenso entstanden. Fürchte dich nicht vor diesem Henker, sondern erdulde deiner Brüder würdig den Tod, damit ich zur Zeit der Erbarmung samt deinen Brüdern dich wieder gewinne.

Während sie noch im Reden begriffen war, sprach der Jüngling: Worauf wartet ihr? Keinen Gehorsam leiste ich dem Gebote des Königs, sondern dem Gebote des Gesetzes gehorche ich, das unseren Vätern durch Mose gegeben ist. Du aber, der du alle Bosheit gegen die Hebräer ausfindig gemacht hast, wirst nimmermehr den Händen Gottes entrinnen. Wir nämlich leiden um unserer eigenen Sünden willen. Wenn nun auch der lebendige Herr zu unserer Strafe und Züchtigung für kurze Zeit erzürnt ist, so wird er doch seinen Knechten wiederum seine Gnade zuwenden. Du aber, verworfener und ruchlosester aller Menschen, überhebe dich nicht in eitlem Trotz und nichtigen Hoffnungen, wider die Himmelskinder die Hand aufhebend; bist du doch dem Gerichte des allmächtigen Gottes, der alles sieht, noch nicht entronnen. Denn unsere Brüder sind jetzt, nachdem sie eine kurze Marter erlitten haben, in den Bereich göttlicher Bundesverheißung zu ewigem Leben eingetreten; du aber wirst durch Gottes Gericht die gerechte Strafe für deinen Übermut davontragen. Ich gebe nun, wie meine Brüder, Leib und Leben hin für die väterlichen Gesetze, indem ich zu Gott flehe, daß er bald seinem Volke gnädig werde, und dich unter Qualen und Peinigungen zu dem Bekenntnis bringe, daß er allein Gott sei, und flehe, daß bei mir und meinen Brüdern der Zorn des Allmächtigen zur Ruhe komme, der über unser gesamtes Geschlecht mit Recht ergangen ist! Da ergrimmte der König und er ließ ihn noch grausamer martern als die anderen, weil er durch die Verspottung erbittert war. So schied auch dieser in Reinheit aus dem Leben, indem er sein ganzes Vertrauen auf den Herrn setzte. Zuletzt nach den Söhnen fand auch die Mutter ihr Ende.

Zu den Gräbern der Makkabäer

Von David Schimanowitsch

MIT Sonnenaufgang hatte ich mich auf den Weg nach Modin gemacht, der Heimat der Hasmonäer. Ich sagte meinen Freunden kein Wort, damit mich niemand begleite; allein wollte ich den Weg machen und ganz allein dort sein. O Heimat, Heimat! Warum will ich nicht, daß mich ein fremdes Auge sieht, wenn meine herzliche Liebe ausbricht? Du verwaiste Mutter! Jugendschöne blüht in deinen Runzeln! Zu dir, du Sanfte, Wilde! Sanft wie eine Hindin über den Hügeln und wild wie eine Löwin der Wüste! O Heimat, Heimat, was für ein Zauber knüpfte die Fäden, womit ich an dich gebunden bin? Ist es die Trauer deiner Wüste, was mich zu dir zieht, oder der Traum deiner Zukunft, den ich in tausend Nächten gewoben, oder ist es der Nachhall deiner Vergangenheit, der aus vergessenen Abgründen meiner Seele emporbringt? Er steigt empor von rauschenden Wasserfällen, aus grausen Felsspalten, vom Nebel der Berge und aus der Tiefe der Gräber. Meine Seele, verzehrt von Liebe, dürstet nach Liebe. Wie soll ich all die Liebe enthüllen, die die Tage und Jahre in meiner Seele wachsen ließen, wem soll ich die rastlose Sehnsucht und die dunklen Träume vererben? Da offenbarst du dich mir, zart und wild wie meine Seele, dürstend nach Liebe und fast verschmachtend — o Heimat, meine Heimat!

Ich verfolge meinen Pfad, Schluchten öffnen sich, Felswände hängen über mir. Meine Schuhe sind nur mehr Fetzen aus Leder, mit Schnüren notdürftig festgebunden. Wenn ich mich bücke, die Knoten fester zu schüren, und dann den Kopf wieder hebe, ist die Landschaft ringsum wie neu. Drüben im Tale bewegen sich kleine Gestalten: was ist es? Ich spähe angestrengt hinüber. Pflüger sind es, die langsam ihre Furchen ziehen. Einer schlägt auf einen Esel ein, der, müde von der Arbeit und dem heißen Tage, nicht mehr vorwärts will. Und nahe, da, am Hange des Berges drüben, steht ein junger Hirt, ein Schaffell mit der Wolle nach außen um die Schultern, auf den Stab gelehnt, und schaut nach mir herüber. Ein Schafpelz bei dieser Sonnenglut! Fühlt er noch immer die Kälte der Nacht in den Gliedern? Oder fröstelt ihn auch unter Tags im Schatten der Berge? Wie wohlig wäre es drüben im kühlen Schatten!

Aber nein, der Tag ist kurz, wer weiß, ob ich noch vor Sonnenuntergang nach Modin komme.

Weiter, weiter — wenngleich ich nicht weiß, welcher der richtige Weg ist. Ist es mein Pfad? Es schlängeln sich ja Dutzende von Pfaden durch diese Wirrnis von Gesträuch und Felsen. Da plötzlich blitzt es von fern wie ein geschliffener schwarzer Spiegel, und nun bin ich ruhig. Man hat mir gesagt: Wenn du das Meer erblickst, dann wisse, daß du vor Modin bist. Modin ist der höchste Ort, und von dort aus sieht man das Meer in der Ferne liegen, weit, weit. Noch ein kleiner Anstieg, und ich sehe die Lehmhütten, hingekauert zwischen den Bergen, und die in den Fels gehauenen Gelasse. Und noch mehr als eine Stunde bis zum Sonnenuntergang! Gott hat mir geholfen, ich bin im Dorfe.

In einem tiefen steinernen Tor, auf Fliesen von Fels, sitzen die Alten des Dorfes in langen schwarzen Abajes und halten einen ernsten Rat über die Steuern und über das neue Gewehr, das die Engländer erfunden haben, und über die Hyäne, die sich in den Bergen gezeigt und ein Lämmlein und einen Widder geraubt hat. Ich grüßte, sie erwiderten und machten mir Platz. Ein kleiner Junge saß zu meinen Füßen und untersuchte mit Eifer die Reste meiner Schuhe. Woher und wohin? Ah, zu den Gräbern der jüdischen Helden! Bakschisch! Bringt dem Gaste Wasser! Und der kleine Junge schleppte eilends einen Krug Wasser herbei. Was gibt's denn Neues drüben, jenseits der Berge? Ich betrachtete sie: sie sind wie Felsblöcke von den Bergen von Modin, und der Glanz des großen Meeres leuchtet in ihren Augen. Und wie Hirsche so leicht sind sie in jeder Bewegung. Es kommen viele hierher, zu den Helden von Juda, Scharen und Schwärme, essen und trinken und feiern Feste. Von ihnen hören die Männer von Modin, was in der weiten Welt vorgeht (denn sie leben abgeschlossen inmitten ihrer Berge). Ach, die Engländer: das sind Teufel, keine Menschen. Was sie für Gewehre erfunden haben, was für Gewehre! Man kann damit drei Hyänen auf einmal erlegen.

Und nun senkt sich die Sonne ins Meer.
Ohne ein Wort zu sprechen, knien sie alle nieder, erheben ihre Blicke zu den goldumsäumten Höhen der Berge und versinken dann in stilles Gebet. Der kleine Junge vertieft sich in Inbrunst, seine Bewegungen werden rascher, sein geschmeidiger magerer Körper erbebt, und seine dünnen Finger spielen, ohne es zu wissen, mit den Schnüren, die meine Schuhe festhalten. Wahrscheinlich denkt er an das Paradies des Propheten und fliegt in Gedanken weit über die Berge, hört das Singen der Himmelsjungfrauen aus der Glut des Sonnenunterganges und sieht den weißen Bart des Propheten wallen in den weißen, feuergeränderten Wolken.

Ich aber erhebe mich rasch, verbeuge mich vor den Betenden und gehe. Eine Reihe von Mädchen mit Krügen auf den Köpfen geht den Berg hinan. Ich will sie nach dem Weg zu den Gräbern fragen. Wie furchtbar ist dieser Ort! Gruben, Höhlen und Löcher ringsum, halb gedeckt von Felsplatten. Sicherlich, hier haben die kleinen Makkabäer einstmals ihre Spiele getrieben. Wie leicht ist es hier, sich zu verbergen. Jonathan! Simon! Jochanan! Elieser! Sucht mich! Und die Berge ringsum wiederholen: Sucht mich! Und Jonathan und Simon und Jochanan und Elieser springen wie die Hirsche von Stein zu

Stein, klettern tief in Höhlen und Felsspalten und suchen Jehuda! Jehuda, Jehuda, wo bist du? Und das Echo wiederholt: Wo bist du? Da plötzlich erscheint er, auf Händen und Füßen aus der Grube kletternd und laut lachend. Der Strahl des Abends rötet die Felsen, der Hirt kehrt heim und trägt im Bausch seines Kleides ein kleines schwarzes, neugeborenes Lämmchen. Der jüngste der Makkabäer springt mit einem Satz herzu, entreißt dem Hirten die Pfeife und läuft pfeifend vor der Herde her. Die Mutter steht in der Tür der Hütte und sucht und merkt endlich die Ursache des Lärmens. Sie ruft die Wildfänge und lacht. Blaue Schatten sinken von den Bergen.

Aber nach manchen Tagen steigt Rauch und Feuerschein aus den verborgensten Schründen der Berge. Das Echo der Berge antwortet auf das Klopfen schwerer Hämmer, auf den Klang von Schwertern und Spießen und der Psalmen Davids. In der Tür der Hütte steht die Mutter, alt und mit faltigem Antlitz, und ihr müder, trauriger Blick müht sich, durch die Mauer der Berge zu dringen. Dorthin, wo der Tempel steht und auch der Feind. Und sie fährt zusammen und trägt auf ihrem gebeugten Haupte einen Schlauch Wasser hinüber, wo der Feuerschein loht. Ihr Hals ist wohl schon von Rauch und Müdigkeit trocken, und eilends, mit strauchelndem Tritt, hüpft die Alte von Fels zu Fels, ihnen den Trank zu bringen, und das kleine Hirschlein läuft ihr nach.

Ach, wohin führen mich meine Träume! Die arabischen Mädchen sind schon verschwunden, und ich weiß den Weg zu den Gräbern noch immer nicht. Sei nicht träge, gürte deine Lenden und springe noch ein bißchen. Und ich eile und hole sie ein. Da sind sie, rings um eine Grube, die mit einem großen Stein zugedeckt ist. Sie flüstern miteinander und lachen. Ihr könnt den Stein nicht fortwälzen? Laßt mich. Ich wälze ihn fort und decke das Becken, worin das Regenwasser gesammelt wird, auf. Habt ihr auf einen Hirten gewartet, der euch helfen wollte? Er ist wohl schöner als ich: die Söhne Modins sind herrlich und stark. Ich will euch nicht stören; sagt mir nur, wo der Weg zu den Gräbern ist. Ein schlankes Mädchen mit edlen Zügen, geschmeidig wie eine Dattelpalme, aber einäugig, erklärt mir den Weg. Ich höre kaum, was sie spricht, und kann den Blick nicht von ihr wenden. Ob ich trinken wolle? O, gern! Und sie hebt ihren Krug mit beiden Händen, neigt ihn zu meinem Munde, und ich trinke von der kalten Flut. „Gib mir Brot!" Ich nehme den kleinen Laib Brot aus dem weißen Tuche, breche ihn in zwei Teile und gebe ihr die Hälfte samt dem Tuch. Von der Höhe des Hügels, über den ich steige, sehe ich noch das weiße Tuch auf ihrem rabenschwarzen Haar.

Das sind sie! Neben den Gräbern steht, verfallen, halb in den Felsen gehauen, ein altes Bauwerk. Das Tor ist zerbrochen, der Fels und zwei Wände, überwuchert von wildem Gras, sind allein übriggeblieben. Dem Tor gegenüber wächst ein alter Ölbaum mit dickem, hohlem Stamm. Ich sitze am Tore und aus der tiefen Stille ringsum höre ich Bruchstücke alter, verklungener Lieder. Denn hier saß die Mutter der Löwen und säugte ihre Jungen. Jehuda saß ihr im Schoß und wollte nicht schlafen, das Brausen des großen Meeres schlug an sein Ohr, das Kreischen der Adler, das Echo der Berge. Schon strahlen die Gipfel in rötlichem Feuer, schon hüllt Nebel die tiefen Täler ein. Die großen Augen des Knaben stehen aber noch weit offen und blicken starr ins Weite. Die Mutter wiegt ihn langsam im Arm und singt leise dazu:

„Schlafe, mein Adler, schlaf ein,
Die Welt läßt ihr Brausen jetzt sein,
Im Weinberg und Garten und Haus
Sind Lieder und Arbeit jetzt aus.
Das Schiff schläft auf ruhiger See,
Der Adler in felsiger Höh',
Der Löwe pflegt auch seiner Ruh' —
Schlafe, mein Kindchen, auch du!"

Die Mutter reicht ihm die Brust, er trinkt aber nicht. Seine Augen sind offen, sein Ohr lauscht. Die Mutter singt:

„Schlafe, mein Kindchen, schlaf ein!
Die Nacht brach schon kühlend herein.
Bald schwindet die Kälte der Nacht,
Der strahlende Morgen erwacht,
Der Tau fällt, es regt sich die See,
Der Adler in himmlischer Höh',
Der Löwe erhebt sich im Nu —
Dann wachest, mein Söhnchen, auch du!"

Und der Löwe Jehuda erbebt, er schließt die Augen, schlägt sie noch einmal auf. Die Mutter senkt die Stimme noch tiefer, ihr Sang flüstert wie ein aus der Erde steigender Zauber:

„Alles Erschaffne schlief ein,
Nun klingt kein Lied und kein Reihn.
Ein Kindlein, liegst du mir im Schoß —
Ein Löwe wirst du, bist du groß;
Jetzt saugst du an Mütterchens Brust,
Bald teilst du die Beute mit Lust;
Wirst groß, wirst ein Löwe bald sein —
Schlafe, mein Löwe, schlaf ein!"

Der junge Löwe Jehuda ist eingeschlafen, die Mutter sitzt noch stille und sorgt, ihn durch eine Bewegung zu wecken. Ich sitze, fürchte mich, mich zu regen, um ihn nicht aus dem Schlaf zu scheuchen. Plötzlich springe ich auf — der Herr der Träume spottet meiner. Er verkleidete mich, daß ich einen Augenblick glaubte, eine Mutter zu sein, die Mutter des jungen Löwen Jehuda. Der junge Löwe Jehuda schläft — vor mir steht seine Wiege.

Die Menora

Von Theodor Herzl

ES war ein Mann, der hatte die Not, ein Jude zu sein, tief in seiner Seele empfunden. Seine äußeren Umstände waren nicht unbefriedigend. Er hatte genügendes Auskommen und auch einen glücklichen Beruf, indem er das schaffen durfte, wozu ihn sein Herz hinzog. Er war nämlich ein Künstler. Um seine jüdische Herkunft und den Glauben seiner Väter hatte er sich schon lange nicht mehr gekümmert, als der alte Haß unter einem modischen Schlagworte sich wieder zeigte. Mit vielen anderen glaubte auch unser Mann, daß die Strömung sich bald verlaufen werde. Aber es wurde nicht besser, sondern stets ärger, und die Angriffe schmerzten ihn immer von neuem, obwohl sie ihn nicht unmittelbar betrafen; so daß nach und nach seine Seele eine einzige blutende Wunde war. Es geschah ihm nun, daß er durch diese inneren und verschwiegenen Leiden auf deren Quelle, also auf sein Judentum hingelenkt wurde, und was er in guten Tagen vielleicht nie vermocht hätte, weil er davon schon so ferne war: er begann es mit einer großen Innigkeit zu lieben. Auch von dieser wunderlichen Zuneigung gab er sich nicht gleich deutliche Rechenschaft, bis sie endlich so mächtig war, daß sie aus dunklen Gefühlen zu einem klaren Gedanken erwuchs, den er dann auch aussprach. Es war der Gedanke, daß es aus der Judennot nur einen Ausweg gebe, und zwar die Heimkehr zum Judentum.

Als dies seine besten Freunde erfuhren, die sich in ähnlicher Lage befanden wie er selbst, schüttelten sie über ihn die Köpfe und meinten, er sei in seinem Geiste verwirrt geworden. Denn wie könne das ein Ausweg sein, was ja nur die Verschärfung und Vertiefung des Übels bedeute. Er aber dachte, daß die sittliche Not so empfindlich sei, weil den neuen Juden jenes Gegengewicht abhanden gekommen sei, das unsere starken Väter in ihrem Inneren besaßen. Man spöttelte hinter ihm drein, manche lachten ihm sogar unverhohlen ins Gesicht, doch ließ er sich durch die albernen Bemerkungen von Leuten, deren Einsicht er früher nie hoch zu schätzen Gelegenheit gehabt, nicht irre machen und ertrug die bösen oder guten Scherze gelassen. Und da er sich im übrigen nicht unvernünftig gebärdete, so ließ man ihn allmählich sich seiner Schrulle hingeben, die freilich von einigen auch mit härterem Wort als eine fixe Idee bezeichnet wurde.

Der Mann zog aber in seiner geduldigen Art eine Konsequenz nach der anderen aus seiner einmal gefaßten Meinung. Dabei gab es eine Anzahl von Übergängen, die ihm selbst nicht leicht fielen, wenn er dies auch aus Trotz nicht sehen ließ. Als ein Mensch und Künstler von modernen Anschauungen war er doch mit vielerlei unjüdischen Gewohnheiten verwachsen und hatte aus den Kulturen der Völker, durch die ihn sein Bildungsgang geführt, Unvertilgbares in sich aufgenommen. Wie war dies mit seiner Rückkehr zum Judentum zu versöhnen? Daraus erwuchsen ihm selbst manche Zweifel an der Richtigkeit seines leitenden Gedankens, seiner idée maîtresse, wie es der französische Denker nennt. Vielleicht war die unter dem Einfluß anderer Kulturen großgezogene Generation nicht mehr fähig zu jener Heimkehr, die er als die Lösung gefunden hatte. Aber die nächste Generation würde schon dazu fähig sein, wenn man ihr noch beizeiten die Richtung gab. So bekümmerte er sich denn darum, daß wenigstens seine Kinder auf den rechten Weg kämen. Die wollte er von Haus aus zu Juden erziehen.

Früher hatte er das Fest, welches die wunderbare Erscheinung der Makkabäer durch so viele Jahrhunderte mit dem Glanze kleiner Lichter bestrahlte, vorübergehen lassen, ohne es zu feiern. Nun aber benützte er diesen Anlaß, um seinen Kindern eine schöne Erinnerung für kommende Tage vorzubereiten. In diese jungen Seelen sollte früh die Anhänglichkeit an das alte Volkstum gepflanzt werden. Eine Menora wurde angeschafft, und als er diesen neunarmigen Leuchter zum erstenmal in der Hand hielt, wurde ihm eigentümlich zu Mute. Auch in seinem Vaterhause hatten die Lichtlein in einer nun schon entlegenen Jugendzeit gebrannt, und es war etwas Trauliches und Anheimelndes darin. Die Tradition nahm sich nicht frostig, nicht erstorben aus. Das war so durch die Zeiten herübergegangen, immer ein Lichtlein an anderen entzündet. Auch die altertümliche Form der Menora regte ihn zum Sinnen an. Wann war der primitive Bau dieses Lichthalters geschaffen worden? Die Gestalt war offenbar einst vom Baum genommen worden. In der Mitte der stärkere Stamm, rechts und links vier Zweige, einer unter dem anderen, die in einer Ebene liegen, und alle acht sind gleich hoch. Eine spätere Symbolik brachte den neunten kurzen Arm, welcher nach vorne steht und der Diener heißt. Was haben die Geschlechter, die aufeinander folgten, in diese ursprünglich einfache und von der Natur genommene Kunstgestalt hineingeheimnißt? Und unser Mann, der ja ein Künstler war, dachte bei sich, ob es denn nicht möglich wäre, die erstarrte Form der Menora wieder zu beleben, ihre Wurzeln zu tränken, wie die eines Baumes. Auch der Klang des Namens, den er nun an jedem Abende vor seinen Kindern sprach, gefiel ihm wohl. Es war ein Klang darin, besonders lieblich, wenn das Wort aus dem Kindermunde kam.

Die erste Kerze wurde angebrannt und dazu die Herkunft des Festes erzählt. Die wundersame Begebenheit vom Lämpchen, das so unerwartet lange lebte, dazu die Geschichte der Heimkehr aus dem babylonischen Exil, der zweite Tempel, die Makkabäer. Unser Freund erzählte seinen Kindern, was er wußte. Es war nicht gerade viel, aber ihnen genügte es. Bei der zweiten Kerze erzählten sie es ihm wieder, und als sie es ihm erzählten, erschien ihm alles, was sie doch von ihm hatten, ganz neu und schön. Von da ab freute er sich jeden Tag auf den Abend, der immer lichter wurde. Kerze um Kerze stand an der Menora auf, und mit den Kindern träumte der Vater in die kleinen Lichter hinein. Es wurde schließlich mehr, als er ihnen sagen konnte und wollte, weil es noch über ihrem Verständnis war.

Er hatte, als er sich entschloß, zum alten Stamme heimzukehren und sich zu dieser Heimkehr offen zu bekennen, nur gemeint, etwas Ehrliches und Vernünftiges zu tun. Daß er auf diesem Heimweg auch eine Befriedigung seiner Sehnsucht nach dem Schönen finden würde, das hatte er nicht geahnt. Und nichts Geringeres widerfuhr ihm. Die Menora mit ihrem wachsenden Lichterschein war etwas gar Schönes, und man konnte sich dazu erhabene Dinge denken. So ging er her und entwarf mit seiner geübten Hand eine Zeichnung für die Menora, die er seinen Kindern übers Jahr schenken wollte. Frei gestaltete er das Motiv der acht gleich hoch auslaufenden Arme aus, die rechts und links in der Ebene des Stammdurchschnittes liegen. Er hielt sich an die steife überlieferte Form nicht für gebunden, sondern schuf wieder aus Natürlichem heraus, unbekümmert um andere Deutungen, die ja darum auch ihr Recht behalten mochten. Er war auf lebensvolle Schönheit aus. Doch wenn er auch in die erstarrten Formen eine neue Bewegung brachte, hielt er sich dennoch an ihr Gesetz, an den vornehm alten Stil ihrer Anordnung. Es war ein Baum mit schlanken Ästen, deren Enden wie Kelche sich erschlossen, und in diesen Blütenkelchen sollten die Lichter stecken.

Unter so gedankenvoller Beschäftigung verstrich die Woche. Es kam der achte Tag, an dem die ganze Reihe brennt, auch der treue neunte, der Diener, der sonst nur zum Anzünden der übrigen da ist. Eine große Helligkeit strömte von der Menora aus. Die Augen der Kinder glänzten. Unserem Manne aber wurde das Ganze zu einem Gleichnis für die Entflammung der Nation. Erst eine Kerze, da ist es noch dunkel, und das einsame Licht sieht noch traurig aus. Dann findet es einen Gefährten, noch einen, noch mehr. Die Finsternis muß weichen. Bei den Jungen und Armen leuchtet es zuerst auf, dann schließen sich die anderen an, die das Recht, die Wahrheit, die Freiheit, den Fortschritt, die Menschlichkeit, die Schönheit lieben. Wenn alle Kerzen brennen, dann muß man staunen und sich freuen über das getane Werk. Und kein Amt ist beglückender als das eines Dieners am Licht.

Du wirst den Kindern heut die Lichter zünden
Von Hugo Zuckermann

Du wirst den Kindern heut' die Lichter zünden
Und dich am stillen Glanz des Festes freu'n.
Durchs Fenster fällt ein milder Abendschein —
Heut sollst du ihnen unsre Wunder künden;
Heut ist die Nacht, da all die zauberbunten,
Die Träume unsrer Kindheit auferstehn,
Mit leisen Schritten durch das Zimmer gehn,
Heut alle Märchen unsrer Dämmerstunden...

Lehr deine Kinder unsre Märchen lieben,
Sag ihnen: Jakob diente zweimal sieben
Fronjahre schwer als ein geringer Knecht.
Und immer, wenn der Lenz ins Land gegangen,
Trieb er die Schafe singend durch das Tal
Und trug der Knechtesarbeit harte Fron,
Und trug der Sehnsucht glühendes Verlangen
Mit krummem Rücken und in stiller Qual —
Und Rachel war des Herren hoher Lohn.
— Sag's ihnen nicht, sie werdens nicht verstehn,
So wie dus selber nicht verstanden hast —
Doch siehst du draußen einen bleichen Gast
Mit heißem Blick durch deine Scheiben spähn,
So ruf ihn in dein lichterhelles Haus
Und laß ihn deines Glückes Zeuge sein,
Und breitest du die Arme segnend aus,
Das Fest der Lichter gläubig einzuweihn,
Dann zünd' an der Menora letztem Ast,
Fern von den Kerzen, die das Fest geboten,
Ein kleines Licht — für einen Toten...

Bemerkungen zu den Lektürestücken für Chanukka

Heinrich Graetz: Die makkabäische Erhebung

Graetz (1817—1891) ist der erste Historiker der jüdischen Geschichte, der Entwicklung und Zusammenhänge der Geschehnisse auf Grund von Quellenforschungen darstellte. Die ältere jüdische Geschichte von Jost (1793—1860) war bei aller Verdienstlichkeit einer ersten Zusammenstellung wegen der fehlenden Unterlagen noch unzulänglich. Graetz ist allerdings ein leidenschaftlicher Erzähler. Man merkt seine aktuellen Anspielungen auch bei der Lektüre unseres Kapitels, das der zweiten Hälfte des zweiten Bandes seiner elfbändigen „Geschichte der Juden" entnommen ist. Die Syrer waren nach dem Siege über Ägypten auch Herren Judäas geworden. Antiochus, der Syrerkönig, wütete als erster großer Religionsverfolger in Jerusalem. Er wollte das Land hellenisieren und den jüdischen Kultus ausrotten. Der Kern der Pharisäer, der sich Chassidäer nannte, entfloh mit anderen Glaubenstreuen in die Berge. Ein großer Teil der Juden zeigte sich aber dem neuen Herrn willig. In dieser Tendenz, sich zu entnationalisieren, sieht Graetz eine verächtliche Parallele zu seiner Gegenwart und er arbeitet gerade in diesem Kapitel alle Züge heraus, durch welche die moralische Gefahr der Griechlinge deutlich wird.

Die Herkunft des Wortes Makkabi steht nicht fest. Gewöhnlich wird es mit „Hämmerer" erklärt. Nach einer anderen Deutung ist es eine Art Akrostichon des Verses im 2. Buch Moses Kap. 15, 11, der auf Judas Fahne geschrieben war: mi chamocha baelim adonaj (Wer ist wie du unter den Mächten, Herr). Juda fand im Jahre 161 v., als er unerwartet von einem neuen syrischen Heer überfallen wurde, den Tod in der Schlacht.

Die Legende von dem greisen Eleasar und von der frommen Channa

Die Makkabäerbücher gehören zu den sogenannten Apokryphen, d. h. den nicht in die Sammlung der biblischen Bücher aufgenommenen Schriften. Zu ihnen gehören unter anderem auch noch die Bücher Judit, Tobit, Jesus ben Sirach. Die vier Makkabäerbücher haben untereinander keinen Zusammenhang und gehören verschiedenen Autoren an. Unsere Stelle ist dem zweiten Makkabäerbuch entnommen, dessen Entstehungszeit nach einigen ins erste Jahrhundert v., nach anderen ins erste Jahrhundert n. fällt. Es dürfte in Ägypten geschrieben worden sein und ist in griechischer Sprache erhalten. Wir folgen der von Prof. Kamphausen besorgten Übersetzung, die in den von Prof. Kautzsch herausgegebenen „Apokryphen des Alten Testaments" (J. C. B. Mohr Verlag, Tübingen) erschienen ist.

David Schimanowitsch: Zu den Gräbern der Makkabäer

Schimanowitsch (geb. 1886, lebt in Tel-Aviv) war als Arbeiter in das Land gekommen und hat seine Erlebnisse von den Eindrücken des Bodens in hebräischen Gedichten und Erzählungen von tiefem Gefühlsgehalt niedergelegt. Die Übersetzung stammt von Hugo Herrmann und ist dem Chanukkabuch „Moaus zur" (Jüdischer Verlag, Berlin) entnommen (S. 43—50).

Theodor Herzl: Die Menora

Diese selbstbiographische Betrachtung erschien zum erstenmal in dem von Herzl begründeten zionistischen Zentralorgan „Die Welt" zu Chanukka 1897 und wurde 1905 in die „Zionistischen Schriften" (jetzt 1. Band der fünfbändigen Gesamtausgabe der Zionistischen Werke Herzls; Jüdischer Verlag, Berlin) aufgenommen. Wie aus allen Schriften Herzls, die der Erneuerung des jüdischen Volkes gewidmet sind, spürt man auch hier das Prophetische: das allmähliche Anwachsen des einmal entzündeten Lichtes seiner Idee.

ZU DEN LEKTÜRESTÜCKEN FÜR CHANUKKA

Hugo Zuckermann: Du wirst den Kindern heut die Lichter zünden

Zuckermann wurde 1881 in Eger geboren und starb dort 1915 an einer Kriegsverwundung. Sein „Österreichisches Reiterlied" war das bekannteste deutsche Soldatengedicht während des Weltkrieges. Seine Verse wurden 1917 gesammelt herausgegeben. Dieser im Verlage R. Löwit, Wien, erschienenen Sammlung ist auch das hier abgedruckte Gedicht entnommen, das die Todesahnung des früh Vollendeten ergreifend ausdrückt.

PURIM

Spielleute zu Purim
Holzschnitt aus einem alten
Minhagim-Buch, Amsterdam 1723

Purim
Von Max Grunwald

DAS Leben des Juden ist von religiöser Satzung streng geregelt. Nur einmal im Jahre durchbrechen Übermut und überschüssiger Lebensdrang die Schranken beherrschter Gesetztheit, wie dies ja bei den anderen Völkern auch zu geschehen pflegt. „An Purim[1]) ist alles frei". Purim verwischt die Unterschiede von Rang und Alter. Es gestattet sogar hier und da gegen sonst geltendes Verbot die Vertauschung männlicher und weiblicher Kleidung und entgegen einer Mäßigkeit, der z. B. die vier Becher am Sederabend abgerungen werden müssen, einen Rausch, der — wie es im Talmud heißt — zwischen dem Lobpreis auf Mardochaj und der Verwünschung Hamans die Grenzen verwischt.

Das alte Wort „Purim wird alle Feste überdauern" ist zwar, streng genommen, wohl nur auf die in der „Fastenrolle" aufgezählten Tage mit Fastenverbot zu beziehen. Wie sehr es aber an sich buchstäblich zutrifft, zeigt uns jetzt der Purimtrubel in Tel-Aviv mit seinem historischen Festzug als ein allgemeines Volksfest. Das Volk fühlt mit richtigem Instinkt in

---
[1]) Vgl. Anhang, Anm. 1.

der „Megilla" das Drama des Galutjuden. Mit innerer Logik entwickelt sich die Handlung, und mit äußerster Spannung sehen wir den Anstieg, das Glück und das Ende eines politischen Emporkömmlings, der in persönlichem Rachedurst sich selbst die Schlinge legt, die ihn zu Falle bringt. Weil aber dieser kleinlichen Privatrache und gekränkten Eitelkeit, die sich politisch verbrämt, kein staatsmännisches Leitmotiv und keinerlei Großzügigkeit zugebilligt werden kann, erfolgt sein Sturz doppelt demütigend durch die Diplomatie einer Frau, die ohne Rücksicht auf ihr persönliches Los ausschließlich von einem edlen Beweggrund, von nationalem Gemeinsinn, sich leiten läßt. Als männlicher Gegenspieler gegen jenen Intriganten tritt zum Schluß der Regisseur der ganzen Handlung vor die Kulisse und erntet wohlverdienten Lohn für einen Mannesstolz, der weder für patriotische Tat Ehren erstrebt noch vor Hofschranzen den Nacken beugt. Ein echtes Volksstück, in dem auch der Masse ihr Recht wird, indem zu guter Letzt Juden notgedrungen, da ein Perserkönig seinen Befehl nicht widerrufen darf, gegen eine feindliche Übermacht das Schwert ziehen und, ohne an Beute zu rühren, sich tapfer ihrer Gegner entledigen.

Dieser Vorgang, dessen Bericht sich übrigens auch archäologisch genau erweist, ist Gegenstand nicht etwa einer Siegesfeier — Triumph in blutigem Lorbeer liegt dem Juden fern —, vielmehr eines Erlösungsfestes. Ein harmlos fröhliches Schmausen und Zechen, nicht prätentiöser als eine Maskerade à la Karneval, das ist Purim.

An das Fest haben sich die verschiedensten Volksbräuche geknüpft.

So oft bei der Vorlesung der Megilla der Name Hamans vorkommt, wird in vielen Gegenden von Kindern mit Stöcken auf den Boden gestoßen oder eine Ratsche gedreht oder auch mit einem Hammer („Humenkleppel") geklopft. In Babylonien und Elam wurde eine Hamanpuppe in einem eisernen Reifen aufgehängt und so lange durch ein Feuer hin und her geworfen, bis das Seil riß und die Figur ins Feuer fiel, oder man stürzte eine Hamanfigur vom Dache in ein auf dem Hofe flackerndes Feuer hinab. In Indien werden zwei Holzfiguren gegeneinander geschlagen, bis eine zerbricht. Diese stellt Haman dar und wird gehängt, die andere gilt als Mardochaj. In Jemen führen Knaben Mardochaj zu Pferde durch die Straßen. Vorausgetragen wird eine lebensgroße Hamansfigur, die man dann im Schulhof an einen Baum hängt und so lange mit Pfeilen und Steinen beschießt, bis sie zusammenfällt.

In der Provence und anderswo sendet man, meistens durch Kinder, auf Tellern, die mit bunten Bändern geschmückt sind, einander Bonbons, kandierte Früchte, Kuchen und die langen, mit Anis durchtränkten Hamansohren. In Italien beschenkt man die Kinder mit Geldstücken, „Purimgeld".

Anderwärts ziehen sie von Haus zu Haus und ersingen sich Kupfermünzen. („Heut ist Purim, morgen ist aus. Gebt mir ein' Kreuzer und werft mich hinaus".)

Von deutschen und jiddischen **Purimspielen**, die besonders von Schülern der Talmudschulen verfaßt und aufgeführt wurden, sind unter anderen bekannt: Die Opferung Isaaks; David und Goliath; ein Josefsspiel; Ahasveros-Spiele. Weiter sind viele Purimparodien entstanden, so auf die Pessachhaggada, z. B. Haggada lelel schikurim, oder auf Jom Kippur-Gebete und auf Talmudtraktate.

Unter den spezifischen Purimspeisen seien folgende erwähnt: **Hamantaschen**, das sind dreieckige Mohnkuchen, in Bessarabien mit Pflaumen gefüllt. Die Form des Dreimasters ist vielleicht eine Nachbildung der napoleonischen Hüte. Die **Hamansohren** sind ein Nudelteig, viereckig herausgeschnitten, die Ecken umgeklappt, in Öl gebacken und mit Vanillezucker bestreut. Der **Malchesbrejtel** ist ein Kranzkuchen als Nachbildung des Diadems der Königin Ester. Für die Suppe werden **Purimtasch(k)erln**, auch **Krepplech** (Krapfen) genannt, bereitet. Das Fleisch, die spezifische Festtagsspeise, ist in Teig gehüllt, denn Purim ist kein Feiertag. **Megillokraut** ist ein Sauerkraut mit Zibeben und Zucker. Es wird auch an Simchat Tora und bei Hochzeiten gegessen. In Jerusalem nennt der Araber Purim wegen der Süßigkeiten, die der Jude da genießt, „Zuckerfest" (id es-sukkar).

In einigen Familien haben sich **eigene Purimfeiern** erhalten, die ein Ahnherr, der aus großer Gefahr errettet wurde, für seine Nachkommen eingesetzt hat. Vielfach hat er die Geschichte seiner Rettung in der Form einer Megilla aufschreiben lassen. Solche „Spezial"-Purims sind unter anderem: in Tanger ein Purim de los bombas (Läden und Schulen sind an diesem Tage geschlossen, auf dem Friedhof werden Almosen verteilt), in Tetuan: Purim de los Cristianos (Schlacht der drei Könige 1578), in Algier ein Purim, der an die Besiegung der Spanier 1441 erinnert. In Tripolis ein Purim Borghel, der auf den Korsarenüberfall 1793 Bezug hat. In Kairo ein Purim, der an die Pogromgefahr 1524 erinnert. In Prag ein „Vorhangpurim" auf Grund eines Ereignisses im Jahre 1623, der Purim des Lipmann Heller aus der gleichen Zeit u. a. m. — 1632 feierten die Erfurter Christen ein Purimfest über den Sieg der Schweden.

Was auch immer in den einzelnen Bräuchen der Umgebung entlehnt sein mag, das Fest als solches ist seit Jahrtausenden im Herzen des Juden verwurzelt und ein so wesentlicher Faktor des jüdischen Volkslebens als sein Tröster in schweren Zeiten geworden, daß man es versteht, wie dieses Fest insbesondere im heutigen Tel-Aviv zu einem zentralen Volksfest für ganz Palästina ausgestaltet worden ist.

ANHANG

Anmerkung 1 (zu Seite 364): Der Ausdruck **Purim** wird in der Estergeschichte selbst erklärt: der Vertraute des Perserkönigs Achaschwerosch, Haman, will die Juden des Landes an einem Tag ausrotten, weil Mordechaj, der Jude, sich nicht vor ihm bückte. Haman läßt durch das Los (Pur) den Tag entscheiden. Es fällt auf den 13. Adar. Durch die Königin Ester (hebr. heißt sie Hadassa = die Myrthe), die zweite Gemahlin des Königs und eine nahe Verwandte und Pflegetochter Mordechajs, wird der König von dem Plane Hamans unterrichtet. Ester hatte sich durch ein dreitägiges Fasten auf ihren Weg zum König vorbereitet. Haman fällt in Ungnade und wird auf den Galgen, den er in seinem Hause schon für Mordechaj errichtet hatte, aufgehängt. Boten werden durch das Land geschickt, welche die Aufhebung des Hamanschen Befehls verkünden. Aber schon mußten die Juden gegen ihre Angreifer kämpfen, und erst am 14. Adar waren sie aus der Gefahr gerettet. Mordechaj, der früher einmal den König vor einem Anschlage bewahrt hatte, tritt in den Rang Hamans und bestimmt gemeinsam mit Ester den 14. Adar als Losfest für alle späteren Geschlechter. Am Tage vorher soll zur Erinnerung an die Fasttage der Königin ein Fasttag (T a a n i t E s t e r) gehalten werden. Die Juden der persischen Stadt Susa, die noch am 14. Adar zu kämpfen hatten, feiern das Purimfest am 15. Adar. Man nennt es S c h u s c h a n (Susa) - P u r i m.

Über die historische Grundlage des Festes ist uns aus anderen Quellen nichts bekannt. Deutlich fühlt man aber aus dem Buche Ester die Stimmung der Makkabäerzeit, ähnlich wie in dem Apokryphenbuche Judit. Daß die Namen babylonischen ähnlich klingen, ist bei dem Zusammenhang der persisch-babylonischen Geschichte nicht verwunderlich. Mordechaj erinnert an den Namen des babylonischen Hauptgottes Marduk, Haman an den Gott Humman, Ester und Wasti (die erste Gemahlin des Königs) an die Sterngottheiten Istar (vgl. griechisch „aster") und Wasti. Man wählte eben als Namen, wie es noch heute geschieht, solche mythischer Gestalten.

In der Estergeschichte, wie sie als biblisches Buch vorliegt, kommt der Name Gottes nicht vor. Eine alte Erklärung bringt das damit in Zusammenhang, daß die Befreiung mit Blutvergießen verbunden war.

Das Esterbuch ist eine der fünf Rollen (M e g i l l o t), zu denen außerdem Ruth, das Hohelied, Kohelet und die Klagelieder Jeremias gehören. Die Esterrolle, die für den synagogalen Gebrauch zum Vorlesen bestimmt ist, muß so wie eine Torarolle geschrieben sein. (Vgl. hierzu den entsprechenden Artikel im Kapitel „Sabbatlektüre".) Sie heißt schlechthin „die Megilla". Sie wird aber beim Vorlesen nicht wie die Tora von zwei Seiten eingerollt, sondern wie ein Brief, auf den der Schluß hinweist, flach ausgebreitet, eventuell zwei bis dreimal gefaltet. Das Vorlesen erfolgt in einem besonderen Sington (Nigun), der an allen Stellen, die an die babylonische Gefangenschaft oder die Gefahren der Verfolgung erinnern, in die Tischabeaw-Melodie übergeht. Auch an dem heitersten Tag des Jahres schwindet nicht die Erinnerung an die Zerstörung des Tempels und den Untergang des Reiches. Die Namen der zehn Söhne Hamans, die auch aufgehängt wurden, müssen in der Rolle untereinander geschrieben sein und vom Vorleser in einem Atemzug gesprochen werden, weil es gleichsam nur e i n Tod war, den alle erlitten. Seit dem 15. Jahrhundert gibt es auch mit Illustrationen geschmückte Megillot. Auch kunstvolle Hülsen wurden für die Rolle hergestellt.

Die Vorlesung der Megilla zu hören, gilt seit je als eine der wichtigsten Verpflichtungen. Sogar ein Trauernder darf während der ersten sieben Trauertage zur Megillavorlesung in die Synagoge gehen. Ebenso jemand, der vor der Beerdigung eines nahen Verwandten steht. Auch Frauen haben die Pflicht, die „Megilla" zu hören, weil die Rettung durch eine Frau herbeigeführt wurde. Sie sollen schon am Sabbat vorher (S. sachor) die Toravorlesung anhören, die auf Amalek bezugnimmt. So ernst nahm man das Zuhören der Frau nur noch bei der Schofar-Liturgie, wiewohl man auch darauf sah, daß sie beim Verlesen des Abschnittes über die „rote Kuh" am Sabbat para nach Purim zugegen sei, weil die Asche der roten Kuh Reinigungszwecken diente, weiters beim Siegeslied Moses' und Mirjams, das am Sabbat Schira verlesen wird. Zu kranken oder weit von einer Synagoge wohnenden Juden pflegten zu Purim wandernde Vorleser zu kommen.

Die Megilla wurde ursprünglich nur am Morgen, aber schon seit dem 3. Jahrhundert n. auch am Vorabend gelesen. Am Abend liest man sie nach der Tefilla, am Morgen nach dem „Einheben" der Tora in die Lade, also noch mit den Tefillin. Vor dem Lesen werden drei Danksprüche gesagt („al mikra megilla", d. h. für das Lesen der Rolle, „scheassa nissim", d. i. für die wunderbare Errettung, und „schehechejanu", für das Erleben dieser Stunde). Nach dem Lesen wird die Megilla eingerollt und wiederum eine Benediktion gesagt, an die sich ein Preislied Mordechajs und Esters anschließt. Am Sabbatausgang wird die Megilla sofort nach der Tefilla gelesen, also vor dem Abschnitt „wihi noam" und der Hawdala. In den Gebeten des Tages entfallen alle Stücke, die an Buße erinnern. Das Hallelgebet wird aber nicht gesprochen, weil, wie der Talmud meint, die Rettung nicht das ganze Volk und nicht Palästina betraf. In der Tefilla und im Tischgebet wird eine kurze Erinnerung an das Ereignis eingeschaltet, der, wie am Chanukka, die Dankworte „al hanissim" („für die Wunder") vorangehen. Beim Morgengottesdienst wird für drei Personen aus dem 2. B. M. Kap. 17, V. 8—16 gelesen, das einzigemal, daß das Minimum von neun Versen zur Verlesung kommt. Die Stelle erzählt von dem hinterlistigen Überfall Amaleks auf die Israeliten. Haman wird ja selbst als ein Nachkomme des im Buche Samuel I, Kap. 15 erwähnten Agag von Amalek bezeichnet.

Der Schluß der Megilla spricht von den Geschenken, welche die erretteten Juden einander zusandten und von den Spenden an die Armen. Hieraus entwickelte sich die Sitte der Beschenkung des sogenannten „mischeloach manot", im Volksmund als „S c h l a c h m o n e s" bezeichnet. In der Synagoge werden drei Teller aufgestellt, in die man in Erinnerung an den halben Schekel der biblischen Zeit (2. B. M., 30, 13—15) je eine Münze hineinwirft (3 Teller, weil der Ausdruck „teruma" = Gabe an der betreffenden Bibelstelle dreimal vorkommt). Das Geld pflegt an den Vorleser der Megilla und an Arme verteilt zu werden. In vielen Gemeinden gibt es alte kunstvolle Purimteller für die Schlachmones.

Am Nachmittag (Freitags schon zu Mittag) wird das besondere Festmahl „s ë u d a t P u r i m" gehalten. Man zündet Lichter wie an einem Festabend an und dehnt das Mahl oft bis in die Nacht hinein aus und schaltet sogar dann noch im Tischgebet „al hanissim" ein.

Dem Purimtag geht der F a s t t a g E s t e r (T a a n i t E s t e r) voran. Fällt Purim auf einen Sonntag, wird der Fasttag auf den vorausgehenden Donnerstag verlegt. Man nennt ihn „nidche" (verschoben). Am Morgen werden in der Tefilla bei der Wiederholung durch den Vorbeter die für den Tag bestimmten Slichot (Bußgebete) gesagt und wie an Fasttagen wird aus der Tora gelesen. (Siehe auch Anmerkung zu Jom kippur.)

Am folgenden Tag, S c h u s c h a n - P u r i m, wird jedes Bußgebet („tachanun") fortgelassen. In einem Schaltjahr wird Purim im Schaltmonat („Adar scheni") gehalten. Am 14. und 15. des ersten Adar, die man Kleinpurim bzw. Kleinschuschanpurim nennt, entfällt das tägliche Bußgebet.

LEKTÜRE FÜR PURIM

Seltsame Purimgäste
Von Mendele Mojcher Sforim

ZUR Zeit des Reb Schmelke, eines Urgroßvaters unseres Reichen, Reb Jüdel Schnorringer, machte sich einmal vor Purim in einer schlechten, knappen Zeit ganz Schnorringen nach Dümmingen auf. Von allen Mannsleuten blieb bloß Reb Schmelke zurück. Reb Jüdels Urgroßvater, Reb Schmelke (sein Andenken zum Segen!), ein guter und frommer Mann, der in der Jüdischkeit bis aufs Tipfelchen genau war, einer von den Chassidim des „Alten", war kinderlos (keinen Juden treff' es!). Alle Mittel und Amulette, die er angewandt hatte, um wenigstens ein einziges Kind, einen „Kaddisch", zu haben, hatten nichts geholfen. Er hatte zum Schluß alle natürlichen Mittel — den Wundertäter und den „Tartaren" und die „Tartarin" — sein lassen und war daran gegangen, Gott so zu dienen, wie man ihm nur dienen kann, in Gottes Furcht und Begeisterung, und er tat keinen Augenblick die Jüdischkeit von sich. Nun, als Schnorringen davonging, war Reb Schmelke sehr bestürzt: Wie, am Purim sollte er nicht mit einem Minjan beten und die Megille „leinen!"

PURIM.

SELTSAME PURIMGÄSTE

Und wem sollte er Schlachmones schicken? Und mit wem sollte er ein Gläslein trinken, wie es Gott befohlen hat? Und als er in so schwerer Bekümmernis am Ester-Fasttag zwischen Tag und Nacht dasaß und außer sich war, öffnete sich plötzlich die Tür und neun Leute kamen herein. Drei in grauseidenen Kaftanen. Einer in einer Art Schlafrock mit Quasten, mit wirrem Bart, auf dem Kopf eine hohe, spitze Pelzmütze. Ein anderer in einer Bauernjoppe mit einem ledernen Gürtel, das Gesicht walddicht bärtig. Ein dritter schien verschlafen, mit einer groben roten Nase, dicht mit Blasen und Beeren bedeckt, er konnte sich nicht auf den Füßen halten. Die drei übrigen waren wie Türken gekleidet, weder wie Männer noch wie Frauen, sie trugen vorn Brusttücher mit Flittern, hinten kurze Schürzen. Beim Eintreten küßten sie die Mesuse und riefen: „Guten Abend, guten Jontew, Reb Schmelke!"

Reb Schmelke ging ihnen entgegen, begrüßte jeden von ihnen mit einem ausgiebigen Willkommengruß und fragte sie, wie üblich, höflich, woher sie kämen. Die Leute, die wie Türken aussahen, hielt er für Jerusalemer und bereitete ihnen daher einen großartigen Empfang, da er bei sich dachte: „Es sind gute Gäste, wahrhaftig! Von denen wird man nicht wenig hören, von der Doppelhöhle und vom Grab der Mutter Rahel, und vielleicht wird man von ihnen ein Säcklein Erde vom Heiligen Land kaufen können, um was ins Grab zu kriegen, damit einen die Würmer nicht fressen."

„Reb Schmelke", sagte der mit der Joppe, „meine Kaufleute fragen, ob es möglich ist, bei Euch Purim zu halten. Sie werden Euch ein gutes Entgelt geben."

„Bewahre!" antwortete Reb Schmelke. „Geld — auf keinen Fall! Ihr seid mir sehr angenehme Gäste! Mein Lohn wird schon das sein, daß ich mit so lieben Gästen das Festmahl froh und jüdisch feiern werde. Wein und andere Getränke, Kirsch- und Himbeerwein habe ich genug. Zur Not werde ich ein paar Fläschlein vom Pessach-Wein aus dem Keller holen können. Und Ihr, Herr Nachbar", sagte er zu dem mit der Joppe, „Ihr seid ja ein Fuhrmann und werdet zu einem guten Schluck Schnaps wahrscheinlich nicht Nein sagen. Einen Schnaps habe ich — was Wunderbares!"

„Schnaps!... Wie, Schnaps..." ließ sich der mit der roten Nase vernehmen und trat näher. „Für Schnaps bin ich ein Fachmann, wie's keinen zweiten in der Welt mehr gibt."

„Sehr angenehm! Das habe ich auch gleich an Euerem Gesicht erkannt", sagte Reb Schmelke zu dem mit der roten Nase. „Ihr kommt mir so bekannt vor... Seid Ihr nicht der glühende Chassid, mit dem ich einmal am Jontew beim Alten (er soll lang leben!) zusammen war? Ja, Ihr seid ein Fachmann für Schnaps, ein großer Fachmann, so wahr ich ein Jude bin...! Ihr versteht mich ja, was ich mit dem Worte Fachmann meine... das Thema Schnaps, wohin das zielt... die Glut, die drin steckt... nicht bloß so einfach... das verstehen nur wir, solche Leute wie Ihr, glühende, feurige Juden..."

Reb Schmelke führte seine Gäste in die Schul, und man betete dort das Abendgebet. Einer von den alten Leutlein leinte die Ester-Rolle mit süßer, gar erquickender Stimme. Bei der Stelle, wo der böse Haman erhöht wurde, wo er durch falsche Anklagen und Verleumdungen alle Juden umbringen wollte, da sprang der mit der spitzen Mütze auf und ballte zornig die Fäuste, daß Reb Schmelke vor Schreck zitterte. Jener packte heftig eine der langen

Chuppa-Stangen und schlug mit ihnen aus Leibeskräften auf den bösen Haman auf den Stufen des Almemors los und prügelte ihn zu Tode. Und als es schließlich in der Ester-Rolle zum Untergange Hamans kam, da strahlte und leuchtete der in der Pelzmütze und sprang und tanzte vor Freude. Die alten Leutlein hopsten und sangen mit süßer Melodie „Die Rose Jakobs". Der mit der roten Beerennase konnte nicht an sich halten und sagte:

„Was habe ich von euern Geschichten, ich möchte es bei all der Freude schon erleben, daß ich ein bissel Schnaps kriege, gleich da auf der Stelle."

Da kam auch unser Reb Schmelke in Feuer, lief schnell zum Schrank des Schammes, zog ein Fläschlein Neunziger und ein paar Gläslein hervor, und man trank einander zu. Der Schammes war gerade nicht da, denn in seinem Vertrag stand ausdrücklich ein Punkt, daß er zu Chanukka und Purim so wie andere das Recht habe, im Bet-hamidrasch eine Art Schenke zu halten, während des ganzen Jahres Branntwein auszuschenken und dabei auch zum Imbiß Buchweizenkuchen, Eierbeugel und ähnliche Speisen zu verkaufen, für die man keine Handgießung braucht, sondern die Benedeiung „Mesoines" spricht.

Die ganze Nacht lang freuten sich Reb Schmelke und seine Gäste und feierten das Fest. Am nächsten Morgen gingen sie alle in die Mikwe, bloß der mit der Nase wollte nicht gehen.

„Nein, nein," sagte er, „pfui, ich hasse das Wasser."

„Kommt," meinte Reb Schmelke zu ihm, „man darf sich nicht ausschließen. Kommt nur, unbesorgt, unser Mikwe-Wasser ist dick, man kann's mit einem Messer schneiden..."

Aber der mit der Nase wollte nicht und wich nicht von seinem Platz.

Während des Leinens des Esterbuches in der Schul taten der mit der Pelzmütze und die alten Leutlein das Gleiche wie am Vortag. Nach dem Gebete setzte man sich zum Essen und Trinken. Nach dem Essen ging man daran, das Schlachmones-Gebot zu erfüllen, nach dem Schlachmones sprach man die Benedeiung und aß Haman - Krapfen, Haman - Taschen, Möhnlein und trank Kirschwein. Hernach setzte man sich wieder ans Essen und Trinken, um das Festmahlgebot zu erfüllen, man aß und trank und erfüllte, man soff, was das Zeug hielt. Der mit der Nase trank mehr als alle andern. Bevor einer ein Glas angetrunken hatte, hatte er schon zehn ausgetrunken, er goß sie hinunter, wie man das Wasser auf die Badplatte gießt. Kurz, man erfüllte so viel, trank und soff und füllte sich, daß die Schnorringer, als sie am Tage nach Schuschan - Purim zurückkamen, den Reb Schmelke noch todtrunken vorfanden. Als Reb Schmelke aufwachte, war eine Umwälzung, keine Sache stand an ihrer Stelle, was er suchte, war nicht da, was er brauchte, schien wie ins Wasser gefallen zu sein. Das war ihm sehr verwunderlich und ganz unverständlich!

Der „Alte", sein Andenken sei zum Segen, enthüllte später seinen Vertrauten das Geheimnis, die Vertrauten dann wieder ihren Vertrauten, und so ging es von einem Ohr zum andern, bis es der ganzen Welt bekannt wurde... Die drei alten Leutlein waren die Erzväter; der mit dem Schlafrock und der hohen spitzen Pelzmütze — Mordechai in den kaiserlichen Gewändern; der mit der Joppe — der Prophet Elia; der mit der roten Beerennase — der berühmte Trinker Lot, der seinem Onkel Abraham nachtorkelte; die drei Türken mit

Flittern und Schürzen — der Hohepriester Mattatias mit zwei Söhnen, angetan mit Choschen und Ephod. Der „Alte" sagte, daß die ganze Gesellschaft, ehe sie zu Reb Schmelke gegangen war, sich vorher bei ihm hatte melden lassen und seine Erlaubnis eingeholt hatte — denn Reb Schmelke war ja sein Chassid und Schnorringen gehörte ihm. Das heißt, gehören tat es ja eigentlich einem Grafen, aber die Groschen bekam er... Das heißt, der Graf hielt die Kuh an den Hörnern und er melkte...

Reb Schmelke begann von diesem Jahr an Glück zu haben. Szeerel, seine dritte Frau, ein ganz junges, munteres, feuriges Wesen, das er nur als Hausfrau ins Haus genommen hatte, gebar richtig neun Monate nach der ganzen Geschichte zu Chanukka einen Knaben. Das war Reb Mordchale-Mattes (so ließ ihn der „Alte" nach dem „gerechten Mordechaj" und dem Hasmonäer Mattatias nennen). Von diesem Reb Mordchale-Mattes stammte Reb Jakob-Elje, der Vater des Reb Jüdel Schnorringer.

Das ganze Jahr betrunken und Purim nüchtern
Von J. L. Perez

ES ist ein verbreitetes jüdisches Sprichwort; man sollte aber auch wissen, woher es kommt.

In den Tagen des Rabbi Chaim Vital lebte in der Stadt Safed ein junger Mann, der, auf keinen von uns sei es gesagt, kaum ein Jahr nach seiner Hochzeit Witwer wurde. Gottes Wege sind schwer zu ergründen, und dergleichen kommt ja manchmal vor. Aber der junge Mann glaubte, daß für ihn die Welt untergegangen sei, daß ebenso, wie es am Himmel nur eine Sonne gebe, seine Frau die einzige Frau auf der Welt gewesen sei. Nun ging er hin, verkaufte seine ganze Habe und übergab den Erlös dem Rektor der Jeschiwa von Safed mit der Bedingung, daß man ihn in die Jeschiwa aufnehme, ihn dort mit den anderen Schülern ernähre und ihm eine eigene Kammer zuweise, wo er in völliger Einsamkeit lernen könne.

Der Rektor nahm die Schenkung an und ließ auf dem Dachboden der Jeschiwa einen eigenen Bretterverschlag für den jungen Mann bauen und ihm einen Strohsack und ein Waschgeschirr geben. Und der junge Mann ging ans Lernen. Außer am Sabbat und an den Feiertagen, wo er bei den Bürgern der Stadt zu Gast geladen war, sah er keinen lebendigen Menschen; das Essen für die ganze Woche und das reine Hemd für den Sabbat oder Festtag pflegte ihm der Schuldiener hinaufzubringen. Und wenn der junge Mann seine Schritte auf der Treppe hörte, wandte er sich jedesmal zur Wand und stand, das Gesicht der Wand zugekehrt, bis der Schuldiener wieder hinausgegangen war und die Tür hinter sich verschlossen hatte.

Mit einem Wort — er wurde ein Porusch.

Anfangs glaubten die Leute, daß er es nicht lange aushalten würde; er war ja vorher so lebenslustig gewesen. Es verging aber eine Woche, und noch eine Woche, und der Porusch saß noch immer da und studierte. Selbst um Mitternacht hörte man draußen auf der Straße, wie er mit trauriger Stimme lernte, oder man sah ihn am Fensterchen seiner Bodenkammer stehen und zum

Himmel emporschauen. Das gefiel den Leuten, und sie fingen zu hoffen an, daß aus dem Porusch dereinst ein Großer in Israel und vielleicht gar ein Kabbalist und Wundertäter werden würde. Man berichtete das auch dem Rabbi Chaim Vital. Er aber schüttelte den Kopf und sagte: „Wenn er es nur aushält..."

Nun geschah ein kleines Wunder. Des Schuldieners Töchterchen, das dem Porusch manchmal das Essen hinaufbrachte, hatte das Verlangen, den Porusch wenigstens einmal von Angesicht zu Angesicht zu sehen. Was tat sie? Sie zog Schuhe und Strümpfe aus und trug ihm seinen Brei barfuß hinauf; sie schlich so leise, daß sie ihr eigenes Herz klopfen hörte. Nun erschrak sie aber vor ihrem eigenen Herzklopfen, stürzte die Treppe hinunter und war nachher einige Monate krank. In ihrem Fieber erzählte sie die ganze Geschichte und die Leute glaubten von nun an noch stärker an den Porusch und hofften mit noch größerer Ungeduld, daß er sich als heiliger Mann offenbaren werde.

Auch das berichtete man dem Rabbi Chaim Vital. Er schüttelte wieder den Kopf, seufzte und sagte: „Wenn er nur die Kraft dazu hat!" Und als man in ihn drang, daß er diese Worte erkläre, sagte er noch: „Da sein erster Entschluß nicht vom Himmel kam, wird er großen Versuchungen ausgesetzt sein. Daß er nur nicht strauchle..."

Rabbi Chaim Vital pflegte aber nichts so ins Blaue hinein zu sagen!

Einmal sitzt der Porusch, in ein Buch vertieft, in seiner Kammer, als er plötzlich draußen vor der Türe etwas picken hört. Ihn befällt eine Unruhe. Es pickt aber immer weiter und weiter. So erhebt er sich von seinem Platz, vergißt sogar das Buch zuzumachen und öffnet die Türe. Und wie er die Türe öffnet, steht draußen ein Truthahn. Und er läßt den Truthahn ein. Nun kommt ihm der Gedanke, daß es ganz gut wäre, wenigstens eine lebende Seele in seiner Kammer zu haben. Seine Frau pflegte ja Singvögel zu halten... Der Truthahn kommt in die Kammer und setzt sich ganz still in einen Winkel. Der Porusch grübelt, was das bedeuten mag, und setzt sich schließlich wieder an sein Buch. Und wie er so sitzt, fällt ihm ein: Bald ist ja Purim, und darum hat ihm der Himmel zum Lohn für sein Lernen einen Truthahn geschickt. Was wird er aber mit dem Truthahn anfangen? Wenn ihn jemand zu Purim einlädt — sagte er sich — und vielleicht gar ein armer Mann, so wird er am Vorabend den Truthahn hinschicken und am nächsten Tage auch selbst etwas davon haben. Seitdem seine Frau gestorben ist, hat er noch kein einziges Mal Geflügel gekostet. Und wie er sich das denkt, läuft ihm schon das Wasser im Munde zusammen. Er wirft einen Blick auf den Truthahn und sieht, daß der Truthahn ihn so freundlich anschaut, als ob er seinen Gedanken erraten hätte und sich freute, daß ihm die Gnade bevorstehe, vom Porusch gegessen zu werden. Nun kann sich der Porusch nicht länger beherrschen. Er blickt jeden Augenblick vom Buche auf und schaut den Truthahn an. Und es scheint ihm, daß der Truthahn ihm zulächelt. Er erschrickt ein wenig, hat aber doch ein gewisses Vergnügen daran, daß ein lebendiges Wesen ihm zulächelt.

Und ebenso ist es auch beim Nachmittags- und Abendgebet. Während des Gebets der Achtzehn Segenssprüche kann er sich unmöglich beherrschen und schaut jeden Augenblick zum Truthahn hinüber. Und der Truthahn lächelt ihm immer zu. Plötzlich kommt es dem Porusch vor, als ob er dieses Lächeln schon seit langer Zeit kenne... Als ob der Schöpfer der Welt, der ihm seine Frau genommen hatte, ihm ihr lieblichstes Lächeln geschickt hätte, damit es ihn in seiner Einsamkeit tröste. Und er gewinnt den Truthahn lieb und sagt sich, daß es doch gut wäre, wenn ihn zu Purim ein Reicher einladen wollte und der Truthahn am Leben bleiben könnte....

Wie wir später sehen werden, kam ihm dieser Wunsch in einem glücklichen Augenblick. Indessen brachte man ihm, wie jeden Tag, eine Schüssel Brei und ein Stück Brot hinauf. Er wusch sich die Hände und begann zu essen.

Wie er aber das Stück Brot in die Hand nahm, kam der Truthahn aus dem Winkel heraus und fing zu picken an, womit er sagen wollte, daß auch er Hunger habe. Und er stellte sich vor den Tisch. Denkt sich der Porusch: „Soll er nur essen, ich werde daran nicht zugrunde gehen..." Er stellte die Schüssel Brei mit dem Stück Brot auf den Fußboden, und der Truthahn begann zu fressen.

Am nächsten Morgen geht der Porusch zum Rektor und sagt ihm, daß er nun einen Kostgänger habe; früher pflegte er immer ein wenig von seinem Brei übrig zu lassen; heute sei es ihm aber so, als hätte er davon gar nicht gekostet. Der Rektor sieht sein hungriges Gesicht und sagt, daß er es dem Rabbi Chaim Vital melden wolle, damit er zu Gott bete, daß er vom bösen Geist erlöst werde. Indessen werde er Befehl geben, daß man ihm täglich zwei Schüsseln Brei und zwei Stücke Brote hinaufbringe, damit es für beide reiche. Als man Rabbi Chaim Vital im Namen des Rektors die Geschichte vom Kostgänger meldete, schüttelte er wieder den Kopf, seufzte und sagte: „Jetzt fängt es erst an!"

Nun bekommt der Porusch doppelte Portionen. Er wird satt, und auch der Truthahn wird satt. Der Truthahn wird sogar fett. Und nach ein paar Wochen gewöhnt sich der Porusch schon so sehr an den Truthahn, daß er jeden Tag zu Gott betet, es möchte ihn doch ein Reicher zu Purim laden, damit er den Truthahn nicht zu opfern brauche.

Wie gesagt, geschah es nach seinem Wunsch. Einer der reichsten Bürger hatte ihn zu Purim eingeladen. Und da gab es nicht nur Truthahnbraten, sondern auch allerlei andere gute Speisen und Getränke, wie es ein König vermochte. Es kamen auch gute Purimspieler hin, um den Hausherrn mit seiner Familie und alle Gäste, die zu ihm abends nach dem Purimmahl gekommen waren, zu erfreuen. Und unser Porusch war guter Dinge, trank und aß nach Herzenslust; vielleicht trank er sogar mehr, als er aß, denn der Wein war süß und würzig und erwärmte ihm das Herz und die Glieder.

Und plötzlich wurde es ganz anders.

Es begann das Purimspiel von Achaschwerosch und Ester... Die Königin Waschti will nicht den Wunsch des Königs erfüllen und vor den Gästen so, wie sie Gott erschaffen hat, erscheinen... Und bald darauf findet Ester Gnade in den Augen des Königs... Man übergibt sie dem Hüter der Weiber... Sechs Monate wird sie mit Myrrhen gesalbt und sechs Monate mit anderen Spezereien. Und unserm Porusch wurde es plötzlich so heiß in allen Gliedern, und finster vor den Augen und eng im Herzen. Und in der Finsternis flogen vor seinen Augen rote Bänder und Flammenzungen, und ihn überkam eine starke Begier, heimzukehren auf den Dachboden der Jeschiwa, in seine Kammer, in seinen stillen Winkel... zum Truthahn... Und er konnte es nicht aushalten, sprang noch vor dem Tischgebet auf und lief nach Hause.

Er kommt in seine Kammer, blickt in den Winkel, wo der Truthahn gesessen hatte, und erstarrt: Der Truthahn hatte sich in ein Weib verwandelt; in ein Weib, so schön von Angesicht, wie es die Welt noch nicht gesehen hat. Und er erzittert am ganzen Leib. Und das Weib geht auf ihn zu und umschlingt mit ihren weißen, warmen, bloßen Armen seinen Hals, und der Porusch zittert noch mehr und fängt zu flehen an: „Nur nicht hier, nur nicht hier, es ist eine heilige Stätte, heilige Bücher liegen hier herum." Sie flüstert ihm aber ins Ohr, daß sie die Königin von Saba sei, daß sie ganz in der Nähe der Jeschiwa, im hohen Schilf am Flusse ihren kristallenen Palast habe, den ihr einst König Salomo geschenkt hatte... Und sie zieht ihn mit, daß er zu ihr in ihren kristallenen Palast mitkomme. Er wankt und geht...

Am nächsten Morgen war der Porusch verschwunden. Als man das Rabbi Chaim Vital hinterbrachte, sagte er, man möchte das Flußufer absuchen. Und man fand ihn mehr tot als lebendig im Schilfe...

Man rief ihn ins Leben zurück, aber von nun an begann er zu trinken...

Und Rabbi Chaim Vital sagte, daß das von seiner großen Sehnsucht nach der Königin von Saba käme; solange er trinke, sehe er sie. Man solle ihm das ganze Jahr das Trinken nicht verwehren, das ganze Jahr mit Ausnahme des Tages von Purim; denn am Purim sei ihr eine große Gewalt über ihn gegeben. Daher kommt eben das Sprichwort: „Das ganze Jahr betrunken und am Purim nüchtern."

Die unsterbliche Orange
Von Salman Schneur

I.

DIE Schklower Gewürzkrämerin rief ihren Mann:
„Geh doch, mein Leben, öffne die Orangen für Schlachmones!"

Elje, der Gemischtwarenhändler, ist trotz der Ironie seines Weibes ein erfahrener Kistenöffner. Knappe zwei Stunden dauert das Werk! Mit Hammer und Meißel macht er sich an das Kistchen heran, gelassen und vorsichtig arbeitet er daran herum, wie ein Goldschmied an einem kostbaren Schmuck. Das Weib steht die ganze Zeit über daneben und gibt Ratschläge. Endlich ist es vollbracht: die Kiste ist offen, aus blauen Papierhüllen leuchten Orangenbäckchen hervor, Festtagsduft schlägt entgegen.

Etwas später liegen die Orangen schon in dem kleinen Schaufenster und blicken neugierig hinaus auf einen schmutzigen Marktplatz, grauen, niedrigen Himmel, Schneehaufen im Rinnstein, warm angezogene weißrussische Bauern in gelben, fleckigen Schafpelzen. Alles so fremd, nördlich, kalt, halb verfault. Orangen mit ihrem feierlichen Duft und ihrer höllischen Farbe sind so reich und so fremd und so neu in dieser verlorenen Gegend, wie ein kaiserliches Gewand in einer Bettlerherberge —

Als erste kommt Muhme Feige, Wolltuch über dem Kopf, Korb in der Hand. Sie hat die frisch ausgepackte Ware bemerkt, will Purimgaben für Schlachmones einkaufen. Und hier beginnt die Unsterblichkeit der Orange!

Arm und trüb ist Litauens Leben. Kleine Naturschätze, die sich einmal in der Zeit hinverirren, werden langsam genossen, bedachtsam, mit allen fünf Sinnen. Kein Tropfen der schönen, fremden Frucht darf verloren gehen. Nein, selbst wenn die Orange eine sündige Seele wäre, in Muhme Feiges Hand fände sie Erlösung.

II.

„Acht Kopeken wollt ihr also auch nicht? — Na, dann: Guten Tag!"
Die Krämerin weiß nur zu gut, daß Muhme Feige nur bei ihr Orangen bekommen kann. Dennoch zieht sie sie am Tuch zurück:

„Einen so guten Purim allen Juden, wie gut meine Ware ist! Laßt mich nur einen Anfang machen!"

„Nur einen Anfang machen!", wiederholte Elje, der Krämer.

Worte hin, Worte her — Kopeke mehr, Kopeke weniger: Muhme Feige wählt die schönste und schwerste Orange, packt sie ein und läßt sie in den Korb hinab zwischen Eier, Zwiebel, gute Sachen für Purim, Grünzeug. Kaum kommt sie heim, überfallen sie die Kinder, vom elfjährigen Talmudschüler bis hinunter zum ABC-Schützen, sie sind am Vortag des Festes vom Cheder befreit. Mutters Korb muß sich eine genaue Durchsuchung gefallen lassen.

„Mamme, was hast du gebracht? Was hast du mitgebracht?"

Muhme Feige wehrt den Angriff ab. Dem einen schlägt sie, dem Fest zu Ehren, auf die Finger, der andre kommt mit einem Stoß in die Seite davon, den dritten zieht sie am Ohr:

„Weh mir, wie Heuschrecken überfallen sie mich!"

Aber was sie eingekauft, zeigt sie ihnen doch.

„Da seht, Rangen!"

Zwischen kleinstädtischen, litauischen „guten Sachen" lacht, ein Bote von Reichtum und Glück, die Orange hervor. Die Kinder sind stumm vor Staunen. Vom letzten Purim her ist ihnen noch eine Erinnerung, ein Hauch vom Duft solcher Frucht geblieben. Jetzt liegt sie wieder vor ihnen, rund, ach, wie rund! Ein ganzes Jahr muß vergehen, ehe sie so etwas wiedersehen. Zarte Finger fassen an, berauscht zieht man den Duft durch die Nase ein und kommt aus dem Staunen nicht heraus.

„Oh, wie schön!", bringt endlich das Jüngste hervor. „Wie das duftet!"

„Das wächst in Erez Israel!" Der Talmudschüler wird irgendwie ernst und stolz.

Muhme Feige schließt die Orange in die Kommode. Doch in der Kinder Phantasie lebt die rundliche, duftende, flammende Frucht wie ein süßer Traum. Reich und neu ist sie neben harten grünen Äpfeln und sauern Gurken, die man den lieben Winter lang zu sehen bekommt.

Endlich, beim Purimmahl, liegt die Orange obenan, auf dem Gipfel eines hohen Berges aus Torten, Kuchen, Feigen und Bonbons. Leuchtet wie eine blutrote Koralle aus vielfarbigem Mosaik.

Muhme Feige deckt ein weißes Tuch darüber und reicht das Ganze dem Schlachmonesboten. Die Orange wirft noch einen letzten Blick unter dem Zipfel hervor, als wollte sie sagen: „Bin da, heil und unversehrt! Gut Jomtof, Kinder!" Die begleiten sie bangend auf ihren Reisen. Viele Wanderungen stehen der Armen bevor, ehe sie der Bote wieder zurückbringen wird.

Und in der Tat! Eine Tante schickt eine Zitrone als Gegengabe und sendet die Orange einer andern Verwandten weiter. Dort trifft — von Muhme Feige geschickt — die Zitrone unsere Orange und wechselt mit ihr den Platz. So bekommt Muhme Feige ihre Orange wieder.

Hebt man das Tuch auf, liegt sie auf ihrem alten Ort, wie ein König an der Spitze seines Heeres, Herr und Gebieter über Gebäck, Bonbons und Rosinen. Kälte der Purimnacht liegt wie Tau auf ihr. Sie lächelt — scheint es — ein wenig schmerzlich, ein wenig müde und erkältet von ihrer Reise in fremder, verschneiter, dunkler Nacht:

„So, Kinder, da habt ihr mich wieder! Nur keine Angst!"

III.

Purim vorbei. Die Orange liegt unversehrt in der Kommode, läßt sich's gut gehen. Reicht man dem Sabbatbesuch Obst zu Tisch, thront sie wieder wie ein verwunschener Prinz zwischen plebejischen Äpfeln und Walnüssen. Der Besuch begutachtet sie, fragt mit Kennermiene nach dem Preis und — legt sie zurück. Äpfel und Nüsse verschwinden Stück um Stück, die Orange dreht sich aus den Händen der Gäste immer wieder heraus und bleibt ganz und unversehrt. Schklower Gäste sind — Gott behüte! — keine Prasser, sie wissen, was aus Respekt zurückgelassen ist. —

„Mit dem Monat Adar kommen viele Freuden," sagt das Sprichwort. Zehn Tage nach Purim schreibt man einen Verlobungsvertrag in Muhme Feiges Haus. Sie verlobt ihre älteste Tochter an einen angesehenen jungen Mann. Wieder liegt die Orange obenan, genau unter der Hängelampe, als ob man sich heute nur ihretwegen freute. Zwar schon etwas eingeschrumpft, wie ein alter General, aber immer noch königlich. Verschönt den Tisch mit reicher, exotischer Pracht. Die Kinder haben schon einige Male Vater und Mutter daran erinnert, es wäre schon an der Zeit, zu kosten, den Segensspruch darüber zu sagen — nein, wirklich, nur um den Segensspruch ist es ihnen zu tun! Muhme Feige fährt sie an: „Lumpen! Bande! Wenn's so weit sein wird, wird man schon einen besondern Boten um euch schicken. Wir allein werden's nicht aufessen, nur keine Bange!"

Aber die Verlobungsfeier! Die Kinder zittern, dem Bräutigam könnte es einfallen, die Orange zu versuchen. Kann man wissen, worauf ein Bräutigam Appetit hat! Mutter gibt ihm ja auch immer das Beste. Der Bräutigam aber ist ein ehrlicher Schklower. Er weiß: Orangen sind nicht geschaffen, um bei Verlobungsfeiern gegessen zu werden. Orangen haben die Tafel zu schmücken. Und darum hält er sie nur eine Weile in der Hand, das Wasser läuft ihm im Munde zusammen. Den Kindern setzt der Herzschlag aus. Doch er legt sie zurück, die Kinder atmen auf, die Persönlichkeit der Orange bleibt wieder unberührt.

Endlich aber kommt doch der ersehnte Freitagabend. Die Orange ist nicht mehr so rund wie früher, auch nicht mehr so frisch. Ihre Jugend ist vorbei. Macht nichts! Orange bleibt Orange. Nach dem Abendessen hebt sich die Stimmung. Zwar verkündet es kein besondrer Bote, doch die Kinder wissen: heute wird's geschehen! Doch sie tun, als wüßten sie von nichts. Als gäbe es keine Orangen auf der Welt.

Da wendet sich Muhme Feige an Vetter Uri und sagt das große Wort: „Uri, gibt den Kindern die Orange. Wie lange soll sie dort noch liegen?"

DIE UNSTERBLICHE ORANGE

Vetter Uri, ein erfahrener Orangenöffner — er hat in seinem Leben bestimmt schon ein halbes Dutzend Orangen aufgegessen, wenn nicht mehr — setzt sich an den Tisch, öffnet umständlich die große Klinge seines Messers — eines echten, alten „Sawjalow" — und geht an die Operation. Die Kinder stehen im Halbkreis herum und schauen mit Ehrfurcht zu, wie einem geheimnisvollen Schwarzkünstler, obwohl sie darauf brennen, zu sehen, wie's innen aussieht. Und auch zu kosten. Man ist doch nur ein Mensch! Doch Vetter Uri hat Zeit. Vorsichtig und ruhig schneidet er gerade Linien von einem Pol der Frucht zum andern. Zuerst vier, dann acht, eine nach der andern (man sagt, er sei darin Meister!) — dann beginnt er zu schälen.

Alles lauscht, wie die fleischige, elastische Schale knackt. Langsam lösen sich die roten Stücke ab, alle gleich groß, aufs Haar. An manchen Stellen hat die Orange schon einen Stich und mit der Schale reißen sich saftige Fleischstücke los. Dann macht Vetter Uri: „Pssst!", als ob es ihn schmerzte. Fährt vorsichtig mit dem Messer dazwischen und operiert die gefährdete Stelle. Die Orange schält sich aus ihrer weißgelblichen Hülle und wird von Vetter Uri künstlerisch in gleich große Halbmonde geteilt. Stück um Stück.

„Kinder," sagt Uris verlobte Tochter und stellt ein großes Glas auf den Tisch. „Vergeßt nicht, die Kerne hier hineinzuwerfen. Ich werde sie im Wasser aufgehen lassen und dann einsetzen."

Sie sagt's den Brüdern, meint aber den Vater auch.

Die Kleinen versprechen, der Schwester bei ihrem junghausfräulichen Unternehmen beizustehen, das große Zukunft zu haben scheint. Ihre Augen aber hängen an den zarten, rosigen Halbmonden auf dem Teller.

Den ersten Segensspruch sagt Vetter Uri selbst. Zerkaut ein Stückchen und verzehrt es mit Behagen. Schließt ein Auge, hebt das zweite zur Decke und schüttelt den Kopf:

„Scharf! — Kinder, kommt her!"

An der Spitze das Jüngste. Das ist schon sein Privileg: wo was Gutes zu haben ist, ist's das erste nach dem Vater. Laut quäkend sagt es sein Sprüchlein daher, steckt seinen „Halbmond" in den Mund und verschluckt sich.

„Langsam!", mahnt Vetter Uri. „Niemand nimmt es dir weg!"

„Und wo sind die Kerne?", fragt die Braut und schiebt dem Kleinen das Glas zu.

„Ja, wo sind die Kerne?", fragt auch Vetter Uri seinen Jüngsten.

Der wird rot bis über die Ohren: „Verschluckt!"

„Verschluckt??"

„Jaaa —"

Tränen treten ihm in die Augen. Schaut im Kreis umher — alles schweigt.

Verspielt! Jetzt kann ihm selbst Vater nicht mehr helfen. Von heute ab hat er einen neuen Spitznamen: „Körnchen".

Dann kommen die anderen Orangenteilnehmer an die Reihe, von unten nach oben, als letzter der Talmudschüler. Der nimmt sein Teil, spielt eine Weile damit, beißt ein Stückchen ab. Schmeckt gut, süßer Gruß aus Erez Israel, von dem er im Cheder oft geträumt. Orangen wachsen doch nur in Erez Israel.

„Ohne Segensspruch?" Vetter Uri durchsticht ihn mit scharfem Blick.

„Gelobt seist du — — —", stottert Welwele vor Aufregung. Die Orange bleibt ihm im Hals stecken. Weh, gestörter Gruß aus Erez Israel!

Doch Vetter Uri hat nicht genug: Nein, wie man einen Segensspruch sagt, könne er bei seinem jüngsten Bruder lernen. Ja, den Ofen wird er noch einmal bei ihm heizen, ja, und —

Doch plötzlich fällt ihm ein: „Feige, wo bleibst du?" Gott weiß, wann er sonst seine Moralpauke beendet hätte.

„Auch ein Geschäft!" Muhme Feige nimmt ihr Teil und erquickt sich daran: „Ei, ei, was für schöne Sachen gibt es doch auf der Welt!" Und es beginnt des Langen und Breiten ein Gespräch über Orangen.

Muhme Feige meint, wenn sie reich wäre, sie würde täglich — ein halbes Dutzend Orangen aufessen. Zu achteinhalb Kopeken das Stück. Vetter Uri aber hat höheren Schwung. War er doch schon in Nischnij auf der Messe! Seine Augen lächeln: Nein, er würde den Saft von drei Orangen auf einmal ausdrücken und trinken. Das wär' was!!

Feige und die Kinder staunen über so reiche Phantasie und stellen sich ein Großes Glas vor, voll mit rosigem dicken Orangensaft, weißer Schaum darauf und mittendrin ein Kernchen — —! Alles bleibt einen Moment lang schweigend sitzen und schaut versonnen auf die gelben, feuchten Kerne, die die Braut von allen an der Orange Beteiligten eingesammelt hat. Sie tut sie in ein Glas Wasser und zählt: eins, zwei, drei vier..., volle neun an der Zahl! In einer Woche werden sie in Blumentöpfe gesetzt, nach der Hochzeit ins eigene Heim mitgenommen und ins Fenster gestellt, um unter umgestürzten Gläsern zu keimen.

Ihr meint, das wäre das Ende? Wo bleibt dann die Orangenschale — —?

IV.

Einer der Kleinen macht eine Entdeckung: Wenn man ein Stück Orangenschale gegen's Licht drückt, sprühen Strahlen duftiger, zarter, wohlriechender Tröpfchen hervor. Und wenn man auf des Bruders Auge zielt, muß jener blinzeln. Bevor er aber noch seine Erfindung anwenden kann, bekommt er einen Klaps über die Hand, und die Schalenstücke verschwinden in Muhme Feiges Schürze.

Nichts ist ihnen schlecht genug, den Rangen! Als ob's Kartoffelschalen wären. Nein, wenn sie mehr davon hätte, könnte sie doch Eingemachtes davon haben. Ja, Eingemachtes!

Leere Worte! Denn ehe sie so viel Orangenschalen beisammen hat, kommt der Messias.

Über Nacht legt man die Schalen in die warme Ofenröhre zum Trocknen. Die goldroten Stückchen — gestern noch so frisch und saftig — sind heute runzelig, schwärzlich-braun, trocken und hart wie alte Pergamentreste. Muhme Feige nimmt das scharfe Küchenmesser, schneidet sie in Streifen, dann in Plätzchen, schüttet sie in eine Flasche, gießt Branntwein darüber, tut Mehlzucker hinein und stellt's zum Gären. Im Branntwein beleben sich die braunen, trockenen Stückchen, blühen auf, bekommen ihr altes Aussehen wieder. Kostet man davon, hat man richtigen Orangenschnaps. Verwandte kommen zu Besuch, sprechen ihren Segen darüber, kosten, und unter allgemeiner Zustimmung wird festgestellt, daß das sehr gesund für den Magen ist. Und die Tanten fragen Muhme Feige, wie sie das mache.

DIE UNSTERBLICHE ORANGE

„Siehst du", sagt Vetter Schome zu Michle, seiner Frau: „Bei dir geht alles verloren. Hattest doch auch eine Orange zu Purim! Wo ist die Schale? Nichts! Rausgeworfen!"

Vetter Uri unterbricht ihn:

„Geh, Schome, laß uns lieber noch eins trinken!"

Und seine scharfen Augen lächeln hinüber zu Muhme Feige, seinem teuren Weib.

Die Flasche wird mit einem in ein weißes Tüchlein gewickelten Kork verstopft. Damit es nicht auswittert! Und wieder stellt man sie in die Kredenz, wo sie allein dasteht, wie eine fromme Jüdin unterm Häubchen.

Zu Pessach wird alles Ungesäuerte an Alexejka verkauft, den Wasserträger mit dem schmutzigen Flachshaar. Auch die Flasche mit dem Orangenschnaps. Eine ganze Woche bleibt sie in der Fremde, kann kaum erwarten, daß man sie erlöst, daß graubärtige Juden, daß Jüdinnen in frommen Perücken den Segensspruch über sie sagen und Wunder von Muhme Feiges Kunst erzählen.

Jahrelang kann solch eine Flasche leben. Von Zeit zu Zeit gießt man frischen Branntwein zu, nimmt hier und da einen Schluck. Bis die Orangenschale auf dem Boden der Flasche Kraft und Farbe verliert. Dann schlägt sie Vetter Uri auf einen Teller hinaus.

Gewöhnlich geschieht das zu Sabbatausgang, wenn „der Königssohn sich wieder in einen Hund verwandelt", und Alltagsstimmung aus den Winkeln des Hauses hervorkriecht. Vetter Uri sucht einen erquickenden Trunk und erinnert sich an die verzuckerten Stückchen der Orangenschale.

Er hält die Flasche mit der Öffnung gegen den Teller und schlägt kräftigweich auf ihren ausgehöhlten Boden.

„Pum, pum, puhum," klagt die Flasche dumpf in die Schatten des Sabbatabends. Erschrockener, tiefer Seufzer, Echo eines erschöpften alten Brunnens. Als schlüge man ihr die Seele, den letzten Rest Leben aus dem Leib. Aus ihrem Hals fallen klebrige, goldgelbe, knusprige Schalenstückchen auf den Teller.

Dann wird's still. Vetter Uri kostet mit einem Segensspruch, gibt auch den andern zu kosten.

Zwar beißt es ein wenig in die Zunge, schmeckt aber doch noch wie die alte Purimorange, Friede mit ihr!

Doch zur selben Zeit, wenn in Vetter Uris Haus die letzte Erinnerung an die Orange schwindet, sind ihre Nachkommen, die Kerne, längst schon bei seiner verheirateten Tochter aufgeblüht. Jedes Kernchen hat sich in drei, vier spitze, klebrige Blättchen gespalten. Die Gläser sind von ihnen abgehoben und allmählich gewöhnen sich die Setzlinge an das Schklower Klima, sprießen langsam, mit leisem, grünem Lächeln, das sie von wärmeren Ländern geerbt.

Das junge Frauchen betreut sie, begießt sie Tag für Tag. Und Gott weiß, was aus ihnen noch werden wird.

Bemerkungen zu den Lektürestücken für Purim

Mendele Mojcher Sforim: Seltsame Purimgäste

Zu Mendele vgl. die Bemerkung zu den Stücken der Sabbatlektüre. Der gleichen Erzählung „Der Wunschring" (zweiter Band, 1. Teil, S. 44) ist die vorliegende Stelle entnommen, in der in köstlicher Weise durch den Purim-Mummenschanz hindurch die Ahnung von etwas Mystischem schimmert. Die Übersetzung stammt von Salomo Birnbaum, doch wurde die Transkription der hebräischen Worte geändert. „Der Wunschring" ist als Band 3 u. 4 der „Gesammelten Werke" Mendeles im Jüdischen Verlag, Berlin, erschienen.

Jizchok Lejb Perez: Das ganze Jahr betrunken und Purim nüchtern

Die Erzählung von Perez (vgl. auch das Stück in der Sabbatlektüre) hat die Redensart zum Titel, die das verkehrte Leben eines Menschen charakterisieren soll: „Ganz Johr schicker und Pirim nichter". Die Hauptgestalt ist ein sogenannter Porusch, d. i. ein von seiner Frau getrennt lebender Mann, der sich bloß dem Gebet und dem Lernen widmet. Rabbi Chaim Vital, zu dem er geht, ist einer der berühmtesten Kabbalisten, selbst Schüler des Meisters Luria und Verfasser des berühmten „Ez Chaim". Er lebte von 1543—1620 und wirkte lange in seiner Geburtsstadt Safed. Die Erzählung ist den „Ostjüdischen Novellen" entnommen und von Alexander Eliasberg aus dem Jiddischen übersetzt (Verlag B. Harz, Berlin/Wien).

Salman Schneur: Die unsterbliche Orange

Schneur wurde 1887 in Rußland geboren und lebt in Paris. Er ist einer der hervorragendsten Vertreter der neuen hebräischen Dichtergeneration. Das abgedruckte Stück ist einem Zyklus „Die Juden in Schklow" (einem kleinen litauischen Städtchen) entnommen. Die autorisierte Übersetzung aus dem Hebräischen stammt von A. Mandelbaum.

DIE ANDEREN HEITEREN TAGE

Kiddusch ha-Lewana
Holzschnitt aus einem alten
Minhagim-Buch, Amsterdam 1723

Rosch Chodesch
Von Max Grunwald

VON allen festlichen Zeiten des jüdischen Jahres hat keine im Laufe der Jahrhunderte eine solche Wandlung erfahren wie die Feier des Neumondes (Rosch chodesch)[1]. Einst ein wichtiger Festtag, der in biblischer Zeit den gleichen Rang wie der Sabbat einnahm, ist er heute für viele zu einem schwachen Nachhall seiner einstigen Bedeutung verblaßt. Er beschränkt sich für sie in der Synagoge auf das Rezitieren von Halb-Hallel, eine Vorlesung aus der Tora im Morgengebet[2], am Sabbat einer besonderen Haftara[3], ferner auf das Mussafgebet und das Auslassen der sonst nur an Festen ausgeschalteten Gebetsstücke, im Hause auf eine entsprechende Einschaltung im Tischgebet und für die Frauen auf Unterlassen aller nicht für den Hausstand am selben Tage erforderlichen Handarbeit.

An dem Sabbat, der dem oder den beiden Rosch-chodesch-Tagen zunächst vorausgeht, wird „Rosch chodesch gebenscht", d. h. im Anschluß an

[1] Vgl. Anhang, Anm. 1.
[2] Vgl. Anhang, Anm. 2.
[3] Vgl. Anhang, Anm. 3.

die Ankündigung des Neumondes ein Gebet für das Wohlergehen im neuen Monat verrichtet. Einige Tage nach dem Rosch chodesch wird, zumeist am Ausgange des Sabbats, wenn der Mond am Himmel und sein Widerschein auf der Erde sichtbar ist, unter freiem Himmel „die Lewone gebenscht"; d. h. ein Gebet zur Begrüßung des Mondes gesprochen (Kiddusch ha-lewana), wobei man mit durchgedrückten Knien („damit es nicht wie eine Anbetung des Mondes aussehe") dreimal eine hüpfende Bewegung ausführt[4]. In vielen Gemeinden wird der Tag vor Rosch chodesch als Fasttag (Jomkippur katan, „kleiner Versöhnungstag") begangen[5].

Unschwer erkennt man schon aus allen diesen Einzelheiten die Vielseitigkeit der Beziehungen, die dem Rosch chodesch früher, z. T. seit ältester Zeit, eigneten. „Chodesch und Schabbat" werden in der Bibel mit einander zitiert, „Chodesch" als der allmonatliche, „Schabbat" als der allwöchentliche Festtag. Seine häusliche Feier mit einem Festmahl wird 1. Sam. 20, 5, seine gottesdienstliche Feier (mit Beteiligung des Propheten) 2. Kön. 4, 23; Hos. 5, 7; Amos 8, 5; Jes. 1, 13; Ez. 46, 1. 6f vorausgesetzt. Nach Judit 8, 6 ist Fasten am Jom ha-chodesch verpönt. In 4. B. M. 28 werden die Opfervorschriften für den Sabbat, dann die für die „Anfänge neuer Monate" (Rosche chodaschim) und hierauf erst die Jahresfeste angeführt. Am Rosch chodesch wird (28, 15) wie an den Jahresfesten ein Ziegenbock als Sühneopfer dargebracht, aber hier ausnahmsweise bezeichnet als Sühneopfer „dem Ewigen".

Das apokryphe Buch der Sprüche Sirachs 43, 8, verherrlicht den Neumond. R. Jehuda, der Fürst, im 2. Jahrhundert, will ihn begrüßt wissen mit dem Segensspruch: „Gepriesen seist du, Ewiger, der die Monate erneuert" (j. Berachot 13d, b. Sanhedrin 41/42 u. sonst.). Diese feierliche Begrüßung darf bis zum 7. oder 14. des Monats, also bis zum Vollmond, jedoch nicht von Frauen verrichtet werden. Man spricht: „Ein gutes Zeichen, ein gutes Zeichen sei es für ganz Israel! Wie ich dir entgegenhüpfe, ohne dich zu erreichen, so sollen andere (oder: alle meine Feinde), wenn sie gegen mich anspringen, mich nicht erreichen!" (Soferim XX 1, 2). Der Monatsanfang wurde vom Synhedrion nach der Abhörung von Augenzeugen des neuen Mondes mit dem Worte „mekuddasch" („geheiligt", daher „Kiddusch halewana", „Heiligung des Monatsanfangs") festgestellt (Rosch haschana I 3—8, II 1—8 u. sonst.). Den Neumondszeugen wurde ein Mahl bereitet, aber auch nach biblischer Sitte ein Festmahl für die Behörden (Soferim XIX 9—10 u. sonst.).

---

[4]) Vgl. Anhang, Anm. 4.
[5]) Vgl. Anhang, Anm. 5.

ANHANG

Anmerkung 1 (zu Seite 381): Der Jüdische Kalender, Luach genannt, d. h. „Tafel", ist durch den Neumond bestimmt. Denn das jüdische Jahr ist ein Mondjahr, und die Dauer eines Mondumlaufes um die Erde wird als ein Monat bezeichnet. Nun braucht der Mond zu einem solchen Umlauf 29½ Tage (genauer 29 Tage, 12 Stunden, 44 Minuten und $3^{1}/_{3}$ Sekunden). Man rechnet darum die Monate abwechselnd mit 29 und mit 30 Tagen. Die 12 Monate eines Jahres umfassen 354 Tage, somit ergibt sich gegenüber dem Sonnenjahr ein Unterschied von 11 Tagen. Nun sind aber die Feste an bestimmte Jahreszeiten gebunden, darum muß ein Ausgleich zwischen Mond- und Sonnenjahr stattfinden. In 19 Jahren beträgt die Differenz 19mal 11 Tage, das sind 109, wozu noch ein Tag hinzukommt, der sich aus den unberücksichtigten Minuten und Sekunden eines jeden Monats ergibt. Die also errechneten 210 Tage sind soviel wie 7 Monate zu 30 Tagen. Darum schaltet man innerhalb von 19 Jahren, die man als einen einheitlichen Zyklus annimmt, 7 Schaltmonate ein, und zwar in jedem 3., 6., 8., 11., 14., 17. und 19. Jahr. Teilt man somit eine jüdische Jahreszahl durch 19, und bleibt kein Rest oder als Rest 3, 6, 8, 11, 14, 17, ist das Jahr ein Schaltjahr oder „Ibbur"-Jahr (volkstümlich: Über-Jahr). Den Schaltmonat schließt man als zweiten Adar („Adar scheni" oder „Weadar"), dem gewöhnlichen Adar an, den man dann ersten Adar („Adar rischon") nennt. Nun gibt es aber auch noch eine Schwierigkeit im jüdischen Kalender, die mit dem Ritus zusammenhängt. Der Versöhnungstag darf nicht unmittelbar vor oder nach einem Samstag sein, weil man nicht für den Sabbat oder am Sabbat die Mahlzeiten vorbereiten könnte. Auch Hoschana rabba darf nicht auf einen Sabbat fallen, weil man an ihm die Weidenruten nicht abschlagen könnte. Man fand den Ausweg darin, daß man die beiden auf den Tischri folgenden Monate, Cheschwan und Kislew, bald mit 29, bald mit 30 Tagen einsetzt.

Die Namen der Monate sind erst in Babylonien in Gebrauch gekommen. In der Bibel wird nur der jetzige Monat Nissan als Awiw (Frühlingsmonat — Monat der Halmreife) bezeichnet. Im ersten Buch der Könige werden drei Monatsnamen erwähnt, die aber auch fremder Herkunft zu sein scheinen: Siw als zweiter, Bul als achter und Etanim als siebenter Monat. Für die Wochentage selbst gibt es auch heute noch mit Ausnahme des Sabbats keinen Namen. Man bezeichnet die Tage mit den Ordnungszahlen. Die einzelnen Sabbate des Jahres selbst pflegt man nach der Sidra (Wochenabschnitt), oder einem charakteristischen Teil der Sidra bzw. Haftara zu bestimmen. Die Jahreszahl wird gewöhnlich mit Hinweglassung der Tausender gegeben. (Man fügt dann die Buchstaben: l. p. k. hinzu, was soviel bedeutet wie „lifrat katan", d. h. etwa: die abgekürzte Angabe.) Also etwa das Jahr 5696 mit 696 l. p. k. Besonders kunstvoll ist es, ein biblisches Wort oder einen Vers statt der Jahreszahl zu verwenden, da jedem Buchstaben im Hebräischen ein Ziffernwert zukommt, und durch Addition die Jahreszahl gefunden wird. Dies ist besonders bei Inschriften der Fall. Der Vers soll eine innere Beziehung zu dem Sinn des Ortes, für den er bestimmt ist, enthalten. Über den Buchstaben, die in ihrem Ziffernwert zu nehmen sind, werden Punkte gesetzt. Man nennt diese Ausdrucksweise einer Jahreszahl schlechthin einen „P(e)rat". Aus jeder jüdischen Jahreszahl erhält man durch Hinzuzählung von 240 das bürgerliche Jahr. In beiden Fällen werden die Tausender nicht berücksichtigt, z. B. (5) 696 + 240 = (1) 936. Bei einer derartigen Rechnung muß man nur beachten, daß die Zeit vom 1. Tischri an, dem das neue jüdische Jahr einsetzt, bis zum 31. Dezember des gleichbleibenden bürgerlichen Jahres nicht berücksichtigt ist, so daß man sich hier um ein Jahr irren könnte. Die Zählung der Jahre von der Erschaffung der Welt stützte sich auf die biblische Chronologie und bürgerte sich erst um 900 n. ein.

Für den jüdischen Kalender ist also der Augenblick, da der Neumond eintritt, d. h. der Mond genau zwischen Erde und Sonne steht, der wichtigste. Zu diesem Zeitpunkt ist der Mond nicht sichtbar. Frühestens sechs Stunden später kann ein erster Streifen erblickt werden. Der Oberste Gerichtshof in Jerusalem, das Sanhedrin, fällte allmonatlich die Entscheidung, wann Neumondstag sei. Wenn zwei zuverlässige Zeugen meldeten, an einem Tage den Neumond gesehen zu haben, wurde dieser Tag zum Neumond bestimmt, oder wie man sagte: geheiligt („mekkudesch"). Wenn sich keine Zeugen meldeten oder den Zeugen kein Glauben geschenkt werden konnte, wurde der Tag noch zum früheren Monat gerechnet und der folgende als Neumondstag bestimmt. Es handelte sich also immer nur um die Frage des 30. Tages. Sobald die Entscheidung gefallen war, sandte man Boten in die jüdischen Gemeinden mit der Nachricht. Die weit siedelnden oder nicht leicht erreichbaren Gemeinden hielten, um den Termin mit der übrigen jüdischen Gemeinschaft nicht zu versäumen, zwei

ANHANG ZU ROSCH CHODESCH

Tage Neumond und ebenso — mit Ausnahme des Jomkippur — auch zwei Tage die Feste. Rosch haschana wurde auch schon in Jerusalem zur Zeit des Tempels so wie noch heute an zwei Tagen gefeiert. Als später der Kalender endgültig fixiert wurde, behielt man in der Diaspora die alte Einführung der zwei Tage aus Pietät bei. Der Gelehrte, der jene Fixierung vornahm — es war dies eine bedeutende mathematisch-astronomische Leistung — war Hillel II um 340 n.

Von nun ab galt als Rosch chodesch der erste Tag des neuen Monates und falls der vorausgehende Monat dreißig Tage hatte, auch dieser dreißigste Tag. Die einstmals schwierige Berechnung der vier „tekufot", d. i. die genaue Zeitangabe des Tages der Sonnenwenden und der Tag- und Nachtgleichen, an denen die vier Jahreszeiten beginnen, hatte nunmehr nur noch theoretisches Interesse. Liturgisch hängt davon heute nur die Bestimmung des Tages ab, an welchem im Achtzehngebet die Bitte um Regen („weten tal umatar") eingeschaltet wird. Es soll dies der 60. Tag nach der „tekufa" des Monats Tischri sein. Im allgemeinen ist es der 4. Dezember, nur in einem Jahr, das einem Sonnenschaltjahr vorangeht, der 5. Dezember. An den Vorabenden zu diesen Tagen wird die Einschaltung zum erstenmal gemacht und bis einschließlich zum Minchagebet am Vortag des Pessachfestes beibehalten.

Der einzelne Tag wird immer von Abend bis Abend gerechnet. Heißt es doch auch schon im ersten Kapitel des Buches Moses: „Es ward Abend und es ward Morgen: ein Tag". Der Abend setzt genau mit Sonnenuntergang ein, muß also für jeden Ort besonders berechnet werden. Empirisch pflegten sich die Juden danach zu richten, ob mindestens drei Sterne am Himmel sichtbar waren.

Anmerkung 2 (zu Seite 381): Es wird nur das halbe Hallel gesagt, weil beim Tempeldienst in Jerusalem an diesem Tage kein Hallelgebet üblich war und es sich also nur um einen späteren Brauch handelt, nicht um ein Gebot. Nach Hallel wird aus einer Torarolle für vier Personen aus dem 4. B. M. Kap. 28 über die Darbringung der Opfer vorgelesen, und zwar dem ersten die Verse 1—3, dem zweiten 3—5, dem dritten 6—10, dem vierten — als solcher wird gewöhnlich der Rabbiner aufgerufen — 11—15. Die Tefillin werden erst vor dem an die Toravorlesung anschließenden Mussafgebet abgelegt. Alle Bußgebete, wie „tachanun", „wehurachum", entfallen. In der Tefilla wird ein Gebet „jaale wejawo" (es steige empor und komme) eingeschaltet, das um der Väter und um Jerusalems willen Hilfe erfleht. Dieses Gebet wird auch in das Tischgebet des Tages eingefügt.

Anmerkung 3 (zu Seite 381): Fällt Rosch chodesch auf einen Sabbat, werden zwei Torarollen ausgehoben. Aus der ersten wird der betreffende Wochenabschnitt vorgelesen, aus der zweiten für den Maftir die Stelle aus dem 28. Kapitel des 4. B. M. vom 9. Vers angefangen, der mit der Opfervorschrift für den Sabbat beginnt. Aus der Haftara wird das letzte Kapitel Jesajas gelesen, das von dem neuen Himmel und der neuen Erde, die geschaffen werden sollen, spricht und von dem neuen Mond- und Sabbatfest, zu dem alle nach Jerusalem wallfahren werden. Für die Mussaf-Tefilla ist ein eigenes Gebet bestimmt.

Ist der Sabbat der Vortag des Neumondstages, wird eine besondere Haftara vorgelesen: Samuel I, Kap. 20, V. 18—42, worin von dem Mahl am Neumondstag bei Saul gesprochen wird, an dessen Vortag David und Jonatan heimlich zusammengekommen sind. Im ersten Vers stehen die Worte: machar chodesch, morgen ist Neumond.

Den Abschluß des Morgengottesdienstes bildet an jedem Rosch chodesch der Psalm 104 („borchi nafschi"), der das Wunder der Weltschöpfung preist und den Vers enthält: „Der den Mond gemacht hat für Zeitbestimmungen".

Anmerkung 4 (zu Seite 382): Vgl. das Stück von Shmarya Levin in der Lektüre zu Sukkot, dessen erster Teil den Segen über den Mond („birkat lewana") schildert. Der Spruch wird unter freiem Himmel gesagt, frühestens drei Tage nach Neumond, wenn schon ein größerer Teil der Mondsichel, die klar am Himmel gesehen werden muß, erblickt wird. Der äußerste Zeitpunkt für den Segensspruch ist der 14. Tag nach dem astronomischen Neumond (Moled). Gern wartet man damit bis zum Ausgange des Sabbats, im Monat Ab bis zum Ausgang von Tischa beaw und im Tischri bis zum Ausgang des Jom kippur, weil man da erst die heitere Stimmung für die Segenssprüche hat. Hingegen sagt man den Segensspruch nicht am Freitagabend oder am Feiertag.

Auch einen Segensspruch für die Erschaffung der Sonne („birkat hachamma") gibt es, der alle 28 Jahre gesprochen wird. Man nimmt nämlich an, daß vier Jahre einen Himmelstag bilden, und daß nach 7×4 Jahren, also einer Himmelswoche, die Sonne wieder an der Stelle ihrer Erschaffung sichtbar wird. Das letztemal sprach man den Segensspruch am 8. April 1925.

Anmerkung 5 (zu Seite 382): Seit dem 16. Jahrhundert wird der Tag vor Rosch chodesch als ein Bußtag angesehen, an welchem viele sogar fasten. Finden sich in einer Gemeinde zehn Fastende, wird bei Mincha aus der Tora und den Propheten eine Vorlesung wie für Fasttage abgehalten. In jedem Falle wird bei Mincha eine bestimmte Liturgie beobachtet, die größtenteils aus Stücken des Jom kippurgebetes zusammengesetzt ist. Den Abschluß bildet die Rezitierung der Schlußsätze vom Jom kippur bei geöffneter Lade. Man nennt den Tag Jom kippur katan (den kleinen Jom kippur). Er entfällt nur vor Rosch chodesch Cheschwan, weil im Tischri schon Jom kippur gehalten wurde, weiter vor Rosch chodesch Tebet, weil er in die freudige Zeit von Chanukka fiele, ferner vor Rosch chodesch Ijar, weil ganz Nissan ein Freudenmonat ist. Schließlich vor Rosch haschana. Fällt der Neumondtag auf einen Samstag oder Sonntag, wird Jom kippur katan am vorausgehenden Donnerstag gehalten.

Chamischa Assar bischewat
Von Max Grunwald

ZWISCHEN Chanukka und Purim liegen die Monate Tebet — mit der Trauer an seinem zehnten Tage — und der unwirtliche Sch'wat („Der Sch'wat hält sein' Prat", d. h. etwa: Besonderheit). Von diesem düsteren Hintergrunde hebt sich der Geburtstag der Natur, das Baumfest, der 15. Schewat, um so freundlicher ab. Die Spaniolen nennen ihn Frutas (Obstfest) oder Rosasana dos arbores (Neujahr der Bäume). Man hängt den Kindern mit ihrem Namen bestickte Säckchen um den Hals, die mit Früchten, besonders mit gezuckerten Mandeln und Haselnüssen, gefüllt sind (Frutas bolsas). Die Spaniolen betrachten ihn, weil er nach der Mischna das Rosch haschana (Neujahr) der Bäume ist, zugleich als einen jom ha-din (Gerichtstag). Über fünfzig Früchte kommen bei wohlhabenden Juden, z. B. in Bagdad, auf den Tisch, dazu Wein und Brot. Aus dem Buche „Peri ez hadar" liest jeder der Anwesenden einen Abschnitt vor und genießt dann mit entsprechendem Segen eine Frucht. Die persischen Juden versammeln sich zu dieser Feier am Vorabend des 15. Schewat bei einem wohlhabenden Gemeindemitglied, das die größtmögliche Anzahl von Baum- und Erdfrüchten (gebrannte Weizenkörner, Erbsen, Kürbissamen usw.), Getränke und Speisen, wie: gebratene Fische, vorbereitet hat.

Die Sefardim durchwachen die Nacht und lesen besondere Stücke aus Bibel, Talmud und Sohar. Bevorzugt werden Früchte, die in Palästina wachsen, vor allem Johannisbrot. Die Aschkenasim essen fünfzehn verschiedene Früchte. Die Sefardim auf dem Balkan wandern mit Weib und Kind in festlichem Zuge ins Freie; dort wird ein Hammel geschlachtet und ein Picknick gehalten.

In Erez Israel ist der Tag ein großes Schulfest. Ähnlich dem amerikanischen Arbor-Day wird von den Schülern Jerusalems in der benachbarten Kolonie Moza ein Baum gepflanzt.

Feste, wie Chamischa assar, Lag baomer und Chanukka werden aber auch im Galut durch Veranstaltungen für die Schuljugend lebendig erhalten.

Lag baomer
Von Max Grunwald

WÄHREND in der Sefirazeit zur Erinnerung an ein großes Sterben unter den Schülern R. Akibas Trauer beobachtet wird, herrscht am 33. (l"g) Tage des Omerzählens (daher Lag baomer), an dem das Sterben aufhörte, laute Freude. Als Grund für dieses Sterben wird (Jewamot 62b) angegeben, daß sie einander nicht die gebührende Achtung zollten.

An diesem Tage darf man wieder Hochzeiten abhalten und sich das Haar schneiden lassen. In den Schulen entfällt der Unterricht. Die Kinder schießen mit Pfeil und Bogen zum Andenken an den Krieg, den das von R. Akiba begeisterte Volk gegen die Römer geführt hat. Dieser Freudentag und die Ruine von Massada mit den Resten des römischen Umschließungswalles sind bis heute Zeugen der ruhmreichen letzten Kämpfe unserer Vorfahren um ihre politische Selbständigkeit. Die Knaben verfertigen selbst Bogen, Schwerter und Schießgewehre. Die Bogen werden aus spanischem Rohr gemacht, die Schwerter aus Holz geschnitzt; als Schießgewehr dient eine Zwirnspule, in deren Höhlung ein Hölzchen mit einem kugeligen Ende gesteckt wird. Darüber spannt man einen Streifen Gummi elasticum und befestigt ihn mit Bindfaden an der Spule. Als Geschosse dienen Erbsen. Mit derartigen Waffen kämpft man möglichst am Fuße eines Hügels, der den Berg Sinai vorstellt. Mit Hüten aus buntem Papier auf dem Kopfe wird exerziert, geschossen und gefochten.

Zu dem festlichen Charakter des Tages paßt die Feier am Grabe eines Großen, der durch ein Wunder dem Schwert der Römer entkommen ist. Am 18. Ijar wird in Meron bei Safed „Hillula d'R. Schimon ben Jochaj", der Todestag dieses Gelehrten, von Sefardim aus Syrien, dem Irak, Ägypten, der Türkei usw., gefeiert, weil er nach einer Überlieferung am Tage seines Hinscheidens seinen Schülern eine wichtige kabbalistische Schrift, die Idra (Sohar Haasinu), mitgeteilt hat. Am Vorabend des 33. Omertages wird ein dazu bestimmtes ehernes Becken auf dem Dache des Bet hamidrasch an seinem Grabe mit Olivenöl gefüllt und von allen Festteilnehmern ein Haufen seidener Tücher und anderer Kleidungsstücke hineingeworfen. Das Anzünden des Öles wird versteigert. Sobald das brennende Öl aufflammt, beginnt ein lautes Beten und Singen. Man bildet um einen Tänzer einen Kreis und begleitet mit Händeklatschen und Responsorien einen Tanz, der „Kulla hada meschan zaddik" (Alles dies dem Gerechten zu Ehren) heißt.

ANHANG

Zur Zeit des 2. Tempels war der 15. Ab (Chamischa assar beaw) ein großes Volksfest. Wie am Jomkippur (siehe daselbst) zogen in Jerusalem die jungen Leute in die Weinberge und führten dort Reigentänze auf. Die Mädchen trugen alle weiße Kleider, die sie ausgeliehen hatten, damit die Armen nicht beschämt werden. Die einen sangen: „Jüngling, richte dein Auge auf die Schönheit, denn die Frau ist um der Schönheit willen geschaffen." Andere sangen: „Jüngling, schau auf edle Abkunft, denn die Frau ist um der Kinder willen da". Über die Herkunft des Festes gibt es verschiedene Vermutungen. Am 15. Ab endete die Frist für die Holzspende, die an den Tempel zur Erhaltung des Altarfeuers geliefert wurde. Dies erwähnt auch der Historiker Flavius Josephus. Es war also vielleicht ein Holzspendenfest. Nach anderer Version war es das Fest der Sonnenwende, so wie der 15. Schewat das der Wintersonnenwende sein soll. Am 15. Ab soll auch gestattet worden sein, die im Bar Kochba-Aufstand bei Bethar am 9. Ab Gefallenen zu bestatten.

Für den heutigen Ritus blieb an diesem Tag ebenso wie am 15. Schewat und am Lag baomer der Brauch, alle Bußgebete (Tachanun usw.) entfallen zu lassen.

LEKTÜRE FÜR DIE HEITEREN TAGE

Bäume des Karmel
Von Martha Hofmann

Knorrig alter Stamm!
Ölbaum, silberweiß,
Sturmgepeitschtes Reis
Auf dem Gipfelkamm. —
O wie zeigt dein wild
Wogendes Gewühl
Unsrer Seele Bild —
Aufruhr im Gefühl.

Pinie, klar umzirkt,
Schön gewölbter Dom!
Hier in Gleichmaß birgt
Sich der Landschaft Strom.
Gleichen Rhythmus wiegt
Des Beduinen Gang,
Der die Arme biegt
Hauptwärts um den Trank.

Fleischiger Feigenbaum!
Deine Lappen breit
Sind wie Urwaldtraum
Einer dunklen Zeit.
Die Fellachin pflückt
Deine blaue Frucht,
Brust an Baum gedrückt —
Wild, das Nahrung sucht.

Du, Zypressenbaum,
Bist wie Gottesruh,
Schmal am Bergessaum
Einsam dunkelst du.
Wie ein Beter still,
Der zum Jenseits will,
Der nichts Irdisches will,
Den kein Sturm berührt.

Zwischen solchem Kranz,
Grünem Gitterwerk,
Schlürft mein Blick den Glanz,
Läuft hinab den Berg,
Über Steingefild
Und Kakteenzaun
Springt er böckleinwild,
Blaues Meer zu schaun.

Die verlorene Schlacht

Von Scholem Alejchem

UNSER Rebbe, Nissel der Kleine — so genannt, weil er klein gewachsen war — ließ sich von seinen Behelfern an der Nase herumführen. Sie setzten alles durch, was sie wollten. Kam der eine und sagte, man müsse heute die Kinder früher entlassen, so wurden sie früher entlassen. Kam der andere und sagte, die Kinder würden die Welt von oberst zu unterst kehren, man müsse sie daher im Chejder zurückbehalten — so wurden sie zurückbehalten. Selber über was nachdenken — das tat der Rebbe niemals, und darum herrschte nicht er, sondern die Behelfer herrschten über uns. In anderen Chadarim wußten die Behelfer, daß sie die Kinder zu waschen, mit ihnen zu beten, sie auf Schultern über den Straßenmorast zu tragen und ihnen ihr Frühstückstöpfchen in den Chejder zu bringen haben. Unsere aber waren zu alledem zu faul. Bloß das Frühstück brachten sie uns — freilich nur, um es selber aufzuessen. Dabei durften wir nicht daran denken, Klage zu führen. Denn wer es wagen würde — so drohten sie —, dem Rebben auch nur ein Wörtlein zu erzählen, den würden sie quälen und zu Schanden prügeln. Und wirklich, als es einmal einer, ein kecker Junge, versuchte und mit einem Worte herausplatzte, bearbeiteten sie ihn derart, daß er ein ganzes halbes Jahr krank war und dann jeden warnte, nur ja nicht einen Behelfer beim Rebben anzuzeigen.

Kurz, es war eine böse Zeit, die man am besten als den „Behelfer-Goleß" bezeichnen kann.

Und es war in der Zeit des „Behelfer-Goleß", da kehrte einmal bei uns in Masepowke ein nasser, kalter Lag-bojmer ein, wie es sich ja manchmal trifft, daß der Mai nasse, kalte Tage bringt. Die Sonne zeigte sich zwar, gab auch Licht und Wärme. Aber zwischendurch blies von irgendwoher, aus weiter Ferne ein scharfer Wind, trieb Wolken herbei, zerrte an den Rockschößen, kollerte vor den Füßen... ganz und gar nicht wie im Frühling.

Gerade an diesem Lag-bojmer aber gefiel es unsern Behelfern, daß wir einen Spaziergang vor die Stadt machen und in den Krieg ziehen sollten, wie es bei den jüdischen Kindern Brauch ist — mit Schwertern und mit Bogen und allerlei guten Sachen als Wegzehrung.

Es ist eine uralte Sitte bei jüdischen Kindern: am Lag-bojmer wird man kriegerisch. Man bewaffnet sich von Kopf zu Fuß mit hölzernen Schwertern, Büchsen und Bogen. Auch Eßsachen nimmt man mit, und so zieht man ins freie Feld hinaus, gleichsam in den Krieg. Die jüdischen Kinder, die das ganze Jahr über im engen, finstern Chejder sitzen, unter dem Joche der Tora, in der Furcht des Rebben und unter der Knute der Behelfer, fühlen sich am Lagbojmer, wenn sie bewaffnet hinaus aufs Feld ziehen, wie Helden, die sich vermessen, den stärksten Feind zu besiegen, die ganze Welt zu zerstören. Sie haben plötzlich Mut bekommen, marschieren mit großen Schritten und singen Lieder, sonderbare Lieder, halb jüdisch, halb russisch:

DIE VERLORENE SCHLACHT

> Raz, dwa, tri, tschetyre,[1]
> Jiddische Kinder lernen tojre,[2]
> Glojben in Wunder, hoben nischt — mojre[3].
> Schma Jisroel![4] Nitschawo,[5]
> Nje boimssja nikawo,[6]
> Kromje Boga odnawo[7]...

Auch wir taten nach der alten Sitte. Wir holten unsere vorjährigen, hölzernen Schwerter vom Boden herunter, die Bogen machten wir uns aus den Reifen der Pessachwein-Fäßchen, Büchsen lieferten uns die Behelfer — selbstverständlich gegen Bezahlung — und zwar so ausgezeichnete, daß man eine Fliege mit ihnen erschießen konnte, wenn sie nur so gütig war, stehen zu bleiben und zu warten, bis man sie traf... Und noch andere Waffen von dieser Art verschafften wir uns — lauter jüdische Waffen, gut genug, um Säuglinge zu schrecken. Mit Proviant versorgten wir uns reichlich — jeder so viel, als Gottes Segen ihm beschert und der Mutter liebende Hand ihm zugeteilt hatte. Als wir des Morgens in den Chejder kamen, waren wir also bis auf die Zähne bewaffnet und hatten die Taschen von allem Guten voll, das sich nur denken läßt. Da gab es Semmeln und Kuchen und Eier und Schmalz und Branntwein und Wischnik (Weichselschnaps) und Hühnerviertel und Entenstücke und Gänsemagen und Gänseleberchen und Tee mit Zucker, Nüsse, Apfelsinen und Eingemachtes, auch Geld, einige Groschen. Jeder wollte sich hervortun, möglichst viel bringen, die Behelfer zufriedenstellen... Dafür lobten sie uns auch, sagten, daß wir artige und treffliche Knaben wären, nahmen unsere guten Bissen und legten sie in ihre Säcke. Dann stellten sie uns in Reihen auf, so wie man Soldaten aufstellt und kommandierten:

„Faßt euch an den Händen, Kinder, und marsch über die Brücke geradeaus auf die Meseritscher Heide. Dort werdet ihr die Meerschweinchen treffen und euch mit ihnen schlagen!"

„Hurra, auf zu den Meerschweinchen!" schrien wir alle wie ein Mann, faßten uns an den Händen und stürmten davon — stolz und sicher, wie richtige Helden.

Meerschweinchen nannten wir die ABC-Schützen wegen ihrer Kleinheit. Gegenüber uns, den Chumeschjungen, sahen sie wie die Fliegen aus, wie Ameisen. Es schien uns, daß es genügte, sie nur einmal anzublasen — fu! —, um sie zu vernichten. Wir waren sicher, daß sie uns nur zu erblicken brauchten, in unserer Ausrüstung, mit unseren Schwertern, Bogen und Büchsen, um sofort die Füße in die Hände und Reißaus zu nehmen. Wie konnte es anders sein — solchen Helden gegenüber, wie wir Chumeschjungen waren? Sie zitterten doch vor uns, hatten Angst, uns nahezukommen —, uns, den Bibelschülern, den Riesen mit den langen Beinen...!

Eigentlich hatten wir uns niemals mit den Meerschweinchen geschlagen. Doch zweifelten wir keinen Augenblick daran, daß wir sie mit einem Blick zerschmettern würden. Sie sollten ordentliche Prügel kriegen, aber auch Beute wollten wir machen: ihnen ihr Frühstück wegnehmen und unter uns verteilen. Was konnten sie uns anhaben?

---

[1] Eins, zwei, drei, vier. [2] Tora. [3] Haben keine Furcht. [4] Höre Israel. [5] Macht nichts. [6] Wir fürchten niemand. [7] Außer Gott allein.

Vor lauter Kriegsmut und Begeisterung für uns und für unsere Kraft stießen wir einer den andern, bald in den Rücken, bald weiter unten. Zudem trieben uns auch die Behelfer an. Sie wollten, daß wir schneller gehen.

„Warum kriecht ihr so wie die Wanzen?" riefen sie uns zu. Selber aber blieben sie jeden Augenblick stehen, um die Säcke zu öffnen und von dem Inhalt zu kosten.

„Ein ausgezeichneter Wischnik!" sagten sie, reichten ihn einer dem anderen und tranken gleich aus der Flasche. Gluck, gluck, gluck, — gluckste es aus dem Flaschenhals in ihren Mund hinein.

„Ein seltener Wischnik! Nicht wahr? Maßlos gut..."

Während sie so sprachen und schmatzten, blieben sie in starkem Abstand hinter uns zurück und machten uns von der Ferne Zeichen, daß wir weitergehen sollten: weiter...!

Und wir gingen weiter und weiter über die große Meseritscher Heide, wiewohl der Wind immer schärfer und schärfer blies. Der Himmel hatte sich ganz mit Wolken überzogen, und ein dichter, kalter Regen schlug uns gerade ins Gesicht. Die Hände schwollen uns von der Kälte an und wurden rot und blau. Die Schuhe wurden durchgeweicht und patschten im Morast. Wir sangen schon lange keine Lieder mehr und waren recht müde und hungrig geworden. Endlich beschlossen wir, uns zu setzen, um eine Weile auszuruhen und etwas zu uns zu nehmen.

„Wo sind denn eigentlich unsere Behelfer?" rief einer von uns.

„Hol der Teufel die Behelfer! Aber wo sind unsere Frühstücke?"

Wir begannen gegen die Behelfer zu murren:

„So was! Nehmen alle unsere Gänsemagen samt unseren Gänseleberchen und die Kuchen, und die Eier und den Wischnik und sogar die paar Groschen und lassen uns da allein auf der öden Heide frieren und hungern! Der Teufel soll sie holen!"

„Nieder mit unsern Behelfern!"

„Pst! Still! Der Feind! Der Feind!"

„Die kleinen Meerschweinchen mit den großen Stöcken!"

„Die Meerschweinchen! Die Meerschweinchen!"

Und wie die hungrigen Wölfe stürzten wir auf sie los, bereit, sie niederzuwerfen und in Stücke zu reißen.

Leider aber passierte uns ein Unglück — ein großes Unglück, das keiner von uns hatte voraussehen können...

Ja, ja, wenn einem was beschieden ist, da hilft weder Weisheit, noch Stärke, noch Tüchtigkeit. Hört, was alles vorkommen kann...!

Die Meerschweinchen waren zwar kleine Kerlchen, ABC-Schützen, aber offenbar gar nicht dumm. Ehe sie gegen uns ins Feld, auf die große Meseritscher Heide gezogen waren, hatten sie sich eingeübt. Auch hatten sie gut gefrühstückt, sich warm angezogen, die Gummischuhe nicht vergessen, und sich ebenso wie wir, vielleicht noch besser, von Kopf bis Fuß mit Schwertern, Bogen und Büchsen bewaffnet. Und als sie nun draußen waren, hatten sie ganz und gar nicht Lust, zu warten, bis wir sie angriffen, sondern griffen lieber uns an und zwar von allen Seiten gleichzeitig und so flink, daß wir gar keine Zeit hatten, uns zu besinnen. Ehe wir uns versahen, waren sie schon über uns und hieben auf uns ein, was sie nur konnten. Wir hatten anfangs gar nicht bemerkt, daß sie nicht allein, sondern mit ihren Behelfern gegen uns losgingen. Die feuerten sie an:

„Haut sie, die Chumeschjungen! Klopft sie, die Riesen mit den langen Beinen!"

Natürlich blieben wir ihnen nichts schuldig. Wie Helden stellten wir uns gegen die kleinen Kerle, schlugen mit unsern Schwertern nach ihnen, spannten die Bogensehnen, legten die Büchsen an. Aber ach! Unsere Schwerter waren morsch und brachen. Und ehe wir noch etwas mit den Bogen ausrichten konnten, hatten wir schon unsere Prügel sitzen... Von den Büchsen ganz zu schweigen: denn was kann man mit einer Büchse anfangen, wenn der Feind nicht warten will, bis ihr ihn trefft, sondern früher auf euch losspringt und sie euch aus der Hand schlägt? Kann man's ihm verbieten?

Kurz, es ging schlecht. Schließlich mußten wir alle Waffen wegwerfen, die Schwerter ebenso wie die Bogen und die Büchsen, und so tun, wie alle guten Menschen tun: das heißt, wir mußten einfach mit den Händen, mit Fäusten zu arbeiten anfangen. Leider waren wir da aber im Nachteil. Denn wir waren müde, ausgehungert und verfroren und schlugen uns ohne Plan und Führung. Unsere Behelfer waren ja zurückgeblieben, hatten sich mit unserm Wischnik angetrunken, hol sie der Teufel. Die anderen aber, die kleinen Kerle, waren warm gekleidet und satt, und ihre Behelfer führten sie und feuerten sie an.

„Haut die Chumeschjungen! Klopft sie, klopft sie, die Riesen mit den langen Beinen!"

Und da sie obendrein von drei Seiten zugleich auf uns eindrangen, und immer mehr und mehr — was Wunder, daß sie uns mit Püffen überschütteten — mit denselben Rippenstößen, die wir ihnen zugedacht hatten?

Wer der erste war, der dem Feinde den Rücken kehrte — das wird man wohl niemals mehr feststellen können. Aber das weiß ich, daß wir liefen, Hals über Kopf liefen, nach Hause zurück, nach Masepowke; und daß sie, die verdammten kleinen Kerle, uns wie rasend nachjagten und nicht müde wurden, hinter uns her zu lachen und zu schreien:

„Hurra! Haut die Chumeschjungen! Hurra, haut die Riesen! Hurra, Hurra!"

Müde, hungrig, schläfrig, mit zerfetzten Kleidern, verprügelt, verbeult kamen wir Helden nach Hause und hofften wenigstens, daß unsere Eltern mit uns Mitleid haben und uns für die erhaltenen Prügel mit Kuchen entschädigen würden. Aber leider sahen wir uns in unsern Hoffnungen bald getäuscht. Kein Mensch dachte an uns, kümmerte sich um uns. Wir mußten noch froh sein, daß es ohne Ohrfeigen — für die zerrissenen Röcke und die krummgetretenen Schuhe — abging; wir hätten sie ja so leicht extra vom Vater und extra von der Mutter kriegen können. Freilich, am andern Morgen, als Nissel der Kleine, unser Rebbe, die Beulen auf unseren Stirnen und die „blauen Laternen" unter unsern Augen sah, kamen wir nicht mehr so glimpflich davon. Fast schäme ich mich's zu erzählen: einer nach dem andern mußten wir uns hinlegen, und just mit dem Gesicht zur Erde, und jeder bekam seine Portion, mit Respekt zu melden, dahin, wo sich's gebührt! Wohl als Draufgabe, weil's sonst offenbar zu wenig gewesen wäre...

Wir trugen es aber niemandem so nach wie den verdammten Behelfern!

Wenn die Eltern ein Kind strafen, tun sie's vielleicht aus Liebe. Wenn der Rebbe ein Kind hinlegt und ihm die Knute gibt — so ist er eben doch der Rebbe, und die Knute ist eben eine Knute. Aber die Behelfer, diese Elenden! Nicht genug, daß sie uns das Frühstück weggegessen hatten — Herrgott, wenn sie nur krank davon würden! — nicht genug, daß sie uns auf freiem Felde im Stich gelassen hatten — sie hielten uns jetzt noch die Beine fest, während wie gehauen wurden, damit wir nicht strampeln...

So endete jener traurige Lag - bojmer, an dem wir die Schlacht verloren!

Bemerkungen zu den Lektürestücken für die heiteren Tage

Martha Hofmann: Bäume des Karmel

dem Gedichtband „Das blaue Zelt", Saturnverlag, Wien 1934, entnommen.

Dieses Gedicht zu Chamischa assar bischewat, dem Neujahr der Bäume in Palästina, ist

Scholem Alejchem: Die Verlorene Schlacht

Scholem Alejchem, mit dem bürgerlichen Namen Schalom Rabinowitsch, ist neben Mendele Mojcher Sforim der bedeutendste Humorist der jiddischen Literatur. Er ist 1859 in Rußland geboren und 1916 in Kopenhagen gestorben. Scholem Alejchem liebt eine breit ausgesponnene, ans Idyllische erinnernde Darstellung. In der hier wiedergegebenen Lagbaomer-Geschichte führt er den Leser in die Elementarschule, den Cheder, wo vor allem die Fünf-Bücher-Moses (Chumesch) gelernt werden. Der Cheder wird von einem „Rebben" geleitet, dem Hilfskräfte, sogenannte Behelfer („Belfer") zur Seite stehen. Die für Chederknaben ungewohnte kriegerische Spielfreude ist eine Erinnerung an die Kämpfe Bar Kochbas gegen die Römer, den sogar der große Rabbi Akiba mit messianischen Hoffnungen begrüßt hat. Und an die Rettung der Jünger Akibas erinnert ja Lag baomer. Die Erzählung ist dem unter dem Titel der hier wiedergegebenen Geschichte erschienenen Auswahlband humoristischer Erzählungen (Jüdischer Verlag, Berlin) entnommen. Die Übersetzung stammt von Mathias Acher.

DIE TRAURIGEN TAGE

Tischa Beaw
Holzschnitt aus einem alten
Minhagim-Buch, Amsterdam 1723

Tischa Beaw und die anderen Trauertage
Von Georg Langer

DIE jüdische Religiosität ist eher auf Fröhlichkeit abgestimmt als auf Trauer. Dennoch bieten ihr die wechselreichen Ereignisse der jüdischen Geschichte manchen Anlaß zu ernsten, ja traurigen Stimmungen, die insbesondere in den jüdischen Fast- und Trauertagen ihren klarsten Ausdruck finden.

Abgesehen vom Versöhnungstage, der seinem Wesen nach ein rein religiöses, wenngleich von geschichtlichen Begleitmotiven nicht ganz freies Fest darstellt, besitzt das Judentum noch fünf andere Fasttage, in deren Charakter wohl das nationale Moment als vorherrschend bezeichnet werden darf. Hiervon knüpfen vier Fasttage direkt an die Zerstörung der heiligen Stadt Jerusalem als die größte Katastrophe des Judentums an, während allein der Fasttag der Königin Ester (Taanit Ester), der am 13. Adar, also einen Tag vor Purim, stattfindet, an ein anderes Ereignis erinnert, nämlich an die Bedrohung aller Juden des altpersischen Weltreiches und an ihre Rettung im Kampf gegen den geradezu allmächtigen Feind, den Perser Haman. Während jeden Kampfes haben nämlich die Krieger des jüdischen Altertums gefastet.

Hingegen steht selbst der Fasttag Gedalja (Zom Gedalja), der am 3. Tischri stattfindet, mit der Tempelzerstörung im Zusammenhang. Denn die Ermordung des letzten jüdischen Statthalters Gedalja und somit das gänzliche Verschwinden einer jüdischen Selbständigkeit geschah kurz nach der (ersten) Tempelzerstörung.

Um so mehr sind aber die übrigen drei Fasttage eine Erinnerung an die Zerstörung der heiligen Stadt und des Tempels. So zunächst der zehnte Tag im Wintermonat Tebet (Assara betewet), an dem die unheilvolle Belagerung durch die römischen Legionen unter Führung Vespasians im Jahre 70 n. Chr. begann.

Insbesondere sind jedoch die zwei letzten Fasttage, sowie die zwischen ihnen liegenden drei Wochen, eine Erinnerung an den schicksalsvollsten Zeitabschnitt der jüdischen Geschichte. Aber nicht allein Erinnerung und Mahnung sollen sie sein. Sie sollen vielmehr auch Trost bringen und Zuversicht in eine glücklichere Zukunft einflößen. Diese zwei letzten Fasttage sind der 17. Tag im Sommermonat Tamus (Schiw'a assar be-tamus), an dem die Römer die äußere Stadt nach mehr als sechsmonatigem tapferen Widerstand der belagerten Juden eingenommen haben, und endlich, drei Wochen später, der 9. Ab (Tisch'a be-aw), an welchem die Römer, fortan unter Führung des Titus, nach weiteren verzweifelten Kämpfen, die während dieser drei dazwischen liegenden Wochen gewütet hatten, auch den Tempel in Brand setzten.

Es erübrigt sich, hier die traurigen Folgen darzulegen, die diese furchtbare Tragödie dem jüdischen Volke gebracht hat. Denn dies hieße eigentlich die ganze Geschichte des jüdischen Volkes in seiner Verbannung, in der Galut (Golus), mit all ihren Schrecken niederschreiben. Begnügen wir uns vielmehr mit einer kurzen Darstellung des tiefgreifenden Eindruckes, den dieses Ereignis in der Volksseele hinterlassen hat, wie sich dies in der Folgezeit in der jüdischen Religiosität und in den jüdischen Bräuchen widerspiegelt.

Denn das Judentum ist durch den schweren Verlust, den es durch die Zerstörung des Heiligtums und Staates erlitten hat, keineswegs in seinen geistigen Anlagen geschädigt worden. Im Gegenteil. Die ethischen und intellektuellen Kräfte, die bis dahin auf politische und militärische Abwehr in ununterbrochener Gespanntheit gerichtet waren, wurden mit einem Schlage frei und konnten sich von nun ab einer gesegneten schöpferischen Tätigkeit des Geistes zuwenden. Der tapfere Landmann Palästinas, den, wie es der Talmud so anschaulich schildert, die traurige Nachricht von der Zerstörung seines Heiligtums gleichsam bei seiner Feldarbeit ereilt hat, zieht sich nun in den engen „Vierellenraum" einer stillen Beschaulichkeit zurück, um so den geradezu unermeßlichen Stoff seiner Volkstradition wahrhaft bahnbrechend zu verarbeiten und die ewigen Denkmäler seines heiligen Schrifttums mit

Meisterhand herauszumeißeln. Es entstehen die beiden Talmude der Weisen und die Midraschim, um gemeinsam mit der Heiligen Schrift der alten Propheten und Seher Israels den Söhnen Halt und Hang für alle Zeiten zu gebieten. Die Erinnerungen an dereinstige Herrlichkeit waren dazumal noch recht frisch, der Nachhall der Katastrophe bebte noch durch die Lüfte. So ist das frührabbinische Schrifttum beseelt von der Volksstimmung jener Tage in allerlei Formenreichtum. Nicht bloß alles Menschliche, das ganze Universum, ja selbst das Göttliche, ist durch die Vernichtung Jerusalems in Mitleidenschaft gezogen. — Seit das Heiligtum zerstört wurde — heißt es im Talmud — ist der Himmel nicht mehr so blau, die Liebe nicht mehr so süß wie ehedem (Berachot 59a, Sanhedrin 75a). Die Erzväter und die Erzmütter klagen im Paradies, die Engel weinen und auch Gott vergießt Tränen. Und er ruft: „Wehe, daß ich mein Heim zerstört und meine Kinder in aller Herren Länder verbannt habe!" (Midr. Echa raba, Berachot 3a.) Im Talmud weiß man auch ganz genau Bescheid, warum die heilige Stadt eigentlich zerstört wurde. Es waren kleinliche Eitelkeit, Zwietracht, Neid und Rachsucht ihrer Bewohner, die ihren Fall herbeigeführt haben (Gittin 55a). Aber auch das Mittel, durch welches sie wieder erbaut werden kann, wird uns da gezeigt: Jerusalem wird allein kraft wohltätiger Freigebigkeit wieder errichtet werden (Schabbat 139a).

Wer über Jerusalem trauert, wird es wiedersehen in seiner Neuerrichtung in Freude (Taanit 30b). Unsere traditionellen Fasttage, die ja bereits von den Juden im babylonischen Exil gehalten wurden, werden sich dann insgesamt in fröhliche Feste verwandeln. Wie es der Prophet Sacharia (7, 3 u. 5; 8, 19) verheißt: „Sie werden zu Freude, zu Lust werden und zu schönen Feiertagen".

Darum müssen sie aber in den Tagen unseres Exils auch um so strenger, um so ernster eingehalten werden. Der Talmud und der Schulchan Aruch verordnen an ihnen strenges Fasten und tiefe Trauer, verbunden mit allerhand eigenartigen Vorschriften und Bräuchen, wobei jedoch betont wird, daß die Trauer und die Umkehr, nicht das Fasten, an ihnen das Wesentliche seien. Das Fasten, d. h. völlige Enthaltsamkeit von Speise und Trank, gilt für jeden gesunden Erwachsenen, und zwar für den 9. Ab vom Vorabend des Tages bis zum Sternenaufgang des folgenden Tages, 24 Stunden, also gleich wie am Versöhnungstage. An den übrigen vier Fasttagen darf man hingegen in der Nacht noch essen und trinken, so daß hier das Fasten eigentlich nur für den hellen Tag gilt. Fällt einer dieser Fasttage auf einen Sabbat, so wird das Fasten auf den Sonntag verlegt. Eine Ausnahme bildet in dieser Hinsicht allein der Fasttag der Königin Ester, der im Falle einer Verschiebung bereits an dem seinem Sabbat vorangehenden Donnerstag abgehalten wird. An sämtlichen Fasttagen werden bei der Morgenandacht, wenn der Vorbeter die Tefilla laut wiederholt, besondere Gebete (S'lichot) rezitiert, in denen an den Sinn des betreffenden Tages und an die geschichtlichen Begebenheiten, die sich an demselben ereignet haben, erinnert wird. Diese Gebete wurden erst im Mittelalter verfaßt und sind durchgehend gereimt. Auch das Nachmittagsgebet der Fasttage hat einen eigenartigen Charakter. Es wird aus der Tora vorgelesen und zwar die Stelle des zweiten Buches Mosis, Kapitel 32, wo geschildert wird, wie Gott die dreizehn Eigenschaften seiner Milde Moses offenbart. Diese Stelle wird in einer feierlichen Stimmung vorgetragen, die von der üblichen Art der Rezitation des Toratextes an gewöhnlichen Sabbaten recht auffallend absticht. Als Haftara wird an den Fasttagen Kapitel 55, 6—56, 8 aus dem Buche Jesajas vorgetragen: „Suchet Gott, da er zu finden ist, rufet ihn an, da er nahe ist..."

Die Trauer um die Zerstörung Jerusalems gipfelt im 9. Ab, an dem der Tempel verbrannt wurde. Dieser Trauertag gleicht dem Versöhnungstage nicht allein darin, daß auch an ihm volle 24 Stunden gefastet wird wie an keinem anderen Fasttage sonst, sondern auch in anderer Hinsicht. So soll man insbesondere keine Lederschuhe tragen, keine Arbeit (freilich ist dieses Verbot nicht so streng zu nehmen wie am Versöhnungstage!), zumindest öffentlich nicht, verrichten. Desgleichen ist jede Befriedigung leiblicher und geistiger Genüsse untersagt. Ferner darf man sich an diesem Tage bloß die Finger und die Augen waschen, nicht aber die ganzen Hände und nicht das Gesicht, wenn sie nicht sichtbar beschmutzt sind. (Ein Zeichen, wie den Juden das Waschen seit jeher lieb und genehm war, wenn sein eintägiges Verbot als asketische Maßnahme, als Quälung gilt. — Dies nur so nebenbei.) In anderer Beziehung gleicht der 9. Ab der siebentägigen Trauer um einen Familienangehörigen: Man sitzt nämlich nicht auf Sesseln, sondern auf niedrigen Schemeln, der Erde nah. Man zündet ferner kein überflüssiges Licht an, vielmehr verbringt man den Abend im traurigen Halbdunkel. In der Synagoge wird zum Zeichen der Trauer des 9. Ab der Vorhang vor der Bundeslade an diesem Tage entfernt. Den um ihre Familienangehörigen Trauernden gleich legt man bei der Morgenandacht des 9. Ab keine Gebetriemen (Tefillin) an, wie es sonst an allen Arbeitstagen, die Fasttage nicht ausgenommen, Pflicht ist. Desgleichen hüllt man sich am Vormittage nicht in den Gebetmantel (Tallit) ein. Man legt aber wohl beides beim Nachmittagsgebet des 9. Ab an, denn nach der Mittagsstunde wird die Trauer um die Tempelzerstörung milder. Bloß das Fasten und das Verbot des Waschens bleiben noch bis zum Sternenaufgang in voller Geltung. Die übrigen Verbote (das Sitzen auf Sesseln, Anziehen der Lederschuhe, die öffentliche Verrichtung der Arbeit) gelten nicht mehr.

TISCHA BEAW UND DIE ANDEREN TRAUERTAGE

Ganz eigentümlich wirkt sich das Verbot aus, am 9. Ab niemanden grüßen zu dürfen, wohl aber den Gruß eines Unwissenden erwidern zu müssen. Desgleichen darf man an diesem Tage infolge der allgemeinen Trauer niemandem Geschenke zusenden. Auch das Studium der Tora und des Talmud u. dgl. ist am 9. Ab untersagt, da es für den Studierenden eine Zerstreuung und Freude ist. Nur diejenigen Stellen aus dem Talmud und auch dem Schulchan Aruch dürfen da gelernt werden, die von der Zerstörung Jerusalems sprechen oder die Vorschriften des Trauertages u. ä. behandeln. Dies gilt bereits für den vorangehenden Vorabend, also den 8. Ab nachmittag, ebenso wie das Verbot des Lustwandelns. Hingegen ist es Brauch, am 9. Ab Friedhöfe zu besuchen, wobei es gleichgültig ist, ob es jüdische oder nichtjüdische Grabstätten sind, wie ausdrücklich betont wird.

Neben diesen Bräuchen, die allgemeine Pflicht sind, gibt es am 9. Ab auch andere, recht erschwerende asketische Handlungen, die man freiwillig vollführen darf. So legen sich ganz besonders fromme Rabbiner in der Nacht des 9. Ab Steine unter den Kopf statt Kissen, oder sie essen bei der letzten Mahlzeit am Vorabend des Fasttages ihr Brot mit Asche anstatt mit Salz bestreut. Einige fasten auch den ganzen nächsten Tag, am 10. Ab, also zwei volle Tage hindurch u. dgl. mehr.

Der Gottesdienst steht am 9. Ab ganz im Zeichen der Trauer. Abends, nach dem üblichen Abendgebet, werden sitzend die ergreifenden Klagelieder des Propheten Jeremias, die „Echa", welche die Vernichtung des ersten Tempels beweinen, öffentlich rezitiert. Und zwar werden sie in einer tief melancholischen althergebrachten Melodie gesungen, die, obschon sie in den einzelnen Ländern mehr oder weniger variiert, doch überall dieselbe traurige Stimmung hervorruft. Fällt der Fasttag auf einen Sonntag, so wird die „Hawdala", der Segensspruch über die Unterscheidung zwischen Sabbat und den Wochentagen, nicht über einen Becher Wein gesprochen, wie es sonst an jedem Samstagabend der Fall ist, sondern sie wird erst am Sonntagabend, wenn das Fasten bereits beendet ist, gesprochen. Früh, nach dem üblichen Morgengebet, das, wie bereits erwähnt, an diesem Tage ohne Gebetmantel und ohne Gebetriemen verrichtet wird, liest man aus der Tora eine Stelle aus dem 5. Buch Moses, 4. Kapitel, die mit den Worten beginnt: „So du Söhne und der Söhne Söhne haben wirst..." und an der Moses die Verbannung Israels prophezeit, aber auch den Trost der Erlösung spendet. Als Haftara wird dann Kapitel 8 des Propheten Jeremias gelesen, das ähnlichen Inhalt hat. Daraufhin setzt man sich zum Rezitieren der „Kinot" nieder. Das sind gereimte Klagelieder, die erst im Mittelalter in Spanien und in Deutschland entstanden sind und nicht allein die Zerstörung Jerusalems, sondern auch andere traurige Ereignisse beweinen. Einige dieser Elegien sind von hohem poetischem Schwung und von großem künstlerischem Wert. Dies gilt insbesondere von den berühmten Zionsliedern („Zionim") des Jehuda Halevi. Das Kaddisch-Gebet zum Schlusse des Gottesdienstes wird am 9. Ab nicht in seinem ganzen Wortlaut (Kaddisch titkabal) gesprochen, sondern lediglich in seiner kürzeren Form, wie es sonst trauernde Hinterbliebene nach ihren dahingeschiedenen Familienangehörigen zu sprechen pflegen (Kaddisch jatom). Der Morgengottesdienst dauert am 9. Ab mancherorts bis gegen die Mittagszeit.

Vor der Nachmittagsandacht wird wiederum aus der Tora vorgelesen und zwar in der gleichen Weise wie an den übrigen hier besprochenen Fasttagen. Nun wird aber am Nachmittag des 9. Ab in das Achtzehngebet (Schemone Esre) eine eigentümliche, kurze, jedoch herzergreifende Invokation eingeschaltet, die mit dem Worte: „Nachem" (Tröste) beginnt. Dieselbe Invokation wird am 9. Ab auch im Tischgebet von demjenigen gesprochen, der krankheitshalber nicht fasten darf.

Der Abend des 9. Ab unterbricht zwar das Fasten, aber gewisse Einschränkungen gelten noch weiter. Bis zum Mittag des nächsten Tages darf kein Fleisch gegessen werden und man muß sich mit fleischloser Kost begnügen. Auch kein Wein wird bis zum Mittag des 10. Ab getrunken. Denn der Brand des Tempels hat, der Tradition zufolge, bis in die Nachmittagsstunden des 10. Ab gedauert. Erst dann, nachmittag, darf man sich die Haare scheren lassen, den Bart stutzen und baden. Die Sekte der Karäer hält überhaupt den 10. Ab als Fasttag, nicht aber den neunten.

Das Verbot des Haarescherens gilt auch während der ganzen drei Wochen von dem Fasttag des 17. Tammus angefangen bis zum 10. Ab. Ebenso darf man während dieser Zeit keine neue Obstart essen, die man in diesem Jahre bis dahin noch nicht gekostet hat, kein neues Kleid anziehen, kein Haus in Besitz nehmen, denn in allen diesen und ähnlichen Fällen ist man verpflichtet, den Segensspruch „Schehechejanu" zu sprechen, in dem Gott gedankt wird, „daß er uns leben ließ, uns erhalten hat und uns erreichen ließ diese Zeit", somit eine Art freudiger Lobpreisung, die angesichts der Tage tiefster Trauer nicht recht angebracht wäre. Ebenfalls darf die Kabbala während dieser drei Wochen nicht studiert werden. Eine Steigerung der Trauer erfolgt in den neun Tagen, vom 1. bis zum 10. Ab, während derer — den Sabbat ausgenommen — bei Wahrung der bis dahin geltenden Vorschriften jetzt auch der Genuß von Fleisch und Wein und das Wäschewaschen untersagt sind. Desgleichen ist während der neun Tage das Baden verboten. Während dieser ganzen drei Wochen dürfen u. a. auch keine Ehen geschlossen werden, und keine fröhlichen Unterhaltungen, Tänze u. dgl. stattfinden.

Interessant ist, daß etwa 100 Jahre nach der Zerstörung Jerusalems

TISCHA BEAW UND DIE ANDEREN TRAUERTAGE

Rabbi Jehuda Hanassi alle diese Verordnungen einschließlich des Fastens aufheben wollte. Er ist aber mit diesem Vorhaben gegen die große Majorität seiner gelehrten Kollegen nicht durchgedrungen (Talmud, Megilla 5b), und so befolgen wir diese uralten Bräuche weiter bis zum heutigen Tage. Und wenn es anläßlich der fröhlichen Purim-Feier heißt: „Sobald der Monat Adar da ist, vermehre man die Fröhlichkeit", so heißt es im Gegenteil in bezug auf den 9. Ab: „Sobald der Monat Ab da ist, so vermehre man die Trauer!"

Am Sabbat, der dem 9. Ab vorangeht, wird als Haftara das erste Kapitel Jesajas vorgelesen, das den Verfall Zions beklagt. Die Vorlesung steht bereits gänzlich im Zeichen der Tischa-beaw-Stimmung. Die Haftara wird nämlich diesmal in der von Trauer erfüllten Singweise der Klagelieder Jeremias rezitiert. Mancherorts trägt die betende Gemeinde auch äußerlich zu dieser Stimmung bei, indem die Betenden an diesem Sabbat ausnahmsweise kein Festkleid angelegt haben, vielmehr gewöhnliche Werktagskleidung tragen. Da die Haftara an diesem Tage mit dem Worte „Chason" (Vision) anfängt, nennt man den ganzen Sabbat: Sabbat Chason.

Hingegen heißt der Sabbat, der dem 9. Ab folgt: „Sabbat Nachamu", da die an ihm vorgelesene Haftara (Jesajas 40) bereits wieder in der das ganze Jahr üblichen Singweise mit dem Worte „Nachamu" (Tröstet!) beginnt.

Die Trauer um Zion erschöpft sich jedoch keineswegs in dem Einhalten der Fasttage und der Trauerzeit der drei Wochen. Sie erstreckt sich vielmehr auf alle Werktage des ganzen Jahres. Baut man ein neues Haus, so soll man einen Teil über dem Eingang zur Erinnerung freigelegt lassen und ihn nicht anstreichen. Eine Frau soll aus demselben Grund an ihrem Schmuck immer einen Mangel lassen, und selbst bei einer Hochzeit bzw. Verlobung darf man an Zions Unglück nicht vergessen. Darum wird ein kostbares Gefäß zerschlagen zur Erinnerung an die Zerstörung Jerusalems. Einst setzte man dem Bräutigam bei der Hochzeit die Krone auf, die den Schmuck der Torarolle bildet. Nach der Zerstörung hat, dem palästinensischen Talmud zufolge, dieser Brauch aufgehört. Fromme Rabbiner streuen in jeder Nacht Asche auf ihre Stirn, und auf der Hausschwelle sitzend, beweinen sie Zion und Jerusalem in der mystischen Mitternachtsandacht. Nie soll man bei Musikklängen speisen, nie seinen Mund voll mit Lachen füllen, solange Jerusalem nicht neu errichtet ist in seiner alten Herrlichkeit. Seufzt jemand plötzlich ohne offenkundigen Grund, fragt man ihn halb scherzweise, halb ernst: „Seufzt du etwa wegen der Zerstörung Jerusalems?"

Nicht allein den Verlust Jerusalems beweinen wir am 9. Ab. Mehrere Unglücksfälle haben uns an diesem Tage schwer betroffen, so daß er mit Recht als Unglückstag bezeichnet werden darf. Am 9. Ab ist beide Male Jerusalem zerstört worden. Das erstemal von Nebukadnezar i. J. 586 v., das anderemal von Titus i. J. 70 n. Am 9. Ab ist aber 65 Jahre später auch die jüdische Festung Bethar gefallen und Bar Kochba getötet worden. Am 9. Ab 1492 haben die Juden Spanien verlassen, und am 9. Ab 1914 ist schließlich auch der Weltkrieg ausgebrochen. Zum erstenmal aber haben die Israeliten in der Nacht des 9. Ab geweint in der Wüste, als sie aus Ägypten zogen. Es war jene Nacht, in welcher, wie der Talmud berechnet, die Kundschafter zurückkamen und übel redeten von dem Lande, das der Ewige den Vätern zugesagt hat (Talmud, Taanit 26a).

An dieser Stelle sei der wenig beachteten Tatsache gedacht, daß ja auch das vorexilische Judentum seine Trauerfeste besaß, die aber längst vergessen bzw. durch die neueren, jetzt geltenden Fasttage ersetzt worden sind. So zunächst ein Trauerfest, von dem uns eine kurze Erwähnung im Buche der Richter (11, 37) erhalten ist. An diesem gingen israelitische Mädchen für vier Tage ins Gebirge, um dort zu weinen. „Um die Tochter Jeftas zu beweinen," heißt es in der Heiligen Schrift. Ein anderer, allerdings rein heidnischer Kult, bei dem viel geweint wurde, und der, wie gleichfalls aus der Heiligen Schrift ersichtlich, auch in Alt-Israel große Verbreitung hatte, war der Kult des Gottes Tammus, dessen Namen auch unser Trauermonat bis heute trägt. Dieser heidnische Kult war über ganz Vorderasien verbreitet und mit den ägyptischen Osiris-Mysterien und der phönizischen Adonis-Verehrung eng verwandt. Der Prophet Jecheskel (Ezechiel 8, 14) spricht mit Abscheu von (israelitischen) Frauen, die „am Eingang des Tempeltores (wohl auf der Erde — ähnlich wie wir am 9. Ab) sitzend den Tammus-Götzen beweinen". Nach der heidnischen Vorstellung ist nämlich der Gott Tammus getötet worden, worauf sein zerstörter (zerstückelter) Leichnam in einer heiligen Lade bewahrt wurde, um später zu neuem Leben erweckt zu werden. In diesem Zusammenhang sei erwähnt, daß nach der talmudischen Tradition (Taanit 26a) gerade am 17. Tammus Moses die ersten zwei steinernen Tafeln zerschlagen (zerstückelt) hat und ihre Stücke dann in einer Lade aufbewahrt wurden. Nebenbei bemerkt, hat auch unsere neuntägige Trauer im Monat Ab eine Analogie in anderen Kulturkreisen. So haben beispielsweise die Griechen ihre Toten neun Tage betrauert.

Alle diese vagen Ausblicke ändern freilich nichts an der traurigen Wahrheit, die uns durch die schicksalsvollen Fasttage unseres Volkes beschert wurde, wie sie seit zwei Jahrtausenden fast das gesamte Judentum in beispielloser Treue und Pietät wahrt, in allen Teilen seiner Diaspora und unter allen Umständen. Allerdings kaum irgendwo auf der Erde in so eindrucksvoller Weise wie in Jerusalem selbst. Dort, in der heiligen Stadt, neben der Klagemauer sitzend, beweinen unsere Vorposten in der Nacht des 9. Ab Jahr für Jahr die versunkene Pracht zu Abertausenden. Sie senden aber gleichzeitig Hoffnung und Trost den Brüdern in allen Ländern.

ANHANG

Neben diesen allgemeinen Trauertagen haben sich in manchen Gegenden oder für gewisse Gruppen noch andere Fasttage erhalten, die zum Teil auch an den entsprechenden Stellen dieses Buches behandelt werden. So wird am **Vortag (Erew) des Rosch Haschana**, am **Jomkippur katan** von vielen gefastet, für die Erstgeborenen gilt der **Vortag des Pessachfestes** als Fasttag. Gewissermaßen als Buße für übermäßige Freude am Pessach und Sukkot beobachten viele am Montag, Donnerstag und Montag nach Beginn der **Monate Ijar und Marcheschwan** ein Fasten („Taanit scheni wachamischi wescheni"). Die Mitglieder einer Chewra Kadischa (vgl. den Artikel „Die Gemeinde") pflegen am Vortag des üblichen jährlichen Festmahles zu fasten. In alter Zeit gab es in Palästina ein öffentlich angesagtes **Regenfasten**, wenn sich der Regen verzögert hatte. Auch sonst pflegt aus bestimmten Anlässen oder an bestimmten Gedenktagen ein **öffentliches Fasten (taanit zibbur)** angesagt zu werden. So ist noch heute der 20. Siwan bei den Juden Polens ein Fasttag in Gedenken an die Verfolgungen unter Chmelnicki im Jahre 1648. Auch an den **Jahrzeittagen** nach nahen Verwandten wird ein Fasten beobachtet. Das Fasten hat im Judentum den Sinn, sich seiner menschlichen Kleinheit bewußt zu werden. Es ist Ausdruck der Demut und Opferbereitschaft. Darum wird nach besonders freudigen Zeiten und auch vorher ein Fasten eingesetzt. Aus dem gleichen Grunde pflegen am Hochzeitstage die Brautleute bis nach der Trauung zu fasten.

LEKTÜRE FÜR DIE TRAURIGEN TAGE

Aus Jerusalems letzten Tagen
Von Samson Raphael Hirsch

Der zehnte Tewet bringt uns den Gedächtnistag der Belagerung Jerusalems. Wagen wir einen Blick in Jerusalem zur Zeit der Propheten.

Es war eine fröhliche heitere Stadt, die alte Königstadt Jerusalem. Hoch ragten ihre Paläste. Stattliche Häuser, geräumige Etagen mit großen Fenstern, Zederngetäfel und Malereiverzierungen bezeichneten die Wohnungen der Vornehmen, die auch Wintergemächer enthielten, in welchen offene Kamine Wärme verbreiteten. (Es war das auch im Kislew Bedürfnis!) Wohlhabende Klassen waren dort emporgekommen, die ihren Stolz in immer größeren Besitztümern fanden, Grundstück nach Grundstück, Feld nach Feld erwarben, und zuletzt den Minderbesitzenden fast in den Schatten der Nonexistenz zurückdrängten. Auch unter den Wohnungen der Toten bezeichnete Luxus die Ruhestätte des Reichen, der schon bei seinem Leben sich sein hochgewölbtes Felsengrab besorgte. Und zu leben verstanden die wohlhabenden Jerusalemitaner. Es gab Bälle, Konzerte und Gastmähler, Weingelage mit Harfen, Pauken und Flöten, Dejeuners, Diners und Soupers, die Tag und Nacht mit Essen und Trinken auf Kosten der Rinder und Schafe und Weinkeller ausfüllten, als ob's morgen zum Tode ginge. Es gab Bonvivants, deren angelegentlichste Sorge beim Aufstehen war, den besten Trunk auszufinden, die früh aufstanden, um sich in diesem wichtigen Geschäft von keinem zuvorkommen zu lassen, und spät in die Nacht hinein weilten, bis sie der Wein illuminierte. Es gab Kreise, deren Bravour im — Weintrinken bestand und wo sich das Talent in — der Kunst der besten Punschbereitung zeigte. Auch die chronique scandaleuse fehlte nicht, und es gehörte zum guten Ton der Jugend, mit Obszönitäten die Rede zu würzen. Das waren die guten, ruhigen

Bürger zu Zion, die auf ein Haar ihren Kollegen in Samarien glichen, für die die schlechte Zeit in weiter, weiter Ferne lag, die sich auf elfenbeinernen Sofas wiegten, sich auf ihren Lagern reckten, immer nur den besten Widder aus den Schafen, das beste Kalb aus der Mast speisten, ein bißchen auf der Harfe klimperten und sich einen David mit dem Instrument dünkten, nur aus Pokalen Wein tranken und sich immer nur mit den feinsten Ölen zu salben pflegten, und sich keinen Deut aus dem Zusammenbruch des Ganzen machten. Gold und Silber, Edelsteine, köstliche Salben und Gewürze bildeten die Kostbarkeiten des Hauses, musikalische Instrumente und Nippsachen gehörten so gut zum Hausmobiliar wie die Geräte der Küche, geschlagenes Silber aus Tartessus, künstlich verarbeitetes Gold, blauer und roter Purpur und ausländischer Schnitt gehörten zur Eleganz der Männerkleidung, Glöckchen, Häubchen, Netzchen, Halsketten, Bracelets, Schleier, Kopfschmuck und Fußschmuck, Schnürchen, Broches, Ohr-, Finger- und Nasenringe, Überwurf und Mäntel, Taschentücher und Halstücher, Spiegel, Kopfputz und Spangen, Parfüm, Gürtel und Augenschminke waren Toilettegegenstände der Frauen, und eine vollständig geputzte Dame in Jerusalem war gesalbt, mit Stickereien bedeckt, hatte Schuhe vom feinsten, seltensten Leder, war in Byssus gekleidet, in Seide gehüllt, mit Geschmeide geschmückt, hatte Armbänder an den Händen, Halsketten um den Hals, Nasenringe in der Nase, Ohrringe im Ohre und ein schmückendes Diadem auf dem Kopfe. „Die Schöne und Wohllebende" ward darum die Zionsstadt genannt; aber auch die „Geräuschvolle, lärmende, fröhliche Metropole". Rosse, Wagen, Kutschen, Maultiere, Dromedare durchzogen die Stadt. Lasttiere und Prachtkarossen, Hochzeitsreigen und Trauergefolge, jubelnde Zecher, fürstliche Reiter, Greise und Greisinnen vor den Häusern sitzend, auf Stäbe vor Alter gelehnt, und vor ihnen spielende Knaben und Mädchen auf den Gassen. — Und mitten inne das bunteste Treiben geschäftiger Industrie. Heilkünstler, Metallschneider, Schwerter, Sensen, Speere, Messer, Panzer und Helme, Bogen und Pfeile verfertigende Schmiede, Vieh- und Pferdezüchter, Wagner, Türme, Mauern und Luftschlösser aufführende Baukünstler, Kanalbauer, Wäscher, Schreibkünstler, geheimnisvolle Professoren der höheren Magie, Beil und Säge tragende Zimmerleute, kunstverständige Gärtner, Acker- und Weinbauer, Richtschnur und Bleilot tragende Maurer, Gelehrte, Schreiber, Schiffer, Dolmetscher, Weber, Musiker, Meßkünstler, Gold- und Silberarbeiter, Polierer, Schmiede, Tischler, Schwertfeger, Bildhauer, Schäfer, Bauern, Winzer, Töpfer, Bäcker, Metzger, Köche, Schneider, Schuster, Galanteriearbeiter, Modewarenhändler, Kaufleute. — Das dürfte ein ungefähres Bild Jerusalems in seiner äußeren Erscheinung gewähren.

Und an der Spitze dieser ganzen, reichen, genießenden, arbeitenden Residenz eine mit allen monarchischen, administrativen, juristischen, polizeilichen, militärischen, inneren und äußeren politischen Gliederungen wohlversehene staatliche Leitung. Ein königlicher Hofstaat mit Fürsten und Hofbedienten, Schloßhauptleuten und Uniform, Schärpe und Schlüssel tragenden Kammerherren. Eine königliche Regierung mit Staatsräten, Departementschefs, Senatoren und Notabeln, Legislatoren, Kanzleiräten, Protokollisten und Schreibern, Statistikern, Münz- und Eichamt, Beamten, Oberindustrieräten, Physikern, und — im Dienste der Regierung stehende Redner und Propheten, die

„den Schweif" der Regierung bildeten und wedelten oder um sich schlugen, wie es den gouvernementalen „Häuptern" gefiel. Eine Justiz mit Richtern, Zeugen, Akten und Schreibern. Eine Polizei mit Exekutoren, Gewahrsamen, Gefängnissen, Kerkern in allen Abstufungen. Ein Militäretat mit Helden, Kriegern, Rossen, Wagen, Ingenieuren und Festungsbauverständigen, Zeughäusern und Magazinen. Ein Departement der auswärtigen Politik mit Diplomaten, Gesandtschaften, Bundesschlüssen — und auch ein Volk war da, Stoff zu mystères de Jérusalem, Witwen, Waisen, die unter Rechtsversagung seufzten, Verschuldete, Gedrückte, Beraubte, Arme, sogar Hungrige, „die, wenn der Hunger zu stark wurde, böse wurden, auf ihren König und ihren Gott raisonnierten und um Hilfe nach oben aufblickten". —

An Zion

Von Jehuda Halevi

(Übersetzung und Anmerkung von Franz Rosenzweig)

Zion! nicht fragst Du den Deinen nach, die Joch tragen,
Rest Deiner Herden, die doch nach Dir allein fragen?

West, Ost und Nordsturm und Süd, — o laß von ihnen den Gruß
dessen, der fern ist und nah, von ringsher Dir sagen.

Gruß des, den Sehnsucht umstrickt, des Träne wie Hermons Tau;
O sänk' auch sie doch hinab zu Deinen Berghagen....

O trüge dort mich der Fuß, wo Deinen Sendboten Gott,
Deinen Propheten er Antwort gab auf ihre Fragen.

O hätt' ich Flügel, wie wollt ich, mein zerrissenes Herz
In Deinen Rissen zu bergen, hin zu Dir jagen.

Auf's Antlitz sänk ich, auf Deinen Boden, und Dein Gestein
Herzt ich, und liebkoste Deinen Staub mit Wehklagen;

Und stünde dann vor der Ahnen Grüften durchschüttert ganz,
In Hebron vor Deinen stolzesten Sarkophagen,

Durchstrich' dein Waldland, die Traubengärten, und stünd im Süd
Vor Deinen Randbergen, neu erschüttert voll Zagen....

Wie schmeckte Speise und Trank mir wohl, zur Stund' da ich seh
Hundegezücht Deine Löwen zerren und plagen.

Oder wie wär meinen Augen noch des Tages Leuchten süß,
Muß sehn ich Raben an Deiner Aare Fleisch nagen....

Euphrat- und Nilland — wie klein vor Dir mit all ihrer Pracht!
Wind ward ihr Wissen, wenn Dein Recht, Dein Licht weissagen.

Wo fand Dein König, Dein Seher, wo Dein Priester und wo
Dein Sänger, wo fand er rings noch Sippen, noch Magen?

Wechsel und Wandel umdroht jedwedes heidnische Reich;
Dein Schatz besteht, Deine Kronen ewig-jung ragen.

Dich gehrt zur Wohnstatt er selbst, Dein Gott — und selig der Mensch,
Der nah ihm ruhn darf auf Deiner Höfe Steinlagen.

JEHUDA HALEVI / AN ZION

Selig, wer harrt, und erlebts, und schaut, wie aufgeht Dein Licht,
Des Strahlgeschosse die mächt'gen Schatten durchschlagen,
Deine Erwählten zu schaun im Glück, zu jubeln mit Dir,
Die neu Du jugendlich prangst wie einst in Urtagen.

Dieses Klagelied wird jährlich am Neunten Ab, dem Tage des Brandes des ersten und zweiten Tempels, in allen Synagogen der Welt gesagt. Es ist da nur eines in einer Menge Geschwister, von denen noch dazu eine ganze Reihe ihm unmittelbar nachgebildet sind bis auf das Metrum, bis auf den Reim, bis auf die Anfangsworte. Denn Jehuda Halevi hat die Gattung geschaffen. Er übernahm als erster jenes Metrum der arabischen Dichtung, das in seiner Wirkung durch den Wechsel einer dreizehn- und einer vierzehnsilbigen Zeile eine merkwürdige Ähnlichkeit mit dem elegischen Versmaß der Alten bekommt, eine Ähnlichkeit, die doch, auch abgesehen davon, daß dort die längere Zeile den Vortritt hat, durch die ungeheure schleppende Schwere des dreihebigen Ausgangs der Endzeile wieder verschwindet. Er gab diesem Versmaß durch den gewählten Reim, obwohl er ihn auch sonst angewandt hatte, etwa in Liebesgedichten — es ist das weibliche besitzanzeigende Fürwort der zweiten Person —, vielleicht also unbewußt, einen Anklang an das Ach, mit dem die an jenem Tage verlesenen Klagelieder des Jeremia beginnen, einen Anklang, der, wie man sicher richtig bemerkt hat, dazu beigetragen hat, diesen Reim zum klassischen Reim der Klagelieder des Tages zu machen. Aber das alles ist Vordergrund. Die Wirkung des Gedichts beruht auf etwas anderem: auf der in aller Poesie immer wieder erstrebten und nur äußerst selten erreichten Realität der Anrede, also kurz gesagt auf der Wahrheit des ersten Wortes: „Zion!" Zion ist die Angeredete. Sie wird nicht etwa „personifiziert" — dazu würde gehören, daß noch von ihrem Sein vor der Anrede etwas durchklänge. Aber das ist nicht der Fall. Zion ist nur in der Anrede da, sie ist nur die Angeredete. Nicht sie, sondern alles andere, einzig der Dichter selber als der Anredende ausgenommen, sinkt in die dritte Person zurück und gewinnt Leben nur, insofern es in das mehr als sechzigmal im Reim und in der Zeile wiederkehrende „Deine" aufgenommen wird. Nicht bloß das Volk verliert jede andere Existenz als die der „Deinen", sondern der sonst Angeredetste, der schlechthin Angeredete, Gott selbst, ist nur der .... der „selber Dich zur Wohnstatt gehrt". Diese durch vierunddreißig Zweizeiler, ein zweimaliges, das erstemal kaum merkbar kurzes Aussetzen abgerechnet, in unverminderter Glut fortbrennende Flamme der Gegenwärtigkeit — nicht der Dichter hätte die Kraft besessen sie anzufachen, und nicht als Dichter: es sind die Jahrtausende, die verflossenen wie die künftigen, des Volkes, aus denen ihm die Kraft dieser Unmittelbarkeit zuströmt, die groß genug ist, daß ihm jene Quellen selber versinken können und nun in seitdem anhaltendem Rückstrom die Kraft dieser Unmittelbarkeit wieder den Quellen, aus denen sie gekommen ist, jährlich zuströmt. ...

Man pflegt die Erzählung, daß Jehuda Halevi am Ziele seiner Pilgerschaft im Angesicht der heiligen Stadt sein Lied auf den Lippen von einem Araber erschlagen sei, als Sage abzutun. Sie ist es ohne Zweifel. Aber noch weniger Zweifel ist, daß auch die Geschichte nicht viel anders gewesen sein kann. Wer dieses Gedicht gedichtet hat, den mußte es in seine Todesstunde begleiten. Es ließ keinen Raum mehr für anderes.

Der ewige Weg
Von Stefan Zweig

JEREMIAS:

Wandervolk, Leidvolk — im heiligen Namen
Jakobs, der von Gott einst dir Segen entrang —
Hebe dich auf, in die Welt zu fahren,
Rüste und schreite unendlichen Gang!
Wirf deinen Samen
Willig ins Dunkel der Völker und Jahre,
Wandre dein Wandern und leide dein Leid!
Auf, du Gottvolk! Beginn deine wunderbare
Heimkehr durch die Welt in die Ewigkeit!

(Die Menge gerät in mächtige Bewegung. Schweigend ordnet sich ein ungeheurer Zug. Voran tragen sie den König in einer Sänfte, dann schreiten sie ernst und feierlich, Geschlecht um Geschlecht, die geordneten Gruppen den Weg gegen die Tore. Ihre Blicke sind aufwärts gerichtet, sie singen im Schreiten, und ihr Ausziehen hat die ernste Feierlichkeit einer Opferhandlung. Keiner drängt sich vor, keiner bleibt zurück, ohne Eile und Hast schreiten die Reihen dahin und schwinden im Vorbeigehen. Immer neue kommen ihnen nach, und es ist, als ginge eine Unendlichkeit hier aus dem Dunkel in die Ferne.)

STIMME DER SCHREITENDEN:

In fremden Häusern werden wir wohnen
Und brechen ein tränensalzenes Brot.
Auf Schemeln der Schande werden wir sitzen
Und ängstigend schlafen an feindlichem Herd.
Dunkel der Jahre wird über uns fallen,
Der Könige Fron und der Herrschenden Haft,
Doch unsere Seelen entwandern der Fremde
Und ruhen allzeit in Jerusalem.

ANDERE STIMMEN DER SCHREITENDEN:

Aus weiten Wassern werden wir trinken,
Die bitter brennen dem sehnenden Mund,
Mit Düster werden uns Bäume umschatten
Und Stimmen des Ängstens wehen der Wind,
Doch keine Fremde wird uns zur Ferne,
Denn von den Sternen wehet uns Tröstung;
Träume der Heimat enttauchen den Nächten,
Und unsere Seele erstehet, gekräftigt
Von der heiligen Zehrung Jerusalems!

ANDERE STIMMEN DER SCHREITENDEN:

Auf fremden Straßen werden wir fahren,
Durch Land und Länder stößt uns der Wind,
Heimat um Heimat reißen die Völker
Uns von den brennenden Sohlen fort,
Nirgends ist Wurzel dem stürzenden Stamme,
Wanderschaft stets unsere wandelnde Welt,
Doch selig, selig wir Weltbesiegten,
Denn sind wir auch nur Spreu aller Straßen,
Nirgends verschwistert und keinem genehm,
Ewig doch geht unser Zug durch die Zeiten
Zu unserer Seelen Jerusalem!

(Einige Chaldäer, unter ihnen ein Hauptmann, sind halbtrunken aus dem Palaste herausgekommen. Ihre Stimmen fahren laut und grell über das dunkle Sprechen der Schreitenden dahin.)

**DER HAUPTMANN
DER CHALDÄER:**
Hört ihr sie murren? Sie wollen nicht ausziehen! Mit der Peitsche schlag unter sie, wenn sie trotzig sind!

EIN CHALDÄER:
Herr, siehe, sie ziehen schon ohne Geheiß! Und sie murren nicht!

DER HAUPTMANN:
Wenn sie klagen, schlag die Klage entzwei in ihrem Munde.

DER CHALDÄER:
Herr, sie klagen nicht.

EIN ANDERER CHALDÄER:
Siehe... wie sie schreiten... wie die Sieger gehen sie einher... es leuchtet in ihren Blicken.

DIE CHALDÄER:
Was ist mit diesem Volke... sind sie die Besiegten nicht... hat sie einer genarrt mit falscher Botschaft, was sagen sie... was singen sie... wer begreift dies Volk... in dieser Milde ist eine Kraft, die gefährlich ist... ein Einzug ist dies eines Königs und nicht Auszug der Geknechteten... nie sah die Welt ein Volk wie dieses...

STIMMEN
(vereint wie ablösend, in immer neuen, weiterschreitenden Zügen, in die auch Jeremias unscheinbar eingegangen ist):

Wir wandern durch Völker, wir wandern durch Zeiten
Unendliche Straßen des Leidens entlang,
Ewig sind wir die ewig Besiegten,
Hörig dem Herde, an dem wir ausrasten,
Doch die Städte, sie sinken, es gleiten Völker ins Dunkel wie stürzende Sterne,
Und die hart unsere Rücken zerschlugen,
Werden zuschanden Geschlecht um Geschlecht.

Wir aber schreiten und schreiten und schreiten
Tiefer hinein in die eigene Kraft,
Die sich aus Erden die Ewigkeiten
Und aus ihrem Leiden den Gott entrafft.

**DER CHALDÄISCHE
HAUPTMANN:**
Sieh... sieh... wie die Tänzer schreiten sie her... ein Taumel ist über sie gekommen... warum klagen sie nicht...

EIN CHALDÄER:
Ein Geheimnis muß in ihnen sein, das sie verwandelt, ein Unsichtbares, das sie verzückt...

EIN ANDERER CHALDÄER:
Ja... sie glauben an das Unsichtbare... das ist ihr Geheimnis...

**DER CHALDÄISCHE
HAUPTMANN:**
Wie kann man das Unsichtbare schauen, wie glauben, was man nicht sieht... ein Geheimnis muß in ihnen sein wie in unsern Sterndeutern... man müßte es lernen von ihnen...

DER CHALDÄER:
Man kann es nicht lernen. Man kann es nur glauben, und sie sagen, es sei ihr Gott.

**DIE STIMMEN
DER AUSZIEHENDEN**
(sich mächtig erhebend, da nun die letzten unter ihnen auszuschreiten beginnen):

Wir wandern den heiligen Weg unserer Leiden,
Von Prüfung und Prüfung zur Läuterung,
Wir ewig Bekriegte und ewig Besiegte,
Wir ewig Verstrickte und ewig Befreite,
Wir ewig Zerstückte und ewig Erneute,
Wir aller Völker Spielball und Spott,
Wir einzig Heimatlosen der Erde,

Wir wandern in alle Ewigkeiten,
Die letztgebliebnen
Unendlicher Schar
Heimwärts zu Gott,
Der aller Anfang und Ausgang war,
Bis daß er uns selber die Heimstatt werde,
Der ruhlos wie wir mit Sternen und Jahren
Die Welt umwandert und leuchtend umkreist,
Und wir ganz aufgehn im Unsichtbaren:
Verlorenes Volk, unsterblicher Geist.

DER CHALDÄER:
Siehe, siehe, wie sie in die Sonne schreiten! Es ist ein Glanz auf diesem Volke, ein Morgenrot auf ihren Häupten. Mächtig muß ihr Gott sein.

DER CHALDÄISCHE HAUPTMANN:
Ihr Gott? Haben wir nicht seine Altäre zerbrochen? Haben wir nicht gesiegt über ihn?

DER CHALDÄER:
Man kann das Unsichtbare nicht besiegen! Man kann Menschen töten, aber nicht den Gott, der in ihnen lebt. Man kann ein Volk bezwingen, doch nie seinen Geist.

(Die Posaune schallt zum dritten Male. Die Sonne ist aufgegangen über Jerusalem und strahlt über dem Auszug des Volkes, das aus der Stadt in die Zeiten schreitet.)

Der Untergang des Tempels
Von Flavius Josephus

ALS die beiden Legionen am achten des Monats Loos die Wälle vollendet hatten, ließ der Cäsar die Sturmböcke gegen die westliche Galerie des inneren Tempelhofes heranbringen. Schon ehe dies geschah, hatte übrigens der stärkste Widder trotz sechstägigen unausgesetzten Stoßens nicht das mindeste gegen die Mauerwand ausrichten können, und so widerstanden die Quadern wegen ihrer Größe und der Festigkeit ihres Gefüges auch jetzt den neu hinzugekommenen Maschinen. Andere untergruben mittlerweile die Fundamente des nördlichen Tores und brachen nach angestrengter Arbeit die vordersten Steine los, während das Tor selbst, von den inneren Quadern gehalten, stehen blieb. Nunmehr verzweifelten die Römer an der Wirksamkeit ihrer Maschinen und Hebel, und legten deshalb Leitern an die Halle an. Die Juden gaben sich keine Mühe, sie dabei zu stören; kaum aber waren die Römer oben angelangt, als sie sich ihnen entgegenwarfen und sie teils rücklings von der Mauer hinunterstießen, teils gegen die Brüstung drängten und niedermachten. Viele auch wurden, als sie eben die Leitern verließen und sich mit ihren Schilden noch nicht gedeckt hatten, durchbohrt, während andere dadurch verunglückten, daß die Juden einige der Leitern, die mit Bewaffneten dicht besetzt waren, von oben her umwarfen. Auch die Juden verloren übrigens eine Menge Leute. Ganz besonders kämpften die Träger der Feldzeichen um diese auf Leben und Tod, da sie deren Verlust für die ärgste Schande hielten. Schließlich jedoch bemächtigten sich die Juden auch der Feldzeichen und hieben alles nieder, was heraufgestiegen war, so daß die übrigen Römer, entsetzt über das Schicksal der Umgekommenen, sich zurückzogen. Auf Seiten der Römer fiel kein Mann, der nicht seine volle Pflicht und Schuldigkeit getan hätte; unter den Empörern zeichneten sich wieder dieselben durch Tapferkeit aus, die sich schon in den früheren Gefechten hervorgetan hatten, und außer ihnen noch Eleazar, der Neffe des Tyrannen Simon. Als nun der Cäsar erkannte, daß die Schonung fremder Heiligtümer seinen Soldaten nur Tod und Verderben bringe, befahl er, Feuer an die Tore zu legen.

Das überall schmelzende Silber eröffnete den Flammen den Zugang zu dem hölzernen Gebälk, von wo sie prasselnd hervorbrachen und die Hallen ergriffen. Als aber die Juden ringsum den Brand auflodern sahen, da entsank ihnen mit der Leibeskraft auch der Mut; vor lauter Schrecken getraute sich niemand Widerstand zu leisten, sondern wie gelähmt standen sie da und sahen zu. So niederschlagend übrigens der Brand auf sie einwirkte, so dachten sie doch nicht im entferntesten daran, behufs Rettung dessen, was noch übrig war, ihren Sinn zu ändern; vielmehr zeigten sie sich, als sei die Einäscherung des Tempels nunmehr beschlossene Sache, nur um so erbitterter gegen die Römer. Den ganzen Tag und die folgende Nacht hindurch wütete das Feuer; denn die Römer konnten die Hallen nur einzeln und nicht alle zugleich in Brand setzen.

Tags darauf beorderte Titus einen Teil des Heeres zum Löschen und ließ zugleich bei den Toren einen regelrechten Weg anlegen, um den Legionen den Aufstieg zu erleichtern....

An jenem Tage wagten die Juden vor Ermattung und Bestürzung keinen Angriff; am folgenden aber sammelten sie ihre Streitkräfte und machten mit frischem Mut um die zweite Stunde durch das östliche Tor einen Ausfall gegen die Wachen des äußeren Tempelhofes. Diese setzten dem Angriff nachdrücklichen Widerstand entgegen, und indem sie sich vorn mit ihren Schilden deckten, standen sie dichtgedrängt wie eine Mauer. Gleichwohl erkannte man, daß sie nicht lange würden standhalten können, da die Angreifer ihnen an Zahl wie an Tollkühnheit überlegen waren. Der Cäsar jedoch, der von Antonia aus zusah, kam der ungünstigen Wendung des Gefechtes zuvor und eilte den Seinigen mit einer auserlesenen Reiterschar zu Hilfe. Deren Angriff hielten die Juden nicht aus, sondern sie flohen, nachdem die vordersten gefallen waren, größtenteils davon. Sobald aber die Römer abgezogen waren, machten sie kehrt und fielen ihnen in den Rücken; daraufhin wandten sich nun auch die Römer wiederum und schlugen ihre Gegner abermals in die Flucht, so daß um die fünfte Stunde des Tages alle überwältigt in das Innere des Tempels eingeschlossen waren.

Titus zog sich hierauf in die Antonia zurück, entschlossen, am folgenden Tage in aller Frühe mit seiner ganzen Heeresmacht anzugreifen und den Tempel zu umzingeln. Über diesen jedoch hatte Gott schon längst das Feuer verhängt, und es war endlich im Laufe der Zeiten der Unglückstag — der zehnte Tag des Monats Loos — gekommen, an dem auch der frühere Tempel vom Babylonierkönig eingeäschert worden war; nur waren es diesmal die Einheimischen selbst, durch deren Veranlassung und Schuld er den Flammen zum Opfer fiel. Kaum nämlich hatte Titus sich entfernt, als die Empörer nach kurzer Rast abermals gegen die Römer ausrückten. Hierbei kam es zum Handgemenge zwischen der Besatzung des Tempels und denjenigen Mannschaften, die das Feuer in den Gebäuden des inneren Vorhofes löschen sollten. Als nun die letzteren den zurückweichenden Juden nachsetzten und bis zum Tempelgebäude vorgedrungen waren, ergriff einer der Soldaten, ohne einen Befehl dazu abzuwarten oder die schweren Folgen seiner Tat zu bedenken, wie auf höheren Antrieb einen Feuerbrand und schleuderte ihn, von einem Kameraden emporgehoben, durch das goldene Fenster, wo man von Norden her in die den Tempel umgebenden Gemächer eintrat, ins Innere. Sowie die Flammen auflohderten, erhoben die Juden, entsprechend der Größe des Unglücks, ein gewaltiges Geschrei und rannten, ohne der Gefahr zu achten oder ihre Kräfte zu schonen, von allen Seiten herbei, um dem Feuer zu wehren: denn es drohte unterzugehen, was sie bisher vor dem äußersten zu bewahren gesucht hatten.

Ein Eilbote meldete es dem Titus. Schnell sprang dieser von seinem Lager im Zelt, wo er eben vom Kampfe ausruhte, auf und lief, wie er war, zum Tempel hin, um dem Brande Einhalt zu tun — ihm nach die sämtlichen Offiziere und die durch den Wirrwarr erschreckten Legionen. Wie bei der ungeordneten Bewegung einer solchen Menschenmenge leicht erklärlich, entstand nun ein fürchterliches, mit betäubendem Lärm untermischtes Getümmel. Der Cäsar wollte durch Schreien und Handbewegungen den Kämpfenden zu verstehen geben, man solle löschen; sie aber hörten sein Rufen nicht, da es von dem noch lauteren Geschrei der anderen übertönt wurde, und die Zeichen, die er mit der Hand gab, beachteten sie nicht, weil sie teils von der Aufregung des Kampfes, teils von ihrer Erbitterung völlig eingenommen waren. Keine gütlichen Vorstellungen, keine Drohungen vermochten den stürmischen Andrang der Legionen aufzuhalten. Die Wut allein führte das Kommando. An den Eingängen kam es zu einem so schrecklichen Gedränge, daß viele von ihren Kameraden zertreten wurden; viele auch gerieten auf die noch glühenden und rauchenden Trümmer der Hallen und teilten so das Schicksal der Besiegten. In die Nähe des Tempels gekommen, stellten sie sich, als hörten sie nicht einmal die Befehle des Feldherrn, und schrien ihren Vordermännern zu, sie sollten Feuer in den Tempel werfen. Die Empörer hatten übrigens die Hoffnung, den Brand noch eindämmen zu können, völlig aufgegeben; denn allenthalben wurden sie niedergemetzelt oder in die Flucht getrieben. Auch ganze Haufen von Bürgern, lauter schwache wehrlose Leute, fielen, wo der Feind sie traf, dem Schwert zum Opfer. Besonders um den Altar her türmten sich die Toten in Masse auf: stromweise floß das Blut an seinen Stufen, und dumpf rollten die Leichen derer, die oben auf ihm ermordet wurden, an seinen Wänden herunter.

Als nun der Cäsar dem Ungestüm seiner wie rasend gewordenen Soldaten nicht mehr zu wehren vermochte und die Flammen immer weiter um sich griffen, betrat er mit den Offizieren das Allerheiligste und beschaute, was darin war. Alles fand er weit erhaben über den Ruf, den es bei den Fremden genoß, und ganz entsprechend der fast prahlerisch hohen Meinung, welche die Einheimischen davon hatten. Da übrigens das Feuer bis in die innersten Räume noch nicht vorgedrungen war, sondern nur erst die an den Tempel anstoßenden Gemächer verzehrte, glaubte er, und zwar mit Recht, das Werk selbst könne noch gerettet werden. Er sprang also hervor und suchte nicht nur persönlich die Soldaten zum Löschen anzuhalten, sondern befahl auch dem seiner Leibwache angehörenden Centurio Liberalis, die Widerspenstigen durch Stockschläge zu zwingen. Aber Erbitterung, Judenhaß und die allgemeine Kampfwut erwiesen sich stärker als die Rücksicht auf den Cäsar und die Furcht vor seiner Strafgewalt. Die meisten freilich feuerte die Aussicht auf Raub an, da sie der festen Überzeugung waren, es müsse, weil sie außen alles von Gold gefertigt sahen, das Innere erst recht von Schätzen aller Art strotzen. Während nun der Cäsar heraussprang, um die Soldaten zurückzuhalten, hatte schon einer von denen, die ins Innere eingedrungen waren, im Dunkel Feuer unter die Türangeln gelegt, und da jetzt auch von innen plötzlich die Flamme hervorschoß, zogen sich die Offiziere mit dem Cäsar zurück, und niemand gab sich mehr die Mühe, die außen um das Heiligtum streifenden Soldaten von weiterer Brandlegung abzuhalten. Auf diese Weise ging der Tempel gegen den Willen des Titus in Flammen auf.

So sehr man nun auch den Untergang eines Werkes beklagen muß, welches von allen, die wir durch eigene Anschauung oder vom Hörensagen kennen lernten, ebensowohl hinsichtlich seiner Pracht und Größe im allgemeinen, wie inbetreff der Kostbarkeit seiner einzelnen Bestandteile und besonders der hehren Bedeutung des Allerheiligsten das staunenswerteste war, so mag man doch noch reichen Trost finden in dem Gedanken an das Geschick, dem, wie nichts Lebendiges, so auch kein Werk von Menschenhand und keine Gegend der Erde entrinnen kann. Merkwürdig ist die Genauigkeit, mit der dasselbe die Zeitläufte einhielt. Es bestimmte nämlich, wie schon gesagt, zur Zerstörung sogar denselben Monat und denselben Tag, an welchem der Tempel einstmals von den Babyloniern in Asche gelegt worden war. Von seiner ersten Erbauung durch den König Salomon bis zu der in unseren Tagen erfolgten Zerstörung, die in das zweite Regierungsjahr des Vespasianus fiel, rechnet man tausendeinhundertunddreißig Jahre, sieben Monate und fünfzehn Tage, und von der zweiten Erbauung, für die im zweiten Jahre der Regierung des Cyrus der Prophet Aggaeus (Chaggaj) seine Stimme erhob, bis zur Zerstörung unter Vespasianus sechshundertneununddreißig Jahre und fünfundvierzig Tage.

Kannst du's ertragen?
Von Rabbi Meïr

Seufzen, Wimmern,
Jammerklagen!
Schwerter klirren,
Die mein armes Volk erschlagen,
Das die Mörder
Noch zu höhnen wagen,
Die Entsetzten, Müdgehetzten
Aus dem Lande jagen!
Felsenriffe
Bluten, wo wir sterbend lagen —
Kannst du, Herr! Kannst du's ertragen?

Pest von Schwindlern
Hören wir uns schelten,
Als Verruchte, als Verfluchte
Läßt man uns nur gelten;
Unter Schauern kauern
Wir in Höhlen - Todeszelten,
Wo die Leiber unsrer Weiber,
Unsrer Kleinen sie zerschellten.
So verachtet, hingeschlachtet,
Muß ich, muß verzagen —
Kannst du, Herr! Kannst du's ertragen?

Feinde pflanzen
Zahllos auf die Zeichen,
Schleudern Speere,
Die das Herz erreichen,
Raufen, schänden das Gesicht mit Bränden,

Füllen Gruben mit den Leichen.
Wenn im Tale
Tiefgeduckt wir schleichen,
Spähn die Schergen von den Bergen,
Auf uns loszuschlagen —
Kannst du, Herr! Kannst du's ertragen?

Vorn die einen,
Andre stehn im Rücken;
Wie mit Sägen sie zu Schlägen
Und mit Äxten an uns rücken!
Ammon, Amalek, sie alle
Üben Tück' auf Tücken,
Edom tut es allen
Vor, uns zu bedrücken;
Mord und Tod erwartet,
Die sich ihm nicht bücken!
Eingeschlungen, was errungen
Unter Müh' und Plagen —
Kannst du, Herr! Kannst du's ertragen?

Wie wir stöhnen
Unter solchen Ruten,
An Gestrüpp und Dornen
Uns verbluten!
Warum den Tyrannen
Gabst du preis die Guten,
Löwen uns zur Beute,
Wilden Wasserfluten?
Wie am Nacken roh sie packen,
Schimpf ins Antlitz sagen —
Kannst du, Herr! Kannst du's ertragen?

Sieh in Not und Drangsal
Uns der Hoffnung leben!
Hör uns rufen an den Stufen
Deines Throns mit Beben!
Laß der Armen dich erbarmen,
Die ihr Herz dir geben!
Darfst, aus Ketten uns zu retten,
Uns wie einst zu heben;
Darfst, zu trösten die Erlösten,
Daß in Lust sie schweben,
Darfst nur unsre Tränen fragen —
Kannst du, Herr! Kannst du's ertragen?

Die Vertreibung der Juden aus Spanien
Von Simon Dubnow

NOCH vor Beendigung des Krieges mit Granada, als der Fall von Malaga bereits den nahen Sieg verkündete, begann das Königspaar zusammen mit Torquemada zum letzten entscheidenden Schlage gegen das Judentum zu rüsten. Um die öffentliche Meinung auf den grausamen Akt entsprechend vorzubereiten, mußte irgendeine außerordentliche Verleumdung ausgeheckt, ein so grauenerregender Ritualmordprozeß in Szene gesetzt werden, daß dadurch das vom Staate gegen die Juden geplante Verbrechen als gerechte Vergeltung erscheinen sollte. Für das gewaltige Inquisitionsungetüm war das freilich eine leichte Sache. Im Sommer des Jahres 1490 wurde ein auf Reisen begriffener Marrane namens Benito Garcia festgenommen und bei der Durchsuchung seines Gepäcks fand man in seinem Reisesack eine Hostie. Garcia wurde darauf so lange gefoltert, bis er alle ihm völlig grundlos zur Last gelegten Verbrechen eingestand und überdies auf Grund eines ihm vom Untersuchungsrichter untergeschobenen Registers seine angeblichen Mittäter, sechs Juden und fünf Marranen, nannte, die gleichfalls verhaftet und gefoltert wurden. Durch die Tortur gelang es den Inquisitoren, das folgende Bild des von ihrer eigenen höllischen Phantasie erdichteten Tatbestandes erstehen zu lassen. Die Angeklagten hätten sich, so hieß es, eines Nachts in einer Höhle zusammengefunden, dort einen christlichen Knaben aus der Stadt La-Guardia ans Kreuz geschlagen, sein Blut abgezapft und ihm das Herz aus dem Leibe gerissen, um dann die Leiche irgendwo zu verscharren. Einige Tage später hätten sie sich von neuem in der Höhle versammelt und mit dem Herzen des gekreuzigten Kindes sowie mit der bei Garcia vorgefundenen Hostie allerhand „Zauberkünste" getrieben, in der Absicht, dadurch die Inquisitoren zu verderben und den katholischen Glauben dem Satan preiszugeben. Dies alles sei mit Vorwissen der jüdischen Gemeinden geschehen und müsse, so lautete die Anklage, einer allnationalen Verschwörung gleichgestellt werden. Zwar fehlte es an jeglichem greifbaren Beweis, und es gab niemanden, der die Leiche des angeblich ermordeten Kindes auch nur gesehen hätte, doch verstand sich die Inquisition meisterhaft auf die Kunst, durch falsche Zeugenaussagen und durch Folterungen jeden Indizienbeweis als schlüssig erscheinen zu lassen.

Erst in der letzten Gerichtssitzung widerrief der Hauptangeklagte Benito Garcia die ihm abgepreßten Aussagen und legte mit voller Unerschrockenheit das folgende erschütternde Sündenbekenntnis einer verirrten Marranenseele ab: „Ich bin als Jude geboren und habe mich vor vierzig Jahren taufen lassen; vor kurzem kam aber ein Licht über mich: das Christentum erschien mir als eine große Komödie des Heidentums, und ich wandte mich in meinem Herzen von neuem dem Judentum zu. Ich war Augenzeuge der grauenvollen Autodafés der Inquisition, die mein Herz mit Mitleid für die Opfer und mit Haß gegen die Henker erfüllten. Mit um so größerem Eifer befolge ich die jüdischen Gesetze: ich pflege am Sabbat der Ruhe, esse und trinke nur nach jüdischem Ritus („koscher"), halte sogar im Kerker die jüdischen Fasttage und spreche die jüdischen Gebete. Die mir jetzt beschiedenen Qualen nehme ich demütig auf mich: habe ich sie doch voll verdient. Sie sind eine Strafe für den Kummer, den ich einst meinem Vater durch meinen Übertritt zum Christentum bereitete, sowie dafür, daß ich meine Kinder zur Kirche führte." Dieser Schrei einer gemarterten Seele machte freilich auf die Inquisitoren nicht den geringsten Eindruck. Aus dem Bekenntnis des Benito Garcia folgerten sie nur das eine, daß Juden wie Marranen das Christentum verachteten, und daß ihnen daher die Verübung des Verbrechens, dessen sie angeklagt waren, durchaus zuzutrauen sei. In diesem Lichte wurde denn auch die ganze Sache in Wort und Schrift, sowohl von der Kirchenkanzel herab wie in Büchern, der christlichen Öffentlichkeit plausibel gemacht. Als hierauf die Inquisitionsjustiz ihren Triumph feierte und in Avila die jüdischen Märtyrer in den Flammen der Scheiterhaufen verbrannten, schickte sich die erregte christliche Bevölkerung an, der gesamten jüdischen Gemeinde den Garaus zu machen, so daß diese sich genötigt sah, den König um Schutz anzuflehen (1491). Dies geschah zwei Monate vor der Bezwingung Granadas.

Nunmehr waren die Geister auf den längst in Aussicht genommenen Akt der Judenvertreibung gründlichst vorbereitet. Wie sollte man auch dulden, während auf den stolzen Zinnen der maurischen Alhambra in Granada das siegreiche Banner des Kreuzes wehte, daß sich im Lande nach wie vor die unverbesserlichen „Christushasser" herumtrieben! Es war nun an der Zeit, Gott für den bescherten Sieg Dank zu bekunden und den Triumph des christlichen Spanien durch eine fromme Tat zu besiegeln. So unterzeichneten denn Ferdinand und Isabella in dem niedergerungenen Granada schon drei

DIE VERTREIBUNG DER JUDEN AUS SPANIEN

Monate nach dessen Eroberung das folgende „Generaledikt über die Ausweisung der Juden aus Aragonien und Kastilien:" ... Wir haben daher den Beschluß gefaßt, alle Juden beiderlei Geschlechts für immer aus den Grenzen unseres Reiches zu weisen. So verfügen wir hiermit, daß alle in unserem Herrschaftsbereiche lebenden Juden ohne Unterschied des Geschlechts und des Alters nicht später als Ende Juli dieses Jahres unsere königlichen Besitztümer und Seigneurien mitsamt ihren Söhnen und Töchtern und ihrem jüdischen Hausgesinde verlassen, und daß sie es nicht wagen sollen, das Land zwecks Ansiedlung, auf der Durchreise oder sonst zu irgendeinem Zwecke je wieder zu betreten. Sollten sie aber ungeachtet dieses Befehls in unserem Machtbereiche erwischt werden, so werden sie unter Ausschaltung des Gerichtsweges mit dem Tode und der Vermögenseinziehung bestraft werden. Wir befehlen demgemäß, daß sich von Ende Juli ab niemand in unserem Reiche bei Strafe der Vermögenseinziehung zugunsten des königlichen Schatzes erdreisten solle, offen oder insgeheim einem Juden oder einer Jüdin Zuflucht zu gewähren. Damit es aber den Juden möglich sei, während der ihnen eingeräumten Frist ihre Geschäfte abzuwickeln und über ihr Vermögen zu verfügen, gewährleisten wir ihnen unseren königlichen Schutz sowie die Sicherheit von Leben und Besitz, so daß sie bis Ende Juli hier ruhig leben und ihr bewegliches wie unbewegliches Gut nach Belieben veräußern, tauschen oder verschenken dürfen. Wir gestatten ihnen überdies, ihren Besitz mit Ausnahme von Gold, Silber, gemünztem Geld und anderen unter das allgemeine Ausfuhrverbot fallenden Gegenständen auf dem Wasser- oder Landwege aus unseren Königreichen auszuführen."

Durch dieses Edikt war mit einem Schlage das Los von Hunderttausenden und damit zugleich das eines großen geschichtlichen Zentrums der gesamten Nation besiegelt. Wie sehr auch die Juden auf diesen Akt vorbereitet sein mochten, so versetzte sie seine Verkündung dennoch in tiefste Bestürzung. Zusammen mit Abraham Senior eilte Isaak Abravanel in den königlichen Palast und flehte das Herrscherpaar an, den verhängnisvollen Erlaß rückgängig zu machen. In der richtigen Erkenntnis, daß der König sich in dieser Frage in erster Linie von materiellen Interessen leiten lasse, boten ihm die jüdischen Vertreter für die Widerrufung des Ediktes viel Geld an (man nennt den Betrag von 30 000 Golddukaten). Durch das verlockende Angebot umgestimmt, war Ferdinand schon bereit, den jüdischen Bitten Gehör zu schenken. In diesem Augenblick soll jedoch, wie berichtet wird, der Großinquisitor Torquemada mit einem Kruzifix in der Hand in den Palast gestürzt sein und dem königlichen Ehepaar die folgenden Worte zugerufen haben: „Judas Ischariot hat Christus für dreißig Silberlinge verraten, und ihr wollet ihn nun für dreißigtausend preisgeben. Hier ist er, nehmet und verschachert ihn!" Mit diesen Worten legte Torquemada das Kruzifix hin und verließ eilenden Schrittes den Palast. Der Auftritt soll namentlich auf die Königin einen niederschmetternden Eindruck gemacht haben: die jüdischen Abgeordneten wurden abgewiesen. Ende April verkündeten Herolde im ganzen Lande, daß den Juden zur Abwicklung ihrer Geschäfte drei Monate gegeben seien, nach deren Ablauf sie Spanien verlassen müßten; jeder Jude, der nach dieser Frist im Lande angetroffen werden sollte, würde dem Tode oder — der Taufe verfallen.

SIMON DUBNOW / DIE VERTREIBUNG DER JUDEN AUS SPANIEN

Der tragische Augenblick war gekommen. Hunderttausende mußten plötzlich auf einen Machtspruch von oben das Land verlassen, in dem ihre Vorfahren schon zur Zeit der römischen Herrschaft, noch vor der Entstehung des Christentums ansässig gewesen waren, in dem sie im Laufe einer langen Reihe von Jahrhunderten sowohl unter arabischer wie unter christlicher Herrschaft in emsiger Arbeit den materiellen Wohlstand und die geistige Kultur des Landes aufgebaut hatten und auch ein eigenes nationales Zentrum hatten erstehen lassen, das seiner geschichtlichen Bedeutsamkeit nach gleich hinter den Hegemoniezentren Palästina und Babylonien rangierte. Die Trennung vom Heimatlande war aber auch mit völliger Verarmung verbunden. Die den Exulanten für die Liquidation ihres Besitzes eingeräumte Frist war so kurz bemessen, daß an eine günstige Abwicklung gar nicht zu denken war. Der unbewegliche Besitz mußte für ein Nichts hergegeben werden. Ein gut eingerichtetes Haus wurde gegen einen Esel eingetauscht, der ertragreiche Weinberg gegen ein paar Meter Tuch, und trotzdem konnte die Mehrzahl der Häuser nicht verkauft werden. Die Veräußerung hatte übrigens auch wenig Zweck, da gemünztes Geld nicht ausgeführt werden durfte und Geldanweisungen jenseits der Grenze so gut wie wertlos waren. Wohlhabende Familien sahen sich vom völligen Ruin bedroht und zu einem Bettlerdasein verurteilt. Die verzweifelte Lage der vor der Verbannung stehenden Juden schien den Dominikanermönchen der geeignetste Zeitpunkt für die Entfaltung ihrer Missionspropaganda zu sein. Sie redeten den Unglücklichen ein, zum katholischen Glauben überzutreten, um so dem Elend und der Obdachlosigkeit zu entgehen. Indessen war die Zahl derjenigen, die sich durch die Verlockungen der Mönche verleiten ließen, überaus gering. Zu diesen wenigen gehörte allerdings auch der Hofrabbiner und Fiskal Abraham Senior mitsamt seiner Familie, was in den Hofkreisen mit größtem Jubel begrüßt wurde: König und Königin standen bei der Taufe in eigener Person Gevatter.

Der Auszug setzte ein. Der älteste der Rabbiner, Isaak Aboab aus Toledo, begab sich zusammen mit noch dreißig anderen Vertretern der kastilischen Gemeinden nach Portugal, um dort Gastfreundschaft für die Exulanten zu erbitten. Einzelne Auswanderergruppen zogen in die Fremde, ohne erst den Ablauf der um zwei Tage, bis zum 2. August verlängerten Gnadenfrist abzuwarten. Die Hauptmasse der Ausgewiesenen blieb jedoch bis zum letzten Augenblick im Lande. Ein merkwürdiger Zufall wollte es, daß diese Tage in die erste Dekade des Monats Ab, in die nationale Trauerwoche fielen. Etwa 200 000 Juden rissen sich für immer von ihrer Heimat los. Die letzten drei Tage vor dem Auszug umlagerten die Exulanten zu Tausenden die geheiligten Gräber ihrer Väter, sie mit Strömen von Tränen benetzend. Sogar die teilnahmsvolleren unter den Christen vermochten nicht ohne tiefste Gemütsbewegung diese Abschiedsszenen mitanzusehen. Viele der Ausziehenden nahmen die Grabtafeln zum Andenken mit sich oder übergaben sie insgeheim ihren Brüdern, den Marranen, zur Aufbewahrung, die sie schweren Herzens in dem Lande der Inquisition zurücklassen mußten.

Die Verbannten zerstreuten sich in alle Winde. Die Hälfte brach nach dem nahegelegenen Portugal auf, eine kleinere Gruppe begab sich nach Navarra, während sich der Rest in Nordafrika, in Italien und der Türkei ansiedelte. Eine von den Auswanderergruppen, an deren Spitze Isaak Abravanel stand, ließ sich in Neapel nieder. Auf ihren weiten Wanderungen hatten die Heimatlosen unzählige Leiden zu überstehen; Hunger, Krankheit und Tod waren ihre unzertrennlichen Reisegefährten.

So war denn Spanien seine Juden, hunderttausende von arbeitsfrohen und kulturell hochstehenden Bürgern, losgeworden. Später rückte die Inquisition auch den Mauren zu Leibe, indem sie sie vor die Wahl zwischen Taufe und Ausweisung stellte. Eine große Zahl von auf diese Weise zur Taufe gezwungenen Mauren, den sogenannten „Moriscos", hielt aber insgeheim nach wie vor am Islam fest und geriet so in die gleiche Lage wie die Marranen. Zwar gelang es Spanien auf diesem Wege die konfessionelle Einheit im Lande herzustellen, doch war damit zugleich die abschüssige Bahn des wirtschaftlichen und kulturellen Verfalls beschritten. Durch die Vertreibung der Juden ging es seines gewerbetreibenden Mittelstandes verlustig, der für die Erschließung der natürlichen Hilfsquellen des Landes soviel geleistet hatte. Der jüdische Unternehmungsgeist lebte allerdings in den im Lande zurückgebliebenen Marranen weiter fort, die denn auch im folgenden Jahrhundert mit den neuen spanischen Kolonien in dem von Kolumbus entdeckten Amerika einen weit ausgedehnten Handelsverkehr anbahnten; dadurch gelang es, den wirtschaftlichen Niedergang des Mutterlandes für eine Zeit aufzuhalten. Als jedoch im 16. Jahrhundert die Flucht der Marranen aus dem Lande der Inquisition zu einer Massenauswanderung anschwoll, wurde der durch die Vertreibung der Juden untergrabene Wohlstand Spaniens endgültig vernichtet. Das „große" Reich ging unaufhaltsam dem Ruin entgegen. Bürgersinn und Kultur erstickten im Rauche der Scheiterhaufen. Das an das Schauspiel der menschenfressenden Autodafés gewöhnte Volk verfiel der Verwilderung: die Sitten wurden immer roher; der gesunde Same der Religion wurde von Aberglaube und Fanatismus überwuchert. Das blühende Land der arabisch-jüdischen Renaissance verwandelte sich in eine tote Einöde der Mönche.

Die Quelle unseres Glaubens an die Unsterblichkeit
Von Moses Hess

DIE jüdische Religion ist vor allem jüdischer Patriotismus. Ich erinnere mich nie ohne tiefe Rührung der Szenen, die ich als Kind im Hause meines frommen Großvaters zu Bonn erlebt habe, wenn der Tag der Zerstörung Jerusalems herannahte. In den ersten neun Tagen des Monats Ab nahm die schon drei Wochen vor dem verhängnisvollen neunten Tage dieses Monats begonnene Trauer einen recht düstern Charakter an. Selbst der Sabbat verliert in diesen Tagen der tiefsten Nationaltrauer sein heiteres Festgewand und wird sehr bezeichnend der „schwarze Sabbat" genannt.

Mein strenggläubiger Großvater war einer jener ehrwürdigen Schriftgelehrten, die, ohne ein Metier daraus zu machen, Titel und Kenntnisse eines Rabbiners hatten. Nach beendigtem Tagesgeschäft studierte er das ganze Jahr hindurch bis nach Mitternacht den Talmud mit seinen vielen Kommentaren. Nur in den „neun" Tagen wurde dieses Studium unterbrochen. Er las alsdann mit seinen Enkelchen, die bis nach Mitternacht aufbleiben mußten, die Sagen von der Vertreibung der Juden aus Jerusalem. Der schneeweiße Bart des strengen alten Mannes wurde bei dieser Lektüre von Tränen benetzt; auch wir Kinder konnten uns dabei natürlich nicht des Weinens und Schluchzens enthalten. Ich erinnere mich besonders einer Passage, die ihre Wirkung auf Großvater und Enkel nie verfehlte.

„Als die mit Ketten beladenen Kinder Israels", heißt es in dieser sagenhaften Geschichte von der Wanderung der Juden ins babylonische Exil, „von den Kriegsknechten Nebukadnezars nach Babylonien geschleppt wurden, führte der Weg an dem Grabe der Mutter Rahel vorüber. Wie sie sich dieser Grabesstätte näherten, hörte man Klagen und bitterliches Weinen. Es war die Stimme Rahels, die aus ihrem Grabe aufgestanden war und über das Schicksal ihrer unglücklichen Kinder wehklagte" (nach Jer. XXXI. 15).

Sie sehen hier wieder deutlich die Quelle des jüdischen Glaubens an Unsterblichkeit; er ist das Produkt unserer Familienliebe. Unser Unsterblichkeitsglaube reicht in die Vergangenheit hinein bis zu den Patriarchen, in die Zukunft bis zum Messiasreich. — Aus der jüdischen Familie ist der lebendige Glaube an die Kontinuität des Geistes in der Geschichte organisch hervorgewachsen.

Eine Jugenderinnerung

Von Heymann Steinthal

OBWOHL ein Hochsommerabend, war es doch in der Synagoge schon dunkel. Kein Kronleuchter brannte, nur ein einziges Licht war angezündet auf dem Omed, dem Pulte des Vorbeters, wo doch sonst immer zwei Kerzen leuchteten. Ich sah den Chason an seine Stätte gehen, mit gesenktem Haupte dahinschleichend, ohne den gewohnten Gebet-Mantel (Tallis), ganz geräuschlos, in Filzschuhen, wie auch wir anderen entweder in Filzschuhen oder in Strümpfen standen. So hatte ich ihn und manchen der Gemeinde in der Schiwo (den sieben Tagen nach dem Begräbnis verstorbener Eltern oder Kinder) gehen sehen. Ganz leise, stimmlos, begann er: borchu; und wie schaurig war es, wenn in dem hohen dunklen Raume die Gemeinde dumpf murmelnd antwortete: boruch. — Und wenn so das übliche Abendgebet stehend gesprochen war, dann — als wäre uns allen das Teuerste entrissen, setzten wir uns zu Boden auf Fußbänke, und die Ständer wurden niedergelegt, und ihre Seitenbretter dienten uns als Pulte für den Text der Klagelieder Jeremias. Es schien alles gestürzt, ein Bild der Zerstörung, und wir saßen, wie ausruhend auf dem Gang in die Gefangenschaft. Wir saßen in kleinen Gruppen zusammengehockt, je um einen Lichterstumpf herum, den einer mit der Hand halten mußte, und den wir nur angezündet hatten, um die Klagen zu lesen. Diese kleinen Lichtflammen, von den Umlagernden verhüllt, waren noch grausiger als die vorangehende Dunkelheit, als fürchteten wir, das Licht könne uns dem verfolgenden Feinde verraten. Das Beängstigende an dem Abend aber war die heilige Lade o h n e V o r h a n g. Daß man die Bretter sah, profane Bretter-Türen, an Stelle des Allerheiligsten: das war die Zer-

TISCH A BĚAW.

1. Haupttagesmelodie.

Traditionelle Weise.

E - li zi - jon wě - a - re - ha kě - mo i - scha wě - zi - re -

ha wě - chi - w' - tu - la cha - gu - rat sak al - ba - al ně - u - re - ha.

2. Rezitation der Klagelieder Jeremias (Echa).

Klag. 1,1

E - cha ja - schě - wa wa - dad ha - ir rab - ba - ti am

ha - jě - ta kě - al - ma - na. Rab - ba - ti wag - go - jim

sa - ra - ti bam - mě - di - not ha - jě - ta la - mass.

3.

Kap. 3, V. 1

A - ni ha - ge - wer ra - a a - ni bě - sche - wet ew - ra - to.

störung des Tempels. Da fühlte ich wirklich: Das Teuerste ist uns entrissen, zerstört, entwürdigt; ich sah ein Gleichnis.

Der Chason begann das „Eicho" leise in abwechselnd kurzen schmerzhaft zitternden und langgezogen klagenden Tönen; außerdem war alles still, was sonst in der Synagoge nicht vorkam. Der Chason bewegte sonst das ganze Jahr hindurch beim Gebet den Oberkörper langsam nach vorn und unten; heute aber gingen die Schwingungen seitwärts nach rechts und links. So hatte ich manchen in der Schiwo sich schwingen sehen, schweigend und von Zeit zu Zeit ächzend. Wie das alles mit sinnlicher Eindringlichkeit auf die Phantasie meines Herzens wirkte! Ich hörte die Tochter Zions unaufhaltsam „weinen in der Nacht" und sah „die Träne auf ihrer Wange", sah sie trostlos, vereinsamt, ruhelos, hilflos, sie hatte gesündigt! Und Gott ist gerecht! Beim zweiten Liede hob sich die Stimme, und beim dritten hatte sie schon die mittlere Stärke. Dieses Lied ist in anderem Rhythmus gedichtet; so ward es auch in andrem Rezitativ vorgetragen: in den kurzen Ausbrüchen eines Verzweifelnden. Nicht das Volk beklagt der Dichter, sondern sich selbst, daß er all das Elend schauen muß. Wie schnitt das „ach bi" des dritten Verses, das volle „a" mit dem Brustlaute „ch" und darauf das scharfe „i" durch das Herz! Ja, „es gibt keinen Schmerz wie mein Schmerz".

Auf diesen Schmerz war ich vorbereitet, ich möchte sagen: ich war darauf präpariert. Schon seit drei Wochen war die hauptsächlichste Arbeit in der Schule die Übersetzung dieser Klagelieder, und an den Sonnabenden nachmittags hörte ich im Schiur von demselben Chason die Geschichte von der Zerstörung des Tempels vorgetragen: wie der Prophet Jeremia auf die Gräber der Erzväter und -mütter ging und diese wachrief, bei Gott Fürbitte für ihr Volk einzulegen, und wie das alles den Ratschluß Gottes nicht abändern konnte. Ich wußte es ja, daß es nicht anders werden konnte („es war der Brand, den Gott gebrannt hatte"), und doch horchte ich pochenden Herzens auf die Worte Abrahams, Mosis und der andern, die alle zurückgewiesen wurden, weil jeder Buchstabe der Tora gegen das Volk zeugte. — „Glaubtest du denn diese Legenden?" fragte man mich. Ich versichere euch, ein Knabe glaubt an die poetische Wahrheit. Und ich fühlte es, wenn wir hörten und nachsagten das verzweifelnde Wort: „Zion spricht: Gott hat mich verlassen!" und wenn die Gemeinde den oft wiederholten Kehrreim in immer gleicher Eintönigkeit murmelte: „Wehe, was ist über uns ergangen".

Die Tränenschale

Von Simon Samuel Frug

Sag, Mutter, ist's wirklich so, Mutter ist's wahr...?
Großvater erzählt, vor Gottes Thron
Steht eine Schale, ganz wunderbar...
Steht dort von dem Morgen der Zeiten schon.
Und wenn uns ein Tag voll Leiden scheint,
Wenn sie uns verhöhnen und uns beschrei'n —
Weint Gott eine Träne... Mutter, Gott weint!
Und die Träne zittert zur Schale hinein.

Und einstens, Mutter, weißt du, einst,
Wenn die Tränenschale zum Rande voll:
Er, den du im Beten ersehnst und erweinst,
Er kommt, der die Welt erlösen soll.
Dann sind auch wir nicht Getretene mehr,
Dann dürfen wir frei sein, wie's ehedem war,
Uns're Augen, leidumschattet und schwer,
Werden still und klar.
Ist's wirklich so, Mutter, sag, Mutter ist's wahr...?"
Die Mutter nickte und schwieg und schwieg,
In ihrem Schweigen lag dumpfe Qual.
Das Auge des Knaben war Sonne und Sieg.
Er fragte die Mutter zum zweitenmal:
„Und wann, wann wird die Schale voll?
Wir dulden und hoffen viel hundert Jahr —
Vielleicht, daß die Träne, die niederquoll —
Vielleicht vertrocknet die Träne gar?
Vielleicht... ja, Mutter... wenn vielleicht
Der Schale Grund durchbrochen wär..."
Die Mutter schweigt. Eine Träne schleicht
Aus ihrem Auge, zag und schwer.
Und diese stumme Träne streift
Des Knaben Haar. Er strahlt wie nie.
Ob er den Kuß der Träne auch begreift?
Auch d i e in deine Schale, Herr, auch d i e!

Bemerkungen zu den Lektürestücken für die traurigen Tage

Samson Raphael Hirsch: Aus Jerusalems letzten Tagen

S. R. Hirsch (1808—1888) suchte die Spannung zwischen überliefertem Glauben und modernem Wissen, in der die Generationen nach Mendelssohn standen, dadurch zu lösen, daß er die moderne Wissenschaft und Lebensform in die integrale Gesamtheit der jüdischen Tradition einzubauen suchte. Aus den Sprüchen der Väter nahm er sein Losungswort: Thauro im derech erez. (Lehre vereint mit modernem Leben.) Er wurde damit der geistige Führer der Orthodoxie im 19. Jahrhundert. In solchem Geiste sah er auch die jüdische Vergangenheit: er gab ihr gern ein weltliches Gepräge. Das zeigt ganz besonders die hier wiedergegebene Darstellung, die dem dritten Band der 1906 im Verlage J. Kauffmann, Frankfurt a. M., erschienenen gesammelten Schriften (S. 81—85) entnommen ist. Die Schilderung des Lebens in Jerusalem gewinnt aber dadurch an sachlicher Bedeutung, daß Satz um Satz in den Schriften der Propheten mit aller Gewissenhaftigkeit nachgewiesen wird. In einer Anmerkung sagt Hirsch: „Es kann mancher einzelne Zug in einer größeren Verallgemeinerung aufgefaßt sein, als die Andeutungen der Propheten berechtigen, und manches auch aus einzelnen Ausdrücken geschlossen sein, die eine andere Auffassung zulassen. Das Bild im allgemeinen dürfte sich jedoch als nicht verzeichnet darstellen."

Jehuda Halevi: An Zion

(In der Verdeutschung und mit der Anmerkung von Franz Rosenzweig.) Zu Jehuda Halevi vgl. die Lektüre für Schawuot, zu Franz Rosenzweig die Lektüre für Sabbat. Rosen-

ZU DEN LEKTÜRESTÜCKEN FÜR DIE TRAURIGEN TAGE

zweig kam es in seiner Übersetzung nicht darauf an, ein deutsches Gedicht nachzubilden, er wollte vielmehr mit aller Bewußtheit den Ton des Originals, den es für einen deutschen Leser hat, festhalten. Was also bei Jehuda Halevi in genialer Selbstverständlichkeit aus dem Geist der hebräischen Sprache sich ergibt, klingt im deutschen Wortmaterial wie eine schwere, seltsame Musik, die sehr langsam ausgekostet werden will. Rosenzweig blieb dem Text sehr treu und gab die Reihe der berühmt gewordenen Reime des Originals auf ajich gleichfalls nur durch einen Reim wieder. Die Anmerkung Rosenzweigs ist eine der feinsten Analysen eines mittelalterlichen religiösen Kunstwerkes. — Eine Neuausgabe der deutschen Übertragung von Jehuda Halevi durch F. Rosenzweig erschien im Schocken-Verlag, Berlin.

Stefan Zweig: Der ewige Weg

In der letzten Szene seines „Jeremias", einer dramatischen Dichtung in neun Bildern (Herbert Reichner Verlag, Wien), führt uns der Dichter in das von den Babyloniern (Chaldäern) eroberte Jerusalem. Auf dem Platz vor dem Tempel, der ganz zerstört ist, sammelt sich die Menge, um in die Gefangenschaft zu ziehen. Zweimal schon haben die Posaunen das Zeichen zum Aufbruch gegeben. Hoch über der Menge steht Jeremias, dessen Prophezeiung sich erfüllt hat. Nun folgt der Schluß der Szene.

Flavius Josephus: Untergang des Tempels

Joseph, der Sohn des Matthias, der jüdische Historiker aus der Zeit des Unterganges des zweiten Tempels im Jahre 70 n., hat seinen „Jüdischen Krieg" in sieben Büchern auf Grund eigener Anschauung dargestellt. Die Kaiser aus dem Hause der Flavier waren ihm wohl gesinnt und hatten ihn sogar zum Statthalter von Galiläa eingesetzt. Er nahm auch ihren Namen an. Kaum zehn Jahre nach der Niederwerfung der Juden gab der damalige Kaiser (Caesar) Titus das Geschichtswerk des Josephus selbst heraus. Es war ursprünglich aramäisch geschrieben und dann griechisch vom Autor abgefaßt worden. Trotzdem Josephus vom Standpunkt des römischen Lagers aus die Ereignisse schildert, spürt man doch, wie sehr sein Herz mit seinem Volke blutet. Die hier wiedergegebene Stelle bildet das vierte Kapitel des 6. Buches. Wir folgen der bei Otto Hendel (Halle a. d. S.) erschienenen Übersetzung von Heinrich Clementz. Der Monat Loos des Textes ist eine alte Bezeichnung für Ab. Antonia ist die Burg in Jerusalem, die Herodes neu erbaute und nach dem römischen Triumvir Antonius benannte.

Rabbi Meïr: Kannst du's ertragen?

Dieses Gedicht wird in der Gemeinde Worms am ersten Siwan gesprochen und stammt aus der Zeit der Verfolgung während der Kreuzzüge. Über den Dichter selbst ist weiter nichts bekannt. Die Wormser Tradition nimmt als Entstehungsjahr 1096 an, Zunz in seiner „Synagogalen Poesie" vermutet das Jahr 1349. Die Übersetzung Seligmann Hellers (vgl. über diesen die Bemerkungen zu den Lektürestücken für den Sabbat) gehört zu seinen besten Leistungen.

Simon Dubnow: Die Vertreibung der Juden aus Spanien

In diesem Kapitel stellt der bedeutendste jüdische Historiker der Gegenwart (geb. 1860 in Rußland), der die Entwicklung des jüdischen Volkes soziologisch und wirtschaftsgeschichtlich betrachtet, den entscheidenden Augenblick dar, in welchem das Königspaar Ferdinand von Kastilien und Isabella von Aragonien 1492 den Ausweisungsbefehl gegen die Juden erlassen hat, den selbst Abravanel, der große jüdische Religionsphilosoph, Finanzmann und Berater des Hofes, nicht mehr verhindern konnte. Abravanel starb in hohem Alter in Italien (1508). — Die hier wiedergegebene Stelle bildet einen Teil des § 56 im 6. Band der zehnbändigen Weltgeschichte des jüdischen Volkes, die von Dr. A. Steinberg ins Deutsche übersetzt worden ist (Jüdischer Verlag, Berlin).

ZU DEN LEKTÜRESTÜCKEN FÜR DIE TRAURIGEN TAGE

Moses Heß: Die Quelle unseres Glaubens an die Unsterblichkeit

Moses Heß (geb. 1812 in Bonn, gest. 1875 in Paris) hat in seinen 1862 unter dem Titel „Rom und Jerusalem, die letzte Nationalitätenfrage", erschienenen Briefen das Programm des späteren Zionismus vorweggenommen. Wiewohl Heß zu seiner Zeit kein Echo fand, haben seine Gedanken nach dem Auftreten Herzls fruchtbringend gewirkt. Heß hatte, obwohl Sozialist und radikaler Vorkämpfer einer modernen Zeit, sehr viel Sinn für Tradition und religiösen Konservativismus. Aus dieser Quelle schöpft er seine Liebe zu einem neuen jüdischen Nationalismus. Dies wird auch aus unserer Stelle klar, die dem vierten Brief von „Rom und Jerusalem" (Neuausgabe der „Hozaah Ivrith", Tel Aviv 1935) entnommen ist.

Heymann Steinthal: Eine Jugenderinnerung

Steinthal, 1823 in Gröbzig (Anhalt) geboren, starb 1899 als Professor für allgemeine Sprachwissenschaft an der Universität Berlin. Infolge seiner ständigen Verbindung mit den jüdisch-religiösen Problemen erhielt er eine Berufung als Lehrer der Religionsphilosophie an die Hochschule für die Wissenschaft des Judentums in Berlin. Mit seinem Schwager Moritz Lazarus, dem Verfasser der „Ethik des Judentums", begründete er die „Völkerpsychologie". Unter seinen kleineren Schriften, die später unter dem Titel „Über Juden und Judentum" (Verlag M. Poppelauer, Berlin) gesammelt wurden, findet sich auch eine, in der er Erinnerungen an seine Heimat aus dem Jahre 1835 aufzeichnet. Diesem Aufsatz ist unsere Stelle entnommen.

Simon Samuel Frug: Die Tränenschale

Frug (1860—1916) war als Sohn jüdischer Bauern in Südrußland aufgewachsen. Er hatte schon einen hohen Rang unter den russischen Dichtern inne, als er mit den ersten jiddischen Gedichten hervortrat. 1897 gab er seine Gedichte auch in hebräischer Übersetzung heraus. Dieser Sammlung ist das hier wiedergegebene Gedicht entnommen, das in seiner jiddischen Fassung „Der Koß" (Becher) heißt und auf eine Midrasch-Legende zurückgeht. Die deutsche Wiedergabe stammt vom Herausgeber dieses Buches, der sie zuerst 1909 veröffentlicht hat.

DIE PERSÖNLICHEN FESTE UND GEDENKTAGE

Freudentage

Berit Mila

Von Max Joseph

UNTER den Bräuchen des praktisch-religiösen Judentums nimmt die Beschneidung, wie neben ihr nur noch der Sabbat, eine überragende Stellung ein. Ihr kommt, wie dem Sabbat, eine umfassende, grundlegende, für das Wesen des Judentums charakteristische und in hohem Grade s y m b o l i s c h e Bedeutung zu. Sabbat und Beschneidung sind Symbole („Otot") für die göttliche Bestimmung des Menschen, zunächst des jüdischen Menschen. Sie und nur sie allein werden ausdrücklich als ein „ewiger Bund" („berit olam") bezeichnet und damit aus den übrigen praktisch-religiösen Vorschriften herausgehoben (Gen. 17, 13; Exod. 31, 16).

Beide knüpfen für ihre symbolische Bedeutung an den Anfang an: der Sabbat an den Anfang, die Schöpfung der Welt und damit insbesondere des Menschen, und die Beschneidung an den Anfang, die Geburt des einzelnen Menschen. An diesen doppelten Anfang anschließend symbolisieren beide den Bund zwischen Gott und Israel, und das heißt zugleich die Bestimmung des jüdischen Menschen.

Der Sabbat erinnert an den geschöpflichen Charakter des Menschen und damit, um der Gottesebenbildlichkeit des letzteren willen, an seine Pflicht, seiner besonderen geschöpflichen Berufung eingedenk zu bleiben. Die Beschneidung aber bedeutet die Weihe und Heiligung des jüdischen Menschen von Geburt an, die Besiegelung des zwischen Gott und Israel geschlossenen heiligen Bundes an seinem Fleische. Sie wird darum das „Zeichen des heiligen Bundes" („ot berit kodesch") genannt.

Die für das Judentum grundlegende und symbolische Bedeutung der Beschneidung zeigt sich schon geschichtlich darin, daß in Zeiten der Religionsverfolgung ihre Vollziehung, ebenso wie die Sabbatfeier, streng verboten wurde. Sie zeigt sich auch darin, daß man jüdischerseits die Unterlassung der Beschneidung zu allen Zeiten als öffentliche Bekundung des Abfalls vom Judentum empfunden und sie dementsprechend als Symbol für die Verpflichtung auf alle Forderungen der jüdischen Religion an jedem zu ihr Übertretenden vollzogen hat.

Mit vollem Recht gilt die Beschneidung als „Zeichen des heiligen Bundes". Denn das Judentum will weder, wie der heidnische Naturdienst, ein hemmungsloses Walten der menschlichen Triebe, noch, wie die lebensfeindlichen Religionen, ihre Abtötung. Es will vielmehr die Zügelung und Zurechtleitung der naturgegebenen Triebe im Dienste des Lebens, dessen Erhaltung und Gedeihen, Vollendung und Erhöhung. Darum erscheint die Beschneidung in der Bibel überall als Sinnbild der Herzensbeschneidung. „Beschneidet euch für Gott und tuet ab die **Vorhaut eures Herzens**" (Jeremia 4, 4). „Und ihr sollt beschneiden die **Vorhaut eures Herzens**" (Deut. 10, 16). „Und beschneiden wird der Ewige, dein Gott, dein Herz und das Herz deiner Nachkommenschaft, so daß du liebest den Ewigen, deinen Gott, mit deinem ganzen Herzen und mit deiner ganzen Seele, **auf daß du lebest**" (Deut. 30, 6; vgl. Lev. 26, 41, und Ezechiel 44, 7, 9).

Dem Judentum erscheint also die Abtötung der Triebe nicht als ein erstrebenswertes Ideal. Der Gott Israels ist ein Gott des Lebens und will daher das Leben und seine Erhöhung. Gleich das erste Gottesgebot an den Menschen lautet: „Seid fruchtbar und mehrt euch!" (Gen. 1, 28). In gleichem Sinne wird das Wort des Propheten: „Er (Gott) hat sie (die Erde) nicht zur Einöde geschaffen, sondern daß sie bewohnt werde" (Jesaja 45, 18) von den Weisen des Talmud gedeutet. Das Triebleben wird im Judentum nicht nur nicht verurteilt, sondern auch in seiner Bedeutung und Notwendigkeit erkannt und gewürdigt. „Gäbe es kein Triebleben, dann würde der Mensch weder ein Haus bauen noch heiraten" (Bereschit Rabba 9). Ja, ohne Stärke des Triebes ist Größe des Wollens unmöglich. „Je größer ein Mensch, desto größer ist auch seine Leidenschaft" (Sukka 52a).

Gleichwohl aber müssen die Triebe sich innerhalb der dem gesunden Leben gezogenen Grenzen betätigen, sie müssen aus sittlichem Gesichtspunkt in Schranken gehalten und eingedämmt werden. Damit sie nicht verheerend und zerstörend, sondern heilsam und zum Segen wirken, müssen sie „beschnitten" werden. Wie der Weinstock durch Beschneidung sich veredelt, also soll auch der Mensch durch Beschneidung der Triebe seines Herzens über den Naturzustand sich erheben, sich immer mehr veredeln und im Kampf gegen sündige Begierde und durch ihre Niederzwingung seiner sittlichen Vollendung entgegenreifen. Eindämmung der Triebe des Herzens, Heiligung des Fleisches durch Fernhaltung aller unsittlichen, verderblichen Gelüste, also Herzensbeschneidung um Gottes willen, in treuem Gehorsam gegen sein Gebot, das ist die religiös-sittliche Aufgabe im Judentum, in ihr gerade besteht nach jüdischer Anschauung das den Menschen religiös adelnde Streben nach Vervollkommnung. Herzensbeschneidung ist auch gemeint, wenn Gott bei der Einsetzung des heiligen Bundeszeichens zu Abraham sagt: „Wandle vor mir und werde vollkommen!" (Gen. 17, 1.) Um Abrahams, unseres Stammvaters, willen, der in Liebe zu Gott seinen Willen bis zum äußersten dem Willen Gottes unterstellt hat, der in unbegrenzter Hingebung „sein Herz bezwang, um Gottes

Willen zu üben mit vollkommenem Herzen," um seinetwillen wird der „Bund der Beschneidung" („berit mila") der „Bund unseres Stammvaters Abraham" („berito schel awraham awinu") genannt (Pirke Abot 3, 15).

Ist die Beschneidung solchermaßen vor allem ein Zeichen des Bundes und der engsten Gemeinschaft Abrahams, unseres Stammvaters, und damit gleichzeitig seiner Nachkommen, mit Gott, so ist sie daneben auch ein Zeichen verpflichtender Gemeinschaft des einzelnen Juden mit seinem Volk, dem Gottesvolk. In feierlich gehobener Stimmung wird das neugeborene Kind als neues Glied des Gottesvolkes aufgenommen und in die „Schar der Gotteskämpfer" eingereiht (Kusari 8, 7; More Nebuchim 3, 49; Ikkarim 4, 45).

Wer daher die Beschneidung an seinem Sohne nicht vollzieht, und derjenige, an dem sie als Kind nicht vollzogen worden ist und der sie nach Vollendung seines dreizehnten Lebensjahres nicht nachholt, wird ein „Zerstörer des Bundes" genannt. Er hat sich mit der grundsätzlichen Ablehnung des heiligen Bundeszeichens gleichsam außerhalb der Gemeinschaft Israels und der mit seinem Gott gestellt.

Die Beschneidungsfeier, die besonders in früherer Zeit in der Synagoge abgehalten wurde, soll, wenn nicht laut Erklärung des Arztes der Gesundheitszustand des Kindes eine Verschiebung notwendig macht, am achten Tage nach der Geburt, auch am Sabbat oder Feiertag, stattfinden (Gen. 17, 12; Lev. 12, 3). Nur wenn eine Verschiebung eintreten muß, findet sie nicht am Sabbat und an den Feiertagen statt.

Die Beschneidung wurde in der ältesten Zeit mit einem Steinmesser ausgeführt (Exod. 4, 25; Josua 5, 2, 3), später, und so noch heute, mit einem Messer aus Stahl, das mit Anlehnung an Psalm 149, 6 auf beiden Seiten geschliffen sein muß. Der Akt selbst besteht aus der Beschneidung im engeren Sinne der „Mila", d. h. dem Abschneiden der Spitze der oberen Vorhaut („Orla"), ferner der Peria, d. h. dem Bloßlegen der Eichel durch Zerreißung der zarten, unteren Vorhaut und ihrem Zurückschieben unter die Eichel, und endlich der Meziza, dem Aussaugen der Wunde zur Stillung des Blutes[1]). Die abgetrennte Vorhaut wird in Sand und Asche gelegt, in Erinnerung an die Israel gewordene göttliche Verheißung, daß Israel einst zahlreich werden solle, wie der Sand am Meere.

Als Symbol der Festlichkeit und der Freude werden Kerzen auf den Sabbatleuchtern angezündet. Der sog. Sandak (Beistand, Gevatter), gewöhnlich der Rabbiner, hält bei der Beschneidung das Kind auf dem Schoße. Neben seinem Sitze steht der Stuhl des Propheten Elia („kisse schel Elijahu"), auf den das mit „baruch haba" („gesegnet, der da kommt!") begrüßte Kind zunächst mit entsprechenden Worten niedergelegt wird, ehe der Sandak es in

---

[1]) Vgl. Anhang, Anm. 1.

Empfang nimmt. Elia ist in der Tradition der vorbildliche Eiferer für den heiligen Bund und wird überdies als Vorläufer und Herold des Messias „malach haberit", „der Bote des Bundes", genannt.

Vor der Beschneidung spricht der M o h e l , der Beschneidende, eine diesbezügliche Benediktion. Nach dem ersten Akt, der Mila, preist der Vater des Kindes, der „baal berit", in einer zweiten Benediktion Gott, der befohlen hat, das Kind in den Bund unseres Erzvaters Abraham aufzunehmen, und anschließend sprechen alle Mitfeiernden den Segenswunsch: „Wie das Kind in den Bund eingegangen, so möge es auch zum Torastudium, zur Ehe und zu guten Werken eingehen!"

Nach Vollendung des ganzen Beschneidungsaktes nimmt der Mohel einen Becher Weines zur Hand und preist Gott, „der den Menschen von Geburt an geheiligt und dessen Fleisch mit dem Zeichen des heiligen Bundes gesiegelt hat". Daran knüpft er die Bitte, daß Gott das Kind in seinen gnädigen Schutz nehmen möge. Unmittelbar daran anschließend findet die N a m e n g e b u n g³) statt, für die in der Regel Pietätsgründe maßgebend sind. Es folgt dann das Festmahl, das einen durchaus religiösen Charakter trägt und im besonderen Sinne „S u d e" („sëuda", Festmahl) genannt wird. Das Tischgebet nach dem Mahle wird durch ein Lied eingeleitet und enthält Einschaltungen, die auf das Kind, seine Eltern und den Mohel Gottes Segen herabflehen und die, wie dies so oft in den Gebeten geschieht, messianisch auslaufen und der Sehnsucht nach der Erlösung Israels Ausdruck verleihen.

ANHANG

A n m e r k u n g 1 (z u S e i t e 423): Das A u s s a u g e n bestand darin, daß der Mohel ein wenig Wein in den Mund nahm und das Blut aussaugte, um eine Entzündung zu verhüten. Hierauf wurde eine Salbe auf die Wunde gelegt und das Glied verbunden. Das Aussaugen geschieht jetzt gewöhnlich mit Hilfe eines Glasröhrchens.

A n m e r k u n g 2 (z u S e i t e 424): Mit dem Gruß B a r u c h h a b a aus dem 118. Psalm V. 126 werden auch Braut und Bräutigam begrüßt, wenn sie unter den Trauhimmel treten. Es ist übrigens der Gruß, den man einem ins Haus Eintretenden zuruft. Dieser erwidert: Baruch hanimza (Gesegnet, der hier ist).

In diesem Zusammenhang sei auf die gebräuchlichsten G r u ß f o r m e l n hingewiesen. Wenn man jemanden nach längerer Zeit wiedersieht, begrüßt man ihn mit Schalom alechem (Frieden mit Euch), worauf die Antwort lautet: Alechem schalom. Bei freudigen Anlässen sagt man masal tow (Glücklicher Stern, d. h. Gut Glück), worauf die Antwort lautet: Baruch tihje (sei gesegnet). Bei den Sefardim grüßt man mit „Schalom" (Frieden), die Antwort lautet: Schalom beracha wetowa (Frieden, Segen und Glück), oder kürzer, beracha weschalom. Am Sabbat grüßt man einander mit Schabbat schalom, an den Feiertagen mit Simchat jomtow (Fröhlicher Feiertag). Über die Wunschformeln an den Hohen Feiertagen s. das. In der aschkenasischen Synagoge ist es Brauch, für eine zugewiesene Funktion oder Ehrung mit

---

²) Vgl. Anhang, Anm. 2.
³) Vgl. Anhang, Anm. 3.

dem Ruf: Jejascher kochacha (es wachse deine Kraft, volkstümlich sch'koch) zu danken, worauf mit der Umkehr der Worte geantwortet wird. In der sefardischen Synagoge heißt der Zuruf: Chasak (sei stark) und die Antwort: Chasak baruch (sei stark und gesegnet). In Briefen pflegt man in orthodoxen Kreisen neben dem Namen des Adressaten die Worte ad mea schana (bis 100 Jahr') in Abbreviatur hinzuzufügen.

Anmerkung 3 (zu Seite 424): Das Kind wird niemals nach lebenden verwandten Personen benannt, erhält also den Namen des Vaters nur dann, wenn dieser nicht mehr am Leben ist.

In manchen Gemeinden wird der Synagoge ein Band (mappa) geschenkt, in das Namen und Geburtstag des Kindes und Glückwunschverse eingestickt sind.

In früheren Zeiten war es allgemein Sitte, daß in der Woche vor der Berit Mila Knaben in das Haus des Neugeborenen kamen und dort Bibelstellen, die Segnungen enthalten, lasen. Sie wurden besonders am Freitagabend mit Süßigkeiten traktiert. Auch heute noch pflegt man Gemeindemitglieder für den Freitagabend einzuladen. Man nennt diesen Abend den Sacharabend, weil dem Kinde zugerufen wird: schalom sachar (Friede, Knabe!).

Die Namengebung der Mädchen erfolgt in der Synagoge nach 14 Tagen oder auch ein paar Wochen später, wenn die Mutter bereits zur Synagoge gehen kann. Der Vater wird zur Tora aufgerufen — er macht den „Aufstand" — und läßt vom Vorbeter eine eigene Segensformel für das Kind und die Mutter sprechen. Bei diesem Anlasse wird der Name, den das Mädchen tragen soll, genannt.

In manchen Gemeinden wird bei dieser Gelegenheit die „Birkat hagomel" gesprochen, i. e. ein „Dank dem Wohltäter", der einen aus Lebensgefahr gerettet hat. Dieser Segen bezieht sich auf Psalm 107, den Dankpsalm derer, die von einer langen Seereise oder von einer Wüstenwanderung zurückgekehrt oder die von schwerer Krankheit genesen sind, oder die aus der Gefangenschaft befreit wurden. Der Dankspruch: „Gepriesen sei er, der den Menschen unverdient Gutes erweist", wird nach der Beracha, die der Toravorlesung folgt, gesprochen, worauf die Gemeinde antwortet: „Er, der dir Gutes erwiesen hat, möge es auch fürderhin tun." Das „Gaumel benschen" ist der übliche Ausdruck des Dankes für jede Art von Rettung aus Lebensgefahr geworden. In diesem Sinne dankt der Vater des Kindes anläßlich der Namensgebung für die Genesung der Mutter.

Pidjon habēn

Von Max Joseph

PIDJON habēn, „Auslösung des Sohnes", ist eine ungenaue Bezeichnung für die Auslösung des erstgeborenen Kindes der Mutter, nicht des Vaters, wenn dieses Kind ein Sohn ist, daher auch öfters richtiger Pidjon bechor, „Auslösung des Erstgeborenen", genannt. Ging dem erstgeborenen Sohn eine Fehlgeburt voran, entfällt die Zeremonie der Auslösung.

Alle Erstlinge sind nach dem Worte der Schrift Gott geweiht, zum Zeichen dessen, daß alles Leben und alle Gaben von Gott kommen. Die Erstlinge der Früchte des Erdbodens wurden einst unter Ablegung eines feierlichen Bekenntnisses im Tempel dargebracht (Exod. 23, 19; Deut. 26, 1 ff.). Die Erstgeborenen von Haustieren, deren Fleisch genossen werden durfte, mußten dem Priester gespendet, die des Esels durch ein Lamm ausgelöst werden (Exod. 13, 1, 12, 13). Auch die Erstgeborenen unter den Menschen sollen ausgelöst werden (ebendort). Für die Auslösung der Letztgenannten lagen noch besondere Gründe vor. Sie sollten auch ein Zeichen des Dankes dafür sein, daß bei der Erschlagung der Erstgeborenen Ägyptens die Erstgeborenen aus

Israel verschont geblieben sind (Exod. 13, 14—16). Diese waren damit Gott geweiht und müssen deshalb ausgelöst werden. Infolge ihrer Weihe waren sie ursprünglich und eigentlich zum Priesterdienst bestimmt, sie wurden aber durch die Leviten abgelöst (Num. 8, 14—19). So liegt auf den Erstgeborenen unter den Menschen eine dreifache Weihe: die des aus Gott kommenden Lebens, die der durch Gott bewirkten Rettung vor schwerem Verhängnis und die der ursprünglichen Bestimmung zum Priesterdienst.

Die Auslösung soll am 31. Tage nach der Geburt erfolgen, und wenn dieser ein Sabbat oder Festtag ist, an dem auf ihn folgenden Werktage, weil es sich um eine Auslösung durch Geld handelt. Wenn der Vater sie nicht vollzieht, dann muß sie später durch den Erstgeborenen selbst nach Erlangung seiner Mündigkeit vorgenommen werden. Sie geschieht durch Zahlung von fünf Schekel (nach deutschem Gelde etwa 36 Mark) an einen Kohen (Num. 8, 16). Bei Kindern aus dem Stamme Kohen und Levi gibt es keine Auslösungspflicht, auch dann nicht, wenn die Mutter des Erstgeborenen die Tochter eines Kohen oder Levi ist.

Der Akt der Auslösung geht in folgender Weise vor sich: das Kind wird auf einer Platte oder Schüssel, zumeist aus Silber, vor den Kohen gelegt, daneben der Betrag für die Auslösung. Der Vater bekundet, daß das Kind der Erstgeborene seiner Frau sei, und erklärt sich auf die Frage des Priesters, ob er den für seinen Erstgeborenen geschuldeten Auslösungsbetrag zahlen wolle, hierzu bereit. Darauf preist er in zwei Segenssprüchen Gott, der die Auslösung anbefohlen hat und ihn diese hat erleben lassen. Der Kohen nimmt alsdann den Betrag entgegen und erklärt das Kind für ausgelöst. Anschließend erteilt er unter Handauflegung dem Kind den Segen. Bei der Auslösung findet ein frohes Festmahl statt, das als religiöses Pflichtmahl gilt. Das Geld kann der Kohen aus freien Stücken wieder zurückgeben.

Barmizwa

Von Leopold Neuhaus

MIT dem vollendeten 13. Lebensjahre wird der Knabe Bar-Mizwa, ein Sohn der Pflicht. Ein neuer Lebensabschnitt beginnt für ihn; er ist religiös selbständig und daher nach der traditionellen Auffassung für sein „Tun und Unterlassen" selbst verantwortlich, während dies bisher sein Vater war.

Die Entstehung der „Bar-Mizwa-Institution" kennen wir eigentlich nicht, müssen aber annehmen, daß sie sehr weit zurückliegt. In den Pirke Abot (Sprüchen der Väter) 5, 25 heißt es: Ben schelosch esrë lemizwot, „mit 13 Jahren zu den Pflichten". Im Talmud (Ketubot 50a) erfahren wir, daß der

Vater zur Erziehung des Sohnes bis zum 13. Jahre verpflichtet ist; wir hören auch, daß es ein Brauch in Jerusalem gewesen ist, den 13jährigen den Ältesten vorzuführen, damit er von ihnen auf das Gesetz verpflichtet werde (Soferim XVIII, 5).

Von nun an wird der Knabe zum Minjan, der für Abhaltung des öffentlichen Gottesdienstes erforderlichen Zehnzahl gerechnet. Er ist ein „gadol", ein „Großer", geworden, ein Erwachsener, der Gott und sich selbst verantwortlich ist. Er ist jetzt ein Bar onuschin, „ein Sohn der Strafe", verantwortlich und mündig. Daher spricht der Vater am Bar-Mizwa-Tage des Sohnes, wenn er zur Tora „aufgerufen" wird: Baruch scheppetarani meonscho schel se, „Gepriesen sei der Ewige, der mich von der ‚Strafe' (Verantwortlichkeit) für diesen befreit hat".

Bekundet wird nun diese neue Stellung des Knaben als mündigen Gliedes der jüdischen Gemeinschaft öffentlich vor versammelter Gemeinde dadurch, daß er den Segensspruch über die geöffnete Tora ausspricht, und zwar an dem Schabbat, der seinem nach dem jüdischen Kalender errechneten 13. Geburtstage entspricht oder auf diesen folgt. Er wird zur Tora „aufgerufen", wie der landläufige Ausdruck lautet, er ist ole latora (er geht hinauf zur Tora), er erhält eine alia (volkstümlich „Lije"). Der Bar-Mizwa, der mit seinem hebräischen Namen aufgerufen wird, liest manchmal selber eine Parascha (Toraabschnitt) vor oder auch die ganze Sidra (Wochenabschnitt für den betreffenden Schabbat). Meistens liest er auch die Haftara; in diesem Fall ruft man ihn als Maftir auf. Als besondere Leistung gilt es, wenn der Knabe überdies noch einen Sijum macht über einen Traktat des Talmuds („Zu Ende Lernen" eines Traktats), im Anschluß daran einen Chilluk, d. h. eine talmudische Kontroverse bringt und beim Festmahl, das anläßlich des Ehrentages des Knaben von seinen Eltern veranstaltet wird, Birkat hamason, das Tischgebet, auswendig „bensdit".

Erst spät hören wir von dem Brauch, daß der Rabbiner oder Lehrer der Gemeinde in der Synagoge eine besondere Ansprache an den Bar-Mizwa hält, in der er ihn zur Treue gegen die angestammte Religion ermahnt. (In vielen Gemeinden unter Überreichung eines Gebetbuches oder einer Bibel, die ein Geschenk der Gemeinde sind, zu der der Vater des Bar-Mizwa gehört.)

Dem Tage der Bar-Mizwa geht stets ein besonderer Vorbereitungsunterricht in den meisten Gemeinden voraus, den der Rabbiner oder Lehrer gibt. Hier lernt der Knabe auch das Anlegen von Tallis und Tefillin und das, was er über seine neuen Pflichten unbedingt wissen muß.

In vielen Kreisen hat man die Bar-Mizwa-Feier auch Konfirmation genannt (vom lateinischen confirmare = befestigen, bestätigen). Unter diesem Ausdruck wird in der katholischen Kirche ein von den Eltern geleistetes Gelübde verstanden, später „Firmung"; bei den Evangelischen das öffentliche Ablegen eines bestimmten Glaubensbekenntnisses. Etwas Ähnliches, d. h. ein Glaubensbekenntnis, ist aber die „Bar-Mizwa" nicht. Sowohl in der Tora als bei den Dezisoren wird nichts desgleichen gefunden; ein solches „Bekenntnis" oder „Geloben" ist auch nicht nötig, da mit dem vollendeten 13. Lebensjahre zwangsläufig der jüdische Knabe „religiös-mündig" wird.

Der Bar-Mizwa-Tag ist ein religiöses Fest im Hause, das dem jüdischen Knaben die Liebe der Eltern und der Gemeinde zeigt, ihm selber aber die eigene Verbundenheit mit Gott und mit seiner Volksgemeinschaft sinnfällig vor Augen stellen soll.

Hochzeit
Holzschnitt aus einem alten
Minhagim-Buch, Amsterdam 1723

Hochzeit

Von Leopold Neuhaus

DIE Ehe ist die heilige Verbindung von Mann und Frau. „Deshalb soll der Mann Vater und Mutter verlassen und soll seinem Weibe anhangen, daß sie werden zu e i n e m Körper" (Gen. 2, 24). Dieses „Einswerden" unter dem Zeichen des jüdischen Gesetzes ist nach Auffassung der jüdischen Tradition die Grundlage der Familie, des Fortbestehens des jüdischen Volkes.

HOCHZEIT

Der Tag der Hochzeit, chatuna (volkstümlich chassene), ist daher d a s bedeutsame Ereignis im Leben zweier Menschen, die zueinander gefunden und beschlossen haben, den Weg des Lebens gemeinsam zu gehen.

Die Hochzeit kann an jedem Tag, außer am Sabbat oder Feiertag (weil doch die Trauzeugen Unterschriften leisten müssen), stattfinden. In vielen Gegenden wird als Hochzeitstag besonders der Dienstag gewählt, da es im Schöpfungsbericht der Tora (I. B. M. Kap. 1) vom dritten Tage der Woche z w e i m a l heißt: Gott sah, daß es gut war (Ki tow). Der Tag wird darum auch sonst als glückverheißend bezeichnet, man nennt ihn volkstümlich „Kitow", obwohl nach dem Talmud die Jungfrauen am Mittwoch und die Witwen am Donnerstag Hochzeit machen sollen. Der Hochzeitstag ist zunächst ein ernst-feierlicher Tag, darum soll das Brautpaar an ihm fasten; das Fasten soll Bräutigam und Braut am Tage der größten Freude des Lebens an den Untergang des Tempels (secher lechurban) erinnern und gleichzeitig an den Gedanken der Buße und Demut. Daher betet vor der Trauung der Bräutigam das Schemone Esre von Jom kippur mit dem Sündenbekenntnis.

Die eigentliche Trauung beginnt meist gleich nach Mittag, wenn man schon Mincha beten kann, um das Paar nicht lange fasten zu lassen (das „Fasten" fällt weg an solchen Tagen, an denen „Fasten" nicht gestattet ist, z. B. am Rosch chodesch). In den meisten Gegenden des Ostens geht dem Trauungsakt das sogenannte „B e d e c k e n" voraus, entweder im Elternhause oder in einem besonderen Zimmer neben dem Trauungsraum, bei Abwesenheit des Bräutigams. Die Braut sitzt, von den weiblichen Hochzeitsgästen umgeben, auf einem mit Blumen und Grün geschmückten Platze. Vier junge Leute nehmen ein besonderes Tuch (auch Deckchen oder Schleier) und bedecken damit den Kopf der Braut, wie es einst Stammutter Rebekka getan (I. B. M. 24, 65), als sie ihren Gatten erblickte. (Nach talmudischem Gesetze soll die Frau von diesem Zeitpunkt an sich stets mit verhülltem Haar[1]) zeigen.) Der Rabbiner hält gewöhnlich eine Ansprache, die mit den Worten des Segens über Rebekka (an derselben Bibelstelle V, 60) schließt: Achotenu at haji lealfe rewawa. („Unsere Schwester du, werde du zu tausendfältigen Mengen!")

Darauf beginnt der „Hochzeitszug". Die Braut, Kalla, wird von den „beiden Müttern", in manchen Gegenden von ihrem Vater, der Bräutigam, Chatan, von den „beiden Vätern" bzw. von seiner Mutter unter die Chuppa, den Hochzeitsbaldachin (Trauhimmel) geführt. In manchen Gegenden, so früher bei den Juden in Deutschland, wurde statt des Baldachins ein Talit über die Brautleute gehalten. Nachdem die „Unterführer" Braut und Bräutigam unter die „Chuppa" geführt haben, bei der die vier Stangen mancherorts von unverheirateten jungen Leuten gehalten oder getragen werden, beginnt man

---
[1]) Vgl. Anhang, Anm. 1.

mit dem Absingen des Liedes mi addir (Lobpreis), worauf der erste Teil der für die Hochzeit festgesetzten Segenssprüche Berachot (Birchot Eirussin) rezitiert wird. Denn die Trauungsfeierlichkeit besteht eigentlich aus zwei Teilen, E i r u s s i n = Angelobung und N i s s u i n = Vermählung, eigentlich „Erhebung", d. h. zu sich; früher, vor dem 16. Jahrhundert, waren beide zeitlich voneinander geschieden, jetzt sind sie miteinander vereint. Beide, Birchot eirussin wenissuin, sollen im allgemeinen in Gegenwart eines Minjan gesagt werden. Nachdem also der erste Teil (Eirussin) gesagt worden ist, folgt das Anstecken des R i n g e s an den Zeigefinger der rechten Hand der Braut durch den Bräutigam, der dabei spricht: „Hare at mekudeschet li betabaat su kedat mosche wejisraël" (Sei Du mir angeheiligt durch diesen Ring nach dem Gesetze von Moses und Israel[2]). Darauf folgt die Verlesung der Eheurkunde (K e t u b b a)[3] über die beiderseitigen Rechte und Pflichten des Mannes und der Frau mit der Unterschrift von zwei Zeugen, die in religiöser Hinsicht einwandfrei sind, die auch sonst — eine äußerst wichtige Voraussetzung in religiös-gesetzlicher Hinsicht — bei dem ganzen Trauungsakt anwesend sein müssen. Alsdann werden Birchot nissuin (2. Teil der Berachot) rezitiert. Wie am Schlusse der Birchot eirussin Braut und Bräutigam aus einem Becher gemeinsam Wein trinken, so auch nach den zweiten Segenssprüchen, gleichsam ein Sinnbild der e h e l i c h e n E i n h e i t, Genuß aus einem und demselben Becher. Man pflegt hierzu einen zweiten Becher zu benützen. (Es gilt als eine besondere Ehre, jedesmal dem Brautpaare den Wein zu reichen.) In den meisten Fällen ist es üblich, daß der die Trauung Vollziehende (meist der Rabbiner) eine Ansprache an das Brautpaar vor dem Rezitieren der ersten Beracha hält.

Nachdem die letzten „Segenssprüche" verklungen, der „Becher des Segens" (Koss schel beracha) geleert ist, wünschen alle dem jungen Paar Glück, Masel tow, wobei der Bräutigam ein Glas zertritt (symbolischer Ausdruck für Dämpfen der Freude zum Zeichen der Trauer um Jerusalem, vgl. Ber. 31a); alsdann begibt sich das junge Paar in ein besonderes Gemach (Jichud), um nun zum ersten Male als Ehepaar ganz für sich allein zu sein, und um dort, wie es in Deutschland üblich ist — sich zugleich durch einen ersten gemeinsamen Imbiß vom „Fasten" zu erholen. (Dieses Gemach ist die eigentliche „Chuppa" im halachischen Sinn.)

Nun beginnt das Hochzeitsmahl; an der Festestafel sitzen an oberster Stelle Bräutigam und Braut, ihnen zur Seite die beiderseitigen Eltern. Das Mahl beginnt mit dem Anschneiden eines eigens für dieses Mahl gebackenen

---

[2]) Vgl. Anhang, Anm. 2.
[3]) Vgl. Anhang, Anm. 3.

Hochzeits-Barches, von dem ein jeder der Gäste sein Stück erhält[4]). Vielfach ist es üblich, daß, wenn der Bräutigam ein Torakundiger ist, er eine Derascha (volkstümlich Drosche)[5]) hält (Auslegung von Bibel- und Talmudstellen). Das Hochzeitsmahl schließt mit dem Tischgebet, an dessen Ende die Schewa Berachot (sieben Segenssprüche, zweiter Teil der oben genannten Berachot) folgen. Nach aufgehobener Festestafel bleiben die Gäste noch zusammen, um durch Ansprachen und „Vorführungen" die Brautleute zu erfreuen.

Dies ist im großen und ganzen ein Bild der jüdischen Hochzeit, wiewohl einzelne Gebräuche (Minhagim) je nach Ort und Zeit verschieden sind. (Auf einige Unterschiede haben wir schon hingewiesen.) Wenn es z. B. in Westeuropa unbekannt ist, am Freitag „Hochzeit zu machen", so wird im Osten gerade am Freitag die Trauung vorgenommen, um das Festmahl lange hinzuziehen, damit am Schabbat die Armen und Bedürftigen daran teilnehmen. Andrerseits vermeidet man im Osten, bei Vollmond zu heiraten; viele Gesetzeslehrer wiederum wenden sich gegen solchen Aberglauben. In vielen Gegenden wird besonders Wert darauf gelegt, die Chuppa unter freiem Himmel aufzustellen. Im Osten ist es üblich, nach Art der Hochzeit Simsons, sieben Tage der Hochzeitswoche mit stets neuen Gästen zu feiern (Schewa berachot). (In der Synagoge werden die Brautleute auch im Westen acht Tage als Chatan und Kalla bezeichnet.) Am Rhein und vielfach in Hessen wird das Brautpaar mit Weizen bestreut (symbolisch für den Wunsch nach Fruchtbarkeit), an vielen Orten ist dreimaliges Herumgehen der Braut um den Bräutigam unter der Chuppa Brauch — so z. B. in Lübeck; im Osten wiederum ist es üblich, daß der Bräutigam die weißen „Totenkleider" trägt (Zeichen des vergänglichen Glückes). In manchen Gegenden werden den Brautleuten S i w l o n o t (d. h. Gaben, vom lateinischen symbolum, womit der Fingerring bezeichnet wurde) am Tage vor der Hochzeit gegeben, und zwar der Braut ein besonders schön ausgeschmückter Siddur (Gebetbuch), dem Bräutigam Talit und Sargenes (Sterbegewand). Nicht unerwähnt bleiben die nach Zeit und Ort verschiedenen Chassene-Tänze beim Hochzeitsmahl, insbesondere der Mizwa-Tanz des Vornehmsten unter den Gästen mit der Braut[6]).

ANHANG

Anmerkung 1 (zu Seite 429): Die Verhüllung des Haupthaares hatte sich ursprünglich im Orient als jüdische Sitte für die Straße eingebürgert, wurde aber später auch im Hause üblich. Der Sinn war die Vermeidung einer Wirkung auf fremde Männer. Im

---

[4]) Vgl. Anhang, Anm. 4.
[5]) Vgl. Anhang, Anm. 5.
[6]) Vgl. Anhang, Anm. 6.

Mittelalter (und vielfach [aber nicht allenthalben] geschieht es in orthodoxen Kreisen auch heute) wurde der Braut nach der Hochzeit das Haupthaar abgeschnitten. Der Kopf wurde mit einer seidenen Haube (in Polen Kupka genannt) oder mit einem „Haarband" bedeckt. Die Hauben wurden in verschiedenen Formen hergestellt und hatten vielfach als Zierde das in die Stirne reichende „Sterntüchel", das oft auch mit Edelsteinen besetzt war. In neuerer Zeit wurde der „S c h e i t e l" eingeführt, eine aus fremdem Haar hergestellte Perücke, die eigenes Haar vortäuschen soll. Gegen diese künstliche Frisur, die eine verbotene Tragweise des Haares markiert, wandten sich die chassidischen Kreise und auch die berühmte rabbinische Autorität des 19. Jahrhunderts, der Preßburger Rabbiner Moses S o f e r.

A n m e r k u n g 2 (z u S e i t e 429): Da die Formel, die der Bräutigam zu sprechen hat, von entscheidender Rechtskraft ist, pflegt derjenige, der die Trauung vollzieht, Wort für Wort dem Bräutigam vorzusprechen. Dabei wird sogar die Möglichkeit einer Deutung, als habe der die Trauung Vollziehende selbst die Formel an die Braut gerichtet, dadurch beseitigt, daß das Wörtchen „li" (mir) ein anderer vorspricht, eventuell der Bräutigam selbst sagt. Der Hinweis auf die Gesetze von „Moses und Israel" meint, daß die Gesetze der Tora nicht direkt diese Art der Kidduschin (der Anheiligung) fordern, daß sie vielmehr spätere Ausdeutungen des mosaischen Gesetzes sind. Der Brauch eines Ringes — es gibt also keinen Ringwechsel bei Juden — wird in talmudischer Zeit nicht erwähnt. Es genügte damals, wenn der Bräutigam irgend eine Münze, die ihm gehörte, der Braut gab. Der Ring muß ohne Juwelen und ohne Inschrift sein, denn kostbare Juwelen könnten die Frage der Mitgift und der Verlassenschaft berühren. Durch das Aussprechen der Formel und die Übergabe des Ringes vor zwei Zeugen ist die Ehe nach jüdischem Ritus rechtskräftig. Die Chuppa und die Segenssprüche sind spätere Erweiterungen. Die jüdische Trauung ist somit die einfachste Zeremonie, die den Akt der Angelobung selbst als eine persönliche Sache der Brautleute betrachtet, die durch die Zeugen eine öffentliche und gesetzliche Anerkennung erlangen soll.

Wiewohl die P o l y g a m i e in biblischer und talmudischer Zeit nicht verboten war, zeigt die Entwicklung schon von den Erzvätern angefangen die Tendenz zur Monogamie. Durch eine Bestimmung des Rabbi G e r s c h o m (um 1000 n.), der unbeschränkten Autorität seiner Zeit, wurde die Monogamie Religionsgesetz.

A n m e r k u n g 3 (z u S e i t e 429): Die K e t u b b a (wörtlich: das Geschriebene) ist in aramäischer Sprache abgefaßt. Die älteste uns erhaltene stammt aus dem fünften Jahrhundert v. aus Ägypten. Bei der Ketubba handelte es sich ursprünglich, wie es scheint, um eine Ablöse, die der Bräutigam dem Brautvater zu leisten hatte. Aber schon in talmudischer Zeit wurde sie zu einem Rechtsakt, der der Frau im Falle der Scheidung oder Witwenschaft eine Sicherung bieten sollte. Der Mann verpflichtete sich nicht nur zur liebevollen Fürsorge der Frau („ich will für dich arbeiten, dich ehren, pflegen und erhalten"), sondern auch zur Sicherstellung der Mitgift, zu der er noch aus eigenem etwas hinzufügt. Im Orient und bei den sefardischen Juden gibt es sehr kunstvoll ausgeführte Ketubbot. Seitdem durch den früher erwähnten R. G e r s c h o m bestimmt wurde, daß eine Frau nicht gegen ihren Willen geschieden werden kann, ist die Bedeutung der Ketubba unwesentlich geworden. Sie war aber durch viele Jahrhunderte der eigentliche Trauschein.

A n m e r k u n g 4 (z u S e i t e 430): In vielen Gegenden wird dem Brautpaar beim Hochzeitsmahl eine Hühnersuppe gereicht, die es aus e i n e m Teller ißt, die sogenannte g o l d e n e S u p p e.

A n m e r k u n g 5 (z u S e i t e 430): Die Geschenke, die dem jungen Paar gegeben werden, sind eigentlich als Dankgeschenke für den talmudischen Vortrag des Bräutigams, die Derascha, gemeint, und heißen darum volkstümlich D r o s c h e g e s c h e n k e. Das Vorzeigen dieser Geschenke bildete für den berufsmäßigen Hochzeitsspaßmacher, den sogenannten M a r s c h a l i k, einen willkommenen Anlaß für seine Satiren.

A n m e r k u n g 6 (z u S e i t e 431): Seit je galt es als hohes soziales Gebot, zur Mitgift und Ausstattung einer armen Braut beizusteuern. In den meisten Gemeinden gab es Stiftungen und Vereine zu diesem Zweck.

Was die E h e h i n d e r n i s s e betrifft, sei auf das 3. B. M. Kap. 18, V. 11—21 hingewiesen, wo genau angeführt ist, welche Verwandtenehen untersagt sind. Außerdem darf ein Mann nicht die von ihm geschiedene Frau, wenn sie inzwischen eine andere Ehe eingegangen ist, später wieder heiraten. Eine Frau, der ein Ehebruch nachgewiesen ist, muß in die Scheidung einwilligen, darf aber den, mit dem sie den Ehebruch begangen hat, nicht heiraten. Weiter darf aus Gründen der Verdächtigung eine Frau nicht einen der Zeugen,

CHASSENE-TANZ.

Bearbeitet von Arno Nadel.

Aus „Jonteff-Lieder," herausgegeben von Arno Nadel (Jüdischer Verlag, Berlin).

die bei ihrer Scheidung zugegen waren, heiraten. Auch ein aus einer religiös unzulässigen Ehe stammendes Kind (ein sogenannter M a m s e r) kann keine religiöse Ehe eingehen. Er wird übrigens auch nicht zur Tora aufgerufen. Für die Priester — und also heute auch für die aus dem Stamme Aahrons — gilt, daß sie keine geschiedene Frau heiraten dürfen, ebenso nicht eine, die durch die sogenannte „Chaliza" von ihrem Schwager geschieden wurde.

Mit der C h a l i z a hat es folgende Bewandtnis: Die Bibel fordert (5. B. M., Kap. 25, V. 5—10), daß der Bruder eines verstorbenen Mannes, dessen Ehe kinderlos geblieben ist, die Witwe heirate. Falls der jawam (lateinisch levir i. e. Schwager) dies ablehnt, muß durch eine bestimmte, vor einem Rabbinatskollegium und einem Minjan vorgenommene Zeremonie diese Weigerung Rechtsgültigkeit erlangen. Dies ist auch für die Witwe wichtig, denn ohne Vollzug der Zeremonie darf sie religiös nicht mit einem anderen getraut werden. Die Entwicklung hat bereits in talmudischer Zeit dazu geführt, daß diese Zeremonie fast immer durchgeführt wurde. Sie findet frühestens 93 Tage nach dem Tode des Mannes statt. Dem Schwager wird ein eigener Schuh, der beim Rabbinatskollegium für diese Zwecke aufbewahrt ist, übergeben. Der Mann zieht den Schuh auf den rechten Fuß an, die Witwe zieht ihm den Schuh aus und wirft ihn weit von sich weg. Dann spuckt sie vor dem Schwager, der gewissermaßen ein Gebot der Pietät nicht erfüllen wollte, aus und alle Anwesenden rufen ihm zu: Chaluz hanaal! (Einer, dem der Schuh ausgezogen wurde.) Darum heißt diese Zeremonie Chaliza. Der Witwe wird ein Chalizascheidebrief ausgestellt, der sie zur Ehe mit einem anderen berechtigt.

Hier muß auch ein Wort über die E h e s c h e i d u n g gesagt werden. Auch sie wird in Gegenwart eines Rabbinatskollegiums und eines Minjan durchgeführt. Nach altjüdischem Rechte konnte durch das Schreiben eines Scheidebriefes, den man G e t nennt, die Scheidung ausgesprochen werden. Der oben genannte R. G e r s c h o m verfügte, daß die Zustimmung der Frau hierzu nötig sei. (Ausgenommen im Falle eines Ehebruchs seitens der Frau.) Um die Scheidung zu erschweren, wurde sie mit einer Fülle von feierlichen Formen umgeben, die genau befolgt werden müssen. Das Schriftstück (aus Pergament oder Papier) ist von einem Schreiber ausdrücklich für diesen Fall zu schreiben, es darf kein Buchstabe ausradiert werden, der Name des Ortes muß mit Angabe des Gewässers, an dem er liegt, angegeben sein, der Text darf bloß hebräische Quadratschrift aufweisen, die Buchstaben dürfen nicht miteinander verbunden werden, das ganze Schriftstück muß aus zwölf Zeilen geschrieben sein, auf der dreizehnten, in zwei Teile geteilten, stehen die Namen der Zeugen. Der Brief muß länger als breit sein, als Schreibmaterial verwendet man eine ganz reine schwarze Tinte und einen Gänsekiel. Weiter muß der Brief bei Tag geschrieben sein und nicht am Vortag eines Festes. Vor der Ausfertigung hebt der Ehemann die Schreibmaterialien empor, wodurch sie gleichsam in seinen Besitz übergehen, und gibt dem Schreiber den Auftrag zur Ausfertigung des Briefes. Der Vorsitzende überreicht dann den ausgefertigten Brief dem Ehemann, der ihn unter genauer Kontrolle von Zeugen seiner Ehefrau einhändigt. Hierauf wird der Get mit einem Riß versehen und wieder dem Vorsitzenden übergeben. Ein rechtmäßig ausgestellter Scheidebrief kann in Abwesenheit des Ehegatten auch von einem Dritten der Frau übergeben werden. Der älteste uns erhaltene Scheidebrief stammt aus Fostat bei Kairo aus dem Jahre 1020.

Eigenartig und schwierig ist der Fall der sogenannten „A g u n a". Das ist eine Frau, deren Mann verschollen ist, so daß über seinen Tod keine gültigen Zeugenschaften vorliegen. Die Frau kann also nicht als Witwe angesehen, aber auch nicht geschieden werden, da hierzu die Mitwirkung des Mannes religionsgesetzlich notwendig ist. Sie kann sich also auch nicht wieder verheiraten. Die Frage ist nach dem Weltkrieg besonders akut geworden. Trotz aller Erleichterungen, die auch von orthodoxen Rabbinern gewährt werden, ist eine endgültige Lösung noch nicht gefunden.

TRAUERTAGE

Leichenbegängnis
Holzschnitt aus einem alten
Minhagim-Buch, Amsterdam 1723

Trauervorschriften und Trauerbräuche
Von Max Simonsohn s. A.

KAUM irgendeine religiöse Vorstellung, und sei sie noch so primitiv, hat das menschliche Leben mit dem Tode beendet geglaubt oder darauf verzichtet, ein Dasein nach dem Tode anzunehmen und sich über dieses Dasein Gedanken zu machen. Wie also hätte das alte Judentum solcher Gedanken bar sein sollen! Und wenn die Weisen des Talmud denjenigen der ewigen Seligkeit verlustig erklären, der Unsterblichkeit und Auferstehung als von der biblischen Gedankenwelt trennbar ansieht, so bedürfen wir kaum ihrer Beweise, um diese ihre Anschauung in dem biblischen Schrifttum verankert zu finden. Schon die Tatsache allein, daß die Tora in ihren ersten Blättern den Menschen als im Ebenbilde Gottes erschaffen vorführt, beweist zur Genüge, daß sie ihm keine so kurze Lebensdauer zuschreiben kann wie die durch Geburt und Tod begrenzte. Ob aber nur die Seele an der Unsterblichkeit Teil hat oder auch der Leib? Soweit wir auch jüdische Betätigung zurückverfolgen können, werden wir in dem Eindrucke bestärkt, daß dem Leibe nicht nur als dem bisherigen Wohnsitze der Seele, sondern auch um seiner selbst willen Ehrerbietung bewiesen worden ist. Sie ging nicht soweit wie bei den alten

Ägyptern, deren Brauch der Mumifizierung wir nur in den ältesten Zeiten bei Jakob und Josef, den in Ägypten Verstorbenen, geübt sehen. Mit größter Sorgsamkeit wurde und wird der Leichnam im Judentum behandelt; und weiß man auch, daß er in Staub zerfallen wird, ja, sucht man diesen natürlichen Vorgang sogar zu beschleunigen, indem man den Leichnam nur in einen hölzernen, nicht in einen metallenen oder steinernen Sarg zu legen pflegt, so klammert man sich an den Glauben, daß bei der Erdbestattung ein Knöchelchen unversehrt erhalten bleibt, das dann am Ende der Tage dem Aufbau des neuen Leibes dienen wird. Und die Ehrfurcht geht soweit, daß man jede Verletzung des Leichnams zu verhindern sucht.

Die Ehrfurcht vor dem Tode und dem Toten wird nur durch die vor dem Leben und dem Lebenden übertroffen. Das Gebot der Tora: „Ihr sollt sehr auf euer Leben bedacht sein," wird in dem Sinne begriffen, daß alles getan werden muß, um das bedrohte Leben zu retten, und daß dieser Sorge sämtliche Vorschriften der Tora zu weichen haben außer den drei grundlegenden, für die jeder Jude sein eigenes Leben hinzugeben verpflichtet ist: Götzendienst, Unzucht und Blutvergießen. In Zeiten der Verfolgung freilich gilt der kleinste jüdische Brauch jenen grundlegenden Pflichten gleich. B i k k u r c h o l i m (eig. Krankenbesuch, der insbesondere an Sabbaten und Feiertagen gemacht werden soll) wird zu den Verdiensten gezählt, die erst in der künftigen Welt völlig vergolten werden. Vielfach sind Vereine gegründet worden, die sich der Erfüllung dieser hehren Pflicht, zumal an armen, hilflosen Kranken, widmen, ihnen ärztliche Hilfe, Heilmittel, Pflege und Nahrung gewähren sollen. Zumeist hat sich die Chewra kadischa, die „Heilige Gemeinschaft", der Krankenpflege und zugleich der gleichwertigen Fürsorge für die Verstorbenen angenommen; und es gibt bedeutende Gemeinden, wie Budapest und Breslau, wo noch heute das Krankenhaus Eigentum der Chewra ist. Als aktive Mitglieder, als „Mitaßkim" und als „Naschim Zadkaniot", gehören ihr nur die Würdigsten aus der Gemeinde an; handelt es sich hier doch um Aufgaben, die große Selbstentäußerung erheischen, stete Bereitschaft bei Tage und bei Nacht, und die um so höher geschätzt werden, als sie ohne jede Hoffnung auf einen Gegendienst seitens derer, für die man sie leistet, geübt werden.

Mit größter Sorgsamkeit ist der Kranke zu behandeln, alles ist zu tun, daß man der Krankheit Herr werde[1]); und gilt es sonst als Sünde, den Eltern die kleinste Verletzung beizubringen, so darf der Sohn seine ärztliche Kunst in den Dienst eines unumgänglichen operativen Eingriffes an Vater oder Mutter stellen, wenn kein anderer gleichwertiger Arzt zur Stelle ist. Das alles trifft indes nur zu, solange Hoffnung vorhanden, das entfliehende Leben zurückzu-

---

[1]) Vgl. Anhang, Anm. 1.

halten; ist jedoch diese Hoffnung geschwunden, ist der Zustand der Agonie, der „Gessissa", eingetreten, so hat jede Berührung des Sterbenden zu unterbleiben; das Leben zu verlängern ist Pflicht, seine Flucht zu beschleunigen ein Vergehen. Übrigens gilt der „Gossess" als Lebender in jedem Sinne, seine Gattin also beispielsweise als Ehefrau und nicht als Witwe, was ehe- und erbrechtliche Konsequenzen hat. Solange der Todkranke bei Bewußtsein und daher verfügungsfähig ist, sind seine Anordnungen aufs genaueste zu beachten und durchzuführen, auch wenn nicht mehr alle sonst notwendigen Formalitäten innegehalten werden. Vielfach wurde in solchen Fällen noch ein Ehescheidungsakt durchgeführt, wo es galt, die Frau eines kinderlos Verstorbenen von der Leviratsehe beziehungsweise den Peinlichkeiten der Chaliza zu bewahren; man hat den Kranken dann etwa die Scheidung bedingungsweise, für den Fall der Nichtgenesung, vollziehen lassen. Dem Kranken legt man nahe, seine Sünden zu bekennen, und man tut das in der Form, daß dabei eine übermäßige Erregung vermieden wird, die das Ende beschleunigen könnte; am Sterbelager werden die erhabenen Gebete gesprochen, in die der heiligste Tag des Jahres, der Jom kippur, ausklingt, die Schemot, das Bekenntnis zu dem Ewigen, Einigeinzigen Israels. Es gilt als Gnade, wenn der Sterbende diese Gebete mitzusprechen fähig ist, wie denn überhaupt nach jüdischer Auffassung der bewußte dem unbewußten Tode vorzuziehen ist. Gewahren die Anwesenden, daß der Todeskampf sich lange hinzieht, so flehen sie um eine baldige Erlösung des Leidenden, man entfernt die heftig weinenden Anverwandten, um das Sterben nicht zu erschweren.

Mit dem Eintritt des Todes beginnt für die nahen Angehörigen — Gatten oder Gattin, Eltern, Kinder, Geschwister, auch Halbgeschwister — der Zustand der Aninut, jener Trauerzeit, in der die Seele völlig von hemmungslosem Schmerze ergriffen ist, dem alles nachgesehen wird und der keinen Gebieter, keine Pflicht neben sich duldet. Der Onen, so heißt der Trauernde in der Zeit zwischen Tod und Begräbnis, ist von jeder religiösen Betätigung frei, braucht nicht zu beten, nicht Sch'ma zu lesen, keine Tefillin zu legen usw. Nur eine Amtsperson, etwa ein Schochet, braucht amtliche Pflichten nicht ganz zu vernachlässigen. Das gilt für den Tag des Todes und auch für den der Beerdigung, wo beide nicht zusammenfallen. Denn lange Zeit hat man das Gebot der Schrift: „Du sollst den Leichnam des Gehängten nicht am Galgen übernachten lassen" auf alle Verstorbenen ausgedehnt und es sind zu Beginn der Emanzipationszeit schwere Kämpfe in den Gemeinden um die spätere Bestattung geführt worden, die man mit der Möglichkeit eines Scheintodes begründete. Nicht selten kam es darüber zu einer Teilung der Chewra, und zuweilen bereitete der Sieg der modernen Richtung auf diesem Gebiete den Weg der Reformen. Nicht überall ward dieser Sieg erfochten, und in Jerusalem beispielsweise wird noch heutigentags die Leiche grundsätzlich am Todestage, übrigens auch ohne Aron (Schrein, Sarg), in ein Tuch gehüllt, zu Grabe getragen. Im Orient dürften auch hygienische Gründe für die schnelle Beerdigung mitsprechen. Die Trauer des Onen soll sich äußerlich darin ausdrücken, daß er sich — außer an Sabbat und Festtagen — des Genusses von Fleisch und Wein enthält, während für den Awel, den Trauernden in der Woche nach der Bestattung, ein solches Genußverbot nicht besteht. Hinwiederum darf der Onen das Haus verlassen. Hatte doch die Befreiung des Onen von allen Pflichten ursprünglich einen ganz anderen Zweck, den nämlich, die Angehörigen für die ihnen zunächst obliegende Verpflichtung freizumachen, daß sie alles für die Beerdigung Notwendige beschaffen. In Gemeinden, in denen die Chewra diese Verpflichtung allen Toten gegenüber auf sich genommen — und wo gäbe es heute eine jüdische Gemeinde ohne Chewra! — fällt dieser Grund fort. Er fällt auch für Leidtragende fort, die sich an einem anderen Orte befinden. Der Leichnam also geht in den Bereich der Chewra-Männer bzw. Frauen über[2]). Sie „heben ihn ab", sie vollführen die T o h o r a (volkstümlich tare), reinigen ihn nach genau festgesetzten, in den einzelnen Gegenden verschiedenen Ordnungen, die peinlich innegehalten und von einer Generation der anderen zumeist mündlich überliefert werden, oft aber auch schriftlich niedergelegt sind. Sie hüllen ihn in die weißen Gewänder, die T a c h r i c h i n , die sie beschaffen, soweit der Verstorbene sie sich nicht bei Lebzeiten schon hat anfertigen lassen. Beim Nähen der Tachrichin dürfen die Fäden nicht mit Knoten geknüpft werden. Den Kittel und die Mütze, die vielfach am Jom kippur und auch beim Seder getragen werden, besitzt der strenggläubige Jude ohnehin. Wie mancher aber mußte sich seine Tachrichin mehrfach erneuern, weil er sie immer wieder an arme oder ortsfremde Brüder abgegeben hat. Wir wissen aus dem Talmud, daß in alten Zeiten großer Prunk bei Leichenbegängnissen entfaltet wurde, daß die Familien ihren Ehrgeiz darein setzten, sich in der Pracht der Gewänder zu übertrumpfen, so daß schließlich die Angehörigen den Leichnam im Stiche ließen und entflohen, weil sie den angeblichen Erfordernissen nicht gerecht werden konnten. Da ging denn der Patriarch Rabban Gamaliel mit dem guten Beispiel voran, daß er anordnete, ihn in schlichten linnenen Gewändern beizusetzen und seitdem ward es allgemeiner Brauch, diesem Beispiele zu folgen, und bei der Bestattung, sowohl hinsichtlich der Totenkleider wie auch des Aron und der Grabdenkmäler, jeden Unterschied zwischen Arm und Reich zu verwischen. Erst die Neuzeit hat mit der Einführung prächtiger Särge und kostbaren Blumenschmucks in Kreisen, die auch sonst der Tradition entfremdet waren, mit dem alten Brauch gebrochen,

---

[2]) Vgl. Anhang, Anm. 2.

auch hier nicht zum Nutzen des jüdischen Gedankens der Gleichheit aller Menschen, die — mag sie schon im Leben schwer zu verwirklichen sein — mindestens im Tode hergestellt werden sollte: ist doch der Tod der beste Mahner und Lehrmeister der Lebenden! — Dem Toten gibt man auch den Talit mit ins Grab, in den er beim Gebete sich hüllte, freilich entfernt man von einer Ecke die Schaufäden, weil der Tote ja von jeglicher Pflichterfüllung frei ist. Deshalb soll man sich auch hüten, auf dem Friedhofe eine Mizwa zu erfüllen, weil man ja so gewissermaßen des Armen spotten würde. Welcher Zartsinn offenbart sich in dieser Vorschrift! Die weiblichen Toten erhalten zu dem Sterbekleid ein Häubchen. Geräte, die für den Toten Verwendung fanden, hat er sich zu Eigen erworben, und sie sind damit von jeder anderweitigen Verwendung ausgeschlossen. Wichtig und kennzeichnend ist der uralte Brauch, jedem Leichnam Erde aus Erez Israel mitzugeben, und ihn so noch im Tode mit dem Heiligen Boden zu verbinden, in dem zu ruhen. Sehnsucht des echten Juden zu allen Zeiten gewesen ist, und ihn des Vorzuges teilhaftig werden zu lassen, dessen die palästinensischen Toten teilhaftig werden, die zuerst den Posaunenschall des Messias vernehmen werden und denen die schmerzvolle Wanderung ins gelobte Land erspart bleiben wird. Wie mancher Fromme hat sich selbst sein Säckchen Erde vom Ölberge mitgebracht oder Anverwandte, Freunde, die — glücklicher als er — den Boden des Landes hatten betreten dürfen, gebeten, seiner zu gedenken, und ihm das kostbare Angebinde mitzubringen!

Ist der Tote mit allem Notwendigen versorgt, so wird er nach dem Friedhofe geführt, um zu „Kewer Israel" gebracht, d. h. inmitten von Menschen seines Stammes und Glaubens beigesetzt zu werden. Vielfach aber werden die vorgenannten Handlungen, von der Tohora angefangen, auch schon auf dem Friedhofsgelände vollzogen.

An all diesen Vorbereitungen wie auch an der Beisetzung selber dürfen K o h a n i m sich grundsätzlich nicht beteiligen. Sie, die Priester des Stammes Levi, die Nachkommen des Hohepriesters Aharon, sind zum Dienste im heiligen Tempel auf Moria bestimmt und hüten sich daher auch heute noch, Jahrtausende nach dem Fall des zweiten Tempels, vor Tum'at met, vor der Verunreinigung, die eintreten würde, wenn sie einen Toten berührten, mit ihm unter einem Dache weilten oder in seine allzunahe Umgebung gerieten, weil sie sonst zum Opferdienst nicht sogleich und nicht ohne umständliche Reinigungszeremonien tauglich sein würden. So konsequent wird die Hoffnung auf das baldige Erscheinen des Messias und die baldige Wiedererrichtung des Heiligtumes aufrechterhalten. Ausnahmen sind vorgesehen für den Fall, daß einer der sieben nächsten Angehörigen (Gattin, Vater, Mutter, Sohn, Tochter, Bruder und unverheiratete Schwester) gestorben ist, oder aber, daß es sich um einen Met Mizwa handelt, d. h. um einen der Verachtung preisgegebenen Leichnam, um den niemand sich sonst kümmert. Um aber die Kohanim nicht ganz von den heiligen Handlungen der Chewra auszuschließen, wird ihnen in manchen Gemeinden die Anfertigung des Aron übertragen, und um sie an den Leichenfeierlichkeiten teilnehmen zu lassen und ihnen sogar den Besuch des Friedhofs zu ermöglichen, wird das Dach der Leichenhalle gespalten und werden die Hauptwege des Friedhofes so breit angelegt, daß die vorgeschriebene Entfernung von den Gräbern gewahrt bleiben kann. Man nennt einen solchen Weg einen „Derech Kohanim" (Priesterweg).

Der Friedhof führt im Volksmunde verschiedene Namen: er heißt bald „Bet - hachajim", Haus des (ewigen) Lebens, bald „Bet - haolam", Haus der Ewigkeit, der „gute Ort". Die wichtigste Eigentümlichkeit der Grabstätte bildet es, daß sie die Aussicht dauernder Erhaltung bietet, da jüdische Anschauung die Auflassung eines Friedhofes für grundsätzlich unzulässig erachtet, wie übrigens auch die Exhumierung dort, wo sie nicht etwa von vornherein vorgesehen, die Beisetzung also nur provisorisch erfolgt war, und vor allem, wenn es gilt, den Toten in das Erbbegräbnis seiner Familie zu überführen. Erzwingt der Staat die Aufhebung eines Friedhofs, so müht man sich, die Gebeine sorgfältig zu sammeln und dann wieder an geweihter Stätte beizusetzen, auch die Grabsteine dorthin zu überführen. „Kewer Jisrael", jüdisches Grab, und „Kiwre awot", die Gräber der Väter, das sind Begriffe, die ihren Klang in jüdischen Ohren und Herzen durch die Jahrtausende hindurch mit gleicher Kraft erneuern, und gar mancher Sohn jüdischen Stammes, dessen Denk- und Lebensweise ihm selbst kaum noch etwas von seiner Zugehörigkeit zum alten Volke verriet, hegte als letztes doch noch den einen Wunsch, neben seinen Vätern zu ruhen.

Schwierig erwies sich in neuerer Zeit die Frage der Beisetzung der Urnen, doch wurde auch sie in den Gemeinden Westeuropas zumeist irgendwie positiv gelöst, während sie in den Ländern des Ostens wohl unbekannt blieb. Zugunsten von Selbstmördern, denen man früher häufig die sonst Toten zukommenden Ehren vorenthielt, macht man heute zumeist die talmudische Überzeugung geltend, daß eine solche Tat stets im Zustande der Geistesverwirrung geübt wird.

Alle Vorbereitungen sind getroffen, und die Gefolgschaft versammelt sich, um dem Toten die letzte Ehre zu erweisen. Je größer die Gemeinde, um so weniger natürlich ist die allgemeine Teilnahme zu erwarten, die in kleinen und kleinsten Gemeinden selbstverständlich ist, wo man die Läden schließt, um an der Feier teilzunehmen, zum mindesten aber will man sich das Verdienst von „Halwajat hamet" (volkstümlich: lewaja, Begleitung), den Toten einige Ellen zu begleiten, nicht nehmen lassen. In vielen Gegenden kommen

Frauen nicht zu einer Bestattung, weil sie ihre Gefühle schwerer meistern können als Männer. Je bedeutender der Tote, um so größer natürlich das Gefolge, um so stärker das Mitgefühl mit dem engeren Kreise der Leidtragenden, das in der Zahl und der Innigkeit der H e s s p e d i m (hessped: Gedächtnisrede) zum Ausdruck kommt. Es gilt als Sünde, einem Verstorbenen das ihm gebührende Lob zu verweigern, soweit er es sich nicht etwa ausdrücklich verbeten hat. Eine wichtige Rolle bei der Beerdigung spielt „Z i d - d u k   h a d i n" (es beginnt mit den Worten: hazur tamim poalo, d. h. der Fels, vollkommen ist sein Tun), ein Gebet, in dem wir den Ewigen als den gerechten Richter preisen, der Wunden schlägt und sie heilt — ein Gebet, das freilich an den Tagen festlichen Charakters übergangen wird, an denen auch die Trauerrede in Fortfall kommen soll, weil sie zwar den Toten und auch die Lebenden ehrt, zumeist jedoch die Erregung steigert; nur dem Toragelehrten darf, wo seine Leiche zugegen ist, die ihm gebührende Ehre auch an solchen Tagen erwiesen werden, da ihre Verringerung eine Schuld der Gemeinschaft bedeuten würde. Gewöhnlich wird der Leichnam eines Gelehrten zunächst an den Ort geführt, an dem er Belehrung gespendet und wo der Schmerz um ihn die Gemüter am stärksten bewegen wird. Die Teilnahme an der Bestattung eines Toten, zumal eines solchen, der keine nahen Angehörigen am Orte hat, ist eine heilige Pflicht, die manches Gebot der Tora zurückdrängt. Wo indes ein Leichen- mit einem Brautzuge zusammentrifft, hat das freudig pulsierende Leben den Vorzug. Stört der Todesengel freilich die Vorbereitungen einer Hochzeitsfeier, so wird die im allgemeinen verschoben und findet nur dort statt, wo die Vorbereitungen soweit gerade durch den Verstorbenen gefördert wurden, daß es untunlich erscheint, sie ungenutzt zu lassen, weil kein anderer sie in ähnlicher Weise würde erneuern können. Bricht der Tod in die Festwoche ein, die der Hochzeit folgt, so verschont man das Brautpaar nach Möglichkeit mit allen Trauervorschriften, bis die Woche vergangen ist. Was an Freudigkeit geraubt, vermag natürlich keine Rücksicht von Gesetz und Brauch wettzumachen. Als befreit von der Pflicht der Begleitung des Toten gelten im allgemeinen Toralehrer und ihre Schüler, ist aber ein Gelehrter verstorben, so wird sein Lehrhaus, handelt es sich um eine anerkannte Autorität, so werden alle Lehrhäuser der Stadt oder des Landes geschlossen zu seiner Ehre. Sind die Reden und Gebete verklungen, ist den Leidtragenden der Riß in ihren Gewändern beigebracht, die K ' r i a, der den Riß ihrer Herzen versinnbildlichen soll, so bewegt sich der Zug zu der Stätte, wo das schon ausgehobene Grab des Besitzers harrt. In manchen Orten wird die K'ria gleich nach dem „Abheben" gerissen und zwar beim Tod der Eltern auf der linken Seite aller Gewänder (außer Hemd und Mantel), beim Tod von Kindern, Geschwistern, Gatten auf der rechten Seite des Obergewandes. Auf den moderneren Friedhöfen ist zumeist die auf den alten herrschende Schlichtheit und Kahlheit durch Blumenpracht und -duft ersetzt worden. Daß so der erschütternde Eindruck des Totenackers gemildert wurde, ist nicht zu leugnen. Ob indes nicht die Wirkung mit der zwischen gepflegten und ungepflegten, Reichen- und Armengräbern hervortretenden Unterschiedlichkeit vor dem Geiste echten Judentums zu teuer erkauft wurde?

Der Zug zum Grabe wird mehrfach (gewöhnlich dreimal) unterbrochen, indem Psalm 91 (joschew bessesser eljon — Wer wohnt im Schirm des Höchsten) gesprochen wird, gleich als ob so die Mühseligkeit dieses letzten Weges, die Überwindung, die er erheischt, deutlich gemacht werden soll. Ist der Zug endlich an seinem Ziel angelangt, so wird der Aron hinabgelassen, wobei vielfach auch nur die Mitglieder der Chewra tätig sind, die das Grab ausgehoben haben und die sogleich den Hügel aufwerfen, nachdem alle Anwesenden sich durch drei Schaufeln Erde an der Bestattung (K e w u r a) beteiligt haben³). Für Kinder, die nicht ein Alter von wenigstens dreißig Tagen erreichten, gelten alle diese Vorschriften nicht; für sie wird auch keine Trauer gehalten. Auf dem Friedhofe wird Gelegenheit zum Spenden von Almosen gegeben, da „Wohltun vom Tode rettet". Hat man das Gräberfeld verlassen, so wäscht man sich die Hände, um die Unreinheit zu entfernen und zu bekunden, daß man am Tode des Heimgegangenen unschuldig ist. Darauf kehrt man zumeist in die Halle zurück, rezitiert einen Psalm, meistens den 16., und die Kinder des Verstorbenen sprechen das K a d d i s ch - Gebet, das eine Lobpreisung des höchsten Richters ist.

Das Kaddisch-Gebet⁴) ist elf Monate lang zu sprechen; Trauernde, die volljährig im Sinne des jüdischen Gesetzes (13 Jahre alt) und dazu fähig sind, fungieren vielfach während des gleichen Zeitraumes an Werktagen als Vorbeter⁵). Für noch verdienstlicher gilt das Lernen von Mischnajot, d. h. von Abschnitten aus der Mischna, als größte Ehrung eines Toten allerdings, daß seine Kinder ihm durch ihren Lebenswandel Ehre bereiten. Nach dem Kaddisch, das auf dem Friedhof gesprochen wurde, stellen sich die Anwesenden in zwei Reihen auf, zwischen welchen Vater oder Gatte, Sohn und Bruder des Verewigten hindurchschreiten, um den Trostspruch entgegenzunehmen: hamakom jenachem otach (plur. etchem) betoch schear awele zijon wiruschalajim. „Der Herr tröste dich (euch) inmitten der anderen Trauernden Zions und Jerusalems". Der gleiche Spruch tönt den Leidtragenden entgegen, wenn sie während der Trauerwoche zu Beginn des Sabbats in die Synagoge kommen, wo sie während der Trauerzeit nicht ihren gewöhnlichen Platz einnehmen⁶).

---
³) Vgl. Anhang, Anm. 3.
⁴) Vgl. Anhang, Anm. 4.
⁵) Vgl. Anhang, Anm. 5.
⁶) Vgl. Anhang, Anm. 6.

Mit dem Aufwerfen des Grabhügels hat die Trauerwoche, die S c h i w a , ihren Anfang genommen. Sie dauert in Wirklichkeit zumeist nur etwa 5½ Tage, indem der eine Stunde vor Nacht angefangene erste und ebenso der kurz nach dem Morgengebete beschlossene siebente Tag als voll gerechnet werden. Ausnahmebestimmungen gelten, wenn die Bestattung an einem Feiertage oder einem Halbfeiertage (Chol-hammoed) vorgenommen wurde. Im Gegensatze zum Sabbat wird der Jomtow für die Beerdigungen freigegeben, weil der Zwischenraum zwischen Tod und Bestattung sonst ein allzulanger sein würde, insbesondere der zweite Tag, an dem alle Verrichtungen, wie z. B. das Schaufeln des Grabes, durch Juden vorgenommen werden dürfen; das gilt auch für den zweiten Tag Rosch haschana. Eine Schiwa findet am Feier- oder Halbfeiertage nicht statt, auch wird nicht K'ria gerissen; die Schiwa nimmt ihren Anfang erst nach dem Feste, wird aber dann erleichtert und wird dadurch verkürzt, daß der nur in der Galut, außerhalb Palästinas, zu begehende letzte Festtag mitgerechnet wird, obwohl die nach außen hin sichtbaren Trauervorschriften an ihm nicht geübt werden. Andererseits hebt der eintretende Festtag eine begonnene Schiwa vollständig auf, und mag sie auch nur eine Stunde vorher eingesetzt haben. Auch die S c h ' l o s c h i m , die dreißig Tage nicht ganz so strenger Trauer, werden durch den Jomtow teils verkürzt, teils völlig beseitigt. Der Sabbat hingegen unterbricht die Schiwa wohl, indem er die nach außen hin zutage tretenden Vorschriften und Bräuche suspendiert, doch er hebt sie nicht auf. An ausgezeichneten Tagen, die keine Feste sind, wie Chanukka und Purim, besteht die Schiwa in gewissem Umfange fort, wobei örtlich verschiedene Bräuche den Leidtragenden den Besuch der Synagoge zum Hören des Esterbuches, der Klagelieder am 9. Aw, oder der Bußgebete am Rüsttage von Rosch-haschana gestatten. Sonst wird des Morgens und des Abends im Trauerhause mit Minjan gebetet, weil man den Awelim die Erfüllung ihrer religiösen Pflichten, insbesondere das Kaddisch-Sagen, ermöglichen will, ohne daß sie das Haus verlassen. Sie sitzen während der Schiwa niedrig ohne Lederschuhe, sollen weder ausgehen noch ihre Geschäfte betreiben, auch nicht Tora lernen — von denjenigen Partien abgesehen, die ihrem Gemütszustande angemessen sind (Hiob, Klagelieder des Jeremias), — sollen auch alles vermeiden, was ihrem Körper ein nicht unbedingt notwendiges Behagen zuführt, wie Bäder, Salbungen. Wer aber sorgt für arme Awelim, denen der tägliche Verdienst entgeht, den sie doch nicht entbehren können? Diese Frage hat man sich schon früh vorgelegt, und man ist der Schwierigkeit ebenso wie der anderen, die verschämte Armut zu schonen, in vielen Orten, wie z. B. Berlin, durch ein etwas kompliziertes Zwei-Büchsen-System gerecht geworden: man — zumeist die Chewra — schickt zwei Büchsen in das Trauerhaus, die eine ist offen und enthält eine Summe, die geeignet ist, die Bedürfnisse der Familie während der Woche zu decken; das Geld wird von den Leidtragenden herausgenommen oder in die zweite verschlossene Büchse getan, die außerdem noch eine größere oder geringere Spende in sich aufnehmen kann. Ins nächste Trauerhaus wird wiederum die zweite Büchse offen geschickt und die erste bleibt verschlossen. Auf diese Art kann niemand wissen, wer genommen und wer gegeben hat.

Die Trauernden finden bei ihrer Rückkehr vom Friedhofe eine Mahlzeit, Sëudat hawraa (Stärkungsmahl), vor, zumeist aus Eiern bestehend, die infolge ihrer runden Form, ebenso wie auch Linsen, als ein für Trauernde sich eignendes Gericht gelten, wohl, weil sie den Wandel des Geschickes zu symbolisieren scheinen. Auch sonst bemüht man sich, ihnen Speisen zuzusenden, damit sie selbst möglichst nicht zu kochen brauchen. So sind die Awelim einerseits von dem Leben und Treiben der Außenwelt abgeschlossen und ihren Gefühlen aufgespart; auf der anderen Seite werden sie vor allzugroßem und schädlichem Hingegebensein an die Trauer durch die zahlreichen Besucher bewahrt, die erscheinen, teils vom Mitgefühl hingeführt, teils von dem Wunsche, der Pflicht „Nichum Awelim", die Trauernden zu trösten, gerecht zu werden. Die Strenge der Schiwa kann übrigens nach Verlauf der ersten drei Tage gemildert werden, wo dringende Notwendigkeiten es erheischen, wie denn überhaupt der Wille zu Erleichterungen bei diesen Vorschriften obwaltet, die fast allesamt nicht biblischen, sondern rabbinischen Ursprungs sind.

Im Gegensatz zum Onen ist der Awel verpflichtet, Tefillin zu legen und zu beten; vielfach holt er das am Beerdigungstage Versäumte nach, wenn er vom Friedhofe zurückkehrt; dann entzündet er auch das S e e l e n l i c h t, das während der Sch'loschim oder des Jahres nicht erlischt. Ein Awel wird nicht zur Tora aufgerufen (selbst wenn er der einzige Kohen oder Lewi wäre), auch sagt man für ihn keinen Segensspruch. Nach Ablauf der Schiwa tritt eine Milderung der Trauervorschriften ein. Der Leidtragende darf sein Haus nach Belieben verlassen und den Berufsgeschäften nachgehen; er darf seinen Körper pflegen, doch soll er Festlichkeiten meiden; in Ausnahmefällen kann hier eine Erleichterung eintreten, insbesondere eine durch die Schiwa vereitelte Hochzeit begangen werden. Auch bezüglich des Bartschneidens pflegt man mit Rücksicht auf die Außenwelt Erleichterungen zuzulassen.

Mit dem Ablauf der Sch'loschim hört für die meisten Fälle die Trauerzeit ganz auf. Nur für Kinder, die Vater oder Mutter verloren, dauert sie ein volles Jahr an, d. h. zwölf oder (im Schaltjahre) dreizehn Monate. Kaddisch wird unter allen Umständen nur elf Monate[7] gesagt. Wird in einer Synagoge der Kaddisch nicht von allen Leidtragenden gemeinsam, sondern einzeln gesprochen, so hat grundsätzlich der Einheimische vor dem Fremden, der in den

---

[7] Vgl. Anhang, Anm. 7.

Sch'loschim vor dem im Trauerjahre Befindlichen den Vorzug; ebenso wird stets die Jahrzeit bevorzugt. Doch ist ja deswegen die Zahl der Kaddeschim vermehrt worden, um möglichst keinen leer ausgehen zu lassen, und aus demselben Grunde hat man in den meisten Gemeinden auf den Einzelkaddisch überhaupt verzichtet.

Gegen Ende des Trauerjahres wird die M a z z e w a [8]), der Grabstein, gesetzt. Wir sind es gewöhnt, daß er senkrecht zu Häupten des Grabes steht; doch ist auch, zumal in sefardischen Friedhöfen, die waagerechte Lage auf dem Grabe üblich. In alter Zeit war man mit Lobsprüchen auf der Mazzewa weniger verschwenderisch als heute, wie ja überhaupt nach talmudischer Anschauung die Gerechten des Denkmals nicht bedürfen, weil sie durch ihr Werk sich selber ein dauerndes Denkmal gesetzt haben. Dennoch ist es verständlich und auch niemals gemißbilligt worden, daß Liebe das Bedürfnis empfindet, für die Späteren, die sie nicht mehr mit gleicher Stärke verspüren können, ein über die Lebensspanne eines Geschlechtes hinausreichendes Wahrzeichen zu errichten. Übertriebener Prachtentfaltung bedarf sie dabei ebensowenig wie bei der Anlage des Friedhofes überhaupt.

Ist das Trauerjahr abgelaufen, so begehen die Hinterbliebenen den ersten J a h r z e i t t a g [9]) am Datum des Todes oder der Bestattung, wofür der örtliche Brauch entscheidend ist, durch Kaddisch-Sagen, Vorbeten, Toralernen, vielfach durch Fasten, Besuch des Grabes, Entzünden eines Lichtes und Rezitierung eines Gebetes, in welchem der Name des Verstorbenen genannt wird und das mit den Worten beginnt e l m a l e r a c h a m i m (Gott voll Erbarmen). Und alljährlich wiederholt sich der Jahrzeittag in den gleichen Formen — ein Zeugnis der nie erlöschenden Liebe. Der rasende Schmerz ist allmählich einer stillen Wehmut gewichen und flammt gelegentlich, etwa an der Seelenfeier (Haskara) der Feste, wieder auf. Wenn unsere Weisen feststellen, daß der Tote nach zwölf Monaten in Vergessenheit gerät, so bedeutet das natürlich nicht, daß die Erinnerung an ihn, an die Liebe, die er verbreitete, an sein segensreiches Wirken, erlischt; es bedeutet nur, daß das Leben die Lebenden wieder in seinen Bereich zieht und der Tote sich mit einem stillen Winkel in unserem Herzen zufrieden geben muß. Und wer von jüdischem Geiste beseelt ist, wird gar sehr die Mahnung beherzigen, sich dem Weh über einen noch so tief gefühlten Verlust nicht willenlos hinzugeben, er wird bitten, daß ihm die Lieben erhalten bleiben, an deren Besitz er sich freuen darf, und er wird des Zeitpunktes harren, in dem der Tod seine Schrecken verlieren wird und alle, die sich hienieden teuer waren, in der Welt des Friedens vereinigt werden.

---

[8]) Vgl. Anhang, Anm. 8.
[9]) Vgl. Anhang, Anm. 9.

ANHANG

Anmerkung 1 (zu Seite 435): An vielen Orten ist es Brauch, für einen Schwerkranken eine eigene Segensformel bei der Toravorlesung sagen zu lassen. Ein anderer, im Mittelalter entstandener Brauch ist der des „Tillimsagens", der darin besteht, daß man in Anwesenheit eines Minjans gewöhnlich in der Synagoge Psalmen („Tehillim") rezitiert. An vielen Orten werden Psalmverse responsenartig vorgetragen, die so gewählt sind, daß ihre Anfangsbuchstaben den Namen des Kranken bilden.

Gleichfalls mittelalterlichen Ursprungs ist der Brauch, den Namen des Schwerkranken, über den gleichsam im Himmel das Urteil gesprochen ist, zu ändern, so daß sich das Urteil nun auf einen anderen bezieht. Diese Namensänderung (schinuj haschem) erfolgt in feierlicher Weise. Der neue Name wird dem alten vorangesetzt und bleibt dem Betreffenden nun dauernd in dieser Form.

Anmerkung 2 (zu Seite 437): Nach Eintritt des Todes soll die Leiche eine Viertelstunde lang nicht berührt werden. Dann wird durch Auflegen einer Flaumfeder unter die Nase festgestellt, ob tatsächlich jedes Atmen aufgehört hat. Die Anwesenden sagen nun den Spruch: Baruch dajan haemet (Gepriesen sei der wahrhafte Richter). Es ist derselbe Spruch, den man sagt, wenn man die Nachricht vom Tode jemandes hört. Nach Rezitierung einiger Gebete wird der Tote vom Bett auf den Boden, auf den man ein wenig Stroh gegeben hat, niedergelegt, wobei man unter das Haupt ein Kissen schiebt. Die Gliedmaßen werden gerade gerichtet, die Augen wurden schon früher geschlossen, ebenso der Mund. Der Körper wird mit einem Tuch zugedeckt und zu Häupten des Toten wird ein Licht entzündet. Man verhängt Bilder und Spiegel, und aus altem Dämonenglauben wird in vielen Gegenden alles Wasser im Hause, worin der Totenengel sein Schwert abgespült haben mag, auf die Straße ausgeschüttet. Die Leiche wird mit den Füßen zur Tür gewendet.

Anmerkung 3 (zu Seite 441): Während man drei Schaufeln Erde ins Grab wirft, pflegt man die Worte aus dem 1. B. M. Kap. 3 V. 19 zu sprechen: Afar atta weel afar taschuw. (Staub bist du und zum Staub kehrst du zurück.) In vielen Gemeinden fügt man auch den Vers aus Kohelet (12, 7) hinzu: Wejaschaw heafar al haarez keschehaja, weharuach taschuw el haelohim, ascher netana. (Es geht der Staub zur Erde ein, von der er stammt, und der Geist zu Gott, der ihn gab.)

Anmerkung 4 (zu Seite 441): Das Gebet „Kaddisch" (wörtlich: Heiliger) enthält keine Anspielung auf den Tod, sondern ist ein Preis Gottes. Bis auf den Schlußsatz ist es fast ganz in aramäischer Sprache abgefaßt. Es hat verschiedene Formen: eine vollständige (Kaddisch schalem) und eine, die man als Halbkaddisch bezeichnet, weil hier die letzten Verse nicht mehr gesagt werden (Chazi kaddisch). Weiter besteht eine Form, bei der vom vollständigen Kaddisch nur ein Vers fortgelassen wird, der mit dem Wort tiskabbel (d. h. empfangen werde) beginnt. Dieser Kaddisch wird von den Trauernden gesprochen und heißt darum Kaddisch jatom (Waisenkaddisch). Das vollständige Kaddischgebet wird als Abschluß einer ganzen Gebetfolge gesprochen, das Halbkaddisch am Ende bestimmter Abschnitte, das Waisenkaddisch gewöhnlich nach Schluß aller Gebete, denen noch ein Psalm oder ein besonderes Gebet angefügt ist. Das Kaddischgebet, das die Leidtragenden nach der Beerdigung sprechen, enthält in den meisten Gegenden noch einige Zusätze, die sich auf die Wiederbelebung der Toten und die Erneuerung Jerusalems und des Tempels beziehen. Außer den genannten Kaddeschim gibt es noch den Kaddisch derabbanan (Rabbinenkaddisch), der nach dem Studium eines Abschnittes aus dem Talmud gesagt zu werden pflegt und eine Einschaltung enthält, die für alle Torabeflissenen Heil erbittet. Im Trauerjahr und am Jahrzeittag wird nach dem „Lernen" eines Stückes aus der Mischna ein Gebet mit der Namenseinfügung des Verstorbenen gesprochen und dann der Kaddisch derabbanan gesagt. Es gibt Stiftungen, deren Ertrągnis zum Lernen am Jahrzeittage und dem Rezitieren eines derartigen Kaddisch bestimmt ist. Das Kaddischgebet ist responsenartig gehalten und verlangt sonach die Anwesenheit einer Gemeinde, also mindestens eines Minjans.

Im Waisenkaddisch wird die Stelle: „Empfangen werde das Gebet..." deshalb fortgelassen, weil beim Abschluß der Gebete dieser Satz bereits im Kaddisch des Vorbeters vorkam.

Der Text des Waisenkaddisch, zu dem nur Leidtragende verpflichtet sind, lautet in deutscher Übersetzung folgendermaßen: „Verherrlicht werde und geheiligt sein großer Name in der Welt, die er schuf nach seinem Rate. Herrschen lasse er sein Reich zu euren Lebzeiten und euren Tagen und zu Lebzeiten des ganzen Hauses Israel, bald und in naher Zeit. Darauf sprechet Amen. (Die Gemeinde antwortet:) Es sei der erhabene Name gepriesen in Ewigkeit und in aller Ewigkeiten Ewigkeit. — Gelobt und gepriesen, verherrlicht und erhöht, emporgetragen und gerühmt, erhoben und gefeiert werde der Name des Heiligen, gelobt sei er, der erhaben ist über alles Lob und Lied, über Huldigung und Zuspruch, die man in der Welt sagt. Darauf sprechet Amen. — Möge reicher Frieden vom Himmel kommen und Leben für uns und für ganz Israel! Darauf sprechet Amen. — Er, der Frieden schafft in seinen Höhen, schaffe Frieden auch uns und ganz Israel. Darauf sprechet Amen."

Anmerkung 5 (zu Seite 441): Solange in der Wohnung des oder der Verstorbenen, gewöhnlich im Sterbezimmer, gebetet wird, werden die Gebete der Buße und Zerknirschung, wie wehu rachum, weggelassen, um die Trauer nicht noch zu verstärken. Selbstverständlich entfallen die Gebete, die von einem Segen des Himmels sprechen, wie der Priestersegen, jehi razon, am Montag und Donnerstag, und weiters das Hallelgebet. Statt des Schlußpsalms mismor leassaf mit seiner Siegeszuversicht sagt man den auch für den Friedhof bestimmten 16. Psalm: michtam ledawid, der der Ergebenheit eines Leidenden Ausdruck gibt.

Anmerkung 6 (zu Seite 441): In vielen Gemeinden pflegen am Freitagabend die Awelim in einem Vorraum der Synagoge zu warten, bis ihnen der Tempeldiener am Schluß des Lobliedes lecha dodi das Zeichen zum Eintritt gibt. Die Gemeinde geht ihnen entgegen (likrat haawel), und man geleitet sie mit dem Trostspruch für Trauernde (hamakom jenachem usw.) zu ihrem Platz.

Anmerkung 7 (zu Seite 443): In den meisten Gemeinden ist es Brauch, erst nach „scheloschim" das Grab des Verstorbenen zu besuchen. Man will damit den dem Judentum fremden Totenkult hemmen. In orthodoxen Kreisen wird auch über dem Grab kein Hügel aufgeführt, verpönt sind Blumen und sonstiger Schmuck. Der Brauch, die Gräber zu besuchen, wird außer am Jahrzeittag besonders im Monat Elul und in den zehn Bußetagen geübt. Im Volksmund sagt man: auf kewerowaus (aufs Grab der Väter) gehen.

Anmerkung 8 (zu Seite 444): Auf den Grabinschriften findet man oben gewöhnlich die Buchstaben p. n., das bedeutet: po nitman (hier ruht) und am Schluß t. n. z. b. h., das heißt: tehi nafscho zerura bizror hachajim. (Es sei seine [ihre] Seele gebunden in den Bund des Lebens.) Der Ausdruck: gestorben, wird mit niftar (frei geworden) oder durch holach leolomo, gewöhnlich abgekürzt durch h. l. (er ging in die ewige Welt) wiedergegeben. In vielen Orten wird auf dem Grabstein der Name der Mutter hinzugefügt, weil man im Totengebet gewöhnlich auch den Namen der Mutter erwähnt.

Auf alten Grabsteinen sieht man oft Abbildungen, die auf den Namen schließen lassen: Hirsch, Adler, Löwe usw. Bei den Kohanim werden oft die zum Segen gehaltenen Hände, bei den Leviim die Kanne, die dem Priester bei der Waschung gereicht wurde, abgebildet. Berühmten Rabbinern wurde statt eines Denksteines ein ganzes Steinzelt errichtet. Die Sitte, beim Besuch eines Grabes Steinchen auf den Grabstein zu legen, ist ihrem Ursprung nach dunkel. Vielleicht sollte damit eine Erhöhung des Denkmales symbolisiert werden.

Anmerkung 9 (zu Seite 444): Für das Wort Jahrzeit gibt es im alten Schrifttum keinen Ausdruck. Auch im Schulchan Aruch, dem Gesamtkodex der jüdischen Satzungen, vom berühmten portugiesischen Juden Joseph Karo in der Mitte des 16. Jahrhunderts verfaßt, findet sich dieser Brauch nicht. Er dürfte von den Juden Deutschlands im 15. Jahrhundert ausgegangen sein und sich dann über die ganze Judenheit verbreitet haben. Jedenfalls ist die Jahrzeit eine für die Erhaltung der Pietät außerordentlich wichtige Einrichtung.

Wird der Name eines Verstorbenen ausgesprochen, fügt man die Worte hinzu: alaf (weiblich: aleha) haschalom, d. h. Frieden mit ihm (ihr); oder: sichrono (sichrona) liwracha d. h. sein (ihr) Andenken zum Segen; oder: secher zaddik liwracha, d. h. das Andenken des Gerechten zum Segen; oder: nocho (nocha) eden, d. h. seine (ihre) Ruhe sei Eden. Beim Schreiben werden nur die Anfangsbuchstaben dieser Worte gesetzt, und zwischen sie kommt dann ein Strich als Abbreviaturzeichen. Hingegen sagt man bei Erwähnung des Namens von Lebenden: schejichje (weiblich: schetichje) d. h. der (die) leben möge, oder: nero jajir! d. h. sein Licht leuchte.

(Wir beschließen den Anhang mit dem traurigen Hinweis darauf, daß der Verfasser des darstellenden Teiles, Rabb. Dr. Max Simonsohn, Breslau, vor Erscheinen dieses Buches gestorben ist. Sichrono liwracha.)

MAX GRUNWALD / FOLKLORISTISCHES

LEKTÜRE ZU DEN PERSÖNLICHEN FESTEN UND GEDENKTAGEN

Folkloristisches
Von Max Grunwald

Berit Mila

SCHEWUA HA-BEN. In Erez Jisrael und Nordafrika wird alter Sitte gemäß von der Geburt des Knaben bis zur Beschneidung jeder Abend mit Festmahl, Musik und Tanz begangen. Diese Zeit heißt Schewua ha-ben. Ihr entsprach für Mädchen eine Schewua ha-bat. In Nordafrika heißt die erste Abendfeier „Mahl des Propheten Elia". Am Abend des 6. Tages, der „Leilet es sitt", findet in Bagdad ein Fest statt. Die Kinder ziehen mit dem Rufe „Schischä" durch die Straßen und werden mit Naschwerk beschenkt. Der 7. Abend heißt „Leilet Akd Elias" (Nacht des Eliasbundes). Im Hause des Neugeborenen findet ein Mahl statt und die ganze Nacht bleibt man bei Gebeten und Gesängen auf.

Bei den Spaniolen Palästinas (auch in Jemen) singt man alte aramäische, sowie hebräisch-arabische Lieder vor der Übergabe des Kindes an den Mohel zum Preise Elias. Daran schließt sich sogleich noch vor der Beschneidung der Dankspruch des Vaters. Nachher werden duftende Kräuter (Rosmarin, Myrthen oder Limonenblätter) an die Anwesenden verteilt und vom Mohel über sie vor den anderen Berachot ein Segen gesprochen. Beim Verlassen der Synagoge, in der ja allgemein mit Vorliebe der Berit vollzogen wird, besprengt der Schammasch alle aus einem besonderen Gefäß mit Rosenwasser. Nach dem Berit spricht dort der Vater, indem er das Kind in seine Arme nimmt, Psalm 137, 5. In Zeiten einer Epidemie bläst man während des Aktes Schofar und rezitiert die 13 Middot (Schwarz, Das heilige Land, 340).

HOLLEKREISCH. Damit bezeichnet man den Brauch der Juden Süddeutschlands, Hollands und des Elsaß, dem Neugeborenen, in der Regel den Mädchen, daheim den profanen Namen zu geben, während den rituellen die Knaben beim Berit, die Mädchen beim ersten Synagogenbesuch der Wöchnerin erhalten. Diesen „Wiegennamen" (schem haarissa) erteilte man nach alter Sitte (in manchen Gemeinden Südfrankreichs geschieht es noch heute), wenn das Kind nach dem ersten Ausgange der Wöchnerin von der Patin feierlich in die Wiege gelegt wird. In den genannten drei Ländern wird das Bettchen mit dem Kleinen von Kindern hochgehoben mit dem Rufe: „Hollekreisch, wie soll das Kindchen heißen?" Hierauf wird ihm der Name gegeben und die Gesellschaft bewirtet. „Hollekreisch" entspricht dem englischen „to cry the mare", dem „Holdarufen" im Kreise Herzfeld und bedeutet das Verscheuchen der den Neugeborenen gefährlichen Frau Holle.

Hochzeit

Bei den Jemeniten findet die Hochzeit ein Jahr nach der Verlobung statt. Der eigentlichen Heimführung geht die Festeswoche (uad al-bid:

„Woche des Beginns") voraus. Sie fängt am Sabbatausgang an. Der Tag des Abrasierens (tachdifa) des Stirnhaares der Braut am Dienstag vor der Trauung ist eines der wichtigsten Vorbereitungsfeste zur Hochzeit. Am M i t t w o c h (bei manchen schon am Montag) erfolgt das (tatrafah) Hennafärben der Braut. Die Braut-Pußerin färbt die Füße der Braut in Form eines Halbschuhes, der Bräutigam färbt sich bis zum Knie; die Gesichtsbemalung der Braut wird nach der Hochzeit regelmäßig wiederholt. Am D o n n e r s t a g a b e n d findet ein Festmahl statt. Die nächsten Angehörigen bleiben zurück, dem Bräutigam und seinen Freunden wird das Kopfhaar abrasiert, ihm dann die ihm von der Braut geschenkte Müße aufgesetzt, wie auch er den Brüdern der Braut und den Freunden solche schenkt. Die Anwesenden singen beim Anlegen der Kleider, die dem Bräutigam und der Braut geschenkt werden, „Halelot" (so genannt, weil diese Lieder mit „Wehalleluja" beginnen und schließen). Beim Gang des Bräutigams in das Haus der Braut, sowie beim Haarschneiden, werden die Zäfat, d. h. Hochzeit-Lieder, gesungen, die die Hoffnung auf den Messias ausdrücken. Unter Singen und Tanzen wird es Mitternacht. Da kommen die Honoratioren der Gemeinde mit brennenden Wachskerzen und Fackeln (aus ölgetränkten Lumpen) und geleiten mit schönen Gesängen den Bräutigam zum Hause der Braut. Dort sind deren Verwandte und Freundinnen versammelt. Der Bräutigam spricht den Verlobungssegen (Erussin) über ein Glas Wein, auch wenn er nach dortigem Brauch bereits bei den „Schidduchin", der Versprechung, den Kidduschsegen gesprochen hat, dann diesen über ein anderes Glas Wein. Hierauf nimmt er außer Gold-, Silber- und Kupfermünzen, die Glück bringen sollen, den Trauring in die Hand (aber für die Trauung wesentlich ist das Geld) und spricht zur Braut: „Mit diesem Wein und diesem Gelde seiest du mir angelobt und angetraut nach dem Gesetz Moses und Israels!" Er gibt ihr von dem Wein zu trinken und händigt ihr vor Zeugen das Geld oder den Ring ein. Nun verliest er die Ketubba und erklärt sie in arabischer Sprache. Hierauf spricht der Angesehenste der Anwesenden die „7 Segen". Alles singt und wünscht das Kommen Elias und des Messias herbei, sowie dem Paare Glück und Segen. Psalm 111 wird im Chor gesungen, mitunter rezitiert man auch Verse aus Ruth, das Lied vom Biederweib (Mischle Kap. 30) und anderes aus der Bibel. Zum Schluß ruft der Bräutigam hebräisch: „Ihr habt mich gesegnet, Gott segne Euch! Ihr habt mich erfreut, Gott erfreue Euch!" Alles begleitet mit Gesang bei Fackel- und Lichterschein den Bräutigam in sein Haus. Bis zum Freitagabend sieht der Bräutigam die Braut nicht. Bei ihr findet jeden Abend eine gesellige Zusammenkunft statt. Am Freitagabend geleiten die Unterführer und Freunde des Bräutigams ihn ins Haus der Braut, wo ein Festmahl sie erwartet. Er überreicht ihr die Morgengabe (Mohar) und Geschenke. Hier sind sie zum erstenmal allein beisammen. Tags darauf bringt man die Braut in des Bräutigams Haus. Dort stellt sie sich den männlichen Anverwandten mit offen wallendem Haar vor und wird feierlichst in Augenschein genommen. Es ist der größte Augenblick im Leben der Jemenitin. Es folgen die „7 Festmahlstage". In der Nacht von Sonnabend auf Sonntag dieser zweiten Hochzeitswoche tanzt der Bräutigam mit dem Schwiegervater. Das bildet den Höhepunkt der ganzen Hochzeitsfeier. (Eben Sappir I, 81; Goitein, Jemenica u. a.)

FOLKLORISTISCHES

Totenbräuche

Bei den **Spaniolen** besuchen die Awelim (Trauernden) in der Schiwa (ersten Trauerwoche) den öffentlichen Morgengottesdienst. Nur das Abendgebet wird zu Hause verrichtet. Ein „Seelenlicht" kennen die Sefardim nicht. Nur während der Schiwa brennt im Sterbezimmer eine Kerze, die nach dem Abendgebete vor die Awelim auf den Fußboden gestellt wird. Der Chasan rezitiert hierbei den Zidduk hadin in spaniolischer Sprache, mit hebräischen Zitaten durchsetzt, der, ins Deutsche übertragen, lautet: „Im Namen der Gemeinde, sowie im Namen der Chewra kadischa und der (im Original: Rechiza, d. h. die Totenwaschung, offenbar die Männer bezeichnend, die diese Funktion an dem Verstorbenen ausgeübt haben) Leichenwäscher, ferner aller an- und abwesenden Verwandten, Freunde und Bekannten des Verblichenen, bitten wir ihn hiermit feierlich um Verzeihung, Vergebung und Sühne (Kappara). Sollten wir gegen seine Ehre oder seinen Willen etwas getan haben, so möge er es uns verzeihen und vergeben in dieser wie in jener Welt. Wir aber wollen uns gottergeben in den gerechten Ratschluß des Allmächtigen fügen und ausrufen: Gerecht bist Du Ewiger und gerecht sind Deine Urteilssprüche. Der Ewige hat gegeben, der Ewige hat genommen, der Name des Ewigen sei gepriesen von Ewigkeit zu Ewigkeit, Amen." Hieran schließt sich eine „Haschkawa", unserem „El male rachamim" entsprechend, ein Zeremoniell, das sich, nur mit Ausschaltung der Kerze, beim Morgengottesdienste im Tempel wiederholt, wobei der Chasan sich zur letzten Bank begibt, in der die Awelim sitzen.

Die erste und wichtigste Spende nach jeder Haschkawa gilt dem „Schemen lamaor", dem Recht, in das „ner tamid" (die Ewige Lampe) etwas Öl gießen zu dürfen (wofür auch ein besonderer Opferstock mit der hebräischen Aufschrift „Schemen lamaor" bestimmt ist). Es herrscht der Glaube vor, daß die durch die Haschkawa aufgescheuchte Seele des Verblichenen durch das Speisen der Ewigen Lampe beruhigt werde.

Die den Kaddisch sagen, treten nicht aus den Reihen. Man sagt ihn stets v o r dem Schlußgebet Alenu. Leidtragende im 12. Trauermonat sagen nur den letzten Kaddisch, während sonst von ihnen jeder gesagt wird. Die bosnischen Sefardim lassen an Jahrzeittagen eine Haschkawa sagen, bei der sie nur für Schemen lamaor spenden. Bei den übrigen wird aber schon am Sabbat vorher Kaddisch gesagt und beim Aufrufen zur Tora eine Haschkawa rezitiert, woran sich ein Mischeberach anschließt. Am Jahrzeitabende selbst werden von der Partei Kerzen gespendet und am Betpulte angezündet. Am Jahrzeittage sagt der Trauernde alle Kaddeschim, natürlich mit Ausnahme des vollständigen Kaddisch titkabbel.

In **Ägypten** (bei Eben Sappir 1, 10 b) wird in heftigen Ausbrüchen des Schmerzes getrauert. An jedem Tage der Toravorlesung kommt der Trauernde des Morgens ins Bethaus, in welchem für Trauernde durch die Aufschrift „Awelim" ein besonderer Platz vorgesehen ist. Nach dem Gottesdienst schart sich die Gemeinde um den Trauernden, der Vorbeter spricht ihm den herkömmlichen Trost zu und verliest einige Troststprüche aus der Bibel. Am Sabbatmorgen versammeln sich im Bethaus alle Verwandten und Freunde des Awel, wozu der Schammasch durch Ausruf eingeladen hat. Rabbiner, Vorbeter und Honoratioren sprechen dem Awel Trost zu. Dann begleiten

Vorbeter und Bekannte ihn nach Hause, wo auch den anderen Angehörigen des Toten Trost gespendet wird. In Kairo errichtet man an den Gräbern hohe Steinhaufen (auch sonst in Afrika, ohne sonstiges Erkennungszeichen, wie überhaupt Grabschriften verhältnismäßig späten Datums sind). Sie begießt mit Öl, wer am Grabe betet. Man legt dabei die Schuhe ab und nähert sich dem Grabe auf Händen und Füßen. In K a l k u t t a gibt der Trauernde an jedem Tage der Schiwa ein großes Mahl für arm und reich; desgleichen am 30. Tage und nach zwölf Monaten. Ebenso im K a u k a s u s , weil der Tote ja ins Paradies eingeht. (Tscherny, Massoth Kawkas 143, 188.) Der Tote und auch die Klageweiber tragen Festtagskleider. Im Sterbezimmer stehen zwei Lichter, ein kleines Gefäß mit Mehl, ein kleiner Stein, ein aufgeschlagenes Ei.

Das Mahl

Von Saul Tschernichowski

Eilends wurde das Kind ins Zimmer der Mutter getragen,
Laut durch das ganze Haus drang seine Stimme. — „Ja, wirklich,
Klug ist das Kind, drum schreit es ob der Gewalt und mit Recht auch:
Schuldlos ging es auf einmal der Rechte des Bürgers verlustig",
Sagte flüsternd zu Samuel Buz der Stadt-Apotheker.
Laut und geräuschvoll kehrten sie alle zu ihren Gesprächen
Und die Halle ward voll von fröhlichem Streiten und Eifern.
Eng und gedrängt durch die Schar der Geladenen gingen die Frauen,
Mirjams Verwandte, die Freundinnen alle und die auf Besuchsfuß,
Deckten die Tische und breiteten aus die glänzenden Tücher;
Fröhlich klirrend kamen und rein die Kannen und Krüge,
Standen in Reihen bereit an allen vier Ecken des Tisches,
Höckrige Hügel inmitten: Körbe, die glänzten, und Schalen
Silbers, beladen mit weißen Broten und lockeren Fladen.
Aller Augen strahlen beim Anblick der Krüge und Fladen,
Aber das Herz, das gebefrohe, fühlt sich beängstigt.
Pessach erhebt seinen Spruch, voll Herzlichkeit sagt er zu ihnen:
„Wascht Euch die Hände, Ihr Herren, und setzt Euch zum Tische des Festmahls,
Esset nach Lust von dem, was mir mein Schöpfer beschert hat.
In dem Vorraum des Hauses sind Handtuch und Krüge voll Wassers".
Sprach's. Es fand die Rede Gunst in den Augen der Gäste.
Rings umdrängten den Krug sie und sagten „netilas jodojim",
Gingen dann wieder zurück und setzten sich hin, um zu warten.
Nun begann Reb Chajim, der Raw, mit dem Spruch über Branntwein,
Brach die Fladen aus Honig und nachher griffen die andern,
Fromme und Nichtfromme, zu, mit einem mächtigen Eifer.
Wahrlich, das Volk hatte Hunger. Sie hatten seit früh nichts gegessen.
Fröhlich erklangen die Stimmen: „Lechajim, Reb Pessach, lechajim,
Mögen wir Gutes nur sehn und freundliche Hilfe und Tröstung!"
„Amen für uns und ganz Israel, o Herrscher der Welten!"
Schnell entleerte sich Korb um Korb voll Brot und voll Fladen,

DAS MAHL

Und schon kam zum Ersatz ein Heer beladener Teller,
Hühnerleber darauf, gemahlen, mit Gansfett bereitet.
Gut gebraten, so kam's vom Feuer, mit Salz und mit Pfeffer,
Stücke von Zwiebeln darin, nicht zu viel, nicht zu wenig geröstet,
Zart und saftig zugleich, das Aussehn, wie Edelstein aussieht.
Und das Volk ward still, es mahlten fleißig die Zähne,
Ringsum hörte man nur das Geräusch der flinken Bestecke.
Dann als folgenden Gang gabs Lattich, geschnitten, gestoßen,
Knoblauchstücke dazu und Zwiebeln im Fette der Hühner.
Lieb war die Mischung dem Mund, nicht ließ einen Rest die Versammlung.
Dann erschienen auf prächtigen Tellern gefüllte Fische,
Goldbraune Karpfen und Hechte von ganz besonderer Größe,
Allerlei Fische sonst noch, lieblich und zart ihrer Art nach,
Manche auf Feuer gebraten, manche gefüllt. Sie waren
Trefflich gekocht, sie trieften von Fett, ihr Rücken war Goldtau,
Pfeffer war drauf und Rettich und Zwiebeln und Smyrnarosinen.
Mirjams gefüllte Fische waren berühmt, doch diesmal
Glückte der Fisch besonders. Die Freude war ohne Grenzen.
Schien's doch, als schmelze der Fisch im Munde und schwände von selber
Zwischen Zunge und Gaumen. Die Gräten noch zarter als Honig!
Und mit diesen Fischen kamen die Flaschen voll Weines,
Alten Weins aus der Krim, und auch Flaschen Weines vom Karmel,
Um den Raw zu ehren, doch schlürften auch andre den Wein und
Rühmten ihn. Gestillt war der Hunger, der Wein genossen,
Wiederum sprach man laut und lachte und spaßte von Herzen,
Sprach vom Getreidemarkt und sprach auch über die Dürre.
(Und der Lärm schwoll an, hat doch jeder bei uns seine Meinung.)
Erst besprach man die Dinge des Landes, die Krankheit Viktorias,
Bis man endlich die Stiftungen gründlich besprach von
Rothschild und Hirsch. Mit der Lage der Arbeiter wurde geschlossen.
Da erhob die Stimme der Lehrer Schmerl. So sprach er
(Litauer war er, deshalb ein Gelehrter, ein Grübler und Bohrer):
„Hört, ihr Herren, was sagt der Lehrer aus Litau'n, was will er?"
So begann seine Rede Schmerl und legte in Kürze
Dar der Arbeiter Not und was bis jetzt sie erlitten;
Drangsal und Sorge und Hunger und keine Hoffnung auf Zukunft!
Härter sind sie als Fels, bestehen die vielen Gefahren,
Richten die Augen auf uns, daß wir um ihr Leid uns bekümmern.
„Ja, dieser rote Wein, ist er nicht wie das Blut unsrer Brüder,
Das sie vergossen und jetzt noch vergießen auf Judas Gebirge?
Wenn Ihr weiterhin schweigt, wird von Euch ihr Blut gefordert,
Ehe sie alle zerstört, die hart sie bedrängt, die Ica.
Seht, so sagt das Sprichwort: Gibt jeder nur einen Faden,
Hat der Arme ein Kleid!" So schloß seine Rede der Lehrer,
Bleich war sein ganzes Gesicht, nur seine Augen erglühten.
Stumm vernahm es das Volk, die Köpfe nickten zur Rede,
Mit der Serviette Zipfel wischten die Frauen die Tränen.
Als der Lehrer geendet, verharrte das Volk noch in Schweigen.

SAUL TSCHERNICHOWSKI / DAS MAHL

Plötzlich geht ein Teller herum, das Klirren von Münzen
Wird in der Halle gehört, und der Teller wird immer schwerer.
Freude ergreift die Versammlung, denn jeder ist gern dabei, um
Gutes dem Nächsten zu tun, und es zittert der Lehrer vor Freude.
„Sehr schön", sagte Schebsel alsdann und strich den Bart sich,
(Polen war seine Heimat: man nannt' ihn den polnischen Falken,
So wie man alle Polnischen Falken und Diebische nannte.)
„Sehr schön ist es von Schmerl, nur schade, daß er aus Litau'n,
Dort sind die Leute ungläubig, ich zweifle fast, ob sie Juden."
Alle hören's und schaun: was wird der Litauer sagen?
Warten gespannt auf sein Wort, denn klug war er, wenn auch ein Lehrer.
Schmerl gab Antwort, geschlossenen Augs, wie unschuldig fragend:
„Abraham, unser Vater, war der nicht aus Litau'n, Reb Schebsel?"
„Was", erwiderte jener, „der Vater Abraham, wie doch?"
Schmerl sagte: „Es heißt: Er rief den Abraham Schenis.
Wenn er kein Litauer wär, nennt' er ihn Schendels, nicht Schenis."
Diese Worte gefielen den Hörern, sie lachten von Herzen
Und sie freuten sich sehr der Klugheit des Lehrers und sagten:
„Schebsel, was schweigst du denn, nun gib dem Lehrer die Antwort!"
„Pah", spitzt Schebsel den Mund, „was hat schon der Litwak geredet?
Seltsam war's mir von je, nur war mir die Lösung verborgen:
Saht ihr je einen Litauer ohne zwei Namen?
Hat er zwei Namen nicht, so hat er doch zwei Paar Tefillin,
Oder zumindest zwei verlassene Frauen zuhause."
Diese Worte gefielen den Hörern, sie lachten von Herzen,
Freuten sich sehr des Geistes ihres Schebsel aus Polen.
Bleich wurde Schmerl gar sehr, er dachte an seine Geschichte.
Doch bezwang er den Zorn und gab die folgende Antwort:
„Schebsel, paß gut auf, von vorneherein ist doch klar dir,
Was die Haggada sagt: Warum hat der Meister der Welt den
Engel des Todes getötet, der doch beim Streite im Recht war?
Schebsel, geh, denk nach!" — „Der Engel war wirklich im Rechte",
Rief man laut im Kreis: „Die Lösung, Schmerl, die Lösung!"
Da gab Schmerl die Antwort, nahm auf sein Gleichnis und sagte:
„Recht hat der Schöpfer auch hier. Die Schuld liegt bei dem Hunde.
Zwar bist du gerecht, ein Zaddik, doch wer verlangt, daß du, Hündlein,
Ohne Befugnis richtest!" Da lachten die Gäste ohn' Ende.
Schebsels Gesicht wird wie ein Truthahn bald röter, bald blässer.
Schon erwägt er, dem Spötter die Antwort zu geben, als ihm
Herrliche Brühe mit warmen gefüllten Kräpfchen gereicht wird.
Einen Glanz hat die Suppe wie Gold, geläutert, geschmolzen,
Sonnenstrahlen und Lichter brechen im ringelnden Fett sich
Bläulich, rötlich und golden. Da hält es Schebsel für besser
Sich den Mund zu füllen — schon war er zur Antwort geöffnet —
Mit drei Krapfen, von einem Löffel Brühe begossen.
Damit brach der Streit auch ab. Sie saßen und aßen
Brühe und Fleisch und Braten, Hühner und Puten und Gänse,
Freuten am Wein sich der Krim und stritten und spaßten und lachten.

Als sich die Sonne neigte, saß Eljakum im Wagen
Und die Pferde zogen an; doch liefen sie langsam,
Wegen der schwachen Hände Michajls, der zuviel getrunken;
Wie's in den Sinn ihnen kam, ohne Pfad, so liefen die Pferde,
Gradeaus. Bei jeder Erhöhung nickte Eljakum.

Der Kohen
Von David Frischmann

ZUM erstenmal sah ich ihn bei einer „Pidjonhabēn"-Feier. Er stand zwischen den beiden Gardinen eines Fensters und sah auf die Straße hinaus. Ich sah ihn nur von rückwärts: eine kleine hagere Gestalt mit gekrümmtem, rundem Rücken und schmalen, abfallenden Schultern. Jedenfalls nahm sich die armselige und traurige Erscheinung im abgerissenen Kaftan im vornehmen Salon unter all den lustigen, reich gekleideten Gästen recht fremdartig aus.

Ich stand neben der jungen Dame des Hauses und sprach mit ihr. Die großen Brillanten in ihren Ohren funkelten, auch ihre großen strahlenden Augen sprühten Funken, und die frischen roten Lippen leuchteten. Nur die leichte Blässe ihres Gesichts zeugte noch von den Schmerzen, die sie in den letzten Wochen auszustehen hatte. Die schöne Frau fragte mich, warum ich mich so selten sehen lasse.

„Meine Arbeit läßt mir keine Zeit, Gnädigste, ich bin so furchtbar beschäftigt..."

„Ist das mit der Kruszinska wahr? Will sie wirklich wegen des dummen Leutnants, der sich ihretwegen erschossen hat, die Bühne verlassen?"

Ich hatte nicht Zeit, ihr zu antworten: Der Mann zwischen den Gardinen wandte sich in diesem Augenblick um. Ich fuhr zusammen. Er hatte ein wachsgelbes Gesicht, eingefallene Wangen und schmale blaue Lippen. Es stand für mich außer Zweifel, daß er seit langem nichts gegessen hatte.

Die Dame des Hauses plauderte indessen weiter: „Es tut mir so furchtbar leid, daß ich gestern nicht im Philharmonischen Konzert sein konnte. Die Spanische Symphonie von Lalo! Beethovens Kreutzersonate, gespielt von Hubermann! Und das G-Dur Arioso aus der „Louise", gesungen von der Förster-Lauterer! Nicht wahr, ich bin doch eine unglückliche Frau, die ein Mann wie Sie bedauern sollte?"

Ich hörte ihr fast gar nicht mehr zu. Der Mann am Fenster zog meine ganze Aufmerksamkeit auf sich. Seine Brust war so schmal und eingefallen, und sein ganzer Körper war wie der eines Kindes. Ab und zu ging ein Zittern durch alle seine Glieder; man sah ihm eine seltsame Spannung und Ungeduld an. Je näher die Zeremonie des „Pidjonhabēn" heranrückte, um so ungeduldiger wurde er. Er sah aus wie einer, der unter dem Bewußtsein einer schweren Schuld zusammenbricht, oder wie einer, der im Begriff ist, ein Verbrechen zu begehen.

Livrierte Lohndiener liefen hin und her und trugen auf silbernen Tabletten Wein, Obst und Konfekt herum. Am Fenster links stand auf dem

Fußboden ein großer tiefgrüner Oleanderbaum in einem hölzernen Kübel. Und neben dem Baume stand der arme Mann mit dem wachsgelben Gesicht. Er stand regungslos da und blickte zu Boden. Es fiel mir ein, daß er seine Augen noch kein einziges Mal vom Boden erhoben hatte. In diesem Augenblick wurde meine Aufmerksamkeit abgelenkt.

Auf einem großen silbernen Tablett trug man den Neugeborenen herein. Das Kind lag inmitten goldener und silberner Schmucksachen, Perlenschnüre und anderer Kostbarkeiten.

Der Mann trat vom Fenster weg und ging auf das Kind zu. Kein Tropfen Blut war in seinem Gesicht zu sehen. Er schien bestürzt und wußte wohl gar nicht, wo er sich befand. Nun hob er die Augen und sah sich um. Ein blödes Lächeln spielte um seine Lippen.

Vielleicht machte die ungewohnte Ansammlung von Menschen solchen Eindruck auf ihn, vielleicht fühlte er sich befangen als der einzige Hungrige unter soviel Satten?

Nun begann er den hebräischen Vers zu stammeln: „Was ziehst du vor? Deinen Sohn zu geben..."

Einer der neben ihm Stehenden unterbrach ihn: „Reb Jid! Zuerst muß der Vater sagen: ‚Das ist mein erstgeborener Sohn...' usw. Und dann erst sagt der Kohen: ‚Was ziehst du vor...'."

Der Mann wurde verlegen und errötete; das dauerte aber nur einen Augenblick. Sein Gesicht wurde gleich wieder blaß, noch viel blasser als vorhin.

Es fehlt ihm offenbar die Übung, dachte ich mir. Das Wunder passiert ihm wohl nicht jeden Tag. Und vielleicht versieht er dieses Amt zum ersten Male in seinem Leben...

Inzwischen fing der Vater an: „Das ist mein erstgeborener Sohn, und der Heilige, gepriesen sei er..."

Der Kohen ließ den Kopf noch tiefer hängen. Die Worte: „Der Heilige, gepriesen sei er," hatten auf ihn einen besonders starken Eindruck gemacht.

Sehr schnell, so daß man ihn beinahe nicht verstehen konnte, leierte er nun seinen Text herunter: „Was ziehst du vor? Deinen Sohn zu geben, den Erstgeborenen, oder ihn auszulösen, wie du verpflichtet bist nach der Tora..."

Der Mann bekam fünf Silberrubel und noch fünf kleinere Silbermünzen. Der Vater verrichtete die vorgeschriebenen Segenssprüche. Schwere Schweißtropfen traten dem Kohen auf die Stirne.

Der Kohen schwang nun die Silbermünzen einigemal über dem Köpfchen des Kindes und murmelte sehr schnell die Worte: „Dieses ist statt Diesem, Dieser wird mit Diesem ausgelöst..." Die weiteren Worte hörte man nicht.

Er legte die Hand dem Neugeborenen auf den Kopf und sprach den Segen: „Der Herr segne dich wie Ephraim und Manasse..." Seine Hand zitterte dabei furchtbar. Dann leerte er den Becher Wein auf einen Zug und ging zur Türe.

Die Eltern des Kindes baten ihn, sich mit den anderen Gästen zu Tisch zu setzen und zu essen. Er aber schüttelte den Kopf und ging.

Der Mann beschäftigte lebhaft meine Phantasie, ich wußte selbst nicht, weshalb. „Er ist ein ganz armer Mensch", erzählte mir der Hausherr, „er ist seit kurzem aus seinem Städtchen hergezogen und wohnt in der Nachbarschaft. Er ist ein Mann der Tora. Tag und Nacht sitzt er in dem kleinen Bet-Hamidrasch hier im Hofe und lernt. Ich wollte schon einen anderen Kohen einladen — meinen Bekannten Markus Kaplan. Aber gestern abend kam der Mann zu mir und bat mich, das Amt ihm zu überlassen. Ich wußte gar nicht, daß er Kohen ist. Und wenn man die Wahl zwischen einem reichen und einem armen Kohen hat, so wählt man doch den armen..."

Den ganzen Abend mußte ich an diesen Menschen denken.

Nach einigen Wochen sah ich ihn wieder. Ich ging zufällig an jenem kleinen Bet-Hamidrasch im Hofe vorbei und sah ihn durch das Fenster in Talles und Tefillin stehen. Etwas zog mich zu ihm hin und ich trat ein. Der Mann interessierte mich ungemein. Es war an einem Montag. Im Bet-Hamidrasch waren kaum vierzehn oder fünfzehn Männer versammelt.

Vom Hofe dringen die Schreie und Rufe der Händler herein. Jeden Augenblick höre ich: „Einen Kalender für eine Kopeke!" — „Einen Beigel für einen Groschen!" — „Weiber, zwölf Knöpfe für einen Dreier!" Ein Sonnenstrahl gleitet über die Pfütze in der Mitte des Hofes; die Wand gegenüber ist zur Hälfte von einem schrägen schweren Schatten bedeckt, die andere Hälfte ist blendend hell. Beim Rinnstein steht ein Huhn, mit einem Bein an die Mauer festgebunden; es steckt den Schnabel in die schmutzige Pfütze, trinkt, wirft den Kopf zurück, schließt die Augen und schluckt. Und dann steckt es den Schnabel noch einmal in die Pfütze und trinkt wieder.

Und plötzlich höre ich: „Es erscheine Reb Efraim, der Sohn des Reb Eliahu, der Kohen..." Man ist schon bei der Toravorlesung. Der Kohen hört aber nicht, daß man ihn aufgerufen hat. Er hat wohl vergessen, daß er Kohen ist und daß man ihn meint. Jemand zupft ihn am Ärmel, er erwacht gleichsam, geht auf das Podium und spricht schnell den Segensspruch.

Sein Gesicht ist wie versteinert, kein Muskel rührt sich darin. Auch seine Augen sind starr. Er ist unheimlich blaß, nur an einer Wange brennt ein kleiner roter Fleck.

Und wieder kommt mir der Gedanke in den Sinn: dieser Mann ist im Begriff, ein Verbrechen zu begehen. Jedenfalls ist er tief unglücklich — das ist mir klar.

Plötzlich höre ich die Stimme des Chasens: „Ist kein Levite hier?" Und gleich darauf wird der Kohen zum zweitenmal aufgerufen: „An Stelle eines Leviten."

Der Kohen sprach den Segensspruch zum zweiten Male, noch schneller und noch leiser als vorhin. Große Schweißtropfen standen ihm auf der Stirne.

Ich muß mit ihm unbedingt sprechen, sagte ich mir.

Nach dem Gottesdienst ging ich auf ihn zu. Ich weiß nicht mehr, was ich ihm gesagt habe, aber der Mann erschrak furchtbar. Plötzlich ließ er mich stehen, ging zum Tisch, nahm irgendein Buch vor und begann laut zu lernen.

Sein Bild schwebte mir dann den ganzen Tag vor den Augen.

Zum drittenmal sah ich ihn bei einer sehr merkwürdigen Szene.

Er stand mit dem einen Fuß auf der Schwelle des Hinterhauses und mit dem andern im Hof. Mehrere Frauen redeten auf ihn ein:

„Hier im Hause ist ein Kind gestorben, Reb Efraim, Ihr müßt weg, Ihr dürft nicht herein!"

Reb Efraim scheint aber nichts zu hören. Er glotzt die Frauen verständnislos an und weiß wohl gar nicht, was sie von ihm wollen.

„Das Wasser hat man schon ausgegossen. Hier im Hause ist ein Kind gestorben. Reb Efraim, Ihr seid doch Kohen!"

Kohen...? Ja... Ja... Das Wasser hat man schon ausgegossen..."

Und er steht noch immer da und rührt sich nicht vom Fleck.

„Ihr dürft nicht herein, Reb Efraim! Ihr müßt augenblicklich weg, ein Kind ist doch hier gestorben."

„Gestorben?"

Die Stimme, mit der er es sagte, vergesse ich niemals.

„Ihr dürft nicht ins Haus," redete die erste Frau weiter.

„Ich will gleich zum Raw gehen... Gleich gehe ich zum Raw..."

„Ihr braucht gar nicht zum Raw, Ihr sollt nur hinausgehen, hinaus, hinaus!"

„Ich gehe schon zum Raw... Zum Raw gehe ich..."

Und plötzlich wendet er sich um und rennt davon. Mich interessierte, was er vom Raw wollte, und ich ging ihm nach. Er lief so schnell, daß ich ihn kaum einholen konnte.

Die Stube ist voller Menschen. Der Raw steht in der Mitte, und vor ihm mein Kohen.

Der Raw ist ein schlanker Greis mit langem, silberweißem Bart. Etwas ungemein Mildes liegt in seinen vornehmen Zügen.

Und der Mann steht vor ihm und spricht mit heiserer Stimme:

„Rabbi, ich habe gesündigt! Ich habe betrogen, gelogen, geraubt! Ich will meine Sünde beichten und bekennen...!"

„Was ist denn, mein Kind?"

„Ich kann es nicht länger tragen. Es ist mir zu schwer. Anfangs glaubte ich, es sei nichts, ich würde Buße tun. Aber jetzt... jetzt hat sich auch schon der Tod eingemischt. Ein Kind ist gestorben. Mit dem Tode spielt man nicht..."

Plötzlich verstummte er.

„Rede! Es steht geschrieben: ‚Ich werde reden und aufatmen'."

Und er begann zu reden.

„Rabbi, wenn Ihr nur verstehen könntet, wie es geschah! Manchmal tut der Mensch etwas und ist dabei gar nicht der Täter... Der Andere, der in uns steckt, ist der Täter... Und ich habe ein Weib und fünf kleine Kinder... Den ganzen Tag sitze ich im Bet-Hamidrasch und lerne. Auch bei Nacht lerne ich. Und das Weib und die Kinder hungern. Schöpfer der Welt! Wenn ich es nur verstehen könnte! Seit drei Tagen hatten wir kein Stück Brot im Hause. Die Krämerin wollte nichts mehr borgen. Wir schuldeten ihr schon neun Gulden. Und zwei Kinder liegen krank. Typhus ist eine böse Krankheit..."

Der Raw sah ihm in das gelbe Gesicht mit den blauen Lippen. Die Augen des Greises wurden etwas feucht.

„Und dann kam die Versuchung..." sprach der Mann weiter. „Fünf Rubel... Ich hörte, daß in der Nachbarschaft ein Pidjonhaben gefeiert wird... Ich wußte wohl, daß ich eine große Sünde begehe, aber es kamen auch Augenblicke, wo ich es nicht wußte... Und die beiden Kinder sind krank und brauchen eine Arznei, und mein Weib wartet auf Brot... Mit allen

Kräften kämpfte ich dagegen, aber schließlich kämpfte ich nicht mehr... Im Gegenteil, es schien mir sogar, daß ich ein gottgefälliges Werk tue, an meinem Weib und an meinen Kindern... Und am Abend ging ich zum Nachbarn und bot mich ihm an... Ich glaubte, ich tue ein gottgefälliges Werk... Schöpfer der Welt! Die ganze Nacht konnte ich nicht einschlafen, und im Hirne klopfte es mir wie mit einem Hammer. Ein Schlag nach dem andern: Du bist ja gar kein Kohen! Ein Schlag nach dem andern: Du bist ja einfacher Israelit! Und von damals an hörte das Hämmern nicht mehr auf. Ich wollte schon einigemal zu Euch kommen, aber ich konnte es nicht. Und eine Lüge zog eine andere mit sich: nun mußte ich auch vor der Tora als Kohen dastehen... Jetzt hat sich aber auch schon der Tod eingemischt... Der Tod ist doch schrecklich..."

Ich warf einen Blick auf den Raw. Der Raw hörte nicht mehr zu. Er war plötzlich ein anderer geworden. Alles Edle und Milde war aus seinem Gesicht verschwunden.

Plötzlich beginnt er auf- und abzugehen. Auf und ab durch die Stube. Alle schweigen. Eine Lichtsäule fällt schräg zum Fenster herein und ruht halb auf dem Gesicht des gewesenen Kohen und halb auf dem Boden.

Der Raw geht immer auf und ab und redet zu sich selbst:

„Eine schwere Sünde... Du hast verschuldet, daß ein Jude ein göttliches Gebot, ein ‚bejahendes‘ Gebot übertreten hat... Denn er hat die Erstgeburt gar nicht ausgelöst... Eine schwere Sünde... Eine schwere Sünde."

Der Raw bleibt plötzlich vor dem Fenster stehen, schaut auf die Gasse hinaus und schweigt. So steht er eine Weile nachdenklich da.

Der Pendel der Wanduhr schwingt gleichmäßig hin und her. Vor dem roten Schrank summt eine Fliege.

Und der Raw steht noch immer am Fenster und spricht zu sich selbst:

„Es steht aber geschrieben: ‚Ein Mann darf in seinem Unglück nicht haftbar gemacht werden‘. Und Hunger ist ein Unglück. Und in den Sprüchen steht es: ‚Ein Mensch tut übel um ein Stück Brot‘..." In der Stube ist eine Totenstille.

Plötzlich wendet sich der Raw nach ihm um.

„Du mußt fasten... Jeden Montag und Donnerstag fasten."

Der Mann beruhigt sich aber noch nicht. Fasten ist für ihn nichts Neues. Er hat in seinem Leben genug gefastet, nicht nur an Montagen und Donnerstagen, auch an anderen Tagen.

„Und du mußt dich auspeitschen lassen... Vierzig Schläge weniger einen Schlag..."

Der Mann ist auch damit noch nicht zufrieden. Er hat sich in seinem Herzen schon tausendmal mehr gegeißelt.

„Und du sollst in freiwillige Verbannung gehen..."

Der Mann atmete auf. Der Raw hatte ihn wohl erst jetzt zufriedengestellt.

„Du wirst dein Weib heute noch herschicken. Die Gemeinde wird für sie sorgen."

Der Mann ging.

Ich sah ihn nie wieder.

EDMOND FLEG

Der Barmizwelehrer
Von Edmond Fleg

SAMSTAG um sieben Uhr morgens klopfte Herr Lobmann an unsere Tür.
„Ich komm' holen den Jung' zur Bar-Mizwe."
Ach, wozu nun?
Mama hatte den Chauffeur bestellt; er wartete vor dem Tor. Aber Herr Lobmann sagt zu ihm:
„Danke, nein. Wir gehen zu Fuß. Am Schabbes geht der Jüd zu Fuß."
Und nun machen wir beide uns auf den Weg in die „Schul".
Ich betrachte Herrn Lobmann. Was ist heute so anders an ihm als sonst?
Sein langer Gehrock ist sauber, sein Zylinder glänzt. Seine Augen zwinkern nicht mehr, seine Brauen sind nicht mehr ängstlich.
„Sie schauen mich an, mei' Jung', was? Heinte bin ich gut aufgelegt! Weil heinte Schabbes ist, verstehn Sie! Am Schabbes is der Jüd König!"
Die große Synagoge ist menschenleer. Sind denn die Juden nur da, wenn geheiratet wird?
Keine Blumen mehr. Kein Baldachin mehr. Allzu grelles Licht fällt auf leere Bänke.
Hie und da sieht man Herren, die Schals mit Fransen entfalten und um ihre Schultern legen.
Vor dem rotsamtenen Tisch steht der Kantor mit seiner eckigen Mütze und leiert mit beängstigender Geschwindigkeit seine Worte herunter.
Im Hintergrund, oberhalb der Stufen, stehen rechts und links von einem goldbestickten Vorhang zwei ungeheure achtarmige Leuchter.
Haben in Jerusalem die Tempelleuchter so ausgesehen? Ich glaube, in meinem Geschichtsbuch der zweiten Klasse waren siebenarmige Leuchter geschildert.
„Warum also sind diese hier achtarmig?"
Ein Rabbiner rechts, ein Rabbiner links.
„Was befindet sich hinter diesem Vorhang?"
Herr Lobmann antwortet nicht.
Er entfaltet seinen schwarz-weiß gestreiften Schal. Wo hat er ihn her?
... Er küßt die Fransen mit geschlossenen Augen, als ob er dazu schmecken wolle. Dann legt er den Schal um seinen runden Rücken und gibt unartikulierte Laute von sich.
Nun schlägt er sein hebräisches Buch auf dem Pult auf. Er verneigt sich und verneigt sich abermals, er schaukelt hin, er schaukelt her und näselt unbestimmte Tonfolgen dazu.
Wie glücklich Herr Lobmann aussieht...!
Und ich, wie einsam bin ich...! Von allem, was ich sehe, erinnert mich nichts an nichts...!
Aber nun erhebt sich die mächtige Stimme des Kantors und die Kinder singen: „Schema Jisroel, Adonoi Elauhenu ...
Man könnte glauben, daß eine Wahrheit verkündet wird. Und ich verstehe sie nicht!

Und nun dieser Jubel! Als ob Himmel und Erde einen Lobgesang anstimmen wollten! Und ich, ich singe nicht!

Voll Neid wende ich den Kopf nach diesen Stimmen...

Die Synagoge hat sich gefüllt. Einige Getreue kommen noch. Nur Herren. Warum...?

... Sieh an, das hatte ich nicht bemerkt! Die Lehne jeder Bank dient der rückwärtigen Bank als Pult. Auf den Pulten sind an jedem Platz Namen aufgezeichnet...

... O, dieser dicke Herr, der eben hereinkommt! Wie hat er sich verspätet... Was tut er? Er hat einen Schlüsselbund in der Hand...? Aber in der Bank ist ja ein Schlüsselloch! Er dreht den Schlüssel, er hebt einen Deckel auf... Wie? Jeder Sitzplatz ist ein kleiner Schrank...? Er öffnet sein Buch, er entfaltet seinen Schal, er klappt den Deckel wieder zu. Er setzt sich.

Da kommen noch Herren. Lauter Herren. Und die Damen? Wo sind sie? Beten sie denn nicht?

... Ach, da oben sind sie, auf der Galerie!

„Warum sind sie nicht unten, wie wir?"

Herr Lobmann antwortet nicht.

Der Tempeldiener, der einen Zweispitz auf hat und dessen Brust mit glänzenden Medaillen bedeckt ist, übergibt ihm soeben ein kleines Täfelchen aus Pappe.

„Was ist das?"

Herr Lobmann antwortet nicht.

Der Tempeldiener steigt die Stufen empor. Er dreht an einer Kurbel. Der gestickte Vorhang öffnet sich langsam.

O, diese großen, in Samt gekleideten Puppen ohne Kopf, die eng aneinandergereiht sind! Was ist das?

Herr Lobmann antwortet nicht.

Er hat mich vergessen. Seine Augen sind groß geworden. Sein Rücken hat sich gestreckt.

Der Rabbiner steigt zwei Stufen höher. Er betet mit verschränkten Fingern, ohne die Lippen zu bewegen.

Er hat eine der großen Puppen in den Arm genommen. Er hat sie dem anderen Rabbiner übergeben. Eine zweite dem Kantor. Und eine dritte behält er und lehnt sie gegen seine Schulter.

Jetzt kommen sie herunter. Der Tempeldiener mit dem Zweispitz und den Medaillen geht voraus.

Wie schön diese Gesänge sind!

Langsam schreiten sie durch den breiten Gang zwischen den Bänken hindurch und tragen die großen roten Puppen, eine hinter der anderen. Der Mann mit dem Zweispitz und den glänzenden Medaillen immer voran. Und langsam, ganz, ganz langsam kehren sie zu uns zurück.

Alle Herren nähern sich, als sie vorbeigehen... Was tun sie? Was tut Herr Lobmann mit seinem Frauenschal? Er küßt den Zipfel wie ein Verliebter! Und wie ein Verliebter streichelt er mit einem Ende seines Schals die Puppe, die vorbeigetragen wird!

Jetzt entkleidet man sie... Aber ist es denn keine Puppe? Es ist eine doppelte Rolle aus Pergament...! Worte sind darauf geschrieben — hebräische Worte wahrscheinlich... Es ist wie ein Buch, ein sehr langes Buch, das sich entrollt... der Kantor zeigt es den Versammelten. Er hebt es hoch empor, so wie der Priester in der Kirche die Hostie emporgehoben hat...

...Ist es ihr Gott, der in diesem Buche ist, so wie der andere Gott in der Hostie?

Der Kantor liest psalmodierend. Der Herr im Zylinder steht neben ihm.

...Das ist sicher eine „Parsche". Ich erkenne die Melodie in Moll, diese Melodie, die immer wieder beginnt und nicht zu enden scheint...

Zwei Herren hinter mir plaudern. Dort drüben links liest jemand die Zeitung...

O, dieser kleine Junge, der sich von seiner Bank erhoben hat! Wohin geht er so allein, wie ein Pfadfinder? Da hinauf? Zum Rabbiner?

Er hat einen ganz neuen Schal mit schönen blauen Streifen. Und sein runder Hut!

Er geht ganz allein hinauf. Er hat keine Angst... und er ist kleiner als ich.

Wie? Er nimmt den Platz des Kantors ein...?

Er drückt einen Kuß auf die hebräischen Worte. Und nun singt er! Er singt eine „Parsche" mit einem ganz schwachen, flötenden Stimmchen...!

Nichts rührt sich mehr in der großen Synagoge. Man hört nur das psalmodierende Stimmchen. Alle schweigen, alle lauschen.

Ängstlich verfolgt Herr Lobmann jedes Wort! Wenn sein Schüler nun den Faden verliert...! Nein, nein... Kein Zaudern, keine falsche Note...! Herr Lobmann wackelt mit dem Kopf; Herr Lobmann ist zufrieden!

... Das ist also die Bar-Mizwe? Wie hübsch ist es! Aber was soll es bedeuten?

Der Konfirmand hat geendet. Der Rabbiner beglückwünscht ihn. Sein Vater umarmt ihn. Wie froh er ist...!

Nun ist die Reihe an Herrn Lobmann. Stolz schreitet er nach vorn. Er ergreift die doppelte Rolle. Feierlich hebt er sie empor. Herr Lobmann ist kein Schriftgelehrter, kein Pharisäer mehr! Seine Augen werfen Flammen. Seine beiden Wangen strahlen. Sein Zylinder glänzt wie ein Diadem: Herr Lobmann ist König!

Die Schlüssel knacken in den Schlössern. Die Schals werden zusammengelegt, die Bücher werden geschlossen. Die Deckel klappen geräuschvoll zu...

Greise, Männer, Kinder treten vor den gestickten Vorhang. Die meisten haben Trauerflore an ihren Hüten. Sie beten. Sie beten zusammen. Sie gehen zwei Schritte zurück. Sie verneigen sich. Sie gehen zwei Schritte vor...

...Was tun sie? Weshalb?

Herr Lobmann antwortet noch immer nicht. Er wartet, bis alle herabgestiegen sind, bis die Türen sich öffnen, bis der Tempel leer ist.

Und endlich sagt er streng:

„Warum tun Sie nix als fragen und fragen? Wenn ich bet', red' ich mit dem lieben Gott. Und wenn ich red' mit dem lieben Gott, kann von mir aus fragen der Präsident der Republik: Herr Lobmann gebt ka Antwort...!"

Bruder und Schwester
Von Micha Josef bin Gorion

ZU der Zeit lebten in Prag zwei Männer, die Genossen im Handel waren und große Erfolge in ihren Geschäften errungen hatten. Sie erwarben zusammen ein großes gemauertes Haus und bezogen es gemeinschaftlich, um darin zu wohnen. Und so lebten sie Tür an Tür in getreuer Nachbarschaft. Doch in einer Sache war ihr Schicksal nicht gleich. Während der eine gesunde und kräftige Kinder hatte, brachte die Frau des anderen nur schwächliche Wesen zur Welt, die nicht immer am Leben blieben. Also erwachte in dem Weibe, das um das Leben ihrer Kleinen bangen mußte, ein Neid über ihre Genossin, die Mutter der gesunden Kinder. Sie ließ sich ihre Gefühle nicht anmerken, aber die Wehmutter, die den beiden Frauen bei ihren Geburten beizustehen pflegte, verstand, was in dem Herzen der Unglücklichen vorging, und sie sann auf Mittel und Wege, sich ihr dienstbar zu erweisen... Sie beschloß, die Kinder, die geboren werden sollten, zu vertauschen.

Die beiden Geburten trafen auch wirklich zusammen. Die glücklichere von den beiden Frauen kam mit einem Sohn nieder, und die Wehmutter rief: Glückauf! In dem andern Hause wurde gleichfalls ein Knabe geboren, und sie rief: Glück zum Sohne! Weil aber das erste Kind kräftiger war als das andere und sie befürchtete, daß dieses nicht am Leben bleiben würde, vertauschte sie es heimlich in derselben Nacht, als die Einwohner beider Häuser im Schlaf lagen.

Die zwei Frauen säugten die Kinder, und keine dachte daran, daß das Kind, dem sie die Brust reichte, nicht ihr eigenes war. Und die Knaben wurden groß und wußten nicht, daß die, die sie Vater und Mutter nannten, nicht ihre Eltern waren. Auch sonst erfuhr niemand die Wahrheit, denn die Wehmutter hütete das Geheimnis sorgsam und verriet nichts von der begangenen Tat. Und eines Tages verstarb sie plötzlich und das Geschehnis versank wie ein Stein im Meer.

Inzwischen nahte die Zeit heran, da die Sprossen der zwei Nachbarn sich verehelichen sollten. Gar verschieden waren die Verbindungen, die der Kinderreiche durch seine Söhne und Töchter einging. Bei dem jüngsten Sohne kam er jedoch mit dem Nachbar überein, ihn mit dessen Tochter zu vermählen. Also wurde die Verlobungsurkunde geschrieben, und bald darauf sollte die Hochzeit gefeiert werden. Der Hohe Rabbi Löw ward gebeten, das Paar einzusegnen, und er erschien zur Trauung. Als er aber den Kelch in die Hand nahm und den Segen sprechen wollte, entfiel ihm das Glas und zerbrach, und der Wein wurde verschüttet. Ihm wurde ein anderes Glas mit Wein gereicht, aber auch dieses fiel ihm aus der Hand! Da erbleichte Rabbi Löw ob des seltsamen Falles, und alle Anwesenden erschraken. Man schickte Joseph, den Golem, daß er andern Wein hole. Und der Golem lief über den Hof nach dem Keller seines Herrn. Die Hochzeitsgäste blickten ihm nach und sahen, wie er mit einem Unsichtbaren Winke austauschte. Als er vor der Kellertür anlangte, blieb er plötzlich stehen und wandte sich, ohne der Zurufe der Leute, die ihn zur Eile anspornten, zu achten, nach der Gerichtsstube R. Löws. Hier schrieb er auf einen kleinen Zettel einige Worte, kam zurück und reichte das

Blatt seinem Meister. Darauf stand geschrieben: Braut und Bräutigam sind Bruder und Schwester. Starr vor Entsetzen warf R. Löw einen fragenden Blick auf den Golem; dieser aber winkte ihm, als bäte er ihn, ihm zu folgen. Nun sagte R. Löw den Versammelten, daß die Hochzeit an dem Tage nicht stattfinden könne, und daß man die Speisen unter die Armen verteilen solle. Darauf verließ er mit dem Golem den Trauungsort. Vor dem Fenster des Bethauses sah er einen Geist stehen; das war der Geist, der dem Golem gesagt hatte, wie es sich mit dem Brautpaar verhielt.

R. Löw beschloß nunmehr, das Dunkel der Angelegenheit zu klären. An dem folgenden Tage, als die Gemeindemitglieder zum Beten erschienen waren, bat er sie, auch nach dem Gottesdienst dazubleiben. Er hatte noch vorher in dem Raum in einer Ecke einen Verschlag aus Brettern machen lassen. Nachdem die Gebete verrichtet waren, nahm er mit seinen zwei Hilfsrichtern, die die Betmäntel noch umhatten, an einem Tische Platz. Den alten Synagogendiener schickte er zu dem Brautpaar und den Eltern, und als diese gekommen waren, befahl er dem Golem, im Beisein der ganzen Gemeinde auf den Friedhof zu gehen und die verstorbene Wehmutter zu rufen. Er gab ihm seinen Stock, damit er an das Grab schlage und die Entschlafene wecke. Die Anwesenden überfiel eine Angst, als sie diese Worte vernahmen. Da stand der Meister auf und sagte: Ich bitte euch, seid stille, es wird euch nichts geschehen.

Nach Ablauf einer halben Stunde erschien der Golem und händigte R. Löw den Stab aus und wies mit einer Handbewegung nach dem Bretterverschlag, als wollte er damit bedeuten, daß er die Botschaft ausgeführt und die Seele der Verstorbenen bereits hierher gebracht habe. Die Anwesenden wurden wieder von Furcht ergriffen; sie schlossen die Augen und saßen wie versteinert da. Da vernahm man die Stimme R. Löws, der sprach: „Wir, der irdische Gerichtshof, bestimmen hiermit, daß du uns erklärst, wieso es von den Verlobten heißt, daß sie Bruder und Schwester sind."

Nun fing der Geist zu erzählen an und berichtete getreulich, was sich vor vielen Jahren in der Nacht, da die beiden Kinder geboren wurden, zugetragen hatte. Die Gemeinde hörte nur die Stimme der Sprechenden und unterschied nicht die einzelnen Worte; die Richter aber, die Eltern der Verlobten wie diese selbst konnten alles verstehen. Und die Tote fuhr fort und gestand, daß sie in den zwölf Jahren, die seit ihrem Ableben verstrichen waren, keine Ruhe im Grabe gekannt habe. Nur um des Hohen R. Löw willen sei ihr erlaubt worden, die Trauung zu stören, damit sie so die Möglichkeit erlange, ihren Fehler wieder gut zu machen. Sie weinte am Ende ihrer Rede und die Gemeinde weinte mit.

Nunmehr beriet sich R. Löw mit den Richtern, wie das Urteil zu fällen sei. Diese bestimmten, daß die Schuldige zu allererst den Verlobten abbitten müsse dafür, daß sie ihnen vor aller Welt eine solche Beschämung zugefügt hatte. Wenn diese ihr vergeben hätten, so sei sie rein und frei von jeder Schuld. Wieder ward ein Schluchzen hörbar, die Verstorbene bat das Brautpaar um Verzeihung. Die Geschwister erwiderten ihr: Wir vergeben dir. Darauf verkündete der Gerichtshof: Wir irdischen Richter sprechen dich, Weib Soundso, frei, und also möge auch der himmlische Gerichtshof dich begnadigen. Zieh in Frieden, und danach ruh in Frieden, bis daß der Messias kommt.

Hernach befahl R. Löw, den Bretterverschlag abzubrechen zum Zeichen, daß die Tote nicht mehr dahinter sei, ein Brett aber zum Andenken an den Vorfall an das Grabmal der Wehmutter zu nageln. Er ließ das Gedenkbuch der Synagoge holen und trug die Begebenheit ein, damit die Nachwelt von ihr erfahre. Die anwesenden Richter mußten ihr Siegel darunter setzen.

Der Hohe R. Löw verfügte aber noch, daß der Knabe und das Mädchen, die zusammen aufgewachsen waren und in aller Welt Augen als Geschwister gegolten hatten, einander heiraten sollten. Des waren die beiden zufrieden, und auch die Eltern willigten ein. Also wurde die Hochzeit gefeiert, und die Neuvermählten wurden ein glückliches Paar, das sich großen Reichtums und langen Lebens erfreute.

Lederherz
Von Berthold Auerbach

WAHRE Menschenfreundlichkeit zeigt sich darin, daß wir jedem Mitlebenden, der uns ungekannt und flüchtig begegnet, die gemeinsam gegebenen Augenblicke mit Gutem zu erfüllen trachten. Die wahre Menschenliebe betätigt sich darin, daß wir den Gedanken der Zusammengehörigkeit festhalten, auch da, wo wir Widerspruch und Gegensatz vor Augen haben. Nur wenn wir uns liebevoll gegen Menschen andern Glaubens, anderer Überzeugung bewähren, nur dann haben wir das Recht, uns Bekenner der Religion der Liebe zu nennen. Menschenfreundlichkeit, die sich nur auf Bekannte, Menschenliebe, die sich nur auf Glaubensgenossen beschränkt, verdienen diesen Namen nicht.

Gewiß hat sich hierin jeder Unterlassungssünden vorzuwerfen. Auch ich. Aber ich erinnere mich gern, daß es mir einmal beschieden war, mit freiem Gemüte und in ganzer Liebe jenem Andersgläubigen hilfreich zu sein.

Die Hausierer und Trödler sterben in unseren Tagen aus. Seitdem wir Eisenbahnen haben, holt sich jeder, was er bedarf, aus den stehenden großen Magazinen. Ehedem aber war solch ein Hausierer, bei dem alles zu haben und alles anzubringen war, eine eigentümliche Figur im Dorfe. Jedermann kannte ihn, und er blieb doch immer ein Fremder.

Als ich in Waldhausen Pfarrer war, hatten wir solch einen Hausierer, der fünf Tage in der Woche im Dorfe daheim war, ohne sich je ansässig zu machen. Sein Heimatsort war acht Stunden von uns entfernt, und in der Regel war er schon Sonntag in der Frühe bei uns; er wanderte die Nacht hindurch mit seinem schweren Quersack den weiten Weg. Er hatte nichts Zudringliches, und ich erinnerte mich bei ihm gern eines Wortes, das einst bei unsern Landständen ausgesprochen wurde. Es war da viel davon die Rede, wie gefährlich die Hausierer seien, wie sie die Menschen zum Ankauf von Dingen verleiten, deren sie nicht bedürfen, und da sagte ein alter trocken-witziger Professor: „Jawohl, ich kenne die Gefährlichkeit dieser Wegelagerer auch. Ich gehe einmal vom Collegium nach Hause, und da hält mich am hellen Tag auf offener Straße solch ein Wegelagerer von Hausierer an und fragt mich: Nichts zu handeln? Ich sage: Nein, und... da war die Gefahr vorbei."

Unser Hausierer war ein Jude mit Namen Herz oder Hirz, was eigentlich Hirsch heißt; jedermann aber kannte ihn unter dem Namen Lederherz. In meinem Dorfe war es nämlich der Brauch, daß die Bauern sich große Spangen Sohlleder kauften, um benötigtenfalls beim Schuster zur frischen Besohlung Stücke aus der Spange ausschneiden zu lassen. Der Lederherz lieferte den Vorrat, und dazu trug er noch sein Schild mit sich herum; denn die Ellenbogen seines Rockes waren mit Lederstücken besetzt, in Herzform ausgeschnitten.

Ich war bald ein Jahr im Dorfe, der Lederherz hatte nie versucht, irgendein Geschäft mit mir zu machen. Meiner Frau kaufte er indessen die Federn von unseren Gänsen ab, und sie machte auch zuweilen einen Tauschhandel mit ihm, wobei sie oftmals seine Redlichkeit und Klugheit rühmte und mir auch von seinen Lebensverhältnissen erzählte. Er war der älteste von vier Geschwistern und hatte, wie er sagte, „das Heiraten versäumt"; denn er mußte für die anderen sorgen, denen er aus seinem Erwerbe zur Begründung eines Hausstandes verhalf. Jetzt, sagte er, habe er's leicht, denn er habe nur noch seine alte, bald achtzigjährige Mutter zu ernähren.

Erst im zweiten Winter wurde ich selbst mit ihm bekannt. Er war auf die Bedürfnisse aller Menschen bedacht, und so brachte er mir hohe Filzstiefel, die ich jetzt noch habe. Er erklärte mir mit klugem und gutherzigem Lächeln, daß ich die Stiefel haben müsse, wenn ich im strengen Winter ins Nachbardorf oder nach den entfernten Bauernhöfen zu Krankenbesuchen fahre. Er trank bei uns eine Tasse Kaffee — eine andere Speise nahm er nicht — und ich gewährte es ihm gern, daß er dabei sein schwarzes Sammetkäppchen aufsetzte. Ich bezahlte ihm den Kaufpreis für die Stiefel sogleich bar; er sagte, das habe ja nicht solche Eile, aber ein eigner Glanz trat in sein großes, dunkles Auge, als ich ihm das Geld darreichte und dabei in hebräischer Sprache den Vers 14 und 15 aus 5. Buch Moses, Kapitel 24, sprach: „Du sollst dem Dürftigen und Armen seinen Lohn nicht vorenthalten; er sei von deinen Brüdern oder von den Fremdlingen, die in deinen Toren sind. An demselben Tage sollst du ihm seinen Lohn geben, und es soll die Sonne nicht darüber untergehen."

Der Lederherz war eine lange, knochenstarke Gestalt; man sah ihm aber an, daß er sich schlecht ernährte. Denn sechs Tage in der Woche lebte er fast nur von Brot, Kaffee und Kartoffeln, nur selten gönnte er sich eine Eier- oder Mehlspeise, die er bei seinem Gastfreunde, dem Schuster Lipp, in eigenem Geschirr selbst bereitete. Mit dem Schuster Lipp lebte er in inniger Freundschaft, die sich aber auch in beständigen Neckereien und Religionsstreitigkeiten kundgab. Der Schuster Lipp war ein Schriftgrübler und suchte seinen Freund zum christlichen Glauben zu bekehren; aber der Lederherz hielt ihm stand, und seine gewöhnliche Entgegnung war: „Das wenigstens könnt ihr uns nicht vorwerfen, daß wir je einen Andersgläubigen zu bekehren suchen."

Es war in meinem letzten Winter in Waldhausen, wir hatten fast drei Monate ohne Unterbrechung steife Kälte, der Lederherz kam seit zwei Wochen nicht ins Dorf, man vermißte ihn allgemein, und es hieß, er müsse schwer krank oder gar schon gestorben sein. Lipp sagte, wenn er auch diese Woche nicht käme, so wandre er nach seinem Heimatsdorfe. Am ersten

LEDERHERZ

Sonntag nach Neujahr kam aber der Lederherz und schleppte sich mühsam mit seinem Pack bis zum Hause seines Gastfreundes. Keuchend sagte er: „Ich hätte daheim bleiben sollen; aber Gottlob, daß ich bei dir bin, Lipp!"

Der Lederherz sah noch abgehärmter aus als sonst, und auf der linken Seite war die Patte seines Rockes gewaltsam zerrissen. Lipp wußte, daß das ein Trauerzeichen sei, und Lederherz berichtete, daß seine Mutter gestorben und er deswegen nicht gekommen sei. „Und jetzt bin ich selber schwer krank," klagte er. „Das war mein letzter Gang. Nun denn in Gottes Namen! Wenn ich draußen sterben soll und nicht daheim, sterbe ich am liebsten bei dir. Ich fürchte, ich höre morgen deinen Hahn nicht mehr krähen. Schick' sogleich einen Boten nach meinem Dorf. Mein Bruder und wer sonst noch will und kann, soll zu mir kommen und bei mir sein, wenn ich sterbe." Der Schuster Lipp suchte ihm seine Ängstlichkeit auszureden und scherzte darüber, tat aber doch schnell alles, um es dem Gastfreunde so behaglich wie möglich zu machen. Das einzige Bett, das in der Wärme stand, das Himmelbett in der Stube für die Großmutter, wurde ihm eingeräumt, und bald schnatterte Lederherz, vom Fieber geschüttelt. Der Arzt kam glücklicherweise gerade ins Dorf, er besuchte den Kranken, und beim Weggehen, als Lipp kummervoll fragte, zuckte er die Achseln. Lipp wurde leichenblaß; aber zum Kranken zurückgekehrt, tat er sorglos und suchte ihn aufzumuntern.

„Ich habe heute noch nicht gebetet," klagte der Kranke. „Du weißt, wie ich meine Gebetriemen anlege; hilf mir, ich kann mich nicht regen." Lipp half dem Kranken die Gebetriemen um die Stirn und den linken Arm legen und sagte endlich lächelnd: „So, jetzt kannst du besser kutschieren". Mit schwacher Stimme wehrte der Kranke ab: „Mach' jetzt keinen Spaß. Tu' das nicht, du versündigst dich. Ich nehme dir's aber nicht übel. Da, gib mir die Hand, und ich bitte dich, verzeih' mir auch alles, was ich dir je zu Leid getan oder geredet, und wenn mich mein Bruder und die anderen nicht mehr am Leben treffen, sag' ihnen, daß ich allen verziehen habe..., wenn sie mir wissentlich oder unwissentlich etwas Böses getan ... sie sollen auch mir verzeihen." —

Er murmelte leise Gebete vor sich hin, dann rief er, wie irre redend, seinen Bruder: „Gib das Gebetbuch und sag' mir das Schema! Das Schema will ich hören! Das Schema!" Dem Lipp wurde angst und bang, als der Lederherz nun immer heftiger schrie: „Warum sagst du nichts? Sag' das Schema! Ist denn keiner, der mir die Liebe antun will? Seid ihr alle stumm und blind?"

Angstvoll kam der Lipp zu mir ins Pfarrhaus und erzählte alles. „Und was will er denn nur mit dem Schema?" fragte er zitternd. Ich erklärte ihm, daß das die Verse 4 bis 8 im fünften Buch Moses bedeutet. Diese Worte enthalten das Glaubensbekenntnis der Juden, und mit diesen Worten auf den Lippen hauchen sie gläubig ihren letzten Atem aus.

„Was sollen wir tun?" fragte Lipp.

„Was wir tun können," antwortete ich, nahm meine hebräische Bibel, suchte die Stelle und begleitete Lipp nach Hause. Als ich eintrat, rief der Kranke: „Kommt ihr? Ich bin bereit!"

Ich begann nun die Worte: „Höre Israel, der Herr unser Gott ist ein einiger Gott. Und du sollst den Herrn, deinen Gott lieben von ganzem Herzen, von ganzer Seele und mit aller Kraft..."

Als ich dies in hebräischer Sprache laut las, sah mich der Lederherz groß an, mit jenem wunderbar strahlenden Blicke, in dem das Menschenauge nur in der Todesstunde erglänzt.

Ich weiß nicht, ob er mich erkannte, aber kaum hatte ich die ersten Worte gesprochen, als er einfiel und mit erschütternder Stimme die Worte nachsprach, und wenn ich innehielt, winkte er, daß ich fortfahren solle, und ich wiederholte es fort und fort — —. Mit dem Worte „Adonai" (Gott) hauchte er seinen letzten Atem aus, und ich drückte ihm die Augen zu...

Ich glaube, daß ich nie getreuer ein Diener am Worte und im Geist der Liebe gewesen bin, als jetzt, da ich einem Juden in der letzten Lebensstunde sein Gebet verrichten half.

Spät in der Nacht kamen der Bruder und eine Schwester des Verstorbenen und mit ihnen noch zwei Männer aus seinem Dorfe. Lipp erzählte ihnen, wie der Lederherz gestorben sei, und sie kamen zu mir und dankten mir unter Weinen. Als sie am Morgen mit der Leiche davonfuhren, gab ich aus Freundschaft mit dem Lipp dem Verstorbenen das Geleite bis an die Grenze unserer Gemarkung.

Seelenfeier

Von Theodor Zlocisti

Zwei liebe Hände gaben mir den Segen,
So oft die Sabbatstunde bräutlich kam
Und grauer Tage Schwermut von mir nahm.
    Zwei liebe Hände gaben mir den Segen,
    Die abends, schaffensmüd und rauh vom Plagen,
    Auf unsrer Ahnen lichten Büchern lagen.

Zwei liebe Augen haben mir gelächelt:
Und Lenzesduft quoll warm in mir empor
Und lockte bunte Frühlingsglöckchen vor.
    Zwei liebe Augen haben mir gelächelt,
    Die — schwarzumrandet von des Lebens Wettern —
    Die Tröstung suchten in den heil'gen Lettern.

Und meine Wange küßten mir zwei Lippen,
Am Morgen früh und wenn der Tag verblich
Und leis der Abend an mein Lager schlich.
    Und meine Wange küßten mir zwei Lippen,
    Die nur von Gottesworten überquollen
    Und küssend schwelgten auf geweihten Rollen.

Nun sind sie still, so Hand und Aug und Lippen.
Und ihre Seelen gingen ernst und rein
In meiner Träume keusche Inbrunst ein.
    Nun sind sie still, so Hand und Aug und Lippen.
    Und sprechen laut in mir den Ahnensegen.
    Und Heimatsonne glänzt auf meinen Wegen.

Zu den Lektürestücken für die persönlichen Feste und Gedenktage

Max Grunwald: Folkloristisches

Max Grunwald, der Begründer der „Gesellschaft für jüdische Volkskunde", stellt uns aus seinem reichen folkloristischen Material die hier abgedruckten Stücke zur Verfügung.

Saul Tschernichowski: Das Mahl

Tschernichowski (1875 in Rußland geboren, mehrere Jahre Arzt im ehemaligen Petersburg, gegenwärtig in Palästina) ist der große hebräische Dichter eines freien und heiteren Menschentums, das nicht unter dem Druck der Geschichte und Tradition seufzt. Er liebt das Griechentum und schuf meisterhafte Übersetzungen Anakreons, der Epen Homers, des „Ödipus" von Sophokles, weiter aber auch des finnischen Nationalepos „Kalewala", des Shakespeareschen „Macbeth" und des Goetheschen „Reineke Fuchs". An diesem fesselte ihn vor allem das Idyllische. Jüdische Idyllen gehören auch neben seinen anderen Gedichten und Erzählungen zu seinen besten Schöpfungen. In ihnen kann sich sein heiterer, fein beobachtender Geist entfalten. Eine solche Idylle ist das hier im Anschluß an die Übersetzung von Max Elk wiedergegebene Stück. Es bildet den letzten (dritten) Teil der „Brit Mila". Mit viel Humor werden die eifersüchtigen Gegensätze zwischen den litauischen und polnischen Juden behandelt. Solche Übertreibungen charakterologischer Art finden sich ja überall zwischen landschaftlichen Gruppen ein- und desselben Volkes. Die litauischen Juden (Litwaken) gelten als besonders scharfsinnig und talmudkundig, dafür aber als nicht sehr fromm. Man sagt von ihnen, sie seien „Zelem"-köpfe, d. h. nicht weit vom „Kreuz" entfernt. Auch mit der Gattentreue nähmen sie es nicht immer genau. Dafür sagt man wieder den polnischen Juden nach, daß sie im Handel und Wandel nicht ganz zuverlässig seien, auch wenn sie sich darauf viel einbilden, als besonders Fromme (Zaddikim) die beiden Arten von Tefillin (s. Anmerkungen zum jüdischen Alltag) zu legen. Bemerkenswert ist, daß selbst die harmlosesten satirischen Worte einfacher Menschen in eine Beziehung zum heiligen Schrifttum gesetzt werden, und daß man dadurch den kleinen Augenblick des eigenen Lebens und Leidens in die trostvolle Perspektive des Ewig-Gültigen rückt. Zum Verständnis der Anspielungen in unserer Idylle ist zu sagen, daß es in der Bibel bei der Opferung Isaks heißt: Er rief den Abraham „schenit" (in der aschkenasischen Aussprache, die hier gebraucht wird: „schenis"). „Schenit" heißt: zum zweiten Mal. Das Wort „Scheni" oder Schöne ist ein in Litauen häufiger Name, der bei den polnischen Juden Schendl oder Schöndl lautet. — Was die Stelle aus der Haggada von Pessach betrifft, so ist damit das bekannte Lied Chad gadja (ein Lämmchen) gemeint. Das Lämmchen war unschuldig, die Katze, die es fraß, schuldig, der Hund, der die Katze strafte, war im Recht, der Stock, der den Hund schlug, im Unrecht. Verfolgt man die Reihe der Täter weiter, erscheint Gott schließlich als schuldig.

Eine Brit-Mila-Feier schildert auch Bialiks Erzählung „Der kurze Freitag", die unter den Stücken der Sabbatlektüre zu finden ist.

David Frischmann: Der Kohen

Frischmann (1864 in Polen geboren, 1922 in Berlin gestorben) ist einer der modernsten Geister der neuen hebräischen Literatur. Durch eine Reihe ausgezeichneter Übersetzungen (Byron, Puschkin, Nietzsche, Anatole France, Tagore, Goethe) ließ er europäischen Geist in die hebräische Literatur einströmen. Darin sah er seine künstlerische Aufgabe. Tiefer ins Volksleben greifen seine jiddischen Erzählungen. Hier gestaltet er die Atmosphäre des jüdischen Lebens, wie etwa in der hier wiedergegebenen Erzählung vom Kohen, der kleinen

ZU DEN LEKTÜRESTÜCKEN FÜR DIE PERSÖNLICHEN FESTE UND GEDENKTAGE

Tragödie einer religiösen Täuschung. Der scheinbare Kohen hat durch die Zeremonie des Pidjon ha-ben, der Auslösung des Erstgeborenen, jemanden zur Übertretung eines Gebotes verleitet. 613 solcher Gebote gibt es, von denen 365 etwas verbieten und 248 positiv gebieten. Die Auslösung gehört zu den gebietenden. Erschütternd für den Gläubigen, wenn er die Übertretung auch nur eines dieser Gebote nie mehr gut machen kann! Die Erzählung ist von Alexander Eliasberg ins Deutsche übersetzt und in den „Ostjüdischen Novellen" erschienen (jetzt im Verlag B. Harz, Berlin/Wien).

Edmond Fleg: Der Barmizwe-Lehrer

In seiner Erzählung „Ein kleiner Prophet", deren 12. Kapitel hier fast vollständig wiedergegeben ist, erzählt Fleg die Geschichte eines Pariser Judenknaben aus reichem, assimiliertem Haus. Auf den Knaben wirken verwirrend die äußeren und inneren Einflüsse einer allem Jüdischen abgekehrten Umwelt. Erst zur Zeit seiner Barmizwa, die man ihn aus einem letzten Rest von Tradition feiern lassen will, kommt er mit dem Judentum tiefer in Berührung und erkennt durch alle Verflachungen und Entstellungen der religiösen Formen und Auffassungen einen Kern, den er sich erschließen möchte. Die Übersetzung stammt von Mimi Zuckerkandl.

M. J. bin Gorion: Bruder und Schwester

Die Geschichte ist dem 5. Band des „Born Judas" entnommen, worin bin Gorion (Pseudonym für Micha Joseph Berdyczewski, 1865—1921) mit großem Fleiß alle ihm erreichbaren Legenden und Erzählungen aus nachtalmudischer Zeit in sechs Bänden gesammelt hat. Der Hohe Rabbi Löw, die zentrale Gestalt der Erzählung, ist der 1609 in Prag verstorbene, vom Volk als Wundertäter verehrte Rabbi, dessen Golem, der Lehmmensch, immer wieder die dichterische Phantasie angeregt hat. Die in unserem Stücke berichtete Totenbeschwörung kehrt in An-Skis „Dybbuk" (vgl. die Lektüre zu den Hohen Feiertagen) wieder. — „Der Born Judas" ist in einer Neuausgabe im Schocken-Verlag, Berlin, erschienen.

Berthold Auerbach: Lederherz

Auerbach (1812—1882), der zu seiner Zeit berühmte Erzähler der Schwarzwälder Dorfgeschichten, schrieb für seinen Volkskalender die hier wiedergegebene Geschichte eines jüdischen Dorfgehers. Auerbach wollte in ihr den tiefen Glauben aussprechen, daß die wahrhaft Religiösen aller Völker und Bekenntnisse im letzten Menschlichen einander verstehen und einander helfen können.

Theodor Zlocisti: Seelenfeier

Das Gedicht ist dem gleichen Bande entnommen wie dasjenige, das wir an erster Stelle unserer Lektürestücke bringen (Jüdischer Verlag, Berlin).

Tabelle der Monate und Feste

Monat	Zahl d. Tage des Monats	Tag des Festes	Name des Festes	Darstellung auf Seite
Nissan	30	15.—22.	Pessach	198
Ijar	29	18.	Lag baomer	386
Siwan	30	6. 7.	Schawuot	280
Tammus	29	17.	Schiwa assar betammus	394
Aw	30	9. 15.	Tischa beaw Chamischa assar beaw	393 387
Elul	29			
Tischri	30	1. 2. 3. 10. 15.—21. 22. 23.	Rosch haschana Fasten Gedalja Jom kippur Sukkot Schemini azeret Simchat tora	145 161 152 313
(Mar-) Cheschwan	29 oder 30		*)	
Kislew	30 oder 29	25. bis 2. oder 3.	Chanukka	343
Tewet	29	10.	Assara betewet	394
Schewat	30	15.	Chamischa assar bischewat	385
Adar	29 (i. Schaltj. 30)	13. 14. 15.	Fasten Ester Purim Schuschan Purim	367 364 367
Weadar (i. Schaltj.)	29	Die Feier- und Gedenktage des Adar werden in einem Schaltjahr im Weadar gehalten**)		

*) Die Jahrzeit nach einem am 30. Cheschwan oder Kislew Verstorbenen hält man jeweils am letzten Tag des Monats.
**) Nur Jahrzeiten werden genau nach dem Todesdatum gehalten. Für einen im Weadar Verstorbenen hält man die Jahrzeit im gewöhnlichen Jahr im Adar. Starb jemand am 30. Adar eines Schaltjahres, fällt im gewöhnlichen Jahr die Jahrzeit auf den 30. Schewat.

REGISTER

Wie in den Texten ist auch im Register den verschiedenen Aussprachen der hebräischen Worte, soweit sie sich eingebürgert haben, Rechnung getragen

	Seite
Abendgebet s. Maariw	
Abheben (d. Leiche)	437, 445
Achtzehngebet s. Tefilla	
Adonaj	11
Adoschem	11
Adon olam	57
Ad mea schana	425
Afikomen	206, 213, 239
Agade s. Haggada von Pessach	
Aggada	341
Aguna	433
Akeda	150, 172, 195
Akdamut	284
Alenu	63, 150
Al hanissim	346, 368
Alia (Aufgerufen werden)	427
Almemar	40
Amalek, Ammon (judenfeindl. Völker)	411
Amen („wahrlich", „gewiß")	446
Am haarez („Volk des Landes", Unwissender, volkstüml. Amhorez)	479
Aninut	436
Apokryphen	299, 362
Arawot	315, 318
Arba kanfot	65
Arbaa minim	314
Arbeit (am Sabbat)	76
Aron (Schrein)	437
Aron hakodesch	43
Asasel	153
Aschamnu	161
Aschkenasisch	6
Assara betewet	394
Asseret hadiwrot	309
Asseret jeme teschuba	151
Atara	70
Aufrufen (zur Tora)	87, 479
Aufstand	425
Ausheben (der Tora aus der Lade)	86
Auslösung des Sohnes	425
Ausrufe im Affekt (Schema jisroel, Chas wescholaum = Schutz und Frieden,	

	Seite
Cholilo = fern sei es, Gott bewahre) vgl.	97 ff.
Aw harachamim	287
Awel	437, 443
Awinu malkenu	148, 151
Awoda	151, 154
Azeret	283, 314
B. M. = Buch Mosis, s. Tora	
b. (vor Bezeichnung eines Talmudtraktates „babylonisch") vgl. Talmud	
Baal berit	424
„ habajit (volkst. „Balbuß" = Familienvater)	13
„ kore	37
„ tekia	151
Bachweidenfest	318
Bann	33
Barajta (aram. = draußen stehend, eine nicht in die Mischna aufgenommene Überlieferung) vgl. Mischna	
Barches	85
Bartscheren	70
Baruch dajan haemet	445
Baruch haba	423, 424
Baruch scheamar	58
Baumfest	385
Becher Elias	210, 240, 298
Bedecken	429
Bedeckung des Kopfes	69
Bedika	19
Bedikat chamez (Wegräumen des Gesäuerten)	204
Behelfer (Belfer, Hilfslehrer)	388
Benschen (segnen)	85
„ (Tischgebet sprechen)	427
Beracha (beim Aufrufen; s. auch Segenssprüche)	87
Berit mila, Beschneidung	421
Bessomimbüchse	86
Bestattung	441, 445
Bet din (volkstüml. Besn)	36

REGISTER

	Seite
Bet hachajim	439
„ haknesset	39
„ hamidrasch (Lehrhaus)	164, 370
Bikkur cholim (Krankenbesuch)	435
Bikkurim	282
Birkat hachamma	384
„ hagomel	425
„ hamason	55
„ kohanim s. Priestersegen	
„ lewana	382, 384
Blut (Verbot des Genusses)	19
Borchu	59
Brachjahr s. Schmittajahr	
Broche s. Beracha	
Brote (zwei für Kiddusch)	211
Bücken	68
Bußetage (die zehn)	151, 160, 173
Chacham (Chachambaschi)	37
Chag habikkurim	285
„ haassif	313
Chalakka	70
Chaliza	433
Challaf	18
Challe	85
Chamez	201
Chamischa assar beaw	387
Chamischa assar bischewat	385
Chanukka	343
Charosset	211
Chas wescholaum s. Ausrufe	
Chasak (auch Zuruf beim Abschluß des Vorlesens eines Buches der Tora: „chasak, chasak wenitchasek") s. Grußformeln	
Chasan (volkstüml. Chase[o]n)	37, 46
Chasanut (volkstüml. Chasones)	38
Chassene s. Hochzeit	
Chatan	429
Chatan bereschit, maftir, tora	322
Chazot (Mitternacht) vgl. Mitternachtsandacht	
Che(j)der (Elementarschule)	392
Cherem	33
Chewra kadischa	28, 435
Chewrot	30

	Seite
Chilluk	427
Chillul haschem s. Kiddusch haschem	
Chol hamoëd	214, 317
Cholilo s. Ausrufe	
Chomez s. Chamez	
Chomez (batteln) wegräumen	204
Chomezdige borchu	216
Choschen und Ephod (Brustschild und Schulterkleid des Hohepriesters)	371
Chumesch (Fünfbuch, Tora)	392
Chuppa (Trauhimmel)	429
Dajan	37
Dajenu	209
Dekalog	309
Derascha	430
Derech erez	79
Derech kohanim	439
Dezisoren (nachtalmud. Gelehrte, deren Entscheidungen anerkannt werden)	428
Din = relig. Gesetz, gegenüber Minhag = Brauch	319
Duchan	69
Duchenen	69
Dreidel s. Trendel	
Drei Wochen (zwischen 17. Tammus und 9. Aw)	394, 398
Drosche s. Derascha	
Droschegeschenke	432
Eben Sappir (Titel eines von Jakob Saphir [1822—1885] verfaßten Reisewerkes)	448, 449
Echa (volkst. auch Eicho)	397
Edom (als Typus eines Judenhassers gebraucht, oft auf das alte Rom bezogen)	411
Ehegesetze	25
Ehehindernisse	432
Ehescheidung	433
Einheben (der Tora in die Lade)	88
Einweihung eines neuen Hauses	13
Einweihungsfest s. Chanukka, vgl. auch	352
Eirussin	430
El male rachamim	444
Elia s. Becher, Stuhl	
Elokim	11

REGISTER

	Seite
Elul	146
Emuna	9
Erew (Abend, Vorabend, Vortag) vgl.	161
Erbsünde	300
Eruw	84, 85
Es(s)rog s. Etrog	
Eschet chajil	85
Etrog	314, 324
Exegetisch = schrifterklärend	127, 316
Fasten	155, 163, 393, 395, 401
Fasten der Erstgeborenen	205
Fastentage s. Taanit	
Fastenrolle (Megilla taanit), eine auf das 1. Jahrhundert n. zurückgehende Schrift, in der die Freudentage aufgezählt sind, an denen nicht gefastet werden sollte	364
Feststrauß	314
Fleischig (und milchig)	19
Formeln, die Namen hinzugefügt werden	446
Frau im Gottesdienst	68, 367
Frau in Männertracht	24, 364
Frauenschul	45
Frauenvereine	28, 435
Freitagabend	85
„ (Fragen des Familienvaters, bevor er in die Synagoge geht)	108
Freitag, der Kurze	97, 142
Friedhof	439
Früchte (Verbot des Genusses)	22
Gabbai zedaka (Gabbe)	35
Galut (= Exil)	394
Gam su letowa	10
Gaon, Titel des Leiters einer babylon. Gelehrtenschule (7.—11. Jhdt.)	210
Gaumelbenschen	425
Gebet	10, 52
Gebetmantel	65
Gebote (die 365 verbietenden und 248 gebietenden)	468
Gedalja (Fasten)	161
Gelila	87
Gemara	340
Gemeinde	27
Gemillut chessed	23, 30

	Seite
Gesäuertes	201
Geschembenschen	320
Gesetz, mündliches	370
Gesetzesfreudenfest	314
Gessissa	436
Get	433
Golus, Goleß s. Galut	
Gossess	436
Grabinschriften	446
Grabstein s. Mazzewa	
Gräberbesuch	446
Grußformeln	424
Gude s. Haggada	
Guter Ort s. Friedhof	
Haarschneiden	69, 431
Hadassa = Ester	367
Hadassim	315
Hadlaka	165, 195
Händewaschen	55, 68, 370
Haftara	87
Hagbaa	87, 121
Haggada im Gegensatz zu Halacha s. Aggada	
Haggada (volkst. Haggode)	206, 210
Hakkafot	315, 321
Halacha	137, 341
Halwajat hamet	439
Hallel (Preisungen, gemeint Psalmengruppe 113—118, denen ein Segensspruch vorangeht. Man spricht von H a l b - Hallel, wenn von den Psalmen 115 und 116 die ersten 11 Verse fortgelassen werden. An den 3 Wallfahrtsfesten und Chanukka wird G a n z - Hallel, an den 6 letzten Pessachtagen, weiters an den Neumondtagen wird Halb-Hallel rezitiert)	214, 323
Hamansohren, -puppe, -taschen	365, 366
Hamakom	11
Ha-mozi	55, 85
Haschem	11
Haschkawa	449
Hasenjagd	212
Haskara	163, 285, 287, 329, 444
Hattarat horaa	37

REGISTER

	Seite
Hawdala (volkst. Hawdole)	81, 86, 115
Hechscher	18
Hekdesch	28
Hermeneutik = Auslegung der Bibel, um mündliches Gesetz daraus abzuleiten, berühmt die 13 Auslegungsregeln des R. Ismael, die ins tägl. Gebet aufgenommen wurden	58
Hessped	440
Hochmeister (Rabbiner)	36, 95
Hochzeit	428, 448
Hofjuden	34
Hohelied	269, 278, 320
Hollekreisch	447
Holzspendenfest	387
Hoschana rabba	319, 320
Hoschanot	318, 319, 324
Humenkleppel	365
Ibburjahr	383
Im kol hanaarim	322
Issru chag	287
j. (vor Bezeichnung eines Talmudtraktates = jerusalemisch) s. Talmud	
Jaale wejawo	384
Jad	44, 87
Jahreszahl	383
Jahrzeittag	444, 446, 469
Jamim noraim	146
Jeschiba (volkstüml. Jeschiwe)	29
Jeziw pitgam	284
Jigdal	57
Jobeljahr (Nach Lev. 25,8 und 27,17 wurde jedes 50. Jahr als Freijahr durch das „Blasen des Widderhorns" [Jobel] kundgetan. Sklaven wurden frei und der Bodenbesitz kehrte an den ursprünglichen Besitzer zurück. Davon „jubeln", „Jubiläum")	104, 145
Jom hakippurim (Jomkippur)	152
Jomkippur katan	382
Jom hadin, hasikaron, terua	146
Jom tow (volkst. Jontev = Feiertag	85, 323
Judit s. Apokryphen	
Kabbala („Empfang", Übernahme des geheimen Sinnes der Tora)	287, 310

	Seite
Kabbalat schabbat	86
Kaddisch	66, 441, 443, 445
„ als Bezeichnung für jemanden, der nach einem K. sagt	116
Kalender, der jüdische	383
Kalla	429
Kallut rosch s. Bedeckung des Kopfes	
Kaporet	44
Kappara	161
Kapporesschlagen	161
Karmelit	78
Karoba	320
Karpas	211
Kascher	18
Kaschern	201
Kaschja (volkst. Kasche) = Frage	15
Kaul s. Kugel	
Kawwana	194
Keduscha	61
Kehilla (volkst. Kille)	68
Kele kodesch	43
K(e)ria	440
Kesajit („wie eine Olive", Mindestquantum einer Speise, dessen Verzehrung als „Genießen" bezeichnet wird)	112
Keter tora	44
Ketowes	344
Ketubba	429, 430
Kewer awot (jisrael)	439, 446
Kewura	441
Kiddusch	74, 81, 85, 151
Kiddusch halewana s. Birkat lewana	
Kiddusch haschem (Heiligung des göttl. Namens, Gegensatz: Chillul haschem, Entweihung)	11
Kinot	397
Kisse schel Elijahu	423
Ki-tov	429
Kittel	160, 162, 210
Klaus (vgl. Klause, Lehr- und Bethaus)	109
Kleinpurim	368
Knien	149, 151
Kohanim bei Bestattungen	438
Kohanim-Segen	63, 69
Kohelet	318, 337, 342
Kol nidre	49, 159, 162

473

REGISTER

	Seite
Konfirmation	427
„ der Mädchen	287
Koschermachen	19
Krankenbesuch	435
Krepplech	366
Kriat schma	59
Kul s. Kehilla	
Küche, jüdische	18
Küssen (als Symbol innig. Verbundenheit) der Zizit, wenn ihr Name im Schmagebet ausgesprochen wird, s. Schma, beim Aufgerufenwerden zur Tora	87
der Tefillin	225
Kugel	89
Kupka	431
Kwittlech	344
Lag baomer	287, 386
Laubhütte s. Sukka	
Laubhüttenfest	313
Lechajim („Zum Leben"), Trinkspruch	450
Lecho dodi	86
Leinen (von lat. legere = lesen), aus der Tora vorlesen	46, 370
Lel schimurim	213
L(e)schem schamajim	79
Leviratsehe (Schwägerehe)	432
Lewaja[e]	439
Lichterentzünden	85, 151
Lichtfest s. Chanukka	
Lije s. Alia	
Losfest s. Purim	
Log (Hohlmaß für Flüssigkeiten, etwa 6 Eierschalen)	100, 325
Luach	383
Lulaw	314, 324
Maariw	63
Maariwim (poet. Einschaltungen im Gebet für Festabende, bes. der Wallfahrtsfeste) vgl.	200
Maasser	22
Machsor (Gebetbuch bes. für Feiertage)	148
Maftir	87
Mafsik	68
Maggid	37
Makkabi (Herkunft des Wortes)	362

	Seite
Makkabäerbücher s. Apokryphen	
Malchesbrejtl	366
Malchujjot	149
Mamser	433
Manischtana	206
Maoszur	50, 345
Mappa	44, 425
Maror	211
Marrane (zum Christentum übergetretener spanisch-portugiesischer Jude)	411
Marschalik	432
Maseltow s. Grußformeln, vgl.	430
Maskir s. Haskara	
Maskirbuch	287
Matnat jad	285
Mauzi s. Ha-mozi	
Mazza	201, 202, 221
Mazzewa	444
Mek[ch]abed sein = durch Zuweisung einer relig. Funktion ehren	424
Mechilta	283
Megilla	365
Megillokraut	366
Megillot (die 5 Rollen)	367
Melawwe malka	88
Memorbuch (memern)	287, 298, 301
Menora	43, 344, 346
Merkawa	294, 298, 311
Mesoines (volkst. für mesonot), meist Bäckereien, über die man nicht den Segensspruch über Brot, sondern „über verschiedene Arten von Speisen" macht	370
Messianismus	10
Mesuman	68
Mesusa	13
Met mizwa	439
Meturgeman	37
Meziza	423
Middeorajta-Midderabanan	10
Midraschim	81, 214, 220, 276, 292
Mikwa	26
Mila	423
Milchig (m. Speisen auch als Zeichen der Enthaltsamkeit, Demut)	19, 286, 398
Mincha	63

REGISTER

	Seite
Minhag-Brauch, oft gegenübergestellt dem „Din"	319
Minjan	53, 68
Minnig	19
Mischeberach	87
Mischna	298, 340
Mischnajot-Lernen	441
Misrach	14
Mitaßkim	435
Mitternachtsandacht (in Anspielung an Psalm 119,62 „zur Mitternacht [chazot] erhebe ich mich" zur Erinnerung an die Zerstörung des Tempels. Es gibt dafür eine eigene Gebetsammlung: Tikkun chazot, deren erster Teil: Tikkun Rachel besonders bekannt ist)	97, 399
Mizrajim	221
Mizwot	79
Mizwot-Mazzes	211
Mizwa	22
Mode ani	53
Mohel	424
Moled	384
Monatsnamen	383, 469
Monogamie	431
Morgengebet	53, 56
Moses (Erklärung des Namens)	222
Moze s. Ha-mozi.	
Musik, synagogale	46
Mussaf	78
Mussar-(Moral-)literatur	127, 143
Mussiv-Hebräisch (Stilform, bei der Wortwahl und Redewendungen aus dem alten Schrifttum genommen sind)	174
Myrtenzweige	314
Nachmittagsgebet s. Mincha	
Namengebung	424, 425
Namensänderung	445
Naschim zadkaniot	435
Neïla	159, 163
Ner tamid (tomid)	44
Nessiat kappajm	69
Neschama jetera s. Sabbatseele	
Neschamalicht	161
Netilas[t] ja[o]dajim, Spruch über Händewaschen	450
Neujahr	145
Neujahr der Bäume	385
Neumond	328, 381
Neun Tage (1. bis 9. Aw) s. u. Drei Wochen	
Neunte Aw	393
Nichum awelim	443
Nidche (= verlegt, ein Fasttag, der auf einen Samstag fallen sollte, wird auf den folgenden Sonntag verlegt)	395
Nidda	26
Niftar (gestorben)	446
Nig(g)un (Niggen)	149, 163
Nitlnacht	344
Nissuin	430
Nüsse nach Hoschana rabba	319
Nussach	48
Ölkrüglein	345
Olivengröße s. Kesajit	
Omed (Standplatz, Pult des Vorbeters)	416
Omer	215, 281
Oneg schabbat	74, 80, 131
Onen	436
Onkelos (wird die schon in talmudischer Zeit bekannte, älteste Bibelübersetzung [Targum] ins Aramäische zugeschrieben. Man betrachtet es als religiöse Pflicht, seine Übersetzung neben dem Wochenabschnitt als Vorbereitung für den Sabbat zu lesen)	98
Orach	23, 31
Orgel (wegen des Spielens an Feiertagen von orthodoxer Seite verpönt)	47
Parascha (volkstüml. Parsche)	87
Parnas	35
Parochet	44
Parve	19
Pegima	18
Pejes = Peot	69
Peria	423
Pessach	206
„ , der zweite	198
„ , der Samaritaner	206

… REGISTER

	Seite
Pessachmahl, Vorbild d. christl. Abendmahls	206
Pfingsten	215, 287
Pflichtmahl (die meisten der in den Texten erwähnten Mahlzeiten gelten als religiös gefordert, Sëudat mizwa)	426
Pharao	221
Phylakterien	66
Pidjon ha-ben	425, 453
Pijut	38, 47, 150
Pinkas	301
Pirke Abot	88
Pismon	150
Pitum	324
Polygamie	432
Porschen	19
Porusch	380
Possul	68
Prat (Perat)	383
Priestersegen	63, 69
Priesterweg	439
Purim	364, 367
Purimgeld, -spiele, -tascherln, -teller	365, 366, 368
Rabbiner (Raw, Rabbi, Rebbe, Reb, eigentlich Herr, Lehrer)	35
Rabbinerseminare	29
Rahel (um ihre Kinder weinend, vgl. auch Mitternachtsandacht)	416
Rambam	310
Raschi	158, 309
Rasieren	69
Rechtspflege	32
Reformsynagoge	47
Regenbitte	384, 401
Reinheitsgesetze	26
Rimmonim	44
Rosch chodesch	381
Rosch hakahal	35
Rosch haschana	145
Rosch haschana der Bäume	385
Rose (Schoschana) Jakobs (= Ester, Lied nach Verlesung der Esterrolle)	370
Rut(h)	285, 304
Sabbat (s. auch Schabbat)	71
„ , der Schwarze	415

	Seite
Sabbatengel (die den Beter aus der Synagoge heimbegleiten)	114
Sabbatklopfer	17
„ lampe	85, 95
„ mahlzeiten	88
„ ofen	17
„ seele (die bes. Seele, die nach talmud. Legende den Samstag über dem Juden gegeben ist)	81, 114
Sabbatschnur	85
„ weg	84
Sacharabend	425
Sambatjon	114
Sandak	423
Sargenes	160, 431
Schaalot uteschubot	36
Schaatnes	70
Schabbat (volkst. Schabbes)	71
„ chanukka	346
„ chason	399
„ hachodesch	204
„ haggadol	88, 204
„ nachamu	399
„ para	203
„ rosch chodesch	384
„ sachor	203
„ schekalim	203
„ schuwa	161
Schabbesgoj	83
Schacharit	57
Schalet	88
Schalischides	88, 111
Schalmonit	150
Schalom	10, 424
Schalom alechem (Freitagabendlied)	85
Schalosch regalim (Pessach, Schawuot, Sukkot)	281, 282, 313
Schammasch (volkst. Schammes)	37
Schanesklopfen	324
Schaß	341
Schawuot	280
Schawuotnacht	23, 285
Schechita	18
Schehechejanu (Zeitsegen: „… der Du uns hast erleben lassen")	85, 317
Scheidebrief s. Get	

REGISTER

	Seite
Scheidung auf dem Totenbett	436
Scheitel	432
Schekoch	87, 425
Scheloschet jeme hagbala	287
Schemijitborach (volkst. schemisborach)	11
Schemini azeret	314, 320
Schemone esre	60
Schewarim	149
Schewua ha-ben (ha-bat)	447
Schidduch (Heirat, Verschwägerung, dazu: Schadchen = Heiratsvermittler)	448
Schinuj haschem	445
Schirajim	234
Schiur	36
Schiwa(o)	442
Schiwa assar betammus	394
Schlachmones	368
Schliach zibbur	37
Schloschim	442
Schlußfest	314
Sch(e)ma	59, 125
Schmittajahr (Brachjahr, jedes 7. Jahr, in welchem die Felder nicht bestellt wurden)	323
Schnodern	31, 87
Schochet (Schächter)	18, 436
Schofar	149, 151
Schofarot	149
Schreiber von Torarollen u. a.	122
Schul (volkst. für Synagoge)	167, 369, 458
Schulfest	385
Schulchan aruch („gedeckter Tisch", von Josef Karo mit den Glossen von Moses Isserles, maßgebendes Grundbuch aller nach dem Untergang des Tempels geltenden Gesetzesbestimmungen)	395, 397, 446
Schum	34
Schuschanpurim	367
Sechach	316
Sechor berit	147, 150
Seelengedächtnisfeier s. Haskara	
Seelenlicht	161, 443
Sefardisch	6
Sefira	287, 386
Segan	87
Segen, die sieben (s. auch Hochzeit)	448
Segnen s. benschen	
Sekenim	35
Selbstmörder	439
Selichot	146, 150, 164
Seman simchatenu	314
Semirot s. Smirot	
Sëuda (s. auch Pflichtmahl)	424
Sëudat hawraa	443
Sichronot	149
Sichron terua	146
Siddur (Gebetbuch) als Brautgeschenk	431
Siddur des Gaon Amram	210
Sidra	86
Siebengebet (eine für Feste bestimmte, in dem Mittelteil kürzere, gewöhnlich aus sieben Preisungen bestehende Tefilla) s. Tefilla	
Sijum	205, 277, 427
Sirach s. Apokryphen	
Siwlonot	431
Slichoßtage s. Selichot	
Smirot	51, 58, 85
Sofer s. Schreiber	
Sohar	295, 299, 310
Speisegesetze	17
Sprüche der Väter	88
Stadlan	34
Stellein s. Trendel	
Sterntüchel	431
Stuhl des Propheten Elia	423
Sündenbekenntnis (s. auch Widduj)	150, 152
Sündenbock	153
Sude s. Sëuda	
Sukka	316, 320
Sukkot	313
Suppe, goldene	432
Synagoge	38
Taanit (Fasten) Ester	367, 368, 393
„ scheni wachamischi weschani	401
„ zibbur	401
Taatscher	85
Tachanun	63, 69
Tachrichin	437
Talgebet	215

REGISTER

	Seite
Talmud	298, 340
Tallit (volkst. Talles)	65, 70
Tallit katon	65
Tare s. Tohora	
Taschlich	152
Tass	44
Techum schabbat	84
Tefilla	60
Tefillat geschem	320
„ tal	215
Tefillin	65, 70, 317, 452
Tehillim (Psalmen)	445
Tekanot	33
Tekufot	384
Tekia	149
Tempel	39, 47
Tempelweihefest s. Chanukka	
Teschuwa	147, 158
Terefa	18
Terua	149
Tikkun lel schawuot	285
Tikkun chazot (rachel) s. Mitternachtsandacht	
Tillimsagen	445
Tiruz (Beantwortung)	15
Tischgebet	55, 56, 68
Tobim	35
Tochacha	479
Tod	436
Tohora	437
Totenbräuche s. Trauervorschriften	
Tora („Lehre", 5 Bücher Mosis)	121
Toravorlesung	86
Totafot	66
Trauertage	393
Trauervorschriften	434
Trefe s. Terefa	
Trendel	344
Tribern	19
Trop(p)	46, 87, 149
Trostspruch für Trauernde	441
Tumat met	438
Überschreitungsfest s. Pessach	
Umzüge	315
Unetane tokef	147, 149, 171
Ungesäuertes s. Mazza	
Urnenbeisetzung	439
Versöhnungstag s. Jom hakippurim	
Vierellenraum der Halacha	394
Volljährigkeit, religiöse, der Knaben, s. Barmizwa	
Volljährigkeit, religiöse, der Mädchen	287
Wallfahrtsfeste s. Schalosch regalim	
Wasserspende	321, 325, 340
Wein s. im Art. Pessach	
Weiß, als Farbe in der Synagoge, an den Hohen Feiertagen, Hoschana rabba, beim Gebet um Tau und um Regen	151, 162, 320
Weschet	18
Weten tal umatar	320, 384
Widduj	150, 152, 156, 157, 161
Willensfreiheit	148
Wochenfest s. Schawuot	
Zedaka	22, 147
Zehn Gebote (Worte)	309
Zibbur	41
Zidduk hadin (Anerkennung des gerechten Waltens Gottes)	440
Zizzit	65, 70
Zidakel	65
Zimmes	151
Zionim	398, 404
Zom Gedalja	161, 394
Zusatzgebet s. Mussaf	

NACHTRÄGE UND VERBESSERUNGEN ZUM PHOTOMECHANISCHEN NEUDRUCK*)

Seite 11:
Der letzte Absatz hat folgenden Wortlaut: Den jüdischen Festen und Bräuchen anhangen, bedeutet aber noch mehr, als in den tiefsten Augenblicken die Schauer der Geschöpflichkeit erfahren. Denn was anderen Gemeinschaften die Atmosphäre ihres Lebens ist, in welcher sie sich bewegen, sind für uns Juden die religiösen Lebensformen. In ihnen allein hat sich unsere Geschichte seit Jahrtausenden niedergeschlagen. Unsere Bräuche sind unsere innerste Verständigung mit der Vergangenheit und unsere unmittelbare Verständigung untereinander. Sie sind die Sprache des Judentums, die Sprache mit den Dingen der Welt und der Ewigkeit. Eine Sprache kann veralten, ihre Worte können sich verdunkeln. Aber bloß solange eine Sprache lebt, kann sie sich erneuern und können sich ihre Worte wieder aufhellen. Nur aus der Liebe zu unserer Sprache werden wir den Weg finden, der in die Zukunft des monotheistischen Volkes führt.

Seite 55:
Segenssprüche (Preisungen) werden mit der Formel eingeleitet: Baruch ata adonaj (Gepriesen seist Du Gott). Die den Segensspruch anhören, antworten: Baruch hu uwaruch schemo (Gepriesen sei Er und gepriesen Sein Name). Am Schluß des Segensspruchs antworten die Zuhörenden mit der Bekräftigungsformel: Amen. Da nach der Preisung, die unmittelbar dem Achtzehn-Gebet am Morgen vorausgeht – sie schließt mit gaal Jisrael – keine Unterbrechung eintreten soll, entfällt hier das Amen. Darum pflegt der Vorbeter die Schlußworte kaum hörbar zu rezitieren. Wer auf den Segensspruch, den ein anderer sagt, mit Amen antwortet, hat gleichsam die ganze Preisung (Beracha) gesprochen und sich damit seiner religiösen Pflicht entledigt. Er ist joze (eigentlich: joze jede chowato, d. i. aus seiner Pflicht herausgetreten).

Seite 64.
Zeile 10 v. o.: Hinter „eingefügt" ist ein Sternchen zu setzen:*) In die Fußnote in gleicher Höhe wie Fußnote 7) ist zu setzen: Sie wird darum beim Gottesdienst vom Vorbeter nicht laut wiederholt.

Seite 69.
Zeile 26 v. o. soll richtig heißen: steigen die Kohanim zum Duchan und wenn der Vorbeter zu dem Worte Kohanim usw.

Seite 70.
Zeile 17 v. u. ist nach dem Worte „gebunden" folgender Satz einzuschalten: Dabei spricht man einen Bibelvers, der 7 Worte enthält, z. B.: 5.B.M.4,4, oder: Ps.145,16, bei jeder Windung ein Wort, um das ausdrückliche Zählen zu vermeiden.
Zeile 4 v. u. ist nach dem ersten Worte „und" einzuschalten: – nach dem Morgengebet, ohne Segensspruch –
Zu der letzten Zeile ist hinzuzufügen: gelegt, bei den Chassidim und sephardischen Orientalen auch nicht an den Halbfeiertagen der drei Wallfahrtsfeste.

Seite 85.
Zeile 9 v. u. statt: Vor dem Tischgebete werden vielfach besondere Lieder gesungen: die Semirot, ist zu setzen: Zwischen den Gängen der Mahlzeit werden vielfach besondere Lieder gesungen: die Smirot.

Seite 88.
Zeile 30 v. o., statt Mischa richtig Micha.
In Anmerkung 4 Zeile 4 ist nach der Zahl 134 einzuschieben in Klammern: (schir hamaalot).
In Anmerkung 5, Zeile 9, richtig: mystischen.

Seite 107.
Zeile 10: Vor dem Worte: Wenn, und nach dem Worte ist, sind Anführungszeichen zu setzen, ebenso Zeile 11 vor dem Worte: wenn, und am Schlusse der Zeile 16 nach dem Fragezeichen.

*) Die Nachträge und Verbesserungen wurden noch von dem im Mai 1958 verstorbenen Herausgeber, Prof. Dr. Friedrich Thieberger, vorbereitet.

NACHTRÄGE UND VERBESSERUNGEN

Seite 151.

In Anmerkung 6, Zeile 3, ist statt des Satzes: Hier muß der Schofar richtig angesetzt werden, folgender Satz zu setzen: Er wird am rechten Mundwinkel angesetzt.

Am Schlusse der Anmerkung ist zu setzen: der Schofar bleibt an den Feiertagen, wenn er nicht geblasen wird, verhüllt.

In Anmerkung 7 ist an die letzte Zeile unmittelbar folgendes anzuschließen: Darum pflegt man ihn dabei zu stützen. Da man nur im alten Heiligtum auf Steinfließen knien durfte, entstand vielfach der Brauch, den Fußboden der Synagoge am Versöhnungstage mit Heu oder Kräutern zu bedecken oder auf dem Tallit oder auf ausgebreitetem Papier zu knien.

Seite 163.

Die „5 Enthaltungen", welche die Jomkippur-Zeremonie vorschreibt, sind: 1. Die von Speise und Trank. 2. Von ehelichem Umgang. 3. Von Salben. 4. Von der Benützung ledernen Schuhwerks. (Schuhe aus Filz, Tuch, Gummi sind erlaubt). 5. Vom Waschen. — Der Brauch, Tabak zu schnupfen oder an Früchten, die gewöhnlich mit Gewürznelken gespickt sind, zu riechen, ist damit zu erklären, daß man auch am Jomkippur, an dem schon infolge der Enthaltsamkeit von Speise und Trank viele Segenssprüche entfallen, die 100-Zahl der täglichen Segenssprüche erreichen möchte. Man spricht darum jedes Mal vor dem Genusse des Riechens einen entsprechenden Segensspruch, etwa den über Gewürze (Bore mine besamim). Denn Segenssprüche dürfen niemals zwecklos oder überflüssiger Weise ausgesprochen werden. Eine solche beracha hieße b. betela. — Nach dem abschließenden Schofarton am Ausgang des Versöhnungstages pflegt man in vielen Gemeinden dreimal den Wunsch auszusprechen: leschana habaa bijeruschalajim (Nächstes Jahr in Jerusalem).

Seite 176.

Im Artikel „Leid und Erlösung", 2. Absatz, Zeile 2, muß die zwischen Klammern stehende Stelle, die bis in die dritte Zeile reicht, richtig heißen: (Ps. 35, 19, sonaj chinam).

Seite 181.

Das zweite Wort in der Erzählung: Neun, heißt richtig: Städtchen.

Seite 195.

In den Bemerkungen zu Ben Gavriel heißt es in der vorletzten Zeile richtig: Jahrzeittag.

Seite 204.

Fällt Erew Pessach auf einen Sabbat, wird am Donnerstag Abend chamez „gebattelt", am Freitag früh (bis $10^{1}/_{2}$) das chamez verbrannt. Die Formeln werden aber erst am Samstag früh gesprochen.

Seite 206.

Der mit Polstern belegte Sitz des Hausherrn heißt volkstümlich Hesse-Bett (von hessew — lagern).

Seite 210.

Zeile 10 v.o. statt „gude" richtig: „gu[o]de".

Seite 211.

Zeile 17 v.o. fallen die Worte weg: daneben stellt man. Statt dessen: das Behältnis ist ganz vorn, daneben links

Zeile 18: an das Wort „Essig" ist unmittelbar anzufügen: Weiter nach hinten

Zeile 20: nach dem Worte „Lattich", unmittelbar: Links davon

Zeile 13 v.u.: statt „charosset auf die Mazza nehmen" soll es heißen: mit der Mazza charosset aufnehmen.

Zeile 12 v.u.: unmittelbar nach dem Wort „Eintunken" ist zu setzen: Weiter zurück ist

Zeile 11 v.u. heißt es richtig: 5. Ein gebratenes (oder gekochtes) Ei und rechts davon

NACHTRÄGE UND VERBESSERUNGEN

Die unter besonderer Aufsicht hergestellten Mazzot heißen auch die „behüteten" Schemura (schmire)-Mazzot. Bei jeder Phase des Zubereitens muß man sich ihrer besonderen Aufgabe bewußt sein. Vielfach werden bei ihrer Herstellung die Hallelgebete rezitiert.

Seite 213.

Die Zeilen 23 und 24 v.o. sollen lauten: Die Proteste nichtjüdischer Gelehrter und hoher Geistlicher waren gegen diese Anschuldigungen kein Gegengewicht.

Seite 215.

In Zeile 13 v.o. ist nach dem Worte „Wolken" ein Abteilungsstrich zu setzen: Wolken-

Seite 216.

An das letzte Wort der letzten Zeile der Anmerkungen ist folgendes anzufügen: In vielen kleinen Gemeinden wird eine Mazza als Sinnbild für die Einheit aller Wohnungen und Straßen, also für den Eruw (s. Anhang zu Sabbat), nach dem Minchagebet am Erev Pessach in der Synagoge aufgehängt, wobei durch eine eigene Formel die Bewilligung ausgesprochen wird, an allen Sabbaten des Jahres innerhalb der Stadt „tragen" zu dürfen.

Das Hohelied wird nach dem Morgengebet des Sabbats der Pessach-Halbfeiertage in Mitteleuropa still gelesen, bei den Spaniolen und im Orient laut rezitiert. In Jerusalem und in einigen polnischen Städten wird es in ähnlicher Weise wie die Estherrolle vom Vorbeter aus einer Pergamentschrift vorgetragen.

Seite 238.

Zeile 16 v.o. ist nach dem Worte „rief" einzuschalten: er.

Seite 278.

In der Bemerkung über Thomas Mann, vorletzte Zeile, statt Jaakob-Trilogie richtig: Josef-Trilogie.

In der Bemerkung über Simon Samuel Frug, Zeile 5, heißt es nach dem Worte „selbst" bis zum Zitat in Zeile 7 folgendermaßen: bezieht die eine Stelle des Verses: abgeschweifter Aramäer mein Ahn, er zog nach Egypten hinab, er gastete dort, wenige Leute ... (5.B.M. 26,5) auf 5.B.M. 10,22:

Am Schluß der Bemerkung über Oskar Levertin ist hinzuzufügen: Die Übersetzung stammt vom Herausgeber.

Seite 320.

Zeile 14 v.o. soll lauten: für „Sünde" („chet") gleichkommt, falls man das stumme Alef nicht zählt.

Seite 321.

Zeile 10 v.o. muß es heißen: der Zeitsegen („schehechejanu") hinzugefügt.

Seite 324.

Zeile 3 v.u. ist nach dem Worte „Lieder" einzuschalten: Es gibt auch Gegenden, in denen aus einer Tora (nach Einheben aller anderen) für drei Personen aus dem Segen Moses 5.B. 33, 1–17 vorgelesen wird.

Beim Betreten der Laubhütte am ersten Abend und bei ihrem Verlassen am Schemini Azeret (in Palästina schon einen Tag vorher) werden von vielen Gebete kabbalistischen Ursprungs gesprochen, die, wie meistens derartige Gebete, mit dem Worte Jehi razon (d.h. es sei Dein Wille) beginnen. Gleichen Ursprungs ist der vor dem Tagesmahl gesprochene Anruf der „himmlischen Gäste" Abraham, Isaak, Jaakob, Josef, Moses, Aharon, David, und zwar wird an jedem Tag der Reihe nach ein anderer angerufen, um an dem Gastmahl teilzunehmen, und die übrigen als Begleiter mitgenannt. — Am Sabbat wird beim Hoschana-Gebet keine Torarolle ausgehoben. Die Hoschanot werden dann bei geöffneter Lade vorgetragen. — In manchen Gegenden wird am Simchat Tora bei der Hagbaa die Torarolle mit gekreuzten Händen gefaßt, daß dem Emporhebenden die unbeschriebene Seite, der Gemeinde die beschriebene zugewendet ist. — In Mitteleuropa ist es Brauch, über den „Im kol hanearim" Aufgerufenen und die Kinder, in Osteuropa

NACHTRÄGE UND VERBESSERUNGEN

über den chatan bereschit, einen Tallit baldachinartig ausgebreitet zu halten. — Im Orient wird demjenigen, der zum Abschluß der Tora aufgerufen wird, auch der Anfang des ersten Buches vorgelesen, die italienischen Juden rezitieren von diesem Anfang nur die ersten fünf Verse u. zw. auswendig. Sie kennen also nur einen Chatan Tora. — Die Gemeinde pflegt die letzten drei Verse der Tora, weiters die Abschlußverse bei den einzelnen Schöpfungstagen sowie die Verse, die von dem göttlichen Ausruhen nach der Schöpfung berichten, laut im Chor zu sprechen, bevor sie der Vorbeter aus der Tora vorliest. — In Palästina fällt Simchat Tora mit Schemini Azeret zusammen. Toravorlesung und Haftara entsprechen denen von Simchat Tora außerhalb Palästinas.

Seite 345.

Am Schluß des zweiten Absatzes des Anhangs ist nach dem Wort „dürfte" anzufügen: (b. Talmud, Schabbat 21b.).

Seite 346.

Am Ende des ersten Absatzes ist hinzuzufügen: Zuhause brennen die Lichter mindestens eine halbe Stunde.

Am Ende des dritten Absatzes ist nach dem Worte „sprechen" anzufügen: Der achte Tag wird Sot chanukka genannt, nach einem an diesem Tag verlesenen Torawort: („dies ist die Einweihung".)

Seite 367.

Am Ende des ersten Absatzes ist nach dem Worte „Purim" hinzuzufügen: Auch in Jerusalem wird noch heute am 15. Adar Purim gefeiert. In einzelnen Städten, wie Hebron, Jaffa, Tiberias, Safed, aber auch in Prag, wird am 15. Adar die Megilla ohne die üblichen Segenssprüche wiederholt.

Seite 384.

Zeile 17 v.o. ist nach dem Worte „behalten" zu setzen: In Palästina wird die Regenbitte (scheela) am Vorabend des 7. Cheschwan zum ersten Mal eingeschaltet.

Zeile 15 v.u. ist nach dem Worte „Zeitbestimmungen" zu setzen: Die Spaniolen rezitieren diesen Psalm bereits im Abendgebet.

Zeile 6 v.u. nach dem Wort „Feiertag": Während des Spruches vermeidet man es, den Mond anzuschauen, um nicht den Anschein der Götzendienerei zu erwecken.

Seite 385.

Am Schlusse der Anmerkung 5 ist hinzuzufügen: Die Einführung des Jomkippur katan geht auf italienische Kabbalisten zurück.

Seite 392.

In den Bemerkungen zu Martha Hofmann sind zwei Zeilen verstellt.

Seite 395.

Zeile 9 v.o. muß es statt „Seit" richtig heißen Seitdem. Der davorstehende Gedankenstrich entfällt.

Seite 396

heißen die ersten zwei Zeilen richtig: „lichen Fasttagen, den 9. Ab ausgenommen, werden morgens bei der Wiederholung der Tefila besondere Gebete (S'lichot) eingeschaltet, in denen an den"

Seite 397.

Zeile 15 v.o. statt Rabbiner zu setzen: Männer.

Seite 399.

11. Zeile v.u. statt Rabbiner: Männer.

2. Absatz: Schon bei der Toravorlesung wird der Vers 12 des 1. Kapitels des 5. Buches, der mit dem Wort „Echa" genau so wie die Klagelieder Jeremias beginnt, in dem Ton der Klagelieder rezitiert. Es ist weiters Brauch, während der „drei Wochen" (s. S. 394, 398) das „lecha dodi" am Freitag abend der Melodie von „Eli zijon", der letzten der Kinot von Tischa beaw, anzugleichen.

NACHTRÄGE UND VERBESSERUNGEN

Im Zusammenhang damit sei auf die Vorlesungsart jener erschütternden Stelle aus der Tora hingewiesen, die man als „Tochacha" bezeichnet. Es sind dies die Abschnitte III.B.M. 26, 14ff. und V.B.M. 28, 15ff., in denen die Flüche aufgezählt werden, die das Volk im Falle der Abtrünnigkeit treffen werden. Diese Stellen werden schnell und mit gedämpfter Stimme vorgetragen. In manchen Gemeinden ruft man niemanden dazu auf, in anderen einen „Am haarez", einen Unwissenden, wieder in anderen den Synagogendiener, oder man sagt: „jaale mi schejirze" (Es steige herauf zur Tora, wer will.)

Seite 401.

Das Fasten am Jahrzeittag unterbleibt an Festtagen, so auch zwischen Jomkippur und Sukkot, an Chanukka, im Monat Nissan, drei Tage vor Schawuot.

In manchen Gegenden fasten Fromme in einem Schaltjahr an den Donnerstagen der Wochen, in denen die ersten acht Toraabschnitte des zweiten Buches verlesen werden. In manchen Orten werden auch im gewöhnlichen Jahr die ersten sechs dieser Donnerstage, in einigen sogar auch die Montage dieser Wochen als Fasttage begangen. Auch am siebenten Adar fasten viele, weil dieser Tag als Geburts- und Todestag Moses gilt.

Seite 419.

In Zeile 8 v.o. ist der Satz: eine Neuausgabe bis Ende von Zeile 9 zu ersetzen durch folgenden Satz: Die schwerer verständlichen Strophen sind fortgelassen. (Die „Gesänge J. Halevis" erschienen im Schocken-Verlag, Berlin.)

Seite 424.

Zeile 1 v.o. fehlt nach dem Worte „nimmt" der Hinweis auf die Anmerkung. Es muß heißen: nimmt[2]).

Seite 425.

Am Schluß des ersten Absatzes der Anmerkung 3 ist nach den Worten „Leben ist" anzufügen: Die Nacht vor der Beschneidung heißt „Wachnacht". Sie wird mit Gebeten, an manchen Orten mit abergläubischen Zeremonien gegen böse Geister zugebracht.

Seite 433.

Am Schluß des Anhangs ist folgender Absatz anzufügen: Hochzeiten finden nicht statt: Am Sabbat, an Festtagen, Halbfeiertagen, am Purim, an Trauertagen, zwischen Pessach und Schawuot mit Ausnahme des 18. Ijars. „Lag bĕ' omer").

Seite 437.

Zeile 17 v.o. ist statt des Wortes „Tare" zu setzen: ta(aj)re.

Seite 439.

Zeile 2 v.u. statt „lewaja" zu setzen lewaja[e].

Seite 445.

Zeile 24 v.u. nach dem Worte „Letzten" einzufügen: 3

Seite 446.

Zeile 8 v.o. ist das Wort „auch" wegzulassen.

Am Schluß der Anmerkung 7 ist hinzuzufügen: (vergl. Seite 397, 1. Abs.).

Seite 473.

Da die Heiden ihren Wein den Göttern weihten, indem sie einen Teil durch Ausschütten opferten, wurde jeder Wein für verboten erklärt, der nicht vom Keltern bis zum Genuß von Juden behütet war. Er wird als Jajin nessech, d.h. als Trankopfer ausgegossener Wein bezeichnet.

Wo im Text dieses 1937 fertiggestellten Buches von „Palästina" die Rede ist, ist damit das Gebiet des heutigen (seit 1948) Staates Israel gemeint.

INHALTSVERZEICHNIS

ALLGEMEINER TEIL

Friedrich Thieberger: Die religiöse Haltung	7
Else Rabin: Das jüdische Haus	12
Ignaz Ziegler: Die Gemeinde	27
Max Eisler: Bau und Einrichtung der Synagoge	38
Arno Nadel: Die synagogale Musik	46
David Feuchtwang: Der jüdische Alltag	51

DER SABBAT

Rabb. Dr. Max Wiener: Der Sabbat	71
Th. Zlocisti: Sabbatanfang	89
Nehemia Anton Nobel: Der Sabbat	89
Philo von Alexandrien: Das Licht der Sechs	92
Leo Baeck: Das Sabbatliche	93
Abr. Berliner: Sabbat bei den mittelalterlichen Juden in Deutschland	95
Franz Rosenzweig: Ein Brief	96
Chaim Nachman Bialik: Der kurze Freitag	97
Jehuda Steinberg: Rabbi Mottl und Jizchok Scholem, der Kleine	108
Cilly Neuhaus: Ein Erlebnis am Freitagabend	112
Mendele Mocher Sforim: Von Abend bis Abend	113
Israel Zangwill: Den Sabbat entheiligt	116
Sammy Gronemann: Zu Gast in Portugal	119
Gabriel Riesser: Hagbaa	121
Wie eine Torarolle geschrieben wird	121
Leopold Kompert: Mendel Wilna	123
Leopold Zunz: Sittenlehrer	127
Ludwig August Frankl: Rabbi Kalonimos	130
Ernst Simon: Die Einführung des Oneg Schabbat durch Bialik in Tel Aviv	131
Jizchok Leib Perez: Der ewige Sabbat	133
Abraham ibn Esra: An des Sabbats Ende	140

DIE HOHEN FEIERTAGE

Manfred Swarsensky: Rosch Haschana	145
Max Eschelbacher: Jom Hakippurim	152
Jomkippur-Bräuche	160
Schemarja Gorelik: Elul	164
M. Y. Ben Gavriel: Im Elul am Grabe Rahels	165
Jakob Loewenberg: Festtage	167
Israel Querido: Rosch Haschana	169
Michael Sachs: Die Legende vom Unetane Tokef	171
Salomo ibn Gabirol: Das Opferlamm	172
Max Brod: Bußtag	173
Hermann Cohen: Leid und Erlösung	176
Franz Werfel: Im Palaste des Hohen Priesters	177
G. Leipziger: Neun	181
Oskar Baum: Jom Kippur in der Kleinstadt	185

INHALT

Franz Rosenzweig: Die Tage des Gerichts	187
Martin Buber: Das Gebetbuch	189
An-ski: Chassidische Parabel	192
Friedrich Thieberger: Der jüdische Erlösungsgedanke	192

PESSACH

Friedrich Thieberger: Pessach	198
Felix Salten: Auf dem Wege von Ägypten	217
Midraschim	220
Ein wenig Philologie zur Haggada	221
Michael Guttmann: Kult und Moral	222
Max Brod: Beim Turmwächter Gerson	224
Leopold Marx: Ziemt uns noch Frohsein?	227
Isaak Breuer: Die Passahnacht	228
Martin Buber: Chassidische Geschichten	231
J. L. Perez: Der Hundeseder	232
Heinrich Heine: Der Rabbi von Bacharach	235
Shmarya Levin: Pessach in Swislowitz	238
Josef Roth: Der Fremde	242
Carry van Bruggen: Sedernacht	246
S. J. Agnon: Die Heimkehr	250
Vojtech Rakous: Voderader Mazzes	253
Thomas Mann: Die Prüfung	257
Simon Samuel Frug: Aber die Sterne?	260
So machte es Hillel	260
Oskar Levertin: Die Weisen von Bene Berak	262
Emil Bernhard Cohn: Die Legende von Rabbi Akiba	266
Max Brod: Das Lied der Lieder	269

SCHAWUOT

Max Dienemann: Schawuot	280
Die zehn Worte mit Raschis Kommentar	288
Moses ben Maimon: Die Vorstellung von Gott	290
Midraschim	292
Jehuda Halevi: Toragebung und Abfall	293
Die zehn Doppelworte	295
Zwi Perez Chajes: Der jüdische Mystizismus	297
Moses Mendelssohn: Offenbarung und Denkfreiheit	301
Martin Buber: Das Zwiegespräch	303
Richard Beer-Hofmann: Ruth	304
Franz Werfel: Exodus 34/29	309

SUKKOT UND DIE ANSCHLIESSENDEN FESTE

Oskar Wolfsberg: Sukkot, Schemini Azeret, Simchat Tora	313
Das Fest der Wasserspende (Ein Stück aus Mischna und Gemara)	325
Shmarya Levin: Die Zeit unserer Freude	328
M. J. Landa: Zwei Vermächtnisse	331
Chajim Nachman Bialik: Im fremden Land	334

INHALT

Edmond Fleg: Der Tod Moses	334
Morris Rosenfeld: Laubhütte	337
Worte des Kohelet	337

DIE FREUDIGEN TAGE

Max Grunwald: Chanukka	343
Heinrich Graetz: Die makkabäische Erhebung	346
Die Legende vom greisen Eleazar und von der frommen Channa	352
David Schimanowitsch: Zu den Gräbern der Makkabäer	355
Theodor Herzl: Die Menora	358
Hugo Zuckermann: Du wirst den Kindern heut die Lichter zünden	361
Max Grunwald: Purim	364
Mendele Mocher Sforim: Seltsame Purimgäste	368
J. L. Perez: Das ganze Jahr betrunken und Purim nüchtern	371
Salman Schneur: Die unsterbliche Orange	374
Max Grunwald: Rosch Chodesch	381
Max Grunwald: Chamischa Assar bischewat	385
Max Grunwald: Lag baomer	386
Martha Hofmann: Bäume des Karmel	387
Scholem Alejchem: Die verlorene Schlacht	388

DIE TRAURIGEN TAGE

Georg Langer: Tischa Beaw und die anderen Trauertage	393
Samson Raphael Hirsch: Aus Jerusalems letzten Tagen	401
Jehuda Halevi: An Zion (Übersetzung von Franz Rosenzweig)	403
Stefan Zweig: Der ewige Weg	405
Flavius Josephus: Der Untergang des Tempels	407
Rabbi Meir: Kannst du's ertragen?	410
Simon Dubnow: Die Vertreibung der Juden aus Spanien	411
Moses Heß: Die Quelle unseres Glaubens an die Unsterblichkeit	415
Heymann Steinthal: Eine Jugenderinnerung	416
Simon Samuel Frug: Die Tränenschale	417

DIE PERSÖNLICHEN FESTE UND GEDENKTAGE

Max Joseph: Berit Mila	421
Max Joseph: Pidjon haben	425
Leopold Neuhaus: Barmizwa	426
Leopold Neuhaus: Hochzeit	428

TRAUERTAGE

Max Simonsohn: Trauervorschriften und Trauerbräuche	434
Max Grunwald: Folkloristisches	447
Saul Tschernichowski: Das Mahl	450
David Frischmann: Der Kohen	453
Edmond Fleg: Der Barmizwelehrer	458
M. J. bin Gorion: Bruder und Schwester	461
Berthold Auerbach: Lederherz	463
Theodor Zlocisti: Seelenfeier	466
Tabelle der Monate und Feste	469
Register	470
Nachträge und Verbesserungen zum photomechanischen Nachdruck	479